庆元姓氏源流谱序集

庆元县党史和地方志研究室（档案馆） 编著

浙江工商大学 出版社

ZHEJIANG GONGSHANG UNIVERSITY PRESS

·杭州·

图书在版编目(CIP)数据

庆元姓氏源流谱序集 / 庆元县党史和地方志研究室
(档案馆)编著. —杭州：浙江工商大学出版社，
2024.2

(庆元历史文化丛书. 第一辑)

ISBN 978-7-5178-5846-1

Ⅰ. ①庆… Ⅱ. ①庆… Ⅲ. ①姓氏－研究－庆元县
Ⅳ. ①K810.2

中国国家版本馆 CIP 数据核字(2024)第 016130 号

庆元姓氏源流谱序集
QINGYUAN XINGSHI YUANLIU PUXU JI

庆元县党史和地方志研究室(档案馆)　编著

责任编辑	唐　红
责任校对	林莉燕
封面设计	屈　皓
责任印制	包建辉
出版发行	浙江工商大学出版社
	(杭州市教工路 198 号　邮政编码 310012)
	(E-mail:zjgsupress@163.com)
	(网址:http://www.zjgsupress.com)
	电话:0571-88904980,88831806(传真)
排　　版	杭州朝曦图文设计有限公司
印　　刷	杭州钱江彩色印务有限公司
开　　本	710 mm×1000 mm　1/16
总 印 张	39.25
总 字 数	585 千
版 印 次	2024 年 2 月第 1 版　2024 年 2 月第 1 次印刷
书　　号	ISBN 978-7-5178-5846-1
定　　价	158.00 元(全两册)

"庆元历史文化丛书"编纂指导委员会

主　　任:蔡　昉

第一副主任:田健晖　佘晓君

常务副主任:胡显平

副主任:吴建华　王伟啸　叶华伟

成　　员:周　峰　全长荣　方　兴　姚增辉
　　　　　毛茂丰　刘　伟　王丽青　周利民
　　　　　范传龙

编纂指导委员会办公室

主　　任:胡显平

副主任:姚增辉　毛茂丰

编辑部

总　　编:杨贤高

责任编辑:吴玮玲　郑昌凯

《庆元姓氏源流谱序集》编委会

主　编：王丽青

副主编：鲍世东（校编）　龚开坤

编　辑：吴旺进　叶大华　练正学　吴　青

　　　　　叶慧玲　毕建峰

终　审：杨贤高

总　序

史以实存，人以德立。在庆元恢复县制 50 周年之际，"庆元历史文化丛书"付梓出版，这是庆元推进"以文化人、以文兴城、以文塑魂"的一件要事和喜事。

历史是"根"，文化是"魂"。自南宋宁宗皇帝以年号"庆元"赐名置县以来，万山环抱的庆元便开始有了自己的专属记忆。从百里松荫号"松源"到"吴越时为东平乡"，从"兴贤桥"的重建到"二里十桥"的美誉，从江南秘色的青瓷辉煌到"二都戏"的民俗经典……这些独特的历史文化见证着庆元的沧桑与繁华，记录着其发展、变迁和进步，都是庆元这方土地最厚重的财富、最珍贵的记忆。

铭记历史、鉴往知来，编辑出版一套全方位、多层次、立体化反映庆元历史文化，生动展现庆元人民自强不息的文化丛书，是历史托付给我们的重要任务，是时代赋予我们的光荣使命。"庆元历史文化丛书"以纪实的手笔，详细记述了村镇变迁、名人志士、民风民俗，承载着庆元的风土人情、文化遗风、历史故事，洋洋洒洒百余万字。它的出版问世，是庆元精神文化建设的丰硕成果，是功在当代、惠及后人的传世工程，是菇乡儿女对历史文化的最好致敬，其中既有历史的真实厚重，又有文化的广博精深，记载着庆元不平凡的过去，也映衬着庆元非同凡响的今天。

　　"庆元历史文化丛书"的出版,托起历史与现代联结的"廊桥",是庆元人民鉴古察今的宝贵精神财富,引导菇乡儿女承先启后、开拓进取、赓续辉煌。衷心希望全县各阶层各领域以书为媒、以读凝心,更加重视学习、勤于学习,认真研读庆元历史,深入认知庆元,深切热爱庆元,从中汲取不畏艰险、直面困难的信心和力量,共同建设庆元更加富裕、和谐、美好的明天。

　　是为序。

中共庆元县委书记

李 昉

前　言

　　庆元位于浙江省西南部,自古地僻山深,人迹罕至。上古只有少数先民游猎于山野间,秦汉时人口仍稀少。三国至北宋前夕,北方长期战乱,人员往南迁徙,庆元人口逐渐增多,史料记载,宋太平兴国年间(976—984)全境有 500 余户 3000 余人。宋宁宗庆元三年(1197)庆元置县时,有村庄 43 个,人口逾万。经过 800 多年的繁衍生息,至今庆元地域上生活着近 20 万人民,有姓氏 370 个。其中,吴姓人口最多,约占总人口的 1/3,其次是叶姓、胡姓、周姓,其他姓氏人口约占总人口的 45%。在长期的历史发展中,各姓氏家族十分重视家族内部的传承关系,建宗祠,修族谱,联络宗亲,宗祠、宗谱成了每个姓氏族群的精神纽带。"国有史,方有志,家有谱",家谱是中华民族的三大文献之一。家谱又称族谱、宗谱等,是记载一个家族的世系繁衍及重要人物事迹的书。家谱具有传承文明、正史补正、宣扬名人、聚宗睦族等作用,在中国古代,从皇室贵族到普通百姓都修有家谱,它是家族的档案,是民族的记忆,是中华传统文化特有的历史文献。

　　本着为庆元存史、为百姓立传的目的,2022 年 7 月庆元县党史和地方志研究室(档案馆)启动《庆元姓氏源流谱序集》的编研工作。首先,在全县开展家谱征集,经过一年多的努力,共收集到 53 个姓氏共 500 多部新老家谱。其次,组织专业人员对各族系家谱的 1000 多篇序文进行筛选编排、文字简化校对、断句标点等编辑工作,厘清各家族渊源、迁徙轨迹。

家谱由谱名、谱序、姓氏源流、族规家法、祠堂、世系等部分构成。其中,谱序是每部族谱都不可缺少的内容,一般包含修谱缘由、修谱经过、家族的渊源传承等。本书主要收录了庆元各姓氏家族家谱中的历代谱序,追溯了各姓氏家族的历史,集中体现了各姓氏家族价值观及人生观的传承。

家谱的"序"一般都是邀请知名人士撰写的。有的是邀请当时的官宦名流或文坛大家作序,有的是邀请当地德高望重的显贵作序,有的是邀请本族有名望的人士作序。在庆元收录的谱序中,我们读到了宋代大文豪苏东坡为"郑谱"所作的序;读到了宋代政治家、文学家王安石为从他老家临川迁徙到竹口的许氏"许谱"作的序;读到了南宋末年状元宰相、爱国诗人,自称为吴姓外甥的文天祥前后分别为济川和月山"吴谱"作的序,在序中,他称他的恩师"松源王夫子"王应麟"为同邑延陵考辑家乘";读到了南宋礼部尚书兼给事中王应麟为"吴谱"作的序,在序中,他自称庆元为"吾乡";读到了南宋著述《战国策注》的文学家鲍彪为"鲍谱"作的序。我们在谱序中还读到了胡公满派下八世孙尚书郎胡广字伯始为"胡谱"所作的序,已经历时 1800 多年;读到了庆元吴姓始迁祖吴褆、吴祎在唐朝末年为躲避"董昌之乱",几经迁徙,于天复四年(904)肇基"松源"的自述历史;读到了庆元建县功臣南宋庆元年间吏部侍郎胡纮为"胡谱"所作的序;也读到了吴姓大济村肇基始祖吴崇煦、在月山村被尊称为"八老爷"的吴懋修为"吴谱"所作的序;还有吴崇岳、吴崇照、姚梁等撰写的序。

在编纂《庆元姓氏源流谱序集》的过程中,我们发现,不同的姓氏家族虽然都有着各自的族规家训,但都秉持着家国天下的质朴情怀,凝聚着"特别肯吃苦、特别能战斗、特别有韧劲、特别善创新"的庆元精神,共同创造了灿烂辉煌的香菇文化、廊桥文化、生态文化、瓷窑文化。同时,各姓氏家族都涌现出一批杰出的人物,如释褐状元刘知新,"香菇始祖"吴三公,"威武不能屈"的吴枢、吴兢,南宋名臣、置县功臣胡纮,矿工起义领袖叶宗留,悬壶济世姚安世,等等。

"物之大者,莫过于人;人之重者,莫过于族。"由家族的团结延伸到国家民族的大团结,这是古已有之的良好的传统观念。正是基于这种情怀,一代代庆元人民将家谱的修缮工作延续到了今天,并以此来教育后代铭记祖先、不忘根源、厚德敦行、凝聚亲缘。

今逢盛世,国泰民安,人心思源,缮谱、修谱、续谱,彰显的正是不忘历史、颂扬祖先、传承族风、激励后人的思想和精神。这与当今社会所倡导的凝聚人心、构建和谐社会是一脉相承的,可以说家族振兴是实现中国梦的坚强基石。

今天,庆元近20万人口中有6万多人长年在外奋斗创业,他们离乡而不忘家。希望本书的编纂出版能够起到追本溯源的作用,不仅凝聚起全县人民的力量,也能凝聚乡贤之心,汇聚乡贤之智,集聚乡贤之力,为庆元加快建设革命老区共同富裕先行示范县共同努力。

凡　例

一、关于谱序的筛选工作。经由历代编修，谱序中大多有一谱多序的情况，并且多篇序文中均有迁徙信息的表达，对此，编写组原则上筛选最能完备显示某村某姓迁徙轨迹(包括人物、时间、地点以及迁徙路线信息)的序文；如果多篇序文均有指向迁徙的内容但又不完备的，则选录多篇序文，相互印证，以求信息链的系统性；在有关信息相同或相近的篇章中，选用时间靠前或更接近历史事件发生时间的序文，努力让其更接近史实。信息相近或相同的只选其一，有互补关系的，多选互参。无迁徙信息的原则上不选，但有其他史料价值或文学价值的适当选录。

二、本书转录序文，一般不作注释、点评。为方便读者理解考辨，对历史纪年在括号里加注阿拉伯数字公元纪年；谱序中古地名与现地名不符的，都补充说明所在乡镇。

三、关于繁简转换。族谱大多用繁体字印刷或誊写，本书利用信息化技术，一律将繁体字转换成简体字。转换系统不能准确识别转换的，则在校对中以人工识别予以纠正，以臻统一规范。

四、本书保留文言中的通假字，将异体字统一规范为正体字。

五、关于断句标点。原序绝大多数无断句、无标点；偶有断句，也未必精准。对此则分别处理:无断句标点的,断句并加注标点;已有断句标点的,予以审核纠错。加注标点则遵循现代汉语标点标准规范执行。

六、由于谱序的作者或者重修誊写人员的笔误,难免出现错别字或词不达意的情况。编写组对错别字予以纠正,对于病句、缺文等则根据文意推断酌情修改、补充;对于人名、地名部分前后不一致的地方,如编者无法确认正误,以遵照原文为旨;无法推断的缺文,均按缺文处理,用"□"表示。

七、实行一姓一导读。本书主要介绍已收录序文中该姓的渊源、迁徙路线及在庆元的分布情况,但不包含未征集到的家谱姓氏的有关信息;有重要篇目的,予以提示。

八、全书序文按姓氏在庆元人口数量多少兼百家姓次序编排。主要人口大姓吴、叶、胡、周先排,其他按百家姓顺序排列。一姓之中再按迁徙时间先后顺序排列;无明确迁徙时间的,随机排列。

《庆元姓氏源流谱序集》编写组

目　录

吴氏谱序

【导读】吴姓是庆元县第一大姓,吴姓人口分布覆盖全县各乡镇,约占全县人口的三分之一。

据《庆元吴氏统谱》载,吴姓系轩辕黄帝第二十五世孙古公亶父之子泰伯的后代。古公亶父居邠时,克缵后稷公刘之业,积德行义,国人戴之。时为狄人所侵,遂逾梁山,邑于岐山之下,改国号曰周。古公亶父有三子,长泰伯,次仲雍,三季历。季历娶太妊,生子昌(即周文王),有圣瑞,古公欲立季历以传昌,泰伯知父意,遂率弟仲雍奔荆蛮,建立勾吴国,以国号为姓,成为吴氏开姓始祖。古公传四世,武王克商,求泰伯、仲雍之后,得已君吴之周章,遂封周章为君,周章实为受姓之祖。子孙延续以吴为姓氏。传十八世孙寿梦为国君,吴国强大,寿梦生四子,唯少子季札圣贤,欲传位之,季札三让王位,封于延陵(今江苏常州武进),人称"延陵季子",成为延陵郡受郡始祖,并一脉绵延不绝。其长兄诸樊孙夫差,与越王勾践争霸,国为越王所灭,吴氏一族落荒四野,演绎了吴越春秋。之后其族辗转迁徙到越州会稽山阴和乐村。

唐宣宗时,吴氏传六十八世至吴矞公。其学识渊博,但生性淡泊,终身隐居山阴,著述极丰,谥"文简先生"。其子吴仲官拜资善大夫。生长子吴褆(睅)公(840—923),于咸通元年(860)中进士,历任润州刺史、招待使、京兆尹、河南节度史、谏议大夫、太子太保,因董昌作乱,乾宁三年(896)四月十八日,携父母与弟弟吴祎公到温州库村避难。庆元吴姓,主要由两路迁入:一路是吴祎公,于唐天复四年(904)从库村徙居庆元松源上仓开基;另一路是吴禔公后裔,从泰顺迁入。从吴祎公始,历经一千多年,吴姓逐渐分布到全县乃至周边各县。

松源吴氏始祖吴祎公迁居于松源上仓开基,散枝开叶到全县各乡镇。

大济吴氏,为松源始祖吴祎公后代、世祖崇煦公从松源迁到望济,后称大济,崇煦公是大济吴氏始祖。

举水吴氏,宋景德年间(1004—1007)文简先生十一世孙讳诩始迁居举溪,即现举水。

桥陌先祖吴若柳公,宋开宝八年(975)迁居卢源村,千十五公,迁居龙岩,又五世至方廿三公,迁居桥陌。

龙岩吴瑛公,宋代由松源徙居庐山,奉瑛公为龙岩始祖。

黄水吴氏,则由卢源龙品几经周折迁到黄水。

黄皮吴氏,武宗至大元年(1308)吴三公由龙岩迁入。

上标、卢源、齐村、安里、官塘、大蜀、下洋、英村、云和、贵溪、曹源、木牌头、陈家坑、浦城等处,都是出自松源十二都巡公支派。

佛堂坑吴珍公,曾祖吴昌吉公,祖十四公子孙,宋淳祐三年(1243)从松源上仓,迁英坞、根竹山、荣巷、山头垄,另有迁松溪源头,有迁龙泉半剧。

新窑后坑吴氏,明弘治元年(1488),吴寄成公由安溪徙迁于此,寄成公为一祠肇基始祖。

和山先祖吴德礼凤公,明万历二年(1574)迁居至桔洋村和山。

底墅先祖吴崇岳公,由松源徙居芝田上标,至明景泰年间(1450—1457)分属景宁。崇岳生十一子,第六子吴雍迁徙吴坑。雍公长伯百七公,由吴坑徙居福建政和县十一都圈石,今属寿宁县地界;次子吴楠公,于宋咸淳三年(1267)丁卯岁,由吴坑徙居坳后暂居;同子辛六于壬申年(1272)由坳后徙庆元二都八图底墅定居。

坪头吴氏始祖吴盛公,宋咸淳六年(1270)居福建松溪茶坪,后又迁张村乡吴坑村。清康熙八年(1669),敬公从洋边村迁到荷地坪头村。

洋边吴氏,崇六公之后,十一公分迁于此。

　　张村吴坑吴氏，先祖应泰公，徙居于西关栏，至康熙廿九年(1690)庚午，应恭公迁居吴坑。

　　后洋坑先祖吴诩公，同其母李氏徙迁举溪肇基数世后，至富六公从举水而迁寿庆毗连的碑坑。其后子孙繁衍，遍于浙、赣、闽、粤。传至任三公，择后洋坑定居。

　　官塘文齐公，从松源迁居庆元官塘开基。因其地洞然甚远，称为"吴家洞"，水口大濑瀑布，流漂清奇，又叫"标水"，自下而上，所以又称"上标"。

　　黄山头先祖文齐公，从松源徙居官塘后，传至第十七世，天字行之辈，分居各地，而天玥公亦于是时徙居黄山头，从此各自发族。

　　箬坑吴氏，清道光年间(1821—1850)江根士鳌公由坝川而乔迁箬坑，是开基之始祖。

　　济下吴氏，自庆元举水发派至甘竹山，迁居北乡黄畲至吴寄熊公徙居济下村，开基建业。济下吴姓别于庆元其他祢公派系，属于吴袿公派系，由政和迁入。

　　李村吴登云公，由庆元松源迁居李村为开基始祖。

　　横岭先祖吴伉公，从上仓而徙于举溪，越横岭。十八世孙如爱公离开举溪迁到横岭。

　　外童龙公由大橖迁入。

　　薰山吴氏，是新村五五公之后代，传至高孟公从新村迁到庆元城东栖居，到石马垮开基创业。

　　瓦窑坪吴氏，太公肇基举水，经行数世。后裔孙仪十八公自举水徙塘窟，至琨十公，在瓦窑岗古窟坪建田庄安居。

　　美源吴氏，始祖珍二公，始迁居美源。

　　"松源"之名系吴姓祖先命名。

　　本序集中有署名王应麟、文天祥所写之序。

庆元吴氏肇基始祖自述

谏议大夫自叙

咸通元年(860),吾年二十一岁,举进士,历任以来凡事三主,懿宗、僖宗、昭宗是也。乾宁元年(894),余以谏议大夫外补润州刺史,将一年,假归于越,与仲弟祎、季弟祓,侍亲于越之山阴和乐村。未几,董昌作乱,数说从谋,予坚拒不允,又患久拒不能远害而非特一身己也,不得已奉父母及诸弟捐弃家业,迤逦至永嘉安固乡,苟且自全,以乐其志。尔时兄弟子侄不令受官患,其不能远,嫌而避疑也。厥后沿溪刊道而上,几十有余日,得一居地,名之曰"库村",遂构草屋数间居之,乃乾宁三年(896)四月十八日也。自此俾仆开辟田园,衣食粗足,但是时群盗益炽,一年之间至者二三,虽不能相害,而亦靡有宁岁。至光化三年(900),父母俱丧;天复三年(903),季弟祓死。仲弟祎语予曰:"同居于此,笃谊固佳,弟恐子孙众多,难为久计,不若更寻处所,倘得胜于此者,不更美乎!"余许诺,遂择日俾仆与之偕行,得一处所,未尝有人居,但觉山泽之利,足克口食,而又出库村之表矣。仲弟坚欲居焉,犹幸与库村不甚相远也,时乃天复四年(904)也。其地松木盛多,遂名之曰"松源"。祎弟于此居之,幸生二子曰"琚"、曰"琢";祓弟早殁无子;吾生二子,长曰"象",次曰"承"。惟予与弟虽居异地,常思聚处,或一相思,不择昼夜,必束剑呼童,越数日而至。继而天佑二年(905),次侄琢来库村省予,反丹领、遇疾而卒,就葬彼领之上,易其名曰"四公岭",因丙四侄而名也。予患世数绵远,而地之相、去时之相隔,因书于谱,使后之子孙累世相记,慎勿途人相视,而亡天属之情也。

唐天佑四年(907)岁次丁卯十月朔日

畦济时氏同弟祎书于东山旧屋之北堂

松源肇基记

语云,君子务本,本立而道生,三复斯言,不敢忘也。且谓人本乎祖,树本乎根,祖宗修德,裕后厥昌。吾始祖稷生自唐尧,教民稼穑,命为农师,封于邰,以别姬姓,世世德传。至泰伯,让位乃弟季历,避居荆蛮吴地。后武王克商,封泰伯之后,得周章居吴,遂封吴国诸侯,故以"吴"易"姬",子孙氏焉。迨季札,而辞位居延陵地,全身守节,封"延陵季子",而子孙以延陵为郡。夫延陵者,乃吾族之本裔也,延陵地者,即今会稽山阴县是也。吾兄谏议,于景福二年(893)丑癸八月,假归侍亲。未几,而董昌作乱,兄与余议,洁身远害,以全忠孝。是以兄弟三人,于乾宁二年(895)乙卯春,迎父母,弃家业,奔至括苍芝田白岩村,仅栖一载,丕意群盗又起,虽未加害,坐卧不宁,于乾宁三年(896)丙辰,复迁永嘉郡安固之库村。其地山环水绕,颇称桃源,以奠厥居。父母多获福,兄弟自和乐,田产增广。天复三年(903),但余复有择佳地之志,与兄弟游览至括之松源,乃龙泉下都也。见其人烟转集,地势荡平,一带松木畅茂,两河溪水长流。余观其地,颇优于库里,喜不自胜。于天复四年(904)丁卯,遂于上仓肇基而居。于是置业足耕,构屋安居,逍遥自在,随意所适,不亦乐乎!自是谏议兄居库村,余居松源,虽分两地,尚同一家,谷米粟帛,未尝异用,传家诗礼,世世相承。但余愧鲁莽,叨任都巡,不嗜干禄,爱习地理,因起三迁之想者,为子孙永久之故耳。窃余兄弟,地居两处,路遥数百,若非谱牒,后世子孙焉知祖宗功德,莫晓世派源流。吾家藏旧谱已历世久,字画不明,今重新延陵世谱,与兄各一本,以遗后昆,知所由来,以图报本,敬而守之。

唐天复四年(904)甲子孟春

都巡汉章　记

1. 濛洲街道玉田吴谱序

松源谱序

古称达孝通孝,盖协于义。而协即一事之制,莫不具见。况缵绪相承,昭兹来许,讵得已乎。考之年月,表史官识之,国史犹是,家乘犹是,故夫谱以志,焉不綦重哉。然非仁孝之极思未逮也。右承相建安吴公,位总百揆,有大宗伯为之父,有丞相为之兄,乃子俱登进士。忧国忧民之余,忧天秩无叙、宗盟不惇,于焉殚心于谱。自后稷生民至于勾吴泰伯,自勾吴泰伯至于延陵季子,自延陵季子至于鄱阳六乡,自鄱阳六乡至于山阴文简先生。建安文举吴公,家在建安南浦,则其本也。溯洄而上,顺流而下,大宗小宗,无不详明。余与苏子瞻见之而咨嗟称善。已撰弇简矣。兹有文简先生一派,聚族松源、繁硕与南浦等,亦且谱,复取政南浦吴公。吴公退食以序,示余征序,余既序南浦,何可不序松源?松源、南浦同一世系,振振绳绳,逶骏有声,宜其一本相承,更得为之序也。礼以义起,斯无缺礼,所谓达孝通孝,谓非仁人孝子之极思哉。

皆　宋元丰辛酉(1081)紫金光禄大夫宣徽南院兼枢密校检太傅兼太乙宫张方平书

2. 濛洲街道大济吴谱序

松源世系谱系

吾族肇自后稷之后,由泰伯公之圣遁之荆蛮,遂能化其民、易其俗,号曰勾吴。及传四世,武王克商,遂封其后周章为君,子孙因以吴为氏焉,此实受姓之祖也。凡一十四传世袭爵于吴,清白相承,不添先绪。至春秋时,寿梦公不成霸业,威震诸邦,遂称王公。生四子:长诸樊,次余祭,又次夷昧,惟少子季札最贤,公欲立之。札曰"义有不可",固辞。乃立诸樊,以及祭、昧相传,以次必致国于季札。札坚辞不受,度以天命为归,去之延陵家焉。修德行义,守节立名,民皆仰之,声称啧啧,号曰延陵季子,后世即以为郡焉,此又受郡之祖也。迨跨秦晋汉魏,递至唐宋五季,凡四十七世,其间贤哲挺生,簪缨勿坠,而至于高祖讳翥公,才学充足,见用于世,赐号文简先生。后拜山阴县令,遂居和乐村。而曾伯祖十一郎讳褆公,乾宁谏议大夫迁润州刺史,谒告省亲归越。因董昌之乱,与曾祖十二郎讳祎公弃家计、侍二亲,迁于芝田至库村。惟祎公性情沉逸,深隐不仕,尤精于地理,更卜他处,偕兄褆公觅寻佳所。溯水而上,则见烟树苍苍,巍然挺秀,林之茂也;清泉汩汩,琴声不息,水之秀也,喜不自胜。因名其地曰松源,畎亩膏肥,颇足耕稼,遂轮奂一新,渠渠夏屋,以奠厥居,更无他适,时唐天复四年(904)。迁居四世,吾父讳用庆,封赠大都督。叔父讳用卿,任秘书,历朝议大夫,升太保。又三叔讳用霸,初任三扇将。噫! 祖父委身王事,坐不安席,予岂然天为哉! 今幸承末绪,泰获食禄,久守松源。切思吴氏望族,浙闽之间宗茂枝繁,其忘本可乎? 用述世系,以昭宗嗣,然斯系乃季札公相承世传之谱,又质诸史记,以究正派之源,手书以遗后裔者,非若他人之跨门第、矜虚誉者所可议论也。惟厥后之子孙,一言吴氏思缵泰伯公之圣,一言延陵思绍季札公之贤,庶箕裘之继绪,家声不坠也,吾之后人尚贤重之而昌大焉,予后望诸。

 时 宋淳化元祀(990)上元之吉

  大都督子,崇煦谨序

注:吴崇煦,字元光,号顺济,系庆元松源吴姓始祖吴祎的第五代孙、大济村吴姓开基始祖。

延陵吴氏受姓郡属源流宗谱序

  吴越春秋,古公周大王之本号尊为太王,名亶父,生三子,长泰伯,次仲雍,一曰虞仲。第三子季历,历娶执国任子仲之女,曰太妊,端一成庄,惟德之行。生子昌,古公知圣欲传位季历以及昌。曰兴王业者,其昌乎! 于是太王乃立季历,传国至昌,是以三分天下,有其二是为文王。泰伯与弟仲雍,望风知指,古公病，其二人托名采药于衡山，遂至荆蛮，断发文身，因其俗，是为夷狄之服。古公卒，泰伯与弟仲雍归赴丧，毕，还荆蛮。国民君事之号为"勾吴"，文王崩，子发立，克商而有天下，是为武王，敕封二子，于是世袭侯爵，以国为氏。而吴姓者，乃泰伯之始也。至寿梦称王，生四子，长诸樊，次余祭，三夷昧，四季札。寿梦王欲四子继位，季札忠义不受。一日承君命，过徐，而徐君欲礼所佩之剑，口不言而色欲言之，季札有事，上国未献，心已许之，及还，而徐君已死，乃挂剑于墓树，而公是以叛，寇闻其威名而不犯境。季札忠，循大义而有大功，遂加敕封延陵郡，今属江浙常州府也。而其寿梦□□□□□□□□□□季札之子僚继立，后因公子光弑僚，吴王阖闾立，传及夫差，其夫差不听忠臣伍子胥之言，于是国被越王所灭，世次难详。后得番君芮，从汉有功，封长沙王，至唐吴璟授银青光禄大夫，吴洪授兵部郎中，其孙胄者，徙于鄱阳松盖，其族由乐平徙于越州会稽山阴和乐村，于是而家。宣宗时，吴耆公谥"文简先生"，而生三子。长曰畦(袿)，于咸通元年(860)举进士，至进乾宁元年(894)受谏议大夫润州刺史，因董昌作乱，乾宁三年(896)四月十八日，侍父母遁于温州库村。次子祎，谥曰服，时天复四年(904)分居括之松源。三子被，有才能，惜乎天不假之以年。由是散居各域异乡，难以详续，兹续谏议大夫畦(袿)公同祖祎公正派，图见于后，谏议大夫遗记，以遗后人。仕良乃吴氏八世孙世美公之甥也，得睹是谱，敢斋沐以记岁月，有所观感者矣。

时宋淳熙(1174—1189)迪功郎建康府学教授鲍仕良谨识

延陵谱序

景定庚申(1260)夏，予倅建昌。是秋，大丞相许国公吴公为权奸所挤，谪旰江，寻有移朝之命。始，予第进士，而公知贡举，及予擢将作而公干桓笔，比予在馆阁，而公登二府，公予座主也。屡获周旋，承教侍下风，受知为最厚，今公撄逆鳞左迁。予复得时接杖履公，雅以清约，自将就谪日，惟以宁考实录及吴氏谱稿自随燕间，出谱示予曰："子为吴氏甥，吾语女以外氏所从出，由三五公以降，迄东都，概见于族，曾叔祖前相国正宪公之自序。"皇考亦尝语予曰：

"江右诸吴皆远族,至于东晋北魏时居松源,盖至十二世祖九公璇分为三大派,从浙东者派居长,即谏议公禔而下也,括之松源有朝散大夫讳殷者,剑川有将作盐簿讳戢者,俱行义,著于仁庙,岂非其后欤?迁闽者派第二,至正肃、正宪公始大昌,宣城本枝末派也。余伯兄金陵矣渊忝参朝政,予待罪宰相,惟不能阿谀媚谀,以故冒左律窜炎,方念君仁,祖德无补报,幸投荒余力踵成昭陵正史续编,先世家乘不坠文献,然后下从关龙逢无饮矣。且吾昔以易经忝状头佪,位宰执子,以义经魁天下,而文章节义迥出群伦。他日名位非吾曹所跂,今别子行有期奉为措词以为宗祠不朽。"观予闻命再拜曰:"常人判袂不惜眼前,别则嘱身后事,又况瘅疠之行,死生之隔。"殷殷以支图序相委,尊祖敬宗一何至哉!敢迹其所闻谨识诸简端。

宋景定纪元岁在壬戌(1262)

宝祐丙辰(1256)状元通判建昌军事庐陵文天祥首拜

注:文天祥(1236—1283),南宋末年政治家、文学家。字宋瑞、履善,号浮休道人、文山,人称文丞相,谥忠烈。江西吉安人,宝佑四年(1256)高中状元,盖因王应麟独具慧眼,两人有师生之谊。序文告知,文天祥是吴姓外甥。

续修祠谱序

尝考国有史,邑有乘,家有谱,皆所以信今而传后也。而家为国之本,谱綦重焉。我吴氏肇自有邰,聿昭诞降,之灵越,厥荆蛮咸。至德之光,迫食采于延陵,昌世系于梅里,子子孙孙相承勿替。溯自文简公本姑苏之望族,徙和乐以安居,洎乎都巡公迁居松源,聚族于斯。历有年所,大理评事崇煦公,由松源而迁望济之八保,千户顺卿公由八保而迁七保,始构祠曰"大理府",志堪稽。其中人文之荟萃,生齿之殷繁,讵可胜计然?从前之旧谱概行缮写,汇订一本,虽尽美而未尽善。至道光庚寅年(1830),延请城西贡生吴登瀛及其子廪生吴侗主修,改用排字印刷,规模始备。咸丰辛酉(1861),复请江右乐君、畅怀等,重新增修,尤觉彰明较著,迄今已阅三十八载。续修诚不容缓,夫天道三十年为一世,谱至三十年则必修。庶几本支百世脉络分明,若代远年湮,难保无遗忘之患。戊戌暮春,族长叔圭瑗暨族叔涵熙、金成、涵泰、涵江、涵正、涵典,兄堂选、弟济选、方选、毓祥、友选,侄六星、六恩等,会议熟筹续修谱牒,订请江右陈君寿南、熊君、和顺、杨君恩保,延至祠中,设局仿旧规增新刻,凡生、葬卒、爵、赞传、支图,缺者补之,略者详之,重付枣梨,分订孝、悌、慈三本,因以谱稿嘱余,余技愧雕虫,何堪膺兹重任? 然辱承谆命,不敢固辞,于是悉心参酌,校对详明,毫无遗漏。阅七月而告厥成功,所望后之君子及时续修,以匡其不逮,俾与国史邑乘并垂不朽,是则吾族之厚幸也。

光绪二十四年(1898)岁次戊戌夷则月穀旦
二十四世孙邑增生其模盥手敬撰

大济中宅吴氏支谱前言

宗谱之作,上纪祖亲之世系,下明孙支之条达。使后人亲疏有别,而敦亲敬宗、和亲睦族,其有关于人伦世教可想而知。为其至重,是以每族都有谱,而且及时修续,使世系一脉贯通,了如指掌,孝悌之心必油然而生。

大济吴氏从松源始祖祢公迁居于松源上仓,以后之始祖崇煦公夏迁于望济之源,曰"大济"。其实当时居于水尾之小济,户口蕃盛,文人蔚起,盛极一时。后来,由于地方受到破坏逐渐衰落,传至万十五公讳实,再徙居于今之大济中宅。实公为中宅始迁一世祖。相承二十四世于兹,宗谱曾几度修辑,前次修于民国九年(1920)庚申,统一梓印二十余部,至"文革"中各房所在印本,都被列为破四旧对象,付之一炬,幸仅密藏一部,可作依据,族众于是提出修谱并修祠。去年已将祠宇修复,今年继续修谱,凡是国族宗人,通知如期上谱。

隆宫支系是豫湖公、洲公于道光年间徙于彼,已七世相承。丁口亦蕃。本届修谱,要求另立录支谱,以登便参考便览,余等善体其追远敬宗之念,和善睦族之谨,用成其,爰为从受姓始祖起,至本支止,为其编辑一帙。本支详载,旁支从简,名曰支谱,将来自发一族,亦可以修续成谱。聊叙数语,以志作时之岁月。

公元 1990 年季夏之吉
庆东左溪区黄冈村陈家振、横坑村叶宗伟志

3.举水乡月山吴谱序

延陵世谱原序

余向有鄱阳旧谱之订,上自勾吴,下起南浦,原原本本固已厘然具备,惟是念余太祖昆弟有三,其因唐季董昌躁蹦避处四方者,松源则文简公讳鬶之后,系孟房;濠梁宣城,则有季房文集公讳翔之后,余太祖文举公讳翱行列仲,为建安县佐于南浦第,宣濠颇远,其裔未知维何,而与南浦相接望者,厥惟松源。时族中自松源来者,携谱一帙,余披阅之,不禁喟然曰:"子之与余同裔于吴也,亦所从来乎?"盖自泰伯避位于吴,而君之子孙因氏焉,则由泰伯而递而溯之,至于延陵季札,札生升,升生炳,炳生梓,梓生芮,佐汉有功封长沙王,芮生便项,便项生浅,为河南尹,治平天下第一人。循吏传浅,生其,其生共,共生信,信生广志,广志生千秋,千秋生长陵,长陵生汉,尝佐光武中兴,封广平侯。汉生侯,侯生成,成生筑,筑生阳,阳生暎,暎生旴,旴生胜,胜生贻,贻生荣,荣生佑,由孝廉迁胶东相。佑生质,仕魏为振威将军。质生康,康生坚,为晋龙骧将军。坚生龙,由谢石主簿,任广州刺史。龙生延之,由明经擢鄱阳太守。延之生叔山,叔山生宽,宽生洞,洞生琮,琮生然,然生塞,塞生定,定生实,实生居,居生唐,唐生璟,为唐光禄大夫。璟生洪,任兵部郎中。洪生昂,德宗间翰林学士。昂生胄,为太常寺博士,初徙鄱阳后居山阴和乐里。胄生峦,峦生龙库,龙库生昌裔,昌裔生璇,字齐政,安人李氏生三子,而吾太祖昆弟出焉。凡四十八世,云夫南浦、松源同一脉之通,山川所不得而隔,数所不得而疏,固宜其急于访宗有如此也。时同族闻余言,欣然嘱余以其始末书于谱,明日复携其谱返于松源。

宋元丰二年(1079)己未岁
枢密副使同平章事南浦裔孙充谨识

延陵世谱原序

上古之世,浑浑噩噩,不独亲其亲,子其子,初无所谓谱也。谱之兴,自中古始考之礼,五世之宗,亲尽则族散。古人作谱,以考记之。盖所以明其支流,俾世世子孙不致惘然失所本也。吾乡延陵一姓,自鄱阳历山阴更避地于永嘉安固,由此而衍于松源,至本朝景德间(1004—1007),文简先生十一世孙讳诩始卜居举溪,厥后子孙繁衍甲于他族,而印宗先生尤其杰出者也。时有世谱之辑,征予一言为序。予以忝在戚里,谱裔之源流,贻谋之恢廓,箕裘之远绍,固已得之,见见闻闻,乃先生所将仁孝惓惓于谱牒之,不容以或紊,且即其才识,素娴鸿章巨帙,炳炳朗朗,以光前裕后者,亦自不足为之难行。见谱一成,告之家庙,神灵默为之式凭,宜之族人,奕世珍为宝录,讵不与月山举溪同臻磐固哉!

宋度宗咸淳十年(1274)岁次甲戌

原任给事中丙辰科典试眷弟王应麟顿首拜撰

注:王应麟,字伯厚,庆元府鄞州人,南宋经史学者、教育家、政治家,历任太常寺主簿、中书舍人、礼部尚书等职。据相关宗谱及《庆元县志》记载,王应麟晚年隐居于庆元竹口,"谱序"中称之为"吾乡"。

吴氏世家

吴氏之姓起于泰伯,泰伯、仲雍、季历皆周太王子也,季历子昌生有圣德,太王欲立季历以及昌,泰伯偕仲雍奔荆蛮,文身断发以让季历。季历立为王,季而昌为文王。泰伯之荆,自号勾吴,荆人义之从而归者千余家,立为吴泰伯。泰伯卒,伯子季简传至十九世孙寿梦,其国始大,梦欲立少子季札,札固逊之,遂封札于延陵,乃会稽延陵郡也。及后都居芮从汉有功,封长沙王,王生便项,项生其,其生信,信生广志,志生千秋,秋生长陵,陵生广平侯汉,生哀侯成。成生筑阳、侯旰,旰生胜,胜生贻,贻生荣,荣生佑,佑生振威将军质直,直生康,康生坚,坚生龙,任广州刺史,龙生鄱阳太守吴隐之,隐之生叔山,山生宽,宽生洞,洞生琮,琮生然,然生蹇,蹇生定,定生实,实生居,居生唐银青光禄大夫璟,璟生兵部郎中洪,洪生胄。胄徙居越之山阴,传至晋、字进卿,唐中登进士,历官刺史,生子峦,字传岩。岩生龙库、龙庄,库生昌裔,裔生璇,璇生羲,宿学者德望重,当时宣宗大中间(847—859)名以署吏部,不应。即高其节,赐号"文简先生",并银绢各一百。生子仲融,字子华,淹贯古今。龙纪初登进士,韦昭度讨蜀,入掌书记,累迁侍御史。坐累去官,流荆南。久之,召为左补阙、昭庙正御,融立就昭文,语意精特,帝爱其才,进礼部侍郎,卒赠太傅魏国公,生子光禄大夫睚。睚生礼,咸通元年(860),举进士,官谏议大夫,为润州刺史,归休于越。未几,董昌作乱,与仲弟避地于永嘉库村,而祎寻迁松源,是为始祖。今谱首书谏议者,犹谱国以始封之君,上弗论也。然第叙其大概耳,欲溯其源而详集之,尚有俟于罗访云。

余自待罪册府,每以国步艰难为忧,惟是鞠躬尽瘁,求无负松源王夫子忠肝铁石之誉,第夫子自解组归里后,久疏寤言,暮云春树之句,几使少陵不得独赋于前矣。近自镇江趋行在寓于温州,适使者来知,夫子于阃月著书之暇,为同邑延陵考辑家乘,而并命余为之序,夫余固吴氏甥也,凯风寒泉之思,实钟厥心,孔子有言曰:"孝始于事亲,终于事君。"又云:"事君不忠为非孝。"夫子其勉余以孝作忠欤?且余闻印宗吴公,与夫子夙号通家瑰意琦行,倜傥不羁.即其留心谱牒,已足觇仁孝之思,将见宗族睦而风俗厚,人心系而礼教修,胥于此赖焉。此其遗谋抑何宏远!夫子生平所殷殷以忠孝望人者,吴公其殆无愧矣。余虽不文,安敢负夫子之所命而并负吴公之用心,爰缀数语以纪其盛,所冀鱼腹之烹,聊作骥尾之附云。

景炎元年丙子(1276)签书枢院事同军国事前

宝佑丙辰(1256)状元庐陵　文天祥　拜撰

注:此文是文天祥在南宋政权风雨飘渺,为国赴难之际,为举水吴谱作的序,文中再次阐明"夫余固吴氏甥也";此序也告知,王应麟辞官后在庆元居住。并写了松源王夫子(王应麟)的行踪,"求无负松源王夫子忠肝铁石之誉,适使者来知,夫子于阃月著书之暇,为同邑延陵考辑家乘,而并命余为之序"。

重修延陵谱序

　　古来国有史则家有谱,著之当时,传诸在奕叶,莫不视为可昭焉,若涑水之通鉴,紫阳之□目,丘文庄之编补焉。古千之鉴例,遂籍借以立,得是意而存之,修国史也,可修家谱也。可务本作求,盖其慎也! 余壮时,与先六兄曾有志于修谱,奈以连年往武林肄业未逮,彼因兵乱,全编散失,几不可详。然幸得贤如续家藏草谱,此缺彼存,彼缺此存,互相参订,犹可观其大概焉。是役也,则起于族弟庆暹出十余年之精诚,方成草创,左昭右穆,本支百世班班可考,尚未楷录也。康熙戊申(1668),春祠宇告竣落成,大小醮忏加庆,时阖族更有修谱之议,以为不得庆暹则不斯草创之由也,不得懋修则文章亦不润饰焉。今懋修、庆暹老矣,及时就绪何可迟迟又久耶? 余与庆暹闻之,不啻秋露春雨而感凄怆恻怛不能以已,于是遂定是役,克期而举。然绎有虞氏禘黄帝而郊喾,祖颛顼而宗尧,夏后氏亦禘黄帝而郊鲧,祖颛顼而宗禹,殷人禘喾而郊冥,祖契而宗汤,周人禘喾而郊稷,祖文王而宗武王,此帝五祭法也。下而等之,则为诸侯后稷封于有邰,宜即受为鼻祖,亦以周公之咏生氏也,自后稷十四世至泰伯,封于吴。十九世至延陵季子,自延陵季子四十二世公主文简先生,自文简先生三世孙大中大夫祎卜居松源。自大中大夫八世,至三老太公讳伉肇基举溪,自三老太公十世至浦城县尹大一公讳平,自大一公十二世至懋修派衍,天潢一绪,缵承可历也。至前图像或著行状,或传赞,或志铭,或书爵,或书德,皆本履历,不以谀闻博虚声《礼经》所谓"尽其信而信焉,尽其敬而敬焉。愍而愍焉,洞洞乎? 属属乎? 如弗胜,如将失之",故曰:盖其慎也。说者谓家谱与国史不同,非然也。同此亲即同此谱,为可传也,为可久也,则余庆暹同此志也,后有仁人孝子,将取此而衍之,无愧延陵世家,又何替哉!

　　兵部司务懋修撰

　　注:吴懋修,字尔进,号如公,又号玉山。因在族中排行绅八,而被后人尊称为八老爷。明朝末年参加抗清运动,担任兵部司务。回村后为月山村发展做出巨大贡献。

延陵吴氏历代源流

吴之为姓,始自黄帝之后元嚣蟜极,至帝喾高辛氏元配有邰氏女曰姜嫄,出祀郊,禖见大人迹而履其拇,遂歆然如有人道之感。于是即其所大所止之处,而震动有孕,居然生子,以为不祥。诞置之隘巷,牛羊腓字之;诞置之平林,会伐平林;诞置之寒冰,鸟覆翼之。乃以为神,于是收养之,初欲弃之,因名曰"弃",即后稷也。后稷为儿时,好种植。及成人,尧举为农师,有相之道,封于有邰,使即其母家而居之,以主姜嫄之祀,号曰"后稷",遂为生民所自始。

后稷卒,子不窋立。不窋卒,鞠陶立,鞠陶卒,公刘立。刘迁邠,复修后稷之业。公刘卒,庆节立,庆节卒,皇仆立,皇仆卒,差弗立,差弗卒,毁隃立,毁隃卒,公非立,公非卒,高圉立,高圉卒,亚圉立,亚圉卒,公叔组绀立,组绀卒,古公亶父立。古公去邠,迁于岐下,改国号曰"周"。古公配二妃,长妃生二子,曰泰伯,曰仲雍。次妃生一子,曰季历。娶太任,其质有思齐之德,生子曰昌,有圣瑞,古公欲立季历,以传昌。泰伯、仲雍体其意,托为采药,避之荆蛮以让之,即今姑苏常州无锡县梅里村是也。古公遂传位季历。公卒,泰伯、仲雍哭泣而不奔丧,人知其贤。泰伯端冕以治周礼,民感戴之,奉以为君。遂君于吴,伯卒于梅里村。迄今有墓存焉。伯卒,仲雍嗣位。雍卒,季简立,简卒,叔达立,达卒,周章立。至武王克商登位,封周章为君,俾其子孙世主泰伯之祀,而别封虞仲之后于虞,以祀仲雍焉。章卒,熊遂立,遂卒,柯相立,相卒,疆鸠夷立,夷卒,余桥疑吾立,吾卒,子柯庐立,庐卒,周繇立,繇卒,屈羽立,羽卒,夷吾立,夷吾卒,子禽立,子禽卒,君转立,转卒,颇高立,高卒,句卑立,卑卒,去齐立,齐卒,寿梦始称为王。梦生四子,长诸樊,次余祭,三余昧,四季札。札贤,梦欲立札,札辞,遂立诸樊。既除丧,则致国于札,札又辞。樊乃舍子立弟,依次相传,必及季子。樊卒,祭立,祭卒,昧立,昧卒,则札宜受命以安社稷,成父兄之志。札亦辞,昧之子僚嗣位,而樊之子姬光曰:"先君不传子而传弟者,为季子耳。将从先君之命欤? 则宜立季子,如不从先君之命,则我长宜立。"阴使刺客专诸刺僚而致位季子,札终不受,去之延陵,终身不入吴国,世号"延陵季子"。姬光为王,改名阖庐,庐卒,夫差立,后为越所灭,乃鲁哀公二十二年戊辰岁也。季子延陵守命立名,全身弥修厥德,民皆仰之。季子生五子,曰昂,曰昌,曰晟,曰升,曰臮。升生五子,曰炳,曰炤,曰焞,曰煓,曰耀。炳生二子,曰槫,曰梓。梓生四子,曰芗,曰薮,曰苪,曰芮。芮从汉有功,为鄱阳令,封长沙王,为河南尹,治平第一功,传称之曰"吴公"。公生其,其生共,共生袭,袭生信,信生广志,广志生千秋,千秋生长陵,长陵生汉,汉佐光武中兴,八战八克,封广平侯。汉生侯,侯生成,成生筑,筑生阳,阳生映,映生旰,旰生胜,胜生贻,贻生荣。荣生佑,举孝廉迁胶东相。佑生质,仕魏封振威将军。质生康,康生坚,为晋龙骧将军。坚生龙,由谢石主簿任广州刺史。龙生延之,由明经擢鄱阳太守。延之生叔山,叔山生宽,宽生洞,洞生琮,琮生然,然生蹇,蹇生定,定生实,实生居。居生璟,仕唐为光禄大夫。璟生洪,任兵部郎中。洪生昂,唐德宗时擢翰林学士。昂生胄,为太常寺博士,初徙鄱阳,后居山阴和乐里,胄生峦,峦生二子,长龙库,次龙生。库生昌裔,而九公出焉。公讳璇,生文简公讳纛,生五子,曰侃,曰似,曰侯,曰偁,曰仲。似生三子,曰袿,曰祎,曰祓。袿公登咸通元年(860)进士,历职议坦,迁润州刺史,将一载,谒告省亲归宁于越。未几,董昌作乱,谋与二弟,遂弃家业奉亲,跋涉山川至括苍芝田白岩村遁栖,旋构数椽。又值唐季羹沸不得宁居,更卜永嘉郡安固县,即今瑞安。得其村山环水秀,蔚然深邃者,库里也。二弟大中大夫祎,复历览胜地,卜得松源,遂居于此。生子琚,琚生殷。殷生四子,曰源,曰泽,曰深,曰渊,分遍各处。泽为郓州司理参军大司马,赠正将。泽公生崇岳,岳生悦,悦生□(琔),(琔)□生伉,行三世,称三老太公。原配李氏生一子讳诩,年方八岁,李氏太妣以子幼,宜静处,迁于上管之东庄,积行有年,世传遇仙改水湾抱,遂名举溪。诩生璧,璧生翎,翎生君,君生献,献生仲文,仲文生应麒、应麟。麒生二子,长曰鸾,次曰凤。凤生平即大一公也。绍鸾公嗣生三子,曰富二,曰富四,曰富五。自此分孟、仲、季三房,迄今子孙繁衍,在举溪者数千人,在县城者数千人,皆出李氏太妣积德之所致欤!

    时乾隆五十六年(1791)辛亥仲秋月

    三十七世孙庠生一夔敬撰

咸丰五年(1855)乙卯仲夏月
三十八世孙增广生怀恩同三十九世孙廪生美金拜录

4. 百山祖镇桥陌吴谱序

吴氏迁居中记

祎公越州山阴县和乐村人也,因董昌扰乱逃徙芝田白岩村中,时值唐季之扰,复于乾宁三年(896)四月十八迁于永嘉之库村而居,后又择地于天复四年(904)迁龙泉之松源乡居,丹岭有邻进士林琪赠行诗云:"跋涉家居返故乡,送君丹岭上翱翔,桂移月殿千枝秀,兰种龙池万叶昌。"贡士柳元禧赠诗云:"喜送东君避隐村,山回水秀镇松源。须知人杰居灵地,福合天方与地圆。"当时祎公谢诗云:"蒙君佳句送行情,染墨回诗谢契盟。跋涉无缘尚自省,安居有分看前程。拜辞感沐琼瑶笔,临期留意班马名。君应再整龙泉剑,鹏翅冲霄达帝京。"阅四世至若柳公,于开宝八年(975)迁居卢源。阅十世至千十五公,迁居龙岩,又五世至方廿三公,迁居桥陌,方廿三公乃桥陌之始祖也。历来迁居,各详所自,记载分明,方知其所自云。

(落款本缺)

5. 百山祖镇龙岩吴谱序

家乘自叙

自盘古立极,圣贤间生,列朝相继作史以载之者,所以纪大统、究本末、明治乱之端也。若姓氏受封,祖宗伊始,续世不泯。惟谱以记之,所以正彝伦,推根枝析异同之绪也。上自天子,下及庶人,使不修史作谱,何以修考稽而垂久远哉?

吾宗分自姬周,本于有吴,其后延陵、渤海、濮阳、鄱阳郡分有四,皆本一源。由一本而万殊分枝，流于天下，自汉、魏、晋、隋、唐、宋以来，其间忠臣义士，孝子顺孙，文治武勋，腰金衣紫，可谓蕃盛者矣。吾族自鄱阳松盖，转于乐平，迁于越之山阴和乐村。唐宣宗时，文简公翥以县令致仕。乾宁间，值乱，翥公子禔以谏议大夫润州刺史去职避乱，携家至永嘉库村居焉，克以养亲保家，孝友之道备矣。公之仲弟十一都巡公讳祎，深谙地理，更寻胜地，直抵栝苍之上仓，得其所止青松夹道，名曰"松源"。天复四年(904)，都巡公于是家焉，谏议公仍居库村，由是三百余年，维世科甲，忝名衣冠奕叶不坠世。先汝谐公，重念彼此异居，岁月屡更，音问多疏，恐邂逅如途人，或偶逢而叩姓，孰知疏戚，焉别尊卑？此无他，世系之书不修，子孙无以知其本末源流也。先世徙居分析之由，谏议公述之详矣。至若由库村而分者，漈头、漈下、蒙湾、朱溪、小村、百丈、戬洲、马屿、渔溪、罗洋、铜山，暨吾括之松源上仓，芝田之白岩、卢源及闽浙各郡州邑，并随官任所，爰居遁迹，族属蔓延，一时难以哀述。惟以遗编所记参之，故老所传，姑录正派，并出仕显达者，条陈于谱。使后世子孙知所自出。虽九族之远，犹一家之亲，念祖敬宗，读书积德，窦谏官义方之训，诚为家传，张公艺雍穆睦之风，留为世劝。

　　宋淳祐四年(1244)甲辰秋月

　　裔孙将仕郎世美元老谨序

新修宗谱序

　　夫良木之畅茂条达也，采其根必固而且厚；沧海之源远流长也，溯其源实缘于有本。天地生人，皆本之隆古，根深源远矣。使不稽其所自来，则万世而下，何由考世系，辨昭穆，而示子孙于永思也？昔者，欧阳公列世谱于碑，示后人木本水源之思。古人之用心，盖未有不亟亟于谱者也。

　　岁壬子之秋，延陵吴氏以辑录家乘，重相委托。余承斯任，从而稽其本源，盖周后稷之后也，自泰伯三让天下而为勾吴之长，武王有天下封周章于吴，以奉泰伯祀，遂以吴为姓。传至列国季札，始终让国而地处延陵，故以"延陵"为郡，此受姓受郡所由来也。近溯唐时，祎公于长庆二年(注：应是天复四年)，自山阴迁居于括苍松源上仓,历至三公,更由上仓而徙举溪之东庄,至富六公迁于碑坑,构屋创业。传及任三公,又复寻山选胜,启宇于斯,迄于今,凡阅几世,依然古训是式,其世泽方长而未艾也。阅其前谱,修于乾隆壬子(1792),续于道光己丑(1829),其旧作固云存矣。然而韩子有云:"莫为之前虽美弗彰,莫为之后虽盛弗传。"诚哉斯言也。今族诸君有怀于斯所云,有功于先人后裔也。岂浅鲜哉!余也承斯大任,聊书数言,笔于简首,以待后人记忆弗忘焉云尔。

大清咸丰二年(1852)壬子岁孟冬月

青竹增广生毛为珍拜撰

续修吴氏宗谱序

古之治也,上则统于君,下则统于宗,故曰:君之,宗之。宗有五:其一为大宗,其四为小宗。《白虎通德》论云:"大宗率小宗,小宗率群弟,凡五而人之亲始备矣。"后世宗法不立,所谓百世不迁之宗,既不首其义。诸如继祖继祢维高曾亦散,无友纪故。世次日远,昭穆日淆。往往视为途人,此渊明所以致叹也。君子惧其如此,而设为宗谱以睽之,别长幼,序尊卑,俾知爱其所亲,敬其所尊,以卑逾尊、疏逾戚也,谱之所关岂不重哉!

龙岩吴氏自若栿公,由松源徙居庐山,五传至子瑛公,寻山水之胜,聚族于斯焉。年数虽无可考,乃在宋时也。以公为始迁祖,即奉瑛公为鼻祖。其后系系相承,序次不紊,等上等下,如发受梳,靡不得其经纬蹊径焉。盖宗法既定而后趾趾不乱也,故宗谱之作,创自前明至道光二年(1822)纂修,后迄今,谱不修者四十余载,名未登者数百余人。予与宗伯叔诸昆季往来,晋接间,曾语于予,斯谱不修,第恐老成凋谢,无从考核,以宗谱属予续编。予乃承其任,谨为之书世系,书昭穆,婚嫁必详,窀穸必志,了如指掌。后之览斯谱者,敦孝悌而厚人伦,美教化而移风俗,门才鼎盛正未艾也。

谨书此以为之券。

时同治七年(1868)戊辰岁桂月上浣　穀旦

鹤西英川邑庠生宗侄钧谨撰

6. 百山祖镇黄水吴谱序

黄水吴氏谱序

吾乡为龙庆景三邑交错之地,其间村落聚族者,吴氏最多。原其初,自唐末五季时,由山阴后库村而分松源,其后历两宋、元、明,椒聊蕃衍,播出散居者,不可胜计。若黄水一派,则由卢源龙品递折递迁以至于斯,详在图牒可复按也。乾隆壬寅(1782),余馆于三堆吴氏,而黄水表兄吴元美与族彦元魁等,因以作谱相委,明年癸卯,应半山陈氏外家之聘,莫践斯约。而是冬,元美居宅不戒焚如,遂不克举。逮戊申(1788)、己酉(1789)间,将申前议,而余弗遑暇,为举他友以代任。元美谢却之,而谓其族曰:"重吾谱则重吾作者,才学吾弗知闻名而已。若其履正怀,方吾闻而信之,则必终俟之耳。"壬子(1792)冬月,余方书谱于黄麻岭之东,而元美造余曰:"曩新吾庐之后,以君之未遑暇也,故有事于社庙宗祠之建置,今则诸举犆有成绩而作谱之议,悬十年。余今犹缺如,愈后则愈急。岂君子而犹不急,吾急乎?"余感其固俟之诚,遂无以应而辞也,爰与订诺。癸丑(1793)春孟,集问字之徒,而馆其祠宇,元美长嗣如川,亦执经从焉。旧谱一册,康熙丙申年(1716)作,其陋不必言,而首尾残缺仅存三十余页,敝若悬鹑。幸抄稿多存,与未缺同也。自春徂夏,讲授麾宁,入秋之半,乃后斯事,仲冬初旬,始可卒业。元美、元魁、练期,率众入庙告成礼已,觞余于堂,元美起,请教曰:"某观于谱系之绝续,有足以感者,或盛而忽落,或衰而寝荣,天与人兴为必昌,其信然与?"余复之曰:"天也,有人焉,夫人则有所以为人之理。君子以人理,自为孝悌以敦伦,忠信以立本,勤俭以治,生无忝于其先,可训于其后,尽其当然而听于自我,非有所冀幸于天也。然而理者,天所自出,理尽则气洪,而夫天人协应,券合符征,有不期然而然者,以余所闳为善必昌,证之古圣贤之说,无不同者矣。"众皆然,遂书为序。

乾隆五十年(1785)岁在昭阳赤奋若律中黄钟日躔星纪之次 月既望

乙酉科法元候选、直隶州州判邻里眷弟柳光华顿首拜撰

7.百山祖镇黄皮吴谱序

黄皮吴氏新修谱序

和亲之谊,千秋不改;敬祖之道,万世无殊。而欲明和亲之谊、敬祖之道者,莫若谱。谱者,普也。盖普一族而统纪者也。溯寻本源,由源及流,其间绵绵延延,瓜瓞晻如,且也亲疏有辨,昭穆攸分,世世子孙览斯谱者,不致以同宗如途人,相视之失也。谱之所关,不诚重乎哉!

黄皮吴氏于武宗至大元年(1308),丙三公由龙岩游览斯地,观其山明水秀,逆龙拖澜,较之龙岩已胜多倍。遂乃置山场,买田园,越二世伯高公,遂卜居于此焉。世修厥德,尔昌尔炽。迄今可谓盛族,藉非谱谍记之,安能知其源远流长乎? 往朝之事业,世远年湮无所稽考。迨至国朝来,或经营于闽地、粤东,或远跋于西川、云南,数十年来盈囊满橐,获千金者不止一家,置买产业周围数十里者,何止一村! 厥后书声大振,棣萼联辉,昆仲同榜,斯文叠叠。猗欤休哉,何其盛也! 斯时也,所谓地灵而人杰,人杰而地愈灵,盖亦庆邑二都之名乡也。己卯(1879)仲夏,余至姑丈讳宗圣家中,而姑丈有堂兄讳宗尧者,丙辰(1856)进士,老成练达,世务洞明,彬彬雅雅,常怀古道之风,问余数年来所学何事,余答无所营业,学修纂谱牒。叹曰:"谈及谱牒,未有如我村之久远未修者!"遂与知事辈聚集商议,即以此事托余,乃斯文地方,余何敢安膺斯任? 然宗谱之修,惟于世系载明,支派录清,非如文字可以抒写心思,铺张词句,忝在至戚,不妨领受之。

阅其旧谱支系紊乱,代数蒙混,全无格法。余纂以五世一图,合两图为九世,取九族之格,邀请族中讳必谦表兄附理,谱草始于庚辰(1880)之夏六月,成于辛巳之夏五月。越周年,始告竣焉。则诸位之倡修是谱也,亦可谓知所急务,为久远计,其有益于后世者,匪浅鲜矣。兹也,谱已完就,余虽庸劣拙材,承蒙雅爱,不弃鄙陋,聊缀数语,叙于卷云。

大清光绪七年(1881)岁次辛巳仲夏月毂旦

景邑四都一坑眷晚邑庠生周耀光拜撰

8.竹口镇新窑吴谱序

新修吴氏宗谱序

国之以史为重,族则以谱为要。史者各争取地,图王治乱之故,贤臣卫国忘家,则孰知兴衰之由。谱者,所以联族局、绵血统、详世系、叙昭穆、定尊卑而别亲疏也。纵使有族而无谱,有谱而勿修,则异日者,子孙蕃衍,无所载入,后人无从知之。余观吴氏之世谱,考其始祖谨赐公第三子福郎公,乃明嘉靖庚寅年(1530),由福建松溪上里,迁居竹口仙庄居焉。前届民国壬申年(1932)重修,迄今已有五十七年,因"文革"之破旧立新,遍地搜求,不管古史经文及谱牒等,概检遭焚,幸蒙房内有贤子孙毓学、守本二位老辈,在困难处境中,保存一部,有仁慈孝思。共和戊辰年(1988)重修之心,保藏宗谱尚在,还可继续,其功非浅,重加考核施行,今有族内长辈毓根、守创、荣喜等,遂择日开其红丁、男婚女嫁、生卒坟茔,未详者增之,已详者继之,经蟾圆数月,度此谱落成,上自高曾祖考,下至云礽,班班可考。

今谱牒告竣,予才疏学浅,略叙数语以弁简端云。

时公元 1998 年岁纪戊辰仲秋月

十六世裔孙荣棠字日爱敬书

重修山后坑吴氏宗谱序

夫家之有谱,犹国之有史也。国之政教纲纪,忠孝清廉,咸于史书之;家之彝伦谈叙、服属亲疏,莫不于谱书之。故古之修谱,备一族之统绪,纪百代之源流,所系岂浅鲜哉!是以世之明大义者,莫不首重于谱乎?所谓家有谱者,以收族也。收族故敬宗,敬宗故尊祖,木本水源枝分派别,阅世久远,继继绳绳,不明世系源流,祖孙弟侄之行次,则有视如途人者。此谱不可不修也。

今观山后坑吴氏宗谱,弘治元年(1488)寄成公由安溪徙迁于此,为一祠肇基始祖,相承相衍,步箕裘于前人,振家声于闾里。传至民国年间,原谱由际水姚先生纂修后,不幸遭焚。历史湮没,时逢改朝换代,迄今四十余载,未曾整理,族派繁紊,秩序混乱,虽有房董常说立之事,因祠无资金,族权分散,房董意各异,举事缓慢,部分族众不明宗谱之尊重,消极态度不肯助资参加修祠修谱,犹如一盘散沙,收之实难也。诗云:"黄河之水天上来,奔流到海不复回。"未逝之水,抓时机兴建水库,灌良田,能发电,益各行与诸业,利万年当将大公益,权作少比焉。可见修谱仍文人寒士之事,重谱尊祖敬宗之心,亦是维持秩序之事也。有志者方成是举,兹有乾周、元利、元新、元品、元仁、法敏、法余、法堂、仁余、仁兴、仁得、荣富、光忠等,首倡邀同众议,决定请予代笔之任,其经费向全祠各地现有入谱男女丁口征筹。为修斯谱,予潜心谱学,以修谱为任,信托为重,在资金欠缺环境简陋之际,不辞艰辛,频繁上岭下乡。时逢农忙,戴月披星挨家逐户起谱稿,幸有一本房谱尚存,远史依样画葫芦,为全谱之总纲目;中史由老人口述与观墓碑查分约,收集一鳞半爪,经斟酌整理,前后排行有序,左右次第难免有误;近史较昭修之,正以文献。须知创业之艰、守成之难,合族应妥善珍藏,及时纂修,上而统本族之众,下而归一脉之祖,淳厚之矣。凡出谱入谱,双祧承嗣,嫁娶生庚,终厝山名坐向,依言注明,务使眉目清晰,俾之间族皆知,使其族众,能知何枝之远近,何氏适于某所,一览而明。而今工竣告成,略聊数语以冠谱首,并祝贺螽斯衍庆,瓜瓞绵绵,其族系能不追颂修谱之功也。爰之为序。

共和岁次 1990 庚午年仲夏月在山后坑修谱良辰榖旦

又本邑举水游学生瓯江诗词学会会员吴承德谨撰

9. 松源街道和山吴谱序

重修谱序

尝观万物之滋息统乎天,而验时序之有常,人世之昭穆详乎谱。而考源流之久远,万物非天不生,昭穆非谱莫辨。然列谱之法,类以五世为率,其中世世相承,昭穆森然,尊卑禀然,故枝虽分而谱有以统之,派虽别而情有以联之,谱之宜讲求也亟矣。庆邑桔洋村,有吴氏之谱,始自李郎公生贵子德礼凤公,于万历二年(1574)迁居至此,开辟支裔,迄今三百余载,是此谱系原自二公始,自道光二十二年(1842),李东阳先生纂修全部之后,至今已阅七十有七载,其间未载谱者,亦孔多矣。此修谱固不容缓也。兹贵族长开阳公暨水成、其松、秀芝等,以此任付之予,幸诸君慎重是举,从前旧谱只用秉笔书写,此次意欲专尚剞劂,累成卷帖,以新人之耳目。予固身任之,设局自家,爰循旧牒而为之,登其支系,增其行列,细加校对,重为刊刻,俾使生婚终葬缺者补之,略者详之,虽嵌版中字数不敷,购办梨枣亲为刻镌,是以垫费鸠工以增补之,是举也,劳于集腋,苦类续貂,即资费之多寡在所不计,而是谱告成,皆诸君谋始虑终,共勷斯举,洵无愧仁人孝子者矣。予不敏,敢不敬勤乃事?兹是役告竣,谨缀数语以为之序。

中华民国七年(1918)戊午岁次孟春月良旦

城西廪生宗海吴云拜撰

县立第高等毕业生吴安清敬刊

10. 荷地镇底墅吴谱序

吴氏受姓源流序

溯自盘古开辟以来,三皇相继五帝,递承吴氏。肇端于黄帝,先是,有神农氏母弟名荼,封少典国,世为少典诸侯,少典之君,妃曰:"符实宝者。"感电光绕斗,娠二十四月而生帝于轩辕之丘,因名轩辕。本姓公孙,国于有熊,曰有熊氏。长于姬水,又姓姬。轩辕之时,诸侯暴虐,神农氏弗能征,轩辕习用干戈,以征不享诸侯,宾从炎帝,欲侵陵诸侯,诸侯咸归轩辕,轩辕乃修德振兵与炎帝战于版泉之野,三战然后得志。蚩尤作乱,帝征师擒杀蚩尤于涿鹿之野。诸侯咸尊之,于是代神农氏而为天子,都涿鹿。有土德之瑞,故黄帝娶西陵氏之女嫘祖,生昌意、元嚣、龙苗;次妃生帝鸿及清;三妃生挥及夷彭,四妃生苍林及禺,共九子。众妃生十六人,共二十五子。别十四姓曰祁,曰己,曰滕,曰葳,曰任,曰荀,曰僖,曰佶,曰□,合二妃二西为十四焉。在位百年,百一十七岁,崩于荆山之阳,葬桥山。在上郡位传次妃之子,名休,即帝休传位清之子少昊。少昊传位昌意之孙颛顼,昌意母弟元嚣降居泜水,生蟜极。蟜极生帝喾,继颛顼而立,是为高辛氏,元妃有邰氏女姜嫄,生稷;次妃有娀氏女简狄,生契;三妃陈锋氏女庆都,生尧;四妃娵訾氏女常仪,生挚帝喾,传位于挚,不明尧代立。使契为司徒,是商汤之祖。若后,稷则吴姓之所自出也。稷母姜嫄,炎帝之后,姜姓因祀郊,禖履巨人迹,觉身动如孕,居期而生子,或以为不祥,而弃之。置之猛巷,牛羊腓字之;置之平林,会伐平林,樵人收之;置之寒冰,鸟覆翼之。姜嫄知为神异,收而养之,因始欲弃之,遂名之曰"弃儿"。时好种桑麻,及长,分五谷,教树艺,禾稼皆硕,尧举为农官。天下后世享其利,帝尧八十一载甲子封于有邰,号后稷。稷传台玺,再传叔均,均以传不窋。夏道中衰,不务农业,不窋失官,窜于西戎,历世至公刘复修后稷之业,夏桀二十二祀甲子,由戎而徙于邠,传十三世古公亶父,为獯鬻所侵,而迁于岐山,百姓从之,遂择岐山之下居焉。号国曰周,元妃太姜生三子,长泰伯,次仲雍,三季历。季历又子昌,有圣德。古公因欲传位季历以及昌,泰伯即托采药而逃之荆蛮。及古公卒,兄弟奔赴父丧,季历逊位于泰伯,泰伯三让不受,仍之荆蛮,荆蛮人知其贤,义而居君之,即今之常州无锡县常熟界梅里村是也。至今梅里村犹有泰伯墓在焉。泰伯无子,弟仲雍立仲雍之子季简,季简之子叔达,叔达之子周章,武王克商分封懿亲,得周章而立之,以绍泰伯之嗣,受封于吴,子孙以为姓。是泰伯者,实我吴氏肇姓之祖也。周章十五世孙寿梦生四子,少子季札贤,欲立之。札辞,遂传于长子诸樊,遗命兄弟以次相传,必及于札,诸樊卒,弟余祭立,余祭卒,弟余昧立,余昧卒,应及季札,季札固辞,而立余昧之子僚。诸樊子姬光弑僚自立,季札耻之,而老于延陵,号延陵季子。季子生五子,次子昌生焯,焯生梓,梓生四子,少子芮仕秦,为蕃阳令,有美政,人皆曰蕃君,后从汉有功,封长沙王。芮生便项,便项生浅,为河南令,治平天下第一。文府颂曰:吴公五世孙汉佐光武中兴,八战八克,封广平侯。汉生盱,盱生胜,胜生贻,贻生荣,世袭侯,封门皆列戟。荣生佑,举孝廉,有四行迁胶东相,佑生质,仕魏,封振威将军。质生康,康生坚,仕晋,为龙骧将军。坚生隐之,由谢石主簿任广州刺史。十七传至延之,以明经赴试及第,擢鄱阳太守。又十传至璟,仕唐,为银青光禄大夫。璟生洪,为兵部侍郎。洪生昂,字通兴,同弟通精,唐德宗朝擢翰林学士。昂生为,太常寺博士,荐贤用能人皆德,之后徙鄱阳松盖,其族自乐平县徙居山阴之和乐村,即今绍兴府属也。易生胃,胃生玖,玖生文简讳矗,字叔羽。生三子,长佖,次侃,三仲。侃生融赠太傅,魏国公,融生袿,字春芳。生三子,长曰褆,次曰祎,少曰祓。而褆登咸通元年(860)进士,历职垣迁润州刺史,将一载,谒告省亲归宁于越。未几,而董昌作乱,为家则二亲年老,忧国则国势日迫,路生荆棘,进退两难,又况冠攘奸宄,数说谋与祎、祓二弟,捐弃家业,随传双亲由山阴径行至括苍芝田白岩栖泊,旋构数椽,命仆开垦田园,聊足养赡室家。时值唐季群雄并起,一年之间至者再三,虽不大害,常忧于心,与弟更卜他所,遂跋涉山川由岩至温州永嘉,见有山环水绕,望之蔚然而深秀者,库村也。于是命仆开垦田地,与父母昆弟,爱居爱处焉,乃乾宁三年(896)四月十八日也。然群盗颇多,仍与白岩相等,光化三年(900),而春芳公与婆俱卒,天福三年(909)祓公亦亡。由是谏议裎公,复与弟祎徙龙泉,得一地,但见松树苍苍,源泉混混,观之甚喜。因命次子象同叔公巡祎公定居于此,其地名曰"松源",即今庆元县治西隅等处,时唐天佑四年[注:吴化谱认定为天复四年(904)]也,地属龙泉。至宋宁宗庆元三年(1197)始分为庆元县焉。祎公三子,长琚,次瑞,少琢。瑞生三子,曰圭,曰桓,曰吉。而桓为扇将无子,抱圭公次子崇岳为嗣,由松源徙居芝田上标,至明景泰年间,分属景宁县地是也。崇岳生十子,其第六子雍徙吴坑。雍生三子,次子嘉看公生六子,第三子讳陈,生二子。长伯百七,由吴坑徙居福建政和县十一都圈石,今属寿宁县地;次子百九评事讳楠,于宋咸熙[淳]三年(1267)丁卯岁,由吴坑徙居坳后暂居,同子辛六,于壬申年(1272)由坳后徙庆元二都八图底墅而居焉。由是青堂肯构行义行仁,迄今族裔光昌,宗支繁衍,衣冠济济,文质彬彬,孰非祖功宗德之所流遗也。谨序。

时公元 1991 年辛未岁夏月吉旦

百九公二十二世孙贵贤敬录

11. 荷地镇坪头吴谱序

坪头吴氏简史记

坪头吴氏始祖吴盛公,1270 年隐居福建松溪茶坪,于现在茶村。后受奸人所害,又迁景宁县吴坑村,现在是张村乡吴坑村,时敬公受吴坑后人所托,于 1669 年从洋边村迁于坪头村,现荷地镇辖区管理,祖坟山形猛虎跳墙,2006 年遭受强烈台风"桑美"正面袭击,在党和各级政府领导和关怀、社会各界大力支持下,于当年年底全村搬到松源镇同济、同德、石塘江、滨路等处安居。

原族谱中记载赠契时,于坪头村东方三里处,有吾祖墓一穴,坐落茶坪门前,山形猛虎跳墙,吾等路途遥远,顾而不及,请予照看,所有田山地皆归吾弟,但墓地百丈之内,不得耕作,不得建基。原族谱中又载家训,吴坑林内是吾先祖,百丈之内不得耕作建基,若有违者,必受重罚。吴坑念连不顾祖训,见钱眼开,故意错判给贼人。吴坑相隔三到五年,会巡坟墓一次,最后一次是1991年来了五十余人。

田和山:解放前有山林三万余亩,山界东至溪头角溪,西至本村门下溪,南至蜈蚣山上岗,直下八炉溪,北至龙井流左溪镇电站,直下石木下溪,2015年,现有田、旱地,四至见地契证件。

声明:本次重修族谱是迫切需要。原来有三部老谱,因遭2006年"桑美"流失,全靠吴自强家中尚存1986年修的副本,泰字代以上的祖宗名字,是从全县统谱抄录,人丁生庚嫁娶终葬坟墓,有资料登载入谱,有部分丁口居住地点无法考证,及泰字辈以下出外的亲房伯叔兄弟都未联系到,也是无奈,简史所述是概况,不是原文实录,若有不妥之处,万望各位族众宗亲指正。

2015年乙未岁之吉

修谱理事成员集体拜撰

12.荷地镇洋边吴谱序

新修谱序

且夫天位乎上,地位乎下,人位乎中,然人生天地间,自义农黄帝唐虞夏商之后,未立谱书,传及炎宋之时,有欧苏二公创造谱书之法,以传天下后世。后作谱者,其肇此也。

余考吴氏之源流,出于泰伯之后。传二十世至寿梦公,生四子,长诸樊,次余祭,三夷昧,四季札。季札贤而逊位,诸兄,去之延陵而家焉,后之子孙曰延陵郡者,皆季子之后也。渤海、濮阳两郡,是诸樊、余祭之后。札之后传至五十世,有十二都巡公,讳曰祎,由永嘉库村以徙松源所居,嗣后子孙星散各处,地方约计之大小五十余村,皆都巡公之后。系他姓之嗣续莫比延陵吴氏之番衍者也。此因都巡公阴德所致,抑亦泰伯至德之所遗留也。

若夫历代之簪缨,前朝之显宦,先谱既已叙之,不烦再赘,而洋边之氏族,肇自崇六公之后,系十一公分迁于此,迄今二十一世,其间休养生息,或迁寿宁福建,或移举溪平头。各自立谱,而村中之修谱者,已经三班,自嘉庆戊寅(818)修后,至今九十余载。十春前,余到开达兄家,邀及修谱,难以为成,延搁十余春矣。去岁村中知事见谱久远未修,老成凋谢。《大雅》云亡宜亟修之,故合众酌议,以谱事俾予编修。余考其世系,按其昭穆,条分缕析,派衍详明,所谓脉络了如指掌,行序较若列眉,诸君仁孝之心由此而生,敬祖之念勃然而起。爰为之以弁诸首。

光绪三十四(1908)褉戊申岁梅月毂旦

本邑庠生遇春范逢良谨识

13. 张村乡吴坑吴谱序

第五坑肇基序

尝观有为之前,美斯彰矣;有为之后,宗谱传矣。三复此言,恩念祖宗肇基之深也。自应泰公徒居于西关栏,仰而事,俯而蓄,其时之父母洵可怀也。出而作,入而息焉,亦足乐矣,但支派日以蕃,壤地日以少,是以比至康熙廿九年(1690)庚午岁,而应恭公欲为子长久之计,择居之志于而生,乃卜筑于第五坑焉,景其山川,挹其势形,但见丛林之上,鸢飞于天;泉流之下,鱼跃于渊。门前背后,来龙起伏;上下左右,脉络分明。于是置买田地,创造屋宇,以及仓库。虽美轮美奂矣,未能企及而肯堂肯构,差堪比拟,有此燕翼诒谋善哉,公其蒸哉!不意享年五十有一,忽而逝,而姚张氏,力守厥节,育子养孙。至康熙五十一年(1712),知县张吴旌赐匾曰:"松筠季城。"盖节孝与日月争光,斯获荣恩于邑宰,祖宗修德于生平,子孙因以引勿替,迄今派下蕃衍绵绵不已,良有以也。吾乃遄思其苦衷,诜诜兮宜尔,子孙绳绳兮,因为之而序焉,以志于不忘。

大清乾隆二十七年(1762)壬午岁南吕月毂旦

幼学金川叶礼锡敬序

盛公构宇吴坰歌曰:

芝田之南,距二百里。都分十三,一峰耸峙。前开一基,田园肥美。结庐
而居,日增户齿。号曰吴山,因人传耳。越世十二,人文蔚起。黉序蜚声,难兄
难弟。而今而后,克岐克疑。光前裕后,行庆不已。

14. 龙溪乡后洋坑吴谱序

吴氏初修宗谱序

尝闻郭崇韬于汾阳之墓,冒拜而贻讥文忠公,于狄梁之裔不附而取重,则
世系之不可不明也久矣哉!吴氏始于泰伯,国人知其贤而事之,号曰"勾
吴",称吴泰伯。子孙自以为氏,而延陵渤海郡有殊焉。盖吴季札之兄,曰诸
樊,樊子姬光,号阖闾,闾之后避越而居渤海者,三年至吴,屏仕齐,为将军,
封"渤海公"。后人以是郡之,若我延陵吴,由季札公居延陵,封"延陵季子",
其地则今之山阴会稽是也。汉唐间天挺人杰,名士济济,掩映武林,称为望
族。唐季文简公之二孙,一生于肃宗上元年,登进士,拜谏议大夫;一生于宣
宗大中二年,位登都巡之。时董昌之乱,避居括苍芝田及永嘉安固县之库
里,迨长庆二年[注:吴氏统谱认定为天复四年(904)]都巡公迁于庆元上仓
居。至此,松源吴氏之始也。宗支源流向有旧谱,都巡公与谏议兄于长庆年
间重加修葺,诚为子孙永久之计。迩来支蕃派衍,余向有踵修之意,以宦游
于外未果。今退归乡里,幸精神犹未衰惫,于是上自鼻祖,下迄于兹,无不备
载。至于尊光谱牒,继世绳绳,异材迭出,余窃有待焉。

大梁乾化四年(914)甲戌孟秋月

裔孙直阁学士崇岳拜撰

注:吴崇岳,字名山,号远秀。北宋官通议大夫,迁直阁大学士。有六妻、十一子、二十
六孙,世裔英才辈出,居举溪,享寿七十一卒。

重新修谱序

人类是从猿人经过很长时间在不同形式劳动锻炼下而变为人的,在各种有意识而有智慧的生产情况下,推动了新陈代谢而促使新生前进,从而逐渐会制造工具,使用工具。在谋求生活需要之中,形成发生简单语言,而进化通顺语言,有了语言则彼此意义相通,续后遂有猿群之聚,氏族之集,而进入部落组织。黄帝乃是其中一个最文明部落之酋长,领导人民卫国兴农,从此人民日益繁增,百家姓氏则由其后分封而始,故黄帝则成为天下诸多姓之祖也。姓氏者,有是父谥为氏,有是官名为氏,有是地名为氏,有是指物为氏。天下诸姓皆有所出之祖,亦有其相承之系,当今天下人民,虽同居于世,但其姓氏皆各有不同之由来也。

溯考吴氏者,自黄帝玌源,初姓公孙,长于姬水,故改姬姓。自泰伯让位避于荆蛮,自称勾吴后,迄武王克商而有天下追念泰伯德高,乃封周章食采于吴,以奉泰伯之祀,厥后子孙则易姬为吴姓。春秋季札,隐居延陵而为郡,此乃吴氏受姓受郡之来因也。自此历经汉唐宋元之间,宦仕频出,声誉光耀留于史书者,实不知其多许矣。迨至三公之子曰四公讳诩,同其母李氏徙迁举溪肇基数世后,至富六公胸有大志不为势迫,不因地限,以适时宜离举水而迁寿庆毗连之碑坑,建始焉。厥后子孙蕃衍,遍于浙、赣、闽、粤,诚大盛族也。传至任三公,更具长远之志,既不守居祖地,亦不离祖远迁,巧择后洋坑,山清水秀之所在,人地皆宜,遂于斯构造屋宇,开扩山田,为后之儿孙建立千秋不拔之基业,万世流传之鸿图。今兹孙枝发达,人口数百有余,此乃公之基实而垂德于子孙,枝荣叶茂,瓜瓞绵绵之无价后果。

再考谱史,前修于民国六年(1917),今已七十有一年,而未上谱书者多。有虑念修谱志,为续好祖宗历史统绪,使后之儿孙取名行次,不致于错;亲疏远近,婚媾不至于紊乱。故由纪北公暨纲足、树林二君,为发起倡修,并命予代笔茸辑,予就任后殊感学力浅陋,不堪称为修谱之能。但蒙诸意不弃而亦自忘其身。而今时经二月余许,修工已竣。见诸理事安排周全,一心致力于谱事,费精劳神,其力非鲜也。故辍数语于谱序,庶后子孙阅此尺幅之谱而不忘诸董之辛劳。谨此为序。

1987年丁卯岁夷则下旬良旦

东溪村大一公派下廿一世裔孙六龄中枢拜撰并书

15. 官塘乡官塘村吴谱序

吴氏世系谱序

吾族肇自后稷之后,由周泰伯公之圣逊,之荆蛮,遂能化其民,易其俗。号曰勾吴,及传四世武王克商,遂封其后周章为君,子孙因以吴为氏焉。此实受姓之祖也。凡一十四传世袭子爵于吴,清白相承,不忝先绪。至春秋时,寿梦公丕谋霸业,威震诸邦,遂称王。公生四子,长诸樊,次余祭,又次余昧。唯少子季札最贤,公欲立之。札曰:"义有不可。"固辞。乃立诸樊以及祭、昧相传,以次必致国于季札,札坚辞不受,度以天命有归,去之延陵,家焉。修德行义,守节立名,民皆仰之,声称啧啧,号曰"延陵季子"。后世即以为郡焉。此又受郡之祖也,迨跨秦、晋、汉、魏,递至唐、五季、宋,凡四十七世,其间贤哲挺生,簪缨勿坠,而至于高祖讳翥公,才学充足,见用于世,初号"文简先生",后拜山阴县令,遂居和乐村,讳褆公仕乾宁谏议大夫,迁润州刺史,谒告省亲归越。因董昌之乱,与曾祖十二郎名讳祎公,弃家计,侍二亲,迁于芝田之库村。惟祎公性情沉逸,深隐不仕。尤精于地理,更卜他处,携祎承公觅寻佳所沂水而上,则见烟树苍苍,巍然挺秀,林之茂也。源泉混混,琴声不息,水之秀也。喜不自胜,因名其地曰"松源",畎亩膏肥,颇足耕稼,遂轮换一新,渠渠厦屋。以奠厥居,更无他适。时天祐四年[注:吴氏统谱认定为天复四年(904)]也,迁居三世,吾父讳用庆公,封赠大都督;叔父讳用卿公,任秘书,历朝议大夫,升太保;又三潜叔父讳用霸公,初任三扇将。噫! 祖父委身王事,坐不安席,余岂忧然无为哉!

今幸承末绪，忝获食禄，久守松源。切思吴氏望族，浙闽之间宗茂支蕃，其忘本可乎？用述世系，以昭宗嗣。然斯系乃季札公相承世传之谱，又质诸《史记》，以究正派之源。手书以遗后裔者，非若他人之夸门第矜虚誉者，所可议论也。唯愿后之子孙，一言吴氏思缵泰伯公之圣；一言延陵思绍季札公之贤，庶箕裘之继绪，家声之不坠也。吾之后人尚宝重之而昌大焉，予后望诸？

宋淳化□上元(990)之吉

大都督孙大理评事崇照谨序

官塘修谱序

自天开地辟而生于中，谓之曰"三才"。念人生之所自出，不能无高厚之载，切本源之所因流，自觉动水木之忱，是以谱牒之传，正以继志述事，昭示来兹也。

吾祖自泰伯公以来，及至谏议大夫禔(袪)公，自越之和乐村，避乱而迁于瓯之库村，仲弟祎公再迁括之松源，数世蕃衍，迭迁迭盛。当时尊显贵家，阅之前谱，班班足纪。及至若椿公卜地而居迁于景邑之上标。公育三子，长曰文齐公，次曰文惠公，三曰文让公。夫文齐公即吾族开基之始祖也。公熟堪舆性好观览，则见一山迢迢发迹，穿田过峡，忽起一峰峦圆而且静，松筠乔秀，山下开一大窝，窝下污池恍若池塘，故名之曰"官塘"。每见牛羊眠卧，鞭挞而不肯去。公再四观望，顾天门则开阔，瞻地户则闭藏。横山为案，恍若凤之衔书，虎之跳墙也。公曰："噫嘻！此诚吾开基之所也。"爰是约之阁阁，椓之橐橐。爰居爰处，莞簟施焉。命仆芟柞衣食，颇云足矣。后至中叶，忽遭回禄，谱牒沦亡，至于方乃齐公十五世孙也，忝入黉宫愧叨廪禄，尝忧谱牒失传，不几视至亲为路人，谓他人为父母乎，爰以采之残牒，访之长老，使成一谱。然后旦穆分而燕毛自别事，先猷黾之勉之。

时大明崇祯十五年(1642)季冬穀旦

十五世孙吴方谨序

16. 官塘乡黄山头吴谱序

编纂黄山头村吴氏房谱序

宗谱所以明源流、别世系而作，使后人知姓氏之所自出，祖宗之所由来，推而提高尊宗敬祖之心、和亲睦族之谊，是故每个有宗族，都有宗谱之设，而且须及时修续，庶免久后祖宗忘讳，世系脱节，以致无从稽考者也。

查阅吴氏，自周章公受封于吴，子孙以国为氏，是为吴姓之始祖。至于季札公因避位居于延陵，以贤德著称，封为延陵上郡，是延陵郡从兹始也。厥后吴氏子孙遍居寰宇，屡徙屡繁，不胜枚举。而始祖文齐公则从上标吴家洞徙居官塘，传至第十七世，天字行之祖，分居各地，为数不少。而天玥公亦于是时徙居黄山头，从此各自发族，人口众多。凡附近吴氏莫不是齐公之后裔。如无宗谱记载，其孰能知乎？所以仁人孝子，无不关心于修续，由于族大人繁，联合纂修谱牒，感到取阅不便，爰是倡议自立房谱。于是于去年冬初，有白柘洋、黄山头、混沌口等村吴氏子孙，相率自修房谱，而黄山头吴氏又是官塘之祖，亦有倡修房谱之必要。今年夏末，余等在梅坑修陈氏房谱，时之村诸亲友商请为其编纂房谱，余等为其孝思所感，慨然允诺。不辞劳累，仍往白柘洋借来宗谱，为之僭修一帙。余等经过精心研讨，对于宗谱有关文献，一并抄誊无遗，对于世系部分，从上古受姓源流直至本系以前，逐一详载，旁支从简，以符房谱之义，原旧谱一律未载生庚，对于婚娶卒葬非常简陋。我等认为与作谱之则不符，本届持为详细纠正，知者增补之。大部分与旧谱迥然不同，另在修谱说明内加以说明，在此不再赘述。现已将新旧世系连续起来，如一脉贯通矣，阅时较为了然。今者分两手抄缮竣事，校对无误，装订成帙，付诸所藏，永作参考，爰将经过始末，书数语于卷首，以志岁时云。是乃序。

时公元 1982 壬戌岁中元之吉

承修黄冈姻眷弟陈继彩谨志

17. 江根乡坝头吴谱序

重修宗谱序

夫敬宗必由于修谱,宗族支源远流长,必有谱牒纪之。而后木本水源之思乃彰。考周礼小宗伯掌三族,辨亲疏,而小史复奠世系辨昭穆,意在斯乎? 岁己巳之秋节,屈中元,予因祠祭归梓,途经斯地,适坝川吴氏以葺录家乘,委任于予。忆前谱之修,予忝同事,兹复承诸君之托,莫能固辞。越来春庚午,下榻于斯,今而再承斯任更为。

按其本源,盖自泰伯三让天下,而勾吴之长,武王有天下,封周章于吴,以奉泰伯祀,遂以吴为姓。传至列国季札,始终让国而地处延陵,故以延陵为此受姓命由来也。近溯唐时谏议大夫禔公避董昌之乱,与弟祎公由山阴而迁永嘉库村,而祎公复觅胜地,更卜居松源,上仓之派系乃祎公之后也。自百二十公由芝田后地,启宇于斯。至于今二十余世,依然古训是式,其世泽方长而未艾也。前谱修于道光壬寅(1842),迄今子孙绳绳未及纪者,指不胜屈。韩子云:"莫为之后,虽盛勿传。"诚哉,是言也!

今族诸君有怀于斯所云,有功于先人后裔也,岂浅鲜哉! 是岁春三月经始,冬十二月藏事,既云告竣,故秉笔而言,以待后人记忆,弗忘焉云尔。

时大清同治九年(1870)庚午季冬月上浣

本邑青竹僧生毛为珍拜撰

18.江根乡水寨吴谱序

迁徙水寨序

尝闻先儒讲学必本乎人伦,人伦之序莫大乎谱谍。夫创造葺修之法有自来矣,始自孔氏史记之作,东莱吕氏之述,其后按欧苏之法而作之。故国之有史,则纪纲领;家之有谱,则昭穆分。要之,皆维持世道以敦其本也。是故人孰无谱,谱孰不修?姓族蕃衍无穷,谱牒之修。修谱者,以务其本也。于戏,其初一人之身,而分千百人之身,一家之人而分千百家之爨,非有谱而莫知其始,犹一家与一人之分,则尔为尔,我为我,相视如途人矣。兹者,宗叔春芳、宗弟文有、从岐,宗侄光福等,追感先人之志德,兴起其孝敬之心,聚同叔侄孙有邀参三,于庭不惮疲倦,索其旧谱,详加考正,而篡葺焉。

盖上谏议大夫褆公、仲弟祎公,季弟被公早逝,祎公自永嘉安固库村觅徙松源上仓,家焉。凡六世加昶公由松源而迁上东,凡七世值公从上东而分浩溪头,凡十一世周十公移居后畬,凡三世福臻公复归上东。至康熙三十一年(1692)必应公同父怀录公与徐广盛合起一屋,以奠厥居。不数载,应公谕子曰榕公曰:"此地人心猖獗,莫能久居,不若再寻佳所,胜于此地,岂不善哉?"遂从其谋,弃洗家业,择期佳月,卜吉榖旦,扶老携幼,与之偕行,不一日致其地。睹其景,则见烟树苍苍,山水挺秀,悦曰:"是吾居之地也。"庆邑二都名曰水寨,洋尾张宅,以为家焉。必永公终日惆怅,未几月,余往景竭亲,寓一境,芦苇严密,观是地田土膏肥,堪以躬稼,足以活日,里名曰景邑五都谢坑,遂居以为家焉。迄今九十有五载矣。二地子孙繁盛,世传清白,孝悌相承,有奕叶重光之盛。于是修篡继述缺落者补之,繁讹者删之,分衍枝派重兴创置,尊卑行次、山川坟茔、胜地疆界皆以益著,引而伸之,井井条条,靡不备载矣。非徒为是弥文而已也。盖欲亲之孝子贤孙睹斯谱者,始知其本矣。序其昭穆,明其孝弟,著祖宗之德及其盛事而表扬之,亦不替先世之光也?不然,虽左图右谱,何惮于义也?

今则始末备著,庶使宗风不泯,天伦悠久,敦睦亲友,恢宏厥德,则不负亲等修谱之志意也,能无幡然动念哉? 是为序。

时大清嘉庆十年(1805)乙丑岁仲冬穀旦

寿宁稠林山吴参三撰

19. 江根乡箬坑宗谱序

箬坑宗谱总括诗一首

吴氏受姓数千秋,封郡延陵本于周。

唐代库村开派首,宋时坝水作源头。

两朝人发孙谋远,八代相承祖泽优。

耕读行商均足羡,箬坑望族转超尤。

夫谱书之设,所以上溯受姓之源,下列云礽之系,情殷尊祖,念切敬宗,此孝感悌生,敦本收族而编纂之,不容缓也。清道光间,士鳌公由坝川而乔迁箬坑,开万世鸿基之始祖。初分两房,继蕃七叶,迄今将二百年,相承已历八代,绍前绪以裕后昆者,为崛兴之杰出者乎!

岁值民国庚辰(1940)仲秋之月,箬坑本族吴氏者,与坝川共同谱书,欲求其竟委穷源究难,详其底蕴,今既隔离桑梓,自应分纂谱书。兹当坝川宗谱告成,遂以贵牒见委,余亦惟取旧谱而参考之,稽其世系,循其图式,遐考厥初,自周至汉分迁,兹不赘述。从翥公起自山阴,褆公避乱安固,开公肇基坝川,鳌公派衍箬坑,结庐聚居,比闾成族。斯地也,虽僻处于山□(溆),颇有林泉之趣,其间纯良率俗,谨愿成风,耕服先畴,读才初启,此殆鹤峰之灵秀使然欤! 休哉,未有艾已!

惟是坝川旧牒,从吴思让先生纂修以还,与最初不无差异之处,如褆畦一人而编为父子,俊杰兄弟而列为两行。总之,坝川以后应遵旧本,后坑以前悉依库村,足见庐山真面,大约相同。余久荒笔砚,学问空疏,未能阐扬乎祖德,惟加勤谨,细为校对,亦可告慰于合族矣。今者,订凡例以明谱式也,立规训以示勤勉也,绘却景全图以征地灵也。谱式悉本乎欧、苏,五世一提,九世再提,明九族而重亲亲也,历代坟墓必志也,年庚婚娶必详也,行第名表必书也。至于序昭穆,别亲疏,本本源源,条分缕析,俾后之览斯谱,前有所考,不忘其祖德;后有所据,不失其源流。由是以观,非特式型一家,亦足以维持风化之大道矣。是为序。

中华民国二十九年(1940)岁在庚辰季秋中浣穀旦

众议院两届初选议员、寿西玉壶宗裔孙晋卿鸿图拜撰

20. 岭头乡岭头村吴谱序

延陵世谱原序

余向有鄱阳旧谱之订,上自勾吴,下起迄南浦,原原本本,固已厘然具备。惟是念余太祖昆弟有三,其因唐季董昌蹂躏,避处四方者。松源则文简公讳焘之后,系孟房濠梁宣城则有季房文集公讳翔之后。余太祖文举公讳翱,行列仲,为建安县佐,家于南浦。第宣濠颇远,其裔未知维何而与南浦相接望者,厥惟松源时,族中自松源来者,携谱一帙,余披阅之,不禁喟然曰:"子之与余同裔于吴也,亦所从来乎?"

盖自泰伯避位于吴,而君之子孙因氏焉。则由泰伯而递而溯之,至于延陵季札,札生升,升生炳,炳生梓,梓生芮,佐汉有功,封长沙王。芮生便项,便项生浅,为河南尹,治平天下第一人,循吏传。浅生其,其生共,共生信,信生广志,广志生千秋,千秋生长陵,长陵生汉,尝佐光武中兴,封广平侯。汉生侯,侯生成,成生筑,筑生阳,阳生映,映生盱,盱生胜,胜生贻,贻生荣,荣生佑,由孝廉迁胶相。佑生质,仕魏为振威将军。质生康,康生坚,为晋龙骧将军。坚生龙,由谢石主簿任广州刺史。龙生延之,由明经擢鄱阳太守。延之生叔

山,叔山生宽,宽生洞,洞生琮,琮生然,然生謇,謇生定,定生实,实生居,居生唐,唐生璟,为唐光禄大夫。璟生洪,任兵部郎中。洪生昂,德宗间翰林学士。昂生胄,为太常寺博士,初徙鄱阳,后居山阴和乐里。胄生峦,峦生龙库,龙库生昌裔,昌裔生璇,字齐政。安人李氏生子三,而吾太祖昆弟出焉,凡四十八世云。

夫南浦、松源同一脉之通,山川所不得而隔,数所不得而疏,固宜其急于访宗有如此也。时同族闻余言,欣然嘱余,以其始末书于谱,明日复携其谱返于松源。

宋元丰二年(1079)己未
枢密副使同平章事南浦裔孙充谨识

21. 岭头乡瓦窑坪吴谱序

富四公瓦窑坪支裔宗谱序

国有史而家有谱,名虽有异,其义一也。谱者,系记叙祖宗历世源流,以示子孙知祖之所出,悉其支系之分,详其昭穆之亲疏。夫有谱必有修,修者续也,增也,吾辈修谱不独接宗续嗣,尤是和亲睦族。

溯考我吴氏者,自炎黄之后,初姓公孙,而后易为姬氏,周统封秦伯于荆蛮,自号为勾吴,后之子孙就以吴为姓,故吴之始自泰伯也。厥后历代相传,由直率血统一脉相承者,或由间接血统相继者,两者相互传流子孙布于诸州,迨至三老太公肇基于举水,经行数世,后裔孙仪十八公为适应人地制宜,自举水徙塘窟启建隆基以来,其嫡孙琨十公,性志卓越,治家有方,勤俭节约,聚资广置田山,多处于东溪,于东西庵附近者,当时因产业散落,管理不周,我先祖曾于瓦窑岗古窟坪建就田庄,另雇佣人于是处协助,主管主雇同耕,管好产业。不久因雇人思归回祖心切,而离席地,值时幸琔三十二公兄弟赖祖宗荫庇,人事增多,于是兄弟酌商,以谁宜其居续管,但琔三十二公矢志向往迁至瓦窑岗继业开辟,在山光水秀画图中,于古窟坪上重构椽屋而家焉。窟坪之称由是得也。公兢兢业业、勤勤恳恳,先后扩置产业,有处于国平地方。公生四子,曰嫌,曰烈,曰炜,曰树,为管好产业及谋求生活之需,公将次子烈公分迁国平继续开创伟业基地,而今子孙济济,瓜瓞绵绵,文才踊跃,盛于时宜,此乃祖宗阴德发祥之所致也。再考我祖肇基于斯,历有宗谱记载,因年长月久难以相承,幸有老前辈遗据及知事人士口述,更蒙同宗尽力相助,族众兄弟协力以修全本族之宗谱,为后代能知何支之远近、何派之兴衰、何代徙居某地,所在以俾子孙后会之期,则一览而知我等皆同宗共祖,毋分彼此,自是出入相亲,悲喜相助,勿得同宗视若途人耳。大家亲亲和睦,团结再向前,特留俚语为序。

1988 年戊辰岁南吕月下朔穀旦

富四公派下二十世裔孙中枢撰

22. 黄田镇佛堂坑吴谱序

重修延陵吴氏族诸序

盖阅族谱之义大矣哉。余守先人之遗绪,何而敢出此? 虽然谱之不修,名分何由而定? 阅稽吴氏始自黄帝,历传而至泰伯,兄弟逃于荆蛮,遂以荆蛮之国为氏,传至季札,札生一子,食采延陵,而次子春公,聘入于卫得以渤海为郡,即长子奉公,父聘于鲁,其功甚大,故承延陵之邑也。然派江南历传汉唐之后,五代统纪期间,贤良名相历历不可胜数,厥后范公由苏分支山阴和乐,因遭国乱,徙于至温州永嘉库村,始迁括郡松源上仓,簪缨世胄阀阅名宗相传。十世高祖珍公,曾祖昌吉公,祖十四公,封朝奉,有迁英坞、根竹山,有迁荣巷,有迁山头垄,有迁松溪源头,有迁龙邑半剧,其子孙甚繁,亦有守上仓祖遗先业。吾父居六房名从集,系于宋淳祐三年(1243)间携旧谱于本邑北佛堂坑而下居焉,服力南亩,肯堂肯构创业,凭乎识晖垂统,由其才峻耳。及身一十因世,溯自汉唐以下,四千余年,历传二百余世,德泽绵延,箕裘勿替,未至失传,及至十四世公,修辑越数十世,而族丁繁盛,悉其昭穆之班。我今日承先人之模范,见夫兄弟子孙何莫非一派相衍,爰是搜求范公以至吾父登诸者,照然可参,未续者十有九耳。余意有传,将已祖谱一脉宗支而重订也,使后日人众盛蕃,宗祧渐远,俱无舛错之嫌,余续之后序,属数十世以前之分支,纂辑为巨族之声名,时以俟后之孝子贤裔,继述其事耳,兹今告竣,一目了然,丝毫不乱,实赖祖灵千秋之盛事矣。是为序。

元大德二年(1298)岁次戊寅蕤宾月越朔有十日

十四世伯成盥手拜书

23. 黄田镇济下吴谱序

重修延陵吴氏房谱新引

谱牒之投,是曰家乘,所以阐幽萃焕,沿流溯源,循本导末,所贵为子孙者,继继绳绳,时加纂辑,庶使祖德宗功流芳百世,表著千秋,使创始者既作于前,而纂修者不徒于后,则支分派衍而益疏,派易人亡而莫考,是谱之贵乎? 作不已更贵乎修哉!

按济下吴氏自庆元举水发派至甘竹山,迁居北乡黄畲,至寄熊公徙居济下村,开基建业,子孙繁昌,可谓望族矣。考其旧谱,历代相继修之,班班可考,井井有条,第自前清起于康熙丙子(1696)岁至康熙庚子五十年(1711)初修,乾隆乙卯六十年(1795)二修,道光壬寅廿二年(1842)三修,光绪庚辰六年(1880)四修,迄今一百零八年,已传一十八世,如若再不修理,则族内尊卑不分,亲疏莫辨,生卒无征,嫁娶莫识。

爰是岁戊辰季夏,思岩、怀根等有志延修谱牒,因延余等,誊录房谱一部,依照前谱,有者录之,缺者增之,将见世系、明昭穆,序庶无紊。兹修诘成,略撰数语,俾后之孙得所稽考,以为留存纪念。

公元 1988 年岁次戊辰孟秋月

庆元一都上管南峰束溪吴锡年、上赖村周振善撰

延陵吴氏世裔原序

夫国之于史，家之于谱，无二道也。故谱之作，所以考世系、序昭穆、重婚姻而已。自唐人尚谱而百世因得不失，后之人于是氏族一本之初，遂有取法焉。

余稽旧谱历世相承，以史家纪传为据，周武王裔启吴氏十九世为国戚矣，后有番芮从汉晋功高长沙王，芮之后五世为广平王，又数十世仕唐，为光禄大夫，世居秀州华亭，今松江华亭县是也。传景，景生洪，洪生昂，昂生胄，胄上生从，从为邻阳松。吴氏胄生晋，晋生峦，峦龙库，库生昌裔，裔生翥，为翰林学士，号孟文简先生。翥生仲，仲生融，融生畦，字祯祥，仕唐，为谏议大夫，居越州山阴县，世代相承，如目睹亲，见之有源，王侯将相世代不乏，弈世之下，遵信传诵之可也，木之本固然矣。故刘裕及高祖始皇，世远时迁，年深地改，各自为流派支叶，千绪万端，难以悉究。故旧谱自秦伯以后，秦汉以下，唐宋以前，引千百年之上下考究本源，来历详读，始祖道训，犹不妄识认者，吾祖袿十一公也，亲撰遗谱，昭然不诬。公登唐咸通元年(860)庚辰进士，历懿、僖、昭三主，昭宗纪元年为谏议大夫，出润州刺史，将一年致仕，第十二公祎、十三公被彼居山阴县乐和村。未几，董昌之乱，与母弟避难至永嘉瑞安县，觅寻山水，经游旬日，祎公从居芝田白岩得其曰库村，旋构小屋。今景宁之支派由库村徙居五都上标头家洞居焉，厥后流派蕃衍，散居际头、下蒙湾、朱溥小村、百丈、松源乡，共为十二房。吾祖分派实自袿公归宁于闽越之后，分派政和东里居焉，而达公莺迁甘竹山之派，是济下吴子之鼻祖也。子孙他统继历未久远，略考于斯，是为序。

举水世孙摩生同升萨撰

24. 黄田镇李村吴谱序

重修延陵吴氏宗语新序

窃闻国有史而家有谱,谱传世系,史载纪纲,其理一也。故建宗庙以祀先灵,修谱牒以传后裔,入斯堂,分昭穆,别尊卑,长幼有序,亲有伦,而人亲其亲,长其长,一宗之内,睦姻任和恤,自然鄙陋胥化,远近相亲未有不由此道也。况人寓形于两间,而名不朽于千古,故君子疾没世而名不称焉。尝考典籍之图,阅古今之事,遵圣贤之教化,明人伦之有本,故尧为天子,必先亲九族而协和万邦,自后稷以来,有郊社之礼宗庙之祭,所以祀乎其先也。

按吴氏自泰伯避位入吴,至季札让国偕母去延陵山阴(今绍兴县),遂以延陵为郡,以吴为姓,从汉魏唐宋以来,其间文人蔚起,英贤辈出,或接踵而仕,或间出而显,代不乏人。至颂三公即郁公生四子,璎珙残璘即堂八、堂九、堂十二、堂十四公,分为四大房本支。残公传下至思谟公,生二子,长登云公,由庆元迁居李村为开基始祖。次登瀛公为余村始祖。

阅旧谱具载创宋咸淳甲戌年(1274)始分,至明嘉靖甲子(1564)一修,清乾隆廿七年(1762)壬子再修,嘉靖廿五(1546)庚辰三修,光绪十一年(1885)乙未四修,民国十三年(1924)甲子五修。迄今六十六载,自云公李村建基以来,已传一十五世,现族内人口浩繁,生娶婚卒不少。祠下裔孙裕鑫、裕银、温澜、温库、温华、裕永、益木、益光等,念切报本情深,追远有志,倡修谱乘,并邀集族众,经各赞同,故延余等来家设局编修,为之录其旧而增其新,远近亲疏灿然有条,长幼尊卑秩然不紊,坟茔不致有遗忘之失,同宗不致有路人之视,实赖诸君之懿德所存,足以光前而裕后者也。吴氏之子若孙可谓善继而善述,不愧于仁人孝子之目者矣。

兹已告成,爱志数语,俾后之子孙览焉。是为序。

公元一九八九年孟冬月中浣之吉

庆元县一都上管东溪族裔孙锡年、上赖春侄孙周振善拜撰

25. 黄田镇美源吴谱序

续修吴氏宗谱序

尝闻宗谱之设,所关甚重,奈秦暴乎无道,焚烧夫子之六经,烹灭三代之国史,史与谱几乎殆尽。幸光武中兴,谱史犹未尽废,于是设谱局、纂姓氏,而史谱兴焉。故汉有贾氏,唐有李氏,宋有欧、苏二氏,考其世系,清其源流,而谱书遂明。

稽吴氏之系由来远矣,自始祖存十九公开辟斯地之后,迄今已一十四世矣。前修于吴星学先生,续修叶彬侯先生,计岁已三十有年矣。今有联惠公者,虑支分派衍,昭穆失序,协同弟侄,接续前谱,生卒坟墓不致有遗忘之悲,同宗亦不致有途人之叹,即婚嫁亦无有遗失之变也。他日英贤辈出,代不有咏蓼莪歌棠棣,不致骨肉吴楚,天性参商,思尚祖武以振先人余辉云耳。是为序。

时嘉庆七年(1802)岁次壬戌孟秋月穀旦

邑人林芳氏李本修偕男苇宏氏东阳撰

派十二世裔孙联敏

十三世裔孙承辉重修美源吴谱序

尝谓谱者,普也。子姓既繁,别宗分族,散不胜纪,为之谱以收之。虽千支万派无不普而及焉,是谓之谱。若谱不修,则世远人疏,有一脉之亲视同路人,或别籍他乡,杳无所稽。夫始也同出一脉而其后乃至茫不相识。亲亲之谓何揆之?祖宗之心岂不怨恫于九泉?

予观美源吴氏始祖,自珍二公迁居长洋以来,绵绵延延,子姓繁昌,使谱系不修,安知再传而后,昭穆不几紊乎?况自咸丰戊午(1858)贼匪扰攘,谱牒多被风雨浸坏,纂修之举诚不容缓也。爰是岁冬,天登二行并怀水源木本之义,兴和宗睦族之举,恐世系紊乱,昭穆失序,故考某人享寿几何,所娶某氏,嗣续何人,某年生某年终,葬处某坐某向,及分居何乡。条分缕析,填讳明缮,抄录汇成,上体祖宗之深心,下备子孙之稽考,庶使散者联之,分者合之,俾后子孙披阅,咸知其源自何来,其流自往。凡千枝万派别籍他乡者,无不普而及之也。其亦尽孝思之一事云尔。

大清同治五年(1866)岁在丙寅葭月中浣之吉

鹤溪庠生隐泉叶灵源撰

26. 岭头乡横岭吴谱序

民国廿五年四修谱序

宗之有谱由来久矣。始焉作之,继焉修之。夫岂无所为哉!盖以循旧复故者,效法之,常经承先启后者,继术之素志。故仁人孝子,莫不知尊祖敬宗,乃为敦伦首重之义务也,知敦伦则寻流源不容已矣。探其源则知所由来,尊敬之心油然而生,究其流则知所自出,和睦之念勃然兴。猗欤休哉!将见仁让成风,孝义成俗,宗谱之设岂浅鲜欤?虽难作,虽至急,修亦不可缓也。宗固有大小之异,而族不无远近之殊,况子姓蕃衍,枝派分别,本简易清末繁难理,倘不申修而厘订之,始则妄乱,真假亲疏混淆,再则干号犯讳,尊卑相逾。是以尊非所尊,敬非所敬,亲爱非其人,和睦非其地,人伦安在哉!噫!修理之所系,良郑重也。

兹者,溯吴氏之先,后稷教民树艺播种百谷,厥后唐昭宗朝谏议大夫讳褆公,因避董昌之乱,揭其家属,自山阴和乐徙居安固库村。昆弟都巡讳祎公,精阴阳之术,择山水之胜,于唐天祐三年(906)弃库村,复分松源上仓。历八世孙有伉公者,舍上仓而徙于举溪,越横岭。十八世孙瑗三十七公,即如爱公去举溪卜迁横岭,乃为横岭肇基之始祖。盖系都巡公之后裔也。

自爱公居是乡,上下数百年矣。余观其谱书现存者,已经三续:其一,于清乾隆三十七年黄沙张光高先生始创一册,撰之以序,其于姓氏源流、代世相传俱详录之,姑免重渎。厥后国朝嘉庆十九年(1814)宗侄底墅思让先生,重新葺修,撰述序文传赞,文乱藻丽,镠精一致,惟支图血线未甚清晰,不易便览。再后,咸丰五年(1855)同宗皋鹤先生,复为续接一编,是编出绍丁人生父名下,删之不书,似欲去繁就简。然使人未得过目了然,且至今八十有二年矣,并未纂修。子孙蕃衍其未及志于诸编者,殆皆多矣。苟不为之重修删订,诚恐世远年湮,子孙莫识同本,几致天伦所属之情,不亦失之而无可传乎?幸而十一世孙盛杰之根暨国斗、国久、国永等,曾以谱书嘱余,余固不才,安敢承命?静而思之,谱书与史册略同,昔唐昌黎韩文公,尤为作史为不易,况如余之驽钝者,亦胡能拾遗补缺希,当修谱之大任也耶?顾窃以为契戚相关,而诸君既不以庸陋见鄙,是以非曰能之,而愿学焉。爰总其前谱,参考凤闻,颇有损益,第其序文、图像、传赞,悉遵思让先生原本誊录,字样不无淮雨之讹,即有窜改之处不过片言只字而已;惟支图血线,纵者为父子,横者为兄弟,五世为一图,二图计共九代,其增入新丁者,所生几子、几女、男婚、女嫁以及生庚、亡辰,一一体而录之,去其繁而就简,改正前讹,支图清晰易于便览,不致末繁难理。岂非循旧复故之理乎?经修之后,溯流寻源,则吴之后子孙螽斯蛰蛰,瓜瓞绵绵,俾知阅斯谱者,庶使先有承而后有所启也。敬掇俚语,书于简首,以俟后之能文正之云尔。谨序。

时中华民国二十五年(1936)丙子太岁青春月榖旦

香山高小毕业生胡成邑撰

27. 官塘乡白柘洋吴谱序

吴氏宗谱序

干健而刚坤,柔而顺位,混沌之既判,昭人德之辉煌,三才以之而遂定,万物得之而有彰,星辰显耀,日月含光,暨类聚而群分,则本同而枝繁。

考吴氏之流,系始乎周之太王,以延陵为上郡,封泰伯于吴疆,前后枝分派别,源流本长;至若朱紫相辉,金壁交光;获遇銮坡之厚眷,衣冠继袭,振鹭序于鹓行,代不乏人。跨秦汉而历大唐,膳美誉于浙闽之地,赫英声于十贤之堂,仕途相续居族蕃昌。自昭宗曰乾宁之朝,我谏议大夫归宁于越,越之乡兵匪作乱,絜累深藏,由东瓯而觇胜境,遇库里之龙冈,挺阳侯之乔木,植召伯之甘棠,辟址深廓,第宇轩昂,环清溪而一带,攒翠壁于旁,更寻所居于别群,得以美乎?括苍以松源为雅号,入上标以盘涧,迁官塘为乔木任憩息,以悠扬派流于岸北,乃卜筑而维良,大地崎乎蒙埼,金鸡鸣乎石梁;爱居爱处,马嘶绿杨;浊玉水于金谷,风水丽而非常;白鹿吴氏宗谱,城之与双穗,而鸿荡之与昆阳;继人杰之挺,挺累奏凯于文场,荣则荣矣;贵盛巨量,腾芳猷于汗竹,兴礼乐之洋洋,诚可羡也;赋之而不忘,又从而歌曰:

> 瓯括秀长闽浙光藏,吴之大姓居族蜂房。
>
> 衣冠继袭济济锵锵,三千朱履广耀门墙。

大宋绍兴(1131—1162)

知衢州府太守赵炳文高赋序

28. 淤上乡外童吴谱序

新修外童村吴氏宗谱序

尝闻万物本乎天地之造化,木本乎根,水本乎源,人本乎祖。木根深则叶茂发,水源清则流长远,祖德厚则支派蕃盛。欲知本宗来自何处,迁于何方,非赖谱谍记载,诚不能辨别。谱者,犹如国之历史、省志、县志一类。系是历史记载,名异而实同也。

考查吴氏羽音属水,延陵郡也。其先世祖自泰岳一支,文衍公之子必闻公,迁于政和高山村。其曾孙朋珪公,则由山阴迁居政和洪亭村。传至十余世书一二公,又迁至政和大楻村。再传数世吾祖品一龙公,又由大楻迁至庆元六都外童村肇基,为吾外童村一世始祖。迄今十余世矣。支分派盛,人口增加,诚为巨族矣。前曾向大楻分谱,自立谱册,记载清楚,了然可考。乃因时代变迁,"四人帮"乱政,十年浩劫,破坏历史文物,称为破"四旧",故民间绝不敢言续修,前班老谱,于民国己未年(1919)续修以后,迄今倏忽已隔六十五年矣。世远年湮,其中出生、死亡、嫁出、婚入、坟茔坐向等等,自是多有遗忘,记忆不清,实是急需重修无缓也。

今年新正,爱往姨父家请安,承姨父曰:"文福公一力倡议重修族谱,并与族众商量一致,表示应该重修。"乃嘱爱代为秉笔,爱固胸无才华,一介寒士,既承所嘱,自是应该尽神尽力,细致认真,明其位置,辨明亲讹者正之,阙者补之,端正楷书为之校核,方可纂帙成册,毋负吴氏族众所托,爱缀数语以记其盛云尔。是为序。

时公元一九八三年岁次癸亥春王正月良旦

淤上村师范毕业生叶公爱敬撰

29. 松源街道薰山下吴谱序

国有史而家之有谱也。国无史,政治兴衰之迹无可考;家无谱,则祖上源流勿知所自出,伦纪倒置,长幼失序,比比皆然,难以尽述。

稽考本邑六都薰山下村,延陵吴氏,出自新村五五公之后裔,传至高孟公,又由新村迁于庆元城东栖居,迁徙六都石马塆开基创业,爱居而爱处,子孙相承相衍,迄于今已十一世之久矣。虽前已经纂立谱书一部,传至1958年间,国家粮食特大困难时期,不幸族人知识浅薄,将所存家谱并与废簿一起出卖,殊为可惜。虽有昔日尾接图草稿留存,亦所居洋里塘德支之薰山带去所存,彼因以前争山受输,怪族人不肯支持,故此草稿也不肯拿出,若往新村寻访抄录,困难必多。至1990年春间,予正蒙新村村委等聘予续修宗谱,翻阅谱中有此薰山下支系,顾其失传,寻根采本之不易,特嘱敝戚范汝志费工,上自黄帝起,下至德字行止,原本本详细抄来谱稿,带回于家,光阴之易逝,忽已五稔矣。本春予在朱村撰修季氏之谱,道经洋里坳茶场,与士金君联系,蒙应纂修,迨至仲冬完成勘头叶氏籍谱,且莅此动工。其族贤裔士金君仁孝备至,以修谱孜孜为怀,再又邀集壬贵、壬城、仁富、壬才等商议,一致同意其襄美举。但予也水平有限,且兼年老力衰,心有余而力不足,固然难,虽不能尽善尽美,舛讹必多,还希后起笔者一一指出教正。今工告成,略书芜言,为之小序。并贺吴氏合族自此以后,枝枝发达,代代兴隆。

时 1993 年岁在癸酉季冬吉日

庆元县立第二乡小学校长季友德撰书

叶氏谱序

【导读】周武王有天下，封同母弟聃季于沈，为沈姓。其后裔孙尹戌之子，叶公讳诸梁，字子高，为楚叶县尹，业在南阳，公退老于叶，子孙世居南顿村高贵里。即以地为姓，南阳郡叶氏自此开始，即时从沈姓分出。叶氏祖先隋朝时从南阳迁邓州后又迁杭州，六朝时从固始县迁括苍。

庆元叶姓人口占全县人口的百分之七点四三。

后田叶氏，南阳为郡，是括苍松阳俭公分派。碧渊十三世孙旺启，遭宋季兵乱，徙居松源之儒效坊，是为松源叶氏之祖。后田柿儿村叶氏德二公与兄德一公，自清咸丰丁巳年（1857）由松阳卯山下同迁本括治邑庆元城东。德一公居住儒效坊，德二公居住柿儿村。德一、德二公是后田叶姓祖先。

左溪发竹半坑叶氏，先祖叶球公，由松阳徙居斋郎。明洪武（1368—1398）初旬，公四子叶存志公由斋郎迁居二都九图，于是建屋定居，给该地取名叫"发竹"。

局下叶氏，祖仁一公，原居衢州高藉。明万历年间（1573—1620），从龙泉迁到庆元松源北门外百岁坊。卢族以为长子孙计，后人有的迁徙途坑村，有的迁徙局下村。

吾田头叶氏，自苍鉴公由小梅徙居瑞竹垟，经历数代到宁十二公，又徙庆八都。其后，子孙又由八都三分瑞竹垟。至康熙年间（1662—1722），永瑛公又迁庆邑吾田头。

贤良叶氏,碧渊公,迨九世苍鉴公由卯山而居龙泉瑞竹垟。苍鉴公传下十二世孙元六公,由瑞竹垟而隐居庆元一都半山。由于不易定居,后代子孙在清康熙五十一年(1712)而来寿宁,暂居李长坑,又于乾隆二年(1737)移岭兜居住。

斋郎叶氏,由松阳后港而瑞竹坪而递迁至斋郎。

桐梓叶氏,自利公迁徙桐梓而定居,至清道光年间(1821—1850),又扩展到上墩。

大虎坪叶氏,俊堂公,清乾隆年间(1736—1795)从半山迁居大虎坪。其后代洪球、洪松公,清康熙壬辰年(1712)来寿宁,暂处于富阳,居几年,乾隆丁巳年(1737)公同俊伟公徙居岭兜后,隆公迁岭谏,俊清公迁正坑定居。

龙溪半坑叶氏,太祖苍监公,卜居瑞竹垟。在龙庆的叶姓,先祖从龙泉阳顺,由端四公杉树根始,自赐廿九公迁庆元栗垟。

半坑叶氏,都一公居松阳,希山公之派赐四公迁居贤良,世居。传至九世孙思旺公而由贤良徙山坑,再传七世自祥公次子伯瑞公,从自山坑徙迁半坑家定居。叶伯瑞公是半坑肇基始迁祖。

横坑叶氏,由正五公从净水迁至松源之横坑。

荷地朝川叶氏,频胄公,自苏山下迁居龙泉,居两年,移徙青国鹤溪,即今景宁畲族自治县。其子琅一公又从由鹤溪分徙卢源,其子远望公自卢源而行居朝地西岸后,有四三公派下由西岸分迁上村半岭,即今朝川。

途坑叶氏,尚舍公,迁朝地,居三世,辛七公迁至庆邑二都桃坑,开基立业。

岭头黄岗后叶氏,履祥公由杭州迁居栝苍城内。传四世举牌公,同子碧渊,由栝苍而隐居松阳之卯山。其卯山居后,迨十一世十公,由卯山而迁芝田之卢源仙上里。不久,其孙旺山公由卢源而迁邻近乡朝地。传八世四四公,由朝地而迁居岱根,其后辛五公定居贤良。

山翠垮叶氏,叶德五公,由括苍苍松阳迁居山翠垮。

台湖叶氏,先祖文靖公徙迁处州松阳卯山定居,其后嗣叶弥公从松阳分迁龙泉小梅下担,到达三公居住仰坑,七代绍二公乔迁坪田,八传孔宏公由坪田徙居庆北台湖村。

上赖叶氏,先祖俭公,从括苍迁居松阳卯山而立家焉。至仁训公,由松阳徙居龙邑黄南村,至存恕公又移居上赖居家。

黄田甘竹山叶氏,俭公,于晋唐间世居松阳,至宋天圣年间(1023—1032),叶仁训公来龙泉黄南,其后子孙迁居甘竹山。

1. 濛洲街道后田叶谱序

重修族谱序

松源叶氏族谱,谱叶氏近族也。叶氏之先本姬姓,周文王子子高又食采于叶,因以为氏。子孙仕于他国,散居不一,然皆以周为宗国,南阳为郡望。谱间一书远在略也。唐有讳碧渊者,辽山刺史,本南阳三迁至于括之白龙,遂家焉。碧渊十三世孙旺启,遭宋季兵乱,徙居松源之儒效坊,是为松源叶氏之祖。谱不一书近在所当详也。启为江宁丞,裔多俊伟,世有仕者,具载世系。余今春谢事永春归越,便道松源访叶子之栋。叶子畴昔合南阳诸派之载籍,质以见闻,列图叙系,萃为一帙,属余为序。惟谱之作,所以重本始,别亲疏,昭世系,明尊卑,敦宗睦族之道,无以逾此。诚传家之要也,余亲斯谱,因流溯源,详近略远,支分派别,历有可纪。视彼牵和附会,勿顾妄冒之欠者,宁无间焉。矧松源之族家教不坠,若是,是维本源之盛,庆泽之长,要示培浚之功,有以扩而充之,非偶然也。虽然,后之视今,犹今之视昔,使为子孙者,继此以往修德行义,引而勿替,则松源之族,安知不与南阳之族联芳比美,并称于来世也欤?

时康熙五年(1666)丙午秋八月

延平府永春县会稽骆起明顿首拜撰

重修德二公族谱序

粤稽叶氏周武王有天下,封同母弟聃季于沈,为沈姓。其后裔孙尹戍之子,叶公讳诸梁,字子高,为楚叶县尹,业在南阳,公退老于叶,子孙世居南顿村高贵里而家焉。即以地为姓,南阳郡叶氏自此始,即别于沈也。则凡叶氏者,皆叶公之苗裔也。而后续之发祥处,亦颇数聚族而居。既各有祠,亦各有谱,以支分而派别故也。县治之东有柿儿村。

叶氏者,考厥源与流,盖与邑诸叶共括苍治邑,松阳奉直大夫俭公,而分其派。而柿儿叶氏德二公,因避元人之厄,与兄德一公,自咸丰丁巳(1857)重修,初太祖初兴,由松阳卯山下同迁本括治邑庆元城东。德一公卜居儒效坊,德二公卜居柿儿村,其后子孙同于五田下叶街尾构祠,曰"德一祠",立德一公、德二公为始祖于其中。细考我德二公以前簪缨奕叶,指不胜屈。即自迁处,历代而后以来诗书经世。传至四世若志显、维智、仲畏、道隆、泰净俱公,俱游庠食饩,名登岁选,绩昭史册,历历可考。而维荣、维英、焕文公,亦相继身游泮水,诚无愧儒雅之休。传十五世居,士元九公,由柿儿再迁居玉田后碓村。美哉,诚基此矣! 安可不修其谱以示后人哉! 窃余继娶利十一公长媛,岁至丁巳首夏,太岳翁讳儒高公同侄正溪伯公、锦祥叔公等,谓余曰:"我家族谱自焕文兄暨黄坛秀先生抄写成帙,颇亦明晰,然略而未备。今阅四十余载,近时数代未经登谱,亦复不少。兹我年近古稀,不乘此重修,后益无征。幸不吝笔为我书之。"乃起对曰:"余才疏学浅,焉能承此重任? 然太岳翁有仁人孝子之心,推至以派为修谱至意,安敢以不文辞?"爰将旧谱披阅,重加参考,细为编次,竟前体尚金钟有待厘正,昭穆尊卑悉遵其旧体制,图式尽易为新,庶几行次清疏,脉络分明;缺者补之,略者详之。使后世子孙阅斯谱者,自可一目了然。续是编者,同兴仁孝之心。兹经告竣,以云续貂不敢也,不惮鄙陋,谨修俚言,一以彰仁人孝子之念,一以崇尊祖敬宗之心也。是为序。

大清咸丰七年(1857)岁次丁巳孟秋月良旦

南阳叶氏十七世利十一公婿城西吴湲董沐拜题

2. 左溪镇发竹半坑叶谱序

重修发竹叶氏宗谱序

尝读《周礼》一书，未尝不羡大宗小宗之为，系甚重也。自秦汉以来，宗法废，而谱牒界语云："家之有谱，犹国之有史。"盖史以记当年君相之事，而谱以叙先代祖宗之传，是必详诸于谱。而使世世子孙长守于此，知本源之所自出，序昭穆，别尊卑，和宗睦族，敦伦饬纪以范围，不过长守弗替者也。

溯我叶氏自黄帝派演以来，历千万世不可胜纪。第将后稷派传下至叶公，更越数十世至国重公，由固始迁居括苍，再越数世兴法靖公昆季，由括苍卜徙松阳之卯山下，世居于此。迨后元季间，我球公由松阳徙居斋郎，生五子。惟第四子存志公，气异超凡，独于洪武之初旬，由斋郎迁居二都九图，望观其山明水秀，竹苞兮堪湾，奋发兮无差。于是相其阴阳，度其流泉，遂卜筑于斯。因名其地曰"发竹"焉。娶陈氏生一子，曰彦得公，其后瓜瓞绵远，积今十有五世矣。而十三世孙长铨、长锡、长开、长卓、长豹、长淮，十四世孙文寿、文槐诸君，思先人本源之远，后世支派之繁，无所统纪，乃纠合族，命余重修谱牒一帙。其间历世久远，前谱虽经两修，多有舛讹，全凭诸君讹者辨之，舛者正之。分其本源，列别其支派，庶俾后之子孙越者百世而可考，仁孝之心油然而生。则是谱之功成告竣也，非特予一人为之，美而诸君重有赖。我是为序。

时大清道光七年(1827)岁在丁亥端阳月吉日

横川族侄孙郡庠生廷辅超林拜撰

新修半坑叶氏宗谱叙

尝闻"家之有谱，犹国之有史"也。国不可无史，家亦不可无谱也。县必有志所以记历史，是以记朝代之盛衰，县志亦以记人物文献古迹。宗谱是从记受姓之源流,然以水之有源,木之有本也。斯人之有祖宗,而知祖姓所从出,子孙所由分也。所以宗谱之作,明源流,别世系,序昭穆,定名分而作也。龙门子曰:"三世不修谱,等于不孝矣。"孰亲孰疏,孰远孰近,等于路人而不知,是前人有作于前,后人必增续于后。

余本年三月间,到达眷戚根礼家,谈及宗谱之事。爰根礼竭诚关心其事,邀同族从金、从达、根马等诸君,有尊祖敬宗之心,孝子悌弟之念,水源木本之思,和亲睦族之道,油然而生矣。集族众商议决,定如再延搁,年代远老成谢世,无从稽考等云。托余为其修纂,余本学浅才疏,不能承其重任,忝在戚谊,诸亲不弃鄙陋,承诺于六月间往达从事,设局在底闰厅楼,手出老谱捧阅,原修于民国乙卯年(1915)间,至今七十三年之久矣。其间甚急之际,吾族出自周聃季之后,本姬氏也,至灵王之子纷昌,食采于沈,以地赐姓沈,得叶公沈诸梁食采于叶,故以为氏,此受姓之始祖也。至夷王叶阳公,加封南阳侯,故南阳郡从此始焉。迨至都一公居松阳,希山公之派下,叶十公分居处州丽水、青田、温州、平阳等处散居。赐三、赐四公迁居贤良世居。传至九世孙思旺公而由贤良徙山坑,再传七世自祥公次子伯瑞公,从自山坑徙迁半坑家焉。公实为半坑肇基之始迁祖也。公观其地山明水秀,积广土肥,森林茂密,丰富资源,山可垦殖,地可辟耕,得其安逸,创业垂统,足为子孙永远之计,时于大清康熙癸未年(1703)之秋迄今,二百八十五年远久矣。现以家户六十余,丁口三百以上,后裔瓜瓞绵绵,奕叶繁荣,徙迁异地而居者,约七十人。贵族之老谱乃时代变迁,废旧立新,紧张形势之下,全赖根发耆老翁隐秘保藏珍重尚存,其功绩匪浅也。倘若如有一失,万金莫赎也哉。慎重矣!爰惜尤贵之,惟族本属重修谱业,全凭诸位董首鼎力观心援助,遂以告竣其事。古云:"作者难述亦不易,善承尤贵。"善终宗谱之设,所以教也。誊录旧编,增续新丁,庶免世系脱节,祖宗忘讳。惟以重修谱谍,传后之贤子贤孙,而知善继先祖之遗志。关斯于谱者,谁为亲近,谁为疏远,一目了然,不以途人而相视。唯欲支支发叶千秋秀,世世荣华万代兴。派衍其昌,丕振书香,不负鄙陋,爰敬数语,微意之志。是为叙云。

时公元1987年岁次丁卯南吕月上浣之吉

承修谱事黄冈眷侄高等学校毕业生胜凡陈家振百拜敬撰

3. 淤上乡途坑局下叶谱序

族谱序

叶氏族谱,谱叶氏之族也。吾叶氏出自南阳而蔓延于天下,晋时折冲将军俭守处州,遂侨居括邑,处州之族实出于俭。俭季弟愿,字叔高,为江东太守,后徙居衢州西安,衢州之族实出于愿。我祖仁一公系本衢州高藉,于明国季万历间,自龙至庆,遂侨寓庆邑之北门外,百岁坊址。于时处,处于时。卢族以为长子孙计,毋何不数传所带谱书一,被祝融荡涤,族人不安故居,或徙途坑村,或徙局下村,两处子孙,至今屈指已十世矣。不及今修辑考正,缮书成帙,更迟待后人,将恐支派不无先后倒置者矣,名讳不无冒触重犯回者矣。甚至世次鲁莽,因而遗落者,亦有之矣。以致紊乱宗支,益观文献无证,此仁人孝子所不忍一日置也。爰是光等久欲有事宗谱,庚辰季夏,与逊庭弟详议其事,雅托编纂一新,昭穆以序,尊卑以明。俾后之孙子阅斯谱者,知原本所自,且亦知祖功宗德无终与世,极而存仁孝之思,有不禁油然自动者矣。是为序。

时嘉庆二十五年(1820)岁次庚辰孟冬穀旦

七世孙德光顿首拜撰

八世孙显仁等同修

4. 淤上乡吾田头叶谱序

纂修叶氏宗谱序

尝思物本乎天,人本乎祖,物不有天曷以遂生,人不有祖奚能有族?近世之人,但知其流而不溯其源,只见其枝而不寻其根,抑知流之长者,其源之深,枝之茂者,由根之固。苟不知之,则族虽近而若远,苟能知之,则族虽远而若近。自有谱谍之设,天下之民从之,而吾亦窃效焉。

粤稽叶氏旧谱,自苍鉴公由小梅坊徙居瑞竹垟而居,阅数世至宁十二公,复徙庆邑八都。后之子孙又由八都三分瑞竹垟,固瑞竹垟是吾桑梓之地也。至康熙年间,永瑛公又迁庆邑吾田头,或耕或读,克勤克俭,朝与处,夕与居,离祖家既云遥远,谱书因思另立,前于光绪庚寅年(1890),族弟振芳公修理一册,源流紊乱,支系混杂,无由稽考。兹因本年瑞竹垟修理族谱告成,即请先生至家将吾祖本一派,清其源流,考其图式,另辑一册,以至条条有序,支支不紊。俾后世系长发骏达,虽千万年亦得以知发脉之自昉,居住之由来哉。庶几哉,血脉不至紊乱,昭穆不至失序,今值修就,聊撰片言于谱左,以为引。

时大清光绪三十一年(1905)乙巳岁小阳月榖旦

本邑黄皮庠生吴观乐拜撰修录

5. 贤良镇贤良村叶谱序

叶氏徙迁序

盖闻本固则枝茂,源远则流长。按我叶氏上世居处,经史足征,迫周七雄时,诸梁公食采叶县,即乃居也。自沈而姓叶者,支派蔓延,楮亦莫馨,后传十五世,承奇公由叶邑而居南阳府东门以家焉。而承奇公传下二十三世,息饯公因五胡乱晋,由南阳府而迁邓州南顿乡高贵里,爱居而爱处也。是亦贤者避世而为之矣。迫九世桥公,字志着,由邓州而迁杭州鼓楼前,以永孙支,其后嗣续寄迹远地,宦游他乡,未易枚举。则志着公迫传十三世履祥公,由杭州而卜居括苍城内家焉,是因六朝丁锁流离而肥遁也。及举碑公同子碧渊公行都四,由括苍而卜筑松阳卯山之下,以居诸矣,其升山居后影组云台,趋步丹墀者,不可胜纪。碧渊公迫九世苍鉴公,由卯山而耆居龙泉之瑞竹垟,以永矢焉。龙泉居后支分派别,屈指历数,则苍鉴公传下十二世孙元六公,由瑞竹垟而隐居庆元一都之半山,以幽栖矣。是谓久林,犹恐不密也。而半山处于僻壤之间,自元末明初之始及今,虽居二十余世,不满十余烟火,其人丁亦莫蕃衍,故予父同伯仲等,于康熙五十一年(1712)而来寿邑,暂居李长坑,又于乾隆二年(1737)方移岭兜以居处矣。今虽未振,倘其他日克累行仁,孙支畅茂,苟缺家乘,是谁之过欤?予故三复辗转,敦请庆邑贤良宗弟世轸氏设立此谱,聚祖宗于百世。后之视今,亦由今之视昔。韩子曰:"莫为于前,虽美弗彰;莫为于后,虽盛弗传。"诗曰:"毋念尔祖,聿修厥德。"故曰:"本固则枝茂,源远则流长矣。"是为序。

大清乾隆五十五年(1790)岁在庚戌荔月穀旦

二十世孙俊伟同男邦谟谨识

6.百山祖镇斋郎叶谱序

重修叶氏宗谱序

余乡为景庆交错之壤,庆之斋郎去吾卢仅十里,兼以叶君琅峰屡读余家,故以文墨往来无间,非只姻娅之密也。岁癸亥,琅峰过我告曰:"敝族之有谱也,议修久矣。曩于乾隆癸丑族人举以托之,子之先大人暐洲夫子续,以谢世弗果。今者,子既继先志,吾将申前盟矣。其毋使四十余年未修之谱缺焉弗讲乎?"余曰:"若是其未远也,则姑已乎?"琅峰戚然曰:"谱牒之设,得以爱敬其本源,维系其族类,使时湮代隔,世数莫稽,则桑海苍茫,前光遏佚,其所为爱敬维系者安在耶?而况向日操丹铅以从事者,皆驵侩田台之辈,翻绎之艰,书法文辞之谬,无论也;而体裁不正,义例不明。莫甚焉。吾既得齿于士类,顾使斯谱之久于陋劣也?宁非吾之所戚戚者乎?"余感其诚,遂有欲往之意。适是腊为仲弟冠婚礼,张筵燕客,表兄吴鹤巢,叶之师也。时只在座,余笑谓曰:"叶君有修谱之议矣,吾与兄倡和于其苍崖翠麓间可乎?"则应之曰:"可哉!"遂于春二月,皆吴君率从游数辈下榻其祠,细阅其端,乃由松阳后港而箬竹坪而递迁以至此,凡十余世,皆式微。今琅峰乃能以文学为宗族倡,知其流泽方长而未艾。特于其身开其先,凡五阅月而谱成,琅峰复以序言请余曰:"不佞之受新任也,亦唯是守先人之遗法以求夫辞理之清,通纪载之详悉而已。至于为善为恶诸大诫,第观于谱系之,或盛而忽落,或衰而浸荣,可爽然也。夫举冥漠之报、圣贤之文以相劝,则凝不悟者有之,以明白显易者以明白观之,其有不自爱而爱及子孙者,岂人情也哉?"吴君鹤巢闻之曰:"是可以序矣。"因遂以修谱之由并所兴语者书而弁之首。

　　时皇清嘉庆九年(1804)岁在阏逢困敦日躔鹑尾之次

　　辛酉科选元候选直隶州州判里邻年眷同学弟翘甫氏柳冠林拜撰笄书

7. 百山祖镇桐梓叶谱序

南阳郡续修谱序

　　云闻物本乎天,人本乎祖,物不有天,曷以遂生人;不有祖,奚能有族? 近世之人,但知其流而不溯其源,见其枝而不寻其根,益知流之长,其源之深也;其枝之茂,由根之固也。莫为之前,虽美而勿彰,莫为之后,虽盛而勿传。前作后述,二者并重,谱牒志之,不致以同宗如途人,相视之失也。谱之所关不诚重乎哉! 桐梓叶氏自利之公,迁徙桐梓而家焉,至清道光时,又创造上墩。夫斯地也,奇峰叠嶂,平岚钩回,其得山水之佳。吾高祖在上墩景象风气里言之详矣,余不重叙。是谱,清宣统辛亥(1911)吾伯父修后,迄今七十余载,可谓久矣,是谱之宜修也,众董知事辈,常怀念修谱之心。余有姐夫讳其顺,世务洞明,好善乐施,常抱尊祖敬宗之道,前年秋驾临寒舍,探亲闲谈中,言及要修宗谱之事。至去年冬,余邀表兄叶华同往贵村,包理、蒙贵、董理和干部,邀集众议。不意吾兄弟鄙陋庸才,识见寡闻,已蒙金诺,持旧谱披阅,始知祖上之笔墨,于今为烈,余当肃心继志善,体诸君之情。奈余才疏学浅,不能抒腕挥毫,阐扬于望族之美,构思作赋,表彰于贵地之华。只以雕虫小技,效欧苏之遗法,尊贵族之旧章,起一世而立五世,再起合为九世,五服九族明矣。从此长幼有序,尊卑有别,昭穆攸分,脉络清,条千枝万派,别居异处,可一目而晓矣。由是,孝悌之心油然而生,和睦之气奋然而作,岂非修谱之获益与? 兹也,谱已完,就吾兄弟虽庸劣拙材,承蒙雅爱,不弃鄙陋,聊缀数语卷云。

公元 1992 年壬戌岁仲秋月榖旦

本里贤良黄皮眷弟叶华吴文拜撰

8. 龙溪乡大毛坪叶氏谱序

重修叶氏世谱序

尝闻山之发脉也,本于昆仑;水之发源也,出于天演。是山水之所以充满于宇宙者,以派远源深故也。若夫族氏之繁盛,使非肇姓之源远,乌足至是哉!

粤稽叶氏自朱良公,汉高祖时,肇姓封郡之始,与夫祖居播迁各郡之千有年,所始迁斯地,其派远源深如是,所由族姓繁衍其间,或聚处,或散处,文人学士屡世秩出,乡饮酒醴指不胜数,溯其祖先,肇开南阳邓州之所,与夫播迁辛野、杭州、山阴、松阳、龙泉之时,或通显王朝而位侯伯,或受职郡县而膺外瀚,名公巨卿,何代无之,何时蔑有? 缅前徽者,未始不为拳拳心,虽然论仕宦则通显无如于祖先,论繁盛则昌炽莫若于今兹,况夫穷经考古之儒,后先济美,绳祖武者,将未必不在指顾间矣。余于其谱上考始祖所自出,而枝分派别,一犹昆仑之散播于宇宙,天演之偏溢于九州岛也;下观乃族之贵盛,而文人蔚起,所谓:“山不在高,有仙则名,水不在深,有龙则灵。”此其是欤? 以是为序。

时大清乾隆四十年(1775)乙未孟秋月榖旦

本邑二都杨桥增广生练世煦录

新修叶氏族谱序

尝思水有源,而木有本;国有史,而族有谱。本固则枝茂,源远则流长,人有追远之意,必立族谱之书,则世裔得以讲明昭穆,望有所辨。

窃考叶之姓氏由来久矣,盖叶氏之源黄帝有熊氏之后,初姓公孙长,姬水赐姓。姬叔侍周文王第十子聃季,生蚡,食采于沈,以地为姓,始易姬氏而姓,沈传至九世孙沈诸梁,食采于叶,生二子,长名尹法射,承沈氏,次名尹法重,为楚士大夫,有功于周,封"南阳侯",赐姓曰叶,是则叶氏云姓,肇自诸梁公。而南阳之郡本于法重公,故叶郡以南阳名,则叶氏之姓、郡所由始也。由春秋战国而秦汉唐宋元明,至于我大清,纪之二千五百余年,其历年可谓远矣。世次亦不可得而详矣。历代相传,簪缨揩笏,丰功伟烈,载诸方策,世有名人难以胜纪。但稽旧叙,考其迁徙,授姓之后,传十五世承奇公,由叶邑居南阳,传二十三世息饯公,由南阳迁邓州,迨九世叶桥公,由邓州而迁杭州鼓楼前,传十三世履祥公,由杭州卜居括苍,迨及碧渊公,由括苍迁入松阳卯山之下,其显宦名臣,师师济济,声名鼎盛,令闻昭著,历九世苍鉴公,由卯山而迁龙泉瑞竹垟居焉。兹承乘旧族叙,俱列祖帙未振,祗以苍鉴公为瑞竹垟肇基太祖。贻厥孙谋佑启我后传十二世元六公,从瑞竹垟迁入庆元一都半山,为一世祖,上绳祖武,下贻燕翼,孙支蕃衍,产地鹭迁,遥传十九世茫春公,仍旧贯俊堂公庆既令居虎朝坪矣。洪球、洪松诸公,于清康熙壬辰年(1712)来寿邑,暂处于富阳,居之数年。乾隆丁巳岁(1737),公同俊伟公徙居岭兜后,隆公迁岭谏,俊清公降观卜吉,迁正坑而奠居焉,创业垂统保芥。尔后,立后裔之先绪,启族氏之鸿基,自迁而制桑梓而培本支,迄于今百余岁矣。谱系纷然,而未纪支派,茫然莫辨,阅系之重,莫大于是彝伦次序,亲疏伦纪,苟不辑录,曷传其后? 设立族派之世裔,纪祖宗之次序,则后昆有所考识,本末知所先后也,今之二十三世孙应椒等,知立谱之意,存孝思之念,律修尔祖,酬报宗功。爰佥族议,俾举修辑,笃志营为共襄赞成,余承亲之请,愧学蠢笔秃,不能光乘。爰不揣固陋,敢为草创纪之,无失其真,辑之不遗,其本祖列于上,支别于下,祖宗支派秩然,明条血脉,联络迁徙,肇基坟茔,营建先人生卒,男妇婚配,畸行称扬,文翰著作,长幼次序,讳字排历,总纲于前,条目于后,而斯谱灿然,如日星矣。修是谱者,尊祖敬宗,汇同姓于一本,敦礼谊于一门,族义之隆,宗法之盛,本支百世,修辑完竣,谨陈数语发弁其首,盛族征其俾识窍昌云耳。是为序。

大清同治十年(1871)岁在重光协洽黄钟月穀旦

鳌阳新安郡庠生张廷良敬辑

俊堂公徙迁序

公之为人也,天性明敏,赋禀而有远大之智;人品清奇,立志而图长久之谋,故其气概轩昂,不以一时之计以苟安,常以子孙之谋为图虑,是以乾隆年间弃半山之桑梓,望大虎坪之景象,择此地之肥沃,观斯坑之佳水,可以保子孙长久之计,遂筑室而乐居焉。斯时曰勤曰俭,开辟田园以置产业,常以扩充其基,历今一百余年矣。果然,贻谋远大,子孙繁昌,支派秩盛,其衍庆至今,乃斯则将来之族盛,当不在指顾间矣。缅前徽者,未始不为惓惓余生也,晚不获亲炙其事,徒想其手,采挹其休风,诚乃天地间之罕睹。是以为序。

大清光绪二十四年(1898)戊戌岁孟秋月穀旦

9.官塘乡横坑叶谱序

叶氏宗谱序

夫家之有谱,犹国之有史者,盖史以纪当年君臣之绩事,而谱以志万代祖宗之支派。其名虽殊,其理一致。则不可不修者,谱牒是也。我叶氏自黄帝分姓派衍以来,历千万世不可胜纪。

谨将后稷派传下至叶公,更阅数十世至举碑公,从邓州居数世而徙松阳,再越数世又分景邑鸊源高砌叶坑下净水。诸公辛勤,备尝其为子孙计者,何靡涯也。迨正五公,由净水而至松源之横坑,观其土壤之膏腴,山水之灵秀,遂立志于此开创而居焉。娶钟氏而生四子,长曰图平,次曰图保,保公等皆分居别处,唯平公派下世居于此。瓜瓞绵绵,远至今十六世矣。而十世孙桂芳,十五世孙方盛、方辉等,思先人本源之远,虑后世支派之繁,无所统纪,仍纠合族重修谱牒。其间历世久远,前谱虽经两修,多有舛讹。全赖桂芳诸君讹者辨之,伪者正之,分其源流,别其支派,庶俾后之子孙越百世而可考,而仁孝之心油然而生。则是谱之功成而告竣也,非独为余之功,而诸君之上有以光于前,后有以裕于后者,非浅鲜矣。谨序。

时清乾隆二十二年(1757)岁次丁丑黄钟月榖旦

洋川族侄孙贡生永昂顿首拜撰

修叶氏宗谱序

族之有谱也,犹水之有源,木之有本。水之有源,千川万壑总归于海;木之有本,千枝万叶总浚于根;人之有谱,大宗小宗总发于祖。故始祖之不崇,则血脉不通,其何以联肢体于一身乎?所以谱之为言亟也!

余考先世,始于我周文王第三子季聃,因食采于沈,遂有沈诸梁者,后以永寿公,有功封于叶县,即以地受姓,则叶姓始于叶公也。我世祖俭公,袭封王爵,授括苍郡守,卜居松阳县北卯山。数世传有元孙望者,晋封临海郡侯,复有金门羽客叶静公,唐时追赠鸿胪寺卿越国公,始祖叶通公征讨有功,宋时除福建泉州路指挥,其子诚公,钦敕威胜将军,授都先锋职,就居龙泉小梅阿营,幸生六子,以地瘠散居各方,我太祖苍鉴公卜居瑞竹垟,越数世支派蕃盛,人有徙居各处者,如楚之荆州、苏之句容、丹阳湖之乌程、衢之西安、闽之古田、同安等,旧谱载不具详,远不可考。惟就近在龙庆者,约略汇修,细阅龙之阳顺,始自端四公杉树根,始自赐廿九公庆之栗垟,始自尚四公。各谱皆散乱错落,虽瑞竹、水北、坑里、东隅承世祖廷珪公,曾叔祖铭公,洪公等重修谨录。宁十二公、宁十三公、宁十五公三支,余皆未汇总编,丁卯夏日往瑞竹洋迎送祖宗入祠,瞻拜其下,尽有各村人异名同者,昭穆不登,行第不整,众皆鼓掌笑曰:"宗祠既举,家谱不修,则人不往来,何以识面而分次序乎?"众是以有议修家谱之举,遂念余年老,以首事属余。敢不仰报祖恩,俯听众命乎!蒲节后,移杖各处,细阅宗支,辨其名分,核其诚伪,合各支派综汇成编,有德必录,传赞有功,必著志铭。旧谱间有遗错者,照原注填,不敢擅更,以俟后之贤达者。

吁嗟!人之不谱识谱者,将以为纪名著代已也,不知收宗合族而俾德同风,光昭于后世,庶不负石霖公、梦得公之遗泽也。是谨序。

大清康熙二十六年(1687)丁卯岁桂月

支下百十一世八旬二岁嗣孙桥琳拜撰

纂修叶氏宗谱序

余闻叶氏谱系由瑞竹徙庆元后田六都、八都,并龙泉干上杉树以及近左栗
垟。支蕃派衍,源远流长。如今半坑裔孙自瑞竹始祖苍鉴公迄今,已历廿五
世。康熙丁卯(1687)凤朝、凤珽、凤轩、凤潭、凤溪、凤武、凤达诸公,到瑞竹垟
送祖入祠,会同合族聚首相商议,汇修族谱六部。修后一百五十六载,半坑居
者,代远年湮,未曾另行纂修宗谱。越后乾隆乙未(1775)黄廷璇,嘉庆癸亥
(1803)陈之璜,道光壬午(1822)姚汝梅诸君,于族谱尾添注新丁。癸卯之夏,
余到半坑,各亲邀予纂修宗谱。余愧无才,以余愚见,欲将内谱、外谱,就其本
支理众,删繁而归简,其余自瑞竹分居各处人物、传赞、别派支图,可以不必并
叙。庶几改旧换新,兹如主东之意,仍将旧编族谱,一一照旧抄录,并未增减一
字,止于后之黄陈姚三先生,接添谱系,暨未上谱之新丁,细为修理。余效苏氏
之法,联前缀后,整排五代图式,俾阅者易于查考,则有条不紊,庶不致尊卑失
宜,昭穆无序。虽族系繁昌,由此而联络;支裔明悉,自无遗落之误。谨序。

大清道光癸卯(1874)秋月

庠生吴耀权拜撰

10. 荷地镇朝川叶谱序

重修叶氏家乘序

文献不足,祀宗之礼无征;谱牒不修,世系之传莫考。是以修谱一道,事若
可缓而实为要务也。欲为孝子悌弟者,安能漠不关心,而不耿耿于怀也? 本族
旧谱久未会同接续,如择异姓文笔修理,岂无他人恐嫌微资简慢,众因议命及
彩,虽年古稀,亦焉敢辞?

本春,爰取谱披阅,益信受姓源流,始自后稷之后公刘,由戎狄迁邠古,为西戎之国,即今陕西邠州是也。至十五世孙讳昌,追称文王育子众多,中有第十子名阳季,由邠州而封于沈,以地为姓。及至九世诸梁次子尹法重,为楚大夫,有功于周,封南阳侯,赐姓叶氏,嗣后即此为郡。传至一十七世华进公,因闻秦有未便居处,乃由南阳隐于通山。后有端恕公自通山而徙邓州,其孙国重,又因隋唐易鼎,由邓州避居浙钱及松山下。约居一十六世,频昺公自苏山下徙居龙邑,止居二载,移徙青国鹤溪,即今之景宁是也。其子琅一乃由鹤溪分徙卢源,其子远望公自卢源而徙朝地西岸后,有四三公派下由西岸分徙上村半岭,即今之朝川是也,前后散迁异域,济有人均载谱牒,毋容复赘。惟将本支择迁始祖四三公派下伏八公子贤三、贤四公系图,蝉联鱼贯而下,使后千枝万派,咸知一本之渊源也。

予承众议命修族谱,乃仿苏氏谱式,五世为一图,图清派晰,长幼尊卑,秩然有序,俾览谱者恪守遗训,无忝风规,读谱序文,当思奋志,丕承先绪。及考世系,应知辨昭穆,定名分,虽分远宗远族,莫非一本之亲也。如此体玩,则尊尊之义明,亲亲之道得,孝悌之心油然而生,礼义之风勃然而超,门才盛正未艾也。爰是为序。

嘉庆廿二年(1817)冬朔日

岁贡生族裔荣彩拜撰

重修朝川叶氏宗谱序

今夫宗谱之作,所以统宗而收族,古之治也,上则统于君,下则统于宗。故曰君之宗之,宗有五,其一为大宗,其四为小宗。《白虎通德论》云:"大宗率小宗,小宗率群弟,凡五而人之亲始备矣。"后世宗法不立,诸如继祖、继祢、继高曾既散无友,总即百世不迁之宗,亦不守其义,往往自其世裔。故苏氏作五世图,所谓由谱而知其先,以及其旁子弟相传于后世。此古人寿世之书也。

朝川叶氏盖自松阳徙于卢源,至远望公由卢源始居于此,即奉公为鼻祖,而以始迁者,常大别之宗,其先世系远有代序,无烦殚述。以远望公为一世祖,第四世祖六七公,八三公俱居下村西岸,至六六公再从上村半岭,曰止曰时而居始定,自是而下,枝繁叶茂,采芹香食廪饩者,亦代有闻人称盛族云。

其族之谱,创自康熙四年(1665),继修于雍正七年(1729),至嘉庆丁丑(1817)纂修后,阅今数十余载。诸表兄弟侄等邀予纂修五部,予乃命男得璜侄师郊各誊录三部,手录一部,谨为奠世系,辨昭穆,等上等下如发受梳,靡不得其经纬蹊径焉。盖由宗法既定,而后趾趾不乱也。举先王上治下治旁治之貌,皆得转相属于无穷,然不属则混,不牒则乱,诸君之于谱可谓勤矣。

而且斤斤守质,不散攀鳞附翼,惟就本支百世是继是绳,其慎也又如此。其识见不诚大且远哉?夫尊祖故敬宗,敬宗故收族,敦孝悌而厚人伦,美教化而移风俗,门闾鼎盛正未艾也。谨序。

同治八年(1869)己巳岁应钟月毂旦
英川眷弟邑庠生吴钧拜撰

11. 隆宫乡桃坑叶谱序

叶氏源流序

天地初开,两仪既判,四象立而五行迭运,由是人物生焉。圣人立极治化,统三才而御万物者也。制为文字诗书,使人得以明之。夫三纲五常之道,先王封姓建氏由是族类分矣。孔子作《春秋》,为帝王一代褒贬,历世相传,莫不有史。史者,载诸王世代兴亡治乱之由,及记诸事迹。然后世代子孙知祖宗之往来,是以家之有谱,犹国之有史也。

余闻叶氏谱者,自周文王第十子季公,乃武王之弟聃公之子,蚡昌公食采于沈,有于国之功封于沈,故以地为姓曰沈氏。传至九世孙沈诸梁,生二子,长曰沈法射承沈氏,次尹法重为楚大夫,有功于国,封南阳侯,赐姓氏以地为郡,故氏南阳郡也,分之邓州南阳是也。传至三十八代孙汉朝太尉,后升光禄大夫,望公因黄巾作乱,望公揭家渡江迁隐于丹阳句容县居。及至隋炀帝无道,天下大乱,铸公避锋刃,徙于括苍松阳卯山下焉,延至六孙法善公字道元,唐时为金紫光禄大夫,兼小卿,封越国公景龙观主。后追封玄真护圆天师灵虚见素真君,曾引唐明王游月宫,至今传焉。且至十世孙懿公乃碧渊公之子,渊公自松阳迁青田卢山家焉。至十五世孙尚舍公,又徙迁朝地,居三世,辛七公客游四方,至庆邑二都桃坑,见其山明水秀,堪为前人创业之基,足为后人燕翼之计,遂经营筑室,爱居而爱处焉,后之子孙当念念不忘可也。

是为志。

(原稿缺页,年份、作者不详)

12. 岭头乡岭头村叶谱序

叶氏家谱源流序

盖闻本固则枝茂,源远则流长。按我叶氏之先,始自黄帝公孙姬姓之后,出自少典有熊国君之苗裔也。黄帝生二十五子,其分姓不一,而少昊而蟜极而帝喾元妃,姜螈生稷,仕唐尧,为司农之官,食采有邰,传公刘,由有邰而居于邠。迨十世太王由邠居于岐山之下,生三子俱贤,长泰伯,次仲雍,三季历。太王欲传位季历,泰伯仲雍知父之意,而断发文身隐居荆蛮,是为吴氏之祖也。至季历受位,传子文王,有圣德,生子武王克商,而有天下,国号周。公封诸弟,周公封于鲁,召公封燕,毕公封于毕,管叔封于管,蔡叔封于蔡,康升封于卫,曹升封于曹。叶氏乃沈氏之分,故聃季公封于兄弟,各有封疆,即若其地分姓不一。然其沈氏之后,传及诸梁,有功于楚,食采叶邑,即居其地叶为氏,后之支分派别,传十五世承奇公,由叶邑而知南阳府,城内东门以家焉,郡之所由名也。后传二十三世讳望,字息钱,公因五胡乱晋,由南阳而迁邓州南村乡高贵里。是亦贤者避世而为之矣。迨九世叶桥公,字志著,由邓州而从杭州鼓楼前以永孙子,其后世嗣续寄迹远地,玩游他乡,未易枚举。后传十五世履祥公,由杭州而卜括苍城内家焉。是因六朝□(琐)尾离乱,而隐居也,传四世举牌公,同子碧渊由括苍而隐居松阳之卯山,以肥遁焉。其卯山居后,飘然云台步丹墀者,不可胜。迨十一世由五秀争鼎,兄弟十二人各居一乡,故十公由卯山而迁芝田之卢源仙上里,以卜筑焉。未几,其孙旺山公因周宋易祚,由卢源而迁邻近乡各地,以垂后世也。今则人文蔚起,孙子衍庆,传八世四四公,由朝地而居乡里之岱根,门以幽栖,公之志可谓入山唯恐不深矣。厥后辛五公二廊贤良,是为百世不拔之鸿基也。更有或分古田甘棠,或分邻近者,各处颇觉族大枝繁矣,兹另辑一部以传后世,知其祖先自出,后之视昔,不忘其祖功宗德克累之深,而失本源也。故曰"木盛支茂、源远流长"云。

　　大清乾隆四十九(1784)甲辰冬月良旦

　　嫡孙顿首序

13. 岭头乡山翠弯叶谱序

原序

　　盖闻先世谱系,予尝采访旧派,蕃衍盛大,难以备述,先叙提举而为之序,自燹兵火,散失无存。太初披访数年,仅得其六七,因之缀缉而补正之,岁月既久,不能备详,故记所闻以遗后世。诸长老云,先祖举碑公,生子有四:长碧溪,居南阳府,在城;次碧潭,居南阳县,后徙汀州;三碧海,居杭州,复迁衢州;惟吾祖碧渊公,则徙居处州桑梓,而后复移于松阳,卒后葬于西坪,与杨太后坟并联,其妻董氏厝于西坪外岭之洋。或云文靖公显身在天,其妻于项岭;文行、文忠共葬松阳岗后小源;文信葬白石寨前;文宣、文广、文礼三坟旧谱失传,今无可考;文宣公三子,正存、正祚、正道皆无可考。此篇莫能具录,略传于后而述志焉。

　　时正统十二年(1447)丁卯孟夏月之吉

　　裔孙宗学谨志

重修山翠弯叶氏宗谱序

窃维家之有谱,犹国之有史。国史所以示褒贬、明彰瘅'炳大道于日新;家谱所以奠世系、辨名分、正昭穆于不紊。盖名虽不同,而理则归一。

粤稽南阳叶氏,胡为乎来哉? 溯其分封之源,始于文王应子曰聃季,受封于沈,以地为姓,传九世孙名熊贵者,即诸梁公也。生二子,长曰尹法射,次曰尹法重,重公为楚大夫,有功于周,赐姓叶氏,封南阳。故子孙以赐为姓,以封为郡,此受姓命邑之由来也。特揭本源以示来兹。按兹启宇自德五公,由括苍松阳而从此地,号曰"山翠塝"者,则自公始也。余也承修贵族谱谍,详考其源流,固已明晰;细阅其支系,鲜有合宜。于是为之记其章程,编其图数,繁者删之,缺者增之,宜续者续之,一展卷而彰明较著矣。

是役也,始事于夏之末,藏事于秋之仲,阅半月而草创,计两月而告成举,凡孰昭孰穆秩然有序,或尊或卑不致乱伦,应得上溯祖宗之所自来,下孙子之所分派,更冀后之英雅克绳祖武,大启尔宇,复以时而重修之,不亦与国史并重于不朽也哉! 是为序。

大清光绪二十五年(1899)己亥岁次仲秋之吉

承修谱人年登五十有四前于同治辛未潘太府考取丁宗师取入县学系二都香山胡凤仪拜撰

14. 黄田镇台湖叶氏谱序

赠南阳叶氏谱序

天地初分,两仪既判,四像立而五行迭运,犹是人物生焉,圣人立极治化,统三才而御万物者也。制为文字,诗书使人得以明之,夫三纲五伦之道,先王封姓建氏,犹是族类分矣。故夫子作《春秋》为帝王一代之褒贬,历世相传莫不有史者,载帝王世代兴亡治乱之由,记诸事迹,公、侯、伯、子、男下及士庶立谱谍。以贻后世,俾子孙得知祖宗之所从来,是以家之有谱,犹国之有史也。

余闻叶氏谱自周文王第十子聃季公,武王而有天下,封弟子沈至蚡昌,公食采于沈,因地赐姓曰"沈氏",后至尹重公有功于楚南阳大夫,受姓叶氏,封南阳郡,今在邓州南阳县是也。迨至汉平帝时,王莽叛乱,太尉华进公隐于蒙山,传至汉末光禄大夫,叶望公因黄巾乱,渡江迁居丹阳句容县。及至隋炀帝无道,天下大乱,铸公之后国重公,遂迁于松阳卯山之下居焉。传孙文靖公,修身炼气,曾与唐皇游于月宫,白日飞升。厥后宗二公生四子,次子绍二公始迁于兹,故绍二公乃坪田之始祖也。世乱历遭兵火,旧谱毁没而无传。访于同宗,始得其传,犹恐中原板荡,宦族萧条,士党流离,作者疑之而无征,略节姑注为小引,以启将来,俟能牵合者,传会同族之谱,正其是否,抑亦便其修者云。

时大元至正二十一年(1361)岁在辛丑桂月

江右新城县儒学训导同邑周瑛字德辉拜序

新修台湖叶氏谱序(附诗)

古者天子建德,因生赐姓,而家必有宗,厥后支庶各别为氏。然有以封国为氏者,有以父字为氏者,有以食邑为氏者,氏所受虽不同,而建谱之意则无或异者,何也?以谱之一书所以明源流,序昭穆,联族属,先人之灵爽冯焉,后人之仁孝系焉,亲亲之务所由广焉者也。是故先王列职于官,以严大宗小宗之法,自宗法废,然后谱谍兴,而贾氏、欧、苏、韩、柳诸氏,谱学迭出,敬宗收族之道,于是乎在矣。然非礼义之家、簪缨之胄,鲜有能摭实而修明之者,我叶氏独有事于是,岂不深足嘉尚哉!然彼之视谱也既重,而我之承任也毋轻。爰约略而为之序,曰礼不忘其所自出,返始崇本之道也。

盖万物本乎天,人本乎祖,而我叶氏受姓之始,则本于诸梁公食采于叶,因以为氏。玉叶流芳,英贤迭出,迄宋而无地起楼台,宰相传家。惟俭德一身全福祉,大名振俗在文章,或拜爵于朝,或解组于野,凡赫赫乎卓有声誉者,不可胜纪。

及按其迁徙之由来,眆自汉太尉华进公,因秦乱避隐蒙山,及望公为汉左长史,乃渡江而居丹阳句容县。迨至隋乱,铸公遂从应天府迁于浙之武林。阅六世,文靖公徙迁处州松阳之卯山下居焉,事唐,为金紫光禄大夫,封越国公,后追封为护国天师,亦异矣哉?嗣是而支繁派衍,弥公为十九先锋,析徙新迁剑南小梅下担,亦越达三公晦迹仰坑,七传绍二公聿有更新之志,乔迁坪田,是为坪田之始祖也,八传孔宏公心爱静境,性乐林泉,由坪田徙居庆北之台湖,兴家立业,肯构肯堂,迄今十有余世。其间奕叶蕃昌,绵如瓜瓞,其在芳起二行,并兴木本水源之思,重编谱谍以明源流、序昭穆、联族属,亦可谓急先务矣。爰弁数语以志一时之盛事,聊赠一律云:

派分南阳衍庆长,卜居仁里台湖乡。

传家诗礼无殊古,继世文章有异香。

玉树森林称甲族,金枝郁郁实非常。

重新谱谍奖伦序,先后芳声永振扬。

时大清光绪二十年(1894)岁在甲午蕤宾下弦之吉
景邑旺川修生宗晚竺轩叶含馨敬撰

15. 黄田镇上赖叶谱序

叶氏源流宗谱总序

粤稽叶氏始自诸梁公也,盖诸梁公所生二子,长名伊射而氏沈,次名伊树而氏叶焉。噫!叶氏自诸梁以来,其嗣贻多俊杰哉!自其品之极贵者言之,莫若诸梁四世之孙曰徇,为楚之丞相,其后为大夫者,不可胜数;自其功之最贵者言之,莫若诸梁八世之孙曰章,为汉关侯。其为刺史者,难以枚举,故章公五世孙亦为关内侯,冲之孙封弘农太守,慕之孙也为淮阴侯,公之三子颖公仕至光禄太守,颖之孙瑞公为功曹参军,瑞之子成公官拜尚书,此皆汉之名卿也。历晋而有成公之子曰彻,为户三部侍郎,历吴越而生子敬,琚为南阳太守,敬公生俭,为折冲将军而迁括之松阳卯山家焉。俭生干昱,昱生道兴,兴生二子,长名国重,数术至精,时唐谥为有道先生;次静,能道术善文,高宗举为翰林学士。国重之孙曰表,为司马总督,御赐其名为表。公之六世孙边公,官侍御史。美哉,此族也!世云有夜光之珠,代代有瑚琏之器,族大而且贤,支长而且贵,诗曰:"永锡祚嗣。"其斯之谓欤?疏财恭引以备诸君子览焉。故序。

宋绍兴十九年(1149)岁在己巳孟秋月穀旦

进士陈诚之拜撰

重修翁叶氏宗谱序

盖闻家之有谱,犹国之有史也。家无谱,则支派无由分;国无史,则盛衰无由明。故人生天地间,读书明伦之道,当知水源木本之思。穷水源,则考其所自出,知木本,则识其所由来。祖功宗德,每日思想承流之恩重,念谱牒之为急,世远莫知宗派,同宗等于路人。此无他,皆由谱牒之未修,故至此也。欲知宗派之所自来者,亦在后人善继而善述耳。

按翁叶氏之先世者,周昭庶子苗裔也。食采翁山,因号"翁氏",汉有翁君,复有翁伯,高风亮节,彪古炳今。自靖康二年(1127)鼻祖东栽公石坑肇基建业,洪武皇位登大宝,石溪公官居邑候,其子孙则簪缨相承,至闻聪公徙居骆庄,廷云公则迁居庆北上赖而立基。前推剑川之望族,后为松源之名家。按稽叶氏始自楚之诸梁公也。盖诸梁公为楚令尹,食采于叶,其子孙遂因氏叶焉,而郡以南阳者何?诚其派显于南阳,因以郡也。自俭公从括苍迁居松阳卯山而立家焉,至仁训公才由松阳徙居龙邑黄南村,至存恕公又移居上赖居家。为年代久远,宗支失考。自清道光十七年(1837)叶恩忠公昆仲等建谱,得悉叶明照公,即为叶氏之始祖也。

兹考翁氏宗谱,系清同治元年(1862)纂修,迄今已历一百二十五载,虽则名分两姓,实乃同脉共支。现族内人丁繁衍,生发不一,其间婚娶丧卒,迁徙外地颇多,倘若再延,年湮久远,遂至尊卑莫辨,亲疏不明,祖坟不知,五服妄指。派下裔孙远仁、远盛、嘉荣、远南、嘉福、祥林、祥根、祥芬、嘉作等虑及于此,常以倡修族谱为念,志切木本水源之思,心怀追远报本之意。邀集族众,筹资拼合,央余纂修,现制成宗谱五本,各房子孙存藏一本,望善为妥存。此后尊卑昭穆庶无紊乱,正所谓族谱之书,至深至重也。兹修告成,略志数语。是为序。

公元 1987 年岁次丁卯季春月中浣穀旦
祠下裔孙婿周振作顿首拜撰

16. 黄田镇甘竹山叶谱序

叶氏宗谱序

国有史,族有谱,国之有史,以明历朝兴衰治乱之由;族之有谱,所以动木本水源之思。谱者是记载祖宗世系也,来龙去脉也,直而承之,累累而有次;横而分之,排列而不紊。以一而散万,以万而归一。如木其根有在,如水其源可寻,故此国史、族谱能世存千古而不朽。

按叶氏出自嫘周文王十子聃季之后,成王封聃季于楚,食采于沈,后世以沈为氏,沈氏迭相继用于楚,楚昭王时封沈诸梁为楚大夫,封地于叶,人称叶公。生子二,长尹射,沈氏祖,次尹重,叶氏祖。后世奉诸梁为叶氏始祖,望出南阳,以是为郡,此乃叶氏出由来也。后世继继承承,代有名人,旧谱可考,不复重述。今惟本派祖讳俭公,晋唐间世居松阳发族,至北宋天圣间,讳仁训公来龙黄南,见其山水秀美而卜居于此,公乃黄南开基始祖也。历今九百余载矣。古建家庙巍然屹立于今,永奉先灵,后裔子孙广盛四方,世徒其美,人文并茂,功业俱增,当今诚乃剑川之古姓巨族也。阅叶氏谱牒,以迄于今,统宗衍派,世系昭然。是叶氏先辈能重而相迭修谱之,以其旧谱前修于民国丙寅岁(1926),距今七十余载,实有重修之必要,为此族中老中辈人士,拳拳以是为念。时于丙子倡议修谱,为统宗合族,但因丁繁广散,困难重重。至丁丑岁,集各宗亲于祖地黄南建立修谱组织,于是负责人员同心协力,展开工作,寻访同宗,不但走遍县内,而且远达庆元、松溪、浦城等地,身负迢迢跋涉之劳,日夜惶惶,殚精竭虑,协志为公,其精神可嘉,堪称族中之一代楷模。

今谱牒告成,乃一族之盛事,当念叶氏祖先之厚德,及今负责者之辛劳,望后世子孙览谱而动木本水源之念,并体先人之致意,以今之继昔,使叶氏家乘亘千古而昭然。

公元 1998 年以戊寅岁孟秋月吉

创南高坑林学宗敬撰

胡氏谱序

【**导读**】胡姓，帝虞舜的苗裔，皇祖父叫妫，胡满公受封土于陈，赐其谥号胡公，后裔承其谥号为胡姓。

唐文宗开成四年(839)，吏部员外郎胡成公具表养亲，四月望日敕赐侍亲。然成公退任，自淮南仍徙润州丹阳，其族因安禄山叛乱，迁处州濠头。未几年，唐李世氏时，藩镇叛扰，范祖讦公，避董昌之乱，弃抛丹阳徙于处州濠头，寻山河之胜，卜清幽之境，将入福建地界，随松源河安居于石龙山下。讦公是松源胡姓始祖，目前胡姓人口占全县人口百分之六点一。

其后，讦公子孙从石龙分派迁居涞田，筑室于赤豆丘，以后分徙坑西、官塘、竹坑、义溪、林单、东坑、梧桐、青田、中村、政和、南里、八都、乌屯、龙泉水南、溜田窑、浦城、水吉、松阳及温州、福州等地与浙闽附近。

竹坪胡氏，篦公，庆元坑西迁入官塘，胡纮公九世孙增公约在明宣德年间(1424—1435)迁竹坪。

岱根胡氏，胜九公，明代时承曾祖如篦公从官塘徙左溪，而后又迁岱根。

岭头胡氏，进六公由坑西迁入，初名叫中村，后称岭头。

胡氏分迁情况总汇：

坑西胡氏，分迁情况：十三世继缵，讳绍祖；继述，讳绍宇。兄弟二人从坑西村迁官塘；十三世继郎，讳绍先，其子小二昆弟五人，从坑西村迁左溪村；十五世俊五公自坑西迁山茶林，又迁居苏湖塘；十六世如雷公(庚二)，从坑西迁胡宅门、迁坑衍、迁塘头；十九世思广公,自坑西迁吕源。并散居闽浙邻郡。

左溪胡氏,绍先公(行十一)支,分迁各地情况:十四世小一从左溪迁福建长溪县后升福宁州(府);十四世小二公(子少二)之后代从左溪迁芝田大漈(六源漈峰)内管东川、东车(舍)、泰顺白溪、东溪、后洋,景宁浮亭岗、柘湾。十四世小六公之后从左溪迁居泰顺白溪(支系)、庆元后田、岭头(支系);十四世小七公之后十三公从左溪迁居隆宫、吕源(支系)。

官塘胡氏,绍祖公(行十二)支,分迁各地情况:十六世如箎(行五四)从官塘迁九图左溪;十七世满亨(行千十七)从官塘迁东隅坑(庆元后田);十八世(行奉)卯之后从官塘迁九图竹坪;十七世太亨(行贵五、万一)从官塘迁大柘(左溪白柘);十八世万二(伯十九)从官塘迁景宁中村(青田十三都),分迁景宁漈坑;十五世汝翼(行十九)从官塘迁景宁莘田、湖后,再分迁青竹、坦洋、武曲;十四世端志(行小十五)从官塘迁胡处坪(八炉、芳村、鱼条漈);十五世汝明之后从官塘迁左溪,再迁岭头、包谢;十七世似(千七)之后从官塘迁泰顺白溪支系;二十世仕妥(行通五)之后从官塘迁寿宁坑底;二十世芹公从官塘迁后坑后,再迁蔡地村。

官塘胡氏,十三世绍宇公(行十三)支,分迁各地情况:十八世佃都公从官塘迁居景宁县郑源,后分迁龙泉茶旦村。

本序集中有胡纮奏请宋宁宗设立庆元县之记载,也收录了胡纮所作之序。

左溪这一地名是官塘胡姓祖先命名的。

1. 松源街道胡谱序

《松源胡氏总谱》摘录

粤稽胡氏自封国分姓以来,历隐宛邱,不求甚解,及周末七国争雄,周秦易鼎,满公(三十二世)其逢因干戈蜂起,故由宛邱迁徙北地郡宁州(县)居焉。满公(三十四世)信任公,字庄,被汉武帝封公安定郡王,大臣霍光宣(前114)此为受郡之始祖也。其间居后人文蔚起,数传。满公(五十五世)朝政,为开封府尹公,东晋末从宁州迁河南京都开封府。满公(五十五世)颖公,于六朝时,因兵燹迭起,公舍开封府而隐居高堭(邮),以为入山惟恐不深也(高邮唐时属河南道兖州府,五代属扬州府,今江苏省高邮市)。满公(六十世)星容公,南北朝避南北扰攘,复隐润州之丹阳(今江苏省镇江市丹阳市),以为入林唯恐不密也,迨丹阳居后,摽组云台,步趋丹墀者往往有人。满公(七十四世)建长,藩镇叛乱,四海干戈并起,抛桑梓,从润州丹阳徙于括苍之濠头(今丽水市莲都区大洋路瓯江边)居后为括州武德将军。满公(七十六世)、诉公,避董昌之乱,从括苍之濠头隐居龙泉县松源乡之石龙山下,天地坛是其古居也(今生态公园),为松源之始祖矣。吾胡氏分迁之由来,是文献足征,出自宁州而枝分派别,蔓延异域者屈指莫计。松源居后,或出谷,或迁乔,不可胜述。松源(五世)昌公从石龙山下迁渎田赤豆丘一千二百八十步。迨松源(八世)膺公于宋时又由渎田徙居松源双股岭下(今坑西村)焉。吁吾胡氏之支分派别蔓延异域者,悉赖有谱以纪之也,故特志之以示我曾玄云。

　　大宋淳熙十二年(1185)仲夏月上浣

　　裔孙纮拜志

注:胡纮,字应期,南宋绍兴七年(1137)出生于坑西村,卒于嘉泰三年(1203)。隆兴元年(1163)进士,任监察御史吏部侍郎等职。为庆元置县亲具奏章,宋宁宗诏准,庆元三年(1197)设庆元县。

受姓封郡序

　　山必宗乎昆仑,层峦叠嶂皆其下也;水则出自岩穴,河海江湖皆其流也。脉不远者其络奚自而长?源不清者其流何由而远?

　　粤稽胡氏出自黄帝有熊氏之后,初姓公孙长,于姬水改姓姬氏。五传瞽瞍居姚墟又姓姚,生子帝舜,克尽孝行,尧帝闻之,妻以二女,降于姚墟所在地妫河,又以妫为氏。而天下让焉,长妃娥皇,无子,次妃女生子商,均采虞于周。

初,武王克商,封舜之后胡公满于陈国,以奉舜祀,长申公世袭陈国侯爵,次相公以父王谥字为氏而姓胡焉。世居陈国宛邱,隐遁不仕。迨汉文帝时,有胡信任公以文武之职建功立业,封安定王。阙后子孙因以安定为郡,此胡氏受姓封郡之所由来也欤。是为序。

时大宋淳熙十二年(1185)仲夏月下浣穀旦

(作者缺)

2. 江根乡竹坪胡谱序

安定郡胡氏流源

胡之为姓,始于帝舜有虞氏。元德升闻四兵咸荐,陶唐伊祁氏以有妫氏二女妻之,遂以妫为姓,使奉其祀三十,登庸三十,在位历五十载,陟方以禅于夏。夏封其后若虞思,陈、胡公之属,皆其系也。自周武王克商,旁求舜后,乃得胡公满,以天姬而封诸陈,此胡姓之所由来也。厥后支分派别,宁州安定郡乃山东之东道,兖州泰山郡乃山西之西道,有自宁州迁于京都,又迁于高邮,迤逦及润州、苏州、湖闽、建安,皆满公之分派也。嗣后质公仕汉,任护国大将军。青州节度使。威公为荆州刺史,奕公为大将军,广公任侍荆、龙二州节度使,潜公任朝散大夫,邓、光二州刺史,惜公任光中将军,舒、和二州刺史,然公任征西大将军,庆公在齐曰鲍,在秦曰觖,渐公任监察御史,唐公任司空,平公任司徒,荣公任太傅事,俶公任都督荆、龙二州诸军事。有女曰贵英,亦知韬略,适夫家,子孙亦繁衍。唐元和(806—820)中有新族八圣:一曰弋阳,定州刑部郎中,乃元礼之后;二曰义阳,中州凤阁侍郎,乃元范之后;三曰秘书少监,乃元皓之后;四曰鄂阳刑部侍郎,乃元演之后;五曰药陵,兵部侍郎,乃曼倩之后;六曰恒山兖州总管,襄阳郡王,恩赐姓李;七曰河东郡王;八曰慎翰,工部尚书,封平春侯。后传九世成公,仕唐,为吏部员外郎,寻声待制侍郎。文宗开成四年(839)具表养亲,文宗开成四年四月望日,敕赐侍亲,令使司给赐锦缎绫罗五百匹、黄金二百锭、白银一百锭,每月白米一百石,以为奉养之资,封成公之母为贤德夫人。是时成公衣锦还乡,退老谢政,仍食侍郎之禄,每有颁赐,又月敕官一员登孝养堂问疾,以光孝子门闾。然成公退任,自淮南仍徒润州之丹阳,其族因安禄山叛乱,徙于处州濠头。未几数载,仍寻山水之胜,将入水道随水蹑步,见巾子峰仙桃山、五老山崔巍挺秀,奇石矗天,如山旋绕复,凝眸视之,忽见石龙山下,不禁系节称奇,遂山下居焉。公实开松源胡姓之始祖也。诉公生二子,长曰瑗,次曰瑶。瑗生六子,曰规,曰矩,曰川,曰旺,曰初,曰兴。规生四子,曰俸,曰稣,曰桂,曰都。矩生二子,长曰排,次曰象。当斯时也,建安庆叛松源扰攘乡民摽掠,排为先锋,象为都统,剿除贼寇。闽浙感安,镇抚大员嘉叹不已。请命于朝,褒以都统先锋,排、象二公分居两房,吾祖自石龙分派,居渎田筑室于赤豆丘,以后分派迁居四方,祖父应公肇基坑西,家严一大生吾,纮生于坑西,叨祖宗余荫,由选举累迁吏部侍郎,诉公后昆分楼别所,不可胜计。惟兹子孙守故址,所有祖功宗德刻念不忘,爰志谱牒以示后人,绳其祖武,有厚望焉。

时宁宗庆元四年(1198)冬月,诉公派下吏部侍郎纮百拜谨志

安定郡胡氏世系序

稽安定之始祖胡公满者,舜帝之裔胄也,武王克商举废国,旁求舜后封胡公满于陈,子孙以谥为姓,居宁州安定郡,由宁州迁京都,又迁于高邮,徙一支于润州,今闽之建安是也。质公任汉朝护国大将军、青州节度使,广公任尚书、侍中,荆、龙二州节度使,潜公任朝散大夫,邓、光二州刺史,憎公任左中郎,署舒、和二州刺史,然公任征西大将军、都尉、二州刺史,庆公在齐曰颤,在秦曰觥,掌守正将军,任监察御史。唐公任司空,平公任司徒,荣公任太尉、太傅,历事六帝,任征魏东道大将军,俶公任都尉、荆州诸军事。有女曰贵英,亦知韬略,助夫行师,封"佐国夫人"。时三国鼎足之际,烽烟四起,同姓宗支散失别郡或徙丹阳者,或徙新蔡二州者,或徙新河者,各自为族矣。至于大唐开元中有八望族焉:一曰弋阳,定州刑部郎中,元礼公之后;二曰义阳,中州凤阁侍郎,元范公之后;三曰秘书少监,元皓公之后;四曰霸阳刑部侍郎,元演公之后;五曰

药陵兵部侍郎,曼倩公之后;六曰恒山兖州总管襄阳郡主大恩李氏;七曰开元,河东郡王之后;八曰慎翰林院并工部尚书侍郎之后。传九世祖成公,封平春侯,历桑梓廿八代矣,考成公任唐员外郎升待制侍郎。大唐文宗开成四年(839)奏请告归终养,其表曰:"臣出身事君靖共所矢,虽退食而不忘,自公棐忱所将惟匪躬而始能致主左右,分猷股肱翼赞,敢曰霄旰我后而怠荒臣工者乎?此臣职之所宜然也,但无忝于一人者,未尝不愧于二人,无歉于拜飏者,未始不失于豫顺,欲求子道克尽,岂可得乎?臣年老迈,寅亮无闻,尸位素餐,未能于庭帏之中,定省一时,问膳一朝,诚有负于明发也,恭惟陛下明蓼莪之章,知臣父母生我劬劳,莫报亲恩于罔极。况臣当褓褓年几五龄,慈母送臣入小学,早为着衣,夜为剪烛,凤夜告诫,方始成名。洵慈母之鸿恩,非微臣之功绩,亲劳和丸,何敢齐□无动于衷,鼎烹勿待其报乎?且衰年抱疾,药治不痊,臣虽有妻奉姑,曷若臣亲侍侧,爱慕出于天怀雍和,矢于至性甘旨,时陈斯志,切瞻依耳。伏愿陛下赐臣谢职如万林之凋一叶,九牛之去一毛,终母残年,则圣德重于泰山矣,臣不胜翘恩之至,臣冒天威,无任冰兢,诚惶诚恐,稽首顿首,百拜表上。"唐文宗开成四年四月望日敕赐侍亲,令使司给赐锦缎绫罗五百匹、黄金二百两、白银二千两,每月白米二百石以为奉养之资,封成公之母为贤德夫人。是时成公衣锦还乡,退老谢政,仍食侍郎之禄,每有颁赐又月敕官一员登孝养堂问疾,以光孝子门间,然成公退任自淮南(阳)徙润州之丹阳孝母,其族因禄山叛,徙于常州,至建隆末徙于处州濠头,□公未几数载,仍寻山水之胜,入闽道随水而登石马憩焉,遂居于石龙山下,此松源之始祖也。前代上祖□公生二子,长曰玫,次曰瑶,玫公生六子,长规、次矩、三川、四初、五兴、六旺。或夭或绝,其克昌者唯规、矩二公之支,规公生四子,长俸、次甦、三桂、四都,矩公生四子,其二子分苏州婺州。排、象二子居松源,当建隆末年,建安巨寇屡叛松源地界,闽邦乡民苦于屠戮,排公为先锋,象公为都统元帅,率貔豸之众剿寇安民,为一方干城百姓赖以固围。天福年间,郡守马公闻而嘉之,特请旨褒奖,而排公象公分为两房,子孙瓜瓞绵绵,自石龙山下分派渎田筑室于赤豆丘后,千十七公(满亨)理其国赋,其规公派下孙宏公字仁仲,号五峰,任宋广州经略史,历司宦间博览经史,学富三余,文有积玉碎金之美,人阅而畏之,未尝不搁笔而辍墨也。然明天人之精微,审制化之源流,无不淹通,雇著书五十三篇,尽仁政之端,后升为凤阁侍郎,扬誉遐迩,蜚声郡邑,至今遗徽不朽。诸嗣自石龙山下分派渎田之后,至绍祖公三徙官塘,奉一、奉二、奉三,三公再迁竹坪。其别支分竹坑、义溪、林草、东坑、梧桐、青田十三都中村,一支分闽省政和八都胡村,一支分龙泉水南坊流田瑶,再迁浦城水吉及浙之处州,闽之建安,胥此三族之蕃衍第。世代遥远,氏族不可悉载。略叙数派以示后嗣云尔。

景炎元年(1276)丙子岁夏月

庠生宗孙梦德撰录

竹坪胡氏宗谱十修序

帝虞舜之苗裔兮,皇祖考曰妫,满受封土于陈地兮,赐其谥曰胡公,承其谥为吾姓兮,悠悠其三千载,追祖源以溯根兮,惶惶其以做序。

伏闻公《大学》曰:"物有本末,事有始终。"人非天地而生,固有其祖,追祖而溯,是为其谱。人而不孝,数宗忘祖,是故,修谱而启,后溯祖而求源,是为大孝也。

盖闻天下诸姓莫不完其谱,况吾胡氏乃承帝族之姓焉,承先祖之血脉,其可溯之三皇,其可秉之五帝,胡氏从妫,帝舜之后焉。周天子赐先祖满公于陈,是为陈国。先祖西去其谥曰胡,是为吾祖也。又有族人以国为姓,是之为陈。故胡、陈同宗也。

既有源溯可考,凡千岁万祖,讦公迁松源居石龙山下,是为庆元胡氏始祖。传九世曰纮公,由举人而进士,进而入仕累迁至三部侍郎。赐金带,平瑶寇,功莫大焉。庆元三年(1197),祖纮公奏请宁宗,准,乃以年号赐邑出龙泉,乃庆元邑始也。由纮公起传九世,至明宣德年间(1426—1435),增公迁竹坪,是为肇基始祖。迄今廿四世矣。族人几千之数,更累三十余载,而未修谱,故未在册者,不知凡几也。更间逢十年浩劫,典宗未知毁之几何,又逢千载未遇之火灾,所余者更甚。是故,欣逢盛世,蒙族人之托,故有修谱之事也。自增公始,凡千载,竹坪寸土之地,孕却先贤无数。时至近代,更如繁星辈出,敦楷、友陶、睦民以文入仕射北斗,睦修、睦臣民国双将曜九州。

嗟呼!先贤尽乘黄鹤去,唯有族谱留其名。祈我后辈出英杰,竹坪胡氏永传扬。今诸亲授权余等修谱事,岁逢丁酉,时在初秋,焚香起撰,历时三秋,遍寻诸典,一谱一补旧谱之漏,正始祖(原为相公子完公为受姓始祖,有误,正为满公受姓始祖),正世系(自满公生于公元前 1067 年,至增公约明宣德年间迁竹坪,历史跨越 2470 余年,原为三十三世,实传三十二代,平均每代七十七点二岁,有误。正为八十八世,实传八十七代,平均每代廿八点四岁),正肇基(原为元至正年间,有误。正为明宣德年间),正九修(原为十三修,查诸籍,有误),设目录,添承提,添支派(原为五个支派,现为十五个支派),纂概况(起源),以明本源,悉故土,易查阅,尽心竭力完十修。是为序。

时公元二〇一九年岁次己亥荷月吉旦

增公廿世孙睦祖拜撰

3. 江根乡江根村胡谱序

广公序

混沌既判,分清浊以浮凝;造化斡旋,运周流于始终。万物生兮,以穷而有代为人始兮。乃未而有余,是以二五之精微合,而凝人生焉。惟人灵于万物,则能参天地、赞化育者也。然天道人伦,若非圣人,孰能尽以行之。君臣、父子、长幼、尊卑各有定其次序。追世之绵远,似难以辨其先后,幸前祖所遗谱系,究有以别其次序,使之昭然不紊者。我胡氏之始祖胡公满,乃虞舜之嫡裔,帝高阳氏七世孙也。明敏孝行,其德可嘉。尧乃择以二女妻之。后历夏、商,妫氏子孙皆翻前烈,奉其祭祀,长享禄位,至周武王平殷纣后,复思舜系得一满公,配以大姬而封诸陈,谥以为"胡",胡公焉。派下长子申公分姓陈氏,而次子相公遂以为胡,上望宁州安定郡,乃属山东之东道,次望兖州泰山郡,乃属山东之西道。大抵本之固者末自茂,源之深者流自长,祖宗积德,庶使子孙绵延其间,忠臣烈士显荣于世。鲜有旷朝在后者,而且枝分派别:有自宁州徙于京都者,有自京都分徙高邮者,续迁润州及苏、湖、建安等族,比比皆是,星居异域不可胜纪,广略录其一二,以示后嗣,宜世守之,勿忽是幸。

东汉熹平二年(173)癸丑岁仲春吉旦

胡公满派下八世孙尚书中郎胡讳广字伯始序

序

当思仁者,人也,亲亲为大。人欲全其所以为人,必先敦本、和宗、睦族、饬伦,求尽亲亲之道。然欲尽亲亲之道者,必先明亲亲之分。而欲明亲亲之分者,舍谱其奚从乎?左溪胡氏之族,上自公满封陈,完公姓胡,以至播迁于淮南,卜筑于丹阳,避难于栝苍濠头,考卜于松源各乡。原原本本,靡不条分而缕晰矣!特自嘉庆壬申(1812)修葺之后,止于道光己亥(1839),上田曾修房谱,其中中田、下田,至今花甲善未编修,且在前三阆分为己谱,乱亲亲之道也。胡氏诸戚复议合修,命予纂理。予为定其支图,分其世系,仍旧增新,伪删冗削,以序昭穆,秩然有条,有别尊卑,厘然不紊。俾阅斯谱者,知氏别为族,继别为宗,远近有其等;正出为宗,侧出为支;轻重有其伦;同父曰胞,同祖曰从,疏戚有其序,将人各亲其亲,然后不独亲其亲。庶几敦本、笃宗、睦族、重伦,尽亲亲之道,以全求仁之道,即以全为人之道也乎?是为序。

清同治十一年(1872)壬申岁仲春月穀旦

贡生鹤峰叶珣拜撰

4.江根乡杉坑胡谱序

重修谱序

余视其历必曰:国有史,家有谱,自天子诸侯大夫达于士庶,诚有所作大论之道也。吾祖诚公唐侍郎,开家润州,丹阳衍派,诉公居松源,世胄岐□瓜瓞至绍祖公,择其二都地名,曰官塘,山川毓秀,地灵人杰,而居焉。续下世端礼公孙九万公,续下奉二公迁竹坪。历四世孙必满公遗下金三公,分徙留香。续下八世孙从书公、从贯公、从宪公、从臣公,迁徙本里杉坑而居焉,无舟车关之器,有泉石炯霞之趣,鸟啼花笑,景物丹青。厥后,人蕃物阜,英才杰出,孜孜以诲,耕续执善,资产充饶,丰富甲于闾里;道行纯全,声名著于郡邑。受天之福,可谓"礼义富庶"之家。今嗣睹先亲之谱,自纂修至今数十余年矣,子孙未稽叙录,恐延搁日久,或析居远而不相关,或谱未修而不及阅,于是世系源流纂集而观,乃知亲等有尊宗敬祖之心,光前裕后之志乎!然则谱之作也,可以示子孙守家法,序昭穆以明人伦,志德业以维风俗,阅斯谱者不大有益丕振,于以见德厚流光,百世不朽,庸为留翰,默志岁月云尔。

时道光二十一年(1841)岁在辛丑季春月毂旦

松源秀山洋头吴尚昂谨序业朝奏

5. 左溪镇左溪村胡氏谱序

胡绍公分居官塘记

唐太宗时蕃镇判抚,四海干戈并起,我祖讠斤公,避董昌之乱,弃抛丹阳徙于处州之濠头,寻山河之胜,卜清幽之境,将入闽壤,随水遁于石龙山下,乃为松源之始祖也。讠斤公生二子,一曰□,次曰瑶。□生六子,曰规、矩、川、旺,初兴其间有衰败蕃盛者,不可概见。惟规矩两人可备述也,规生四子俸、甦、桂、都,矩生二子,长曰排,次曰象,当时钱氏之世建安屡叛,松源接连境界,乡民苦遭劫。排为先锋将军,象都统元帅,兄弟两人之勇略,守义秉忠,助国安民,戮贼剿寇,一境赖之。黄巾不敢晋之天福郡守焉,公间而加请于朝,实封都统先锋之职。排、象两房对立,自此绵远富贵,爪瓞绳绳,派衍于今,自石龙分派迁居渎田,筑室于赤豆坽一千二百八十步,已后分坑西官塘、竹坑、义溪、林草,东坑、梧桐、中村,政和南里,八都乌屯,龙泉水南溜田窑,浦城水吉,松阳及温福州邻郡皆是,本支有鱼贯之多,子孙有矗斯之众,备而录之,不胜繁衍,略书一二以示后嗣,永为昭穆考稽。虽地远人隔,自有此谱万世亦若同堂矣,爰书之以作谱谍之图,凡我子孙须当珍而重之。

宋开禧三年(1207)丁卯岁仲秋月穀旦

紘公四世孙胡绍记

篯公分居左溪记

篯庆元官塘人也,派分者何自? 曰龙邑之坑西也,自出者何自? 曰润州之丹阳也。事先帝虞舜都于浦坂,斯为浦坂之人,其子孙或藩封或衍派类称众多。今世远人邈,杳不可稽,余不殚述。唯记鼻祖成公衍庆丹阳,故称丹阳胡氏也,后嗣诉公迁居龙邑之松源,逮膺公而徙坑西,仍为龙割辖之土宇。宋宁宗庆元三年,我祖紘公疏请分龙泉为两邑,而始赐以庆元之名。称龙邑坑西者,庆元三年以前之称也,四传而曾祖绍公,选胜择居筑室官塘。篯生于斯,长于斯,故篯为庆元官塘之人,不必问而自,而自无不知者。篯父生而神灵,雅慕仙术,时间山法门,大启盛演法教,父往习,业有得而归,故出入行往有神兵拥护。迨其终也,神蹋其棺,葬于鱼浪岱根绍公之坟下,篯公随雪迹追之,见道旁樟树下有停棺之位,知山明水秀,非凡地可比,然为父而行,无暇闲观也,仍随迹直去,迄至坟,所葬事甫毕,知为神葬,于心始安。回时,陟彼高岗,凝眸详视,其山秀峙,其水左出,乃筑室以居,名曰"左溪",篯昔为官塘之人,今为左溪之人矣。因传谱以启后裔,爰述其由来,以弁其首,汝子孙敬而守之。

宋淳祐六年(1246)丙午岁桂月穀旦

宋吏部尚书紘公七世孙如篯仲氏谨记

孝公修谱序

或有问于余曰:谱何为而作也。余应之曰:家之有谱,犹国之有史,所以昭信纪实,重本笃亲,使后世子孙不敢忘所自焉。天下之生久矣,世多而源远,支分而派殊，或不知其由来，或自诬其祖先。吕氏之后，溷称嬴政、夏侯之裔，冒祀曹参、梁公之像，不悬于狄青之庭，千古一人而已。作谱在溯其源，接其流，叙尊卑之序，别亲疏之等，虽搬迁异域，皆笔之于书，不以贵贱易。盖曰氏族有谱真不可免也。始皇传二世而国亡，孟德垂世兴而殄灭，不孝之乱上通于天，何用冒他姓以图富贵？

余乡左溪自麓公肇基，至余十有七世。爰稽其始，盖自周武王安邦之始，周阏父为周陶正，以之女大姬妻其子满，而封之于陈，都宛丘，以陈为姓，生子多人。长子讳定，陈氏之祖，吾无烦言矣。次子相公讳温。以公子完奔齐而封胡，始姓胡。于是陈胡别为多族，请得而详其说。余乃胡氏裔也，先祖完公受封以来，世有显宦，典籍备载，何必殚述。九传而成公自河南淮南徙居丹阳，书香不绝。唐文宗时，职授工部员外郎，升授工部侍郎。三传而诉公，因董昌之乱，自丹阳徙居栝郡之濠头，未几，自濠头再徙邑之松源，居石龙山下。四世而排、豪，都兄弟，雄武英烈，御寇有功，晋封排为先锋将军，豪公为都统，都为元帅元帅，各授伟职。至膺公财丰德茂，不爱纷华，栖身涧河，乃徙居坑西以乐其真。十世而纮公复修乃祖之学业，崇道学，慕圣教，宋孝宗隆兴，由监生登进士，宰邑有声。宁宗时擢监察御史，迁太常寺卿（太常少卿），迁工部、礼部、吏部侍郎，出为广东经略使。庆元三年疏请分龙泉为邑，有功社稷。宋末元初，干戈并起，民不聊生，城郭之侧，又难安身。我绍祖公，见大乱当归乡，乃徙居官塘。三传而麓公，博览群书，熟谙地理，因父楷公之丧，其棺飞空而行，公随后返之，见道旁樟树下有停棺之位，乃徙彼高冈，详观形势，见山明水秀，可图万世之业，遂筑室以居，曰"左溪"，其派分由自来矣。而公尤本源之思，爰将坑西所传之谱，分传左溪以启后嗣，则吾谱即官塘之谱，乃昔日坑西所传润州之谱也。岂敢冒姓以图富贵乎？七世远公荣领乡宾，兄弟三人三房鼎立，子孙颇众，公编宗谱，历久不修，后世恐有误认其祖，遂起而修辑之。远公后八传而伦公、观公并采芹香。当斯时也，生齿益蕃，苟无谍谱，鲜不视至亲如途人矣！我曾祖伦公特为此惧，乃编缉兹谱，定尊卑，笃别亲疏之序，无论家居、外出，修备明白。余虽不敏，十八游庠，廿八食饩，五十而荐明经，迄今年逾六旬，幸长子、三子俱独游庠，谱谍之责，余将谁委？爰命二子告张族长，请补其残缺，长失次在于写,序昭穆、定亲疏、分长幼,秩然有条,整然有理,所语昭倡纪实,重本笃亲,使后世子孙不忘所自在此也。询,曰:唯唯而迟,因志此以贻将来。俾阅斯谱,不忘吾继志述事之。若心云尔!

清康熙四十一年(1702)壬午岁仲冬月

纮公二十三世孙岁贡生候选儒学训导嘉孝叙

6. 岭头乡岭头村胡氏谱序

重修宗谱序

国以史纪,族乃谱叙,其名虽异,义则相近也。宗谱系记叙历世祖宗源流,以示子孙知祖所出,悉其支裔之分,别其亲疏远近,详其盛衰及古今文人仕宦之状像。考我国自炎黄之后,始有百家姓氏之分封,故有以地名为姓,有封侯爵为姓,有指物为姓。亦有父子兄弟而异姓者,论其来历,各有所由。

至于胡姓者,在纮公受姓源流总序中,论述极详,于此不必多赘。再考岭头胡姓,自进六公由坑西步峻岭跋山川而至于斯,仰观俯察山明水秀,风光美丽,地肥可耕,有世居之冀。遂立足于斯,构宇兴农,为子孙创造千秋不拔之基。初名中村,后称岭头,但何以演变,难得其详。而公当尊崇为肇基始祖也。于今历时数百年,以代辈论之,已二十三世。

按旧谱推,前修于道光年间,延至民国中叶,即民国十八年(1929),上祖惮董事先公,曾经一度发起倡修,适值草编就,不幸遭何金标匪害,房屋被烧,经受残酷蹂躏,族人受苦,不堪言状,遂因停修。及至解放前夕,董族董国根公,又一再倡辑,用品俱备,奈因时局变革,欲修未遂。1966年"文革"破四旧时,无知者误认为迷信物,一把火化为灰烬,将历代先祖所积累之历史文物、金字宗谱,于分秒时间毁灭殁影,令人喟然叹惜焉。相传今旦已八代未行复辑。时距过长,按理确有维修之必要,至于此举,族中知事者,皆有共同关心,久有倡辑思念。故约聘于余,代为执笔。余自觉才识浅,洵为感愧。幸系邻友之村,情面相关,故敢冒昧而为,唯思望宽宥。就任之后,披阅国敏公所保存旧初稿,从新重复翻阅整理,只因年湮岁远,往事令人难以忆悉,故有问其亡祖之名,有口难言;问其亲疏伯叔,又是难解难答。处于此况,实措手难为不已。只有在倡修诸董暨族中老知事人指引下,逐门挨户,按每一支系,凭各所述而辑纪,但于前后未上谱书者,累累也。凡有后嗣而有依据者,尽皆列入谱册,而无后嗣又无依据考查者,则落名未上谱册者,实不知其许也。解放后婚姻自由,至于人伦常理未免有所紊乱,但无法可纠,亦只得听之任之而已。岭头胡氏乃庆邑东区盛族也,名著一方,而今子孙济济,瓜瓞绵绵,文才涌现,皆历祖阴德发祥之所致。究其源本,是一根所生,一源之发,往后大家出入相亲、悲喜相助,毋以同宗视如途人,相互凌弱,尤宜团结相爱再向前。纂修此谱,起于是年仲吕月,在诸董协助已于季秋竣工,故缀俚语,俾后子孙观此尺幅之谱,就知祖宗由来事之因果。是故为序。

公元 1989 己巳岁季秋下浣良旦

东溪洋头村吴中枢拜撰并书

7. 左溪镇岱根村胡谱序

胜九公分居岱根记

明时胜九公乃高祖汝谐公行念二公之五世孙也,承曾祖如箎公自官塘而徙左溪,生长于乡,性近渔樵,日事山水,虽千蹊壑皆踵至,其乃自左溪十有余里,逆流而上,直至万山,见有一山方广数百步,形类白象卷湖形,四傍耸峙,而中独藏,气聚风和,当暑不酷,遇寒不冽。公常注目良久,怡然乐之,遂率家人结庐于中,种蔬植叶,创业构屋,卜此而爱处。其续又开扩土宇,垂裕后昆。一人广置,子孙有赖,即此胜九公方谓也。永不敢忘,故特志之。

时清乾隆六年(1741)辛酉岁夏月穀旦

竹坪乐生宗孙仲伯手修葺

续修谱序

尝闻:"莫为之前,虽美勿彰;莫为之后,虽盛勿传。"前作后述,二者并重,谱牒志之,岂淡鲜哉!

彼胡姓者,虞帝之后,赐封于陈,谥以为"胡满公",次子名相素,封安定郡,盖胡氏自此始矣。时殊世易,年代久远,支系浩繁,难以枚举。姑就近世本支之迁徙而略述之。宋时绍祖公,居松源坑西,不辞跋涉,由坑西而徙官塘,而徙左溪,后胜九公别左溪而徙岱根。夫斯地也,奇峰叠嶂,平岚钩回,清源旋绕,其得山水之佳者,仍加公以积德累仁,贻得子孙谋,广置大业,遂成望族,真可谓善作于前者也。故为孝子贤孙者,念先人之德泽,遗后世之事功,谱牒之修,从述之志其能已于怀哉!余自上年兰盆佳节,经临此乡,蒙诸君款留,谈及宗谱,犹怀昔日伯祖父讳荣彩公,修理宗谱旧好之情,即邀集族众议修。请予约期启馆,持谱披阅,始知伯祖之笔沫于今为烈。余当肃心从志,善体诸群之情,奈余才疏学浅,不能抒腕揖毫,阐扬于望族之美,构思作赋,表彰于贵地之华邸,以雕虫小技,效欧苏之遗法,尊贵族之旧章,起一世而立五世,再起而立为九世,五世九族之谊明矣。长幼序,尊卑分,脉络清,条理清晰,纵千支万派,别居异处,可一目而晓矣。由是孝悌之心油然而生,和睦之气奋然而作,筑岂非修谱之获益与? 是为序。

时大清同治十一年(1872)壬申太岁钟月上浣吉旦

浙处景邑朝川庠生吴蔚然修葺并书

8. 左溪镇青竹胡谱序

胡氏族谱赋序

余闻庆邑青竹胡氏建侍郎纮公之胄,诚右族也,其谱谘余亲陈子而修之,属余为之序,文虽乏,义不容辞,因完锦乡胜概略赠短赋,以纪其纪盛云。

唯闻佳境,独冠诸乡,庆阳胜地,闽壤连疆。山起回龙,壮华庭之体势;岑磐巨兽,丽村落之奇观;岛屿萦环,峦峰秀峙。山霭霭兮迎晓日,以苍苍恍若画图之展;水澄澄兮映秋蟾,而皎皎浑如弦管之鸣。凤璋翩源头,几度游人俱送日;靠山蹲水口,寻常过客尽凝眸。桑麻掩映,乔梓交辉。耕田凿井,效庞公之遁迹;渔水樵山,追杜氏之芳踪。庭内芝兰馥郁,楼前花萼芬芳。牙□满架,贯朽盈困。宗祊秩序,作谱系以别彝伦;子姓嶷嶷嗜书,书香而遵化育。沐皇上之远被,值邑尹之仁贤。趁四民之乐业,拟三山异之呈祥。松畔鹤驯昭化体;柴门犬吠报升平。葆真异林泉下,笑傲优游宇宙中。休徽岂无见哉? 福祉宁有既也。

万历二十五年(1597)岁次丁酉夹钟月吉旦

知信丰县事寿阳松野业朝奏撰

胡仲伯重录

9.隆宫乡莲湖胡谱序

重修谱序

家之有谱,犹国之有史也。国非史则不知其盛乱与衰之由,家无谱则不知世系源流之辨,斯二者大小虽殊,其理则一也。谱顾不重乎哉? 安定族谱由丹阳徙居松源,其来远矣。其间谱系或遭兵燹,或遭回禄,世系几于无传。幸得宋绍兴、元至正、明万历以来残谱一帙,悉鱼蚀鼠嚼之余。直至国朝雍正癸丑(1733),吕源族中始议纂修谱书,予承斯寄,覃覃呒笔,凡四越月而始竣事,倘斯时不纂而修之,则迟之又久,年愈远而世愈繁,将无所为溯流而寻源也。于时首事者有邦彦山长君为之倡,而族中咸俯首听命焉,将见后之子孙批阅是谱,孝悌之心油然而生。上之为诸父诸兄,宜思所以尊敬之;下之为昆弟为子孙,宜思所以抚爱之。庶几侮慢之习息,仁孝之风兴,凡所以光大氏族者不外此而得焉矣。予不敏,聊缀数言如左。

清雍正十一年(1733)九月登高日

玉田姚祖让拜撰

重修谱序

族谱之书为亲作也,所以教孝也。数百年以上之祖宗,其生迁宅兆遗文莫纪。数百年以下之子孙,其昭穆伦次志载弗明,则忽忘之弊,罪大莫焉。

粤稽胡氏受姓之初,其来甚远。自周武王访舜帝之后,得胡公满而封诸陈,迨公子完奔齐而封诸胡,胡之姓实由此始。自是蔓延于天下名公巨卿所在,多有逮晚唐之季,鼻祖诉公避藩镇叛乱,由丹阳徙居处州之濠头,又由濠头徙居松源之石龙下。其四世孙曰排公、象公,仗义秉忠,为国安民。时值后晋钱氏之时,建安王氏跋扈,寇掠松源,民苦荼毒,兄弟戮力剿除,贼远遁去,民得安堵如故。郡守马公闻而嘉之,荐之于朝,敕封排为先锋将军,象为都统元帅,名耀乡邦。若宋南渡时,又有吏部侍郎纮公,其尤彪炳史册,高耀于巾子峰头,历千万年而不晦。嗣今聚族而居,下三十余世于兹矣。其先溯自原籍,播迁则以诉公为始祖。其后现存子孙枝姓蕃衍,则以思广公为世祖,虽祭海先河而礼,则祖有功而宗有德,宜以吕源世祖为不祧之祖,弗复可违,而正以固昭穆,次以世系联以族属,谱谍固之以作。去年冬,安定族中诸舅兄,议择各房中贤能长年辈,首司其事,以予寝食诗书至老不衰。又属娣丈一门姻眷,故委任不疑。予因而一一详核旧谱。按之支图为免任意,任意则凌乱,凌乱则无以明宗法。按之序传有类卮言,卮言则无当,则无以正纲常维纪,将何以垂示夫奕祀,爰是为之细加编纂。自辛丑孟冬下浣至壬寅春之花朝竣事。凡以总其衡,裁定其去留,几殚心力,始知斯事特衡如是之,不偶然也,宜止免忽忘之咎已哉!诸君既以即谱为亲作,斯事大且重,予亦维谱以示信其文宜要而不烦也。为其道其所以厘正之意,书识首简。

清道光二十二年(1842)壬寅春日之花朝

纂修芸洲郡庠逊庭氏吴启泰百拜谨撰

10. 五大堡乡东山后胡谱序

重修序

尝闻,孔子登东山而小鲁,登泰山而小天下。村以东山后名,其从孔圣之训与? 其从日出东? 兹不俱论。观其四山东环抱,下沙如手,群峰耸峙,茂林修竹,一涧清漪,土田肥美,实殷富。甲午应增等发孝思而新修谱牒,请余秉笔而馆。于望月楼考其谱系,乃胡公满公之后,民受姓安定郡,稽其支派,自润州而迁处州,而迁石龙下,石龙下而迁渎田,渎田而迁坑西,而迁官塘,官塘而迁湖后,湖后而迁青竹,青竹而迁东山后。其启基始祖文泰公,有大志而开创立宇于斯,谓奇男子志在四方者也。

至今至子子孙孙,林林总总,更见其族,父慈、子孝、兄友、弟恭,男勤于耕,女勤于织,足以兴家而创业,诚仁里也。余族兴盛,族世通婚姻,且地接邻近,烟火相连,备知风景。爱缀数语,以为之序。

清乾隆三十九(1774)年甲午太岁桂月上浣毂旦
黄沙百忍堂庠生张光高拜撰

11. 五大堡塘头(西川村)胡谱序

重修序

周泰以前未有史谱,而帝典平章首推亲族,谱虽未设而亲睦之意已寓,后贤依此意而立之谱,开谱一视了然。知亲敬长,不至视同姓如路人,则谱之为义大矣哉。谱者,普也,序世统事资周;普也,历不修不补,前人之事迹淹没,甚至小大无次,可不及时而修焉。故大浆胡姓严助兄曾之虑及,虽其家于同治年间徙居浙江龙游县治,而祖谱历久未修,念念不忘,又不忍心坐视其族人数典忘祖,致兴其服侄开乾倡首,而率其族,即命开乾而延余修焉。余至其地,取其旧谱视之,源流一篇繁冗琐屑,因属其先人笔墨依旧,书录系图一篇,则涣漫无规。余则按法以序,效欧公五世一图、二图合成九族之法,纲以直系,目用横书。凡生卒年月、祖宗坟墓、坐字朝向细为书,不使小留阙憾。即移徙各处随于其名下,载明地方,倘他年异地相逢,一为道莫不识同祖共宗之谊,又何有尊卑矣!次视如行路之虞亦何虑乎,族不收而宗不敦也哉。兹谱告竣,不惮简陋,爰叙言于后简端云尔。是为序。

清光绪十有六年(1890)庚寅太岁一阳十日

石门知弟李树瀛顿首拜序

周氏谱序

【**导读**】周是中华民族古老的王朝，素有周天下之称。戴平王，封太子烈于周，以国为氏，封汝南为郡，周为最古老的姓氏之一。

周姓是庆元大姓之一，占全县人口的百分之五点六七，基本分布在十二个村落。周墩村人为最早迁入的周姓，其后庆元大多数周姓都是从周墩周姓分迁的。

周墩周氏，自谦公登任松阳，于卯山之下居焉，数世后嗣，以罗、穆、凤三公"各往其胜地"。而穆公往庆之周墩兴业，因姓而号其地"周墩"。

上庄周氏，由汝南一支分景邑（景宁）后溪，于明代弘广公分徙庆元四都上庄，弘大公居漈上。

竹口蓬塘周氏，先祖四一公于蓬塘开基。

黄田仙庄周氏，周墩派下庚八公生三子：长宗和，徙居龙泉梧桐等地；次宗青，迁居闽省海澄县；三宗琳，官居福建汀州知县，居竹口蓬塘为始祖，历四世祥三公，则迁居湖头周处坞，公后迁仙庄。

周振工公，由峰塘迁桐畲，良官田、崔上、麻岭后均由桐畲迁入。

贤良湖池周氏，其先姓姬名旦，数十代之后叔武公，居浙江钱塘。周三公名自直，自武林徙迁青田十三都杨公坪，即景宁四都后溪。到大明年间，富七公迁入湖池。

左溪岱根周氏，其先祖于淳祐年（1241—1252）谦公任括苍松阳县尹，家于少卯山之下桥榜,至周三作公为子孙,罗公遂居龙泉安仁,周穆公居庆元周敦,凤公居安福。传至十九又迁后溪,历九世有瑛公至松源二都岱根。

隆宫南坑周氏,先祖少三公从周墩后迁居南坑。

江根杉坑周氏,先祖驮公,于平坑开基,十世孙进朋公又于清乾隆年间(1736—1795)由平坑徙居杉坑创。

翁山周氏,先祖四七公由后溪迁居周垱,法四公迁居三都南坑绩平,五公迁居翁山。

张村周氏,先祖由武林迁括苍,历鹤溪而居黄土,传六世有三七公、四四公居沐溪,四七公居庆元周墩,其后或居湖池,或分迁张坑定居。

1. 松源街道上庄周谱序

汝南周氏谱叙

周之为姓始于帝喾,高辛氏元配有邵氏女曰姜嫄,出祀郊禖见大人迹,而履其姆,遂欣然如有人道之感,于是即其所大所止之处,而震动有孕,居然生子,以为不祥,诞,置之隘巷,牛羊腓字之,置之平林,会伐平林,置之寒冰,鸟覆翼之,乃以为神,于是始收养之,初欲弃之,因名曰弃,即后稷也。后稷为儿时,好种植,及成人,克举为农师,有相之道封作有邰,使即其母家而居之,以主姜嫄之祀,号曰后稷,遂为生民可始。后稷卒,不窋立,不窋卒,子鞠立,子鞠卒,公刘立,公刘迁邠,复修后稷之业。公刘卒,庆节立,庆节卒,皇仆立,皇仆卒,差弗立,差弗卒,毁隃立,毁隃卒,公非立,公非卒,高圉立,高圉卒,亚圉立,亚圉卒,公叔祖立,公叔祖卒,古公亶父立,去邠迁于北岐山之下,改国号曰周。古公二妃,长妃生二子,曰泰伯,曰仲雍;次妃生一子,曰季历,娶太妊,有思齐之德,生子曰昌,有圣瑞,古公欲立季历以传昌,泰伯、仲雍体古公意,托为采药,逃之姑苏荆蛮以让之。古公卒,季历立,季历卒,以立昌,即文王也。是为西伯,三分天下,有其二,以服事殷。文王崩,武王立,遂克商而有天下,原国号周,卜世三十,卜年八百,本姬子孙,其后去之汝南,以为国号为氏,此汝南周氏所自也。再后子孙蕃衍,散处各方,一支分后景,邑后溪,至我曾祖弘广公于明季,又分徙庆元四都上庄,弘大公居漈上。其他迁移不一,不可得而悉纪,予因裹帙辑一支,谱虽未悉备,然略其统考,俾本支百世,班班可得而叙也。

康熙五年(1666)丙午菊月上浣之吉

上庄、漈上裔孙文弟、文养敬录

2. 竹口镇良秋周谱序

重修良秋周氏宗谱新序

盖闻家之有谱,犹国之有史,物本乎天,人本乎祖,木本乎根。苟木无根则支叶不繁,若水无源则派不远。是以知木者,叶落九州根归于一支;分万派别,视至亲若路人者,有之忧孰甚焉。按谱之义广矣,大矣。系序于乎明也,人伦于是乎正也。

览其谱牒,见载平王封太子烈于周,以国为氏,遂封汝南为郡,子孙随封居襄阳、湖广,福建建宁、政和、泊阳、福州、松溪、浦城、杭州、岩州、婺州、括苍,处州青田、龙泉、庆元等地,罗公安仁、周墩,穆公庆元周墩,凤公福安、四一竹口峰塘,六一居桐畲,六五居周村,六驮居田里、周墩。散居各省州县,迁徙不一。考查旧谱,唐虞以降,未有于斯为盛也。东迁以后,秦汉时或有理学著者,或有仕宦传焉。即如宋时有惇头公,字茂叔,号廉溪,抱经邦济世之才,具光风霁月之概,襟怀潇洒,独爱莲而以亨志焉。后谦公受任松阳县令,仕满卜居易山,历数代之簪缨,英贤辈出,后而支分派远,未及详述。至直公迁庆邑东乡开基兴都,即以姓名村志曰"周墩",数代后庚八公生三子,长曰和,次曰青,三曰琳。而琳公迁北乡竹口之峰塘居焉。迄今庵修祠建古迹,六五公名一郎,为松溪永和里周村之始祖也。居十六世至芳生公,阅山青水秀,土地肥沃,迁徙庆元北乡之良秋开基创业。现传下十世,人口繁盛,因旧谱不幸失踪。为切念祖宗之阴德,报本之思不可无谱,有茂檀、茂亨和荣本、发贵等人,商议邀同家一致赞成,推选茂西、荣本二公不辞劳苦,赴松溪渭田周村,寻得同祖先的亲族旧谱核校。但愧吾不才,荷蒙诸君不弃,仿欧、苏、朱三位先生之定式,对生卒葬、男婚女嫁进行纂修,但愿周氏继继绳绳,孝于父弟,则恭留传子孙后裔,知谱当修之为念。

公元一九九二年岁在壬申仲夏月吉旦

庆元县东乡一都上管东溪村吴锡礼拜撰

3. 竹口周谱序

桐畲汝南重修宗谱序

谱之义,广矣,大矣,系序于是乎明也,人伦于是乎正也。余惯冒修谱之名,经过贵地,蒙福亮、福海、福琪、福楷、福明诸翁持旧谱请览,况余修茸。余思修明责重,谱牒匪轻,余樗栎不才,敢胜斯任哉?览其谱牒,见载平王封太子少烈于周,以国为氏,子孙随分居襄阳、湖广,福建建宁、政和、泊阳、福州、松溪、浦城、杭州、严州、婺州、括苍,处州青田、龙泉、庆元,罗公安仁、周墩,穆公庆元周墩,凤公安福,四一公竹口峰塘,六一桐畲。本处分居各省州县,迁徙不一,要皆创业垂统,卓荦目命藉藉人口者也,兹循而详核之,而尊卑之义辨,上下之分明,余等倡首之责,先生条明同一,有寄无负耳。是为序。

时大明万历三十一年(1603)癸卯岁次季春月榖旦

江右杨显祖顿首拜撰

桐畲周氏重修宗谱叙

尝闻师曰:"读书作文扼题为要。"由今思之而知,凡事无不然也。况膺纂修宗谱之寄而可纲领或昧节目勿详乎? 盛族汝南派衍文武圣王之贵胄,先贤茂叔之世系始自杭州铁板桥头,其后谦公登松阳县尹,任满居于卯山之下,子孙数世称为故家。愈后穆公迁居庆元周墩,四一公迁竹口峰塘,三郎公创居桐畚,诸公各挟包罗天地之能,具乾坤之略,思卜形胜,获居始慰其怀,是以三郎公卜筑安居,丁财两旺,称极盛焉。本岁仲秋月,予遇游贵地,适遇盛族会议,新修宗谱实一本九族之情,殷尊祖敬宗之念重也。蒙德忠、宗僚、德兴、仲机、宗棚、宗英、宗侨各位舅辈,力为倡首,挽余重修周氏宗谱。余忝谱牒中孙婿,敢辞劳乎?爰取旧谱而览之,因知于康熙二十六年(1687)丁卯岁次,应秦、应春、应松诸公敬请张昌先生修辑,其中纲领节目详明有条,可以无议矣。第历年久远,谱牒不无虫蛀朽敝之虞,余恐有误,幸族中宗僚公铎两人,博学强志,理明心融,互相征考,精为支派,遵古制一图、二图,后再续第三图,以成美举焉。兹修告成,聊记数言,以俟后之贤人君子共慨渊源之有自,脉络之分明云。敬为序。

时大清乾隆四十一年(1776)丙申岁次孟冬

庆邑竹溪谱裔中孙婿庠生陈耀宇盥手百拜撰识

新修周氏宗谱序

缘姓有氏,缘氏有族,有族而有别,子有继别继祢,自是而往,以禅于无穷。凡皆由合而分也,分则难合。是故昭穆既远,已为路人,渊明叹之。同四世祖兄,六十始相识,涪翁悲之,后之君子惧其如此。于是班序统纪举支以沐裔旁行邪?上以反所自生,使知注川为溪,注溪为谷,一皆本于岷山。庶几念其始之者,以敬宗而收族,然则谱也者,盖由分而合,而谱之者也。如蓬塘桐畚之周氏,原出姬姓平王少子烈之后也,以国为氏,传至宋曰敦颐公,号"濂溪先生",居道州即今湖南永州府属是也。传五叶至叔武扈跸南渡,始居武林。后至金利太守讳韶,生三子,长曰六中,次曰致中,三曰尚中。尚中三传至自直,而直公情殷高蹈,由武林金余徙括之芝田,溯其源而上黄土居焉。直公生二子:曰十九郎,今后溪周墩支;曰二十,迁居第三坑。二十公第四子曰十公居梧桐。十公三世孙曰三,三居黄亥,传四世至庚八公,生三子。长曰宗和;次曰宗青,迁南闽;三曰宗琳,徙居蓬塘,而为蓬塘周氏鼻祖也。厥后云礽滋盛,至十一世孙,有曰三祯、三忠,俱守旧;曰三朝,迁上济,后率子良赐,更徙居闽地松邑之桐畲,今之桐番畲、麻岭后、良官田三村皆良赐公之系也。蓬塘、桐番畲前明分谱,迄今已历数百载矣。兹因逢桐四村谊笃宗亲议以合谱编修,适余往梅川省亲,愧识蒙周翁公纯辅炳等,特谒余而以葺修重相委,畀余愧识暗技疏,难承斯任,乃情勿容辞,义无容止,愿任其事为之。溯其源流,别其体裁,考其世系,严其去取,逐一加详,以应其所诿諈已耳。第念语翁情切,本源不以攀鳞附翼,可喜而以源清流洁,是求乃人有善,愿天果从之果,经翁等尊获残编真本,所载祖居以及庐墓迁徙处所,经查符合征信,真如精金美玉,可为家藏实录,可以信今而传后。而更念翁等以数百年后,复克合编纂辑,其为敬宗睦族,承先启后之心,义之尽孝之至也。使翁宗族诸后昆,举能式翁等之谊,继翁等之志,光前裕后,勿替引之,则周氏益增其盛大,政有未可量也。岂止跨一时荣一族哉? 既竣事,聊缀数语于简端,以志其编修之年月日云。

大清光绪二十二年(1896)岁在柔兆涒滩蕤宾月榖旦

濠洲湖山邑庠生郁轩甄焕新坞川同仁蔡进谦同撰

周氏倡修宗谱序

孔子问官郯子,郯子曰:"吾祖也,我知之。"可见知其所知,故宜祖其所祖也。然则吾祖也,吾敢忽乎哉! 因有念余肇基蓬塘始祖,查蓬塘一谱,首从自直公传九世,曰宗和、宗青、宗琳,琳公开基蓬塘,为余鼻祖也。生四子,曰太一、太二、太五,即辅炳廿二世祖。太六即公纯廿二世祖。琳公传十一叶,曰三忠,即赐先祖;曰三义,不传;曰三朝,即公纯始祖。朝公徙居上济后,子良赐公迁居桐畲,其麻岭后良官田皆三朝公裔也。今惟居蓬塘者,殊属寥寥,仅得辅炳、赐先、赐鉴、赐谷四家而已。

光绪十八年(1892),蓬塘余先祖遣山场概木植,被杨姓侵伐,运于时山庄,同族诿而袖手旁观。炳因转知纯,纯等因集桐畲麻岭后良官田三村族众派揽讼资,齐往庆衙控究。当沐奏主细明详案,炳等义之,谓不欲与纯等分祠分谱,以永昭亲睦之好,因于光绪二十年(1894)正月廿九日,蓬塘周氏祠内,敬立三朝公木主,以妥右厨。并于光绪甲午(1894)仲冬,择请濛洲湖山刘焕新先生并坞川蔡进谦先生来族修谱,将蓬桐四村周氏世系,为之合谱编修。爰阅蓬旧谱并桐三璘公各旧谱,而蓬谱首纪自直公,生十九、二十公,二十生一、八、九、十、十五计五公,十公生廿三、廿六、三一三公,廿六生三三、四六、五五三公,三三生七四、七七、八一、八四四公,七四生千一、千四、千五、千十二四公,千五生万七、万九、庚三、庚八,而庚八公始生至昂祖宗和、宗青、宗琳。又阅一二璘公二谱,观自直公以下至宗琳公,其中祖姚姓氏与夫行序名字,迁徙殊与蓬谱迥异,难以统同合编,因力访寻得□村桐审残谱一帙,拂其尘而拔阅之,查自直公即周三公由武林徙居黄土,更徙居后溪,并有传文,彰彰可考。而查阅蓬谱,自直公葬岭后,娶赵氏,葬珠上。二十公迁居第三坑,葬黄土石垟圩。三三公葬黄亥西坑垄。有曰四六迁居第四坑,八一迁金师袋,五五迁东坑,一一较与残编符合,因即往查后溪并其左右各处,询看迁居葬地,各土名亦均一一凿凿无讹。其曰十八迁梧桐,虽仅注于蓬谱,然周墩之东后溪之西两界间,今尚有地名曰"梧桐垟",亦足见先祖迁居次第可稽之处,但蓬谱所与残编小异者,于自直公名旁似未详明,行即周三字样,且其叙载始祖,周三公开基周墩,亦未注明。周三公即自直公之语,兹查明残编始谱,尚有阙文差讹之处,而桐之残编古帙,诚为实录品也。惟闲璘旧谱之与蓬谱有异者,盖必当日或遭时艰遗文散逸之余,残编原本不及检寻,已而老成者既凋谢,后生者隔见闻,间有星卜趋利之辈,妄以修谱自命,以致被其诳惑欤?亦未可料。兹幸余先祖呵护有灵,俾等复获原本以别泾渭,复见庐山真面,而益仰我祖德宗功于靡既也。至一璘公谱,其原委行序,与二璘公谱一辙无异。但中叶较多,八世今已经纯崇亮宪绪等,寻获明季真本,厘正无讹。爰合编既已完好,所可虑者,祠内祀事菲薄所望众产田山出息,并有拨款均另登列于后,唯愿我后人修德协和,遐迩仍旧相亲,勿秦越以相视,是即敬宗尊祖不忘其本也,特备数语以示后人,知其原委云。

　　时大清光绪二十二年(1896)丙申太岁戣宝月谷日

　　阖族同修

4. 竹口蓬塘(枫塘)周谱序

重修谱序

平王少子烈之后,原姓姬,号汝南,出贵胄圣之有三十卜世八百,其间异常以如汉时有以理学著,如宋时有敦颐公字茂叔,即濂溪先生,由谱来远矣。自濂溪公分派自杭州铁板头,有谦公登任松阳,任满,因世道匪宁,于卯山之下居焉。数世之后,嗣以罗穆凤三公,号说图,创兴而相谓曰:"各往其胜地。"而穆公往庆元周墩兴家立业,因姓而号其地"周墩"。至四一公再到蓬塘筑室安居,宗琳公鼻祖后生四子,长太一、太三、太五、太六。即太五公居系本地,太六公生三子,三忠、三义无出,即有三忠居本系,三朝公徙居上济上坞,生一子,良赐公迁闽松邑桐畲。良赐始祖生有二子,一二璘公,有一璘,长有伯,花公生焕种公,迁松溪西岸村居焉。上有十六公次子,生九公,生六五公,居松溪周村,以有应寿公居松溪、周墩居焉,所支发达各迁各地。其谱于光绪二十二年(1896),由蓬塘、桐畲、良官田、麻岭后四村集中合编辑修谱,其至迄今,已有九十五年未修,不可不修。远近亲疏、生故婚嫁亦不知,因为房支分大,人口增多,各支派各修宗谱。我蓬塘族内裔孙家盈提倡修谱,邀集本支兄侄等,研究讨论,以今次定继修宗谱者矣。由太五公直支修来,因为我旧谱迄今霉烂,太五公派下裔孙情深报本,念念追远,论及修谱一事,及览宗谱,裔孙之未修于谱牒者,不为不多。屈指计三十年,应该继修一次,长期不行,不知生故亲疏之也。以望后裔孙宗谱谨视,修谱需要齐众,儒者之要道,有于敬长尊亲也。余为人情同新柳所怀,未免童心学久,旧愤所援,去非俗调,第叙数言,交序于予,余此盛举也。盖修宗谱以明世系,序昭穆,记支流坟墓,可无遗忘之忧,木有根水有源,家有谱之系哉也。

公元 1993 年癸酉岁夏月

裔孙浅学周绍生拜撰

5. 黄田镇仙庄周谱序

重修汝南周内族谱新序

盖闻家之有谱,犹国之有史也。家无谱则支派无由分,国无史则盛衰无由明。书曰:"欲治其国,必先齐其家。"可见家乘之书,既深且重也。故人生天地间,读书明伦之道,当知水源木本之思,穷水源则知其所自出,知木本则识其所由来。祖功宗德每日思想承流之,恩重念诸之为急,世远莫知宗派,同宗等于路人。此无他,皆由谱牒之未修故至此也。欲知宗派之所自者,亦在后人善继而善述耳。

按余族周氏郡显汝南,自太王迁邠,复迁岐山之下而居,至文王即以国为氏,武王即位,而有天下。公旦且为之辅,其后簪缨相承,代不乏人,分居金华冲州安严等地。至谦公之裔,清三公迁居庆元周墩,自直公官居都君,发自临安武林,其后分居龙庆景各地。周墩派下庚八公生三子:长宗和,徙居龙泉梧桐等地;次宗青,迁居闽省海澄县;三宗琳,官居福建汀州知县,居竹口蓬塘为始祖,历四世祥三公,则迁居湖头周处坞,公后观仙庄地方山环水秀,风景优美,遂移于此,家焉。建基以来,子孙济济,钟毓人文,今已传下二十四世,可谓望族矣。

兹阅族谱自乾隆丙戌(1766)初修,本皇癸丑五十八年(1793)次修,道光辛卯十一年(1831)三修,同治壬戌元年(1862)四修,同治丙寅(1866)五月初三日祝融肆虐,族谱化为灰烬。尤幸祖宗有灵,十八世裔孙世楠手旧稿尚在,于光绪庚子二十六年(1900)五修。至民国三十一年(1942)间,族中十八世裔孙肇邦将丁口曾经编查谱稿,将次付刊,至三十六年(1947)为时事所关,因而停顿。现族内人丁浩繁,生卒婚娶颇多,迁从外地不少。历时已经八十九载,倘使再不修理,将来亲疏不明,祖坟不知,五服妄指。派下裔孙盈朝锦、方行、方棋、方馨、光生等建议,宗谱必须修理,经各房一致赞同,于公元丁卯之孟夏,嘱余等承受修理缮录宗谱一部,第照旧谱,有者录之,缺者补之,戊辰仲夏而告竣,此发则世系昭穆序,俾后之子孙得所稽考。是为序。

公元 1998 年戊寅岁仲夏月

嗣下第十九世裔孙振善拜撰

6. 黄田镇崔上周谱序

汝南周氏重修宗谱序

尝思祖宗者一本之亲,子孙者千秋之绪,故有本根而后有枝叶繁,而溯厥由来,究其流衍,则端赖于家乘之作焉。弟以家乘作矣,其时户口虽未多,而源流未远,所载笔者只有此数,由是日久月长,源远而流益分,将尊卑有失序之虞,伦分有倒置之弊,而尊祖睦族之道阙焉,是又重修之不可无也。夫寥落之族犹不敢以忘本,而于家乘必造立重修,子孙之心始慰,况其为望族者乎? 余观汝南周氏出自姬姓,武王克商而有天下以来,至平王封太子少烈于周,以国为姓,而后裔遂以为氏之本源也,至今千百余年,历代贤哲后先辉映,嗣绵远之美于今。

余阅周氏造谱周于大明万历年间,家乘幸有作之者矣。独是善始者每虑不克有终,即善作者亦贵有踵事相增之日,苟瓜瓞绵延,过其旧而支分派别,坐视其紊乱,而不为叙理乎? 则敦厚宗祖何有焉? 幸康熙始修,越乾隆次修,嘉庆再修,至光绪丙申年而一璘、二璘公派下裔孙分纯、辅、炳等重为家乘优有人焉。相为润色族谱之篇,灿然一一可观,其如此,其敢以此而遂已乎? 然尚虑夫前谱者之多缺略于后人,故崔上由踪海公徙居以来,尚未分谱而混合,与桐畲、良官田等四村同刊共刷,迄今相距九十年余年,致以生卒迁不明,同亲陌路之叹。故闻重修美事,余不敢自揣,欣然许之,滥叨斯任。爰颂其叙次,其世系迁别支图记载,其奕叶旧者,仍旧而不更之,其新者,乃取桐畲始一璘公起以及近支焉。亮公传玉仙敷公次子之五房二支,珂扬公长子踪海公于清时康熙间徙居崔上开辟基业以来,人丁繁盛,派衍荣昌,故云崔上肇基乃踪海公,为我村之鼻祖也。有伦而有脊也。夫自作者与先次重修,亦可知其族人惓惓于斯谱矣。而重宗祖必眷念子孙,笃本根必纷披枝叶,非为华藻而观美也,要亦维久远于弗替焉尔。夫有其之莫敢或废也,因而重之不厌其烦也。光之于前,善之于后,而本支脉络之条贯,展斯谱,觉爱敬因之以生。余虽不才,能不济美先哲而于亲亲氏系之意,亦无小补之请,因重修,即赞扬诗一首,谨开列于左:

> 高峰耸石结幽居,云是翔凤镇崎岖。
>
> 相对云烟皆列屋,中分郊野有通衢。
>
> 汝南自古推华胄,闽浙边防驻盛基。
>
> 幸任重修来眺望,溪山领略胜蓬壶。

1990 年庚午岁巧月望波三朝吉旦

剑南坪田庆师生北京人文函授大学罕也生字鹤寄敬书

7. 黄田镇良官田周谱序

良官田周氏修谱新序

盖闻上古立极,分列姓氏,以别族属,自一身以至九族,始原一气,情属连枝,况同姓而至戚者乎?迨至枝分节解,蔓延海宇,遂成万辙耳。故立谱以为后日会期,而能枝同一处,叶散他方,而宗谱一端非陈迹也。乃士大夫之家是以重之首务乎?且人生天地之间,万古之纲常赖焉。百世之名教属焉,非谱岂能扶纲常,而振名教哉!是故,家不可以无谱,又不可以不明也。谱明,则昭穆序、名分著而人伦可举矣。然而祖宗之讳字、卒厝、出处,得以是而考焉。

按周氏公旦之裔,平王少烈之后,以国为氏,郡显汝南,固出帝王之贵胄,圣贤之后裔。溯其受姓之始,卜世三十,卜年八百,其间才哲迭起,际遇异常。此唐虞以降,未有于斯为盛也。

东迁以来,秦汉时,或以文德称,或以武功著。代有伟人,难以悉举,至宋时有敦颐公,字茂叔,号濂溪,居道州——即今湖南永州。传五世至叔武扈渡江南,世裔居杭州铁板桥头。分派至谦公,登松阳县尹,任满,因世道匪宁,居于卯山之下,数世后遂成故家。有罗、移、凤三公者,欲图创兴而相谓曰:"各寻其胜。"罗公徙居安仁(龙泉),穆公迁居庆元东乡建业,因姓而得名曰"周墩"。凤公分居福建福安。穆公传下数世至庚八公,生三子,长宗和,次宗青,三宗琳任福建汀州知县。即四一公居庆北峰塘,为开基之始祖,传数世,三郎公即三朝公,托足上漈月山置买田山。子孙振工公,常怀重游览山水,得其地曰"桐畲",观其山青水秀,四面回环,堪为佳境,创业垂统。迨子良赐公积善成性,即将上漈所有田山,施作庵产建佛寺,名曰"胜因",果然天从人愿,子孙繁衍,庆公即为桐畲之鼻祖也。生二子,长一璘,次二璘,现为两大房。

查旧谱,明朝万历癸卯三十一年(1603)初修,清康熙丁丑三十六年(1697)次修,嘉庆丙辰元年(1796)三修,咸丰乙卯五年(1855)四修,光绪丙申廿二年(1896)五修,世裔于桐畲总修,至民国甲申三十三年(1944)六修,为时事所关,宗谱遗失无存。至公元1989年裔孙维美、绍棠、培章、先水等有志倡修谱乘,并邀集族众商议。经众赞同,于是延余来村设局编修,将有宗公支派,缺者补之,略者详之,长幼尊卑秩然不紊,远近亲疏井然有条,实赖诸君尊祖敬宗之诚意。兹谱告成,使后之贤裔知渊源之有自,脉络之分明,故序。

公元1989年己巳岁季夏之吉

主集:庆元东乡一都上管东溪吴锡年、本里上赖周振善

8. 贤良镇湖池周谱序

新修湖池村周氏族谱序

盖谱牒之设,天下之民拥之,谱书之作,因谱姓之始由,叙其宗枝之昭穆也。木有根,水有源,人本乎祖。国有史,省县有志,村有谱,联至一族血脉支派。明亲疏,别长幼,祖宗积德,后裔繁衍。

如湖池周氏,其先姓姬名旦封于周,以爵为氏,故曰周,以食封之地为郡,

赐汝南,其源所来也。数十代之后叔武公,居浙江钱塘。周三公名自直,自武林徒迁青田十三都杨公坪,即景邑四都后溪也。迨至大明年间,富七公为湖池开基始祖,创业构屋而居,兹有贵村信东、信海、承本君等,与予联系纂修周氏族谱一事。余阅湖池周姓自富七公历数至今,有二十余世,五百多年历史。前祖辈先后修辑谱牒,七八班次。最近一班,由黄皮庠生吴观乐、毛承斌二位先生于民国四年(1915)乙卯岁修辑一式三帙,所谓祖辈不惜帛,不辞辛劳,毅然坚强,敦宗敬祖之心,虽远隔上十八年之久,保存崭新。但过去旧谱谱例,局部有建残余,重男轻女,同姓不许嫁娶,不合乎现代之观念,理应删补,重新改革。解放后男女平等,女有继承族权和产业权,亦有赡养父母义务。同姓直系血亲除五服之内,均可嫁娶婚配,不得阻挠。

兹将湖池村汝南郡富七公派下分支,各男女名号,年龄、生卒、坟厝、婚嫁、职业等,汇集新修。古今合并,成为族谱。尊卑有序,上下之伦分明,悉足以慰先人于九泉阴骘,且谱之一书。既赖先人之作,尤须后人之述,俾本族各房下枝叶班班可考之,子孙绍述瓜瓞绵绵之人文尉起,岂可预卜焉。特记其概,以登族谱为序。

公元 1992 年壬申岁孟秋月

本乡贤良村叶积夏撰

9. 左溪镇岱根周氏家谱

岱根迁始世裔序

尝闻泰山华岳之始发于昆仑,长江大河之流其实出于源泉,显自于微爪。由于物皆然也,矧世裔乎哉?我周发其始天地,开辟厥初生民之始,有高辛氏之妃姜嫄,因出野见巨人迹,践之而身动如孕,居期而生后稷之事,往往见诸史册。前序纂修详明,且世远族蕃,难以悉记,念姑就近祖之史册,发派及肇基,于贷根者,一修录之,以俾后昆庶知,祖功宗德于无穷也。淳祐年谦公除栝苍松县尹,见其地山水秀丽,遂家于少卯山之下桥榜。至周三作公为子孙计长,郡马而生罗、穆、凤三公,公与二弟更卜他所,访寻优境,为子孙计长久,遂跋涉山川至龙泉择胜地三处,罗公遂居龙泉安仁,周穆公居周敦,凤公居安福。以罗、穆、凤三字为号,住城俱以周敬为记,传至十九评事复迁后溪,至今后裔蕃衍,子孙绳绳,人才辈出。越九世有瑛公,识见周远,不恋之于桑梓之地,且思别迁,于观山涉水至松源二都,见一所后龙迢迢,前案环抱,群峦叠秀,山环水绕,甚堪肇基,经年舍故土而迁居于此,自为一世祖。买田而耕,构屋而住,名其地曰"岱根",吾生根于此焉。根生而叶自茂,公迁后生仁财公,迄今已历十四世,后裔著,子孙绳绳,岂非根生而叶自茂乎?岂非积原而流自长乎?今嗣孙茂菊、茂松、茂彩,日光、日朗,不忘公之德泽,开创维艰之至意,予纂修诸乘以列昭穆,以辨尊卑,遗后世述之美,斯亦可谓不忘本,不遗亲者矣。此吾岱根枝派之源流、世裔之大略也。至欲探本穷源宗支,一一修录而详明之,犹有俟于后之孝于慈孙,以核其详云。

康熙五十一年(1712)壬辰岁次仲春

全有年拜撰于报本堂之西室

邑序生世凌敬录于岱之廷述堂

10. 五大堡周谱序

重编杨家楼周氏谱序

讳茂遇公,创德推高节于汉廷,守瀚鸿材羡相将,亦宗室裔,自汝南称为望于族,思典型之未远,念尔祖而难忘,迁徙松源乡,卜居杨家楼,选林壑以自怡,谢尘嚣而远遁,崇山峻岭,天与地脉之奇,茂林修竹,如睹鼎湖仙池,风景之称人,而不满风俗而常醇,鸡犬相闻,依稀桃源洞口,桑麻席遍野,何殊击壤康衢,改世德以作裘,莫不颂叶而知本,服先畴以企慕,咸知饮水而思源。今增林公长荣兄等,延予编辑谱牒,盖念伊祖茂遇公,自石庇袋而再徙杨家楼,另为发祥,恐世裔之混淆,沧海之多变,而立谱情切。予阅谱旧,见其文晦半支离,观其枝派前后舛错。自周三公以上,荒远失续,无可稽查,不敢妄作,惟依抄录,周三公以下设法立局,依次传序,皆从古制,是以有总谱,即有分谱,先为等立一分谱,以光有周之谱牒,将自瓜及瓞在,枝叶而皆荣,发海先河含苔云而皆闻矣,因忘鄙陋,用缀弁言。

时嘉庆二十一年(1816)丙子岁秋月榖旦

玉田增广生谨识

11. 江根周谱序

修谱前言

盖闻人之有祖如木之有根,水之有源也。木之千枝万叶本乎根,水之千流万水本乎源,人之千支万派本乎祖。祖者,人身之所出,必须尊敬而勿忘也。但源远流长,支分派别,若非谱以联之,则亲疏何由而别,序次何由而分,受姓之源何由而知? 故有族不可无谱,有谱不可不修,故前人定以三十年一修,而使之溯本穷源,所以敬宗睦族也。

周氏系出武王之后,以国为氏,乃受姓之始也,迨至周平王少子烈之后,周乃望族,汝南是为受郡之始也。其后汉晋、六朝、唐、宋以来,簪缨相继,显宦代不乏人。迨至驮公于平坑开基立业,子孙绳绳,十世孙进朋公又于乾隆年间由平坑徙居杉坑创业,迄今二百多年,历世十八传兹,因代远年湮,谱帙毁于祝融,仅余残篇断简。裔孙定福、家福、惟通等恐时过境迁,有失常序,特于今秋,聘请文山氏一舟先生秉笔,经查对平坑老谱,考查残篇,重修一本,上承下接,讹正缺补,勉强成册,但限于水平,疏漏在所难免,还望后起贤达,善继善述之,并希妥为保存之,是为序。

公元 1991 辛未年 7 月 15 望日榖旦

敖阳文山氏叶一舟敬撰

12. 淤上乡翁山(长垄)周谱序

重修周氏宗谱序

盖闻人之有宗,犹木之有本,家之有谱,如水之有源也。粤稽谱谍传赞,则声成金石,序文则字挟风霜,几谓儒雅文林,故笔之于书,及因文而考其事,因事而考其人,为之前者千枝竞秀,为之后者一线穿成,然后知裔荣昌,悉本于祖宗,良善积德而先人,取其事迹,载之谱末,流传始可深传无疑也。易曰:"积善之家,必有余庆。"其斯之谓与?

庆元翁山,有汝南郡周氏,图开岐周,聿传八百之侯,都启镐京,遂衍千秋之庆,厥后世裔四七公由后溪迁居周坍,法四公隐居三都南坑绩平,五公迁居翁山开基,周氏历代迄今,咸啧啧称之为望族。前汉朝诸侯崛起,代有名侯,惟承公汝南侯,昌公汾阳侯,晰公淮阴侯,璘公沂水侯,洪公平阳侯,乃一国之君矣。且也,后汉朝有武职出,坚道公将军,瑜公都督,雄夫公将军,琬公将军,可称为大镇国矣。近考昭代后裔,翁山周氏有法师出,正祭公巫流精通,继益公巫教间山,继涛公护国救民,大严公教法流通,大通公名列九州岛,大海公功曹兴旺,大炳公武艺高强,匪特巫流为业,抑且读书为业。有如大八公,名列胶庠,思乐泮水,薄采其芹;大通公,名登俏生,孔门舞烈,使后世门间光大,尤为后嗣之仪型。凡若此者,或以诸侯称,或以武职赞,或以巫流显,或以文学表,或名光史册,或泽逮云礽,旧谱中并班班可考焉。

顾族之有谱难于作,益难于修,修之云者,必世人素称宿学,胸挟史才,始能秉笔以居斯席。今年季秋之月,周君正族长继监副族长大澄,登为首主修,大海、大炳、大通、大朝、大学诸贤达等,以修谱之责委余,箴富二人自维学浅才疏焉。敢当斯巨任也,诸君以旧谱见示余,翻阅之,始知从前自乾隆己亥年(1779),象金先生纂辑以后,已九十余载矣,续后复请廪生蓝世珍先生之手所接修,不觉自同治辛未年(1871),延今至民国甲子(1924)止,五十余春矣。初不烦另添图说,然则此次纂修辑,修之云乎?续之分而已,余乃不辞剪陋,敢徒以助事计,光明正大,夫凡五代生荃则补之,卒爵则添之,生齿则加之,其遵祖宗教训者,克勤克俭,告子孙事业者,为耕为读,幸族内诸君校对特详,搜罗纂慎,余惟兢兢业业,求其毋遗毋漏,毋舛毋讹,箴主而稿之,书而谱之,富缮而稿之,誊而录之。自仲秋下浣至季秋上浣,告竣完成,次序次文,清疏字文,端楷汇为成帙,灿然可观。此皆诸君有始有终、协力同心共功,斯举诸君洵无愧于先人矣。然而,族大枝繁,若者何以富,若者何以贵,富从勤耕中来也,贵从勤书中出也。业精于勤则有功,使后世孝子慈孙遍览系图,愿子孙承家万代。幸祖宗积德千年,金枝玉叶,其叶蓁蓁,颂螽斯之蛰之咏,瓜瓞绵绵,克赋风雅之诗,并以周氏之所厚望也。是为序。

中华民国十三年(1924)甲子岁次季秋月上浣吉旦

庆元大济村前清庠增生吴应箴拜撰

庆元县高等毕业生吴安富拜撰

重修翁下洋永八公分谱序

盖闻欧公苏公立为世经,人纪之法以明支派之源流,以分亲疏之远近,设使后世子孙宗谱不修,祖宗不敬,支派不明,房分不分,孰能修之于族内哉?今幸为首主修大海、大炳公,敬先祖孝积德阴功,爰请予民国甲子年(1924)重修分谱,平五公分两房,长房永八公,其后裔分支翁山下洋居住;次房永十公其后裔分支翁山庙后村头居住。其永八公系是分支下洋,文定公、周香公、玉九公、怀一公之后裔,由一公分应亮公,由应亮公分显祯公,由显祯公分时荣公,由时荣公分德仁、德礼公两房。其德仁公分月章公,由月章公分两房光前、光大公;其德礼公分长房月明公,次房分月隆公,三房分月炽公。其月隆公光太承继月明公,分光浩公。其月炽公三房,长房光国,次房光太,三房光英公。分明支派之系图,辨别亲疏之房,分兴其同谱而有鲁鱼亥豕之患,庶免世远年湮,不如另分谱,顾谱之设也。如宗枝之所流传矣,周氏之族出自汝南也,是以为序。

咏翁山四景:

庆邑幽居处,可松源独步羡翁山。

春腰玉坂多佳色,秋稼长原足大观。

巨坚樵堪供用,樟林夏清任盘桓。

器器自得悠悠乐,世外桃情更觉闲。

又咏:

沙拱泉甘草奇,山明水秀可居。

诸乌峰钟韵惊诗兴,松竹当门龙凤栖。

前清增生吴应箴敬书

13. 张村周氏宗谱序

周氏家来源

且夫谱牒何由而作也?古人忧得姓者失其源流而作也,自秦灭尽典籍,谱学失传,源流几晦,洎乎后世设中官以清世系,置谱局以笃世胄,谱之道渐明。故从有官谱氏族编,唐有《姓系录》《纂姓解》,宋有官民而王氏、贾氏、韦氏、柳氏,谱学迭出,阀阅相传,举世相尚,久而愈精,自是观之谱,诚不可无作也。

余因山水之乐,邀游湍,历鹤溪之而曰后溪,山明水秀,徜徉者久之,得与惟盛、惟义、增宝诸翁及家乘,诸翁不鄙简陋,及以家乘托余修理。余读其源流,出自宋敦颐先生之后,其间名宦挺生,豪杰辈出,注在谱牒,无烦余之揭举表彰。近溯其先世,原居武林,自三公始由武林迁栝苍,历鹤溪而居黄土,传六世有三七公、四四公居沐溪,四七公居庆元周墩,其后溪者则三七公三世孙万一公之派也,其后或居湖池,或分张坑,源流整整,支派昭然,亦可谓条分而缕析矣。闻先祖积德既济其后,不有显者,即有达者。兹观诸翁志气昂昂,仪光可挹,家道维敩,谓非先德深远获报乎？愧余□材,荒笔赞扬无术,姑就遗编聊为续正,以备后贤者观感而知祖亲之源流也。敢曰文之乎？

云乎哉！

时万历壬子(1612)仲秋

寿阳叶俨怀素氏弁撰

周氏宗谱序

尝谓族之有谱,犹国之有史也。史者叙一朝之盛积,而谱则志百世之昭穆,事兴而理同也。盖之人生也,自一人之身衍而至万人之身,而族分焉。自一族则亲聚而情洽,故喜知庆,忧则吊。至于千万人之身,分而为千万人之族,则亲远而情疏,喜不知庆贺,吊而不知吊,则亲为途人,原本之谊失,孝友之风薄,以亲而类于疏。亲而类于疏,亲爱之谓何有心者？欲亲之不类于疏,疏而必联于亲,使源流之派明,姻睦之情笃,世世子孙常守高曾之昭穆而弗替者,此谱之所由作也。

稽之成周分封千八百国,皆伯叔甥舅之属,或以地为氏,或以官为氏,或以名为氏,甚不一也。而周则出于姬实周公之后也,当曰丕显、丕承著美于镐京,周官周礼遗微奕禩,卜年卜世历有名望,美不殚述。然八百年之丰功伟绩,源深而派长,世远而代繁,史不尽书。迨越数十传,历秦汉之后,周公之裔有尚中公生三子,伯宗、伯和,宗公生三子,曰二公、三公、十一公,由京而抵武林、栝苍,生五子则在栝苍焉。其十一公徙居东瓯,三世孙移瑞安周村,名琮字奉卿者,此其正派也。及景帝朝为中丞,名万荣字起恭者,于庆元间为金利路太守,其子孙洪为谏议大夫,值唐安禄山作乱,公率兵渡江靖难,后安禄悉平,遂留一子名尚中公出镇两浙,代宗朝官拜御史中丞,德宗拜河阳侯。生一子名守默公,宪宗朝为左将军,生一子名方定,为郡守。三世孙为高宗时京卫指挥,生三子,长曰自昌,次曰自宗,三曰自直,排行第三即为周三公。自昌公居杭,则福州之长乐、长溪、赤岸、古田是其正派也。自宗公则居长溪焉。惟自直公心不愿仕,轩冕泥涂,有高不事之节,抱膝长吟,不求闻达之意,提携其子弟由杭而括,而至青田,溯流而上,见其地千岩磊落,上出虹霞,鏊争奇下,引瓯越,览山间之明月,观碧水之清风,清风排挞,茂林修竹,或采于山,或钓于水,泉甘土肥,可为子之宫,可为子之稼,遂卜居于此焉。故称其名曰后溪,古号也。公之讳万一公者,其后溪之始祖也。厥后富有日积,子孙昌盛,烟居数百,亦一大都会也。自近庆之周墩、南坑、木溪、罗山、湖池,远则闽之长溪、赤岸、古田,温之周村,皆公之后也。窃思先世之始谋燕翼,由一人而至于千万人之身,世远派长,鲜有亲之不类于疏者,由是有后之子孙,同心协力,叙前接后,联一本九族之亲,笃尊尊亲亲之爱,此诚孝子顺孙之道,继志述事盛举也。故以谱之责命予,一入其境,视其风土人物,尊者亭亭玉立,皆有长者之风;壮者气度槐梧,无非英英出尘之暨,洵仁里也。但予殳海迂儒,学未师古,修贤无术,妄为琢斧,固知罪无所逃,承既重托。公雅意谆谆,故不辞简劣,惟就其谱之条惯,其人之行实,序其流枝派,俾后之人即世弥远而亲弥笃,派愈繁而受愈坚,昭穆明而源流辨,则孝悌之心无不因此而油然生矣。是以为序。

时雍正十三年(1735)乙卯太岁日榖旦

□□□□撰

孙氏谱序

【**导读**】孙氏族出自皇帝颛顼之裔，五传之芊姓，历数世，孙汤公封太原乐安郡，子孙于是以此为郡。

涂坑先祖复明公，传孙伟公，分温州支派，孙俊公慈溪支派。复朗公生三子：长子孙统，分居江南；次子孙缵公，数世孙星公，由福州南台而迁居庆元三都半岭村。后由半岭而再徙政和一都济下，睹此四围山川秀丽，可以托足，遂于此构造屋宇，广置田园，以为子孙久居之计，其后一支迁入涂坑。

淤上乡涂坑孙氏谱序

孙氏宗谱渊源序

粤稽受姓之始，咸从三皇而分五帝传宗续后，各有所出之祖，犹水之有源，本之有根。溯孙氏族出自皇帝颛顼之裔，五传之芊姓，历二代而鬻熊氏，生熊姓。亦从此出阅数世，孙汤公封太原乐安郡后，世子孙遂以此为郡焉。此孙氏受郡之始祖也。迨周朝叔敬、叔敖为楚令尹，墓葬汝宁府固始县，后传武子，以兵法进吴王为将，著《兵书》十三篇。至春秋战国，孙膑公、孙温公为魏丞相，掌兵权。孙膑公传至秦朝孙觌公，为常州太守，传翊公、翔公兄弟，联芳俱登进士。后至晋生绰公、隐公,会稽山作《天台赋》。孙绰公传盛公,字安国,为太常博士,盛公至前汉传期公、楚公,楚公字子荆,娶潘氏,生孙播、孙揆,揆公娶柳氏。至唐,揆公生孙洙,字巨源。洙公传觉公,孙资字彦范。孙彦范公传之孙登公,字公相。登公生三子,长子孙嵩,次子孙昆,三子孙岳。嵩公系福州枝派,岳公系云南枝派,惟嵩公传钟公,钟公传孙奭公,字宗古。至三国传孙权公,霸占东吴,自据一国。四世孙策公、孙坚公、孙和公、孙皓公,并晋孙复明公,传孙伟公,分温州枝派。孙俊公慈溪枝派。浙江枝派至今繁盛。孙复朗公系孙窝公福州枝派,蕃衍散居各处者,不可胜数。复朗公生三子,长子孙统,分居江南。至次子孙缵公,数世孙星公,由福州南台而迁居庆元三都半岭村,公见此乡非久居之地,由半岭而再徙政和一都济下,睹此四围山川秀丽,可以托足,遂于此构造屋宇,广置田园,以为子孙久居之计,迄今十有余代,并未立有谱书,其间恐有遗落失慢不能详稽,即以星公为始祖,故请予等纂立一书谱,俾后世子孙有所考究,故以为序。

嘉庆二十五年(1820)庚辰岁次乙卯月良旦立

松源玉田增生范连茹敬撰

李氏谱序

【导读】李氏出自轩辕黄帝之后伯阳公（即老子李耳）派下，为陇西郡望，李唐一朝有二百八十九年。

庆元李氏有两支派，一是黄田支派，一是屏都支派。

黄田李氏，先祖彰公派下十世孙千三公之子尚初公，于宋开宝年间（968—976），由龙泉木岱迁居李村，开基拓业，后永福公又由李村择居姚村。

五三村李氏，由自千三公居景宁沐溪大均，又胜七公由景邑大均徙庆元五都金村，胜七公为肇基一世祖。

熏山下李氏，迁出地，谱未详载。

1. 黄田镇李村李谱序

重修陇西郡李氏宗谱序

曾闻尧为帝王，必先亲九族而协万邦，建宗庙而行祭祀之礼。上古圣人唯恐人之姓氏多失之源流而无所考。故设史官上编国史，中录各郡县志，下修各姓伦常。是因为泱泱中华大国是由一家一族组成的。九族既睦，社会安定，国运自然昌盛。俗语云：有十年族，无千年亲。如果宗族无谱，则不能分长幼、别亲疏。本是同宗一脉,却以路人相视也,故族不可不联也。历代有识之士,把编修宗谱与纂修史视同一体,每隔三五十年即重修一次。李氏自迁居李村姚村后,明代曾修二次,清代修三次,民国修两次,民国三十年(1941)重修至今已有五十余年。其间族人生卒、嫁娶、迁徙,变动甚大。有续编之必要。故此族内有识之士,继财、继兴、继庚、良其、继魁、辉相、辉友等倡议,并经合族同意,决定予以重修。

兹考李氏源流,系出自轩辕(黄帝)后伯阳公派下。伯阳即李耳。史称老子,世居陇西,以地为郡,是中华望族。历代名人辈出,汉代李广、李陵乃世之名将。李渊、李世民建立唐朝,历时二百八十九年。世民当政,史称贞观之治,乃古代明君,李靖辅助唐太宗,授卫国公,谥景武公,庙食湖州归安县,号落石大王。后因唐室之祸乱,有兄弟三人由苏州常熟遁居龙泉,珧公居木岱,时出显祖俸公,官拜兵部户部尚书。公之二子,彰公派下十世孙千三公之子尚初公,均于北宋开宝年间,由龙泉木岱迁居李村,开基拓业,迄今已有一千零三十余年。后永福公又由李村择居姚村,至今已历四世,当年尚初公,曾独资建造觉林寺和法会堂,寺内田山均系公之独捐。李氏卜居姚村后,勤耕苦作,广置田产,建造宗祠,瓜瓞绵绵,历代名人,有明清时代名列贡生、监生、庠生者为数不少。如今中学生、中专生、大学生也是逐年增加。可谓人才济济,书香世代不衰。其中许多优秀人才,正为祖国现代化建设而贡献力量。是为序。

> 陇西望族源流远,派衍甘棠世泽长。
> 西汉名将四海震,盛唐明主五洲扬。
> 李村尚初创伟业,姚处福公耀祖光。
> 李氏子孙思报本,重修族谱永留芳。

公元 1998 年戊寅岁次孟秋月
曾任科长编蔡建年敬撰

2. 黄田镇姚村李谱序

重修李氏宗谱序

我族自尚初公从龙泉木岱迁居庆元李村开基拓业,至今已有一千余年,永福公又由李村迁居姚村,大约也有八百年,其间曾七次修谱,一修于明代正德年间,二修于明代嘉靖年间,三修于清代乾隆十三年(1748),四修于清代嘉庆九年(1804),五修于清代咸丰七年(1857),六修于民国三年(1914),七修于民国三十七年(1948),距今已有五十年。如再不重修,年长月久,族人生卒嫁娶,恐有遗志之忧,因此,我俩与继庚、继魁、良其、辉相、辉友等倡议,经合族同意,决定重修。聘请蔡君建年主笔,此次是第八次修谱,因马赐公派下缺人主持,只有马兴公派下续编,由于许多族人迁居外地,我们特地到浦城、龙游、曹岑等地调查访问。可算是历尽艰辛,现已草创完成。

我们修谱目的,是使子孙明白,我祖来自何方,出自何支,明白先祖创业之难。教育下一代要继承和发扬先祖艰苦建业、勤俭持家的优良传统和尊宗敬祖、爱国爱家的美德。要克勤克俭,发奋图强,遵纪守法,和睦团结,为祖国繁荣昌盛,为家乡更加富裕美好而共同奋斗。

饮水思源,以表我们对祖宗一点孝思。聊陈数语以为序。

公元 1998 年 7 月吉旦

第十九世孙继财、继兴同拜撰

3. 松源街道五三村李谱序

李氏谱序

庆邑金村乡之胜地,距东溯流而上,十里即庆元城,距西从流而下十里许曰"八都"。皆一望而可得也。问其姓氏,下村尚有刘、叶、吴同处其中,村头成为李氏一族聚居无间。

粤稽李氏出自伯益之后,历有虞、夏,受封于费,故为大费,初姓嬴氏,生三子,季曰思成,世为理官,遂姓理,传至夏桀无道,理徵谏桀不听,谗诛理徵,其子利贞逃难伊墟,食木子得活,因改理为李。迨后暠公仕魏,平蜀封陇西,子孙尊为受姓之祖,自是而后,代有显人。至唐高祖渊立成帝业,建立二百八十九年鸿基,则知李氏支派,前发虞廷圣臣之胄,后接唐皇宁王之信胤,诸史册洵无惑矣,盖其支分派别,旧虽有纪录,但前被回禄。林升先生成帙,直接坚公之派,乃目明,初徙大均迁至金村,期世系源源而来,彰明较著,断无可岐而二之尚,冀后之修是谱者,按图而考,较正无讹焉,则得矣,特以为序。

时嘉庆十九年(1814)甲戌岁腊月榖旦
鹤西库川庠生陈虞岳拜撰

李氏衍庆金村谱序

尝闻之《易》曰:"立人之道惟仁与义。"又闻诸《礼》曰:"自仁率亲等而上之至于祖,自义率祖顺而下之至于祢。"是故,人道亲亲也。亲亲故尊祖,尊祖故敬宗,敬宗故收族。故仁以孝彰,义以悌著。自宗法不明昭穆紊矣,昭穆紊而伦理乖矣。此古人修谱以联之,立祠以维之。修谱而所以正宗法而昭典礼也。

谨按,李氏谱系所由自千三公居景宁沐溪大均,又胜七公由景邑大均徙庆元五都金村,为肇基一世祖,礼之所为,祖有功也。及后五世孙,盛九公为金玉满堂,四方统宗礼之所为,宗有德也。自是而后继继绳绳,原本一派而究乎礼,制之一定则由斩衰,以至缌麻,由缌麻以至无服,则无服则亲尽,亲尽则势若路人,而路人其初则兄弟,兄弟则其初则一人也。呜呼!于斯谱而孝悌之心有不禁泪然而生者矣。

值本岁春初,承陇西蒙族聘予撰修是谱,予时年七旬有六,凡谱父老子弟,见之礼貌有加,固知李氏之兴日可竣也。予敢不原其所以修谱之意,而为之序昭穆、明宗法,以维典礼于自既平哉?爰缀数言以得诸首。

道光二十七年(1847)岁次丁未姑宾月上浣之吉

芝州郡庠生吴启泰拜撰

4.松源街道熏山下李谱序

陇西受姓封即源流叙

且夫人生受姓之始,各有所自出之祖,祖姓为源,庶姓为流,故曰源流。然上古吹律定姓,而天子封诸侯,则曰赐土姓,姓因以定,又闻公卿大夫之支子别出者,为氏。其外国君长曰部,其实百家诸姓皆本三皇五帝而来,从风姜姬氏者,多或由采食名城境地以别姓氏者亦有之,如陈、吴、谢、卫之类,咸为封国为氏。他若此千之子,隐避山林即指林为氏,又如伊祁有邵从母所居,为氏由来。虽不相同,根源故各有所从出也。

今考李氏之姓系,本颛顼之后,皋陶佐舜为士师,明刑弼教,皋陶生伯翳,即伯益也。能训鸟兽知语言,历事虞夏,受封于费,赐姓嬴。生三子,季曰恩成,世为理官,遂姓理。传至夏桀时,理徵谏,不纳,听谗诛徵,子利贞逃伊墟,食木子得活,因改理为李。其后利贞生仲,师历五世,孙乾为周御史,生耳公,字伯阳,谥"聃",号"老君",即老子也。或曰当殷盘庚之时,自太阳青道境化五色,元黄大如弹丸,乘玉女昼寝,流口吞之,怀孕八十一年,至武丁庚辰,剖玉女左腋而生产李树之下,因指李为姓,此一说也,然而历世留传。唐高祖起义师而除隋乱,受禅位耶,建立二百八十九年鸿基,上绍帝裔玉叶之派,不亦后先辉映矣乎? 至于李姓之代有多贤,世有显宦,以及暠公之仕魏,平蜀封陇西。公子孙宗为受郡之祖,则因彰明较著者耳,奚烦笔墨表白乎哉!

大明永乐三年(1405)孟冬小阳朔日

三山林一桂拜撰

李氏系派来历旧叙

尝闻食果则知本,饮水则思源,溯李姓之本源,固必共宗陇西矣。然而盘根错节支分派别,不无诬冒,而授本族系接大唐睿宗皇子宁王之胤,世膺王爵,而居洛阳,至僖宗中和四年(884),有濮州王仙芝起兵作乱,曹州黄巢应之,干戈竞起,所陷郓、祈等州皆属河南,又陷洪、饶诸州,属江西,宁王乃遣其子宗国领兵剿乱,因移家渡江,过杭州钱塘,至婺之金华焉。公生二子,长自隆,次自复。复生三子高、昂、瑞。高公子孙迁居栝苍缙云、丽水、松阳、龙泉、青田、白岩、沐溪、绿草及浮云、七尺、温溪诸处。唯昂公支系不传。瑞公为大都督统兵镇福建,遂卜居长溪赤岸,生子宏祖,娶业氏,生九子。长曰挺,分居古田;次曰橘,徙居宁德;三曰样,迁居浦城;四曰橡,迁居长乐;五曰橄,居福三方;六曰椇,仍居赤岸;七曰椵,分居平阳;八曰楬,迁居瑞安;九曰框,移迁乐清。其系详载各谱,惟椇公生四子:长讳靖公,宋淳化二年(991)登进士第谏议大夫;次宗起,官擢中书,派遣白岩;三仲父,职授监承;四九忠,职授县丞,系分白鹿源,金州是也。而靖公长子武忠生三子,长叔道,历裔孙迁居泰顺,马□(靖)生三子,暠、晖、曜,惟晖公派世居焉,□(靖)暠公则迁居大均,曜公从兄迁居沐溪,其曾孙达公复由沐溪迁于青田十三都之秋庐开基,迄今十有余世,支派本源,班班可考,洵乃谓"源清流长,根深兼茂"者,特援笔而为之序。

万历四十年(1612)仲春

喜阳后学叶怀素拜志

郑氏谱序

【导读】郑姓出于轩辕皇帝之后，是姬姓之祖，武王伐纣而有天下，传至周宣王，封母庶弟为郑国侯，因清廉，即赐封郑氏。其后子孙于是以国郑为姓，郑之姓由桓公而始。敕赐荥阳郡氏，其后子孙遂以荥阳为郡。

双沈郑氏，崇公派下履中公第四子郑佳兴公居山阴，其裔孙冬仲居闽县；即斐公居泉州，生七子。其子炊公生文民公，居福州；其孙侈公由福州徙居松邑渭田，是渭田之鼻祖。其后十五代裔孙尚桴公，于明万历年间(1573—1620)由松溪渭田迁居庆元北乡下沈村，桴公为下沈肇基始祖。

江根郑氏，惟晔公之下派衍余杭，下至叔辅公，任台州太守，因五季之乱，随任，遂居台州。四子郑如山公，分迁括苍平昌航头，派分到松阳；三郑岳钦公，由台州而迁括之玉溪，派衍于芝田括城，始祖徙丽水玉溪，辟地构室成家。后从玉溪迁江根。

官塘箬澳郑氏，由杭至括之玉溪，由玉溪而迁沐溪，由沐溪而分净水，晋公由净水而徙庆元箬澳，晋公为箬澳开基之始祖。

石塘郑氏，祖先初居陕西华县，后迁于新郑县，传至如岳公，由余杭迁徙丽水玉溪，居八世至强恩公徙青田沐溪店，十一世至留公分徙箬澳，居四世必彦公迁徙水寨，必祚公迁徙后洋，居三世迁石塘。

隆宫里源郑氏，先祖从陕西之地新郑，迁河南。而江南郑氏，顺从衢州、淳安、临安一线迁徙。隆宫里源郑氏先祖由何时何地迁入,不详。

本序集有署名苏轼之作。

1.黄田镇双沈郑谱序

郑氏源流序

夫家之有谱,犹国之有史也。史载国之纲纪,谱传家之伦序。若夫君王之圣哲,臣爵之忠良,莫如史志;如叙族之枝叶,明宗党之亲疏,莫如谱书。谱者,述百世之流绪,纪千年之来由,是谱之关系,可不甚重乎? 故人生之始,知母呼父,学而眷恋也。设问,父母之父母何以知之? 故设谱牒于后裔知寻根源,知其高曾祖父身下及子孙曾玄,世世继续而无间断也。自然遇亲而孝,遇长而悌。识亲疏、明远近,则尊卑分、长幼序,勿莫不乱。

荥阳郑氏之源流,出自周宣王封弟友如郑,遂以国为氏。晰公生二子,长支周迁居山西,次承周居任城。生子封,封生均行、仁二,于肃宗朝拜白衣尚书。均生嘉斌,生三子;长万成,官拜泗州刺史,即居泗州;次万化,官山东通判,即居山东;三万佳,生崇于哀帝朝官,拜尚书。至数载后,履公生四子;长仁;次直,作住高密;三勿诒;四佳兴,于浙江山阴。至五季,契丹犯界,各避一方。守成公生五子,我祖正祥公生道,招兖州通判。至宋末,毕公生七子。遇金元之乱,各迁隐一方。惟我祖斐公,迁闽之泉州,生子长灼,灼生国彬,迁居延平。次炤,三煌,四灿。灿长子盛,盛生观霄,霄生艾,官钱塘县令,即居钱塘。次子旻至十六世孙迁居浦城,赖公居龙泉,斐公五子焕,六子炊。二子文民,徙龙泉,迁于福州,民子秀卿,卿子立朝,徙福州而徙于松溪之渭田肇基立业,丕振家声,源流甚广,莫能全考,渭田嗣后徙居者,详于序。

大宋嘉祐八年(1063)桂月吉旦

学士苏东坡政史而序

注:苏东坡(1027—1101),名轼,字子瞻,号东坡居士。北宋著名文学家、书画家、政治家。

鼎修郑氏谱序

益闻天地初开,两仪既判,四象立极,而五行迭运,犹是人物生焉。尝谓肇分之始并育之初,历朝遂分姓氏,迫今族氏华茂者,甚是广蕃。是以日往月来,而为人子者,当念先人德泽,修续谱图,使后世子孙知所由来也。

按我祖出自宣王封弟友于郑,即此而受姓焉,嗣后子孙五于福州广兴巨族,莫能胜计。惟吾祖讳字立朝商,游松邑之乡,地曰"渭田",甚有华美之状,遂此居焉。兴基发衍,奕叶芳菲。传下十四世孙尚桴,数平公生仁植、德处、世厚、实端、恭五,至于庆之十二都祈道里,地名曰"下沈"。斯地山环水秀,虎踞龙潜,是下沈村之风貌也。举志偕二子居焉,肇基立业,创置田园,造华厦。是公即为此地之鼻祖也。

嗣下裔孙等,思旧谱朽腐,年久未修,邀同族众重新鼎修,遗与后世子孙以为世守之望也,是为序。

大清乾隆二十八年(1763)癸未孟冬月毂旦

剑川桐山曾天元辑

重修荥阳郑氏宗谱序

尝闻家之谱,犹国之有史。国无史者恐失其历,则兴衰治乱无由考,忠奸莫别也。家无谱者,必忘其祖,则宗派支系无由分,亲疏莫辨。若水之无源,木之无本也。所谓家乘之书,至深至重。寻祖源,则知先祖之来龙;查派系,则识派别之去脉。求水源,则知其所自出;追木本,则识其所自。然生长荥阳郑氏,闽之望族,考其先祖源流,肇自姬氏文王之后裔,宣王弟友公,宣王封弟友于郑,遂以国为氏,即此而受姓焉。

据考郑氏先祖,然其门第冠带,世家阀阅,先世为侯任相等名官能士者,代有其人也。秦汉之后未载详录贵族,悉固祖功宗德之流泽,厥后发达昌盛,支分四出,星罗棋布,派别难齐,难以统宗,略载本族之源流也。

自哲公生二子:长支周迁居山西,次承周迁居任城,支下嘉斌公生三子。

长万成居四川,次万化居山东,崇公派下履中公生四子。其四子佳兴公居山阴,其裔孙冬仲居闽县;即斐公居泉州,生七子。其子炊公生文民公,居福州;其孙侈公由福州徙居松邑渭田,为渭田之鼻祖也。其后十五代裔孙尚桴公,于明朝万历年间由松溪渭田迁居庆元北乡下沈村建家立业,桴公为下沈肇始祖公也。

披阅本族旧谱,于民国二十年(1931)重修以来,已有六十七载之久,未予纂修,代远年湮。而在二十世纪六十年代"文化大革命"时期,大扫"四旧",本谱被作封建遗物禁存欲焚之。全望祖宗有灵,尚未焚之。由本族十二世孙胜熙公检回精心传藏,以作本次修谱之依据,此乃胜熙公之功也。但又因旧谱被鼠咬水湿残缺。如再不修者,子孙罔知世系,则坟茔失落,嫁娶未予详录,宗派不识,尊卑莫辨,昭穆无序,亲疏不明也。今幸本族十二世孙媳徐氏淡英,及其子祖华等,有木本水源之思,心怀报本追源之念,首倡修谱之举,谋诸族众。欣然有志,无不乐从,重修宗谱,为后人之明宗清祖,知世系之根枝,千载流芳,万古汗青,但愿贵族荣宗耀祖,奕世其昌。

余深愧才疏学浅,略志俚言。是以为序。

公元 1998 年戊寅岁荔月吉旦

庆元县双井村鲍赐仁敬撰

2. 江根郑谱序

荥阳郑氏谱序

尝谓万物本乎天,人本乎祖。自生民以来,固各有本始也。所以人之姓氏,犹水木之根源,盖木之根不固者,其枝何由而茂;水之源不深者,其流何由而长。故根深则千枝万叶,源远而流派长,此人之血脉从出,地亦犹是也,夫荷世远年湮,谱籍缺略,老成凋谢,欲述以示来兹,而惜其无征也。宁不感慨系之矣。

兹幸郑氏族谱犹存,予稽其姓氏自出乎轩辕皇帝之后,乃姬姓之祖也,及至武王伐纣而有天下,传至周宣王,封母庶弟为郑国侯,清廉为天下第一,即赐封郑氏。斯后子孙遂即以国以郑为姓,郑之姓氏实由桓公而始也。续至当时公,事周为大司农,季通公事周丞相,奇公为议郎,中宾公御史,中相公事周司农。迨至安世淋骑公,仕周都尉,浑公仕魏太守,崇公为荆州刺史,随公仕扶风太守。泊至略公事赵侍中,之下豁公传至子温公,仕燕荣阳,太子少傅,广修德业,治平天下也。民敕赐荣郡氏,其后子孙遂以荣阳以地为郡,乃由温公之胄脉也。盖郑之姓郡,或出于斯焉矣。是也,系温公生四子:长曰博,居陇西;次曰晔,仕建威将;三曰简,为南祖;四曰恬,为中祖。伯仲各分支派,谱谍不能尽考矣。惟晔公之下派衍余杭,世居有年,其间科甲继美,位列庙廊,事唐十相,当朝声名昭著,谱政犹存,游庠明经者,莫不胜数也。下至叔辅公,仕台州太守,因五季之乱,兵戈未息,随任遂台州居焉。生五子:长曰如凤,居衢之石室,派分于上饶严陵;次曰如鸾,徙括之宣慈白马,派衍于武义;四曰如山,析括之平昌航头,派分于松阳;五曰如海,徙衢之石室,派分于余杭吴门;三曰岳钦,惟吾祖有大光先哲遗风,由台州而迁括之玉溪,派衍于芝田括城者,俱嫡族也,乃始祖徙之玉溪,辟其地,构其室以成其家焉。舍旁茚源卜迁吉穴,名曰雉鸟墓也。左造一庵,右建一寺,所遗香灯田土,守护坟茔。子孙振振绳绳,以儒业儒冠继世相承。续至九世孙强恩,由括玉溪析分青田沐溪而家。自大明景泰设立景宁,今之更名景邑,儒学前是也,所由来耶。传下裔孙徙分卢西,由卢西而迁若澳居焉。之下七世孙讳现公,由若澳析分于后洋筑室,恒业家焉。传子伯原公,生三子:次曰必祚公,徙迁石塘;三曰必进公,即后洋本支;长曰必彦公,有大光先献之志,有能习堪舆,善博地理,一日偶斯水寨游玩,公观其地,寅山申向,虎踞龙盘,来脉耸秀,水口重关,明堂慨而四神拱,足支麓交而八将朝迎,公于是度其地,构其室,宏开昌大之模,克树长久之计。虽无云水亭车而且守静享闲。三子多孙绳之盛,自必彦公以来,奕叶千秋,屈指其间,迄今十有二世矣。传至裔孙忠灿、忠琪、忠玘、忠荣公,同侄仕梅、仕搜等,皆温柔成性,兄友弟恭,且后嗣森如玉笋,可谓乡民中所罕觏者也,有能尊祖敬宗之意,敦仁睦族之谊。且朝廷之上有玉谍,闾阎之下有家谱。

　　盖家有谱,犹国之有史也。而天下国家同斯人也,则同斯理也。且家谱一书犹而旧矣。岂浅鲜哉！则上安祖考之名位,下列儿孙之序次,则纲其张乎,纪其理乎,伦常其修明乎,其攸关于风俗人心者也。不重其大哉！予于壬寅岁一旦有访戴之兴,越锦之域,适寓郑宅之家,进接之雅郎,叩北海之樽,或款我以情,或款我以德,莫不殷殷然,有能孝其亲敬其长,则孝道之心油然而生焉者也。言其族谱于大明崇祯十五年(1642)修葺,至今八十余载,枝派浩繁。设不辑录,虑后难以布置,则远近从何而稽考焉？予将郑氏族谱,虽不能尽识其详,而历得闻其略,由是托予代为辑录,挺然任之,靡敢辞也,莫敢轻也。自愧学疏才浅,不啻而效焉。予稽郑固巨族,诚乃世族名宗,其先事周、事魏登第出仕者,非一世也;事宋、事唐封侯拜相者,非一人也。历历仕宦相继,世世不乏英名,且郑族世有显人,叶叶多以儒愤清奇。居可谓世家矣,其业可谓世守矣。传至忠礼公者,宏才博学,入泮游庠,斯文相继而所传也。兹幸子孙昌炽,闻诗闻礼者有之;为农为圃者有之也。且孝子贤孙相继而于流也。观乎其士,察乎其农,俱有追远根本之心,敦族睦属之志。未尝有不用心于谱牒也。设能修斯宗秩,则始祖本系不于斯而培乎万世,泾源不于斯而继乎,序其宗功祖德,列其左昭右穆,源之洁兮。何患流之不清,而子子孙孙绳规祖武,则仁厚为传家之大业,忠孝作继世之良图,计及后昆龙之驹、凤之雏,并肩而产;骥之子、麟之孙,接踵而兴。苟能开门而出仕,则跬步市朝之上;闭门而归隐,则俯仰山林之下。于以求志达道,爱亲敬长,蔼然有仁人君子之风,无往而非合于礼,由于义也。非其祖先遁迹嶙峋,累积德泽,裕后光前,锦衍千秋,叶叶如斯者,于是而为之序。

时皇清康熙六十一年(1722)壬寅岁孟夏穀旦

龙邑穹坑刘旭文百拜敬撰

郑氏谱序

夫村以水寨名者,何也？岂其为当年寓兵之所耶？而非也。不过其地之形势,重重关锁,有似乎营寨,故以水寨名之耳。或曰:"是地居山谷之中,宅幽而势阻,则宜名之为山寨,而胡乃名之为'水寨'也？岂非以在左在右皆有滚滚之源泉故乎?"且是境也,版图虽隶于浙境界,已接于闽。而郑氏之子姓群聚于其中焉。夫郑氏之居于近地者,不少矣。其与水寨分族而居者,若箬澳,若后洋,若石塘之在庆邑,皆与水寨派相同,而村相似者也。其由水寨发脉而去者,若濮下潭可观村乌石岭之在寿邑,皆与水寨祖相共而支则分者也。是则庆寿之间,郑氏之族渐见繁衍,由是而浸炽浸昌,异日之保世滋大,又曷可量哉!要之,子孙之发其族于后者、皆由祖宗之积其德于前者也。向非先世之克忠克孝,克勤克俭,安必后世之渐能昌盛至此乎?余也游学至此,适遇其村欲修宗谱,因以谱事托余。余观其地之丁壮老幼,有怀葛羲皇之遗俗,尚有奋志诗书者,安见十相之后不能更增一席乎?安见青田早出帝师于前,而庆元不复诞王佐于后乎?要之,不知积善,未有后嗣之克昌者也;不知读书,未有家声之克振者也;苟知积善而读书焉,又未有不克致其富贵而荣华者也。

兹当谱事之已竣,特书数语于老序之后,非敢自谓能作序也,非敢自谓能垂训也,不过推一己向善之意,而望人之同归于善,本一己嗜学之情,冀人之尽力于学云尔。

七律一则:

> 水寨村中地荡平,如关似锁本天成。
>
> 群峰拱秀人应秀,一水流清士亦清。
>
> 屋后来龙形活泼,门前猛虎势纵横。
>
> 风留怀葛仁为里,和气充周瑞气盈。

时大清咸丰二年(1852)岁次玄黓困敦无射月

杭仁副车　袁寅　谨撰

3. 官塘郑谱序

重修谱序

且夫人之有祖,犹木之有本,水之有源也。盖本深而叶斯茂,源远而流始长。苟无谱牒之设,则子孙之枝叶虽茂而不知其所由茂,派流虽长而不知其所自长。久矣,夫谱牒之不缺也。若澳郑氏系本出自周司徒桓公、武公,历数十传,由杭至括之玉溪,由玉溪而迁沐溪,由沐溪而分净水,由净水而徙庆邑之若澳,而为若澳开基之始祖,即晋公是也。今士高公有木本水源之思,请余续修。余因志源流本末,以俾后人易知焉。

乾隆四十一年(1776)丙申岁孟夏吉旦

际峰梅永谨寿谨序

倡修十三世孙士高百拜

4. 左溪镇石塘郑谱序

重修石塘郑氏族谱序

谱书之设,犹国之设史,国史记载国家之要事,宗谱记载祖宗之源流。盖昔贤者,忧失祖宗之源流而设谱也。古语云:"木有本,水有源。"而人之本源是祖宗,故人不可不知祖也。然一人知之未必族人皆知之,一世知之未必百世皆知之,欲族人皆知、百世皆知,谱书不可不及时修之。本族盛库君等为宗功祖德之念,尊祖敬宗之心,倡修族谱,与族内磋商,获众同意,执笔之务赋之于余。余文浅字陋,难以任此重务,既蒙不嫌,遂强承之。

披阅前谱修于民国甲申年(1944),迄今四十二载,正值修续时期,查郑氏系出姬姓,周宣王封弟桓公友于郑国,后之子孙以国为氏,续至路公温公,封荥阳侯,故以荥阳为郡。此是受姓封郡之肇也。初居陕西华县,后迁于新郑县,传至如岳公,由余杭徙丽水之玉溪。居八世至强恩公,徙青田之沐溪店。十一世至留公,分徙箬澳,居四世必彦公徙水寨,必祚公徙后洋,居三世惟蟾公为燕翼诒谋之计,物色良地,睹石塘四面山秀,前有一水如腰带环绕,土壤肥腴,足堪蕃衍后裔,丰裕子孙,遂由后洋迁徙斯地。初徙之时,既要构造房屋居住,又须开垦田地耕种,实乃创业维艰,不辞辛劳,手足胼胝,以完成大业,垂裕后昆。迄今十四五世,人口发展四百余,承先启后,能不追念先祖高瞻远瞩,给后裔子孙造福万年、垂裕百世? 兹按旧谱缮录,续增新丁。有条有序,昭穆不紊。业已告竣。特书俚语志之。是为序。

公元 1985 年乙丑岁仲冬毂旦

江根村吴道琴浅撰

5.隆宫乡里源郑谱序

荥阳郑氏宗谱序

国莫重于尊贤礼士,家莫重于尊祖敬宗,苟非谱以纪之,则岁远年湮,祖德之渊源,奚自而稽? 宗室之繁衍,何从而征? 本宗也,不知为同气;共祖也,罔识为连枝。将疏者日益疏,而亲者且日见其疏矣。其若周道亲亲之谓何,何尊敬之为也? 故自唐有姓氏书,宋有氏族志,而谱之义始灿然于世。于是乎世系列之所自分,即隔以千里之外,百姓之久一览焉。而亲疏长幼无不井然秩然者,郑之谱其准诸此。顾谱之为书,必溯其原而究其委,溯其原而知郑得姓于桓公之封郑,究其委而知郑发祥于康公之隐陈旧郑,居陕西之地新郑,迁河南之区,自是丁繁族盛,散于宇内者,地不一地,族非一族,绳绳振振,有不能枚举可数者。而江左之郑,则权舆于庠公之过江,平公之镇衢,及夫由衢迁寿之南山,则自士元公由寿迁淳之富亮,则自琚公由富亮迁淳市东,则大理评事之世禄公由富亮迁宋之京师,则举进士兵部侍郎,敕封助国上卿。之世宝公也,公以胡元扰京,保驾随南,遂居于南宋之临安,公子兵部郎中。之怡公又由临安迁淳北之边兰,厥后宝公之子孙世家于边兰,禄公之子孙世家于市东,市东则以禄公为始祖,边兰则以宝公为始祖。二公之子孙蕃衍一十六族,于乾隆之丁卯(1747)统二公之裔,合而葺之。戊戌之岁辛未之年,诸族异志修葺,则惟边兰与昌邑。今之所则,惟边兰诸宗云人相与为理。夫葺谱大事也,葺谱而一族专任之大务也,许费数百金而诸宗不吝其财,不惮其力,毅然奋臂争先,输将恐后,以襄厥事,使非仁人孝之用心而以尊祖敬宗为念者,曷克臻此? 今以郑生虎文举授饮,宾偕其宗来署,履升允文、允锐、希曹、其元、其华、其蛟、其翌、顺光、允昌、学信、天济、天雨、其稔、天德、天衡、天钰、天和、秋明、秋顺、学富、大盛、永康、志纯、志庄等论及谱事,余叩其巅末,始知系出天潢,姓肇姬周,仁宦甲于淳邑,闻人右于四乡。煌煌乎大族矣哉! 乌得不赞一辞以弁之,余不禁忘其简陋,而特为之序。

清道光二十九年(1849)岁在己酉季夏月上浣之吉

赐进士出身特授严州府儒学教授

年家眷弟萧山县何增筠顿首拜撰

王氏谱序

【导读】王姓,源于周灵王之子,名子乔,善吹笙,隐嵩山,逊位弟景王,赐姓王氏,这就是王姓的起源。

竹口王氏,先世旧居宁波鄞州,王伯厚公当宋末迁徙定居庆元竹溪,即现在的竹口,王伯厚公是庆元始祖。十六世王智仙公,迁居龙泉。

甘竹山王氏,先世王仁庆公于元末明初,由景宁五里仁山迁庆元二都甘竹山定居,仁庆公为甘竹山王氏肇基之始祖。

1. 竹口王谱序

王氏宗谱序

余自乙酉获隽顺天,己丑贡礼闱,廷试后,钦点内阁中书,王事靡监,不遑将母,反躬自问,抱歉良多。家兄宋以选拔,充景山教习,上岁期满告归,迎奉慈帏赴都,因是至庆,而堂兄自舜语宋兄曰:"我为王氏亲翁国祯纂修族谱,借梁一序,以为王氏著。"余因叹曰:"余生长东瓯,以功名故,鹿鹿未履故乡,何知王氏实录?"而兄则曰:自舜兄与国桢谊在姻亲,王氏先代派籍兖州,受郡太原,裔本三槐,迨右军公流寓会稽,再后守澄公徙松源,而理学应麟公出焉,倚天拔地,光明磊落,登进士为礼部尚书,丙辰主试拔取文天祥为宋代忠节冠冕,名标海宇,寻转给事挂冠而归,所作《玉海集》《困学纪闻》《论语考异》诸书,为后学津梁。王亲翁乃应麟公之嫡派,三槐之后裔,历世簪缨,瓜瓞绵远,而兹独念祖脉,延兄自舜集谱书,其亦仁孝所发,何惜一言为序?余思同乡姻亲,且承兄命。敢忘固陋,书数言为王氏后之诸君子鉴焉。

乾隆三十七年(1772)岁在壬辰

赐进士内阁中书辛卯壬辰同考试官姚梁拜撰

注:姚梁(1736—180?),庆元县松源镇姚家村人,乾隆三十四年(1769)进士出身,授内阁中书,宗人府主事,山东省学政,礼部仪制司员外郎。江西饶州府知府,甘肃河间府知府。

王氏谱序

宋儒伯厚,王先生讳应麟后,予先始祖西山文忠公出,尝考邑乘,先生为庆元人,而我文忠公居浦城,实龙泉人也。庆元为龙泉分壤,然则先生与余文忠公本同乡,又同为一代理学名臣者矣。余以曾王父由浦城徙居先生之里,慕先生如我文忠公焉。爱其先人,必交其后嗣。松源王姓颇多,余所获与往来者亦不少,然未卜孰为伯厚先生嫡裔也。方欲详访而询得之,以与之共相劝勉,或庶几无愧乎理学名臣之后乎?读书有年,志事未就,近叨邑侯李唐二公,连岁延为书院山长,谬与及门论文课诗而正学之源流。自孔颜思孟而后董韩欧苏周程朱陆以及游杨吕尹诸先儒,未尝不遥溯其流风,历追其遗范,津津如也。首夏清和品物,咸亨兀然独坐一轩,适有王翁文学及其侄克成持所新修谱帖,浼余为之序。文学者,予师吴綱轩夫子同学长友也。克成则余之同年友也。役毋庸辞,乃肃之坐而敬启其谱,则见其嫡派祖礼部尚书,公即伯厚先生也。狂喜曰:"翁固伯厚先生裔也!"夫修谱之事,敬宗睦族也,孝之道也,理学之大本也。翁叔侄先生无愧为伯厚先生裔矣。载阅其中,自宁一公始,传荣华显达,金玉满堂,高明正大。大凡十二世派发枝分,人文蕃衍,因忆《姓氏通谱》曰:王氏二十一望族,而琅琊太原为最著。翁裔出太原,松源非太源故郡也。

前由分迁而来,居此十余世,而支裔亦已蕃衍,其为望族之最,洵不诬已。夫自周汉晋唐以来,王氏代多伟人,光在青史。惭余简陋无文,不能为之详表其远徽。承翁委命,第言宿意于此,亦见先文忠公与伯厚先生同为乡党,又同为宋代理学名人。予小子,虽不能无愧为文忠后而得侧名于伯厚先生之谱,斯企慕以不忘,实后学之大幸也。夫是为序。

乾隆壬辰(1772)岁孟夏

邑廪生柘浦真定城顿首拜撰

跋

万物本乎天,人本乎祖,顾源远流长,支分派别,其迁徙不一,藉非谱牒之作,何以昭穆不紊,使世次厘然知乎?吾先世旧居宁波鄞县,伯厚公当宋末徙居今庆元之竹溪,遂为庆元之始祖。十六世吾祖智仙公,来居龙泉。佐尝闻吾父述吾祖之言,曰:"吾族自宋以来,绵绵绎绎,世居庆元,今迁于剑水,不可不志所自也。"族谱之修志焉,未逮汝后人其再诸乃两地悬隔,族议难同。当吾父之世力有未遑,兹庆元族侄奕辅、奕光等有修谱之举,邀予共襄其事,是固吾祖吾父所厚望者也。因记其原始,使子孙不忘其所自。

时嘉庆十有九年(1814)岁次甲戌季秋月

裔孙元作谨跋

修纂王氏宗谱序

予乡在景之西偏□□□□壤距庆元县城六十里,松源鹤溪□□□□□,戊申己酉间,庆城王君奕年先生,□□□□□郎叶氏谬为许,遂寄声以其族谱相商,初惮途遥,未敢遽诺。庚午冬,复与其侄邑庠和轩先生,并其族彦肃东泐函授辞介合湖庠生刘君培之转至敝斋,备说述雅意。盖其有志修谱,非一日也。乃感其推诚,不敢以简陋辞,即肃终有缄订约,藉刘复命。辛亥冬,初赴约举事,刘为余故人,子亦偕行焉。

翻阅旧谱,始知为宋儒伯厚先生后裔也。先生世居宁波附城郭之鄞县。

致仕后徙居庆之竹口。然鄞距庆元千里矣，山川固佳，而非能过于负滨海，控扶桑，枕山臂江，深迥幽奇之胜也。纵曰隐焉，其时南疆尚安，非无托足之区，何径直地之深远耶？顾吾思之，南渡中兴，朝野稍安，自史嵩之毒害善类，小人道长，国事日非矣。鄞当水陆之错，附近□安迫贾似道欺罔误□□□□侵攻城略地，殆无宁岁，是定咸淳之时，□□□□□□地矣，汪立信，叹无死所之日，正先生□□□□□之年也，设至是，而计安全不已晚乎？观其阅□□□□□□为忠奸铁石之心，评其智识超绝，有独深独奇者，异日衣带中之替，早入鉴中矣。斯时之□□奚啻洛阳杜鹃声，其为避地之贤，见几至于前□也，又何远乎千里于是肆志。子云之业置□□□□以上明哲君子固应如是也。其厚斋之号，至是而更曰深宁，亦入深山求宁静致远之意乎？余于史乘所载略，知其梗概，兹修公之家乘，想见其为人，不胜高山景行之思焉，故即其播越之迹而为管窥之言，盖亦例所得言者书此，以就正大雅可也。其敢谓修谱系而能阐古人之所行哉？夫修谱之难，前辈比之修史，非过论也，然以余所见诸于谱，鲜有精当者，而阅者漫无可否，亦何难之有益此？虽文人之事而无专业之家，故谙谱法者殊少。其人率多我行我法，是以彼此互异，无一定之制也，所不解者，体裁之巧拙，苟无师承，固不可以苛求。至若珥笔行文第求其简，质信实不至，没人之善，诬人之祖，无愧于家史之义，即可谓之善本似亦非所难者，而何以善本之罕觏，而往往冒滥谬膺不约而同耶？揆其故，宾主次紊□□率秉笔者矜其铺张，主事者喜其繁缛，而罔知□□□之不可，是以有需乎修，而修之所以不易也。予之应是役也，未能稽古酌今，以期尽美，亦遵行人之遗法，而正讹补缺，行之以信，实是即所以报王氏诸后生之相知之雅、委畀之诚，而郑重大儒之世系也。至于前之增删得失，今之去取，是非未遑缕及附详于凡例，仍俟知己者之人以教我云。

时咸丰二年(1852)岁在元默困敦日躔大梁之次丙午科恩贡生
眷弟鹤溪柳芳林顿首拜撰

2. 五大堡乡甘竹山王谱序

王氏世系源流序

按王氏之姓,源周灵王子,名子乔,善吹笙,隐嵩山,逊位弟景王,赐姓王氏,此王姓之所由来也。乔生由,由生巨,巨生诩,诩生璠,仕齐,为下军校尉。璠生烛,烛生稽,稽生龁,龁仕秦为大夫。龁生份,份生颖,颖生璜,璜生珂,珂生剪,剪生贲,贲生离,离生二子,长元,次威,四世有功于秦,封元为琅琊王,封威为"太原郡",即今之太原府县是也,子孙系因之以为焉。威生僎,僎生陵,仕汉,像图于凌烟阁。陵生敏,敏生贺,贺生临。临生五子,长潭,次商,三立,四根,五逢,时汉成帝时封五侯。商生伍员,邂王莽篡汉,潜隐会稽居焉。贞生桂,桂生英,英生穆,穆生俶,俶生惟浚,浚生涵祐,祐生元佐,佐生浔,浔生皓,皓生章,章生粲,粲生浑,浑生昱,昱生二子,曰坆,曰恪。恪生晞,晞生玄。玄之父子兄弟,晋时以"十才子"之称。玄生宏,宏生曩,曩生义恭,恭生法,法生琨,琨生俭,俭生融,融生琼,琼生思政。政生三子:长沦,居乐清;次绎,居丽水;三纪,居永嘉。绎生三子:长桂,分江西信州白马驿前;次琳;三玖。琳生标,标生悦,悦生傲,傲生礼钦,钦生珪,珪生获,获生义方,方生福畴,畴生三子,曰剧,曰勃,曰助;唐时并以文章传世。剧生纯,纯生及,及生武陵,陵生贞,贞生述宗,宗生晖,晖生隐野,野生沨,沨生亦和,和生康真,真生希廉,廉生辅秦,秦生爐,爐生昺,昺生恭十三,十三生五子,五曰宽。十二生四子,曰信九。九生敏,十迁信州白马驿前,生三子曰惠文、惠章、惠琳。章生附八,八生邽郯。邽郯生三子:一公居浮云埊石镜前;二公居七赤紫亭坊;三公居青田十三都五里南山下,生二子,长齐贤,次齐益。贤生十一评事,讳松,牛六子,长四二宣教,次五五宣教,三廿二宣教,四三一宣告,五三三宣,六七宫技。五五宣教公生五八、六八、六一。六八公生千廿九、千三十九。九生曾五、曾八。曾八公生东七、东十、东十一。东七公生一斌、二斌、五斌、八斌、十三斌。十三公生泽

十、泽十二、泽十七。泽十七生仲突、仲忽。郭达公生仁琅、仁庆、仁绍。仁琅公居英村,仁绍公居下洋王宅。仁庆公于元末明初,由景宁五里仁山迁庆元二都甘竹山辟居,为甘竹山王氏肇基之始祖。王氏本支历来所未附载,清晰序之于谱,俾后人有以去所窥其实。

（缺谱序作者与作谱时间）

陈氏谱序

【导读】陈姓为黄帝后裔，以国为姓，受姓始祖胡公满。祖籍在颖川，郡里为颖川郡。

宋代兵部尚书陈公居处州云和，第三子你公至奉直，唐末居龙泉二十七都梓亭平岭岗，你公是庆元平岭陈氏肇基鼻祖。陈嘉猷公，于南宋绍兴二年（1132）中神童，选复于乾道壬辰登进士，累官吏部尚书。因孙子横行，奉旨抄没平岭村，从平岭迁十都卫街前井后，结茅暂居。后迁松溪之属土名塘坞坑头白芊坪，即大黄沙定居。

黄泥荡陈氏，先祖元至正年间（1341—1368），尚书陈公十三世孙嗣二公，肇基于黄泥荡，嗣二公是陈姓始迁之祖。

蔡段陈氏，由庆元竹口徙居庆元北门，于清雍正（1723—1735）初年始自北门徙居蔡段。

秋炉陈氏，先祖陈汪，是光覃五世之仲孙，徙居景邑四都，是库川始迁祖。汪公之孙又分居岱头第一坑，徐家洋、沙湾、库下、仙岩各处，其十三世孙，福公又自第一坑迁居秋炉。

1. 黄田镇陈边陈氏谱序

陈氏宗谱序

尝闻大儒之学,莫重乎敦伦,而敦伦莫先乎立谱。盖以谱也者,上纪宗祖之所自来,寻其源也;下推子孙之所由出,究其流也。寻其源者,则知尊其所尊,仁也;究其流者,则知亲其所亲,义也。仁义盖至陈戚无相逾之忧,尊其卑有各正之乐,人伦攸叙何学如之不及此也。由是,敦厥情争兢悉,由是,复乃性浇溥自消猗欤?休哉!其风清,其俗美,谱之所关,岂浅鲜哉!作之诚至要也,虽言其弊有二,愚鄙之家,见不出乎里巷,管窥蠡测,勿克表扬,先美高明之族事,惟务夫矜夸,依贤附圣,失其真正宗传,故谱学曰"伪诚者",是以有慨于中而不屑置诸目也何?有美勿彰,不孝也;妄援乱真,亦非孝也。审此者其谁乎?

如松邑之大黄沙陈尊祖敬宗,吾之族于先年回禄之后,煨烬正谱,先迹遗亡,今有草谱犹存,叟辈详查,始得其全无容虑也。宗兄遂于寒食之余,集族众议,皆悦之云:"斯举也,足以继前,又可以启后,功不伟哉!诚善事也。"即请余来为之作焉。

溯吾族陈氏之由,系舜帝之三世孙,讳曰"胡公满",周武王时有天下,封满公于陈,以奉舜祀,世袭侯爵,都于宛丘,即今河南陈州府宛丘县是也,子孙遂以国为氏,此受姓祖也。历三十五世至实公,为太丘长,汉桓帝封为"颖川"而郡。因之阅二十五世至唐讳耳公,为御史中丞,于先肇居许昌七井村,娶王氏,生四子:长曰倪,累官兵部尚书;次曰侯,职授太尉;三曰你,仕奉直大夫;四曰倪,职居武节。于靖康间为董昌之乱,偕子避居栝苍龙泉之梓亭立业,即今之庆元平岭岗。是其倪公徙云和之睦川,侯公徙松阳之茑溪底,你公居平岭侍亲,倪公居温州之瑞安小限村,此其分派之大略也。厥后族茂宗繁,星居异域,难以概详,不敢妄录。其本支嫡派备载勿略,昭永勿表耳。公以下十世孙讳嘉猷,于绍兴二年(1132)中神童,选复于乾道壬辰(1172)登进士,累官吏部尚书。生三子:长讳钥,又名朴,朝奉大夫;次曰锷,早逝;三曰绮,其孙子横行,因奉旨抄没平岭村,从平岭迁十都卫街前井仔后,结茅暂居焉。复迁松溪之属土,名塘坞坑头白芊坪,见其山环水抱,秀明首出,其地灵应,识人必杰。归家与子孙曰:"此地胜于卫街前多矣!"遂弃旧住所,迁至芊坪,构屋居之。未几,丁旺财阜,不下都邑,即改名大黄沙,本处启址为此祖也。迨子孙蕃衍,绍之瓜瓞,皆是吾祖德厚之报,乃尔冀我宗人善继善述也。树德正行,将集庆如川流之至,未有艾也。必家声丕振,大有光前之谱乎!斯不负作者之至意也。

以下世系另立图于左,便后稽考,兹不赘叙。余愧不能文以表扬其盛,聊撰俚句,以寄我思云:

裔望陈宗百世孙,传德家泽底今存。

春缘游野山千亩,夜剔银灯酒一樽。

翠竹苍松延岁月,青灯黄卷伴晨昏。

一经教子承先志,异日终沾雨露恩。

皇清康熙四十六年(1707)岁次丁亥季春穀旦
洞处景近库川乡膳堂生宗孙应祥浚哲谨序

陈氏源流宗谱序

按陈氏本虞姓,舜帝之后妫姓,其受封于虞城,绩周武王将,舜德不嗣位,求其后而封之胡公满,舜封都于陈,是以为姓也。胡公九世孙厉公佗子完,为楚惠王所谋其都,完出奔仕于齐,而祢田氏,官至工正,谥曰"敬仲"。五世至厘子乞事齐景公,收赋税于民,小入大出,得齐人心。至田和受周安王命,代姜氏为齐侯。七世至建,为秦所灭,位建有子升、桓,以升为田氏,桓为王氏,轸楚相、颍川侯,颍川即许州也。轸生婴,官至东阳刺史。婴生余,余生轨,轨生审,审生安,安生环,环生愿。愿生四子,名清、察、齐、实。实生仲弓,官至太丘长,实谥曰"文范先生",居许州许昌县城西三里都巡卿末安里七井村。实生五子,名纪、夔、洽湛、光。纪,字季芳,官至青州刺史,谥曰"献文先生"。纪生忠,忠生二子,佐、和,佐生二子准、微。微字道,时官至太尉,谥曰"黄陵元公"。公生聆,时晋永嘉末五胡乱,建兴二年(314)五月一日,伯聆渡江而南居曲河,河后改为镇江府丹阳县也。伯聆生二子,赤松、世达,世达生橡廪,廪生英官,至盱眙太守。英生公弼,官至尚书。弼生鼎,官至步军校尉。鼎生高,官至散骑侍郎。高生咏,官至准安令。咏生经,官至成安太守。经生道巨,官至太常太卿。道巨生文赞,官至梁尚书。文赞生三子,谈先、霸先、休先。休先为梁东宫直,霸先受梁禅为陈帝。传三世至顼生七子,叔宝、叔英、叔卿、叔坚、叔明、叔彪、叔达。陈主五世至叔明,为隋鸿胪少卿,叔达为唐礼部尚书,叔明四世孙工君,为翰林学士。工君四子,当、长、京、归,当为监察御史,当生二子催、俭,俭生六子称、畅、彷、犹、伾、谢,谢生子豪腾、荣紫。豪生三子圊、銮、沉。沉生耳,官中丞御史,生四子倪、侯、你、倪,倪字文淑,袭世登科史实录院,陟兵部尚书,补巡州押衙度散兵马使,即居处州云坛耳。公第三子你公至奉直,唐末而居州龙泉二十七都梓亭平岭,你公者乃平岭陈氏肇基之鼻祖也。

(缺作谱时间与作者署名)

2. 左溪镇黄泥荡陈氏谱序

颖川外纪序

嶷自弱冠幸备文学弟子员,从先生游,尝闻亲亲之杀,有服降亲绝之论,因溯我族受姓之后,自宋尚书公,原守括郡之云和丽水之乡,山明水秀,遂谢政,卜居于睦田,此我族之远宗也。有远宗斯有近相,远宗不明,固有假冒之消;近祖不知,更有遗忘之罪。由远溯近,又元之至正间,尚书公十三世孙嗣二公,肇基于黄泥荡,是二公实我族始迁之祖也。载在谱牒,何待复赞赞?但自嗣二公以上,迁徙星居,指不胜屈。源一而流万,请先生为我族按旧谱序正派晰外纪,补残缺,订亥豕,庶不致贻羞于大雅也。愿先生成人之美。因不揣己之拙,敢以此质先生。尤望先生为我笔之。

时雍正丁未(1727)孟秋中元之吉

嗣二公派下十四孙颖侯氏登巇百拜谨序,黄冈裔孙继家敬录

3. 屏都街道蔡段陈氏谱序

颖川谱序

窃谓有根本斯有枝叶,有祖宗斯有子孙,故祖宗者实子孙之根本也。弟世远支蕃岂能尽祖宗而知之? 所恃以志不忘者,有谱在耳。苟为无谱,是无祖宗也。虽有子孙奚为哉? 尝见夫守钱者,终日孜孜为子孙奔忙,及言及祖宗之事,反漠然不顾,原其心不过惜一财,以为子长一财耳。殊不知身没之后,子孙亦随忘之,与无后者奚异? 良可悲也!

谨按,予陈氏始自敬仲,厥后蔓延散处,不可殚述。今唯举其近者,如奉直公初由许昌迁龙泉梓亭,即今之松源乡竹口。余族又从库头徙居庆元北门,前谱世远难稽,自高祖升五公修之,至今一百余年,又被回禄遭折,遗稿仅存之,不整,足若不从而纂修之,是无祖宗也。爰自今将佚整顿一新,乃继云支分派别而于既往能详其所自出,将此后之传绪于无疆,实由此一日之撰修,有以继之也。仁年忝为孙子,敢为惜费计而忘其本根哉! 凡我后人,宜亦善继善述焉可矣,其毋忽。

皇清康熙五年(1666)仲冬穀旦

裔孙仁年百拜书

叙

谱牒之书,胡为而创之修之也? 吾知其根于性,发于情,出于中心之不容已,以故创之不已而必修之;修之不已而必再修、三修之,使子孙世世率之为

常,以绵延世泽于无疆。何言之孝子?有所不忍忘其亲之心,必不敢忘我亲所由,生之人则上自高曾始祖,其人虽往如未往者,赖谱以存,孝子有所不忍遗其亲之心,亦必不敢遗我亲所再生之人,则下而兄弟姐侄,其形虽分者,即谱以著,故人心有自然之秩叙,因而列之为谱。谱者,谱其所必书,非汛设也。

兹颍川陈氏前自庆邑北门迁居蔡段,考其居址,今且死徙失传,成美王父于雍正初年始自北门徙居蔡段,年弱龄,今考此门祖居,又皆闻其无人所幸存者,仅其祖生其父兄弟三人而已,所谓垂千钧一线之绪者,其不在兹乎? 成美同弟成满惊惶洞念,出残谱一帙,字迹漫漶,被鱼蚀殆尽。时值癸卯岁首,始和之吉,延予撰修,孝子慈孙之心,既昭然若揭。况观其昆仲雍睦门庭,蔼若古所云,物极则反,将由此而人蕃族伙,保世滋大,正未有艾。余何人,斯敢不为之殚厥心力,续成谱书乎? 爰是并挈其不忍遗于亲之志,书识编首。

时皇清道光二十三年(1843)三月花朝之吉

芸洲郡庠生吴启奉拜　撰

4. 左溪镇田坑陈氏谱序

陈氏谱序

吾族出自帝舜之后,本姚氏也,周尧殷胡公满,受封于陈,世袭侯爵,因以国为氏,厥后迄汉有实公者,德星聚奎,桓帝时,封为太邱长,赐郡颍川,谥"文范先生"。此受姓封郡之所由始也。历四世至霸先公,佐梁有功,受梁禅号武帝,迄再传至叔武公,谢图篆避隐于浙江钱塘,家焉。再五传至高祖讳蕚公,韬晦不仕,曾祖讳裕公,仕唐大理评事,祖讳大中,伯祖讳大正,俱事唐僖宗,会黄巢犯阙,扈驾幸蜀,迄还昭宗嗣位,伯祖迁国子祭酒,升光禄大夫兼散骑常待。使父永公,后唐庄宗时,吴越王钱镠举任军谋都尉、尉典御史中丞。吁! 溯吾祖父当唐宋五季之间,委身王事,备历艰辛,以视古人何多让焉。吾膺符至括以平璋之乱,奔驰靡遑,坐不安其席,万死一生而不顾者,亦效祖父之忠贞世笃耳。今幸圣人启运,海宇晏宁,承祖宗之余庆,沐盛世之思。波旋奉简命镇括,吾以赤子保斯民,而斯民亦以亲亲视如是者,亦既有年矣。兹则蒙恩谢政以养余年,乃得以从容和暇之身,纵观于练水云阳之地,蜂拥水回秀气蟠郁同,采山美可茹,钓水鲜可食,开田树桑,足以供衣食,可为子孙久远之谋也,遂卜居焉。居矣而忘本可乎?用述世象以昭后世,自高祖之先直书本派之内,余皆略之勿赘,庶免妄援,高祖以下悉详书之。示不忘所自,而实本南陈取武公承世传之谱,又质诸《史记》,究正派之源于书,以子孙者非若夸门第,矜虚誉之可拟也。吾之后人尚宝重而昌大,可之乎?

宋淳化岁在甲午(994)冬月长至日

敕授银青光大夫兵部尚书嗣陈倪谨志

陈氏分迁序

陈法公先世居许昌,曾祖永唐末渡江,仕于吴越王钱镠,官至御史中丞。宋太平兴国三年(978),钱氏纳土处州,盗起,田颢、陈璋相继猖獗,中丞之子倪受命为讨击使平之。宋擢为银青光禄大夫、兵部尚书、中丞。生四子:长即尚书倪,后卜居丽水之睦田;次太尉侯居松阳之菲泾;奉直你居龙泉之梓亭武节;倪居瑞安之小限村。尚书生四子:长光禹,字仲,光居佑梁;次,光平,字仲容,居睦田三光覃,字仲真,居云昌;四光员,字仲方,居沙溪。今皆属云和。陈汪乃光覃五世之仲孙也,徙居青田十八都,今属景邑之四都也,遂为库川之始迁祖。汪公之孙又分居岱头第一坑、徐家洋、沙湾、库下、仙岩诸处,其十三世孙福传又自第一坑迁居秋炉。是其源流序而统系明,支流派分而尊卑列,本本源源了如指掌矣。而其间之或蜚声庠序,或科贡太学,济济多士,方股股而未艾矣。彼之人绳其祖武恢宏先烈,尔昌尔炽,可量哉!

明弘治四年(1491)辛亥仲秋穀旦

赐进士出身文林郎知景宁县事三山林谨夫拜题

沈氏谱序

【导读】沈氏，出于姬姓，西伯昌之第十子季公，武王伐纣而有天下，封于沈邑（即今之河南沈丘县），以地名为姓。因避徐处、张婴之难，渡江去下邳，而家吴兴。故为吴兴郡。

庆元沈姓先居河南，南北朝时沈约公迁丹阳，宋代度公转迁徐州、湖州、处州，再到庆元盖竹，元朝其子孙分居龙泉、庆元各地：黄枡、岭根、谷山、安仁、坑口及泥岭头、葛田村尾、上沈、竹口、上坳、横坑头、垟堘（垄）、竹口、下洋、上赖、上井、岩坑头、深鸟、大汉坑、峰塘、桐山、小梅、崔家田。

蔡山头沈氏，从自龙泉竹洲迁入，九济沈氏从深鸟迁入。

葛田沈氏，由二路迁入：一支是由深鸟迁入；另一支是从龙泉竹洲迁居上济，再到黄坞岗背。存兴公于明正德年间（1506—1521）迁入。

崔家田沈氏，自深鸟徙居岩坑头，明万历三十九年（1611），思全公自岩坑头迁崔家田，思全公是崔家田始祖。

双沈沈氏，由深鸟迁入。

1. 竹口镇蔡山头(蔡双)沈氏谱序

始祖南行录

始祖原籍徐州,分居湖州德清县,传讳鲁公,字公贤,号霸截,官江西吉安府龙泉令,后乔居浙江处州府龙泉西乡千佛桥首。后传武山公徙居竹洲,时遭天下不平,适值胡元统华之乱,武山公叹曰:"何日得为葛天氏之民乎?"因自表为葛民,本讳盛,号武山,乃与子讳茂光、行兴三南迁避乱,觅择幽僻为安静之计。至竹溪源,路逢一叟问曰:"君行装若是,将何之乎?"公告以避乱择处幽深,邀坐憩息道旁,公见其人慷慨,乃欠身言曰:"问舍求田,虽非大志,第为图全儿女之计,盖亦不得已也。"名姓氏。叟曰:"老拙蔡某,窝隐山僻,此去咫尺,尽可避世,幸勿为嫌。亦萍水之有缘也。"公曰:"是也。"因请导行,涉涧登岭,至一处,有茅屋数椽。叟指之曰:"此地蔡家源,乃仆世居之处也。"延抵小屋,对茗而谈,似为知遇。曰:"仆有弟子,不学无礼,性顽愚蠢,先生无弃,赐以日月共处,为导化之,不亦善乎?"公起而谢曰:"薄才无能,恐有负于此。"因遍游陇阜,览其主山雄伟,发脉岩峣,峰峦拱顾,自思:"此处非特可为避乱之乡,实乃天相吉人居止之地。"次日谢欲行,叟劝止,居于是,筑创小屋,遂家此焉。公命诸子采樵于林,耕务于亩,垦荒陇而成地,堨平隰以作田园,俭以居家,善以守己,优游岁月,坐望太平,且渐次为诸子毕姻事。蔡叟始以武山称葛民公,继以公善医,相弗以为养身之术,因自为"武山先生",公亦以其地称叟为"蔡源先生"。居十数载,蔡叟故,其子莫办丧事,公助资之后阜,又数年,其子等嫌地僻岭峻,欲徙别居,公劝止之曰:"先人坟墓在,此奈何徙去?"其子等勿听,蔡后遂徙福建矣。公叹曰:"蔡叟蒸尝无人,谁为供祀事乎?"公登其坟,常为杓楮拜奠焉。公将终,谓子兴三等曰:"余与蔡叟道义之交有年,其子不肖,迁移他郡,蔡叟有知,必抱恨于泉下矣。我逝之后,附葬其坟左,以慰其灵魂可乎?"公寿登九十五岁,卒,诸子皆如公命,毋违。

时明永乐二年(1404)甲申春月,谨依二寿四、寿十、延一、延二、延四、延八等口词拜书

□□□撰

蔡山沈氏家谱序

天地初开,两仪既判,四象立而五行迭运,由是人物生焉。圣人立极治化,统三才而御万物者也。设制文字诗书,使人得以明夫三纲五伦之道,先王封姓建氏之原,由是族类分矣。夫子作《春秋》为帝王一代之褒贬,历代相传,莫不有史。史者,载诸帝王世代兴亡治乱之由,记诸事迹,后人俱得以取鉴。家之有谱,后代子孙得知先祖之所从来,是以家之有谱,犹国之有史也。予闻蔡山沈氏远系传居龙泉西乡,时值元兵所乱,旧谱遭毁,因无所稽考。惟相传祖谱,续于武康先生讳约字休文,初仕南齐东阳太守,再仕梁朝,官至中书将军、丹阳尹、尚书右仆射,后分裔隋唐五季,枝叶混漫,世次已亡,独传其始,续传金陵者远矣。婺州传自金陵,处州传自婺州,而龙泉西乡亦属处州,传自婺州者何?夫宋运遭胡元之侵,世代迁徙未暇,惟西乡居略尔息肩。迄今世代既远,莫考其源,弗敢妄据,惟续武山翁实录,推为始祖云尔。

时明嘉靖二十五年(1546)丙午冬十一月书

(原稿缺谱序作者)

2. 松源街道九漈沈氏家谱序

原序

盖夫族之有谱,犹国之有史也。史载纪纲,谱列伦序,叙族姓之枝叶,明宗党之亲疏,俾一宗之内,尊卑相爱,遐迩相亲,凡遇庆吊往来之间,进退揖让,礼义相见,未有不由所出也。然则谱者,岂不伟然大可观乎?

今按沈氏之源,出自周聃季公,食采于沈地,遂封为沈氏,嗣后诸梁公,为

楚大夫,逮及六朝梁,约公衍派湖州。至讳鲁公,字公贤,号霸截,任龙泉令,遂家干佛桥首,即今龙泉西乡盖竹村对门也。藏武山当公避乱,迁蔡山头成族,第六世因寿公徙深鸟,子孙尤盛。厥后思乱、文汝二公,每念祖址虽佳,奈山深地僻,读书乏侣,必择巨境以遂其愿,因徙古名"柏渡",今曰"圳头洋",即上沈是也。兹长树君追念旧谱,历五十余载未修,襄令族众鼎修一新,枝派无紊乱之虑,宗族有亲爱之谊,守斯谱者,宝惜而珍藏之,庶几世世相承,亦绳绳不已也夫!

乾隆廿八年(1763)癸未五月

裔孙长树、长模、长荧、继奇、长富、旺俊、旺凤、旺坚、旺桂、旺文、旺梅、同修

沈氏迁居录

真三公讳盛自龙泉迁蔡山头。真一公自龙泉徙柏渡口。真二公讳弘自龙泉迁浦城坡头角。天祚公自蔡山头全五子徙深鸟。因稳公因寄公自深鸟徙卢坑。文选、文汝二公自深鸟徙上沈。文富公自深鸟徙崔家田傍处。日旦公自深鸟迁下坑。日弘、日京二公自深鸟徙桐山。思胤公自下坑迁上沈。孟标公自上沈徙仙庄底村。恒学公康熙三十一年(1692)由上沈迁浦城圳边。延臻公自深鸟徙九济。思乾公自九漈徙上沈村头。思让公自九漈徙十都上井。继祥公自九济迁松溪寺源。

继彬公自九际迁魏溪。继连公从九济徙溪底村。继东公自九济迁横栏。长公自九济墈头。廷鳌公偕子日贵、日豪、日照、日科公自深岛徙岩坑头。思郁公徙柏渡阁。朝望公自深鸟迁福建顺昌县高窟廖坊。朝模公自深鸟移居福建长乐县古楼。孟肃公自深鸟徙六都杨里桥小坞头。文何公迁居松邑上船坑源头。嘉木公、嘉讷公徙平岭岗。鼎余公徙黄源底上赖。尚纯公徙石井。孟长公徙外桐。弘良公徙坳后。承爱公支迁平岭岗。立升公迁温州西阁横街。思尹公万历三十六年(1608)徙崔家田上处。日照公第四子万历三十七年(1609)思总公徙崔家田。思全公万历三十九年(1611)迁崔家田下

处。应敏公从崔家田迁龙泉西乡入都浆溪。永盛公乾隆年间徙柏渡口。永相公同弟迁建宁府瓯宁县三十五都和义里磨碓下南山林。孟西公乾隆四十年(1775)自深鸟徙葛田村头。继彰公房迁福建长乐县。孟伸公自上沈徙姚村。孟隆公自上沈徙桐山复迁大梅村。

山翁为始祖谋更纂焉,予书此以示沈氏,未知为有当不也。

嘉庆十九年(1814)正月春分日

裔孙沈嘉秦、沈嘉明

3. 黄田镇葛田沈氏谱序

新修吴兴郡沈氏谱序

古者列国有史,掌纪时事,大夫有谱,分别贤否。自宗法废而子孙散,邈无所考。故由亲而疏,自有服而无服。平居则相忘,有过则相犯,遂至于途人可胜叹哉?庆北十二都葛田村沈氏,系出周文王第十子季者,食采于沈,子孙遂以国为氏。逮及靖公,因避徐处、张婴之难,渡江去下邳,而家吴兴。故氏为吴兴者,实兹始也。至霸截公仕唐,为剑川县令。生有六子。第五子讳信,住竹洲,又十八世资善公,由竹洲迁居十都上济东山边。廿二世之仁二公,又迁居黄坞岗背,至仁二公之三世孙存兴公,始于正德年间,迁居本葛田村,筑室奠居焉。是存兴公实葛田村开基发族之始祖也。

由此观之,非谱莫能明焉。宗法废则何由辨焉?夫谱也者,上溯祖宗之所自,下系子孙之繁衍。为风俗之攸关,为人伦之大本。先人既创之于前,后裔宜修之于后。为人子者,焉可忽乎哉?

按万田沈姓之谱,修自光绪十二年(1896),迄今已四十二载矣。朱夫子云:"三十年不修谱,为不孝。"族董沈达炎、达满、永焕诸君,屡兴及此,推思追远报本之志,力为倡议董理其事。奈前谱虽经叠修数次,俱用楷书缮成帙,适闻余在下垟季祠修谱,遂延予为之编葺,改用活版印刷正谱二部、草谱四部。

尚因资费短缺,故拟各图用笔法绘尽。兹值谱告竣,聊叙数语以为今日纪念,俾后来之兴思。唯愿沈氏后裔,绵绵勿替,继继绳绳,时加修辑,则是谱之流传,信未有艾也。是为序。

中华民国十七年(1928)岁在戊辰菊月

编修主任清庠生季钊、高等毕业生摩际春敬撰

叙述沈氏支系源流

粤稽吾沈氏,系出姬姓,乃西伯昌之第十子季公也。武王代纣而有天下,封之于沈邱(即今之河南沈丘县),以地名氏而沈氏出焉。

战国时吴王夫差破楚,几至不国。赖诸梁公兴师报仇,卒复楚国,乃封食采于叶,是为叶氏之鼻祖也。南北朝有约公,字休文,笃志好学,博通群书,官拜尚书仆射。久之,加侍中,特进,迁中军丹阳,尹公左目重瞳,腰有紫痣,聪明过人;聚书至二万余卷,所著有《晋书》《宋书》《齐记梁武记》,又撰《四声韵谱》传世。炎宋时,度公字公雅,官为余干令。父老以三善鸣其堂,一曰:田无荒;二曰:市无游民;三曰:狱无宿系。后至鲁公赞号霸,戏别号"武僚"。原籍徐州,分居湖州德清县,任江西吉安府、龙泉县令,续任浙江处州龙泉县令,遂家焉。即龙泉西乡盖竹千佛桥首,为龙邑沈氏之始祖也。后迁南乡竹,独缘建筑兴善寺,施田三百余,并沈家林山,作该寺每年僧道忭礼香灯之费。

时正胡元乱,公兄弟三人均弃竹州转徙他乡。长曰真一公,迁居南溪口,子孙散居黄枥、岭根、谷山、安仁、坑口及泥岭头、葛田村尾等处;次曰真二公,避处福建浦城、陂头角,后裔迁住汀州等处;三即吾系祖真,三公名曰盛,号武山。乃避处庆北之柏渡,古名"圳头洋",即今之上沈,旋游竹溪源。过蔡,谈心相契,乃随其往步至蔡家源。观其山青水秀,遂卜焉。是即庆邑有沈氏之始祖也。传至四世祖,分天、地、玄、黄四房。天房仲名公至仙寿公,由蔡山头迁福建松溪亚坑,继高公亦由蔡山头徙下洋;地房仲秦公至日余公,从蔡山头迁黄源底、上赖等地;玄房仲吉公,由蔡山头徙福建汀州,仲善公亦由蔡山头迁深

鸟。至天祐公生五子：长必达公，次必通公，并迁卢坑，今则散居上坳、横坑头、垟塅(垄)、竹口、下洋、上赖、上井、岩坑头等乡；三必迪公，其子散居大汉坑、峰塘、竹口、葛田、上沈、桐山、小梅、崔家田，福建回龙、浦城圳边等处；四必延公之子廷臻公，自深鸟迁至九济，子孙散居五都、横栏、绕居、石井、高撕底村、上沈、竹口、枪称、上井、中济、峰塘、福建松溪寺源、上船坑等处；五即吾祖必过公，子廷鳌公，率子日贵公、日照公，由深鸟转移九都岩坑头。于明万历三十七年(1609)，日照公子思总公，由岩坑头徙崔家田，后裔散住平岭岗、竹口，龙邑浆溪、西边、黄坞等村。我祖日贵公，子思全公，于万历三十九年(1611)，亦由岩坑后徙崔家田，后嗣散住柏渡口、平岭岗、桐山、黄坞、竹口、西边、枫树桥、姚村，福建沙县，松溪古衢，建阳社墩，江西黎川，温州西郡等处。伯典公之子日弟，由深鸟迁上沈，后裔散居柏渡口、姚村及竹口等乡。

予也才识浅陋，未能揄扬祖德，且枝长源远，尤难细陈渊源。兹逢合族修谱脱稿之余，略陈数语刊诸谱首，以为考源流者之一助耳。

时在中华民国二十四年(1935)乙亥岁孟春

师范毕业生裔孙名化元祉谨识

4. 竹口镇崔家田沈氏谱序

修谱新序

夫国之有史，犹家之有谱。国无史，则忠奸莫辨；家无谱，则亲疏难别。谱之不立，则无以考之于前；立之不修，亦无以稽之于后。

窃吾始祖廷鳌公，率子日贵、日照二公，自深鸟徙居岩坑头。迨至万历三十九年(1611)，思全公自岩坑头复迁崔家田小筑而居，是崔家田之始祖也。公之后裔散居各处，置良田，构大厦，已属不少。递传递衍，浸炽浸昌，其各均称盛族矣。然吾族谱修，自光绪庚子(1900)迄今，已历三十余载，其中未登谱者，屈指亦不胜数，于是修之实不可缓。余曩昔有志纂修谱事，迨迁柏渡口后，家务冗繁,以致迁延未举。时有堂兄一腾出为倡首,商及于余,余甚乐焉。遂召集族众协议,幸各怀纂修之志,而无龃龉推诿之词。设谱局于崔家田文富公祠,聘请李先生炳华精工刊印,所有赞序、引传、墓碑、图记等遵照旧谱继续刊刷,其未登谱生庚、死忌、赞序、志传并祭田坟志等,重新剖剧于斯,前有可考,后有可稽,俾无遗忘之虞,以免途人之视。兹为族谱纂修厥成,聊书数语,以志不忘云尔。

中华民国二十四年(1935)乙亥岁孟秋月穀旦

中国国民党浙江省庆元党部第十九区分部执行委员裔孙魁撰

5. 黄田镇双沈沈氏谱序

纂修宗谱序

家之有谱,犹国之有史也。国之史,所以载历代衰兴与亡,无史则以无考;家之谱,亦所以记载世代源流,迁徙及生辰、死忌、墓记、祭产,并表扬先人之盛德,启后起之贤能。无谱亦无以稽焉。足见家谱之书,视当尤重。自唐宋欧、苏之后,无论族之大小,均各编注成册,珍而藏之。吾族沈氏宗谱,因遭胡元之乱,尽被焚毁,自真三公由剑南迁徙庆北以前,无从稽考,至蔡山头世望公始重新厘订。十余载中间,新陈代谢,迁徙流居,倘再不纂修,难免遗漏之处。予思先人既有创之于前,岂可无以继之于后乎?爰于庚午暮春,首出提倡,邀集本村三祠,暨上沈、葛田、深鸟、蔡山头等处族众,假文用公祠内,纂修宗谱会议,续因族人辄以连年荒歉,经费维艰,议又复寝。且予以纂修家乘责任虽重,而事又未可宕延,乃于癸酉仲夏,复又邀集三祠族众到祠重开会议,讨论结果,幸蒙一致赞成,设谱局于文富公祠,酌请李炳华先生,于中元节后开始工作。谁知九济乃又分岐至圳边、浆溪、亦各另谱。今则仅有蔡山头、深岛、大汉坑、上沈、桐山、姚村、柏渡沿等处,并本村三祠合资重修,总其丁口约有二千余人,不可谓不盛矣。愧余才疏德薄,未能遍及全族,扪心自问,愧感交萦。唯愿后起而复修者,能举全族备成巨帙,则不仅余一人所企望,抑亦吾族之大幸也。是为序。

时维

中华民国二十四年(1935)乙亥岁孟夏月上弦

师范毕业生裔孙名化元祉敬撰

杨氏谱序

【导读】杨氏系出黄帝,原属姬姓。伯侨封于杨国,为受姓始祖,于是子孙以杨为姓。

竹口杨姓,南宋末之乱,万六公由弋阳隐居于龙泉金八岱,其儿子川公由龙泉回弋阳,第三代在洪武年间(1368—1398),从弋阳迁徙于庆之北乡竹口。

八都杨氏,近祖唐招讨副使穆公,退隐括苍,后九世乔居青田,后八世因避辽金之扰,迁居松源之槎溪,今屏都。

屏都杨氏,于唐末朱温作乱时,弃官隐居括苍至岐,二公择居于福建松溪,居十三世至环公,同三个儿子从松溪迁于庆元八都山柘定居。山柘祖公杨环公,从福建松溪迁居庆元八都山柘后,继而散居岱根、洋背、新窑、八都等地。

西溪杨氏,是周伯乔公的后代,方大公由景宁善下多次转迁而定居西溪。

1. 竹口杨谱序

重修杨氏族谱序

吾浙之栝苍属邑有十,其俗各殊,然而地大物众者,则机诈轻捷而过于浮华;僻于险隘者,则质朴无文而近于陋。庆元处郡上游,南接闽郡,邻壤龙泉,有山溪竹木之美,采黍笋甚之饶,其大家多优裕和雅,喜学而好文,其小民力业耕种,以致讼简少争,最为得文质之中。然自邑之西距四十里有曰"竹口",山秀而川回,野沃而地胜,晴峦叠嶂,绵已若玉女之排銮,望之犹如仙境。杨氏世居之,杨氏之先祖曰万六者,值胡元之僭乱,深隐龙泉之八岱,诗礼相传,仅百余载。兵戈靡悉,苛政尤扰。斌一公寝食不安,复遁于弋阳之义门,于时携其二子,仲一、仲二与处焉。及洪武间,四方安堵,仲二复思故土,因而卜室于庆元九都之竹口,迄今民皆好古,虽未有大显者,至我朝有讳文兴、文显者昆季,皆笃志为善,推惠及人,积粟以给乡闾之不足。又各轮粟一千硕赈济边荒。司府以事闻上,旌为义民,冠带荣身。后世子孙蕃衍,选发乡贡,悉皆清白自守,孝子节妇间出,有耕而隐,厚重逊让,讷于言而敏于事,知怀刑而保其家,视他族为尤美焉。今已十世矣。诸孙之贤者,凤有修谱之志,阻于势而不果,以为族既大而不联之以谱,则异日必有途人之视也。六世孙吕遂谋诸兄弟辈,谱事当举,不宜缓也。故延明哲纂修,一遵欧、苏之法,以辑其枝派,分别名字、年寿、娶适、卒葬之详,恳予为序。尝谓天下之俗不能自成,由乎一国之俗。国俗之所兴,由乎一乡之俗。乡俗之所起,由乎一族之俗。苟非其有君子长者出乎?其类而表率之,何以保其室家而昌其后哉!予观世之为族子孙相传数百载而不坠者,其祖必有盛德余庆以为之基,而又防范扶植以维持其变,是以熏陶渐渍以成其善俗。及俗之既成,耳目之际皆足以化其心,故能不夺于世。故而有以守其遗业,苟无德以培其根本,无法以贻于后人。虽以天下之大而犹惧其弗能保,而况于家族乎?杨氏之先基以奕世之善,而今复为之。谱以图睦其族人,此其为宗族计也,不亦远乎哉!自兹而往,将见族益广,传益盛,非特如斯而已也。予承上命司饶州郡事,矧沐通家,敢无一言以为杨氏之子孙训耶?故善尊祖者,必先于孝敬。夫吾身即祖宗之身,毋以陷于不义以辱其先。尚父之训曰:"敬胜怠者吉,怠胜敬者灭,义胜欲者从,欲胜义者凶。"此汝辈所宜勉也。杨氏之子孙,其尚毋忽予之言也哉!

万历戊子(1588)岁孟秋月上浣之吉

赐进士第中顺大夫知饶州府事括苍乐园戴濂序

重修杨族谱序

尝观春秋纪年编月,笔削之善恶,以著后立族谱分长别幼备记之,昭穆以序。谱牒之有于家,犹史书之有于国,其理一而二,实二而一。乃知古人之立谱,古人之传心也。谱其綦重矣哉!

按杨氏受姓,盖自唐叔之后,由唐而晋,由晋而汉,其间或以才显,或以德称,登仕籍者,累朝不乏。然此前乘俱已悉载,无复重述也。远考万六公被胡元之乱,由弋阳隐居于龙泉之金八岱,其子川公由龙泉回君弋阳。越三世,由弋阳徙君于庆之北隅而肇基于竹口者,实自广公始也。递传递衍,浸炽浸昌,所藉以收族而统宗者,非谱莫属。旧谱修自乾隆癸巳(1773),迄今五十有一载,丁口较胜于前,产业克继于后。使此际不修,未免有遗失之虞。族长光强邀同诸君,有承先之心,不忘其始;有启后之念,以究其终。所谓善继述者非耶?壬午之春二月,延予等纂修。爰是记生殁曰尝曰祀之礼,恪乎不忘言娶适曰阴与阳之理,灿然有序,分行列尊卑之义,以正刑支派,亲亲之道以明刻山图,杳乎思敬,邈乎生哀,绘形象,倘乎如见,恍乎如闻。读其传而宗功益著,阅其序而祖德益彰。且予馆于祠,数月间望见杨之子孙,士农工商,各务其业;礼义节孝,各守其规。光于前绳其祖武,裕于后贻厥孙谋,卓卓乎人间者,山川所钟毓欤?抑祖德宗功之流芳以至此欤?广公有知,虽死于九泉之下,谅甚慰焉耳。世族若此,岂不美哉!予不揣固陋,跃笔为序。

郡曰弘农姓曰杨,关西得谥有文章。

遥知孙子盈竹口,应识祖先来弋阳。

孝友传家家自发,诗书继世世弥长。

我周唐叔虽云逝,瓜瓞绵绵万代昌。

道光一十二年(1832)岁次壬辰仲夏月榖旦

庠生吴泰编修,庠生吴继鼎拜撰

2. 屏都杨谱序

杨氏槎溪世谱序

余观杨氏家乘,而知树德之远也。杨自汉华阴司徒震公,前毋论已,公长子秉迁居洛阳,后彪公复隐华阴,六世而隋侯,忠公子坚以大德王天下,都长安,即位二十四年,崩葬泰陵。而子越王秀嗣位,孙恭帝二年,传后帝一年,禅位世充。终唐之世,英显莫与京。十六世而招讨副使,迁栝苍,七世而青公,居芝田之鹤溪,六传而大一朝奉郎,迁居松源之槎溪,为水北百世祖嗣。是若何一公之孝友,孟五公之仁让,达十五公之排难赈贫,成四公号"太尊"者,雄才大略,卓荦隽伟,深廿二公之拔帜苑,树标辞坛,保世滋大以至今日而膏沃,则光烨积厚,则流长骎骎,诗书毅振,冠裳被乌峀然,称甲族矣。嗟夫! 家世降替,宁有常哉! 灵挺于烦壤,宛委于王谢。子弟多见沉陆帏衣闾巷之士,穆布旄槐,试观前代侯王有士之君次之,所以为子孙计远者,岂不欲固基本根使世世弗替乎? 然或数十世或一再传而存者,仅十之一。彼其先世之泽,祇足及身,淳者已漓,厚者已薄,而返厚归厚,既而无图,即世家鼎宗鲜有不替者也。故君子垂范佳,则不在族之繁微,而在德之凉厚;不在贻之丰约,而视谋之恢隘。杨氏之世,譬之洪流华阴其昆岷也,洛阳其溟滓也,栝苍、鹤溪、松源则江河淮济也。潢分派别大千,不可胜穷,而莫不会宗族昆岷。夫昆岷何独为川薮宗也? 盘坤轴而亘九垓所积者,厚也,杨氏之树德远矣。膏沃而积厚繇斯,称甲族也。奚疑后之君子治昭穆,联亲疏,勿使世德之渐漓以薄也。则浸明浸昌,百世之业,复自今始是。昆岷若增而高,恒流若浚而疏也。猗欤休哉! 是役也,主盟者丰公,张者鳌公,寅助者辉即、宗政、大方诸贤,汇为世谱,以传不朽无穷。故叙。

大明正德元年(1506)孟秋良旦

新修杨氏谱叙

粤稽杨氏出于文王之后,唐侯之苗裔也,历传至汉有震公者,为司徒历迁至太尉,人称之曰关西夫子,世居华阴十八传,而至公、辅公,拆居长安。又传至穆公,于唐末,朱温作乱,弃官隐居栝苍,至岐二公择居于闽地之松溪,居十三世至环,同三子从松溪迁于庆元八都山柘而居焉。其后之发祥,惟庆最盛,统舆图而计十分有三,星罗宿错,有聚族而居,有散处而居,纷纷不一,为庆邑士族之冠。世其最著者,尤有奖公之后胤,在汉则有喜公、敞公、震公、秉公、赐公、彪公,在唐则有炯公、绾公、炎公、荣公、穆公,皆族中之望人也。即今之爱满公、爱溪公、庆桂兄、庆蛟公、庆龙兄等,有敦宗睦族之志,体先人之心,而继述之亦族中之伟人也。予至兹乡山柘村,诸君出谱以示余而请曰:"吾族宗谱,前虽有作,因世系不明,甚多糊涂,欲烦先生代为细加详修,而差者正,缺者补,不知先生允否?"予忻然喜曰:"孟子有云:'尧舜之道孝弟而已矣。'君等既能体先人之志,是孝也,予何辞焉?"于是君等邀集族众,共襄谱事,延予代为掇旧掇新而修之,上以序鼻祖之发祥,下以集子孙之繁昌,物星之转移,历时序而递更;支派之分别,逐岁月而生新。正所谓一成而无烦于再修也。故于端阳之后,诸君竟与予相与审端而追溯其源委,草创而加讨论,修饰而益以润色,则杨氏之源流既正,后嗣之昭穆亦正矣。予不揣鄙陋,敬备俚言以彰君等仁孝之用心云耳。

时乾隆二十七年(1762)壬午岁又五月穀日

玉田知非子姚也鋐书

初修族谱序

族谱之书,教孝也。数百年以上之祖宗,其生迁宅兆遗文莫纪。数百年以下之子孙,其昭穆伦次,志载弗明,则忽忘之弊,莫大焉。

粤稽杨氏受姓之初,其来甚远,自成王封弟叔虞于唐,厥后子胤煌字舒凯,封为"杨州侯",改虞为杨,弘农为郡,遂以杨为氏。自是而后名公巨卿,所在多有。若东汉时有杨震公,其尤炳如日星,光于史册;再溯近祖若后唐之招讨副使穆公,退隐栝苍,后九世乔居青田,又后八世徙居松源之槎溪。今吾族人已二十七世于兹矣。其先大一公,由青田之沐溪,即今景宁分治,因避辽金,流寓播迁卜居于此。礼云:"祖有功而宗有德,原虽远必追。"然亲穷服尽,是为不祧之祖,可弗复述?而正以昭穆,次以世系,联以族属。谱牒之作非浅鲜也。何谦偕弟侄等,所以倦倦在抱,不敢有忘焉。爰是采辑旧帙,编次一新,得芸洲逊庭吴斋师长,总其衡,裁定其去留,凡阅四月而告竣。俾后之人展阅斯谱,灿若列眉,了如指掌,原原本本,继继绳绳,贤达子孙必将起而绍述之,以无蹈忽忘之愆,是所深望。若夫好谈荣华,强附簪缨,大雅勿尚,吾无以承先之人,又何以启后之人乎?诗曰:"永言孝思,绍哉嗣服。"其此物此志也夫?

大清嘉庆廿三年(1818)岁在戊寅蒲月良旦

二十三世嗣孙何谦熏沐顿首拜撰

重修杨氏宗谱序

尝闻国之有史,县之志,而族之谱,切不可缺也。万物本于天,人本于祖,物不有天,曷以逐生?人不有祖,奚能有族?近世之人,但知其流而不溯其源,止见其枝不寻其根,盖知流之长者,其源之深,枝之茂者,由根之固。苟不知之,则族虽近而若远,远而若近之。

溯杨姓出自轩辕皇帝五世孙,后稷之支系,文王之后,从羊舌氏,改为杨氏。尔后子孙广布天下,山柘之祖杨环公,自闽地松溪迁居庆元八都山柘,继而散居岱根、贤背、新窑、八都等地,各建其室,子孙历十六世,故族虽近祖却远矣。祖之谱昔丁民国丁丑廿六年(1937),五都吴儒雍先生一重修刊刻四部,各房一部,迄今历五十有二载矣。其间生齿、卒葬、墓志、男婚女适,多未入谱者,枚不胜数。族中继判、继标、起变、光辉等,古念祖族久存仁孝之心,倡首为之重修宗谱,唯邀予主谱。予虽才疏学薄,皆能支支有条不紊,本本端楷。即日告成,敢望杨氏子孙,自修之后,子孙永代昌盛,枝繁叶茂,瓜瓞绵绵。本班按旧谱华字之后新选字头,一十六字均逐房通过,凡杨姓入谱者,永尊勿改,未入谱者为祠外视之,不允尊取是也。

余无学不文,略谈数语是为修谱序。

岁次戊辰仲冬喜前吉旦

五都金村晚学刘思雷敬撰

3. 龙溪乡西溪杨谱序

重修西溪杨氏宗谱序

尝考古帝王以仁孝治天下,故立宗以民纪民族,欲使天下后世皆知祖宗世系之所由来,其意甚美。奈为秦火所焚,宗法废,而大宗小宗之说兴。夫宗也,而以大小别之,是明示人以亲疏贵贱之分,斯人心亦因之而涣。眉山苏氏暨庐陵欧阳氏,虑之始编五代图,以救宗法之弊,辨昭穆而分嫡庶,论长幼而支分先后,其法之尽善尽美,诚万古所不得而易者也。

考西溪之杨氏,皆我周伯乔公之苗裔也,伯乔公食采于晋阳,受封之后子孙,遂以杨为姓。厥后世系繁昌,拜爵受禄,躬膺天命显达,各朝不可胜记。查其始迁之祖,方大公由景邑善下三迁而居西溪,见四山团聚,浚龙妖娇,山环水抱,有如玉龙入海之形,金凤下川之势。于是辟疆,遂筑室而居焉。迄今子孙昌炽,人文蔚起,非公之善于贻谋者乎?

观其谱牒倡始于国朝康熙间,续修于嘉庆之丁巳(1797)。及后道光乙巳(1845)之修,系景邑周怀山老先生也,其体制立言非不明备,惜其详本系而世未详,未免有分发之无自。道光迄今,几六十年,董事长樗公暨长厚、思泰、成章公,合族众等,咸谓宗谱新增外纪,再不及时修理以成全璧,恐长老沦亡,莫能记忆。于是以秉笔之事属余。予承其责,自愧未克然,即其旧而述之衍,其新而增之,正其舛讹,补其遗失,无或苟焉。兹者谱既告竣,掇数语弁其首,以俟后之修明者。是为序。

时光绪二十八年(1902)壬寅太岁秋月

杨家庄邑庠生吴其枢拜撰

朱氏谱序

【导读】沛国朱氏原从有熊氏长子昌意之子颛顼，都于高阳，即今之保定市高阳县。颛顼六世孙赐姓陆氏之子陆终安大禹赐姓曹，传十六世至周初，曹挟有功武王，封挟于邾。至春秋世乱，强侵弱，大占小，邾国衰微。子孙避难去邑为朱，这就是朱姓的来源。

垄头朱姓先祖由兰江而择居于龙泉一都竹蓬后，元末明初，朱陈六由竹蓬后迁居庆元二都松源乡垄头村。陈六公为垄头朱姓开基第一世始祖。

松源街道垄头朱谱序

沛国郡朱氏世系源流总叙

盖闻伏羲、神农、黄帝称为三皇，故史氏列之于前，编为千古帝王之冠，作百家诸姓之祖，或问姓氏之出处，考祖宗之来历，俱从三皇五帝之子，派而推究之今。考沛国朱氏，原从有熊氏长子名昌意之子颛顼，都于高阳，即今之保定府高阳县是也。颛顼六世孙赐姓陆氏之子陆终安，大禹赐姓曹，传十六世至周初，曹挟有功武王，封挟于邾。至春秋世乱，强侵弱，大占小，邾国衰微。子孙避难去邑为朱，此朱姓之所由起也。

越十五世朱氏亥公,仕魏为大将军,生子骈,骈生缄,缄生储,储生弼鼎,鼎生正臣,臣生博,官御史,居杜陵。博生邑,字仲卿,官北海太守,有德政,位至太司农。邑生佑,光武时为大将军,破敌有功,封鬲侯。佑生晖,字文季,仕汉为福安太守,生子家,家关东太守,能脱季布之厄。家生穆字公叔,冀州刺史,位至尚书。穆生韶,山阳县令。韶生子敏中,中生异,字彦和,官翰林。异生敬则,字少连,聪明博学,任庐州刺史,秘修国史。则生寓,与李膺、王畅、刘佑、荀昱等称为八俊。寓生三子,长仁轸,次仁轨,三仁翰。轨至孝,隐居养亲,生子贯,贯生硕,硕生涵,涵生圭,圭生环,环生纯,纯生京,靖康元年(1126)登进士第。京生绎,绎生靖,靖生松,字乔年,娶越州进士女夏氏,知饶州牧,氏贤而贞顺,生子熹,字元晦,姿性粹美,登进士第。年五十,在朝四十六日,知言无用,退而著述经书于世。熹生光庭,字公授,登进士第,官翰林修撰。生子震,字伯厚,任巨鹿令,居陈留。震生昂,字举之,官礼部侍郎。昂生敦儒,字希真,浙江御史。儒生龙文,官杨州金厅。文生轼,官御史,弹劾奸佞无所回夺,因金人入寇,从婺源徙居兰江。轼生宽四、宽五、宽七。宽五生三子,长信言,次信诚,三信直。诚生敏法,法生惠锡,锡生定九,定九生煦三,煦三生十昭,昭生四子,长伯一,次伯二,三伯四承事,四伯□。伯四因捺充典史,惧,遂由兰江而择居于龙泉一都竹蓬后。生四子,长十三官,次十四官,三十六官,四十七官。十七官生三子,长辛一,次辛四,三辛五。辛四生四子,长寿一,次寿二,三寿三,四寿四。寿四生五子,厚一、厚二、厚五、厚六,皆其子也。厚四生五子,一曰福三,一曰福四,一曰福六,一曰福九,一曰福十。福四生四子,长友一,次友二,三友六,四友十五。友二生二子,长贵五,次贵七。贵七生五子,少子五名明权,行陈六,元末明初由龙泉一都竹蓬后,迁居庆元二都松源乡垄头村,为垄头朱姓开基第一世始祖。迄今子孙蕃衍,支分派别,更仆难数。於戏!岂不盛哉。向非权公之积德累功,有如是之昌炽者哉? 是为叙。

成化元年(1465)孟冬月吉旦

□城叶爵辑编,时大清道光十年(1830)季夏月吴思抱重加校订,深山氏录

许氏谱序

【导读】伯夷是神农之后代，帮助尧、舜有大功，赐姓曰许，《春秋》中有许男。周衰，许男尝从诸侯侵伐会盟，竟于春秋，及后世无复国，而子孙以其封姓。

竹口许氏始祖英十一公，由抚州临川迁庆北竹溪，现称竹口。娶王氏而生二子，伸公和伦公，之后人口渐多。

此序集有王安石所作序。

竹口许氏谱序

王荆公临川许氏族谱序

伯夷，神农之后也，佐尧、舜有大功，赐姓曰姜，其后见经者四国，曰申，《诗》所谓申伯是也；曰吕，《书》所谓吕侯是也；曰齐，曰许，《春秋》所书齐侯、许男是也。周衰，许男尝从诸侯侵伐会盟，竟于春秋。及后世无复国，而子孙以其封姓。然世传有许由者，尧以天下让由，由不受，逃盖箕山，箕山上之有许由冢焉。其事不见于经，学者疑之。或曰："由亡求于世者耳。虽与之天下，盖不受也。故好事者以云。"而由与伯夷，其生先后，所祖同不同，莫能知也。汉兴，许氏侯者六人，桓至侯盎、宋子侯瘦，严敬侯猜，此三侯者，其始以将封，而史不书其州里;平恩侯广汉、博望侯舜、乐成侯延寿,此三侯者,同产昆弟也,以外戚起于宣、元之世,昌邑人也。盎孙昌尝为丞相。延寿及广汉弟子嘉,尝为大司马。至王莽败,许氏始皆失其封云。后汉会稽有许荆者,循吏也。许慎者,以经术显;许峻者,为《易林》传于世;许杨者,治鸿隙陂,有德于汝南,汝南之民报祭焉;许靖者,避地交州,后入蜀,先主以为太傅,与从弟劭俱善论人物,劭兄虔,亦知名,世称平舆渊有"二龙"焉。慎、峻、杨、靖,皆汝南人也。许褚者,家于谯,以忠力事魏,封侯牟乡。许慈者,家南阳,入蜀,父子为博士。司马晋时有许孜者,东阳人也,德行高,察孝廉不起,老于家。其子曰生,亦有至性焉。初许氏爵邑于周,子孙播散四方,有纪者犹不乏焉,至昌邑始大者,间兴于汝南,其后祖高阳者为最盛。然高阳之族,不见其所始。有据者,事魏,历校尉、郡守,生允,为镇北将军。允三子,皆仕司马晋。奇,司隶校尉;猛,幽州刺史。奇子遐,侍中,猛子式,平原太守。自允至式,皆知名。允后五世询,司马晋尝召之官,不起。询孙珪,为旌阳太守于齐。珪生勇慧,齐太子家令。勇慧生懋,笃学以孝闻,卒于梁,为中庶子。懋生亨,为陈卫尉卿,尝领史官,次齐、梁时事,有子善心,为之卒业。是时有许绍者,善心族父也,通守夷陵,治有恩,流户自归数十万,卒有劳于唐,爵"安陆郡公"。圉师、钦寂、钦明其后也。圉师、绍少子,宽博有器干,别自封"平恩侯",与敬宗俱为龙朔中宰相。钦寂谓绍曾大父也,万岁中,帅师当契丹,为所败,执以如安东,使说守者降。至安东,曰:"贼今且破灭,公勉守,无忘忠也。"契丹即杀之。是岁,弟钦明亦遇杀,钦明为凉州都督,行,卒遇突厥,亦执使说降灵州,顾为庚言告守者所以破贼。兄弟将兵,一旦同以身徇边鄙,贤者荣之。敬宗者,善心子也。始以公开郡于高阳,与其孙合伯以文称当世。天宝之乱,敬宗有孙曰远,与张巡以睢阳抗贼,自以不及巡,推巡为将,而亲为之下,久之,食乏无助,煮茶纸以食,犹坚守。贼所以不得南向,以睢阳弊其锋也。卒于俱死者,天下豪俊义士云。唐亡,远孙儒不义朱梁,自雍州入于江南,终身不出焉。儒生稠,沉毅有信,仕江南李氏,参德化王军事。稠生规,好道家言,不以事自恩,尝羁旅宣、歙间,闻旁舍呻呼,就之,曰:"我某郡人也。察君长者,且死,愿以骸骨属君。"因指橐中黄金十斤,曰:"以是交长者。"规许诺,敬负其骨千里,并黄金置死者家。大惊愧之,因请献金如亡儿言,以为许君寿,规不顾竟去。于是闻者兹以规为长者。卒,葬池州。后以子故,赠"大理评事"。生遂、逖、迥三子。遂善事母,里母励其子,辄曰:"汝独不惭许伯通乎?"祥符中,天子有事于泰山,加恩群臣,逖当迁,让其兄遂,天子以遂为将作监主簿。遂子俞,俞字尧言,名能文章。大臣屡荐之,有与不合者,官以故不遂。尝知兴国军大冶县县人至今称之。俞两子均埒,为进士。逖字景山,尝上书江南李氏,李氏叹奇之,以为崇文馆校书郎,岁中,拜监察御史,后复上书太宗论边事,宰相赵普奇其意,以为与己合,知兴元府,起鄞侯废堰以利民。治澧、荆、扬州,为盗者逃而去。其事兄如事父,使妻事其长姒如事母。故人无后,为嫁其女如己子。有子五人:恂,黄州录事参军;恢,尚书虞部员外郎;怡,今为太子中舍、签押淮南节度判官厅公事;元,今为江淮、荆湖、两浙制置发运使;平,泰州海陵主簿。五人者,咸孝友如其先人,故士大夫论孝友者,归许氏。元以国子博士发运判官,七年遂为其使,待制天章阁,自天子大臣,莫不以为材,其劳烈方在史氏记。余故不论而著其家行云。迥字光远,其事母如伯通之孝,事其兄如景山之为弟也,慷慨有大志,少尝仕进,后不复仕,与其兄俱葬颜村。有子会,为进士,方壮时,亦慨然好议天下事,今为太庙齐郎。临川王安石曰:"余谱许氏,自据以下,其绪传始显焉。然自许男于周,其后数封,而有纪之子孙多焉。于是论之。夫伯夷所以佐其君治民。余读《书》未尝不喟然叹思之也。《传》曰:'盛德者必百世祀。'若伯夷者,盖庶几焉?彼其后世忠孝之良,亦使之遭时,沐浴舜、禹之间,以尽其材,而与夫夔、皋、罴、虎之徒俱出而驰焉,其孰能概之邪?"

庆历(1041—1048)大学士临川王安石序

注:王安石(1021—1086),字介甫,号半山。江西抚州临川人。北宋政治家、文学家、思想家。宋神宗时任参知政事、荆国公。王安石特意为临川迁徙至竹口的许氏宗谱作序。

重修宗谱序

昔古帝王之为治明峻德者,亲九族;深怀保者,笃本支。未始不叹人道之亲之也。亲之故,知尊祖敬宗,而一本之族联而有合,自不至于涣,谁谓谱也而不重乎哉？盖谱所以辨上下，别亲疏，序昭穆，纪之年月日时、生死葬祭，以及田山等项，无不可得而考。谱之为重，固甚明矣。

我始祖英十一公，由抚州临川而迁庆北竹溪，娶祖母王氏而生男有二，曰伸公，曰伦公，则生齿日繁，派衍支分，聚族于斯。诚以祖功宗德，保世滋大，一如螽斯之缉缉。前之倡修族谱者，自顺治以至嘉庆辛未(1811)，吾族经修三次。闻祖格言："三十年一修谱。"则过矣，今本岁丁未，家君身居族长，年已七十有七矣，乃弗惮其劳，而尚申厥志，不忘先人之谱书。春正，会同亲族与房叔献窑，房弟应录、应绪、应初者，倡修谱牒一事，实美举矣。夫君子以仁孝为心，欲其聚而不散，而年深月久，未免有遗忘之忧，彼行苇兴勿践之思，葛藟切本根之性，无非同此一气也。

兹谱编辑记载，旧者录之，新者增之，藏板刷印，校对无讹，了如指掌。上承先人之庆泽，下启后嗣之芳流，非以亲九族而笃本支哉！厥后瓜瓞绵绵，英贤迭出，更有为祖宗增其光者，成叙其大略，亦从旧迹而言，以俟后之君子，温文尔雅而发扬之。

大清道光十七年(1837)岁次丁酉夏五月上浣吉旦

十一世孙增生得成拜撰

何氏谱序

【导读】张地何氏，先祖何休公，为庐江郡守，后世因以为郡，经十八世基公迁居龙泉豫章，至十七世孙宫公迁居政和鳌阳，子观保公为官松源，定居于石龙山下。元至正年间(1341—1368)，七世孙仲敬公由石龙山下迁到张地。

隆宫乡张地何谱序

重修张地何氏宗谱序

家谱之作，胡为哉？盖以载历代祖宗之功德，序奕世子孙之云礽，龙跃鹗荐，跻华陟腆，与夫孝友节义、婚媾瘗埋，详往于斯。俾后世贤哲披览，辄戚慨思慕，此讵敢曰浅鲜哉！然谱之系尤重，代有其人，广德以绍前徽，深亿以光先烈，是故修谱必预修德，维族宜勉睦族，斯为保宗强宗，裕昌厥后之图焉耳。

庐江何氏始自休公，为庐江郡守，后世因以为郡。阅十八世，基公迁居龙泉豫章，厥后世有显者，其间名列台辅，职居庶司，指不胜屈。至十七世孙宫公，迁居政和鳌阳，子观保公官松源，遂家于石龙山下。元至正间，七世孙仲敬公复由石龙山下而迁于张地，数传而人盛财丰，冠于一乡。又数传而支派衍，甲第迭兴，竟为庆元名乡望族，迄今二十二世矣。箕裘世泽，饮和食德，克振上人之功业，非修德所致，曷克臻此乎？

本年余过其地，族董毓桓、毓棚及济川先生，偕长理、成章、何英、杰兰、何诸君，以谱牒未修，不嫌陋劣而嘱余秉笔。阅其世系，考其先烈，洵足为人所欣慕者。爰细心研究，较对详确，以期不负诸君之托，亦未知可质其族众否也，然思叔季之世慕富贵者，逐于红尘，殚财利者，营于货殖，谁兴孝思为百行之本？谱之湮没无传者，岂不乏哉？

今何氏诸君拳拳于斯之不容缓者，其孝行已可概见矣。余谨承其任，顿忘拙而成之，若夫所闻其族后先历显之德，见事业学行之优，前有传赞详之，兹不见喙。

时中华民国六年(1917)岁次丁巳季冬吉旦

清增贡生泰顺庠学人周丙义敬撰

张氏谱序

【**导读**】张姓出自黄帝之后代,张辉为得姓始祖。张村张氏先祖十公始居南洋双港,其后复迁济川、张村,为张村始祖。

张村张氏,宋末以后有迁括苍庆元张村,过二代万四公迁松源黄沙。

朱村张三公于清顺治年间,由闽之建宁里九都回田头村迁居东峰潭。后又由东峰潭迁至朱村。

水寨张氏,因旧谱焚毁,资料匮乏,迁徙情况不详。

1. 张村张谱序

张村张氏源流序

张氏始自黄帝五太子,天授公时值蚩尤作乱,帝命造弓矢以威之,公观弧星师象成弓,因赐姓张,吁而郡清河者,按其地有三:一在江南淮安下邑,一在北直广平下邑,二邑皆汉唐得名。惟北直河间府,山川图记有清河,注云:古故城。疑其居此而郡也。后十一世环公居洛阳,官农正。至四十二世仲公,居丰镐,周宣王时,孝友见称。历二十二世,春公相韩,五世弈公因秦灭韩,遂隐鸡足山,遇吉地三穴,遂先人三所,后子孙富贵昌盛。二世良公求力士锤秦博浪沙,不,游下邳,授黄名公教,佐汉以定天下,封留侯,晋升国公,生六嫡五庶。长支裕公,居龙虎山,后出道灵天师,其余或京南,或燕幽,惟璈公而居洛阳。四世安世公居山西,官拜大司马。七世堪公居南阳,志行高洁,号曰"神童",为渔阳太守,多惠政。四世俭公居济宁,时称八公,及第。五世华公,居北直,博学古今,著有《博物志》,为晋伐吴,功成,封"广武侯",后升司空。二世载公居真定,尝作《剑阁铭》,官中书侍郎。九世蕴公居山东,太宗登极,陈《太宝箴》。二世公艺公九世同居,齐、隋、唐皆旌其门,帝问所以共居之意,公书"忍"字百余以进,上善之,赐以缣帛。八世伯英公因齐梁乱而迁襄阳。七世天祥公随钱王居温州平阳莒溪,封"光禄大夫",又加劝农史,赐号七。七回图公当与僧同筑普照大寺,捐田一百二十亩,坐落桐村拓洋等处,永充常住香灯。后公故,坟厝寺后西畔山尾上,立小塔为记。生六子:长曰庸,居莒涣;次曰皋,居岭北楒洋;三曰备,登桂岭大安甲屿;四曰奉,分处白鹤;五曰用,居福州秦川;六曰辛,分陶山;七世义端公同次子小九公居岭北,后分楒洋。长子小三公分泰顺、仙居,五世五一公居谢坑,五六公居石璧,五十公居梅坞。而长支十公始居南洋双港,复迁济川、张村,乃肇基建业,为张村之始祖也。历考世系源流,备载,庶乎后之指南有归矣,是序。

时大清乾隆四十二年(1777)丁酉岁次夷则月榖旦

澄川赵四公派下孙从新顿首拜序

2. 荷地镇黄沙张谱序

重修张氏家谱序

家有谱犹邑有乘,而国有史也。邑不有乘则无以垂法戒,国不有史则无以寓褒贬。行见事迹不显,行谊不彰而乱臣贼子接踵于天下,此无邑乘、国史之所以作也。至于家之有谱,所以辨尊卑,明昭穆,发后人孝弟之心,起子孙睦族之念谊;不有谱,难论宏源支,不明源流,罔别木本之谊,行将蔑如,甚而小加大,贱妨贵,疏间亲,其祸之中于人心为更烈矣。

黄沙张氏,其族之发源系出天潢,巍巍乎轩辕帝室之裔矣,分昭阳殿内储子班居第五,张氏赐其姓,天授命其名。自黄帝以迄列国,历汉晋以至隋唐,其间出世而练气归神,与仙录名归丹书者,班班可考;入世而公侯将相,同龙图、栖凤阁,皆历历可稽。及唐末有封殿前三司,天祥公随辔钞玉至温居焉。公产六,祖而本派备,公行列第三,下至小九迁温洋,移西鹤,居张坑。九公以下,张十公又迁景宁张村,今属庆元是也。其下纨裤子弟万四公,胸襟磊落,慧智出群,思异地佳山水必有胜张村者,于是历观名山大川,遇一幽居胜地,左顾右盼高瞻,邅西方峰,旗联七星,若元武摩天,东峰挺峙,雄伟假卧,似青牛伏地。至于猛虎镇南,有一啸风生数□文炳之观,回龙北绕,有起伏屈曲,水渌濴洄之势,关津则通于南闽,秀水则接乎东瓯。维时公心异者久,欣然自慰,曰:"此真吾居也。"遂于此地劈芽剪棘,别开一境,名曰"黄沙"。迄今已历二十世矣。其子孙众多,文物官裳较之他族为更盛焉。但谱书未修已通五十载,不能无亲尽是之惧。是岁,愚偶至黄沙,席间谈及族中诸君子,以纂修相委。愚愧笔秃肠枯,难承斯任,乃情勿容辞,义无容止。于是录其旧而其新,讹者正之,略者详之,凡忠臣孝子、义夫节妇,行列有席。身游泮水者,悉有传赞以表彰之。阅数月而告竣,噫,盛矣! 愚尝博观名门家乘,有绚烂之色若饰玉镂金,能不移神艳目? 然事多借誉,邅笔墨以诬墓鬼耳。兹则去伪而真,去谤而实,但便先精神高耀于后,历千百世而不晦,俾后人之览望诸章,翚然兴思,悠然想见其为人,尊祖之心于以生,孝弟之心于以起,不至视途人茫然罔别,而与邑乘、国史同垂不朽。望有功于张氏裔也,讵不大哉! 是为序。

乾隆十五年(1750)岁在庚午孟秋之吉

玉田粗生羽郊周世俊拜撰

增修张氏宗谱序

戊午春三月既望,与邻友东游行至六十余里,夕阳西坠,云树苍茫,不知其处,牧童相告曰:"此黄沙村也。"行不数武,入其室而宿焉。晚饭后,耆老与余言:"吾张氏卜迁于斯土,近二十世矣。早立家乘,年期久远,恐蚀蠹鱼,其代吾族修明可乎?"不辞简陋,为之允诺,乃张族诸君于来岁孟秋,延到斯地而将事焉。开其谱帙视之,系黄帝之后也,赐姓命氏代为帝臣,其后事周宣王,以及事晋,事韩,事魏,事唐,勋猷灿灿,至今不朽。厥后子孙繁昌,布散而居。宋末以后有迁于栝苍景邑之张村,越二代有万四公不安故土,相度地宜至松源之黄沙,见山佳水秀,于是地作室居焉。夫自古圣贤多出于寥寥村墟,诸冯发祥,空桑诞生。地灵者,人必杰,则公之卜迁于斯土,不可谓非相阴阳而观流泉者也。所以芹藻生香,入黉序者代有其人,为之观其目前财丁并旺,家多孝子,户多悌弟,老者优于齿德,少者笃于诗书,且建祠宇以竭蒸尝,修世祭以绵瓜瓞,其姚美于晋唐诸公,未可量也。然则今日之修明家乘,正可卜其克昌,厥后自周居纂修以来,逆而溯之,以已四十九年。其间之螽斯衍庆,绳绳者不知凡几,设谱帙久远不修,不无废坠,将视同宗如路人,无以笃一本九族之谊,且祖宗墓穴有失,所以茫然者,故谱之待修诚孔亟矣。第法有不同,不可以一格拘,要其归无非所以叙源流,明昭穆,定尊卑。愚由周君所纂修者,踵其辙而修之,自轩辕以至张十公,虽时时见于他说,固非妄事铺张者所能道也。其所表见大抵万四公派以下近是。愚承诸君之托,人丁纷纭,序列皆载以精心。盖家之有谱,犹国之有史。由本始以至高曾,自祖父而建孙子,浑然一气,流通于无间也。后之君子继愚而续之,则珥笔特书清河之派,涣者以萃,足以垂千载于无穷也,是为序。赠七言诗二律:

其一

(仲山题)

派衍轩辕住浙东,不安故土择幽丛。

入林楼谷襟期远,剪疏披荆意气雄。

昔日独居储事业,他年焕发肇斯螽。

绵之瓜瓞从陶穴,千戴犹追万四公。

其二

人迁得地故居离,水绕山回廊始基。

风鲜浇漓敦朴茂,俗多淳厚笃宗枝。

一源不紊处修诸,四仲明禋重建祠。

自是绳绳昌厥后,桂兰凝瑞兆熊罴。

嘉庆四年(1799)己未岁仲南吕月良旦
候选儒学散谕丙午恩资生邑城仲山季苍拜撰

3. 松源街道朱村张谱序

新修朱村张氏宗谱序

尝闻天地造化万物,物以类聚,物各有本;人以族居,人各有祖。祖而父,父而身,身而子,子而孙。上自祖祖辈辈,下至子子孙孙,代代相承,各承其祖。故各族皆立谱以记其盛。

宗谱犹如国家之历史省志、县志等。其记载虽有大小之别,其意义则是相同。国史乃记载历朝历代政治兴衰变革、忠奸、版图、地域、河流、物产,等等。省志、县志则志本省、本县一切情况。宗谱则记载本宗先祖从何处迁来,如何创业,迄今延续几代,族中德行高者,名贤之士;死者记其死亡年月日,坟茔坐向;生者记其昭穆亲疏,尊卑远近,分枝分派之别。所以宗族不能无谱,使后代子孙得以稽无遗漏。

考查朱村张氏宗族,乃庆邑之望族。先祖三公于清顺治年间,由闽之建宁里九都回田头村,迁居东峰潭。后又由东峰潭迁至此,开辟田亩,创建屋宇,发展创业,是为朱村张氏开基始祖。迄今已越十数代,人丁繁衍,嗣孙礼让传家。该谱自清同治三年(1864)创立,曾经三修。前班于民国二十七年(1938)戊寅岁次,由五都吴儒雍先生修辑之后,迄今已隔五十余载。岁久年湮,其间出生死亡丧葬、嫁出婚入等情况,难免遗忘之虞。本年春游至此,与族长立久、立海二公并邦贤君谈及一事,均感亟须重新修辑无怠,乃邀族众商议,决定重修。

以执笔修辑之任托爱,爱一个寒士,学识浅陋。然近年来,爱惯习是业,颇谙修谱条理,乃欣然允诺,设局祠堂,开工修缮,承立久、立海二公,不辞劳苦,同爱前往各处详细查访登记。帮助精心校阅,细为订正,端正书缮。务求兹谱使后辈贤达观之了如指掌,有条不紊。更望珍藏家宝,永续万代于勿替,灿若辰星,耀然发光,是所厚望也。兹谱告成,聊缀数话,以记其盛云云。是为序。

公元 1990 年庚午岁次季春良旦

淤上村晚生师范毕业叶公爱拜撰

4. 江根乡水寨张谱序

水寨张氏重修宗谱序

古云:可爱者,子孙之多若螽斯之蛰蛰,堪羡者后人之盛,如瓜瓞之绵。由是思之,则先人之所望,惟此后裔繁昌也,为孙苗者,敢不立一孝思乎? 孝思之道,首在修谱,陆续鼻祖之支派,启发儿孙之前模。今者水寨张诸君,请余来村修谱,立此深心。但余请阅其谱,众皆说云,回禄不仁,前谱俱已煨烬,仅有草稿一册,支图尚未舛错,而序久则讹而多矣。即以草稿授余,余细阅其序文,斯固真庸作之笔讹也。无可如何,不得已,即依旧稿抄录,未及斧削,后有贤才,幸勿见哂。

迨阅其支图,虽未舛错,其间不循次第而书者有之,而不合图范而纪者亦有之。而余思作谱以支图为要,故于伯善公它派下,俱各详审其名,定以五代图纪,单书男名,或妇或女,或字或墓,或过房抱子,并书小注。至于图内,以伯善公肇基水寨为一世,递而下之五世一图,图尽书"见后"二字,外图仍以五世之祖名为始,从长及次,其余均可类推,自无伦序三紊,庶俟后人一目了然,不致有混淆之叹,则清河氏之支系不已备哉。

中华民国八年(1919)岁次己未季秋月上浣之吉

石主木隋儒柳成文谨序

张氏祠孙枝隆、枝汉、明钱劝修

魏氏谱序

【导读】魏氏先世,原居扬州钜鹿,宋有显公之子曰郜,曰邬,徙居福清,四传有智公,连生之后讳赃,居丽水碧湖水。复十二传建庆公,迁左源小魏村,延居八世天二公,徙松源之剑川下畲桥,即今底墅外村桥。续十四传有元金公,次子清五、三子清七徙迁于庆元竹家垟始居,后迁庆元田头定居。

荷地镇底墅魏谱序

迁居左源小巍记

尝闻源不清,者其流无自而长,根不固者,其本何由而茂。魏氏祖原封于周晋献公,时食采于魏,因以为氏,流衍日盛,蔓延天下,散于四方邦域之间,日益蕃庶。自显公派下若邬之后,居于婺州及"烟左源"者,未能详记。其郜公之后,建长、建庆二公徙涉达小魏村居。当时人康物阜,教化更新,正黎民于变之时,四方协和气象,且公经财重义,乐邱园之意趣,志山水之前后,克肖子孙,男耕女织,朝动夕俭,兄和弟顺,夫倡妇随,内有谦怀之德,外无仇隙之嫌。如是,则乡党和畅,强弱不相凌,贫乏必周恤,积累有自,增长有原,不日贵,则日富;不日□,则日利。自有不贵之贵,不富之富矣。故曰:"凡戏无,惟勤有益,积善之家,必有余庆。"有可信者。故为之志。

大明洪武十九年(1386)丙寅岁太岁七月榖旦

甥王环世范氏谨撰

魏氏世裔谱序

吾祖以魏为姓,其来盖有自矣。万而后传十六世,至永公封"广平侯",生三子,长甲,次乙,三丙。甲公为淮州刺史,后二十八世孙曰增,任青州通判。生二子,曰询,曰向,任河南节度使。向生徽州,唐功业盖世,卓然千古,笔难罄书。徽生汾,任司空。汾生中,任郡马。中生映,为司徒。映生时,为司寇。时生昊,为漳州府。昊生盈,为内府通判。盈生款,为通化令。款生丁,为内侯。丁生悟,为检校。悟生琰,为司马。琰生楚,为河南节度使。楚生汉,汉生俞,为淮州推官。俞生凝,为御史。凝生秦,□□□,秦生乔,为漳州司马。乔生石,为迪郎。石生钦,任□□□钦生炽,袭司法。炽生炬,为县令。炬生彬,为忠义大夫。彬生献,为助教。献生陵,为通判。陵生泯,为司法。泯生仍,为助教,仍生禧,禧生起,起生骥,骥生驹,驹生谦,为府尹。谦生篾,为提点使。篾生泽,为镇江府尹。泽生文,字子高,为廉访使。文生后,后生燕,燕生绾,立为"义王"。绾生植,尚书。植生鸿,隐士。鸿生藏,隐居终南山。藏生怀慎,为御史大夫。慎生恩,字从愿,宋光宗时举进士第,绍熙间考士于崇政殿上,观其状貌,任以重职,名覆金瓯,赐翰林学士。上深爱之,及讨徐州,请议兵,法曰:"苟活徐州而罢兵可矣。"上如其言,遂班师回京,而顽愚悉皆纳拜以降,加封中书右相,此绍定五年(1232)壬辰姑洗月庚午事也。恩生文纪,赐进士,为中书,号"玉川先生",修真成道,迹留石井。纪生肇,任随驾将军,迁侍御史。肇生频钦,赐为光禄寺大夫,检校礼部尚书,后自闽州徙居婺州卢源,显生二子:长曰部,为押令衙史;次曰邬,为散直郎。其皇帝敕显公诏曰:"朕观尔臣皆承先训,袭世代之簪缨,得孙吴之兵法,胸藏锦绣,志显六韬,当朝缺补谏之良材,卿中少补衮之职任,宜加爵秩以光门闾,封光禄大夫、检校礼部尚书,汝其钦哉。"

时同治九年(1870)庚午太簇月丁卯日给礼部准此

底墅吴贵贤抄

魏氏宗谱序

魏氏之原,欧公尝推其由矣。其后历代衍绵,支派益别。虽居村域之中,所处不同,其所自始未可据也为之考,其本宗之所由分,则自永公立后也。七十二世孙显公,徙于卢源,迁于栝苍,居于茗溪,至今十有余也。世其在闽淮蜀者,不可屈指,而浙中之族尤为最盛,发策决科世不乏人,其联仕版者,何可胜计? 前如植公、思公、文纪公为名宦之选,魏氏之望族也。即自近观之闽浙之间,以文章素著学问,太傅自励,道义尤重,德行如斯氏之族者,禄位虽不显赫,而姓氏终不朽,雅望常在,人也。余自武林还,明日因超其庭,偶见其谱帙,知其源流之深、支派之盛,非凡族之所可拟,因深嘉其事,而为之录,序其大略云。

时皇康熙十三年(1674)丙午岁季夏月

将仕郎青田孙郑庚茂林氏撰

魏氏宗谱序

粤稽魏者,国名也。然则曷为而氏之? 盖当周武王王天下封弟姬高于毕,及成王立,复进爵为魏侯,然犹未以为氏也,仍氏以毕耳。传十余世至周惠王十六年(前 661),晋献公并其国,有苗裔曰:毕万献公,以其有功封为大夫,食采于魏。维时晋大夫卜偃曰:"毕万之后,必大矣。"夫万满数也,魏大名也,且天子曰:"兆民诸侯。"曰:"万民今命之大,以从满数,其必有众矣。"乃受封。始十一载,献公卒,四子争立,而晋自乱,毕万之势果振,从其国名,因以为氏。而魏兴焉,是卜偃之言已验于为晋大夫之日矣。其后万生武子,武子生悼子,时有若犫其从亡于文公也。何功若魴、若颉,其为卿□悼公也,何业概不具论。悼子之子曰绛,陈和戎,五利晋。遂使昌戎迄郑,既平,献以鼓钟、铸磬、女乐,公半以赐之。绛辞曰:"和诸戎狄,国之福也。纠合诸侯君之灵也,臣何力之有? 臣惟愿君安其乐而思其终也。夫乐何以安,惟义以处之,礼以行之,信以成之,仁以厉之。而后可以奠邦国,同福禄,远人来所谓安其乐。"书曰:"居安思危,思则无患。"敢以此规。噫,读其言,则绛诚春秋之贤大夫哉!越六世,周贞定王十一年(前 458),有桓子者与韩赵智其共灭范氏、中行氏而分其地。周考王四年(前 437)有白驹者,其强益盛,而晋幽公立,止辖二邑矣。迨周威烈王二十年(前 406),命赐斯进爵为侯,侯是为文侯。其时有宗党名成者,荐卜子夏、田子方,而文侯则事之以礼,荐段干木,而文侯过其庐,必式焉。四方之士多归之,至听翟璜而下堂迎任座,其谏良足风矣。则其朝韩赵而大三晋也,固宜是卜偃之言再验于周封侯之日。迨周安王十五年(前 387),文侯薨,太子击立,是为武侯。武侯不立,太子至周烈王六年(前 370),其子婴与仲缓争立,韩赵伐之,赵欲杀婴以立仲缓,韩则欲分之,以弱其势,两国谋议不,而皆退矣,遂杀缓以自立,是为惠王,生三子,曰申,曰邛,曰赫。周显王二十八年(前 341),申于马陵遭虏于齐,邛于二十九年为秦所诱而执之,赫立为襄王,后为秦所并,而氏族之散处四方者,于是乎蕃衍而不一地矣。姑就平居所见,其名之标于青史而垂于奕世者论之,于汉高祖时,则有魏无知之荐陈平也;孝文时则有尚之为云中守也;宣帝时则有丞相高平侯曰相者,其保邦济治有足多焉;桓帝时则有隐不侯曰相者,其保邦济治不赴召,曰:"恒者其清风尚节,有可表焉。"至若延立助先主以伐曹者,勇烈超绝,而应之以经草堂讲学,虎观斯亦汉儒之卓卓者也,而卜偃之言三验于汉。而随则有澹以继之,至德深之,为政清静,不治而严,当时不堪之民所在离散,惟贵乡之民不扰,民爱之如父母焉。其隋朝之良有司也乎?至于唐郑文贞公征之事太宗也,谏点兵则论其教矣,信而太宗服其言尽精要,赐之矣,金鸢谏讨乱则谓至诚可服,而太宗嘉其言之胜十万师,赐绢五百匹,谕以宜存形迹,则有忠良之说,而赐绢如故。且能令太宗从谏霁威加鹄至此,于怀中欲幸南山,严装而至于中止;能令太后叹其引礼义,足抑人主之私情,称其能犯颜直谏,为社稷之良佐。奏七德舞则寓偃武于修文,论官择人则重才行之兼优,献陵一对太宗知过而置案善终一,疏太宗感泣而毁观十渐疏,上则原改终善道,列之于屏风,以今朝得而食,得闻且兼录付史官,俾万世感知。君臣之义金十斤,马十匹,非臣之感君者,深而君之报臣者厚欤?身当寝疾则讯问而赐药饵,遣将宿其第,庶动可知而静可识,至幸第同太子且制碑以表忠贞之节,保三鉴亡非君之保臣者,切而臣之待君至与?盖其当日,自以为不世遇，展尽胸蕴，前后凡二百余奏，无不剀切悉当帝心也。至宗则恩温之后，虑表上其心，有可质天地，其事有可告祖宗，若元忠之为丞相，忠直可表，屡贬自如，位摄冢宰，中外咸赖焉。玄同之为平章，交久不渝，耐久致谤，从容就义，视死如归。玄宗朝则有之古之为相，其政不小。代宗朝则友少游之为观察使，善事良多。若弘简之为枢密，于穆宗以其恐妨进取而沮军事也。至暮之为补阙，至誉之以补阙，于□质以其疑似之间而能尽言也。取注记而劝以为善，谟之无愧于厥祖命，献笏而乃此之以开帝之无忘乎？文贞且后谟之为平章，则以储副未定为忧且泣，曾祖徽其有光乎宣帝，曰："谟绰有祖风，我心重之，此唐臣之表者也。"而卜偃之言复验于唐矣。后周世宗时有仁溥者，以刀笔吏致位宰相，以其能谦谨而活全人多也。至宋太祖而相职不改，斯亦时之杰出者乎？太宗朝则有为左计史之羽焉，而漠津则常师事仙人李良，授以鼎乐之法，徽宗三年命之定乐音，铸七鼎出语所知曰："不三十年天下乱矣。"后果如其言，殆善于知音者乎？高宗朝为侍御史则有虹而胜，则善用大力，能左右射，高宗二十三年，败金人于海州，事后凡有战，金人望之而退，武勇过人如此。其殆精将略者欤？孝宗时，宗正少卿杞使金，能正敌国，礼加为尚书右仆射，是不辱君命者也。其建宁布衣掞常师胡宪瓘，与朱文公友，因荐其学行，孝宗召之，赴对，遂以分邪正为要，宣德为先其请，废安石父子，勿祀，迄追程氏兄弟，官爵，既而不合，罢为台州教授，其殆理学之功臣。至理宗朝若了翁者，筑室白鹤山下，开授生徒，士争负笈从之，由是蜀人皆知义理之学，及贬靖州，至则湘水。江浙之士，不远千里负书从学。所著《九经要义》等书刻，志学问几四十，忠言谠论，载在国史，前后六月，凡二十余疏，皆切当时之要务。帝欲引以共政，忌者相与排摈之，帝御书自"白鹤书院"四大字赐之。至其为起居郎，为转运使，为枢密，为谏议，命视师为学士，知漳州，赠少师，谥"文靖"，又何兴焉！其直儒之翘楚乎？而卜偃之言且验于宋矣。其在元朝则建功立业未获，概见其人明之贤士大夫，□时考究也。要之，魏氏之族可谓不盛矣？今余学虽鲁莽，盗膺谱牒之任，因概论其物，望如此若本公以后，悉本人之下而识此爵焉。固不注述也。至若居处之地，亦各于本人立下加以小注，俾睹者一见而知此，亦无庸琐琐矣。

180

庆元姓氏源流谱序集

今虽居于罗林源头,敬能以远大为志,则历朝之公卿大夫贤人君子,亦必虚一位以相待,而卜偃之言,岂独不念于于今哉!是不能不望于有志之士耳,因而为之兴歌云:

> 上下古今历有年,氤氲所钟自靡常。
>
> 侯王君相屡辈出,周汉唐宋每名贤。
>
> 功业著美有志士,灵秀诞降无私前。
>
> 布衣曾照帝王业,古来男儿当自强。

康熙四十三年(1704)甲申涂月穀旦

松源举水村吴令果谨撰

迁居剑川下番桥亭记

尝考古来圣贤君子,其欲子孙计长久也,无不择地而居焉。他不必论,即自魏氏之先而历言之,自后稷受封而食采于邰,非不欲世世相守以为不拔之基也。迨至公刘,狄人侵扰,爰方启行,徙居于幽,而周道益振,宜乎永为子孙安宅矣。乃于古公亶父,时狄人侵之,太王不安,及属其耆老而告之曰:"我将去之。"去豳而邑于终岐山之下。越四世,武王伐商,以王天下封弟高公于毕,遂居于毕,食采于魏,因以为氏。为大夫者,盖九世矣。十世魏斯贤而师事,田子方,卜子夏势日益盛,周威烈王进爵为侯。而韩末历二世至魏□则都大梁,而称王,宜乎永享梁都,万世生久也,无如秦并天下,散处四方,不可计。永公则徙居成都,廿八世孙增公徙扬州下曲阳巨鹿。九世欸公为通化令,遂居通化。十世乔公为漳州。十五谦公为江西府尹,居江西,其子箆公为提点,徙建宁。十世赃公隐居终南山。七世部公居福清。三世德公居茗溪罗源,其后子孙散居于四方,更难忆计矣。如济公居青田,池公居炉廓,渊公居淮南,浍公居婺州罗源,海公居温州永嘉,淮公栝苍望京门,楼公居高山,固甚盛也。惟本支赃公居丽水碧湖街居。十一世金成公迁括苍通济门。十三世建庆迁涉达村,后名小魏村。七世烜干、烜坤二公,徙居寿宁。干公徙居剑川下畲桥亭,即今庆元底墅下桥是也。历观本支自周后稷封邰至于桥亭,盖十八徙矣。昔孔子有言曰:"里仁,为美。"孟子曰:"禹稷当平世出而建功,因能忧天下之忧。"颜子当乱世,于陋巷亦能乐一己之乐,孔子贤之。若然则人所居其地之大小,虽有不同,其心固各有一道也。烜乾公下畲迁亦同九州岛之广固,可以建业,而冲门之下亦可以栖迟,然兴忧天下之忧,又何兴乐一己之乐为安守?观其所创业,非不美盛,至赆至今,犹啧啧人口,坟茔屋址尚存。余往来其间,问诸父老言曰:"所谓魏处垟者,其在斯乎?"与魏氏忝属姻戚而以谱帙任余,余虽未能得见其所见,聊为述夫闻其所闻,以附于此,庶后之人得知渊源所自记来云。是以为记。

康熙四十三年(1704)甲申岁秋月榖旦

松源举水后学吴令果撰

魏氏修谱序

今夫史者天下之谱也,谱者一家之史也。是故谱之义深,为谱之义益深。曷言乎?谱之义深,盖谱者,善而属之也。使仅知谱之当普,而不知谱之当属,则扳鳞附翼,枝峰蔓壑,其不类夫赵相罗威之妄援也。几希又曷言乎?为谱之义益深。盖谱者,分而合之也。使分之于前而不合之于后,则昭穆无序,恩爱勿施,其能逭乎欧阳、苏氏之所罪也?亦难矣。维时乃有魏氏后曰双锡、吴玉、海一,偕侄有枝、有金等,与予语及家乘,不我遐弃,遂持谱恢命予修葺。

予展而观其世系,原出自高公之后,毕万得姓,元方受郡。其中仕宦特起,豪杰挺生,质诸史册,班班可考,不必赘述。但溯其先世,原居扬州巨鹿,迄宋有显公,胸藏锦绣,显六韬,加封光禄大夫、礼部尚书。其金儿曰部,曰邬,为押衙令,徙居福清,四传有智公,生五子,曰逮生,曰连生等余派俱详异域。惟连生之后讳赆者,居丽水碧湖水,复十二传有建庆公迁左源之小魏村,延居八世有天二公,溯流而上,徙松源之剑川下畲桥,即今底墅外村桥,魏氏居焉。续十四传有元金公,生三子,各怀觅山寻水之思。长清一居政和,政和辖下铁山;次清五徙迁于庆元竹家垟;三清七始居竹家垟,后观景邑源头,现属庆元田头,山水秀丽,遂卜于源头居焉。以世按之几十有五矣。阅其谱,原葺于康熙甲申(1704),历今九十余岁,中有经营外地,羁徙异域,亦不乏人,倘犹因循观望,长老渐销,孰为考订文献,不足畴为告语其不类,夫孟尝君之问孙之孙为何,而答曰:"不能知者几希矣。"今锡等复行修理,亦可谓不失欧阳、苏氏之遗意也。愧予庸才,莫能铺张,姑就遗编聊为加详,增订新丁以及婚配葬地,虽增华之美有待名贤,而支派昭垂厘然可考,伏冀魏氏尔昌尔炽,克绍先绪,俾是缮重先焉。

大清嘉庆元年(1796)岁在丙辰夏月榖旦

后川眷生周辅廷书

陶氏谱序

【导读】陶唐帝尧长男陶公,袭封于陶,遂肇姓陶。夏商两朝历居丹阳,至于周衰,有答子筒号公入镐京为补后齐,有陶青公入长安为汉相,世居浔阳。故以浔阳为郡。

庆元陶氏始祖汉末陶谦公为官徐州,其子孙徙隐越地之会傅阳。至东晋咸和九年(334),隐二公商游栝苍之龙泉,居白水之东,开基庆元,历居白水松源,守祖邑城内后巷。

山头洋,先祖元明之际隆宫陶氏祖公,隐居庆元三都二图五岑头暂居,后又寄居邻村高坂。静一公同男明一、明四守居埠头。静二公同男明五、明三,观山头洋山环水秀,茂林修竹,就此开辟乡景,观其上下峻阻,唯中间平坦而名曰"山头洋",于明永乐年间(1403—1424)定居于此。

1. 陶氏受姓易挹统纪

原陶氏受姓之始,本陶唐帝尧长男陶公,袭封于陶,遂肇今姓。五音属徵,和五行属火。夏商两朝历居丹阳,至于周衰。有答子筒号公入镐京为补后齐,有陶青公入长安为汉相,世居浔阳。浔阳固陶氏之旧郡也。至汉末,陶谦公为徐州知府。汉祚寝,主子有微让徐州,于刘先主厥子有齐二郎,更名隐一、隐二。徙隐越地之会傅阳。至西晋永宁元年(301),隐二公商游栝苍之剑邑,见其山水秀雅,遂居白水之东。历二世,咸和九年(334),从松源至咸三公,献纳兵饷,中宗元帝建武元年(317),封公员外郎。除绛州太守一任之后,致仕隐居越地黑松林,生一女,名三春,韬略神授。事晋后主,复兴晋室,受封正宫,因加赠为"傅阳郡"。陶氏之改浔阳为傅阳者,自此始也。

2. 隆宫乡山头洋陶氏谱序

原叙

夫家谱之设,所关最大,支派赖之以而分,亲疏由之而辨,尊祖敬宗,孰加于此哉!盖人而无谱,犹树之无根,若水之无源。树之无根,何以发生? 水之无源,乌乎流长? 是故谱之道,上记始祖源流,中继高曾祖父,及身而下嗣续子孙,千载悠久,源源相接,无一毫紊乱者也。若然,岂不犹木之条畅、水之远流乎? 由此论之,谱之道,诚不可无焉者矣。

原厥地开辟之始,自培三公历居白水之松源,配吴氏,生四子一女,守祖遗泽,世居本邑城内之后巷。值元明相侵之际,长房本三公,守居祖屋;第三房本六公同弟本九公,二公徙青田十三都;次房乃吾祖本四公,隐居本邑三都二图五岭头暂居而已。续又寄居邻地高坂数载,又迁三都三图亦名高坂大丘,再后迁徙埠头。原配安人赵氏,生二男:长房静一公,同男明一、明四守居埠头;次房静二公同男明五、明三颇识地理,观兹山环水秀,茂林修竹,虽无丝竹管弦之乐,而有曲觞流水之趣。乐乎哉,可吾后嗣之栖迟也! 就此开辟乡井,观其上下峻阻,惟中间平坦者,因而名曰"山头洋"。于大明永乐年间,竖屋垦田,迄于今计二百九十余年矣。而豫二公派下子孙,传至发字行等,方十世,承祖德之庇荫,而今丁旺囊丰,家积颇饶。是以合族商议费资,请予设立谱书校编祖派。

予尝诵史,考其陶氏源流,系出帝尧受挚封陶,帝后长子龙受于陶,而陶氏以传。予不敏,聊具鄙俚之言,为此山头洋开辟之记云。

时康熙四十八年(1709)六月吉旦

叶斐然书

原序

忆夫源之深者流必远,本之固者木必滋。原陶氏分迁受郡伊始,自周公之裔徙居傅阳,汉末适越地。永宁元年(301),谦公次子号隐,隐游栝苍。咸和九年(334)至松源太阴,诞降三春,贤能助国,荣及父党。此松源所以傅阳郡之陶氏也。越数世,而陶氏之志每在高山,既而寝处埠头地,候鸟分踞山头洋,犹息择木而栖入林,惟恐其不深矣。然狐死首丘,不忘厥本,陶氏枝派繁衍,居此土者,前谱谍于载之,后以启来者,许续绍之基不忘也。由今溯之又历七十余年矣。几度升沉,欲令他日之子孙凛尊祖敬宗之谊于勿替。能不以今日身为祖宗之子孙,继尊祖敬宗之事于无穷乎?乃召余修理,接续上流,守先传后,兹为急哉!是为序。

乾隆三十六年(1771)辛卯岁次壬辰月乙丑日良旦

静二公派下十世孙顺燕,十一、十二世孙顺清、奇文、天富拜志

谢氏谱序

【导读】谢氏始于炎帝后裔，周宣王时封申伯于谢地，河南开封府邑显陈留，以邑为氏。

济下谢氏，后周时，金胡公任尚书职，当时因与首相交恶，于是隐居杭州钱塘，后由钱塘徙居庆元蓬塘，至存福公，居济下，建基立业。

黄田镇济下谢氏谱序

谢氏宗谱序

陈留谢氏出自黄帝，姓公孙轩辕，有熊国君之子也。释义云，神农氏炎帝母弟世嗣少典氏为诸侯，帝榆罔，少典氏国君之妃曰"阿宝"，感电光绕北斗而有娠，生帝于轩辕丘，因名曰"轩辕"，今在开封府新郑县。帝生此有土德之瑞，故称曰"黄帝"，生而神灵，弱而能言，幼而狗齐，长而敦敏，成而聪明，用于有熊，故曰"有熊氏"。长于姬水，故以姬为姓者，后稷支分也。是时神农氏世衰，诸侯相侵伐，炎帝榆罔弗能征，于是轩辕有干戈，帝有圣德，纳妃生二十五子，得姓二十人，迨后炎帝之裔申伯，封于谢地，以邑为氏。今河南南阳府是也。谢氏黄帝之苗裔，诚于申伯肇其基也。金胡公、会稽公皆晋谢元公之支派也。

按南宋史谢灵运即"会稽公",家于上虞,少好学,博览群籍,文章为江左第一。文帝时仕永嘉太守,祖父封爵,世称"康乐侯"者,即袭元公之封也。凡有名山胜境,遂肆意不知遨游,遍历诸县,动逾旬朔,理人听讼不复开怀,所至辄为诗咏以致其意,居官一周辄称疾去职。尝选《晋书》三十五行世,又稽后周时金胡公,位至尚书,其时因与首相有隙,隐居杭州城内钱塘,后由钱塘而徙居于松源之蓬塘,此乃谢氏之所由未也。是为序。

大明宣德五年(1430)南吕月吉旦

裔孙临照知县智清拜撰

重修济下陈留谢氏宗谱新序

尝闻木有本,水有源。本固则叶茂,源远则流长。祖宗既远而莫识,子孙当归崇而勿替,故莫为之前,虽美勿彰,莫为之后,虽盛勿传。孝子慈孙急先务,第人习之。

考谢氏始于炎帝之裔,周宣王时封申伯于谢地,今河南开封府邑显陈留,以邑为氏。至后周时,金胡公任尚书职,是时因与首相有隙,故隐居杭州城内钱塘,后由钱塘徙居庆元蓬塘。迨至存福公,阅蓬塘地方山水虽秀,非久居之所。故而卜居际下,建基立业,构室而居。今子孙昌盛,人口浩繁,传下一十八世。查阅谱牒,先后曾修八次,自公癸巳修后,业已三十五载,依照朱考亭夫子定例,正合其式。现族内裔孙光宗、积铠、光芳、桢春、积达、善汉、善平、善常、善西等,有志念切先人,心怀报本,首倡创修,族中一致赞同,于公元戊辰孟秋,延予修理。现已告竣,使将来同宗不致有路人之视,坟茔有遗忘之悲。惟望后之贤裔,得及时续修,上承光人之遗徽,下启后嗣之繁昌。聊撰数语以使后之诸君子览焉。是为序。

公元 1988 年季秋月中浣吉旦

庆元县一都上管南峰东溪吴兵锡年、本里上赖周振善同撰

苏氏谱序

【导读】苏氏其派衍出于姬氏帝颛之后,四川省邛州祈县而祝融陆终封苏地,即以国为姓,而武功封丽,此为苏氏姓郡的由来。

山丘苏氏,先祖鼻公,朝居下圹,任陕西御史。讳杰公居青田九都芝田白岩,派下十二世孙前任邓州知府,派下廿一世孙讳公在京上舍,官公之五子八五公,由芝田徙迁苏山头,四世孙福四公迁居项大头,长子俊七公自项大头迁徙山丘,则为山丘开基之始迁祖。

张村乡山丘苏氏谱序

苏氏谱叙

余考苏氏自颛帝祝融陆终之后,世修文德。自周汉唐宋以来,五十有三世。苏秦初授国子监学士,史记劳力积功,承宠甚之,不胜加旌,授赐六国相印,分治六道,天下归之者,无不接踵而起。秦下四世孙曰庆、曰度二公。下又四世孙炳公为丑川知府,燔公授温州太守,炬公任惠州太守,一门三仕,幽显光宗并出苏氏。五世孙鼻公,大宋朝任陕西御史,公下一女厚主招附马,宋真宗谥妃曰"后"。以下三世曰晋公,得道成入仙侣。五世公际,工部尚书校光大夫。遗下三世孙术公除邓州知府。下二世孙稔公任乌程县令。下四世隐公任南监御。隐公下四世用公在京教授。下四世彩公任广州嗷嗑县令。公下四世□公在京上舍。自六国相印遗下五十二世孙□公,稽考系派,出邛州祈山县,虽百世逾远,阀阅相承,曰绳曰蛰,知绵远之螽斯,金碧金辉,布宦清而流裔,若不缀谱书,诚为后裔无考。则家谱之设,正所以昭前列后,上圣百世之宗祖,下明万古之流派,使后之子孙观谱知亲,自不致途人相视也。是为序。

宋元祯元年(1295)乙未

在京国子监祭酒王善级修撰

重新修山丘苏氏宗谱序

尝闻家之有谱,犹国之有史也。国不可无史,家亦不可无谱,思人之有祖宗,犹水之有源,木之有本也。水必其源而后其流长,木必固其本而后其叶茂,人必尊其祖而后知祖姓所从出,子孙所由来也。而尊祖莫大乎敬宗,敬宗莫大乎睦族,而睦族之道又莫要乎修谱。盖以谱牒所载,上以纪始祖所自出,下以列昭穆所由分。苟谱牒不明,势必尊卑失序,长幼凌节,亲疏逆施,甚且同宗共祖者等于路人而不知。则其弊,子孙可胜言哉!今年夏暑中,前赴贵村大春、道苗二君家,谈及宗谱之事,以道苗手出旧谱,翻阅原修时,在大清咸丰四年(1854)甲寅之岁之间,所编缉迄今已有一百三十一年之久矣。汝等叹息曰:"在民国初新修之谱,业经毁灭,宜细查。"曰:"该老本虫蚀腐烂不堪,如再延搁,年湮代隔,老成凋谢,无从稽考者也。"讳八五公派下廿三世孙大春、大庆,廿四世孙道苗、道义、道炳、道岩等,深解其意,祖德孝行也,续世美举矣。诸君热心邀请,集众商议,赞同托余为其修纂,以免世系脱节,无从考询。余本才疏,对于修谱之事,颇略知之,以为应允。余于六月到达从事,始创布稿。余以细详查询其中,尚有仁义忠信四行,生终庚不详。乃因代来年远之故耳。但在编辑中,族内又取出一册老谱,其时在大清朝康熙三十二年(1693)癸酉岁,已达二百九十二年之更较久矣。此谱文史志腐蚀,更难誊抄。按氏为庆邑之望族也,代有文人谱牒昭彰,文献灿烂,无容余之赘述。

　　苏氏其派衍出于姬氏帝颛之后,四川省邛州祈县而祝融陆终封苏地,即以国为姓,而武功封丽,乃苏氏姓郡此由来也。派下三十三世孙,讳鼻公,朝居下圹,任陕西御史。讳杰公居青田九都芝田白岩。派下十二世孙前任邓州知府。派下廿一世孙讳公在京上舍,官公之五子八五公,由芝田徙迁苏山头。四世孙福四公迁居项大头,长于俊七公自项大头迁徙山丘,则为山丘基之始迁祖也。其中显宦迭出,名流崛起,莫能整述。惟将迁徙山丘八五公派俊七公系重新修纂一部,在编缉中原原本本甚为厘对,本支较详,别派从简。派衍本原其一共探河源于宿海,千枝万叶总本一根以敷荣,则一世百世而昌盛而归一祖,啻脉俾昌俾炽而发族,俾后世子孙孰近孰远,孰亲孰疏,一目而了然,毫无淆乱之叹矣。余以敢撰数言叙于卷首,爰为序云。

　　公元一九八四年甲子太岁应钟月吉旦

　　承修谱事眷侄黄冈超民陈家振敬撰

范氏谱序

【导读】晋文公五年(前632),士会被提拔为大夫,又佐襄公以称霸诸侯,鲁宣公十六年(前592),晋景公请王以黻冕,命士会带领中军,且为太傅,食采于随,又食采于范地,称姓曰范氏,范士会是范姓受姓鼻祖。

南阳范氏,范缓公在元代,因金人犯境,迁居兰江都市中心,纮公同居随父居于此。纮公三子晟昌公任雍州刺史,任职括苍龙泉,随任迁居金墩头。他的子孙又移居浦城花墩头,晟公后又迁居河南光州固始县西街英俊坊,不久,迁到福建福安县,长子曜公迁政和管下十三都范家山头,公之子小三公来到庆元二都南洋定居。大岩村范氏由玉六公从南洋迁居大岩村,玉六公是大岩村始祖。

上处奎范氏由南阳分出。

1.荷地镇大岩村范谱序

高平范氏受姓世系渊源序

溯自盘古开辟以来,三皇相继,五帝递承,吾范氏实肇端于黄帝。先是神农氏母弟名茶,封少典国,世为少典国诸侯,少典之后妃曰“符宝”者,感电光绕斗,而娠二十四月,生帝于轩辕之邱,因名轩辕。本姓公孙,曰公孙氏。长于姬水,又姓姬,国于有熊,曰"有熊氏"。轩辕之时,神农氏世衰,诸侯相侵伐,暴虐百姓,而神农氏弗能征。于是轩辕乃习用干戈,以征不享,诸侯咸来宾从;而蚩尤最为暴,莫能伐。炎帝欲侵诸侯,诸侯咸归轩辕,轩辕乃修德振兵以与炎帝战于阪泉之野,三战然后得其志。蚩尤作乱,不用帝命,于是黄帝乃征帅诸侯,与蚩尤战于涿鹿之野,遂擒杀蚩尤。而诸侯咸尊轩辕为天子,伐神农氏,有土德之瑞,故号黄帝。居轩辕之邱,而娶于西陵之女,是为嫘祖。嫘祖为黄帝正妃,生昌意、元嚣、龙苗,次妃生帝鸿及清,三妃挥及夷彭,四妃生苍林及禺,共九子。众姬生人一十有六,共二十五子,别十四姓:曰祁,曰己,曰滕,曰识,曰任,曰荀,曰僖,曰佶,曰儇,曰依,合二姬二西为十四焉。黄帝都涿鹿,在位百年,寿一百一十七岁,崩于荆山之阳荃桥山。立传次妃之子名休,即帝鸿。帝鸿传与清之子名纪挚,即少昊。少昊传与昌意之孙,即帝颛顼也。昌意母弟元嚣降居泜水,生蟜极,蟜极生帝喾,继颛顼而帝,是为高辛氏,都于亳。帝喾元妃有邰氏女姜嫄,生稷。次妃有娀氏女简狄,生契。三妃陈锋氏女庆都,生尧。四妃娵訾氏女常仪,生挚。帝喾之位传与帝挚,帝挚立,不明,诸侯共废之。帝尧继立封挚为高辛氏,生八子,即八元也。尧时举舜敷治,使后稷教民稼穑,使祖契为司徒,契之后至汤而有天下,是为商朝之子。稷之后至武王而有天下,是为周朝之祖。若帝尧曰放勋,即我范姓之所自出也。尧母庆都,孕十有四月,感赤龙之祥,生帝于丹陵,母家伊姓之国,后徙耆,故姓伊耆。年十三佐挚为政司,封植受封于陶。年十五改封于唐,故又合称曰"陶唐氏"。年十六以火德王,即帝位都平阳安邑。在位七十三载,因子丹朱不肖,至丙辰命舜摄位,以二女娥皇、女英妻之后,禅于舜,至癸未在位一百载,一百一十五岁崩于阳城,葬济阴之城北。尧有子十人,丹朱系嫡孙嗣,不在九男之数。舜受尧之天下,尊丹朱为虞宾,封于房,故房姓为其后。九男之中最长者曰监明,承父命佐舜,舜封为唐侯,监明生勾阳,亦受舜封为侯,居蒲坂。勾阳生大骆,夏禹封以伯爵,居安邑。大骆生柏齐,仲康时封公,辞而不受。柏齐生冯,由安邑徙居太华。冯生昌历,昌历生卉青,青生照煦,煦生良遐,良遐生蜚穹,生宜质。自柏齐至宜质,八世不仕,世称逸民。宜质生榆午,榆午生累学,扰龙于豢龙氏,以事孔甲,能饮食之,夏后嘉之,赐姓刘氏,曰御龙,以更彭姓豕韦之后,龙一雌死,潜醢之。以食夏后,夏飨之,既而使求之,惧而迁于鲁。彭姓之豕韦乃复其国,刘累居鲁县。由夏迄商,历五百余年,孙初蕃衍,分郡者,凡二十五望焉。殷高宗时,灭彭姓之豕韦氏,御龙氏之十九世孙隗复承其国,为豕韦氏。殷末,豕韦氏五世孙叔遐徙国于唐,为唐氏。叔遐传敬恺,周成王灭唐以封弟叔虞,又迁敬恺之后于杜,为杜氏,使袭伯爵,是为景伯。景伯传穆伯,穆伯传庄伯,庄伯传桓伯,桓伯传惠伯,惠伯传僖伯,僖伯传共伯,共伯传宣伯,宣伯传文伯,文伯传闵伯。闵伯有子杜伯,仕周,为上大夫,宣王因童谣有月升日没之言,使之董察妖妇事,后乃责以怠,命杀之。伯友左儒争之曰:"君道有逆则顺君,友道君逆则顺友。"王卒杀之。左儒亦自死,杜伯之子隰叔,避害奔晋,生,仕晋,为士师,以官为氏,曰士氏。士为生成伯缺,缺生武,子士会,晋文公五年(前632),摄右为大夫,又佐襄公以霸诸侯,鲁宣公十六年(前593)戊辰岁,晋景公请王以黻冕,命士会将中军,且为太傅,食采于随,又食采于范,以地为姓,曰范氏,此受姓之鼻祖也。士会生燮,又食采于郇栎。燮生自,自生鞅,鞅生吉射。凡五世为晋卿,范宣子语穆叔曰:"昔自之子自虞以上为陶唐氏,在夏为御龙氏,在商为豕韦氏,在周为唐杜氏,晋主夏盟为范氏,正言己之世为兴家也。"晋出公十七年(前458),智氏、韩氏、赵氏、魏氏共灭范氏,中行氏而分其地,即周之贞定王十一年(前458)也,岁在癸未。当时支庶散处于他邦,族聚于长平者居,方多后名高平,名郡焉,即今山东兖州郓城县,山西泽州高平县等处是也。士自有弟曰句,亦为晋大夫,鲁定公十三年(前497)避吉射之乱,居此三户。厥子蠡,又寓居于吴,既而为越大夫,相勾践。霸越灭吴,灭吴而返,遂乘轻舟浮于五湖,越王命工以良金写范蠡之状,而朝礼之,环会稽三百里以为范蠡地。范蠡忽一日,使人取妻子而去,变名易姓,适齐,为鸱夷子皮,耕于海畔,父子治产,齐人闻其贤,以为相。既而归相印,之陶为朱公。朱公以陶居天下之中,诸侯四通,货物所交易也,乃治产积居,与时逐而不责于人,十九年之中,三致千金,再分散与贫,交疏昆弟,后年衰老而听子孙,子孙修业而息之,遂至巨富。故言富者多称"陶朱公"。有志富奇书传于世,卒于陶。公生七子,各择所居,曰隐,曰安,曰逸,曰攸,曰静,曰宁,曰暇。其四子攸公,居于越之会稽,五世孙杭生四子,曰均,曰何,曰赞,曰预。何公徙于魏,生三子,曰睢,曰睦,曰曜。睢事中大夫须贾,须贾谮于魏相,为魏齐所辱,改名姓曰张禄,因秦使入秦,为秦昭王相,封以应,号应侯。次睦公生峤,徙居于巢,生三子,长增、次迭、次愚。增为项羽谋士,迭知羽不能成其大事,遁于伊阳,生药,药生悫,徙钟离侯国。生三子,长湜、次滂、次沱。湜仕汉,为青州刺史,沱为黄州令,滂为太尉,生励,为济南通判。励生清,为沂水令。清生节,节生蔚,为钧州水军都尉,蔚生茎,为武安令。茎生鄂,为永州副将。鄂生歆,为白河令。歆生三子,长绎为宛平令,次绛,次续。绛生四子,长恂为田州刺史,次悛为合水令,次颐,次灏,灏为邑令。恂公徙居东缙,生式,式生二子:长史云,为莱芜长;次吏云,为横阳知府,徙居外黄。吏云生砺,砺生毓,毓生二子,长申,次逊。逊为青州令。遂同父兄居青州,申生询,徙居梁州。询生庠。庠生宸,为开州刺史。宸生柏年,南北时为梁州刺史。柏年生蔚宗,为秘书迁内江。蔚宗生迤,迤生漳。漳仕于梁,生四子:长彦旭,为兖州刺史;次彦鲸,仕齐,为礼部尚书;三彦鲂,仕魏,为校尉;四彦龙,仕梁,为吏部尚书。彦鲸生歆,歆生二子:长崇凯,仕唐为礼部尚书;次元凯,为左丞相,分居怀远。元凯生蕴,为苏州通判。蕴生薇,为邯郸令。薇生赐,为仪封令,徙居吴县。赐生懋,懋生二子,长成为谏议大夫,次倘为言果,不谬也,于是筑室于兹,开垦田园,爰居而爰处焉。时南宋理宗宝庆三年(1227)丁亥岁也。历元迄明一百数十年,族裔光昌蔚矣。可观九世孙益二公,讳曰万字,我盈复从南洋迁上本都黄公山,购屋而居,买田而耕,及子玉六公,见大岩地方相去而伊迩,兼且山明水秀,更从黄公山迁至大岩村头,开基立业,为一世之祖。此有明宣德年间事也。传及八世,户口叠增,我先君子讳义菊,字复正,首辟书香,自后或为增广,或为廪膳,蜚声庠序者,比肩而立。有堂伯讳义,盖叨荐乡宾不才某亦忝居外翰,至若分处于他乡异境者,绳绳蛰蛰,实繁有徒祖功宗德之所留贻,岂可量哉!故敢历历序之。

乾隆五十八年(1793)岁在癸丑林钟月

玉六公九世孙庚戌岁　进士连相撰

重修范氏宗谱序

盖自天地肇分,万物资生而并育,谱图流衍,百世相传而可考,此谱之作与谱之修,均之为不容缓。

爰稽大岩之范氏,自南洋徙也,至玉六公始居于此,究重先出自士氏尧后。有刘累之裔孙,名杜隰,仕晋,为士师,其子名荐,以官为姓,是为士氏,荐之曾孙士燮公食采于范,以邑为氏,此范氏之所自昉也。其间文人学士,忠孝节义,令人表者,不一而足。如人物称冠朝,则有文正公也;风流足表世,则有景仁公也;兄弟获"双凤"之美称,则有元凯与崇凯也;至若全受而不敢伤,则有宣子之孝思,约传而果如期,则有巨卿之笃实;清心寡欲,柏年等量于史云;兴学立校,希文继美乎武子。其足以有光于高平者,殆指不胜指、述不胜述也。

是岁之春,寇扰括郡,遭其害者,十有邑。无恙者,仅一松源。余也虽系景邑而村居,属三都,颇与邑城相远,不得安期土宇,任意所适,访亲于本村之上,叙亲戚之情谊。一日与范氏诸君并坐,言欢谈论之余,诸君顿起木本水源之思,聚族酌议修谱,竟以编辑之任重托于余曰:"我族谱书自乾隆五十八年(1793)修后,至今未之编辑。兹欲烦托先生,为余修理。"余应曰:"只恐未能胜任耳。"诸君又曰:"吾辈久已闻名,勿却是。"幸由是回梓禀命,重来至止下榻静坐,殿前将军倘生梦龄,五代时事吴越,为苏州粮料判官。梦龄生赞时,为秘书监。赞时生墉,宋太宗时,吴越献其地,墉从钱俶朝京师,后为武宁军掌书记以卒。生子文正,讳仲淹,字希文,宋仁宗时为资政殿大学士,生六子:长纯佑,为陕西元帅;次纯仁,为哲宗丞相;三纯礼,由尚书为丞相;四纯禧,为□阳太守;五纯祈,为丰城令,遂居丰城;六纯粹,为天台令,遂居天台。纯仁公生二子,长正平,次成大。成大公生三子,长缓,次纮,三绎。缓公因金人之乱,徙居兰江都市心,纮公从之。纮公生三子,长昌,次杲,三晟。昌为雍州刺史,及致仕,迁居栝苍龙泉金墩头,厥后子孙又徙居浦城花墩头。晟公行积一,迁居河南光州固始县西街英俊坊,旋之,迁于闽之福安县,生二子,长曰曜,次曰晖。曰曜公迁政和管下十三都,名其地曰"范家山头",公有九男二女,子孙繁盛,而范家山头基址隘小,后为长子小一公,仍居故里,其八子各择所居。我祖小三公讳侃,字宋臣,号忠宣,遍寻近地,俱无称意之所。不辞跋涉来至括管下,途遇一地理朱先生中道憩息,各问姓名,先生曰:"足下将何之?"答曰:"欲觅地迁居耳。"先生曰:"足下欲迁乎?此去不远有庆元二都管下地名南洋,山环水绕,壤广土肥,可为久远子孙之计也。"遂依其指往观之,喜曰:"朱先生之心殷勤从事。"由夏迄冬而谱告竣,诸君固乐余之忠人谋,余亦嘉其木本也。谨序。

大清同治元年(1862)壬戌太岁应钟月

中华民国六年(1917)十三世孙庠生范桂馨书

2. 张村乡上处垄(联合村)范谱序

小三公自叙

吾族出自帝尧之裔,本伊祁氏也。由监明公而历夏季,御龙氏乃赐姓。刘后复更杜改士,至燮公世世为晋卿,食采于范,子孙遂以为姓焉。迨宋朝有仁公承文正公之余泽,启厥后昆,贵显苏州。传吾祖绥公,因契丹之侵乱,偕弟同隐金华兰溪,而长伯祖昌公派下元宗迁居龙泉金墩,惟次伯祖杲公仍居兰溪,而先祖晟公徙居于闽之福安。先祖考讳耀公,复迁居政和范家山头。生吾兄弟九人,各择所居,星散而处。虽曰丈夫各自树立,能无连枝契阔之感乎哉?适诣福安访幼弟俸往复道经庆邑南阳,观其山环水绕,泉甘土肥,殆所谓采于山美可茹,钓于水鲜可食,辟田树桑足供食,遂携家居之。居矣而忘本可乎?用述世系以传于子孙,其于高祖之先,惟书本派,余皆从略,庶免忘援之讥。高祖以下悉详载之,以示不忘,自期在毋蹈遗失,而实本苏州吴县传家世守之,文经质史,访老手录,以遗后昆。非若他人夸门弟矜虚誉之可拟也。若夫式廓而昌大之,是所期吾子孙也。

元至元十七年(1280)庚辰岁次三阳月人日之吉

裔孙侃志宣氏谨撰

源流序

范氏之始,启自会公,会子燮,世为晋卿,食采于范,子孙遂以地为姓,至时范属高平,此高平邑之所由来也。其后蠡公为越大夫,至九世滂公由博士为清诏使,徙居伊阳。历十五世,洵公自伊阳迁汉中,传六世津公,别汉中郡而居内江。至六世元凯公于唐朝□皇时迁住凤阳。八世文正公生四子,居苏州吴县,公德族繁,谱内难以备载。惟纯仁公派下孙三人,因金人扰乱,长曰昌,迁居龙泉;次曰呆,弃苏吴而隐兰溪都心市;三晟公迁居福建福安县。晟公之后耀公自福安迁居政和范家山头,生小一公兄弟九人,各散处一方。小一公谨守旧址,小二公居政和范屯村,小四公居政和北里溪,小五公居政和南里花家丫,小六公居政和南阳,小七公居政和北里茗溪,小八公居建宁府,小九公居福安县渔溪杉坑,十六公派分浦城等处。唯小三公肇基庆邑南阳,为南阳之始祖。华也历考源流,备载于谱,庶几后之指南有归云。

乾隆四十三年(1778)戊戌岁仲秋月吉旦

派下云孙华敬撰

彭氏谱序

【导读】庆元彭氏由两线迁入。一是上际彭氏发自浙江杭州钱塘县,自旌拭公迁居缙云立业,至高亿公徙居福建省松溪县东平乡岭根鸦林头;清康熙二十七年(1688),至应祥公由松溪岭根又迁居浙江庆元北乡上际居家,应祥公为上际始祖。二是下济仁生公从福建省龙湾,到下际村开基。

1.黄田镇上济彭谱序

重修彭氏宗谱新序

尝闻木有本,而水有源,本固则叶茂,源远则流长。祖宗既远而莫识,子孙当归宗而勿替.故莫为之前,虽美勿彰;莫为之后,虽盛勿传。孝子慈孙急先务也。第人习之,故家之有谱,犹国之有史也。家无谱则支派无由分,国无史则兴衰无由明。可见家乘之书至深且重也。

按,上际彭氏发自浙江杭州钱塘县,自旌拭公迁居缙云立业,至高亿公徙居福建省松溪县东平乡岭根鸦林头,至应祥公由松溪岭根又迁居浙江庆元北乡上际居家,时清康熙二十七年(1688),为上际始祖,堂构联辉,迄今已历十世。在当时可谓望族。兹因族内人丁迁徙外地不少,而在当地仅存数家而已。

现查彭氏宗谱系清光绪二十余年修理,今已九十多年,因旧本存藏不慎,已糜烂无存。裔孙等心怀木本水源之思,志切追远报本之意,而对于宗谱非修理不可。于公元丁卯孟秋延清上赖周耀岐重新纂制宗谱一本。此后彭氏宗族昭穆庶无紊乱,百世其昌,自相结于一线,万年传统相继于不朽。所谓善继而善述者也。兹修告成,略志数语是为序。

时公元 1987 年丁卯孟秋

上赖周耀岐谨志

2. 黄田镇下济彭谱序

彭氏建谱新序

今日彭家建谱是一件大好事。修订宗谱,用于记载每个姓氏宗族的历史。国有史,县有志,而族有谱。有了宗谱,就能对男婚女嫁、生卒墓记,长幼亲疏加以载明,便于后人查考,这样才能知道祖宗的来龙去脉,了解祖辈千百年来的丰功伟绩等,有着深远的历史意义。

仁生公从福建省龙湾远离故土,到浙江省庆元县下际村开基,至今已有一百七十余年,到第三代相高公生三子,相荣公生九子一女,人丁旺盛发达,生活水平逐日好转。祖辈们为了养育后代子孙成长,为了建设家园勤劳一生,用自己双手勤俭创业,精神可贵。在一生中积善积德、忠良孝道,众里评价至高,钦佩嘉许。祖公择居下际村,住地四周山环水秀,鸟语花香,树木丛生,一片风光气象。交通便利,车水马龙,人来人往,是个宜居的好地方。新时代里,彭家子孙勤奋劳动,随着时代科技进步,各方面带来生机,人口不断增加,昌盛发达,生活条件改善,大部分人家都建起高楼洋房,送子学文,有高学历的大中专毕业生,讲文明,树新风。家有忠厚良民,有贞节孺人,努力工作,为国为民作贡献。

本届建谱,彭家裔孙蓄意已久,忠良孝道,仁义可嘉,以第四代孙国竹,第六代德铨、德华、德明等人,为首建谱。聘请吴杨二位先生到贵地执笔纂修造谱。我俩表示感谢,我才疏学浅,愧无班马之笔,抬望后人指导。由于为首人员威望高,各子孙大力支持,宗谱在短暂一个余月里完满告竣。本族有德明孙为建谱,出资人民币四仟元正作建谱开支,表示对祖宗孝敬,值得赞扬。祝愿建谱后,彭家发达挺秀,子孙继继绳绳,一代胜过一代,福寿双全,丁财两旺,万事如意,前程锦绣,日月增辉,福星高照,是为建谱新序云。

纂修庆元县八都镇岱根村杨光辉,竹口镇大泽村吴正瑞拜撰

公元二〇一三年癸巳十二月二十日吉旦

方氏谱序

【导读】余村方氏原居福建南安,始景新改迁福宁州,生二子,长文达,次文伟。文达公于顺治十四年(1657)舍监坪迁居政和西头马面山。越三十年仍不遂意,乃于康熙二十七年(1688),由马面山迁居浙庆八都余村。

屏都街道余村方谱序

河南郡方氏原委

三世祖伯任、伯华二公,记吾兄弟二人,尝闻天有健顺之机,地具厚重之德,水有天演之源,族有支派之别。予等因早故其父,苦积勤耕,娶妻养子,备说原因,留与吾派下子孙,知其来历,宗支之根本昭然不昧。

原祖漳州府陵溪县,发派下又转过泉州府南安县地名"溪儿尾村",分派始祖生吾祖父兄弟二人,叔祖守居故里,吾祖父名景新公,生予父兄弟二人,又于故明天启七年(1627)丁卯岁迁居小福宁州五十三都大南路地名"监坪村"居住,后于国朝顺治十四年(1657)迁居本省政和县西头马面山居住。吾父生吾兄弟二人,又于康熙二十七年(1688)戊辰岁十月廿七日,又迁过浙江处州管下庆元县八都余村居住。托天地盖载之恩,生下子孙枝枝发达,荣华富贵,吾之愿也,故立草谱,存与子孙,为根枝用者。

时在康熙六十年(1721)岁次辛丑正月廿二日志

是此稿簿系伯任、伯华二公手自创记来历缘由,以备子孙立谱根据,但历年久远,藏诸秘箱,芒然不觉前谱创修以舛错。今乃检出来历,明参核确,炳若星日,乃将全稿口意并录谱首,言简意赅,真实录也。

润堂谨识

方氏宗谱序

谱牒一书,亲亲之义,仁之造端,实基于此,书载峻德以亲九族,不有宗谱,九族曷亲,尊卑曷辨,仁孝存心,乃知首重。故大宗统百世,百世宗之;小宗统五世,五世宗之。凡受命于宗子者,德业相劝,过失相规,谱诚綦重也。

余村方氏一族之始祖伯任公,原自漳州徙向泉州,复迁小福宁州,转居政和马面山,再徙庆元八都余村,见田土膏腴,山水回环,而肇基焉。其先公亦可谓人豪矣,递择居处,爰展乃宇,方开族氏,念及宗谱,其先公手自创记来历原委。惜以前于嘉庆己未(1799)创主家谱时,未出所藏稿本,以致舛错。以文伟公守居监坪为本宗,反以始迁之祖文达公而遗之不录,并以始一景新公之讳,错注维朝,顾深失之。及上岁,寻出原簿,始大悔悟。广夏公等会集众族,重修考订。予叨在相知,适蒙见用,命予详纂校正,自惭肤浅无所知识,既受惠托,不辞鄙陋,惟曰竭诚以酬雅爱,爰裁笺弄墨,挑灯吮笔,将旧传稿簿,研思考订,长增新支系,行字生庚逐一详明,毫不遗失。即以始迁之祖为一世,九世一提,使后之阅者了然指掌,足以信今传后。至于追琢词章,以俟后贤,则吾岂敢,特所以深叹,诸公有仁孝存心,敦伦睦族之美举也。故乐书而为之序。

时道光二十一年(1841)岁次辛丑菊月上浣之吉

润堂叶知时拜撰

叙

窃闻有善作莫如有善继,若考之作更宜有厥孙之述,谱牒一书尤为綦重,家国无异理,上下有同,情绳绳勿替,奕奕光前者,深有望乎后昆也。

我祖自漳州陵溪县发派,又转过泉州府南安县溪儿尾村,始祖生吾祖考昆仲有二,而叔祖守居故里,吾祖景新公举生二子,长文达,次文伟。于故明天启七年(1627)丁卯岁改迁小福宁州五十三都大南地路监坪村居之。景新公终于监坪,文伟公乃居监坪以守庐墓,文达公于国朝顺治十四年(1657)舍监坪迁居政和西头马面山。越三十年仍不遂意,乃于康熙二十七年(1688),由马面山迁居浙庆八都之余村,见此地山势盘回,地广俗纯,乃绰开华厦而居之。苦莫若我祖之烦难,迄今百五十余岁,族亦小康,前来无谱,安所籍考?本自猃狁侵周,方叔迈年,克奏三捷,膺爵分封,食采于河南,始有方姓,以河南为郡。宗谱炳炳,漳泉足考,溯自嘉庆己未(1799),梓玉公等虑恐世远年湮,行次遗失,尊卑莫辨,名讳相干,爰集众议,敦请玉田懿亲吴君讳銮,溯源而草创之,外谱不足征,即以始迁之祖为始,存其实也。但历今又四十余年,行次恐紊,生庚恐失,苟不重修,仍虑舛错,更难搜寻。予等因查出祖所携带迁历稿本,始觉旧谱略错,乃本岁集议重修,详明校订,使后子孙一阅了然,庶几信今传后,此心稍惬,后之绳绳继修,深有俟于后裔,奚敢以善述自居也哉!

时道光廿一年(1841)岁次辛丑菊月越朔四日偈修

宗谱派下嗣孙广夏、广儒、广兴、开仁、开煤、恒章董事,祠嗣孙开运、开满、起河倡修

柳氏谱序

【导读】柳氏始自鲁公后裔,其孙展获居于柳州府柳城县食邑柳下,得子柳下惠,以定姓为柳氏。封世爵为"河东侯",遂为河东郡。

底坑村柳氏祖居柳州,后迁云和,延四公迁松源,延八公创基于底坑。

江根乡石坝柳谱序

柳氏受姓源流序

盖闻《史记》《通鉴》云:"太极生两仪,两仪生四象,四象生变化无穷。"夫万物生于天地之间,而最灵者人,是人为万物之首也。自盘古至荒太之世,传至三皇,各一万八千岁,当时未制甲子,混然莫知其始。至有巢氏、燧人氏,年代无所考详。至太皞伏羲氏,苍颉制字,代结绳之政,始分姓氏源流,知祖考之所出,嗣系之所分,使天下诸姓,咸从风、姜、姬氏而分也。柳氏之姓,诚未乃商周初姬氏,封于鲁公,公子夷伯,伯子骇,骇子展,获生下惠为士师,三黜后,得孔孟赞叹曰:"柳下惠少廉不羞污君,不辞小官,进不隐贤,必以其道,遗佚而不怨,厄穷而不悯。与乡人处,由由然不忍去也。'尔为尔,我为我,虽袒裼裸裎于我侧,尔焉能浼我哉!'故闻柳下惠之风者,鄙夫宽,薄夫敦。"孟子曰:"柳下惠,圣之和者也。"周有庄公,为卫国大夫,献公曰:"社稷臣也。"子孙世为河东侯,至汉有隗公,为齐王承相,至南北朝思敬公仕襄阳刺史,就此居焉。传至元伯公,南齐时领军州督元帅,历世显官,难以尽举。稽知发祥之源,从广西柳州府柳城县,俱惠公之裔也。传至于秦,隐居卫辉府。迨东汉之初有晞公,从卫辉府而迁于越,今之杭州钱塘县是也。兹地相传已三十世矣。其间显官才子,及翰林进士,贡监廪庠,实难枚举。至宋时有浦公,字政南,仕于栝苍丽水,为校官,因世乱,就此居焉。生六子,长次两男复居钱塘,四、五、六三男同居云和之润街,传下六世佑七,卜居众头。曾孙毓远因曾祖坟"铁山",遭汀人所烹,告至上司,家资稍乏。生七子,分各处,或居松阳之九司,或龙泉之松源,或青田之木溪,难以尽述。后裔寻祖源流,实从云和洁头佑七公曾孙康十四公之裔也。是为序。

大明建文四年(1402)壬午岁孟冬之吉

江西提学佥事陈琛拜撰

底坑村修谱序

盖上古混沌之初,圣人未出,始有父自羲农,制作以后,分列姓氏,令后人知父知母,上追祖考,下续子孙,流源无穷,设立道,令人为孝,遇长为悌,遇幼为慈,自然知父子君臣兄弟夫妇之伦也。谱之不可不设也,明矣。

稽柳氏之姓,柏鲁公下惠之裔,历居柳州,徙于东平受封"河东侯",河东分于卫辉府。至晞公,因汉王莽篡位,始迁杭州钱塘,传至三十五世孙伉公,城外江头。伉公七世孙浦公,仕宋朝栝苍丽水校官,遂择居云和而家。浦公六世孙佑七徙于崇头。佑七公曾孙康十四讳华,字毓远,系元时监生,配王氏、刘氏,共生七子,俱入黉门,家富囊丰,因铁山与汀州人争讼于上司,家资空乏,其七男各从而家焉。长延三分寿宁,次延四分松源,三延五分泰顺,四延六分龙泉,六延九分福安,七延十分宣平。厥地之祖,乃延八公同安人沈氏,行此地,观山回水绕,松竹畅茂,就此向辟垦田园,建屋宇,四面包藏,水无所出,遂名曰"底坑"。公氏乃此地开基之宗鼻祖也。自延传寿,寿传福,福传俊,俊传亮,亮传信,信传敬,敬传继,继传德,德传良,良传孟,孟传春,已一十二世矣。自洪武年间开基,至康熙四十八年(1709),已三百四十余载,重修谱书一本,使后子孙知始祖之源流,百世相承,万代继续,永久而无间断也。故序。

赞曰:

> 万物咸从天地生,延八公始到底坑。
>
> 邦国一载有终始,家书万世无更改。
>
> 东鲁下惠其宗祖,南齐恽暖二龙孙。
>
> 此日贤士修谱史,姓名敷列永流传。

康熙四十八年(1709)己丑岁冬月之吉

斋郎叶斐照拜撰

重修宗谱序

家之有谱,犹国之有史,国无史记,不知理乱兴衰,家无谱示,不知尊卑亲疏之所设,系诚重哉！我族裔出下惠,自惠而下星散各处,虽修自乾宁,旧有传书,然至于今数百余年,宗支不续,各属无传豸等,深为痛虑。故冬与弟松燮、松文、松林,侄永发等共议,唤宗侄周男,邀请姚先生讳自舜纂辑谱书,铨接支图,庶使尊卑亲疏,秩然不紊,共成一帙也。故序。

乾隆三十三年(1768)戊子岁冬月吉旦

派下倡修嗣孙春豸松燮、松文等拜撰

重修柳氏宗谱序

古往今来,莽莽宇宙人生,天地之间,孰不当亲其亲,长其长,以别尊卑之分也。然其所别者,非谱无以识其尊,无谱莫能识其长,是家谱之所设,诚为至要也。

粤稽柳氏始祖,自延八公由云和崇头迁至三都底坑开基而始,迨至继岳公由底坑分于林后而居焉。其世裔之长远,子孙之繁盛,虽有谱牒所可考,然其谱自光绪丙申年(1896)一修,迄今以三十余载矣。其间之生丁亡丁以及坟茔所向,每多记忆不清。况埠头一支继郎公前,虽共谱迄今,各竖有祠,谱亦各宜自设。爰是此班修谱,始将埠头一支拆出,余悉照旧谱接续修理,故贵祠族长应奎,同董理祠事应照、世森等,特请予到村代为修理此谱。予念此皆亲戚之乡,诚难以辞。是以任其纂修,谨从欧、苏之式,添其繁丁,插其新苗,先大宗而后小宗,条分理晰,脉络分明,庶使柳氏子孙始知木有本而水有源,不既亲长紊乱,尊卑无分而视为途人也。然予虽不负而责任修理,自当尽心校订,岂敢草率了事,以贻后贤之诮乎?爰缀数言,谨为诸君鉴念焉。是以为序。

作七言诗一首并附录之:

庆邑原是松源乡,支山绿水最悠扬。

各族子孙皆繁盛,柳氏世裔亦流长。

延八阁基底坑始,迨至迷岳更光前。

迁居林后兴家业,迨今成化性名彰。

时中华民国二十年(1931)辛未岁次季夏月中浣之吉
大济村清增生吴焯拜撰

重修柳氏宗谱序

尝闻国史之长编简无断绳绳也,而传英僭事迹,启论于世,不胜枚举。惟仁德持孝者,不惟而无失,咸然而有立,洞鉴史载,心居此者而存。然不以是者而亡矣,君岂不畏哉!故所谓仁德者,世所雄才杰士之辈,持孝者,族中枝茂根固之本。爰云国要史能阐彰善恶,家要谱能睦族敦宗矣。易言曰:"国之有史,遂晰兴衰理乱而明,家之有谱,能别尊卑长幼之分。"是以家谱之设,诚为至要也。谱既立,贵乎勤修,若不及时修纂,及年湮代远,诸多遗忘,记忆不清,后代子孙无可稽考。虽有谱,若无矣。

　　稽阅柳氏始自鲁公世裔,其孙展获居于柳州府柳城县食邑柳下,得子下惠,以定姓为柳氏。从此下惠为柳姓鼻祖焉。迨至延八公创基于底坑,前者谓之"柳氏外纪",亦八十余世;后者子孙星散各地,为内纪世系,亦二十一代矣。兹查族谱,虽代有人修,然至民国辛未(1931)重修迄今,已五十余载。其中云生死亡年月日时、坟茔坐向婚嫁、婚嫁氏族,待载孔急,若再延缓年久,记忆不清,难免残编断简。为此贵族裔孙世林、肇洲、肇忠等,敬祖之心颇重。爰集族众商议,一面修理祠堂,一面纂修宗谱,特命族内裔孙尚光前来敝舍,命予修纂贵族祠谱。予自感才疏学浅,抑且年迈,本不敢承担。既承众位不弃,又是亲戚之乡,且有尚光系予之亲甥,年壮学精,颇能为予助手。予念于斯,允受其任,小才大用,当以尽心效劳,遂惟贵族裔孙尊宗敬祖之心而昭彰。俚言数语,谨为诸君鉴念焉。是为序。

　　公元 1983 年癸亥岁孟秋月

　　庆元玉田吴桂攀氏拜纂

　　十九世裔孙涤清拜书

鲍氏谱序

【导读】上党郡鲍氏，系出自禹王后启，夏王启子君理，食采于鲍，由此得姓。鲍氏有郡望上党郡、泰山郡、东海郡。庆元鲍氏均属东海郡。

龙泉（庆元）鲍氏，鲍琳公唐末由会稽迁居括之龙泉黄南西溪。

双井鲍氏，始祖琳公之子太初公十二世孙鲍棠公，于元至元六年(1340)庚辰，因爱山水之趣，素性好静，不务奢华，隐居于庆元双井村。

上济鲍氏，琳公派下第廿三世孙萱公，于明代中叶为避明季之乱，不乐仕进，吟风玩月，游至庆元，见上济山青水秀，定居上济。

城西鲍氏，琳公之子素公世孙秉公约于明洪武年间(1368—1398)由龙泉溪西迁城西。

生水堂鲍氏，琳公之子太易公世孙自溪西迁松邑下爬济，转徙七都生水塘。迁徙时间不详。

本序集中有南宋鲍彪所作之序。

1. 黄田镇双井鲍谱序

东海鲍氏世家龙泉族谱序

鲍氏望出上党，为姒姓，盖禹之后，自叔牙之贤闻于齐，奕世济美，遂为中州著姓，汉有宣，有永，有魏，有勋，有融，晋有靓，宋有昭，唐有防者，其忠孝文学艺术事业列在史官。唐季乱离，始避地会稽，潜德不耀。自藻公而上世次不可复考，藻公生三子，长曰琯，次日琳，三曰璨。琯为睦州刺史，琳不仕，璨赠工部尚书。子孙散居东南，于是析如三族。琯之再世仕瑞安，今为永嘉人，有居秀、居杭、居蜀者，固随禄寓。琳居括之龙泉，事钱氏，居钱塘，后有徙江□。盖琳公自余姚迁居龙泉者支分派别，毋虑数十百家。力田事，资外无它艺业。犹相劝开儒馆，延师友以教子弟为务。是岁间诏下，章甫逢掖以出，奉乡书决策得隽以荣邦族而赏延子侄者，代不乏人，故虽无台阁显位、钟鼎丰功，而东南推为士族，不在他姓后者，务本力学之由也。家有谱书，清源何公为之，序其世系本末之详，无复加矣。绍兴甲寅岁(1134)，大理承延祖寓书，嘱某按图略为标其行事，使后人有考。某为发世德之潜为来者之劝，不可辞。以敏是用，补其系绪，以申述略，虽不能条举备载，当尝窬窥班可三隔而复也。至其它少小，盖不足书。后有继我者，吾宗其庶乎不泯矣。

时南宋绍兴四年(1134)甲寅岁次季夏月榖旦

八世孙鲍彪拜撰

注：鲍彪，字文虎，号潜翁，龙泉人。南宋建炎二年(1128)进士，绍兴二十六年(1156)以太学博士累迁司封员外郎，有《战国策注》十卷存世，为宋代著名学者。

源流总序

大族有谱，所以叙世系，记服属，合亲疏，通远迩，盖友爱辑睦之风于是乎出，非徒载名字爵里也。吾族有谱，旧矣，大抵自余姚令君而上世系，莫之考，言者类曰出于敬仲,受封得氏,罕知其始,尝欲考求而无其端。近梅仙弟林出言曰:"须有陈国宝者,家横阳,通氏姓学,尝遗先君一编,推订鲍氏世系自黄帝,而下整整有条,然未能成编,盍与成之?"予于是益采它书,考定世次,由有国之初言之,曰启予理者,始封之祖也。越三十四世至耀,并国于齐,耀之子谱失其名,为受氏之祖。传五十五世,至梁开平末为余姚令君,藻历世九十为年,三千一百五十有奇。令君之后鼎分三派,自开平至今,阅世十有零二,为年三百有奇,上下合三千四百五十余年间,族之盛者,无若括之龙泉,而永嘉钱塘为次。龙泉惟余姚之后最蕃衍,永嘉则光禄公一支独茂,至钱塘由忠,壮而显盛于一时,群从散处,往往复返于越。今之居钱塘,又有永嘉之派。吾祖光禄教授,俱葬南荡,子孙因家焉。而寓常、秀、台、明、湖、杭、古汴、西蜀、金陵、两淮、福建者,又多出永嘉、龙泉之裔也。世数寖久,音问阔疏,倘非按图,无由可见。此谱书之不可不修也。柄生四十有七年,萍泛蓬飘,东入于海,西逾于汉,同氏之人所在有之,而金陵番阳玉山门多为士族,或云皆宣公之后,彼此有遇,有如途人,何则?谱系不通故也。矧有微而不能自达者乎?今系此谱沿源溯流,本出于一。所谓河南之鲍,其系既殊,则凡上党、东海、泰山之裔,皆吾之同出也。虽不备列于谱,其可以途人相视哉?龙泉寺承始祖讳延祖,作谱系,记以为大宗之礼不讲,而族属之义弛,谱牒之学不行,而昭穆之序乱,甚至亲尽服疏,则宗盟典没。故谓吾家始祖本于东海郡公,而大宗当在余姚令君,切尝改之。大传曰:"别子为祖,继别为宗。"释者曰:谓公子若始来在此国者,后世以为祖,至别子之世,适族人尊之。以为是,则别永嘉,当祖睦州、龙泉,当祖东海公。惜乎!大宗之法,后世莫之行,然犹幸小宗之法存,尚足以见宗祖之义,寺承又为荆公之言,族属如行路,手足如仇雠,深切末俗之无见,是必有激而云。柄尝读《南史·王懿传》:"北土重同姓,谓之骨肉,有远来相投者,莫不竭力营赡。"梁武问中土人曰:"卿北人,何故不知有族?"答曰:"骨肉易疏,不忍言族。"此古人重亲族之谊。伊川程子亦谓族人:"吉凶嫁娶更相为礼,使恩意常相通,骨肉所以日疏者,由于不相见而情不接也。"诚哉!斯言近世风俗荒浇,骨肉恩薄,信谊不顾,动辄怨仇。韩昌黎所谓"返眼不相识"者,固非独里巷之人为然也。盖亦反而思之,彼吾之同出也,皆吾祖之遗体也。夫何敢慢来者殊未艾,宜思所以永其传。今并采历代鲍氏出于传记,及唐宋以来与忠壮、兵部司封之诰诵,合为一帙,使后来获闻前世盛事,然合系谱,姑据所传各字以为定其居,于远者未能尽知,阙略尚多,绍此者当与附益之。因僭书卷末,以示同姓之后裔者,方知予之至公而无私也。敢足见以先祖于地下乎! 是为序。

时南宋嘉定十年(1217)丁丑岁天子有事于郊嘉平日十一世孙鲍柄拜撰

鲍氏世家东海上党分别郡序

大宗之法不明而族属之义弛,谱牒之学不讲而昭穆之序乱。凡谱所以叙世系,记服属,别亲疏,通远近也。名字爵里云乎哉?

鲍氏之源,出于夏后氏启之别子君理,封于鲍,为诸侯国,近齐,后为齐所并。敬仲始事齐,叔牙相桓公。牵以庆克废左氏,所谓子之智不葵者。召国于鲁而立之,为文子国系牧,为桓子皆世为齐卿。居上党,至汉元,永光敞学于董仲舒。居东海,其后曰宣,居渤海,复始上党。宣生永,永生昱,皆为司隶校尉,光武所谓敛手以避者。昱子德昂,渡江丹阳,至防,居襄阳。防以天宝进士第,历工部尚书、京兆尹,赐万"东海郡"。公六传而至越之余姚令君。藻卒于官,因家焉。自君理始封至余姚令君,历世九十有九,自夏后氏至五代为年三千一百有奇。此上世之大略也。

五季交禅,十国分裂。游宦之人随寓蓬转。令君三子,长曰琯,为滕州刺史,居永嘉。次曰琳,字孔璋,晋开运二年(945)以败契丹,署忠义军节度使,袭东海公。时朝纲解组,政柄倒持,构怨危身。由及藻公,弃官贾服,从建安来括,是为龙泉始祖。三子曰璨,为工部尚书,居钱塘,为钱氏赞纳土,功封赐券。璨子君福,其后子孙复归于越。今钱塘者,则永嘉分适也。

东海郡琳公,既居龙泉黄南,岁久成家,祖妣周氏,生子曰姚,犹念邑。姚生二子:长文绍,生五子;次文赞,生一子:其后子孙支分别,虽无台阁显位、钟鼎丰功,有历巍科登膴仕者,代不乏人。实为东南之大族,集类纪于斯,为盛族属,系昌益之余。际天运,循还之始,乱离斯瘼。鲍氏子孙永嘉钱塘旧皆通谱,革命垂四十载无相往来,莫知近系,今修龙泉族谱,俾后裔之所知。

噫！数无终穷,理有消长。吾宗谁其兴之?

时元朝延祐元年(1314)甲寅岁次仲春月朔旦

任庆元县教谕十三世孙鲍培老

重修家谱序

凡云修谱者,皆美举也夫。谱所以叙世裔,记服属,辨亲疏,详卒葬,通嫁娶,此故当修不待言矣。

今按鲍氏之祖防,自夏后氏启之子君理,受封得氏。越三十四世至耀公,后传五十五世至五代梁开平三年(909)己巳岁,为余姚令君。藻公鼎分三派,长曰琯,次曰琳,三曰璨,俱有令名。而居括之龙泉黄南西溪者,乃琳之裔也。传下世孙曰棠公者,于元朝末至元六年(1340)庚辰岁,因爱山水之趣,素性好静,不务奢华,隐居于松源双井之地盘,乐日久,遂为家焉,是鼻祖也。凡四世至伯葵公,至五世文端公。公至六世生惟庆公,公生二子,长起郁,次起李。是时郁公物故,李翁老而益健,细阅宗谱,自雍正辛亥年(1731),惟明、惟庆二公复修一次,迄今六十八载矣。试观谱朽残缺,感怀奋修之意,爰邀偕侄明观、明权等,请余秉笔而修之。其中存孝敬之念,不忍谱牒之废弛,美哉,斯举!诚足合后之嗣识分派之由,而怀水源木本之思,以感尊祖敬宗之意。诗云:"永言孝思,书曰聪听。"祖考其斯之谓欤? 予不揣固陋,妄笔于斯,而为之序。

大清嘉庆三年(1798)戊午岁应钟月望后

竹口庠生吴遇怜敬撰

2. 黄田镇上济鲍谱序

重修鲍氏宗谱序

鲍氏之系出自夏禹王之后,启之子太康之庶兄曰君理者,功封于鲍,始此为姓。嗣下六十七世藻公官至余姚县令,梁开平年间卒葬其地,遂家焉。封至东海郡公。今居凡三千一百五十余年,其名或存或亡,亡者补其世数可考。

按,鲍氏上世之裔按《寰宇记》潞州上党四姓,其一曰鲍,而鲍氏有四望,曰上党,曰东海,曰泰山,曰河南,鲍后魏官氏,以为俟刁代氏,考其裔当别出。今吾家因余姚县令推而上之,由东海明甚,盖宣公之封袭至龙泉,文绍公而止,五代史不载,阙文也。自汉以来所计者,凡六迁,此后居东海,宣居渤海,末年长子德复居东海永嘉,徙丹阳至防,又徙襄阳。自叔牙后四迁为洛阳,以是为孝。叔牙之后,不止四迁,有河南鲍氏本为俟刁代氏,以是混而为一。岂未之深考耶?其后避唐季之乱而徙会稽,藻公生三子,长琯居永嘉,次琳居龙泉,三璨居钱唐。三族至广,而咸注是谱,以遗后世子孙而不误焉。是为序。

大宋咸平二年(999)桂月

□□撰

重修鲍氏宗谱序

粤稽天开于子,地辟于丑,人生于寅,自三皇立极,五帝传宗,凡受姓之始,各有所出之祖,嫡姓为源,庶姓为流,故谓之源流是也。古天子出,人乃得指此地为姓,及天子所赐之姓为姓。与夫公卿大夫之支子别出者为氏,又帝王君天下,主一国之号,与庶民自别,又食采之邑为氏,又有祖父讳名为氏,又有指物为氏,姓难尽考。自夏商周之后,姓氏源流俱已备矣。奈乎暴秦无道,焚烧夫子之六经,烹灭三代之国史,史谱几乎殆尽。光武中兴,史谱犹未尽废,置谱局,纂姓氏,而史谱兴焉。故汉有贾氏,唐有李氏,宋有欧、苏二氏,考其世系,清其源流,谱牒迭出,明昭穆,辩亲疏,俾其后系千年相传,万载继续者也。

考鲍氏之姓华七公,从龙之溪西卜筑斯土,迄今已一十三世矣,乾隆丁丑年(1757)修后,越今已四十六载。应烈公有志于谱,偕同族内兄弟孙侄人等,请余修理。余虽不才,亦不敢辞责,将旧谱牒序赞诗引,一一折衷更新,尽善尽美,婚姻坟志不致有遗忘之忧,同宗散处亦不致有路人之视,且族戚之尊卑、长幼皆联而为一体。他日英贤辈出,咏《蓼莪》歌《棠棣》,不致骨肉吴楚,天性参商,思尚祖武以振先人之余辉云尔。是为叙。

大清嘉庆七年(1802)岁次壬戌仲春月榖日

邑人林芳氏李本纂偕男芾宏氏东阳撰

重修上党郡鲍氏宗谱序

上党郡鲍氏,乃中华望族,源远流长,系出自禹王后裔,夏王启子君理,食采于鲍(今山东省济南市历城区),以地为氏,赐姓鲍,此为鲍姓之由来。鲍氏祖先发祥地是上党郡(今山西省长治县),是上党郡四姓(鲍、樊、连、尚)之一,此即郡之来源。春秋时,上祖叔牙官拜齐国大夫丞相,与管仲友善,举贤让位,共辅齐桓公成霸业,名扬四海,传为佳话。唐末有防公,官封东海郡公,其子藻公为浙江余姚县令,袭承第父职,后因避乱而乔迁浙江会稽,今绍兴也。藻公生三子:长琯公,迁居永;三璨公,迁居钱塘,今杭州;次琳公袭封东海郡公,迁居龙泉溪西,后又择居黄南鲍家庄。历宋元明代,名人辈出,世为望族。琳公派下第廿三世孙萱公,为避明季之乱,不乐仕进,吟风玩月,游至庆元,见上济山青水秀,遂卜居之。以是为上济鲍氏始祖,萱公约于明代中叶定居上济,至今已传十九世,历时四百余年,如今上济鲍氏人才济济,瓜瓞绵绵,自成巨族,按五音记鲍氏以宫音,五行为土。子孙宜居南方,西方第获福必大。鲍氏定居上济后,子孙缅怀先祖恩德,常存报本之心,于是建立宗祠以祀祖先,纂修族谱以传后世。

据考先人对编修宗谱十分重视,西溪黄南时曾于宋咸平二年(999)、清乾隆廿二年(1755)重修两次,迁上济后曾于清嘉庆七年(1802)、同治十一年(1872)、民国廿一年(1932)三修宗谱。民国廿一年即公元一九三二年,至二〇〇一年也,已长达近七十年失修,如再不续编,则族人生卒、厝葬、嫁娶、迁徙、业绩等情况,无从查考,势必长幼不分,亲疏莫辨,长此以往实有湮没之危。为此族内有识之士,本着增强族人凝聚力,团结奋进为四化多作贡献的精神,由良民、良珍、安荣、世桔四人倡议,经族众赞同,决定重修并委托余等主笔,经过收集资料,纠误补缺,改进排列,增加总图目,永以便查考,详今略古,力求完美,依靠理事族众支持,已草创完毕,据统计入谱计七百余人,其中具有中专以上学历和高级职称及公职人员有五十余人,这些精英正为祖国社会主义建设而奋斗,在家乡的也为建设美好家乡而不懈努力,余愧不才,略叙数句,权且为序。

公元二〇〇二年壬午岁次仲夏月吉旦

双井村会计师鲍赐仁、原科长双坞村蔡建年敬撰

3. 松源街道城西鲍谱序

上党鲍氏受姓世系源流

上古五帝御宇衍为庶姓,后世受氏皆根于此。即予鲍氏之姓其所由来远矣。溯其渊源,肇自夏后启之庶子君理,受封于鲍,因以封地为氏,而鲍以名焉。由君理而下传至三十二世,至于叔牙,尝与管子夷吾并助齐桓,同赞相业,而鲍氏受封爵蝉联,遂世其家。厥后数迁散处,有称上党、东海、泰山、河南,号曰"四望",皆其系也。从叔牙而递之,凡八十余传至思远公、防公,历数世生藻公,久避五季之乱,处会稽为余姚县宰,袭封东海郡,谥曰"宣",即予东海始祖也。公生三子,长曰琯,次曰琳,三曰璨。琯任大理寺,从温州分族于永嘉。璨任仕官,家杭州,分族于钱塘。而琳公则世袭东海,徙处龙泉之南,是为本宗二十祖也。公生二子,长曰姚,次曰献。我姚公仍世袭谥"忠襄",生长子文用,次文绍,三文赞。我文绍公亦袭东海旧封,生五子,长太初,次太素,三太易,四太蒙,五太古。长、四、五、三房别自为牒,犹琯、璨之与琳分其族,献之与姚分其派,赞之与绍兴分其支,皆非予本系也。惟素公、易公传数世,由龙泉而迁庆元,家世相承,直传至予焉。今虽年数久远,而我素公、易公两房,正纪纠拾遗编,犹足考校于不爽,此予鲍氏受姓之源流也。予虑子孙莫睹渊源之所自,径昧先后之联支,爰修谱系而备录之,俾我后人便于考阅,庶几缅先世之家声,亦有以振起之有弓裘也云尔。是为序。

大清乾隆四十八年(1783)癸卯桂月

祠下孙庠生启谨识

鲍氏宗谱序

尝思宋世欧氏、苏氏创立宗谱,原以辨亲疏,以分尊卑,以明远近,以序昭穆,无使卑逾尊,疏逾戚,则宗谱之关系于人者,岂浅鲜哉!然鲍姓太祖太素、太易二公,素七世孙秉公由龙泉溪西迁庆邑城西(据考,素之第七世孙秉公,约于明洪武年间迁入庆城西),易公自溪西迁松邑下爬济,转徙七都生水塘,各择其地所居,肇基发达,世系蕃衍,所谓源远者派自别,本固者枝必分,故有大宗小宗之区也。溯鲍氏族谱于同治癸亥年(1863)纂修,迄今四十余,予兴远、达君、监生积成,说其谱事,至城西与汝发、汝守诸君商议,无不意欲有仁孝之感,动修谱之心,纂修谱图支系,明晰脉络一线,厥后子孙披阅谱牒,人文蔚起,衣冠簪缨,其间或有星散异地,无不寻获,联续三让之遗风,尚存十载之汉业,昭著班班有可观也。斯谱告竣,予以不敏之才,夹成小利之任,犹必待后之鸿才,善为润色者矣。

光绪子律中黄钟中浣之吉
邑庠生吴观仁拜撰敬书

4. 隆宫乡生水塘鲍谱序

重修鲍氏宗谱序

尝思源远者其流长,根深者其蒂固,物理昭彰,义蕴直通乎氏,故族皆有谱,所以联宗支而序昭穆,续世裔以辨亲疏,自宗支不联,致昭穆莫序;世裔不续,而亲疏无分,续修宗谱,诚非细故,岂谓无关于重轻哉?然窃见夫乡曲之谱,恒多出于游食星卜之子,其中庸陋无文,颠倒错乱,不可胜道。此将谁咎?予谓任事者,昧于寄托,亦失所择也。予不敏,窃取法于大方,访体于名士,谱学试之有年矣。

是岁孟夏,予至生水塘,而与鲍府开盛、远锦、远炳诸君询及修谱一事,诸君遂欣然有志，谓自乾隆年间癸卯(1783)修辑后，迄今八十余载，理应纂修，奈族人星居，难以率议，有迁居城内各处者，皆要同商，爰不辞况，瘁趋赴城西而与翰彩、翰选、汝恭等会议，咸秉公倡率各兴水源木本之思，遂以重修之任重委于予。噫！诸君之意亦良矣。可谓有尊祖敬宗之心矣，予虽胸次剪陋，夫亦何辞？爰为之考其源流，稽其世系，大宗小宗，群昭群穆，无不得其经纬蹊径焉。即苏氏所谓由谱而知其先，以及其旁子弟，以传于后世之义也。夫不续则断，不牒则乱。不乱不断，先王所为上治下治旁治之统，皆传相属至于无穷。岂不懿哉！绝氏世以儒起家，吾邑久称望族。敦孝敬而厚人伦，美教化而移风俗，异时光大前徽，正未艾也。

今谱告竣，谨序数语于简云。

大清同治贰年(1863)癸亥岁次孟秋上浣穀旦

景邑袭川郡庠生林耀章敬撰

又七言绝句：

重修宗谱付与君，子孙须各叙天伦。

任骑白马横金带，莫弃贫寒作路人。

注：由于旧谱焚毁，生水塘鲍姓迁徙情况不详。据城西谱载，易公由龙泉西溪迁松邑下爬济，后迁入生水塘。

雷氏谱序

【**导读**】庆元雷姓，清咸丰年间(1851—1861)雷鼎公，支系其铭等三公，离江西。途经福建，至庆元大坂洋村，新造家园，以染布油漆工艺为业，竖号"雷万和"。

松源雷谱序

新修雷氏宗谱叙

正值太平盛世，庶民安居乐业之际，国有史，家有谱之需，各氏族修谱热情相继兴起。考自晋朝之期，有雷氏焕公，受太子少傅张华，封为丰城县令，掘狱得宝剑两把，一曰"龙泉"，一曰"太阿"，名载千秋万代史册。之后雷氏裔孙子生孙，孙又生子，子孙繁盛，遍及天下。沿至清代咸丰年间，四十九世孙鼎公，支系其铭等三公，为谋求生活而离赣。途涉闽境，观野择吉。临至浙江庆元大坂洋村，新造家园，以染布油漆工艺为业，竖号"雷万和"。遂而多才多艺，遍及城内外，发家致富。历经其、永、兆、裕、兴宗六代，子孙衍至百丁之众，人丁之中务农、作工、经商，各行各业各显神通；大学、中专生中榜，多名族人授丽水地区少数民族代表荣誉证书。族中裔孙,尽皆敬老慈幼,亲疏昭穆分明,邻里关系密切,勤俭持家,平易近人,获当地群众嘉评,裔孙前程锦绣,兴旺发达,乃雷氏先祖之良善积德之报也。

（作者署名及撰序时间原缺）

余氏谱序

【导读】余之姓氏,出乎轩辕皇帝之祖,传子少昊,号曰金天氏,而生蟜极,迫及帝喾,号曰"高辛氏"之子名曰"后稷",绩以夏商之后,自春秋以来到姬周之时,东周群之末而有由余公,敕封于秦,其子于继父名,以余为氏。

余弘公任唐大中尚书之职,派分南京、直隶(天津)。不久迁衢州西门后柏树墩下。其后潘公迁浙江省瑞州府新昌县,传五世余杰公,年二十四岁仕周,登第榜眼。五代末,迁于括苍龙泉,析分庆元县。续传到时礼公,迁于下竹坑地岭后,短暂居住后,传四世训周公,迁交垟岭头定居。

岭头乡交洋岭头余谱序

重修余谱

尝谓万物本乎天,人本乎祖,自生民来,固各有本始也。盖尊父为天,乾道立焉;重母矣固地,坤道偶焉。翁母怀孕则先天之气萌矣,□地一声则后天之气别矣,襁褓成人,惟仁义孝悌之本礼,理智则忠信为尊。况人居万物之灵,岂不知所自出乎? 故木之有根,水之有源,此人之姓氏犹木本水源,甚且不可忽也,夫家有谱,犹国之有史也。国若无史,焉知历代帝王之宗纪;家之无谱,焉知族牒之传流？史谱不可不修也。修之则尊亲敬长、伟丽源流之致者矣。藉此以遗孝子慈孙，贤良辈出，所知自出由来。

其余之姓氏，自出乎轩辕皇帝之祖，传子少昊，号曰金天氏，而生蟜极。迨及帝喾，号曰高辛氏之子名曰后稷，绩以夏商之后，自春秋以来洎至姬周之时，东周群之末而有由余公，敕封于秦，其子遂继父名，以余为氏，盖余之姓氏咸出乎由余公而始也。派衍下邳，遂以下邳余氏，自起于秦之锡封也。而姓始出子乡望焉。其嗣派分云南，簪缨继世，诗礼传家。续至余弘公，事唐大中尚书，派分南京、直隶，创筑显宦，家焉。居之有年，莫计于世矣。次迁衢州西门后柏树墩下，卜筑而家焉。始家直隶嗔二公派衍江西建昌府百步桥前居焉。科甲继美，位列庙廊者，莫不胜数也。及至余潘公生二子。长曰兴一，次曰兴二。公迁于本省瑞州府新昌县西阁接前，筑室恒业而家，传五世余杰公，年二十四岁仕周，登第榜眼，声名昭著，谱政犹存，续于唐末，因黄巢扰攘，避地于江水浙之永亨而数世矣。迨及五季之末，迁于括之龙泉，析分庆元邑壤者，初无异本也。续传时礼公，迁于下竹坑地曰岭后，遂卜而作室焉，居之未几，传四世训周公，有光大先哲遗风，而迁交垟岭头，彼地目倒地犀牛之象，即买得范德二公之地，开址筑室家焉。公能积德裕后世，笃为其庆绩。传国应公，偶斯杨山头游玩，观其是地山环水抱，峰峦耸秀，源头开阔如扇，水口攸锁如关，公能知斯地灵人杰，裕后必有兴盛焉。遂即厥志于斯，构其室恒其业，以成其家焉。配周氏三子，多孙绳绳之矣。惟公植本之厚，种德之深，继继承承，犹今而繁衍者矣。始祖迁徙于斯三氏彼居，烟灶相上下，产业无分，于甲乙奕世联姻往来，叙有言权乃姑表之称也。自国应公以来，奕叶千秋，屈指其间，迄今十有八世矣。传兹裔孙等日益笃，孝慕之心，思忆先人深念。族谱于康熙庚辰岁（1700）修辑，祖先名讳，班班可考，延因枝庶浩繁，尚未备载，倘后世远年湮，间或残缺，散蔓无稽，是谁之愆欤？是以长老言曰挽众伯叔兄弟侄等同议，兹不修录，则后世无以讨论，但事有鱼，著修固不缓图也。奚待而丰阜之午乎？诸英无不以言为是，则孝梯之心油然而生矣。岁在己未，和同编缉，仍将原谱托予代为修理，莫敢辞也。恭睹概翁行谊光明正大，言貌淑气清奇，绳规祖武睦族，端方雍雍有礼，蔼然有仁人君子之风。子因翁等尊祖而惶惶之心，敬宗则参拳拳之念,由是从翁而述其事,自愧庸才淡劣,不啻而效焉。夫世之人思身之所出也,亦不忘其祖德所自仁也。展以谱之寓意良深,关系甚巨也,不详莫大焉。按其余固巨族,诚乃盛族,名宗其先,唐宋以来,世有显人历仕宦者,非一人也。兹者子孙昌炽,达圣达贤者有之,为农为园者有之,则货殖名播于州郡,礼接乡邻,于里型宗风相继其于流也。兹能修斯谱谍,则始祖不于斯而培手万世经源不于斯而继乎?序其名分之尊卑,行第之先后,则族属虽远,犹一堂之亲。本派虽繁,犹同气之好。左昭右穆,名正言顺,能百世可知也。不于斯谱而有赖哉!俾后子孙观之,敬之如在,恭之如存,有非一朝一夕之所致也。纲常以整,纪伦以定,移孝作忠,愿皇图永巩固,于国尊君也,敬修鄙俚之言,姑以应其序云尔。

大清乾隆四年(1739)岁次己未仲秋上浣榖旦

芎抗眷晚刘有先敬撰

重修余谱下邳郡序

自盘古开天地,伏羲教人嫁娶,舜帝论以五伦,则天下人各宗其宗,各族其族。同族共姓本一家,然繁衍昭穆,迁居四处,各自一方。随星移物换,沧海桑田,世远年湮,云山所隔,常是同一家族成员不曾相识。但尊祖敬宗,乃众志意愿。编之族谱,以足溯源之诚,唤之后人,继往开来。

据司马迁《史记》记载,余族之先,本诸黄帝,乃少典之后,姓公孙,名曰轩辕。黄帝生二十五子,"其得姓者,十四人"。黄帝娶西陵国女嫘氏,视为正妃,生二子,曰玄嚣、昌意。长子玄嚣,因居姬水而取姬姓,玄嚣生蟜极,蟜极生高辛,高辛即帝喾。

帝喾之时,传说有一女姜嫄。一日,野外行走,沿一巨人足迹,嫄伸而瞬间一阵持股震颤,继而愉悦,则以己之足合上而行。不久,身孕生下一子。因是"践迹而孕",乃不吉,遂将弃之窄巷。牛羊闻之啼哭,怕践踏而避之。又欲放之林中,见众人,便行至河边弃之冰,忽然数只鸟飞来,以翅暖之,终初欲弃之,名曰弃。弃自幼好农,被召为尧之农官,尧老,禅让于舜,舜让于弃,弃不受,仍任司农之职。舜对弃说:"弃,黎民始饥,汝后稷播时百谷。"于是弃亦谓后稷。后稷其子不窋,却不重农事,而至夏政衰微。不窋之子鞠陶,至鞠陶其子公刘才承祖业,重务农事,兴自此始。公刘之子节节于豳建周。

庆节之子皇仆,皇仆之子差弗,差弗之子毁隃,毁隃之子公非,公非之子高圉,高圉之子亚圉,亚圉之子公叔祖类,世代重农,至公叔祖类之子古公亶父,周国昌盛。其有三子,长泰伯,次虞仲,少季历,季历生昌,古公赏之,欲让位季历传昌,泰伯、虞仲因生荆蛮去之。季历死后,昌继位,谓周文王,为殷商之臣,称西伯,曾被纣囚于羑里,返归西岐后,遂率部向纣王发难。其子发承父业,灭商,即位武王,崩,成王诵年幼,武王弟周公旦代理朝政,分封天下,遂封成王弟虞于尧之故圩,曰唐侯。卒,其子燮立位,因唐有晋水,乃改国号为晋,曰晋侯。晋侯子宁族,是为武侯。武侯之子服人,是为成侯。成侯子福,是为厉侯。厉侯之子宜臼,是为靖侯。靖侯之子司徒,是为厘侯。厘侯之子籍,是为献候。献候之子费王,是为穆侯。穆侯之子伯,是为昭侯。昭侯之子平,是为孝侯。孝侯之子郄,是为鄂侯。鄂侯之子光,是为哀侯。哀侯有庶子由余,唐侯姬虞之十五世孙也。以国家多难,末族难挽,不忍目击,为保存晋族根基,乃去晋游戎,戎王用为佐,国日富强。周襄王二十六年(前626)乙未,戎王使由余于秦,探穆公强秦良策。秦穆公示以宫室积聚,由余陋之。穆公知其贤,欲用之而无由,乃退与芮史廖谋,缓遣由余以间其君臣,复以女乐遣戎王,以夺其志。戎王见女乐,果然悦之,遂日夜沉迷女乐,疏以政务。穆公至是乃归由余。由余谏戎王,戎王不听,穆公数使间要由余。戎王果疑之,乃疏由余,由余遂得归秦。秦穆公以客礼待之,徐访以伐戎之策。穆公三十七年(前623)遂伐戎,进而霸之,益国十二,辟地千里。天子使召出往贺,赐穆公金鼓,命为四方诸侯伯。周襄王二十九年(前623)戊戌,由余公助秦劳累过度而卒,穆公心痛如绞,万民哭泣。究由余公之功德,敕葬于西安府城内上林苑中,其子孙以父名之字为氏,乃姓余也。此余姓之所由来。知吾姓之所由来,则周家忠厚开基,累仁积德,俱可想见矣。前光是迪,奕世勉之。

奚余族之初班辈字号,依穆公之名臣百里奚和蹇叔之赞诗而立,即"由来晋邦,贤声播扬,抱负经纶,委任蛮方,秦谋用之,权势遂强"。"名儒初出仕西戎,因聘归迟相穆公,佐治才犹能霸国,蕃衍奕世永兴隆"。隆辈之后,支脉众繁,散居九州岛四海,乃各立字号,承认祖宗。周初分封七十二国,遂成战国七雄。秦晋之好传为佳话。晋之后裔均为秦所器重。由余公后裔,世代贤德,青史留名者甚多。秦之统一,方策公为将军。西汉有秦安公为御史大夫,用贵公任西川都督将军,焕公讳权彩被誉为"孟轲亚圣",任建州太守郡丞。东汉有仕君公为当朝名将。西晋有聘俊公任镇南大将军。东晋有相时公任尚书令,南朝有治玉公任梁武帝之都督将军。唐有奕荣公任汉阳太守,世昌公任汝州刺史。宋有庆公为太常少卿,靖公为工部尚书,伯庄公为殿中丞,叔英公为儒学教授,深公任为门下中书侍郎知枢密院事,一贯公任福州参军,天锡公任宁宗丞相,玠公为理宗时四川宣谕使,文斌公任镇南大将军。明有彦诚公任安陆知府,之俊公任陕西布政总理宣大军务,光公任广东巡按御史,有丁公任文渊阁大学士。清有世式公任奉直大夫,步云公任惠州提督,廷球公和上达公先后曾任广州府将军,等等,数不胜数。

纵观史册,余氏子孙乃以贤德报效国家。据查史料得知,余氏原姬姓家族(晋国公侯族),实居晋国地界(今山西代县、五台等县),由余公出生于此。由余公裔孙,始居咸阳发派,历七八代至东周末,有八世祖献公讳扬文东迁至豫西邓州新安开基,乃新安之始祖也。其后又有迁回代州(原晋国地界)一支,迁泗州(今江苏邳州地域)一支,迁青州(今山东青州地域)一支。此四州乃余氏嫡宗大系发派之基地。厥后流传世数,派别支分,乔迁各省,星罗棋布是也。然汉唐族志失传,其中除新安望以外的三支元老鼻祖何人,瓜瓞嫡庶,难于明志。据明清族志,十七世祖秦安之子孙辈,迁闽之建州定居。二十一世焕公讳权彩生于建安(今同安)。其后裔散居于闽境之长乐、同安、光泽、龙岩等地。自魏晋南北朝以来,因北方烽火连绵不断,黎民百姓颠沛流离,广泛南迁,背井离乡,至长江流域。吾余氏各支,亦随时势,向江淮流域的苏、皖、川、闽、湘、鄂等省区而迁。唐朝有五十三世戢公,因黄巢起义,先由建安迁至闽北光泽县避居,后转粤北韶州曲江武溪开基,是为曲江余氏之始祖也。至元末明初,在外侵内乱中,又有分迁各地者。由闽入粤,辗转赣粤,又有数支由粤入桂。今余氏后裔广泛遍布岭南。天下大势,合久必分,分久必合,诸侯混战,家族曾支离破碎,寓居各地,但吾余族万派总系由余。今战争平息几十年,没有先祖德厚根深,就没有子孙今日繁荣,进族人追溯根源,弘扬祖德,以激励后辈,勿忘前贤,也是中华民族的一种纯朴美德。

（作者署名及撰序时间原缺）

黄氏谱序

【导读】黄迥公出于轩辕后裔，颛顼的儿子。本姓姬，周朝益王后封黄姓，后来子孙俱为黄姓，黄歇公为受姓的始祖，是江夏郡的正宗。黄姓以江夏为郡。

松源黄氏，祖上膺公由河南开封府固始县居郐武仁乡，历传十世，让公之子曾公，宋末遭乱，避地松源，乐业兴家。传四代到敬善公，生一子黄宗明，号东懋。松源黄氏之族以东公作为肇基之祖。

黄土洋黄登云公，在太祖朱温王朝时任职，任徐州太守，因黄巢起义，大唐兴兵征饷，举家隐避浙江括苍郡，时祖通公又迁徙松源三十五都旧名黄沙定居，后改名黄公山，又称黄团，即今黄坛。

1. 松源黄氏谱序

源流考

按，黄姓本源始自轩辕黄帝之后，初姓公孙氏，后有六代元孙颛顼帝，之后陆终子之孙，受封于有黄，遂以国为姓，即赐姓黄，分野在荆州定府，居于白果树下。传及渊公，生二男，长绮公，次修公。修公因秦乱适暹罗国。绮公生敬公,敬公生惠公,惠公生显公,显公生歇公。歇公当战国时,相楚,为上卿,门下食客三千,皆朱履,上宣命封为"春申君",宠冠楚邦,后人有诗赞云:

> 少年初拜太常秋,半醉垂鞭见列侯。
> 马上抱鹦三市闹,袖中携剑五陵游。
> 玉箫金管迎归院,锦绣红妆拥上楼。
> 昨向国中新买宅,碧溪清水对门流。

又有家联云:"普天江夏无双郡,楚国春申第一家。"转于鄂州立宅焉。终享天年,没,葬在黄鹤乡仁义村,离城二十里。后数传乃至峭公,峭公三祖姚上官氏、吴氏、郑氏,各生七子,共分为二十一房,分住分省,当日立有家诗:

> 逃马登程出异壤,任从择地立纲常。
> 年深外境犹吾境,身健他乡即故乡。
> 早晚莫忘亲命语,晨昏当荐祖宗香。
> 惟愿苍天垂庇佑,三七男儿永炽昌。

此所谓大中之不可忘者也。兹我族先人恭奉东觉公为始祖者,以三房始分于璞齐公,璞齐公乃东麓公之孙,东麓公乃勉齐公之十代裔孙,勉齐公又为峭公之支流,分于闽中之一大砥柱也。先人之意,其殆谓先寻近脉,而后可以追及于远脉也乎? 故今立祠以勉,斋公为所自出之祖,而以东麓为近宗焉。

嘉庆元年(1796)丙辰春王正月

派下裔孙廪生立纲拜撰

重修黄氏宗谱序

闻之莫为之前,有美勿彰;莫为之后,虽盛勿传。所贵者善继人之志,善述人之事者也。

粤稽黄氏受姓,始自颛帝曾孙陆终之后,其最著者莫若歇公,战国时为楚相二十余年,赵使者见之大惭。其间统而阅之,登仕籍者,累朝不乏,屈而数之,名光史册,灿若星辰,然此前乘俱已悉载,毋复重述也。迨至膺公由河南开封府固始县居郐武之仁乡,历传十世让公之曾公,宋末遭乱,避地松源,乐业而家焉。越四世敬善公,生一子宗明,号东懋,松源黄氏之族以东公为肇基之祖也。传二世宝公,生三子,长仁徽,次仁德,三仁政,以作三大房焉。人文蔚起,英贤迭出,支分派别,各有所考。迄今而上溯干公,已历二十有七世矣。故清白传家,咸歌大有之庆,义方垂训,俱守礼让之风,熙熙济济,洵足以光前徽而裕后昆也。所虑者宗法不讲,事无纪载,同宗有路人之视,少有凌长之忧,尊祖敬宗之义于焉紊矣。其何以收宗族而重礼教哉!兹者派下裔孙族长榜金侄在中、传祖等,志切崇本,心怀修辑,邀集族中,无不乐从,且日继志述事,此乃美举也。故协力同心,因而乞序于予焉。奈予才疏学浅,不能张扬叙,幸遇李分主,适寓严宅芝兰之室,予谱局亦在厅右,静坐之余,细论谱事,不胜欣然,惠允矣。由是捧砚就席,信笔而成,盖不特见作谱者之雅意,抑且为黄氏族之大光也。极之世数绵远,宗裔繁隔,而木本水源之思,大宗小宗之派,不亦历历可考欤?诗曰:"绳其通武。"又曰:"贻厥孙谋。"黄氏之孝子慈孙勿替。引之而谱序亦于焉,并乘不朽云。

道光二十四年(1844)甲辰岁桂月

特授修职郎分知松溪县永和里事加三级纪录五次山左李庚星拜撰

庆邑竹溪庠生吴泰编辑

2. 荷地镇黄洋村黄氏谱序

源流总序

夫万物生于天地,人本乎祖宗,天轻清,惟高明而有日月,万物系焉;地重浊,博厚载山川四海九州,含蓄百物鸟兽草木是也。中而为人,而有三皇立极,五帝统宗,惟智者能通六艺,秉五常三纲,万事而为最灵,以为三才者也。本乎祖者,以有源清流远,必其先世而有德行存焉。夫源不清者,其流何由而长;根不固者,其叶何由而盛?

观黄氏之派系,分于各州皆世祖而英贤,崇修以德行,贻厥子孙之达。盖宗谱者,明其姓氏之初,著其望之始,再载其肇基之祖也。苟不详宗谱以知之,即至观面而为路人,何为世裔乎?故先人立谱书以志之,虽百世之后可得而知也。

吾祖迥,出于轩辕之胄,颛顼之子也。本姬氏,周朝益王后封公为黄姓,以别姬姓,故黄歇公为受姓之始祖,为江夏郡之正宗也。迨后之子孙俱为黄氏焉。历战国相楚王,称为"楚春申君",歇公游侠博闻,同孟尝君齐田文、信陵君魏无忌、平原君赵王胜斯四君,战国称谓四豪。招至宾客,珠履盈门,歇公相楚主,将兵救邯郸以御门。秦公生三子:长曰章,光禄寺少卿;次曰饮,左评事;三曰崇,右谏议给事中。章生五子:曰琳,将仕郎;曰楠,五府提控;曰槐,迪功郎;曰枝,兵部员外郎;曰选,贡元。廷枝公三世孙景延仕西汉高祖朝为相,后永嘉末五胡乱晋,建兴后平帝元始元年(1)五月十五,避乱至荆州府分宜县黄大村。其间山明水秀,遂奠厥居。后裔蕃盛,诗礼家声,簪缨继世。吾兄登俊儒学教授,予值后梁太祖朱温皇帝,任徐州大守,致仕。时值黄巢兴寇,首党李节度使克用领旨,会朱节度使平巢,三至其境。余同兄议干戈纵横,此处难以安身,且坐取赋饷一万,十日三征栗帛金银。祖父宫资输饷一空,不如隐迹远遁,庶免屠戮之刑。家口百余,不可一路而行,且各自逃避。是日,兄南我北,手足参商,摄家深藏。是末帝元年(14)甲戌正月,沿途至之栝苍丽水城内居焉。孙黄通民弟黄泮、黄宦洪于后唐庄宗元年(923)癸未,又徙居龙泉松源乡三十五都黄沙居焉。弟黄洪同兄登山玩水,又至翁公山开基。四世孙时旸三月之间,阳春荏苒,山水可人,常念先人未归于窀穸,欲寻一眠牛吉地以厝二人,亦人子之道。游至椤木高岗,观之下有一山淤,水绕山环,后山形似狮子抛球,势若真武坐堂,龟守水口。此处可以开创洪图,遂于庄宗辛卯岁孟冬月乙未,旋构屋宇以安居焉。自公派流以来,由周秦汉魏吴晋宋梁陈隋唐五代及后晋汉周宋元,迄今三千一百余年矣。仕宦相继,青史标名,绵绵后裔,皆始祖种德益后。派衍支蕃,或隐处桑梓燕处,或随官外郡,或派分异地,贵有钟鼎之荣,宴有箪瓢之乐。孰能识之辨之？今承旧谱,颇以增辑以贻后世,求作千秋之绪也。

顺帝三十二年(1365)庚辰岁春月上浣

龙泉县知县鉴定庠生方大正书

重修宗谱序

昔太极未分,始名混沌,两仪既判,分天玄而地黄,五行始生,万物六合,闰乎三光,立天地人之三皇,按三纲而序五常。暨祖派而群分,则本全而枝芳,繄黄氏之大姓,始于周之益王,封歌公为黄姓,江夏为郡。为楚国春申君时,值战国三千珠履,广耀门墙,分封齐土,故都名邦,自古仕途相继,鹭序于鸳行,代不乏人。由周而历大唐,腾美誉于闽浙,标青史之忠良,仕途炫耀,居族蕃昌。迨浚高祖武帝之朝,景延公字万春,因边寇兴戈,童叟受无辜之罪,揭家而避居荆州之地。分宜邑下,名曰"大村",肇造华厦,延清溪之一绕,攒翠碧于四旁,文峰秀环,清溪之渺渺,山光水色焕乎文章,虽始祖之垂统,为百世之孙谋,爰居爰处,贻厥子孙。凡族大支分,马嘶绿杨。我祖登云公,仕太祖朱温朝,任徐州太守,因黄巢兴寇,大唐克用兵起,征取赋饷,揭家隐避浙至栝苍。时祖通公又徙松源三十五都黄沙之乡。至洪公登山玩水游至翁公山,见其地僻可以暂居,改名"黄公山"。按兹肇基,盖自时赐公徙于此地。旧号黄团,今改黄坛。常云好地三形:一曰狮子抛球,二曰真武坐堂,三曰黄龙戏殊。风藏气紧,真为胜地。余丁卯季秋,黄氏诸君托余以修续谱系。捧出宗谱,启而阅之,乃春申君之派,虽百世远,其人与事班班可考。夫谱之作义近于史,且所以明亲亲长长之道,纵世远年湮,不至以途人相视。凡留心于谱牒者,知万派归于一本,毋得视为具文而已也。为之后者可不明,是理鉴乎斯言也。聊序俚句笔于简首,以志不忘。

大清康熙二十六年(1687)丁卯献季秋月吉旦

瓯海泰邑方大正拜序

姚氏谱序

【导读】舜居于姚墟,子孙以姚为姓。历夏、商、周、秦、汉以至宋代,后裔大抵散居于江河之间,教授公居相州,传至常侍五公,中原板荡,于是从临安,南谱以公为一世祖。常侍五公生舜明公,舜明公徙龙泉大窑坊。传至大公,徙松源姚村,公生姚三丞事,三丞事生十二公,十二公生八一公,八一公先居福建松溪,后迁庆元上仓,为庆元姚家之一世祖。

玉田姚氏,宋宁宗年间(1194—1224),姚舜明的九世孙姚泰,原居于“姚村”,后“携长子松徙居城南之上仓”。

吾际下姚氏,姚八一公先居福建松溪,后迁庆元上仓,为庆元姚家之一世祖。存一公生庄二公,与其子孙在吾际下定居,庄二公是潦水姚家的太祖。

姚村姚氏,上衍公同子达理由公,由庆元后田迁徙松邑之东源,迨至少元公,由松溪之东源迁到庆元姚村,建基立业。

各谱关于姚氏迁徙情况记载说法不一,有待考证。

1.濛州街道玉田姚谱序

姚氏澄源洁流序

姚氏之先出于有熊,熊之子曰昌意,意之子颛顼。顼生穷蝉及鲧,鲧治水九载,绩用勿成。穷蝉生敬康,康生句望,望之子曰蟜牛。牛生瞽叟,姓妫,妻曰握登,见大虹有感而生舜于姚墟,遂以"姚"为氏。舜三十以孝闻,尧子不肖,求可以代己者,四岳群臣皆举舜,尧乃召舜登庸以事天,在地务人廷封,尧妻以二女,曰娥皇,曰女英。娥皇无子,女英生二子,长义均,次季厘,庶子七人皆厘降于齐。舜重华协帝,受终于文祖,即位,以土德王天下,都蒲阪,后尚德传贤,以天下禅禹。禹兴封录子均于商,为商均,仍号有虞,夏后少康奔有虞,为庖正,虞君思妻之二姚。姚氏当夏之时,世守候封,历商而周,有虞阏父为周陶正,武王赖其利器,用以元女大姬嫁其子,而封诸陈,以备三恪世,世仕周。至春秋时,陈公子敬仲奔齐,为工正,五世孙桓子更姓田氏。鲁哀公十七年(前478)楚灭陈,公子袁喧奔吴,袁颇又五世名昭,复姚姓。至汉时,有姚元者,尝为吴郡刺史。梁陈之际,而姚察为陈中书,有功封绛郡,公子思廉封临汾侯,世居平阳。五世而至佥事公,三子,长居凤冈,次居汴梁,次教授公居相州。四世而太常主簿,殚心家乘。传三世而常侍五公,为宋名臣,退休林下,靖国中迁临安花市街,长舜明,官朝议大夫,居栝苍之龙泉;次舜英迁绍兴;次舜忠迁庆元道。故余杭之姚皆宗常侍五公,凤冈之姚宗副都御史,汴梁之姚宗都水少监,而要皆宗虞帝。盖自虞舜至吴兴刺史,至绛郡公,其间世次远不可考,独至绛郡至相州教授,自教授而太常主簿,太常而至仁之高祖,金紫九公纂辑澄源洁流,谱志垂法百世,至曾祖大中公,佐宋高南渡而家乘毁于金人之烽火,今仁复为世谱,以纪其族属。谱之所记,上自绛郡公一小宗,故曰继祢者为小宗,凡今天下之人惟天子之子与始为大夫者,而后可以为大宗,其余则否。独小宗之法犹可施于天下,故为族谱其法,皆从小宗。闻之《礼》:诸侯不得祖天子,大夫不得祖诸侯。是姚皆出自虞舜,固为百世不迁之祖,而吾谱不列世次,将以守礼也。凡吾之祖以及祖之祖,绛郡公得详书者,亦将法小宗以明义也。呜呼,百世而下得吾谱而观之!所以去骄弭僭而秉礼度,义以至无穷,永言孝思,孝思维则是则仁,修谱之志云尔。

宋绍兴三十年(1160)春二月朔日

诰封金紫光禄大夫兵部尚书二十二世嗣孙仁薰沐顿首书

庆元姚氏渊源考

庆元姚氏的远祖是南朝陈中书侍郎,隋袭封北绛郡公姚察。其家族原世居晋阳,晚唐时期,姚察七世孙姚宗潢由晋阳徙居相州,居汤阴县阳德里。对于姚宗潢的南徙,家族史料称其为"南渡始祖"。

北宋太宗太平兴国年间(976—984),姚宗潢九世孙(姚察十六世孙)姚鸷带长子姚舜明、次子姚舜英和三子姚舜忠由河南汤阴迁居浙江临安。后来,姚舜英改迁绍兴,姚舜忠改迁宁波,而姚舜明则说是"娱龙泉佳山水",遂单独奉父来到了龙泉大窑定居。之后,父子俩就终老于斯。对于姚舜明的徙迁,族人又定其父姚鸷为"南迁东渡的一世祖"。相传:姚舜明是"户部侍郎",有"金紫光禄大夫"之职称,然此事无史料为证。有族人说他可能是从河南调任来的青瓷"官窑"的管理官员。我赞同他这种观点,但也苦于没有资料所证实。

姚舜明的后裔又作辗转徙居。大约在宋徽宗时期,姚舜明的四世孙姚宝英由龙泉西坑析居,迁入县域北部"荣庆乡·祇道里"后属庆元"十一都"的"窑村"。发家后,改村名为"姚村"。其后裔即是庆元县境内的首批姚姓人。

南宋宁宗年间,姚舜明的九世孙,同时也是姚宝英的六世孙姚泰,由原居于"姚村"以"携长子松徙居城南之上仓"(或有从松溪下里辗转徙迁至之口传)作了定居,乃至发家以成为一个家族。

姚泰字世初,行八一。是为全庆元姚姓人之始祖,亦称"一世祖"。他生于宋孝宗乾道五年(1169),终于宋理宗淳祐元年(1241)七月初九日。享寿七十三岁。安葬在渎田之北的"冬瓜山",后人即称其为"冬瓜山太公"。

姚泰定居庆元后,是当时县内唯一的一家姚姓人。他生育过三个儿子,即是庆元姚姓的第二代传人。

姚泰的长子名叫姚松,字山甫,行五大。生于宋孝宗淳熙十四年(1187),终于宋理宗端平二年(1235)十一月十一日。享年四十九岁。安葬在六都洋里。姚松原配游氏,生一子名姚伸。续配沈氏,生三子:姚偲、姚似和姚侃。

姚泰的次子名姚桂,字月卿,行五八。生于宋宁宗嘉泰元年(1201),终于宋端宗景炎二年(1277)。享寿七十七岁。娶吴氏。生育过三子二女。姚桂与父亲分居后即定居四都渎田,其后裔欠详,或者是外迁,或是未能繁衍。

姚泰的三子名姚林,字郁茂,行六一。生于宋宁宗嘉定元年(1208),终于宋理宗淳祐九年(1249)。享年四十二岁。此公不知何故以终生未娶,独居于上辈祖居的姚村。

注:摘自姚德泽《庆元姚氏简史纪略·氏族渊源》。

2. 安南乡吾际下姚谱序

序

国有国史,家有家谱,所以明所自,其旨一也。上古之世有舜焉,目重瞳,耕于历山,以文德光华,民多随之,尧举使摄政,天下大治,受禅即帝位,遂有天下,号曰有虞氏,史称虞舜,又称重华。舜居于姚墟,子孙以姚为姓。舜此氏之鼻祖也,历夏商周秦汉以至宋代,后裔大抵散居于江河之间,教授公居相州,传至常侍五公,中原板荡,乃从临安,故南谱以公为一世祖也。常侍五公生舜明公,舜明公徙龙泉大窑坊,传至大公,大公徙松源姚村,公生姚三丞事,三丞事生十二公,十二公生八一公,八一公先居福建松溪,后迁庆元上仓,为庆元姚家之一世祖也。八一公生五大公,五大公生四房:长曰千五公,居上仓之野塘;三曰千八公,居玉田之坑螯;四曰千十公,居三都之方塘;次曰千七公,后裔居三都之叶家山寮,树艺杂粮,山下有溪,北去辗转,与他水汇合,以出东海。千七公生仁六公,仁六公生存一公,存一公生庄二公,其后人丁日众,乃于溪之两岸叩石垦壤,造梯田,修道路,建房屋,渐成村落,曰吾漈下,又曰漈水,以溪源于百花岩,自百花岩至村有五漈而得名也。庄二公者,漈水姚家之太祖也。自姚家居是村,力耕勤读,蔚然成风,明智贤能之士,代不乏人。嘉庆道光世,堪称富庶。明清行科举制,全县中秀才之数,吾村多年居半,遐迩钦仰,故有书香之誉。七七事变之前,吾离村就学县城,稍长又远赴外地求学,自一九四六秋后吾无缘返梓于乡里,恍如隔世矣。就吾少时所知,吾村风俗,极淳厚,举村以辈份相称,视如一家,于列祖列宗,则祭扫以时,寄托哀思;遇红白喜事,则互相吊慰祝贺,休戚与共。

族有谱,蓝布为面,尺许见方,洋洋乎一巨册,源流派别一目了然,子孙缅怀先人创业之艰辛,追思先人德行之崇高,益自黾勉,无论务农、习艺、为商、为医、为学莫不精益求精,行心有则,是知家谱于寄哀思、明所自、辨支派之外,犹有不可低之启迪与促进作用也。无如往岁多暴行,致令家谱难逃浩劫,横遭毁灭,深感堪痛惜。今也,政通人和,百废待兴,族中长老暨族叔庆随、庆平等,立承先启后大志,倡议编修家谱。倡议一出,合族称善,庆随叔不辞辛苦,鼎力筹划,楚隆吴先生夙夜匪懈,精心编纂,吾远处海滨,于修谱大事未克尽绵薄之力,深感内疚,越一载,谱将成,合族商议,命吾为之序,吾虽不敏,敢不遵命?伏惟立言匪易,务宜信而有征,悲明清不远而若干重要之事迹已难查考,以致临文踟蹰,稽延时日,又半载谱编就,大局既定,则今后继续考订充实,务使臻于完善有基础矣。遥望南方吾潊下之水声山色,如在耳畔,如在目前,身与神驰,不计工拙,就所闻见爰濡笔,而概述之,是为序。

甲子(1984)仲冬

裔孙传虞沐手敬撰

3. 黄田镇姚村姚谱序

重修吴兴郡宗谱新序

宗谱之设仿于周礼小史,而创始于有宗欧、苏两家,盖所以辨世系而序昭穆者,诚意美而法良也。盖族未有谱,以造为先,既有谱,以修谱为急务。

粤稽姚氏上衍公同子达理,由庆元之后田迁徙松邑之东源。迨至少元公,由松溪之东源复迁于庆邑之姚村,卜筑而居,建基立业,遂成望族,历历引可考。此皆赖有创修于后,所以世远年深,分支演派,终无缺佚,况谱牒之载三十年一修,迄今四十余载矣。其间或存亡不同,播迁亦异,皆为谱未及载此,继修正其时也。兹有沛根、沛樟、愈彪、愈球、恩和等,感念先人之德泽,出为倡首,嘱予纂修。余即请其旧帙,先为细按,理其统绪,分其世系,便后观斯谱者,尊祖敬宗之情瞿然以起,报本追远之心意油然而生。不特有以感后人序昭穆之志,而更有以慰先清源流之心。予愧无文,不能发潜阐幽,聊疏短引,以纪善举于不朽耳。是为序。

大清宣统二年(1910)岁庚戌季秋月穀旦

本里贡生邵廷魁撰

毛氏谱序

【导读】文王第七子毛伯为受姓始祖。毛氏远祖属郑姓,后郑公赐姓毛,居西河郡。

毛氏从河间迁居金华,后迁入括苍,其后择居龙泉剑川西里,至普八公迁徙庆元济川(大济)南坻,柳八公是庆元济川始祖。

青竹毛氏,自唐勋公分本,先居青州,后徙金华安居,清禧公播迁括苍芝田,传至翊公,再徙鹤溪毛洋聚族,其后均抱公迁青竹,均抱公为青竹始祖。

姚村毛氏,先祖万五公生二子方德、方恩迁白岩,因与他人互控,冤深避离,暂居西坪,续后迁居于黄南,再迁于毛洋,传至数世,连一公于大明正德间迁至台湖。

车根毛氏,希玩公为车根始祖。

屏都毛氏,清乾隆初,兆顺公率弟兆焕、兆贵,从车根分迁屏都奶姗。

落岭毛氏,福佑公从毛洋迁入。

1.左溪镇青竹毛谱序

重修族谱序

当谓知宗识祖,凭谱牒之留传,叙族明伦,藉支图之记载,苟失于纂修,则流分派远,懵然不知所自,故必至视亲亲如路人,可胜数哉！昔狄武襄不受梁公之图,郭崇韬拜子仪之墓。一则忘乎其先,一则冒为其后,罔念先人固不足论,已至如涪翁所讥,同四世祖兄六十始相识,安知非各异其居,系本未修之故耶？

吾家毛氏考之《史记》,系出姬姓,其望在西河,先世若隐若显,世深代远,姑弗详考,惟从监丞公,讳流,衍温之桂阳派分沐溪汇下,则始迁括者也。自后英念二公,讳豪,生三子,当晚宋时再徙,溯流而上。长贤念七公,讳翼,初居本里石笏垟;次贤廿八公,讳羽,居七源大地;三贤廿九公,讳珪居林斜湖底。而为三处之宗焉。余族承廿七公之后,其宗派彝伦,历载谱牒,备焉灿烂。传三世至成二公,再卜居于此,因多芦西竹,初名"芦西垟",后以于姓蕃衍一族无间,故文曰毛洋。是地也,取像有三,曰黄龙蟠江,曰天马饮泉,曰螺蛳吐腐,形皆肖类。左则来龙蛇蜒,逆水而上;右则白虎蹲踞,闸水而淀。前朝笔架数点奇峰,后依翠屏半园列璧,水则一溪漾绿,罗带迥环,石则三印呈奇,洗马隐现。凡三石印,上下皆显露。惟中印隐现洗马潭中,屋绕晓烟,见楼台之错落;人喧晚渡,识户口蕃昌,此则吾族一壮之胜,歌斯哭斯,聚族于斯者也。自三世祖,成二公生六子,分仁、义、礼、智、忠、信六房,以后聚居,颇亦隆盛,阅今二百余年矣。虽其中奢俭各性,隆潜不常,要以耕田乐土、安分守己、奉公畏法、守祖宗之遗训者居多。然而族大则流,贤愚不等,族之先岂少败类,尚监于前,知所警畏,各和其宗,各睦其族,恪守家法于不坠,仍复浸昌浸炽,依然旧日家风,岂不幸与？

兹承族中命修宗谱纪先代之世系,条分缕晰,俾后人知所本源,而是继是绳,不至自忘其祖,则吾族之庆或文未艾也。谨序。

明正德十六年(1521)仲月榖日

裔孙思启敬序

房　叙

夫谱之作,以尚天伦、正名分而厚其本,然所载不越宗枝一图,逮行次、生卒、山川坟墓亦例录之。无非今人按谱而知祖宗之所自出,支派之所由分,不致涣若袤雁,茫无所稽,盎生人之本,纪籍之要莫大于斯,诚不可不备也。西河之谱历世久远,怠于修缮,操笔者,未有不病于考核者也。今岁丁酉,我以事诣毛公宅,叙睽流连者,累日促膝谈心之后,论及家乘,乃遂属予修理,予难不文,谊不容诿,爰假静室,稿加三考。自毛伯受姓以来,迄于临丞之世,聊提纲领,难考世墩,逮分之芝田朱坑以后,壤接居连,旧谱俱已列载详明。而青竹之祖,则始自均抱公,别毛洋卜今址启基立业,族盛人稠。兹为之纂辑成册,自公以前惟古卷录,不敢妄易;自公以后细加编次,不致遗阙,使后之观者,有所依据。则此谱之作,夫岂小补也哉。是为序。

　　明万历二十五年(1597)丁酉岁

　　寿宁寅厓陈尚撰

原　叙

　　所谓家有谱,犹国有史。国无史则统纪疏,家无谱则伦序紊,故世家大族珍藏谱牒以定人心,辩名分,正昭穆,别同异也。一族之事莫大于此。若使历久不修,而欲伦叙之不紊,胡可得焉? 我于向岁过留香便道,遇此会子春翁谈及谱事,属予修籍。本年春得以舌耕贵地,即出其册以役予。我阅毛氏自姬周以后,迄今于隋唐垂诸简册者,班班可考。愈后勋公仕监丞,始居青州,五传迁金华,十二传而迁景宁毛洋,复六传而青竹。鼻祖均抱公,出野见斯地山青水碧,辟址起基,子孙蕃衍,遂成巨族。今春公等孝思不忘,用维先志,既然增修以垂万年不朽之功,真不愧亢宗之嗣、特起之英,亦可澄抱公之积德行仁,遗泽未艾矣。予乃樗栎匪材,不敢妄加讨论,见哂贤达。谨依其序次,编录成册如左,是为叙。

　　康熙三十五年(1696)孟秋月

　　同郡景宁张坑张昌龄

原　序

　　夫谱之设,所关最大。以一族之众支派之而分亲疏,由之而辨尊祖敬宗之道,孰加于此? 故周官小史有大宗小宗之法,以叙昭穆,以统族属。后世晦而不明,是以欧、苏二公起而经纪之,以为一世程序。非尊敬为怀者,乌能修之使不紊哉!

今几稽西河毛氏,出于周文王第九子毛伯之后,以国为氏,此受氏之始也。越汉及唐有勋公者,因禄山乱,徙于浙之金华。居四世至福公,迁处之青田,子国宝又移于温之城水。及翊公,卜居沐溪毛洋。逮均公素有大志,溯流而上,游于松源二都地名"青竹",见山水秀丽,遂家焉。迄今一十二世,子姓繁衍,亦称殷盛矣。但世代沿革,久而失真,能无支派难分亲疏莫辨之虞?所以增修之典,诚不可阙。兹其系文威同弟侄等,请予修理。予固素花笔砚,因感诸翁以孝子慈孙之心,出而为尊祖敬宗之举,真有不容诿者。故不辞鄙陋,而附俚语于卷之末云。

雍正二年(1724)孟秋月

柯郡常邑徐面槛拜撰

原　叙

毛氏族谱,谱毛族也。毛氏出自毛伯,遂蔓延天下而处,自福公始均公,尤为青竹之启基也。古谱亲书不芨书,而兹傍支亦书者,何明其为同宗共派也?自亲之仕未仕,娶呆氏,及生、及卒、及葬则书而傍支不祥者,何祥其所自出,发其尊亲之心也?呜呼!读斯谱者,而孝弟之心可以油然生矣。情见于亲,亲疏于服,服始于衰,而至于緦,而至于无服。无服则亲疏,亲疏则情疏,情疏则喜不庆,忧不引。不庆不引则途人也。今之视为途人,其初则兄弟也。兄弟本一人之身也。悲夫!以一人之身分而至于途人,此谱之所以作也。其意日分而为途人者,势也。吾固无如何也,幸而未至于途人也。宜无忽焉,可也。推而至于高曾以及鼻祖之心,亦独是也。噫!读斯谱而孝弟之心可以油油然生矣。

乾隆二十七年(1762)壬午仲吕月

金沙张光高汝超氏撰

原　叙

窃维国有史,县有乘,家有谱,所以传信也。而家为国之本,故谱牒綦重
要。若毛氏者,始自有邰,聿昭诞降之异县于岐下,咸仰帝德之隆衍,食采于西
河,昌世系于青州,圣子神孙绳承勿替,嗣是支派发祥保进滋大。自唐勋公分
本,青州之望族,徙金华以安居,洎乎清禧公播迁栝苍之芝田,传至翊公,再徙
鹤溪毛洋聚族,斯历有年所,而青竹之始祖者,均抱公也。为始祖所自出者,则
唐朝勋公直裔,实翊公之后,夫固笙班可考矣。

按,其族谱立于唐宋,修于元明,而大成美备集于国朝。然其中人文著美,缙
绅禅联,俨诔檄之孝思勿替,传诗之家学长存,是皆丕振前谟,昭兹来许,不几彰
明较著乎哉! 迄于今,修理约六次,然自陈绍虞先生修后,已经六七十年之遥续
修。诚及癸酉新春,道毓先生有志倡修,邀同族中尊长,嘱我以续谱事。我本技
之雕虫,才惭倚马,荷诸君重寄,莫逭其责。即于闰六月间起局膳稿,访旧规、增
新刻,于旧谱所阙略者而详诖之,以便考核诖其生庚,庶知生于何时,愈增敬祖之
诚意,志其坟茔,始知厝于何山,不忘祭清之本怀;且列其传赞,以便之知,法而馈
厥绪;标其节义,以便之知劝,而永绍箕裘,孝子慈孙,肃雍亲睦。谱之所出,作意在
斯乎! 至十月而归集成册,告成美举,非敢谓纂辑之无瑕也,聊慰诸君倡修之美意
焉。至后之君子校修而集成之,庶与国之史、县之乘并垂不朽,则幸甚矣。是为序。

时大清同治十二年(1873)癸酉太岁应钟月

举溪太学生姻眷侄吴润身顿首　拜撰

2. 黄田镇姚村毛谱序

重修毛氏宗谱序

夫传家之有谱,犹记国之史也。史载国之纲纪,谱传家之伦序。若夫君主
圣臣爵之忠良,莫如史;至如叙族之枝叶,明宗党之亲殊,莫如谱。故一谱述有

代之统绪,记数千年之根由,则谱之理岂不伟然大有观乎?凡受姓之始,三皇分姓,五帝传宗,各有所出之祖,祖姓为源,庶姓为流,一古天子之姓,及天子所赐郡姓为姓,诸侯卿大夫之友子出者为氏,又有食采为姓,食者食其田之所出,采者采其山之所生。又有指邑、指物为姓者,多矣。

按,毛氏之源咸从黄帝,初姓公孙,长于姬水,更姓姬,育子玄嚣,本姓纪,传下曾孙后稷,复姓姬氏,自后传下一十七世皆为诸侯,惟姬昌公生八十一子,次子即武王,讳发,克商而天下画土分封,赐姓诸弟。古今受姓最多者,莫若于周也。

予按,毛氏之姓者,系文王第七子曰毛伯为受姓之始祖也。后有遂公为赵平原君门下客也,亨公作《诗》训诂以授于世孙毛苌。秦国毛钦,卢江毛义,魏毛玠,晋毛宝,隋毛爽,皆乃治世安民之杰俊也。但历朝显官谱谍,唯以胜计,皆详著支派明矣,此但纪其受姓之流,便后世子孙观其谱,知其受姓之源流也。

赞云:

西河根源初姓姬,文王之子受姓始。

毛亨毛义删古诗,毛伯毛遂通谟典。

毛钦毛义称孝行,孝先硕页把朝离。

莫言西河无狡狈,万古传诵曰宅诗。

宋神宗朝进士王禹偁赠

其二

西河翘楚旧簪缨,功德联芳荷圣明。

诗礼传家松竹茂,谱书遗下水山龄。

声名不朽风霜古,翰墨生香岁月新。

今日诚心修族史,晚赠诗句著毛钦。

南康田思孟拜赠

(作者署名及撰序时间原缺)

3. 黄田镇台湖毛谱序

重修台湖毛宗谱序

尝观史序有云:淑世谓人是天地之心,万物之灵,受天地之正气,就始生之初,能知父母惜爱切切而眷恋也。及其壮也,善训经书,诲明史典,能通伦常之道、尊祖敬宗之心,自为曾祖父至身下及子孙曾玄,世世继续而无间断矣。则遇亲为孝,遇长为悌,自然止孝止慈止信于至善而勿忘矣。

稽考毛氏郡者,舜禹之间,乃雍州之地;至周朝春秋之际,属秦国,为咸阳之地;今属陕西巩昌府西河县是也。始祖毛伯公受爵于此,故谓西河焉。迄分,历世仕宦常多,莫能胜计,是谓大宗巨族也。后至春秋之末、战国之初,从西河赵遂公孙钦公从赵徙居秦,即今咸阳县。至战国末汉初,毛义公寓镐京,徙居庐江。至于蜀汉末,有毛璞公从庐江徙居封丘。后至隋朝,毛象公从封丘徙于青州。而青州之后,唐朝之后,勋公从青州迁于浙江金华之东阳县而居。自此之枝蕃族广,分至衢州、温之平阳处之松阳,咸从于一派而分也。源源传绪而无虚缪耳。

大宋熙宁元年(1068)戊申穀旦

参知政事范希文敬序

赞曰:

> 追思诗诵《蓼莪》篇,子孙当要孝椿萱。
>
> 序分昭穆明疏戚,谱列尊卑定后先。
>
> 枝枝须认同分派,叶叶当初共一根。
>
> 昊天罔极无由报,始作家书与子孙。

学士张升赠

其二

日落月升几春秋,捻指间时史册修。

欲把声名千古诵,须作谱谋万年留。

上考高曾流源处,下续分迁各郡由。

祖宗享祭应无尽,世系相传似水流。

苏州范希文赠

其三

毛公枝下百世孙,西河名郡迄今存。

史册著名永不朽,翰墨生香月未昏。

万派源流共一处,千枝发叶本同根。

此日绵修西河史,万古传流续后昆。

山阴御史中丞孔思远赠

其四

西河叶有发云孙,千载留芳德并存。

翠竹苍松延岁月,青灯黄卷佛晨昏。

遗怀自德风前句,畅饮须倾月下樽。

化育英才登大用,九重天上受皇恩。

惠州府推官林政赠

重修毛氏宗谱序

今夫谱牒之设,固非徒为观美,盖以上守祖德,下示来许,俾后之子孙得以考古而征前,信今而传后也。所虑者宗法不讲,事无记载,将使同宗有途人之视,少有凌长之忧,所藉以序昭穆,正名分者,惟有谱牒以纪之。远考毛氏源流支派,公侯将相,历朝不乏。旧谱悉载,毋复重述。近自万五公生二子方德、方恩迁白岩。因与杨肇元互控冤深,避离此地,暂居西坪数月,续后迁居于黄南,再迁于毛洋,传至数世,连一公于大明正德间,至台湖之地,山川毓秀,地灵人杰,遂迁于此,卜筑家焉。后其子孙盛茂,人才挺秀,乃乾隆九年(1744)敬时公纂修一次。迨至同治间华丽公,有念先人文德泽,出为倡首,复邀重辑。奈光绪十六年(1890)彼遭回禄,形迹无存,何得而修之?兹幸毛氏子孙,叨天福庇,祖宗灵佑,老谱得犹存,此余孟冬小春遍其贵处,合毛君德荣、德学等,云谈谱事。诸君亦有常存报本之念,当即命序于余,不辞其责,遂请其原本,余细思翻阅,条分缕晰,辩其尊卑,理其统绪,虽世远辽隔,尚其纪录。异日毛氏孝子若孙观斯谱者,油然而世系分,蔼然而昭穆叙,子子孙孙克绳祖武,宜其相传于弗替矣。予愧庸才,聊陈俚句,以俟后之能文者一哂之云尔。

中华民国二年(1913)岁在癸丑季尽月(大吕)榖旦

姚村前清贡生现任庆元县议员邵廷魁谨撰

4. 百山祖镇车根毛谱序

重修车根宗谱源流序

上溯夏商之远,更继姬周之遥,正值封侯之会,堪追受姓之朝。斯谱之远祖曰"郑",郑公之得姓为毛,尔乃居西河之宏郡,享伯爵之荣封,递秦汉而簪缨累累,历唐宋而仕宦重重。河间赵郡不无通达之儒,阐《易》传《诗》,类属名贤之事。既是隆隆之贵胄,曷忘历历之芳踪。由是指当年之嫡派,明曩昔之亲枝,或随官于任所,或寄迹于青齐。金华故郡,乃孟阳尚书之桑梓;栝苍新址,本长翎将军之肇基。若龙择居则在剑川西里,至普八迁徙又属济川南坻,渐而宗蕃族大,何拘棋布星移。兹有发迹车根始祖希玩,舍柳八而挈家卜筑,地连碧汉之旁,到松源而乐土乔迁,宅近青山之畔,创业垂统,源流派衍于三千。燕翼贻谋,兰桂腾芳,于亿万地以人灵人,绿地丽围四方之碧嶂,开出舟艇形真环,一带之清溪送到,管弦韵细。礼门义路,永戴日月之光华;智水仁山,长被唐虞之盛世。至若源远流长,或分于景邑,枝繁叶茂;或徙于龙泉,纵寂处乎东郊西谷,究统归于一本同源,用敢竭其鄙俚,谨以贯乎简端。

乾隆五十五年(1790)庚戌大吕月榖旦

鹤溪邑庠生裔孙云峰腾霄谨识

5. 屏都毛谱序

毛氏受姓封源流总叙

尝闻人为万物之灵者,何哉? 以其禀气清明,得孝悌忠信之性,有君臣父子之伦,而异于万物也。虽然,使无谱牒以记载之,杳不知姓所从始,郡从来,即祖宗之积功累仁,俱必湮没而无传矣。是故史载国之纪纲,升降治乱所由分;谱传家之伦序,亲疏远近所由明。

今按,毛氏之源系出黄帝,名轩辕,年十五伐蚩尤,而有天下,建都涿鹿,今在北京是也,小吴氏国于青阳。过于兖州曲阜,其子蟜极生帝喾,受颛顼之位,都亳。帝喾生十余子,三子后稷,尧举为司,有功,封于邵。曾孙公刘迁于豳,至太王迁岐,今属凤翔岐山县,古公生三子,泰伯、仲雍、季历,历生昌伯,伯仲逃于荆蛮,别号勾吴。季历生昌,后为文王,有圣德。诸妃共生八十一子,考毛氏之系,由文王第九子赐姓毛伯,郑公为周卿,世袭西河伯,爵其地,历居不能计世,迄今仕宦良多,百世不迁之地,是谓大宗也。后至战国,毛遂公从西河仕赵,厥孙钦公徙咸阳,汉毛义公寓镐京,庐江徙居封邱。至隋朝,象公徙封邱,徙青州唐朝勋公徙青州,卜居于金华东阳。大宗蕃散分衢州、温、处各邑,咸于挂系间考镜而得之矣。后之修谱者冀其再续是幸。

宋熙宁元年(1068)岁在戊申仲夏月

翰林学士参政范仲淹拜撰

续修毛氏谱序

慨自人立于世,犹然以谱而设之,其道者何? 斯义安乎? 爰惟矧物而喻之,夫人之有祖,若水之有源,木之有本也。水无源者,则污;木无本者,则朽。人而无祖者,何弊于二物也哉! 尝思源不远,其流不长;本不固,其枝不茂。祖无德,安有今之盛耳? 故水之有源,宜寻其源;木之有本,宜寻其本。仁人孝子,宜知其本源,溯其祖德。有不是宗谱之所设,仍知祖之所自出,身之所由分,设谱之道,诚不可无也。明矣,斯义亦然也。

览毛氏之谱,先祖世袭爵侯,出仕者众,簪缨累累,族大裔衍,子孙蛰蛰,遍徙各地,旧章有注,不胜枚举。谨从明德化年间,希玩公从柳八漈迁居车根,乃斯地开基之始祖也。迨至大清乾隆初,兆顺公率弟兆焕、兆贵,从车根分徙奶妽而居,其公亦谓奶妽后始祖也。迄兹两个半世纪之史,嗣孙之发展,近十世裔,其中星散异地,派分各居,如不有谱牒以纪之,遇亲而不相识,亲亲之义安乎察?奶妽先祖于清嘉庆己未(1799),创设有谱,虽代有续,然民国辛酉(1921)一修,迄将六十余载。予观斯谱,愕然而憾惜失修,年湮代远,轻管之,遭之蠹虫所啄。于兹之际,幸有族内嗣孙士选、士芳、盛文公等,勃然而出,急召族众商榷共议,厥成命予修葺。余曰学欠冰霜,恐不胜任,但蒙不弃,又是亲友之乡,敢不如命?予效欧、苏图式,清理世系,去简就致,旧章照律,不敢特妄笔缮,谨以加添字头,使长幼次序有所位,乃宜世系清,昭穆序,尊卑辨,亲疏明,庶使毛氏子孙缅支图而念祖,览坟茔可报本,惟思祖德,赋冀桂芳兰香振振,故云。是为序。

时公元 1983 年岁癸亥黄菊月良旦

六都黄沙晚生柳涤清拜撰

6.举水乡落岭毛谱序

毛氏宗谱序

昔吾族伯父振衣先生,尝与余言:"我毛氏之所自,本乎周姓之后,春秋以来,历汉五代以及国朝,代不乏人,而族谱不传世系,失其差次。余尝与族监承翁讨论源流,或云二十八代历登仕版,往事尚可参订,惟芝田绣川一水相接,毛氏居其间,生齿最繁,实共讲系,盖自芝田之居白岩者,以押官纲之故,温之三港,睹山川万物之盛,因而家也。是乃九公之系耳。生二子,于上港,长十二公为平阳江之祖,今居其地,儒学相承。次十二公为瑞邑溪上枝分派别之祖。今星居不一,而吾祖乃十二公也。讳国宝,居城水,亦二子,长曰泮,次曰董,兄弟同徙朱坑,自是世次可以考焉。"先伯父所言如是。余嘉熙理宗庚子,有伯父之墓于章湾,越一岭而至朱坑,访吾祖宗开辟之地。其一居左,则主冈高峻,穴居其下,子孙所之则乃泮者之墓也。是为九府君,盖今桂阳及南北院诸族人之正派也。其一居右,则主冈迤逦萃于其侧,前对芳山,溪水横绕,乃董者之墓也。是为十府君,盖今平溪及吾之正派是也。九公之子曰项,曰养,以至曰满,曰悌,分居上坪、下坪及毛山里,凡六所。惟养之后独胜。十府君之六子曰获,曰积,凡六所。惟今积之后居平溪,及吾族魁蕃衍。九府君十一世孙积夫,讳子仲,奋身遭闱,以春秋魁多士,平时英迈,所至于王公大人庭抗礼,高谈雄辨,庖肉廪粟,纷纷相继。江淮间,觉山川形胜,概然有驾远驭之志,脱年遭时不遇,慕左太冲"振衣千仞冈"之诗,作亭名"振衣",因自号焉。及卒,水心实铭其墓,以抑扬咏叹之。弟祖洽,丙辰入右庠,覃恩在肇庆府税官,其从弟子之为水心上弟,庆元丙辰(1196)入上庠,脱亦奏名其子,充作拱炎名,癸未复入右庠。其孙营高,丁酉试乡举,其族弟自永亦登科第,初尉括之松阳,次承泉之慧安,皆九府之系也。十府君之十一府君,世孙遇顺,亦以奏名,初调建浦城尉,则十府君之系也。抑吾族所居不一,今为子若侄不知其几人,虽此为囊锥首出者,而其他耳闻目见,要皆幼学能文之士,诵诗读书之辈,守其箕裘家业弦诵之声,人人邹鲁之学,莫不离莎释属窃志,拔茅连茹诸族,皆世济其美,非独吾二族其然也。叹夫君子之泽五世而斩,小人之泽五世而斩,朱坑二府君之墓,今盖十二世矣。其分居浙处,虽有众寡盛之不同,而皆能自植立,而无一家之流落。况又科名赫奕,仕途显耀,则鼎鼎相望者,岂不大可幸也。夫二代以一人与前贤以后愚废,一人在朝,百人绶带,而宜行□植必有借一月之光,一篑功亏,九仞皆废,而巨植参天,有不无病于一枝之朽。矧吾姓周之子孙,本枝百世鲁卫毛聃,则取其为文昭之亲,曰周召毛原,则取为士之贵,或以诗学授传为诸儒宗,或以公芳著而以廉洁名。如汉毛博士、魏毛尚书,要能动后人之仰望也。至若唐之仙翁,名动缙绅,而昌黎公亦以为武韩同派,以族弟视之,毛之为姓,其源流远矣。迄今吾子若侄凡与我同志者,盍各父诏子,兄勉弟,以大事小,以小事大,儒儒雅雅,各布以青毡守旧物,各以黄卷收新功,上念棱累之艰难,下司嗣续之悠久,立功名以为不朽之传,则九泉之下当有作者焉。因叙次谱系于后,以为子孙异日之观,而柳批之家训,则当为旦夕为座者铭焉。

(宋)宝祐五年(1257)丁巳岁六月望后三日

十一世孙丰垣南麓老人璟百拜序

毛氏修谱序

昔者宗法之立,所以敬孝也,而亲亲之道,更莫笃于我周,故于奠世系,辨昭穆,其事尤详焉。西河毛氏,盖周之系也。武王有天下,封弟,食采于毛,即因之以为姓。其后毛公讳苌,为河间献王博士,由是望出河间,邑西河者,盖自此而始也,由今日而溯前此之本源,夫固不得不重有赖于谱矣。谱立而后之人知其先代之贻谋,与夫艰贞特立之操,文章行谊之美,则必兢兢焉,思所以培植之,思所以光大之。且念今之绳绳济济者,冈非出于一本,而爱亲之谊必因之而油然渐生,是则谱牒纂纪固所以敬宗而收族也。宗重斯谱,重聚族,斯谱立,故昔者欧阳公列世谱于碑,示后人以木本水源之思。古人之用心,盖未有不亟亟于此者也。

按斯派衍,盖自福佑公由毛垟而迁此地,启宇于斯,迄今一十三世,依然古训是式,不外勤俭之务,其世泽方长而未艾也。兹谱英复以时议修,所谓报本之心□然难遏,岂不大有功于先人后系者也!余也,辱承斯任,所以支派源流因仍以书,但旧作列图布丝未明其义,不得不为改正,以便后人观览。夏五月经始,秋七月藏事,编纂既告竣,故秉而言之如右。

大清道光二十七年(1847)岁在丁未

表竹邑庠生忝宗侄毛为珍

项氏谱序

【导读】稷曾孙公刘,因夏桀无道,欲罢公刘之官,而公刘即从邰州迁于豳州,古为西戎之国,即今陕西邠州。公刘传下九世孙古公亶父,被人所侵,弃豳州迁居岐山,即今岐山县。古公生子季历,传下文武成康之后,宣王之子赐姓项,至于齐桓灭项,子孙即以国为姓,归于辽西郡。

盖竹项氏,唐初尚书公子迁居临海,孙顾公任括苍总镇,在此建家定居。后孙实公,因安禄山之乱,从括苍迁徙松阳独山下,至宋时项迳公孙颜佑、福九迁徙居庆元二都盖竹,传下十世孙志满,生三子:长颜三分外乡;次颜五分二都黄坪、高际;三颜六分三都审头。

安南项氏,先祖因禄山乱徙松阳独山下,娶刘氏生五子,三子迳公商游龙泉安仁,竖屋置产而居,此为安仁之祖。迨后颜佑、福九自安仁徙庆元二都盖竹,后分散各处,或黄坪、高际,或下坞。

1. 隆宫项谱序

重修项氏宗谱序

山分万派,本于岱岳,水分千派,源于河海,枝分派别,本乎一祖。无谱以记之,是亡美也,有谱而弗续之,必终绝也。

按,项氏受姓,咸出黄帝有熊氏,初姓公孙,长于姬水,改姓姬,号"轩辕",国君少典氏之子也。母曰附宝,之祈野,见大电绕北斗枢星,感而怀孕二十四月,而生帝于轩辕之邱,今属开封府新郑县是也。行年十五,诛蚩尤于涿鹿,癸亥元年即位,是为皇帝,建都于兹,今乃北京涿州是也。位传次子少昊,从涿鹿迁都于青阳,今曰池州青阳县是也。少昊生子蟜极,极生子帝喾,从青阳迁都于亳,今属河南府偃师县是也。帝喾生四子,三子后稷生不屈,尧舜时举为农师,有功封于邰,即从师迁官,于今在西安府乾州武功县是也。厥地为侯,四世,后稷曾孙公刘,因夏桀无道,欲罢公刘之官,而公刘即从邰迁于豳,古为西戎之国,今在陕西邠州是也。公刘传下九世孙古公亶父,被人所侵,弃豳,迁居岐山,天下百姓从之。今谓岐山县是也。古公生子季历,传下文武成康之后,宣王之子赐姓项,至于齐桓灭项,子孙即以国为氏,号曰辽西郡。迨五霸后,春秋世而鲁邦有项橐,七岁为孔子师。战国后秦时,项籍字羽,为西楚霸王,与刘邦争横夺国,百战百胜。因不纳范增之计,即败于垓下,子孙楚地隐居临安,徙临海,传至汉晋宋齐梁,历居临海。五代乱,徙居栝苍。至宋有项安世,号平庵先生,所著《易玩乱》及《西汉表》传行于世。又有招威、招猛、招德三凤,齐名属后,分散各处。唐初,尚书公子迁居临海,孙顾公仕栝苍总镇,遂家焉。后孙实公,因禄山乱,从栝苍徙松阳独山下。至宋时,迨公孙颜佑、福九徙居庆元二都盖竹,传下十世孙志满,生三子,长颜三分外乡,次颜五分二都黄坪、高际,三颜六分三都畲头。至今二百余年,家谱失传,宗枝无征。项族吉盛兄等,虑其族谱无传,枝派紊乱,请予校编纂辑,昭穆诠晰,尊卑分别,存尚以上排行未注,庆吉以下永远注明,诠成一帙,作将来之雅观,因详序赞以著于编首云。

赞曰:

畲头发脉,颜六开基。二百余年,贤达罕稀。

及今略聚,宗枝失征。降育吉盛,产业加兴。

冠盖一乡,善良足称。修录全书,永远传声。

时大清乾隆三十四年(1769)己丑岁桂月望后吉旦

玉田邑庠姚自舜字经世撰

2. 安南乡畲头项谱序

重修家谱叙

尝稽族谱之书何为而作也,士君子忧其姓氏浩繁,失其源流也。粤思上古神圣,继天立极而道统之传有自来矣。自三皇五帝夏、商、汤、周文、武之君,历代传今,史鉴相记,皆王者之源流也,而诸侯大夫及士庶人,岂不有以记其源流? 若无谱则源流不明,坟墓莫识,尊卑无辨,亲而视疏,疏而视亲,纵相见而不识,其不至视如陌路者,几希矣。故家谱之书宜急也。

我族项氏裔出辽西郡,派自唐尚书公子迁历居临海,至孙颀公仕栝苍总镇而居焉。再传至孙实公,因禄山乱徙松阳独山下,娶刘氏生五子,三子迳公商游龙泉安仁,观其山明水秀,竖屋置产而居焉,此安仁之裔也。迫后颜佑、福九自安仁徙庆元二都盖竹,后因遭害,盖竹荒芜分散各处,或黄坪、高际,或下坞。我祖颜六居三都畲头,至今二百余年,久失编录,我等虑其无征,宗枝紊乱,故于己丑夏,特请姚先生讳自舜、字经世校编纂辑,诠成全书,昭穆尊卑肃然整齐,讳字坟茔昭然如见,皆籍乎也。继此增修,再望后之贤达者加订焉,故序。

时大清乾隆四十年(1775)乙未岁桂月望后吉旦

首事嗣孙吉盛,侄有廷

蓝氏谱序

【导读】淤上山根蓝氏之族,上追远祖,下始于金水公,在清道光(1821—1850)年间,从福建汀州上杭迁居于淤上。

淤上乡山根蓝谱序

新纂山根淤上宗谱序

尝闻泰山华岳之大,其始发于昆仑;长江大河之流,其由出于源泉。显自于微,瓜由于瓞,物皆然也。矧世系乎哉!故人之有祖,如水之有源,木之有本者也。水无源,其流不长,木无本,其枝不茂。是水有源,宜寻其源,木有本,宜寻其本,诚如是也。仁人孝子宜溯其本源,思其祖德矣。

按,山根淤上蓝氏之族,上追远祖,下始于金水公,从大清道光年间,自汀州上杭徙居于斯地也,迄今已有一百五十余载矣。前是有谱牒而启观,能知祖之所自出,派支之所由分,憎怨"文革"之期,紊政无道,民心悸悸,蓝氏宗谱亦遭之焚毁,因此宗史祖源无处追稽。于今族中长者长贵翁等,思念祖德诒此发展来之不易,建议族众,重新纂辑,尽心维持,共襄厥成,延予撰编。予愧才疏学浅,庸识陋文,不敢自恃意见,惇惇聚集族众数据,循律古人立谱之义,竭力尽责按其已知之源。效取欧、苏之式,仿其精华,去其糟粕,女丁亦铨红图。先大宗而后小宗,条分理晰,脉络分明。庶使蓝氏子孙始知木之本而水有源。蓝氏之姓,于五行属火,五音属徵,主之征龙,故氏之姓,推测方位于南方,为升殿归垣。此亘古常盛,万世不易也。而火以木为母,故位南方利居东方,利后世衍其昌。北方以水克火,大有可畏,西方彼此萧条,中央亦不获福,须当详察无误此也。

公元 1991 年辛未岁孟夏

季氏谱序

【导读】季氏有二族，一季友之后，属渤海郡，一季札之后，属延陵郡。庆元西隅的季姓，分别出于渤海郡和延陵郡。

下际季氏，由英济公自括苍（丽水）迁居剑川（龙泉）锦旦，后有数代公由锦旦迁居横山，下际始祖泳太公，自明永乐年间（1403—1424）由横山迁居庆邑十都下际村。

黄坛季氏，大蕴公世居会稽，南宋时迁到龙泉，官礼部侍郎。季南寿公，居龙泉宏山，宏山与庆元相近，其派裔孙承九公，爱庆黄坛乡，地灵山秀，于是迁居到黄坛，承九公是黄坛季姓始祖。

上济季氏，望出延陵郡，来自龙泉锦旦，先从锦旦迁下洋，到文明公迁上际村居住。

1. 黄田镇下际季谱序

季氏宗谱序

季氏出于唐尧之际，有后稷公本姓姬，传下十三世孙古公世袭侯节，临危嘱曰："位传少子季历。"言罢而薨，号吕周，商道寝衰而周日盛矣。古公字宣父,立为太王,生子长曰泰伯,次曰仲雍,次妃太姜。生一子季历,历娶太妊,妊生一子曰昌,昌有宝瑞,古公欲立位与季以及昌,泰伯、仲雍知之,以父病许秋岁于万,以亡之姑苏常州无锡县界梅里村居焉,断发文身,以省象龙子,省觐,故承里以为子。历让于泰伯,泰伯三让而不受,古公乃立季历,古公卒,泰伯、仲雍哭临,苏常之民知其贤,以君事之,自曰勾吴。勾吴者,夷之声发也。荆蛮之称泰伯,未至之先,泰伯受封作吴,乃是也亦非越也,遂立泰伯。夫子嘉之曰:"泰伯其可谓至德也已矣。"泰伯卒,仲雍立十有三年,生寿梦。自泰伯至寿梦凡一十九世。寿梦生四人,长诸樊,次余祭,三余妹,四季札。札贤,梦欲立之,札辞,遂立诸樊,樊既除丧,则至国于季子,季子又辞,诸樊舍子而立弟,以次相传,必及季子。诸樊卒,余祭立,余祭卒,余妹立,余妹卒,则季子宜受命以安社稷,承父兄之志,札固辞,则余妹之子王僚嗣,而诸之子姬光曰:"先万群所以不与子而与弟者,为季札耳。不将从先君之命,而与则季子宜有国也。如不从先君之命,则我居位宜立。"使寺人专诸刺僚于丹,而至位至季子,季子不受法,之延陵而家,终身不入吴国,始以延陵为郡。季子姬光立为王,称"阖闾",阖闾卒,立子夫差。未几为越王所灭,乃鲁襄公二十一年戊辰岁是也。国亡而子逃窜他乡国者,有至渤海之滨而家者。三世之后有吴屏者,仕齐,为大将军,封渤海公,因而为郡。季子立之延陵,守节立名,全身修德行义,民皆仰之,遂封延陵为郡望,然离姓两郡实同一宗也。是序。

时天祐四年(907)

礼部侍郎系孙真百拜敬书

延陵郡季氏族谱原序

季子出于黄帝之后系孙,名后稷,别姓姬,居周,原故号曰周,是为周后稷。又十三世古公亶父立为太王,生三子,长泰伯,次仲雍,次季历。泰伯逊国入吴。又十八世生季札,封延陵,实祖于札王,季子昌王是为文王,文王子武王,封弟旦为鲁,十世而生季友,封费邑,后为季孙氏。故季孙一枝实出于费,是季氏之始源于黄帝,剖派于太王得姓,札友封于延、费二邑。费为鲁后,无所闻,延州隶吴灭为楚，至隋改为常州。今吾宗来自常州，则其派出于札也，审矣。

初太王既立，王季以及立昌，于是泰伯、仲雍逊位以奔荆蛮，自号勾吴，荆人义之，归者千余，途立为泰伯。夫子嘉之曰："泰伯其可谓至德也已矣。"泰伯卒，无子，仲雍立，有十三年，生寿梦，寿梦立，吴始强大而称王。凡二十五年，寿梦卒，有子四人，长诸樊，次余祭，次余妹，次季札，是为公子札。公子札者，寿梦王之少子也，诸樊王之季弟也。寿梦知其贤，欲立之，札让不受，吴人欲立札，弃室而耕，乃舍之，封于延陵。季子后事阖闾夫差，年十余卒，葬毗陵，孔子碑其墓曰："呜呼，有吴延陵，季子之墓，吏民立祠粟头，至今奉祭祀，季子葬嬴博，讳不得闻，惟季路宰卫仕吴，然为楚大夫，亦后于札而显名于春秋者，虽路之所出，不记其详，封之与然，独非吴楚世家与？"数降及战国孙学于孟轲，咸明于理数，如彻如真又皆以政事文学推尊于漆园者也，惟绮里先生之避秦乱，赞其名，显其姓，而独称其里也。故不敢扬名以撄，难晦其姓而诳吾宗，西都之兴布心，兄弟蜚声梁楚，必长子孙为忠烈受汉茅土者，亦数世司马子长书布传为楚人，则余可知矣。至如臣赞之史学，延年之乐章，简纲以节概，称荆梓以道义重，亦晋陵闻之所闻见，虽产续父子，大节无奇，然勋禄之崇，德望之重，识者亦以为子房借汉报韩之义，订之史氏书后瓒，谓不明其系之所从出，简纲荆梓于忠义逸等，传无所稽考。向征延年著名于晋之《乐志》，旧谱有所传，其亦孰知其吾族乎？有唐以来，经以律学显官于武德，常以勋名伯仲于王杨张刘之间，偿以年以忠义自许，既游太学同何番陆十八人，投诣斗叫阖吁天，为国子阳城抗疏以直其柱，然其一点英雄之气，至今犹与日月争光。旧谱史之笔信不诬矣！

偿之后六世，讳缺非缺讳也，惟吾皇祖太郡公兄弟七人，皆偿之云孙也。郡公勇大讳缺，二公讳普，第三公讳缺，第五公讳蒋，六公讳霸，廿公讳缺，念三公讳说，皆以诗书显名，为族冠冕，笃于友爱，兄弟未尝相离。唐乾符间，太郡公以王命守宝婺，有功赐爵"晋陵郡公"。因家于婺之义乌崧门，婺之有季姓者，咸自公始。五代将末，使公及诸弟，又以钱王命成括，各著勋烈，故六公、五公、六名公皆封将，使三公封农师，念三公封农光禄大夫，惟隘将公柽钦二孙，没于王事。乃命立都隘头奖丞祠以旌其忠，故将使大夫农师隘将公兄第子孙皆居龙泉，地异家殊，郡公于将使公友悌之义分矣。五世思进蹑武级官龙泉，将使大夫犹复无恙,率子侄罗拜郡公于琴堂之下槎溪,兄弟之天既离而复合矣。时郡年八十九,再岁以寿终,葬槎溪之阳名,其墓曰白云,取怀之义也。郡公有子四人,留婺者不得详,其讳字其后孙三讳仰于后周德年间迁居龙泉之锦川,故锦川一派实祖晋陵公,惟郡公冢子讳光祖袭封"晋陵郡公"孙三人:长名思进,宰龙泉者也;次泽;次纯熙,环居于之东坟之南,白云名家,因而德声,是为白云派。二将使子三人,长髦封将使,次珠,次习;五将使子二人,长兆,次舍;六将使子一人讳应,皆居蜚溪,是为蜚溪派。念公隘将子一人讳通孙、讳曾孙六人,太公讳藏,二公讳桎,皆居武林,是为武林派。三农师居铜山,是为铜山派。念三大夫讳说,居渎田,是为渎田派。今子孙蕃盛布满郡邑,力稼穑事,桑麻之暇,则以诗书切磋,以学相娱乐,以道德仁义淑子弟。每一岁间,登儒科,显仕路,后先辈列。非他取,敢望今之所以为记,虽未能尽得其详,其不犹愈于不知源流之族乎? 后之觉者,苟能推而广之,亦要祖之志也。

时岁在雍正十年(1732)既望

礼部侍郎系孙南寿百拜敬序

重修季氏宗谱序

按季氏出自周泰伯之后,三让天下,偕其弟仲雍逃居荆蛮,因地名郡有渤海者焉,有延陵者焉,季则延陵是也。数传以后,贤圣迭出,代不乏人,未稽其实,难以悉举。近考其源流,盖由英济公自栝苍迁居剑川锦旦,历有数代。来公由锦旦迁居横山者,则横山实发族之总也。递传递衍,浸炽浸昌,有迁居浦邑者,有迁居松邑者焉,有仍居故址而各属者焉,其地不一,其图亦异,而此庆邑十都下漈村之始祖泳大公者,亦由横山迁居此地,见其山水毓秀,风景伟然,可以兴家,可以立业,遂卜居于此,而为聚族于斯焉。计其数已十六世矣,而溯其来时,则自永乐年间也。历一世如朗公者,官任饶州府鄱阳县尉,县志详明,阅旧谱者,岂得谓古今人之不相及哉! 第莫为之前,虽美固勿彰,而莫继之后,虽盛亦勿传。迄于今枝叶茂盛,子孙蕃衍,使不为之修葺焉,则纪纲紊而名分失,将视至亲于路人,谱之宜修也亟矣。夫谱者,所以辨亲疏、序昭穆,上溯始祖之源流,下分子孙之枝派,而且男女别,长幼有序,生辰可考,坟茔可稽,非仅为一身一家计也。旧谱叠修数次,支分派别,昭然若揭,惟后裔未及纪载,创修孔亟。兹瓒公、梁公、正公、兴标诸翁,心怀修辑,因无刊板,有志未逮,予等偶游于此,询及谱事,板式在即,其从之便,爰是邀集族中,无不乐从,翁等不胜委任,予等深愧鄙陋,不敢妄为铺张,特就其正派之源,而为之敬陈一序。

道光四年(1824)甲申岁仲春月榖旦

竹溪增广生许勋拜撰

庠生吴泰校阅

2. 黄田镇上济季谱序

新修上济季氏宗谱序

维家有谱,犹国有史,是家谱与国史相须而并重。何也?国史编年纪月,载贤奸,别忠佞,昭示来兹,俾后人见忠贤可以感发善心,知奸佞可以惩创逸志,治道人心,咸有赖焉。维谱亦然,上追始祖所自出,下载子孙于无穷,分枝衍派,永垂不朽。俾子孙思祖宗油然而尊祖敬宗,蔼然而敦仁兴让,世道人心亦咸有赖焉。史有晋之《乘》,楚之《梼杌》,与夫孔圣之《春秋》,永光万古之纲常。谱有小宗、大宗与夫五世、四世,昭垂千年之伦理,是二者,不诚与山河并固,天地同悠也哉。攀上叩祖宗积德之庆,下赖严慈教育之恩。旧谱系出延陵,来自龙泉之锦旦,及迁下洋,到文明公迁上际村居住,到今传世已十三世了。因旧谱失踪,以昌生为继承祖先宗德之心,故此不辞劳苦地寻找来旧谱,才将始祖先人庆五公及本房重新编纂修。为人者,当思木本水源,须重慎终追远,故修谱牒以溯源流系后世,对此子孙后代要妥善保存。人生在天地间,子孝于父,弟恭于兄。是谱之流传后裔,岂非吾之有厚望焉哉。是为序。

公元 1987 年丁卯岁仲夏蒲月

庆元东区一都上官吴子林顿首拜撰

3. 竹口镇黄坛季谱序

原　序

天地精华历久斯泄,如河出图,如洛出书,尚已而吾族之谱亦颇类是。溯我先祖自龙迁庆,初居上塘林,继而黄坛开基时,谱事迨未遑也,历数传而谱作,其或传故老,或述残编,均未可知续,一修再修,而底嘉庆间,请玉田余先生纂辑,披阅之后,特加删订,语言逢附会起考正,顾可缓哉。第天苟未假之缘,则后之人虽思旁搜远绍,事固有万难如愿者。幸遇列祖之灵,子姓之福,当同治丙寅(1866)夏龙祠竖桅以拜,阙故特赍全谱而造吾庐。越数年,宏山修祠又以蠲需,故自携全谱而会吾族,乃悉获核对焉,参稽焉。而始信吾先代之的派,固析自龙城,若宏山之同宗共祖,尤其远焉者也。前光绪己丑(1889)七月既望,族长世铨公暨副长仲蕴堂叔必开诸公,不吾学浅而以谱事委予。承命后,每旦夕思维踌躇而不能下笔者,于今三年矣。适在绛帐对图书,恍然而悟。夫天地之精华久焉,始泄而益魔,吾谱之渊源有自,正有如河之图、洛之书一出焉,而万世永赖者也。自是而祖,祖而宗,宗庶可信,今传后己,爰集诸弟子侄辈,共相镌印,事虽未竣,敢先即谱之原委,序述简端,敬以答我族人,并告诸来者。

光绪十八年(1892)岁在元黓执徐三月上巳穀旦

裔孙纂辑编修选士锡珪盥手敬撰

序

季氏有二族,一季友之后,渤海郡也,一季札之后,延陵郡也。庆邑西隅之季,出于渤海。我族本自延陵,姓虽同而宗则异焉。想当日让国于吴,节高千古,观乐于鲁,贤著列邦,由来久矣。汉唐以来,名人学士若布之然诺,绩之友爱,年代虽远,昭然史册。

粤惟大蕴公世居会稽,时当五代兵荒,民几不识稼穑,公乃亲告耕种。吴越人德之,表其墓曰"农师"。亦犹炎帝之制耒耜、教树艺而特加以神之美号也。因宋南渡而迁于龙泉,官礼部侍郎。季公讳南寿者,居宏山,其地与庆界相近,其派裔孙承九公,爱庆黄坛乡地灵山秀,卜居于此,实我族之始迁祖也。由是继继绳绳,历数传至存八公,分福、禄、寿三房,又历十二传以至于今,生齿日繁,族系日盛矣。其间或登仕版,或列胶庠,或端廉隅,或守贞操,人品风俗多有差强人意者,于此而欲扬祖德,续支图,载其事,传其人,实于谱有赖焉。而谓谱其可不修乎哉!余自客春,荣膺简命,秉铎西安告祖庙,别宗人,承族长长行公议及谱事,余不及躬自纂修,然其累叶世次,原原本本,了如指掌也。忆余家谱书,天圣元年(1023)为之草创者,贡士叶蕃先生也。宣德四年(1429)志铭传赞为之纂葺,各有可观者,辽西教授徐用中先生也。康熙乙未(1715)、乾隆丁丑(1757)续修,至再凡所谓尊祖敬宗敦族率亲之道,谱已既明且详矣。余惟叙其源流本末,以正宗考焉。谨序。

敕授修职郎西安县训导兼署教谕事裔孙炳百拜

(缺撰序时间)

自　序

余族当元时自宏山初来于此,承九公基之也,越五世择牛眠善地,始有黄坛之名,存八公启之也,然犹未甚显。今之裔皆存八公派,渐衍渐长,聚族于斯。国朝康熙间曾修谱,乾隆九年(1744)、廿二年(1757)两修之,四十七年(1782)又修,逮于兹未修者,且四十余载。其中少而壮,壮而老,其或耄而考终也,则葬处宜详;其或续由微以之显也,则爵秩宜书;其或力穑守己,以似以续,以无坠先人绪也,则女嫁儿娶,并宜载于谱。为人子孙而念及乃祖,则族虽繁犹一人也,亲疏何间焉?然以一人之身而分而为族,苟无谱以联之,保无涣乎!有谱而不急修,又焉保其无遗忘乎?予久有此志,今年春,白之族长长行公,公然之,乃命再侄、仲挥、仲毓共襄此举,既竣,弁数言于简端。

十三世孙介宾上璧拜撰

(缺撰序时间)

支派序

山之支发自昆仑,而后撼然峙焉;水之派发自星宿,而后浩然流焉。夫脉绪分明,山水如是,人亦有然。我族自偿公忠厚开基,德泽垂裕,固已山高水长矣。五传及晋公,与讳大、讳蕴、讳蒋、讳霸、讳鲁、讳说官,共七昆玉,至是而支分而派衍,又恰似山之罗列,水之流行焉。则且约略言之,其居义乌、居白云、居邵武者,皆大公支也。其居铜山、居绍兴者,皆蕴公派也。鲁公支派世居锦旦,说官支派世居渎田,蒋公、霸公支派则皆居蜚溪,我晋公亦住蜚溪。而子孙派既分宏山,族复分安福,族又更分金山与梅墩。族则是宏山族,虽属我同姓而支早分;自吁公安福、金山二族,纵与我同宗,而派又别自重三。厥后铭八公支派居梅墩,而斌二支派更分徙闽浦,延及智四公又从梅墩迁松源,卜筑上塘林,是为我黄坛发族始祖,迄今螽蛰麟振,七子姓繁已云。连别郡国,族聚更星散他乡,是亦犹山之发脉昆仑而旁支,故多水之发源星宿而流派故长也云尔。

裔孙云渠鉴谨撰

(缺撰序时间)

童氏谱序

【导读】童氏出黄帝之后，自传老童是也，以此受地为氏，因名为姓，五帝时历授侯爵，历代相承。童氏先祖宋末从衢州迁昌，童四七宣义公迁徙到松源，后居五都葛畲。

淤上乡外童童谱序

童氏谱序

尝观水源木本之论，窃有感于祖德之深，祖泽之长也。夫人之由于祖，犹水木之由乎本源，源洁则流清，木盛则叶茂，德之深者，其泽必远，斯理之固然。昔之先子曰："吾祖四七公宣义善曾杨之学，当宋季之间，肇居庆元葛畲之源，以传表自守，潜德不耀，厥后子孙蕃衍，再徙莲峰之阴与金边之野，延历至今，维乏显人，而诗礼相传弗替益引者，皆吾祖德泽深长之所致也。凡后嗣子孙，诚能率祖攸行而不忘所自，则童氏可昌天于永世矣。"晟敬服训内者，维岁月掩过人事，恍惚而在耳之言，未尝一息敢忘也。

呜呼！童氏自四七宣义肇基以来，历二百余年，振尔绳尔，愈允愈劭，非奕世德泽之深，衍庆之长，固无以至今日为之后者，藉积德之资，承已成之业，不能昭先德维先志,又何以垂裕于后昆哉!且谨家牒者,孝友之大也。然吾观世之人,谱其族氏,莫不寻源穷流,旁搜远引而名门显宦而祖之,若王氏板田宝之裔,宗韬拜分阳之墓,夸眩一时,贻讥千载,非先子之志,故吾不取。至于略其世系,难断其自宗桃,其可知,书其名字行,明其枝派亲疏,然后附以冢墓之所在,注其生卒之日时,此先子之志而吾所当而从而成之者也。率兹已往为子孙敬览是篇,思遗泽之深长,念成立之不易,报本追远之诚,修身慎行之道,靡不用其极,则庶乎无忝厥祖矣。不然岂童氏之子孙哉!

永乐丙戌(1406)岁次仲春月吉旦

孙晟吴意、显同拜。

童氏源流序

夫源不清者,其流何由而长;本不固者,其叶何由而茂。童氏枝派之蕃,岂非祖宗之德贻厥子孙乎!欲明其本,究其源,非续谱本不可得也。

吾祖向出颛顼之后,自传老童是也。以此受地为氏,因名为姓。五帝时历授侯爵,进及夏商周之三代,显宦廉士,莫能尽考。至于汉朝,童恢公字曰汉宗,为不其令,执法廉平有善政。邑有虎食人,公令捕之,得二虎。公曰:"食人者垂头服罪。"一虎低头,杀之;其号鸣者,释之。此亦善政所致,其后子孙愈昌而愈盛也。唐有童宗说公,字梦弼,博通古今,孝友尤著,号南城先生。宋有童隐之公,博通《经》,尤长于《易》,独守越扑,乃宋之名公,以隐逸民荐,公不受而隐,赐号冲退处士。童参公人性淳祥,隐于耕,仁宗时年百有三岁,勅赐荣授承矜务郎,其子孙居闽瓯宁,派衍枝蕃。

吾祖后公,居蜀之城都,云孙昭公知县,任之瓯宁。鉴公县丞,任湖州归安,徙居湖州。我彰公任江山知县,从居衢州,居其三世,宋季之间,金元之锋不一,宋金屡哄之,惨春公之子,挚累家属。自衢州迁昌,四七宣义颇知地理,卜水寻山,徙之松源,复隐五都葛畬之源,子孙遂长而居焉。流派以下,六世孙正五公,元季为义兵,授千户。七世孙全二县丞,二房讳字琚,字德琰,及至洪武朝,以人才举,赴京,授任广东恩州府传罗县丞。八世孙宁二真人,三房讳钊,字彦康,好读诗书,通地理,行五雷,法号风雷子。太祖朝以秀才举赴京,授职,贬平比府,兴州灵应,刻像,存在五都外童中间,子孙世代奉祀。宣德时愕二昭府,克绳祖武,相继书香,流衍绵绵,考童处之祖,系我四七宣义派下十七世孙胜二公次子金二公讳琅,于皇明永乐四年,娶得夏氏,就后居焉。兴琪龙公、瑜公、环公实同胞兄弟也。从居于童处,创置田业而恢先绪,睦乡和里,存仁积德。子孙衍庆,皆系葛畲外童之祖而分也。其有湖州、衢州、瓯宁、阆地、松阳、遂昌、栝苍等处,皆系隐之公之胄脉也。今至四七派下十七世孙富松,请予修理宗谱一本,以清世系,以辨族属,使后子孙尊卑有序,长幼有节,亲疏而分,枝派莫容紊乱,展观谱牒,犹四海始共一源,若万枝本共一根,故人之有祖宗也。犹水之有源,即树之有根也。嗣后孝子贤孙须宜珍重,当思先人艰于作谱之难也。

歌曰:

开基四七宣义公,子孙发派永无穷。

枝枝要认同根本,世世须怜共祖宗。

谱立应继先者志,诗成遗勋后人风。

往来莫作途人视,应念当初共一公。

永乐戊子年(1408)春月吉旦

孙桂銮拜

林氏谱序

【导读】林氏出于轩辕,尧舜之谱系。林氏是商王之子比干的始系,比干谏纣得罪,其子坚避难长林,二手统有两木字。武王克商后,封比干为林姓。坚生子载,出自冀州博陵县,后徙封济南郡,此为姓之始。

五大堡林氏,祖居咸阳的西河,秦末林氏兄弟三人林凤、林鹏、林鹤同迁吴越。林朋公迁居杭州钱塘,至晋朝,兹公钱塘迁永嘉。五代时,七公冷,字建泉,由温州西溪迁括苍。后齐十二公,自苍迁青田木溪,有诚七公迁松源三十都山柿北洋,后称二都山柿北坑,此地开基之祖,是诚七公。

新窑林氏,先祖颖公居下邳梓乡,为黄门侍郎,随晋元帝渡福建徙居福清,其子侍御将军懋公之子鉴公支派,世居台、温等处。及滋公为瑞州知府,因晋汉交兵,辞官隐于永嘉县。其后偻公迁居永嘉南门,齐十二公居青田林坑,正八公从林坑迁龙泉山柿洋,庶五公由山柿洋迁北坑。迨蔚公先迁黄杜坑,后定居新岱,为开基始祖。

坑口龙脊尾林氏,是兴奴的后代。明万历(1573—1620)年间三十八世诸公,从闽省安溪依仁里莲兜尾,迁平阳北港,珍甫公居田中央,开甫公居水上洋,三十九世一暹公居蒲门下览瑞,华所公迁居笠湖,一器、一范二公兄弟迁居庵基,四十世在武公又迁居水头龙脊尾,兴公后裔四十一世梅溪公由安溪赤岭迁入水头外岙,平阳北港林氏遂成巨族。后裔孙散居瑞、平、泰及杭嘉湖、闽东等处。

狮子坑林氏,先祖万宠公,守居螺村,宠公三世孙萍公,居长乐,其子邵公徙居泉州,邵公之子建公迁居温州平阳泗溪,玩公之子荣公于宋元符三年(1100)徙居青田林泉,荣公子永盛公派下十世孙孟祥公,设教四方,庆邑投学。生至下六世孙义五公,于康熙(1662—1722)年间,自青田林泉迁居庆元北乡条坛村。其礼一公生四子,长继昌迁居中村高山,次继盛迁居英坞坳后,三纯发迁居济下,四继养公于乾隆年间迁居狮子坑,是狮子坑肇基始祖。

1. 五大堡林谱序

西河郡序林氏分派序

按林氏分派之源,上祖历居咸阳之西河,为因七雄争战之后,出有暴虐嬴政,焚书坑儒,林氏兄弟三人,长曰林凤,次曰林鹏,三曰林鹤,同迁至吴地,今属江南之姑苏;越地,今属浙江绍兴。鹏公迁居杭州钱塘县,后至晋朝林兹公从钱塘铜锣巷迁东瓯之永嘉,今温州南门。后因五代之乱,有七公从东瓯徙居于栝苍,今处州是也。后有齐十二公由栝苍徙迁青田之沐溪,今名景宁三都沐溪。之后有诚七公迁龙泉之松源,今名庆元二都名曰"山柿林"是也。兹他自南宋淳熙十六年(1189)间,辟于兹,他定之后,分居远方,难以稽考。惟尔者书而载之,厥他之后迁徙至于仙山柿北坑,元明交际之际,从此迁本之地三都及外乡,或居龙泉,之青田,散居各地,皆从此分派,罄竹难书,嗣后分枝坛同,各分枝修谱,正谱存上副谱于下者,观于下枝脉详注明矣。

元至元三年(1266)丙寅岁

林氏分居赞:

林氏祖居住杭州,钱塘分来住东瓯。

晋两选出多显宦,五代皆隐不封侯。

零窗修业莫乱苦,云案用工不草忧。

十载磨刀成笔利,一旦直上斩鳌头。

大明宣德丙午年(1426)

南阳叶机拜撰

山柿北坑分派序

予尝诵史,自天尊地卑,阳尊阴卑,夫尊妇卑,中华尊夷狄卑,故闻尊卑得序,则天下安,诸侯及大夫有序,则国治下士及庶人有序,则家道盛然,设谱之道,系人伦之序也。若人不知伦,则与禽兽何异焉!

按林氏发派之源祖壁居咸阳之西河,为因七雄争战之后出,有暴虐嬴政,焚书坑儒,林氏兄弟三人长林凤、次林鹏、三林鹤同迁吴越。吴地今属江南姑苏,越地,今属浙江绍兴。林鹏公迁居杭州之钱塘后,至晋朝兹公钱塘迁东瓯之永嘉,今温州南门。因五代之乱,有得七公讳冷,字建泉,由温州西溪迁栝苍。今处后有齐十二公,自苍迁青田之木溪之后。有诚七公迁龙邑松源三十都山柿北洋,今名二都山柿北坑,因地属格坐北号曰"山柿",此地开基之祖,诚七公是也。厥后诏七公支下六世曰弟孙壬三,公惟思水源木本,致寻温州平洋西溪,自泉建公排行七公派下编修斯谱,是开基之祖也,派黄山头开辟,序吾门五孟之书云。昔舜生于诸凭,迁于负夏,又公刘从邰迁于豳,至太王自豳迁于岐山。迨文王生于岐,周卒毕郢,此皆古贤帝圣臣,尚有生迁卒处之殊,譬而言之耳。则人之有拆有从不能莫知其本源,吾为此故其思之也,深虑之也。切于是作谱,辨亲疏明枝,今后嗣观之,知其源流之来乎? 今考厥地开辟之始,诚乃壬公之子,尚二公祖居北坑,于永乐年间从此二都山柿北坑,分迁三都黄山头开基。吾祖诚尚三公派分福建旁形而住,二公派下支蕃衍远者,同出山岗道堂根及坑口油山头并安溪,近者大有后田散居各处,发溪派者多,难以逐一编序,后稽查祖考者,且观枝下分派注详明矣。

康熙四十七年(1708)十月吉立

良达、良瑞寻祖造谱

叶斐然书拜

2. 竹口镇新窑林谱序

原叙

闻之:"莫为之前,虽美弗彰;莫为之后,虽盛弗传。"是知谱为百代之信史,非特赖乎善下之于前,尤赖乎有以善述之于后者也。兹林氏宗谱历世相传,本谓由闽迁浙前谱全失宗旨,遂尔朝代倒置,世裔紊乱,兹按天后林氏支系考证互对,查明本支,自颖公居下邳梓乡为黄门侍郎,随晋元帝渡江左徙居福清以来,其子懋公为侍御将军,生子鉴公支派遂世居台、温等处,及滋公为瑞州知府,因晋汉交兵,世道不宁,辞官仍隐于东山永嘉县,其后偻公迁居永嘉南门,齐十二公居青田林坑,正八公从林坑迁龙泉山柿洋,庶五公由山柿洋迁北坑。迨蔚公先迁黄杜坑,后卜居新岱,为开基始祖。其世裔相承,迄今已十有四世矣。其谱则自乾隆十五年(1750)延姚、世宏先生创修,嘉庆五年(1800)经李东阳先生重修,同治二年(1863)经陈玑衡先生缮修,谱法非不详明,而究其于谱中原委,概系信以明,信疑以传疑。而林氏受姓,自林坚公以来史记虽注其详,概未之讲,错误常见,且其中年代久远,支图代数甚少,不符年数,又未之究意者,其旧谱遗失,故如是乎?独是古人尝谓:"莫难明者,谱牒纵因先君子肚璇而出,其代数亦应符年数,礼三十年为一世。"而自坚公至此几多余年,即应几多余世,诚不难于判断也。然兹林氏自分迁以来,人丁虽略繁衍,而缙绅鸿儒迄今罕见,宜其讹以传讹,反若信以传信也。丁未,厥族族长永溪公等,慨然有承先人之志,启后人之思。而延予父与子修谱,改写本为印刊,嘱予为纂辑厘正,因为其考厥原委,条列谱略,见灿然大备,井井然若纲在网,有条而不紊矣。唯冀林氏子往来者,之后生小子大发吉祥,英才辈出,则是谱中或有予未及详者,愈加详审焉,则予怀慰矣。书此以俟后之知者。

大清光绪三十三年(1907)岁次丁未桂月之吉

纂修黄坛儒士季暹同男庠生颂平季际熙拜撰

3. 淤上乡坑口林谱序

重修宗谱序

国有史,家有谱,谱牒之兴,在于敬亲睦族。上自我祖以及我祖之所出,世虽远而不敢忘;下至我兄弟子侄以及同宗之兄弟子侄,势虽疏而不敢略。辨其支绪,纪其名字,详其行业,志其职务,知无不载,载无不实。俾使族人阅其谱而知水之有源,木之有本,则孝悌之心油然而生矣。然谱之作唯有孝悌者能创,亦惟有孝悌之心者乃能守,创者启之,守者继之,同相引无穷,而后谱之事尽。

龙脊尾林氏,乃兴奴公之苗裔,传至三十八世,诸公于明季万历年间,自闽之安溪依仁里莲兜尾携眷来迁平阳北港,珍甫公居田中央,开甫公居水上。三十九世一暹公,居蒲门下览瑞,华所公迁居笠湖,一器、一范二公兄弟迁居庵基。四十世在武公又迁居水头龙脊尾。兴公后裔四十一世梅溪公由安溪赤岭迁入水头外岙,平阳北港林氏遂成巨族。后裔孙散居瑞、平、泰及杭、嘉、湖、闽东等处。共和国丙辰年(1976),时逢"文革",族谱禁修,族人运生冒时势之风险,重修本支宗谱。共和国乙亥(1995)、戊子(2008),族人圭钱两次重修。庚子岁(2020)族人上希发起重修宗谱,遍处采访,搜罗靡遗,细心校准,按其亲疏有别,昭穆有序。由叶达枝,原一本所从出,自流溯源,合百世而同符。异日山川毓秀,人文蔚起,不几齐耀祖德,而并美宗功乎!后之览谱者,不惟爱敬之心生,且于世教风俗大有所裨益,不佞应梓谱将竣,不惮简陋,聊缀数语于谱首,是为序。

公元 2020 年岁次庚子

平阳林氏族人孝暖敬撰

4. 黄田镇狮子坑谱序

重修西河郡林氏宗谱新序

国有国史,县有县志,人有人宗,族有族谱。水出于源,树生于根,物出于自然矣。昔古帝有谱之来源,以古为今,古语说:"观今宜鉴古,无古不成今。"据原谱老序载,林氏祖源远流长,出于轩辕、尧舜之谱系也。林氏乃是商王之子比干之始系,比干谏纣得罪,其子曰坚,避难长林之下,二手统有两木字,武王克商。封比干遂为林姓,坚生子曰载,出自冀州博陵县朝歌乡珠要里石井村,后徙封济南郡,此为姓之始。其后九十二世孙万宠公,于高□十八年及第,高平守居螺村。宠公三世孙萍公为景州司马。长乐之祖生子邵公徙居泉州,其子建公周内史,忠谏不纳,弃职迁居温之平阳泗溪。玩公之子荣公动于学问,隐德弗仕,于元符三年(1100)携诸子徙居青田林泉,荣公生四子永豪、永杰、永盛、永继。以至永盛公派下十世孙孟祥公,满腹经纶,设教四方,庆邑投学,名播声扬。生四子:长叶公,次匡公,三云公,四元公。至下六世孙义五公,自括之青田林泉,于康熙年间迁居庆元北乡条坛村,生四子:长礼一,次礼二,出继叶姓,三礼七,四礼九。礼一公生四子:长继昌迁居中村高山,次继盛迁居英坞坳后,三纯发迁居济下,四继养公,于乾隆年间迁居狮坑居焉,为狮子坑肇基始祖。定居狮子坑之后,人丁繁茂,散居各地,由各支派下注明。

民国三十三年(1944)甲申岁,祥铨、祥树等主修族谱以来,已有五十载之久。五十年来,林氏子孙繁茂,居住分散,若不修谱,难明派系,亲疏莫辨,有失谱失宗者之虞。为明宗清祖,分明排行世系,特重修林氏族谱,万望林氏子孙万世繁衍,各支派下子孙支支茂盛,房房发达,才学精深,为国为民建功立业,荣宗耀祖,万世不歇。此乃是修谱之意所在,是以为序。

公元1993年癸酉岁季秋月上浣榖旦

庆邑双井村高小生鲍赐仁敬撰主修

邱氏谱序

【导读】邱氏出于轩辕黄帝第十五世太公四岳之后,周武王时克商,封公子于齐,建都营丘,而封丘氏。而后子孙繁衍以邱为姓。邱至胜公东汉光武朝历官公卿,退居光州,于光武故宫弟子筑室而居,是为河南郡。后邱练杰由河南光州府固始县迁福建省汀州兴化莆田县岩头乡,为福建省开基始祖。传下十世祖邱梦龙公,由闽汀州府上杭县迁广东省潮州府镇平县嘉应州。元末明初,四大房星罗棋布子浙闽各县。

半山丘邱氏,北房十四世祖邱贵卿公,元末明初,第五子及玠公派下迁龙泉县泗源汤源刘家塝开基立业,为刘家塝始祖。第六子及邱珆公迁龙泉县毛断村开基,为毛断始祖。第七子及邱琰公派下第十七世祖邱国龙公,由粤蕉岭县白坭湖坞蛟塘迁庆元县十二都半山丘。

黄田镇半山丘邱谱序

河南邱氏族谱

历观阀阅之家,皆有谱有图,彬彬然可考者,盖子子孙孙,知其次序名位,各相引长于永久而不替也!吾思厥祖,始自姓丘氏大祖以上数世,居福建之上杭胜运里上南湖,宗枝世代,其谱牒失于著集,呜呼!先事往矣,继作之义其可已乎?夫人之子孙,上承宗祖之业,下范后昆之仅者,当有以肇其本而续于后焉。仰惟始祖生高祖讳文兴,同伯讳文胜,宋季间徙家来广东之梅州,即今程多石窟都居焉。兄弟刚毅,有能有为,同心协力,经管家计,创置田地,立籍供赋,遂居于兹。其后子孙蕃庶,漫居多方,嗣续绵远,人物富庶,此皆承祖宗积德累仁之所致也!为子孙者,苟不体祖宗之志,为之继述于尊祖敬宗之心,又何与焉。且远者人之所易亡,疏者人之所易忽,况以谱牒不著,则莫能系宗族人心,有亡追本之诚敬,孝有所不兴,弟有所不敬,虽亲者亦见为疏,尊者亦见为卑,视骨内之亲,何异于路人者耶!可不慎乎!希质惓惓服膺,惧无以副先人之志,于是敬修谱系,支派详明,永为子孙者广推后类,庶不坠祖宗之谱云尔。

大明正统三年(1438)岁次戊午正月吉日

六世孙希质谨书

大明万历十八年(1590)岁次庚寅八月吉日,十一世孙邱滨、铁、裕重记录

叙

盖谱之所以统宗实,所以维分宗,分不明,由以谱之未序。是故,我宗之谱失传也久矣!自我邱氏始祖,于前朝宋季元初,由福建汀州宁化、上杭而来,五百余年,历世十有四矣。其子孙生齿日繁,住居涣散,虽叔孙兄弟,亦莫能序其昭穆于其间。滨也承在十一世孙,愚而且贱,非敢自用自专而作谱焉,尝读追王大王程篇,有云:"万物本乎天,人本乎祖,报本追远之礼,后之所当尽焉者也。"予始戚焉,兴起尊祖敬宗之心,然犹不敢以自是,于是质之祖叔东泉公,曰:"滨欲修谱!"公曰:"修!盖不修,如水无源,如木无根。"再质之新川白湖均轩诸叔父,曰:"滨欲修谱!"诸叔父亦曰:"修,为人孙者当如是也。"于是不揭疏才,与族兄曰铁、弟曰裕者,同心协志,蠲资在于丰田寺,我集旧谱,追溯源流。失序者,从而昭穆之;无后者,本从而注载之。夫然后祖图次序,圈点详明,生死卒葬失传,不敢有所强记。中间,叔孙兄弟相知德行者,取其一二而赞扬之,

其余难以悉叙,尤幸我族,富贵福译,子孙绵远,弈叶相承,万古如一日也。后之睹斯谱也,为人子者,当思父功之刻苦;为人孙者,合祖德之勤劳。兢兢业业,以成其事,孜孜汲汲,以全其功。勿以富而骄贫,勿以长而欺少。贫者莫妒其富,少者莫凌其长。有势,勿加于宗族间;有饥寒逼体者,谅情丞贷之;有业可卖与本宗,依价为是。子孙有非陷者,当援而救之;有枯梗者,合举而惩之。以更条件。别为序,次于左。

条件于后:一谱当清明祭祀前二日,将祖坟茔修饰,芟其草茅,仪物必致其精洁,庭实亦照依常数,必诚必敬,毋戏玩以渎先灵。一谱祭祀分盆,依照原领,毋得紊坐,以致不均,启衅生端。

大明万历十五年(1587)正月十五日

十一世孙邱滨、铁、裕同书序

希正公序

谱牒之作,其来尚矣!益以家之有谱,则知祖宗之本源,子孙之枝派与。夫尊平昭穆之等,亲疏远近之分,皆有所统系而无失焉。稽诸古者,天子建田,因生以赐姓,胙土以命氏,此姓之源所由肇也。

谨按吾邱姓,本自周武封大公于齐之"营丘",因氏焉。后世子孙蔓延,散居四方不一,其根本未尝有异也。家旧有谱,遭元季兵燹不存,故莫知先世由来。今吾谱谍之修,断自我邱氏太祖者为一世,纪其实也。初居福建汀州府上杭胜运里上南湖,当宋季迁居梅州,即今程乡也。住居程乡,子孙今为程乡人,始祖有兄原居上杭,有弟移居河源等处,旧颇有谱,略不及录。追念始祖生二子,次讳文兴,即从兄希质同希学、希进之祖考也;长讳文胜,即颛泓之先祖也。高祖生二子,长讳应茂,即希正兄弟之曾祖也;次讳应隆,即从兄希质之曾祖也。希正曾祖生三子,长讳荣孙,即今从侄陵智之曾祖也;次讳荣福,其嗣不续;三讳荣寿,号梅溪先生,即希正堂祖考。祖叔讳宗仁,即从兄希质祖考也。宗仁生均庆,即从兄希质兄弟之祖考。荣寿长子均善,其世阙,即希正兄弟之祖考也。子孙绵远,继世愈盛,是皆祖宗积德所钟。仰惟自一世祖与高祖以来,至于祖考,虽皆隐德弗彰,然迹其所为,莫非积德行义,以为贻厥孙谋之本也。第恨家谱不存,一世祖已上未详,兹不敢妄。惟希正常郁抑谱牒未修,且夕有如负芒,遂演成册,效宋之欧阳修、苏子瞻立谱之意,既总图于前,复详注世数于后,统纪不紊,支源详明,尊卑上下之分,灿然斐然矣。其间服制,虽有亲疏隆杀之殊,而出乎本源者则一。子孙虽有富贵贫贱之异,而系乎支派者则同。凡我子孙,睹斯祖图,当拳拳服膺,兴其尊祖敬宗之心,敦其孝悌爱友之道,毋乖天叙,毋渎天伦,务俾患难相济,贫困相周,不忘水木本源之思,则吾宗嗣胤之盛,又岂可量哉!希正学浅才疏,斯谱之作,因从兄希质好文之命,不敢辞,故笔其大略,至若辉光祖宗之德于前,犹有待于后之贤子孙焉,是为序。

大明正统七年(1442)岁次壬戌孟夏吉日,任湖广沔阳州景陵县儒学训导六世孙希正书

大明万历十八年(1590)岁次庚寅年八月吉日,十一世孙邱滨、铁、裕重编

纂修邱氏宗谱序

人家之有谱,犹国之史也。史以记国事兴衰,世代相传授受,固云重矣。谱亦记宗盟世代相继,生、娶、卒、葬、讳、谥,俾子孙永而知其有所系,不亦重乎?观之木水易见者,譬而言之,木之有根而后有叶,水之有源而后有流,人之有祖而后有生。木必根之厚,则千枝万叶之茂;水必源之深,则千流万浪之长;祖必积德之厚,则千裔万衍万世不可量也。

细察邱氏之源,出于轩辕黄帝第十五世太公四岳之后,周武王时克商,封公子于齐,建都营丘,而封邱氏。而后子孙繁衍以邱为姓也。以至胜公光武朝历官公卿,退居光州。乃于光武故宫弟子筑室而居之,是为河南郡也。后至练杰公官拜鸿胪寺卿,同子成实公官拜枢密院使,由河南光州府固始县乃迁闽省汀州兴化莆田县岩头乡开基立业,为闽省开基始祖。传下十世祖梦龙公,由闽汀州府上杭县而迁广东省潮州府镇平县、嘉应州,即今蕉岭县文福镇白泥湖肇基立业,新世茂衍,人文蔚起,一而十百而千,而下六世,分南东西北。在元末明初连年饥荒,四大房星罗棋布,浙闽各县,难以胜记。以记北房十四世祖贵

卿公,生十子,在元末明初,连年饥荒,第五子及玠公派下乃迁龙泉县泗源汤源刘家塆开基立业,为刘家塆始祖。第六子及珆公乃迁龙泉县毛断地方开基,为毛断始祖。第七子及琰公派下第十七世祖国龙公,由粤蕉岭县白圯湖坞蛟塘而迁庆元县十二都都半山丘,仰观其山水秀丽,俯察地广土沃,于斯地筑舍而居之,公以勤劳立业,日出而作,日落而息。以种植负樵薪供养老少,创置产业,大启屋宇,从此发族也。续后育二子,长建云,次启云。建立两大房,子孙骏发,枝叶茂盛,邱氏何其盛也!

查半山丘邱氏肇基以来,至今九世,据长老口授,先祖所遗旧谱,远年有失,木本水源,难以询查,以及宗祖生娶卒葬多有遗忘,无处可考。屡次欲修,皆未成书。今幸厥族第廿二世孙乾安君,廿三世孙文根改志根,文华改志华,文树改志树等,为宗谱未修,朝夕如负,思宗怀祖,大发忠孝之心,倡议重修。全族齐心一致,捐资川费,前往广东省蕉岭县文福镇白堤湖访宗问祖,抄录木本水源。请师编辑,知者录之,识者补之,编成一册与后者,而知一本,而分万殊,仍归一本而知宗从何而出,祖从何而分,一目了然,敬宗尊祖无愧也。今谱竣工,唯愿子孙绵长,枝叶茂盛。余学浅才疏,聊书数语为序。

公元一九八九年己巳岁春月榖旦

夏氏谱序

【导读】夏氏,夏泰伯命受商封姓郡,肇基于赤岸翟阳江洲,再迁西京、安阳、定沙、保越州等郡,后又转迁婺州、杭州、兰溪、台州、福州、严州、常州。

坑口、山根夏氏,先祖太一公派下中书舍人夏仁骏公,自唐僖宗中和元年(881),从山阴迁徙东瓯罗阳吕冈,后由莒冈迁居漈头,其后又分迁坑口、山根等地。

1. 淤上乡坑口夏谱序

重修会稽夏氏宗谱序

夫族之有谱,所以明统裔之传,别支属之分,而尊尊亲亲,令子孙亿世不忘,固非细故,而征往诏来,传信为难,谱而传信,使后人观之。尝慨时人居显达而起于贫贱,处亨通而成自困厄者,必欲援古证今,远报贵重之宗,以彰其世族之美,独不闻狄青不附梁公乎? 切予始祖夏泰伯命受商封姓郡以来,肇于赤岸长溪一派,翟阳江洲,再迁西京、安阳、定沙、保越州等郡,历秦汉,越唐宋以迄于今,根深叶茂,源远流长,及折婺、杭、兰溪、台、福、浙、严、常,一皆文章阀阅,簪缨箕裘也。太一状元派下中书舍人仁骏公,自唐僖宗中和元年(881)

辛丑从山阴迁肇东瓯罗阳吕冈,宗乘自元至正季年纂辑,越今三百年焉。盖族之根本曰祠塾,曰谱牒,两者所当并举也。则莒之大宗祠重创于万历二十八年(1600)庚子,开国诚意伯刘世延石圃公,赠以勋匾,而夏之合族与有光荣矣。谱牒未修而残阙失次,不几玉石俱焚,冠裳倒置乎?是以阖族切水木之思,以一修订宗谱属予,余想年跻七旬,袜线铅刀,深惟是惧,奈何族意殷殷,于是受以秉笔之任,爰搜其旧牒校阅之。夫家之有乘,犹国之有史也。盖经以载道,史以载事,谱以载世系,其义一也。粤自欧苏二公之作谱,开示后人之意,岂浅鲜哉!且士君子饬躬以亢宗,不倚宗以为荣,立名延世,不援世以为盛。予兹谱牒严防滥附贵胄,是谱正脉,虽贫贱必书,苟非嫡派,即贵胄不录。是故,修订正谱以垂后所云,去滥蔓昭明信也。画其宗图,序昭穆也。义之庙祀,以敦孝敬;立之家范,以振颓靡。族能遵守祖训,修身饬行,笃于孝弟忠信,习于诗书礼乐,事亲孝,忠可移于君,事兄弟,信可移于长。而华其叶者,溉其根,溢其流者深其源。诗咏作述,易言:"余庆所从来远矣。"则后世孝子慈孙,诚积德累仁居家,当忍守谦持满修己,有道必食,上天之报矣。有不浸昌浸炽,益隆万年于不替哉!

时崇祯元年(1628)戊辰孟冬月上浣穀旦

肇基始祖中书舍人十丈仁骏公派下二十四世孙庠生曰瑚谨序

2. 淤上乡山根夏谱序

重修夏氏族谱序

且夫水有源,木有本,人则有宗。故国之有史于以考其源,而家之有谱于以报其本、敬其宗也。古今来,姓氏纷纷,莫不各宗其所由来于何处,以开辟于何地,后世子孙所以纂立谱牒,或为某支,或为某系,尊卑长幼,昭穆次序,有条不紊,于以知谱之宜务也。若夏氏之族,由莒冈迁居漆头,族裔繁昌,星居杂处不一。其地惟漆头旺族,生、监、贡、举名闻乡邦,过其乡者,咸称为人物之区焉。间观其后,自道光十五年(1835)济水与新德二位先生为首一修迄今,五十余载矣。顾余客岁六月至此,与煓、星、昉三位先生,并诸位论及谱书,果然有意相属,即肩承其任。只是余也不敏,学昧二酉,才愧三多。阅其旧而增其新,残缺者补之,失次者序之,俾后之览者于以敬宗,于以尊祖,于以睦族,何者为亲,何者为疏,世世子孙长守勿替,盖莫为之前,虽美不彰,莫为之后,虽盛弗传。兹仍列以五代之图,开卷了然。虽百世之远,无不炳若日星,显如指掌。即子孙有智愚而盛族之裔,书声不忘,教以诗书,习于礼义,继志述事,春祀秋尝之际,上之足以昭祖宗之德泽,下之足以启子孙之声闻。是为序。

光绪十五年(1889)己丑岁次夷则月榖旦

儒学邑庠吴在瀛拜撰

蔡氏谱序

【导读】蔡氏祖先，周文王五子叔度，武王定天下，封之于蔡（今河南上蔡县），后子孙于是以国为姓。因蔡国位济水之北，而受郡于济阳。

朱坞（黄）村蔡氏，蔡绍沂公后裔，自七世祖文禄公，蔡绍沂上七代祖，元至正二十年（1360）由建阳迁居庆元蔡遒，其三子礼公而由蔡遒迁居松溪蔡船坑，沂公乃于明嘉靖元年（1522）由蔡船坑而迁居庆元朱坞村肇基立业。

范源蔡氏，自建阳迁庆元蔡段，凤公由蔡段迁后田，其孙富昭公，由后田迁范源定居。

大泽蔡氏，由蔡段迁松溪蔡船坑，后从蔡船坑迁居大泽。

1. 黄田镇朱黄蔡谱序

蔡氏源流考（上）

粤稽古史姓氏之源流，邈乎远哉！有熊氏作初姓，公孙元妃祖妙生元嚣，嚣生蟜极，极生帝喾，喾生四子，三曰稷，以姬为姓，传十三世至古公，生三子，长泰伯，次仲雍，三季历。历子昌，有圣德，公乃传位于季，以迫昌，是为文王。文妃太姒，生子十人，其五曰叔度，武王底定天下封之于蔡，今豫州上蔡县是也。其子胡仲、克庸、只德,仍复旧封。至春秋俱袭侯爵,后之子孙遂以国为姓,此蔡氏所自昉也。及楚并蔡子孙逊居济阳,今山东济南府济阳县是也。汉二公佐昭帝为相,执政豁达,朝野肃清,卒谥"济阳君",望出济阳又本诸此。夫蔡去声,其音属商,其居宜西。战国有泽公者,仕秦为相,以舌辨称。西汉有千秋公,字少君,嗜《穀梁》,宣帝石渠阁讲经,召为博士,《春秋》授刘向,有顺公字君仲,以孝闻,诏封"东阁祭酒"。有伦公,字仲敬,徙桂阳,贯通百家,少负才名,官常侍,封龙亭侯,制纸以代削简。汉季有邕公,守伯,皆称"旷世逸才"。在鸿都见匠施圣帚,遂创意为"飞白书",后因哭主获罪,愿修史自赎,司徒王允不可,遂遭其害,闻者莫不饮泣。西晋有充公字子尼,居考城,举世称为正人,苟进之徒望风畏惮,其取服于人如此。其子谟公家道明,官大司徒,号三明,又号八百,谥文穆,著《前汉书》百余卷。五代传公,字景郎,以吴兴知府,历吏部尚书。茹蔬饮水,紫茄白苋,荣受褒嘉。李唐有允恭公,为瀛州十八学士,有廷玉公生昌平,以义自守,虽死莫屈。迫至赵宋,有发公博览群书,号"牧堂居士"。而季通公出焉。支派系图详后。当其时,有襄公,字君谟,官端明殿学士,号庆历四谏。尝守泉州造洛阳桥,又名"万安桥",以品望政事见称。有齐公,字子思,状元及第,上喜,得人诏金吾给七驺,传呼以出状元,给驺自齐公始。有用之公,字宗野,尝献万言词赋治策,真宗称为"江南夫子"。有定公字元应,山阴人,以孝闻。有伯禧公,居福清,岁末三周试童子科,真宗称为神童,御笔赐诗,授校书郎、春宫伴读。大明昂公,直隶嘉定人,正德甲戌探花。清公号虚斋,福清人,苦躬励行,动准古人,为江西提学,修白鹿洞以德行教学者,此皆蔡氏之卓卓有闻者,并采诸史,以备观瞻。噫嘻!穷河源于银汉,核根柢于扶桑,遐乎远哉!

蔡氏源流考(下)

吾于受姓肇自叔度,命郡始于济阳,隋唐以前艰于考订,炎宋之下实有可征。盖自牧堂公通天文地理之学,生子西山公更以理学传家,孙渊、沆、沉,曾孙格、模、杭、权各有传书,五经三注,四世九贤,闽儒之盛,彰彰史册,毋庸赘述。

沉公生杭,杭公生著,著公生亮,亮公生希仁,仁公生六子,文弼、文昭、文庆、文龙、文宝、文禄。文禄公徙居蔡遁,此梅公派也。溯桧公派下大亨公,生二子,垂旭、垂冠,俱未仕。冠公生福基、禄基、寿基,昆季三人。禄公以收冠勋,官河北五十四州提点,今山西之支禄公派也。寿公任广东巡按监察御史,今岭南之支寿公派也,公以廪捷南宫,官至上柱国。生子五人,长叔、次积、三善、四瑞、五升,叔公官大理寺卿,子孙乃散居金华及苏之伏龙山、瓯之夹树壕。积公以翰林兼左春坊,后居栝苍太平坊,善公官拜龙图阁学士,后居处州之松阳、遂昌,兹浙江之派皆三公系也。瑞公为雁门节度使,后散居成都,兹西蜀之派瑞公系也。升公镇守太原,生四子,长绍、次继、三综、四维。绍公生二子,长乾、次坤。一徙荆南,一徙江右。继公四子长珪、次璜、三璈、四玫。珪公官拜太尉,出为陕西提督。璜公封光禄大夫,后为宋江太守。璈公高尚其志,后游山阴。玫公官吏部尚书,生三子,曰论、曰训、曰计,论公迁剑津,计公居浦城,训公袭父荫,任浙江省行镇守栝苍,及谢事,初居龙泉,复徙庆元之蒲潭蔡遁,生驹公,驹生疏,疏不仕。生倚,倚登乙未进士,官至奉议郎,生五子,取名温、良、恭、俭、让。梅公派下文禄公生五子,取名仁、义、礼、智、信,礼公淡于仕宦,乐善好施,采胜于松溪永和里之凤凰山下,见山水奇秀,遂卜筑于此,是为船坑诸村鼻祖。厥后子孙繁衍,散处各乡,星居不一,皆出自礼公。兹之谱则断自西山公,始以存信也。呜呼!自我祖西山公以来,数百年矣。明经科甲,代不乏人,椒衍瓜绵,绳而不既,祖德宗功则诚深且厚矣。为子孙者,讵可斯须忘哉!故历溯从来,以与我宗人共相加励云。

皇清嘉庆廿一年(1816)丙子岁

裔孙宗元盥沐百拜谨识

重修蔡氏宗谱新序

尝闻家之有谱,犹国之有史,国无史,则兴衰治乱无由考,忠奸莫别;家无谱,则宗派世系无由分,亲疏莫辨。乃水之无源,木之无本也。所谓家乘之书,至深至重,寻来龙去脉,求水源木本,穷水源则知其所自出,追木本则识其所由来。

济阳蔡氏闽疆望族,考其先世源流,肇自姬氏文王第十四子叔度,武王封之于河南上蔡县诸侯,是为蔡国,遂以国为姓,因蔡国位济水之北,而受郡济阳。然其门第冠带世家阀阅,历汉唐,而名仕能官代有其人,至晋宋,则儒林宦海贤才辈出,尤其元定父子孙四代出九贤五经,其三注理学名于世,载于谱牒者,彰彰可睹,无待予等之赞许。其学术思想曾光耀于世界之一隅,为我国历代所推崇,可谓唯我中华济阳蔡氏独一而无偶,比比悉因祖功宗德之流泽者也。厥后发达昌盛,瓜瓞连绵,支分四出,星罗棋布,统宗汇集,派别难齐,兹惟载厥朱坞村,绍沂公一支,考其迁移自七世祖文禄公,于一三六零年,由建阳迁居庆元蔡遁,其三子礼公而由蔡遁迁居松邑永和里蔡船坑,为船坑之鼻祖,沂公乃于明嘉靖元年(1522)由船坑而迁居庆邑朱坞村肇基立业,历今二十世四百七十余载,积功积德,孝悌义方,克勤克俭,为诵为读,传至七世孙,仙明公始递传递衍,浸炽浸昌,各界名士不乏其人。今族大而人亦盛矣。

披阅旧谱有考者,立谱于明万历元年(1573),其间修谱九次,一修于崇祯十五年(1642),末修于民国九年(1920)庚申,距今有七十有四年之久,未予纂修。其间人丁繁衍,散居全国六省七市八县,其间生发嫁娶、迁徙、丧葬等情变迁复杂,若忽而略之,废而不述,所可虑者,代远年湮,子孙罔知世系,则后世失承绪。苟失承绪,则宗派莫识,尊卑莫辨,昭穆无序,长幼无次,亲疏不明,而同宗有路人之视,小者有凌长者之虞,其何以敦宗睦族,情洽一家乎?幸裔孙宏宗、建宗、建铠、建昌、建勋、竹章等志切本木水源之思,心怀报本追远之念,首倡重修宗谱之举,谋诸族众,欣然有志,无不乐从。遂于去年七月建立筹委组织,分工负责或函知各地族众,或派员亲临寻访,广集资料,筹募经费。爰延本里双井村鲍君赐仁予以纂录,赖各房族众戮力同心,慷慨解囊。执事者不辞艰辛,历时仅仅一年,今已纂编成册,上承先人之遗泽,下启后嗣之流芳。条分缕析,班班可考。俾吾辈族众,知祖宗之源流,识世系之根枝,百世其昌而相结于一线,万年统绪而永传于不朽。为慰先祖英灵,同时重修宗祠。朱坞蔡氏子孙可谓善继善述而不愧仁人孝子也。惟祈此后人文蔚起,贤才辈出,奕世举念思祖功宗德而随世随修耳。兹修谱告成,付印在即,筹委嘱序于予余,余两深愧才疏学浅,难以达意,而宗亲既有善举,亦不辞陋劣,略志俚言数语,以俟后之贤者为之削敬。是为序。

时公元一九九三年癸酉岁孟秋月望日吉旦

师范毕业生十七世裔孙建铠、蔡蛟同撰

2. 松源街道范源蔡谱序

蔡氏受姓篇

粤稽蔡氏,出自黄帝之后,周文王子蔡叔度,生子仲,受封于蔡,遂以国为姓,子孙繁衍,不可尽考。汉时始祖桧公,生子耀,耀生子克昌,昌生垂旭、垂冠。垂旭生三子,福基公、禄基公、寿基公。兄弟三人,世居山西太原。福基公由进士官光禄大夫上柱国,子孙居邵武延平、建宁、建阳、麻沙等处。禄基公收寇有功,封河北五十四州都提点使。寿基公任广东镇守巡按监察御史。时福有泉广告州洛、阳二姓造桥,海深潮涨,经年不成。公以济人利物为分内事。乃斋沐祷于天地,潮退现出石块八十四墩,得采石以造功成,遂名"洛阳",其子孙居广东。凡广东姓蔡者,皆寿基公后也。禄基公传至宋时,曰权,曰积,曰善,曰瑞,曰升。权公任太理寺卿,子孙居苏州伏龙山下,并温州夹树壕、金华等处。凡苏州、温州、金华姓蔡者,皆权公后也。积公官居翰林左春坊,后迁栝苍太平坊,今处州姓蔡者,皆积公后也。善公官拜龙图阁学士,其后居松阳、遂昌。凡松遂姓蔡者,皆善公后也。瑞公镇守雁门节度使,子孙散居成都。升公镇守太原,生四子,长绍公,次继公,三综公,四维公。绍公生二子,曰乾,曰坤。乾公官指挥,其后居湖广。凡湖广姓蔡者,皆乾公后也。坤公任江西南昌府太守,为官清正,爱民如子。后居南昌,凡南昌姓蔡者,皆坤公后也。继公生四子,曰珪,曰璜,曰敷,曰政。珪公官太尉,加封镇守陕西提督。凡陕西姓蔡者,皆珪公后也。璜公官拜光禄大夫,后为以江太守。凡以江姓蔡者,皆璜后也。

敷公性好洁净,高尚其士,隐居山阴。凡山阴姓蔡者,皆敷公后也。政公官左丞相兼尚书事,掌握兵权,出守建州浦城太湖。生三子,曰伦,曰训,曰计。伦公子孙迁居建阳。计公居浦城。训公袭父荫,任浙江行省镇守栝苍,即今处州是也,在龙泉蒲屯,谢事,遂居其所。姚杨氏生一子驹,驹姚张氏,生一子疏,疏姚张氏,生一子倚,倚姚游氏,生五子,温、良、恭、俭、让。温公姚王氏,生二子,长福、长禄。长福姚吴氏,生一子一公。良公姚沈氏,生一子,长寿。恭公姚杨氏,生一子,长有。长有姚周氏,生一子二公。二公姚王氏,生二子,从周、从商。从周公姚沈氏,生一子,宣六教。至我帮祖礼公,兄弟五,我太祖轻视宦途,好善乐施,游玩山水,爱建宁松溪永和船坑凤凰山下,遂居中焉,生七子,进祖四公、进祖三公、进祖六公皆迁唐口,进祖七公迁青州城内仓官,九公子分居山头源。五公进祖八皆居船坑上里等处。我进三公生六宣教公。宣教公生重一、重二、重三。重二、重三两公,回居蔡段蒲屯,修祖坟,创业构屋,未几丁旺财阜。故今松源一派虽不及苏湖之盛,幸自倚公以来,至今数百世,科甲明经代不乏人。非先德宏远,安有若是之盛乎?余修世谱而念先泽,推本于其所自出,以昭木本水源之理,起后人仁孝之思。苟能克绳祖武,能绵世泽于无穷者,是余所厚望也。宗人勉诸!

　　大明洪武三年(1370)季秋榖旦

　　裔孙让百拜书

新修范源下坞蔡氏宗谱序

　　尝闻水有源,水源清则流派长远;木有本,木本固则枝叶茂盛。人有祖,祖德厚则子孙兴旺,人各有其祖,各有其姓,大凡自祖族发派以来,皆有所记载,是谓宗谱。宗谱乃是一族传家至宝,甚为重要。本年秋,爱往小安亲戚家赴喜晏,正遇下坞蔡有源君。同是亲戚,言谈甚为投契,语及宗谱一事,谓爱曰:"我蔡氏宗谱于1950年城内姚开第先生修后,兹已四十一载矣,人口多未登入,唯恐岁远年湮,难以记忆,老成凋谢,幼者无知,族中长老多云要及时续修,请来吾家接洽可也。"爱应诺,遂于十月间,爱到有源君家,邀集族众商议,经大森、大回、大庆、大武、文海、有潘、有相、有林诸位,共同决议重修。

阅稽蔡氏鼻祖,自周文王之子蔡叔,受封于蔡,生子仲,子孙遂以蔡为姓,此济阳郡之地也。数百世以来,官宦簪缨,文人墨士代不乏人,诚诗礼之望族。且乐善好施,独资建庄严、真乘二寺,并再次修建,奈年代久远,今寺址已废,古迹文物无可寻觅。唯谱帙记载犹存可稽,自时凤公由蔡段迁后田,其孙富昭公,由后田迁范源以后,迄今五百载,历十九世,源远流长,人丁繁衍,今又多聚居下坞定居。爰才疏学陋,文字欠工,近年来爰专习是业,翻阅前谱似有疏漏者,爰细心校核,详尽查访,依法订正,有犯上冒讳则改之,一一登入,工正书缮,务求兹谱耀若辰星,灿然发光,尚望后之贤达,妥善珍藏,及时续修,以能蝉联于勿替,是爰之厚望也。大森、大回、大庆、有源、大武、有潘、有相、有林诸君孝思于祖,善继善述先人之志,值得一表,兹谱将告成,聊书数语以赞并序。

1991 年

□□撰

3. 竹口镇大泽蔡谱序

蔡氏宗谱序

然观世之言谱者,率以水源木本为喻,及细按之,殊不尔也,水源宿海而江淮河汉,自一其宗;木始根柢而枝干英华,不二其本。人则或迁或徙,愈衍愈繁,居满六域,散遍八埏,三代以前尚知本乎?

颛顼数传而后安辨谁? 轩辕求能如溯龙,门而知星宿,探若木而识扶桑,有殊寥寥耳。则以水木之绵蓄有定,人之派衍靡常,势相类而实不相侔也。今以大宗小宗渐分渐迹,三从四德,益远益疏,几何不等骨肉于秦越,视手足若途人。欧阳文忠禽兽不若之叹,意长远也。以故,汉晋以来或作家传,或撰家纪,或辑家序训,或成家序编,凡以惧先人之世德易湮,后续之敦笃无伦。已然,则谱牒之纂修岂细故哉!济阳蔡氏,望族也,阀阅簪缨,显于唐汉,文章道学,焕于宋明,其散处州蜀者,姑勿其举。即闽浙一支,自福基公宦游是邦,千有余载,子孙昌炽,各郡固繁。迩如玟公,自建阳迁庆元蔡段。又近如礼公,复自蔡段分移松溪船坑,又八百余年于兹矣。先世口碑,耆老载笔,虽亦溯及高曾,未暇搜外属,其散各乡者,凡皆分门别户,自起炉灶,其中不无干犯昭穆、雷同割裂之病,间有小册,不过因循就减,少加润色,未得全备,且非实禄。姻叔祖明远公久矣思编辑,以年耋而未果,所缮小谱总纪,虽善而支纪未备、散居未登,犹非全璧。故以大修之事,嘱嫡长孙祖乾。乾应祖遗言,每以谱事商及,然见同窥管,技比雕虫,不敢噪觚。

兹得庆邑吴君为砚池旗鼓之藉共成此举,为之探委穷源,博采遐稽,凡宦迹儒行,阙所疑而传所信;传赞行述,登其实而削其浮。载笔表诸鉴,史法式傲于考亭系排,伯仲叔季昭穆攸分,注详生卒配婚男女并记,远者证之而定其亲疏,繁者厘之而分其绪属,较之旧谱,详略自有别。视各小册之亥豕,莫辨夏子致疑赞传,则满纸雌黄,图系且张冠李戴,不第传讹后人,抑且闻罪先世。斯篇订同核异,详略有体,观者自了然,村为裔近,行异世同,苏子所谓览是谱,仁孝之心油然而生者,不于斯卜之乎?又何异黄河九派复加浚瀹之功,仙李千寻更益滋培之至,其云初之星列云罗,嗣续之瓜绵椒衍,族虽繁而有纪,世虽远而易稽。此固济阳予姓之荣乎?抑亦祖乾、应忠、朝珠、邦镇、先光诸君之大功也。固然故水源木本之喻,而缀其说于简端如此。

时大清嘉庆廿一年(1816)岁在柔兆困敦涂月上浣

田氏谱序

【导读】黄帝传九世孙虞舜帝之后，而传于虞思，思传王五十二世裔孙阏父，为周武陶正，能利器用，周王赖之，以元女太姬下嫁，其子满而封于陈，以主虞舜旁之祀，因以国为氏，满谥胡公。公生申公犀，犀公下传十四世历公。当时国动乱，其子田完，字敬仲，因避乱迁徙到齐，改为"田氏"，这就是田氏的由来。

竹口田氏，先祖讳宁公，第进士，仕处州户曹，枝萌金陵。因好仙都山水之胜，遂携子讳达卜址占籍于缙之常丰乡。后代子孙迁入庆元。

竹口田谱序

泸川田氏续修宗谱序

夫追本溯源，田氏始祖考黄帝是也，帝传九世孙虞舜帝之后，而传于虞思，思传王五十二世裔孙阏父，为周武陶正，能利器用，周王赖之，以元女太姬下嫁，其子满而封于陈，以主虞舜旁之祀，因以国为氏，满谥胡公。公生申公犀，犀而下传十四世历公。时国乱，其子完，字敬仲，因避乱徙于齐，易为田氏。此田氏之所出也。观之古史皆可考矣。昔王莽云："予不德托皇初祖。"考黄帝之后,皇始祖考虞帝之苗裔而王氏者,田氏之遗裔也。

传齐景公时,田完五世孙田乞赐为大夫。田乞子田常拜简公之相,田常曾孙田和谥为"齐王"。洎齐威王,广纳贤能,辅孙宾、田忌,成七强之首,盛极一时。一逮乎汉高祖,齐国民纷沓外徙,西至阳陵,北及北平,子孙散处,瓜绵瓞衍,欣欣向荣。故田氏之大矣,且文武贤才常见于经传。

惟庐川田氏先祖讳宁公,第进士,仕处州户曹,枝荫金陵。因好仙都山水之胜,遂携子讳达,卜址占籍于缙之常丰乡。四讳希鲁公乔居庐川,为庐川发祥之始祖。不数世,族炽人蕃,人才辈出,祖光灿著辰星,纶音之赐、爵禄之荣、簪缨之继,神童贞妇之出,纲常伦理之系,闻名遐迩,馨烈并茂,为邑中著姓。

国须有史,族须有谱。自九世讳渭公始谱,代有修辑,每不逾二十年,从未间然,自民国二十二年(1933)迄今,已废六十年矣。生齿繁昌,城乡棋布,数近万丁,且人才济济。党政、国防、内政、外交、教育、法律、科研文卫、经贸、交通、厂矿,行行业业不无姓田,且多居要职。研究生、本科生、中专生、高中生,硕硕累累。而少及壮,壮及老,未登谱籍,知其姓同而昭穆紊乱,本源辨而长幼不分,彼此视若途人,甚者相悖于事,骨肉相残,实悖睦族尊祖之举也。

公元 1992 年

□□撰

管氏谱序

【导读】江根管氏祖先，因避安禄山之乱，自青州颖川迁金华，后代又迁到括苍，后嗣从括苍迁龙泉二十都杨梅岭下驮瑶，管三公于宋熙宁元年（1068）从龙泉迁居庆元江根。

江根管谱序

管氏肇基原序

稽管氏之祖，肇自黄帝，传至帝喾而生后稷，乃姬姓也。稷母姜嫄，因履巨人之迹，感之有孕而生，名之曰"弃"，为儿时屹如巨人之志，嬉好树艺，及成人播种稼穑，民皆爱之，尧举为农师，天下得其利，封于邰，号曰"后稷"。传至亶父，积德行仁，国人戴之，狄人凌之，去邠逾梁山邑，于岐山之下居焉。邠人曰："仁人也，不可失也。"从之者如归市。亶父生三子，长泰伯，次仲雍，三季历。娶太妊生子昌，有圣德，父欲立季历及昌，泰伯知之，即共弟仲雍托采药于衡山，父辛乃立季历，传国至昌，是文王及子武王，发遂克昌而有天下。命弟管叔鲜监殷，厥后以字为姓，传至春秋管至父为齐大夫，与管仲相桓公，霸诸侯，一匡天下。仲生文子，文生姬子，姬生季子，季生陈子，陈生伯子，伯生周子，周生熊子,熊生昌侯,侯生巨卿。传至三国,轸公学贯天人,诚当代之俊杰也。历汉唐至礼公,居梓里,九世,因遭禄山之乱,自青州颖川避兵难,乔迁东吴金华,派衍属邑,复徙栝苍。至宋八世孙世勋公官枢密使司,其第□世猷公官奉旨使司,加封武廷侯。生子雄公,雄生二子:长太华公,官上殿卷帘大将军;次太盖公,官锦衣卫指挥使。勋公生子恒,恒生二子,长太宪公,次太台公。宪公生流仲,台公生流伸、流意、流供三公,同仲公居龙泉二十都杨梅岭下驮。至岸仲公生三子,长传一公,分居后甸,次传二公,分居流田瑶,三传三公,于宋熙宁元年(1068)迁居庆元二都九图,睹青田山明水秀,遂家焉。虽无云水停车,亦堪守静享闲,荣辱无与,洵管翁当日贻谋之善也。第浙闽间宗支蕃茂,考之谱谍,端绪了然。且继述有先后,支派有远近,传闻有异同,谱之难以悉似也。余欲编集,正恐文献不足故也。于是难以臆度,秉笔而中缀,积岁弥时,粗得梗概,逐衷成文,其差谬遗缺,须当访求以核其实耳。

宋熙宁元年(1068)桐月榖旦

重修于酉岸云鹏翥轩

卢氏谱序

【导读】卢氏原系齐太公吕望姜尚子牙之后代，至文公子高之孙傒食采于卢，于是定姓为卢。

上际卢氏，卢丙八公从龙泉南乡九溪，迁居上际肇基建业。

黄田镇上济卢氏家谱

卢氏源流总序

粤稽卢氏原系齐太公吕望姜尚子牙之后，至文公子高之孙傒食采于卢，因氏焉。至秦敖公博士，有山水之癖，生公入海求神仙药不获，乃与生谋隐入邵陵云山，今山有仙影。至汉，绾公以客从入汉，为将军，击破臧荼，乃立为燕王。植公以身度八尺二寸，声如洪钟，博通古今，官至尚书。至三国时，毓公少以学行见称，仕魏，以黄门侍郎左迁农校尉，躬为劝勉，百姓赖之，迁安平广平太守，所在有惠化，入为侍中，擢吏部尚书，选举务先德行而后才艺，后封"容城侯"，卒谥"成"。子钦公，笃志经史，仕至吏部尚书，封"大果侯"。至音志公，少好不倦，朝夕唯焚香读书，尝与书誓曰："誓与此君共老！"素法钟繇，善书。至谌之玄孙，亦善书，世称崔卢二门。至南北朝，询祖公历太子舍人。怀仁公博学能文,性恬情萧然,有雅致,历太尉记室、弘农郡守。鸿仁公官至东都谒,至唐储举进士,投卷谒尚书。至五代文纪公次姚颖,素奇其才,同升相位。景亮公举进士,累拜中书舍人。卢氏子孙遍居各处,俱是傲公之衍派也。谨序。

宋绍圣二年(1095)乙亥岁次孟夏月穀旦

同里后学张文膺拜撰

重修范阳卢氏宗谱序

盖闻家之有谱,犹国之有史也。家无谱,则支派无由分,国无史,则盛衰无由明。可见家乘之书,至深且重也。故穷水源,则考其所自出;知木本,则识其所由来。祖功宗德念谱牒之为急,世远莫知,宗派同宗等于路人。此无他,皆由谱牒之未修,故至此也。

按上际卢氏,发自龙邑南乡九溪,从丙八公肇基建业,堂构联辉,清白传家,咸歌大有,是时亦称繁盛矣。查阅谱牒,自清乾隆三十一年(1766)丙戌初修,至嘉庆十三年(1808)戊辰二修,至同治十二年(1873)癸酉三修,共传二十四世。已经一百一十四年,倘若再不修理,将来族内人丁出生、婚娶、殁厝坟茔无所查考,因而丁卯孟秋,派下二十世裔孙存强、存发等倡议纂修宗谱,并邀集族众商议,经众一致赞同,故延予缮录宗谱成本,各房子孙存藏一本,此后则尊卑昭穆庶无紊乱,正所谓谱牒之书,深且重也。今谱告成,略表数语,以俟后之诸君览焉。故序。

公元 1987 年丁卯岁孟秋月中弦穀旦

本里上赖周耀岐谨撰

龚氏谱序

【**导读**】龚氏系出三皇之时共,即水官之苗裔后人,以共之官加龙。自龚姓之始,系属延陵郡。

渔溪龚氏,源于浙江载公,自泰顺洪岭迁渔溪。棠公迁至庆元举溪。

举水龚谱序

武陵郡龚氏宗谱新序

世云:族望修祠,众望修谱。家有谱,国有史。一家之族源由,知名士历史功绩,生卒时间,血缘相联的婚姻嫁娶、远近亲疏,无不由谱牒祥而载之。

考查武陵郡龚氏,系出三皇之时,共即水官之苗裔,后人以共之官加龙。自龚姓之始,至今已有几千年的历史。在这漫长的历史长河中,龚氏后裔繁衍,遍及全国大部分省市,尤其福建沿海一带。

渔溪龚,源于浙江载公,自泰顺洪岭迁渔溪。墩头公生子一履公,履公生六子,分仁、义、礼、智、信,第六子入吴家承嗣。原智房祖昌辅公生四子,长霖,次照,三广,四勤公。次照公生四子,长敏,次琼,三维圯,四百三公。琼公生子三,长文局,次文质,三文台。文局公生子四,其中次子长芘公生子一。原凤公生子七,五子子杰公生子三,次子仕颐生子五,然而再分仁、义、礼、智四房。仅智房现人口已达两千多人。

智房祖仕颐公第五子进钟公,公生二子,长志富,次志贵公子一永迪。永迪公生子四,其中第三子景柑公孙尧哀公生四子,第四子九晖公生三子。第三子立士公生子二,次良朴公生子三,第三子予棠公迁至庆元举溪,至今二百五十多年的历史,后裔百余人。因历史条件限制,从未到南阳渔溪会遇,今幸亏礼房后裔龚元满君的指点,从智房旧谱中记载才予知晓。由于山坑村龚氏谱牒,早在几代人前已被火焚灭,已故长老生卒不详,甚至妣氏从何地娶来、姓氏也不清。虽然曾做多方努力,但未免疏漏之处,敬请诸君不吝赐教。

1999 年冬

□□撰

翁氏谱序

【导读】翁氏出自杭城铁板桥头,派分庆元杨家楼村,杨楼即是始祖发源之地。先祖进武公居翁山,子孙迁居处各地,其中一支迁坞石岭上处村,建屋立业。

五大堡乡杨楼翁谱序

重建翁氏宗谱序

我翁氏历史悠久,源远流长,枝繁叶茂,遍布各地,难详于笔端,今闻讯略传片语,始知翁氏出自杭城铁板桥头,派分我庆地杨家楼村,杨楼即是始祖发源之地。当时环境大相悬殊,尚在火耕种植阶段,我祖翁二公见此山环水秀,于是辟开旷野,创置田园,建造屋宇,训子孙立志成才,诗书继世,致使翁二公能进朝中为谏议大夫,官封一品,且忠义全伦,名扬于海内外,史传于世,子孙衍庆呈祥。至清代乾隆年间,继育、奇才、有进武公遗居之地名曰翁山,其子孙迁居处,后殿子孙发达,始至坞石岭村中,名曰上处,创建屋宇,这几处遗址于今名未变音。后至光绪廿一年(1895)乙未之岁,我翁氏祖辈于坞石岭村水尾建造双龙桥,杨盛公与国学生耀祥、锦塔、树燮、礼益、锦昌、锦模、锦炎、锦枝、锦传、先智、先远、先俊等缘首建桥,此举乃是我祖为善乐助遗绩,记载祖辈之历史谱书。于公元一九六三年癸卯之岁十一月初九日,因屋房失火以致将先世所相传几十代谱牒遗墨烧毁无存。子孙叹惜莫及,历有年矣。今我子孙务本寻源,于本年十月杨楼有人名曰上德,知翁氏从杨楼迁出一支系,于建瓯防道龙岩村是翁二公支图,现有百余人数,据访消息得知,政和寿宁两县境内均有二公系图,今后必需跟踪要略源流遗墨。今有大同后支大栋、大忠、大培、大銮等众,久怀建谱之志,今日有志竟成,造就此谱一式四部,分处保存,子孙枝枝挺秀,脉脉相承,并将联续新编,取名字头,希各房子孙遵照执行,不得混乱,特为此序云。

公元 1994 甲戌仲冬月

庆元松源镇大济吴日非、屏都镇岱根杨光辉同撰

全氏谱序

【导读】全氏是由古代的泉氏分支而来。而泉氏则是周官泉氏之后,以官为氏。后因泉氏全二字发音完全相同,而演变成全,应该是从全尚公始有了全氏。

庆元全氏太祖全贵公,出龙泉杉树根,始居烂塘之源,庆元东部,地接景宁,其子全泽公徙居本里黄大头。全泽公第三子彦琳,徙居青竹。

左溪镇梅树全氏谱序

全氏族谱首修序

且夫山分万陇,本乎岱岳;各派千流,源于河海。世系川长干蔓,莫不肇自祖。盖人自姓以来,有族必有谱,所志始祖之出而俾后世所知本源也。是谱可无作乎?

故谱制,其所重矣!夫其始祖由于一人,其既也,遂至蔓延于天下,自一人而至于万人,自一世而及于数万世,按谱而可究之,盖绍全氏太祖全贵公,出龙泉杉树根,始居烂塘之源,庆地之东,地接景宁,毗界离路,仅二百里,而生二祖。全泽公徙居本里黄大头居址。生五子:长曰彦相,次彦回,三彦琳,四彦才,五彦保。其彦才等支各分别系,惟彦琳公择地徙居青竹,创置田产、山场、地畔,家殷财足。其地狭窄,遂迁下地,名梅宙(树)是也,今五世矣。惟彦琳公之先旧谱帙,所载源流枝派、忠臣烈士、孝子顺孙、兴夫居址、茔域墓志,班班可考,靡不悉备,故所重矣!

今修谱者,惟彦琳公枝派,系全泽公之后续也。而景邑上吴坑等派,共于一脉,彼其世世子孙尽知之矣。即附之以七言诗,曰:

> 从卜安居属松源,春来秋往历多年。
>
> 山清水秀回还地,人杰地灵出俊贤。
>
> 枝繁叶茂家庭喜,耀祖门闾气象轩。
>
> 谱牒重修留后裔,绵绵瓜瓞历代传。

万历二十七祀(1599)己亥岁仲冬
岗根希才吴金训敬撰

梅树全氏续谱序

敬宗收族,是中华民族的悠久传统,每逢盛世,国家修史修志,民间修谱续谱。敬宗,是敬仰、敬重、敬爱、敬畏自己的祖先;收族,即聚族、聚人气、聚人力、聚人心。就是聚敦睦,同心同德,团结一致。敬宗收族,就是扩大团结。

姓氏是家族的符号,现代中国的姓氏大部分是几千年前世代相传下来的。我们全姓的来源出处,本省宁波的清代著名学者全祖望老前辈所著《鲒埼亭集·全氏世谱》中,清楚地告诉我们,全氏是从古代的泉分支出来的。而泉氏则是周官泉氏之后,以官为氏。所谓泉府是记载于《周礼》的一种地官之名,专门掌管城乡集市贸易,调节余缺,促进流通之,以满足国人之需要,相当于今天的商务官,从此商务官子孙以官为氏,姓了全,又因泉、全二字发音完全相同,而衍变成全,应该是从全尚公始有了全氏。

在汉朝时期,即老谱中看出,现在中原地区的家族,便已播迁到浙江钱塘一带。到汉末钱塘全氏出了一位杰出人物全柔,因看不惯董卓的作威作福,而弃官返乡,并在孙策入吴时,首先举兵附义,后在东吴历任丹阳都尉、桂阳太守等官,使得全氏的名声,自此传于东吴。从史料来看,我梅树全氏历史悠久,源远流长。全公至今已八十一代。自贵公从杉树根外遥迁,到泽公迁梅树定居,至今已历十九代。从老谱记载看,除各个时期移居外地的全氏支系,谱中没有反映外,留在梅树的全氏各支都有记载。现存的老谱是一百多年前兴字辈所续的。这一百多年间,由于兵荒马乱,社会动荡不稳,一直未能去做修谱续谱之事。为唤起全氏族人,敬先祖之仁德,学先祖之勤劳实干,崇先祖在天之灵,继往开来,现在我全氏昌字、盛字辈收集资料,组织重新修谱,以缅怀祖先,昭示后人,团结族人,和睦乡里,奋发图强,正是我梅树全氏族人之夙愿也。这真称得上功在当代、福绵千秋的大好事,还满足我这个终生在外的游子的寻根欲,也着实为这感到骄傲,盛进、盛荣、盛铨等子侄嘱序于我,遵嘱从之。诚祝全氏子孙建功立业,忠孝永志! 是为序。

梅树全氏第十七代孙昌顺谨识

二○一二年十月十四日于温州

甘氏谱序

【导读】甘氏受姓始于盘公,盘公为商朝祖乙卿士,恺泽滂流,民被其泽,致有甘雨之颂,很能称帝王之心,赐姓"甘"。

甘八八公于南宋孝宗绍兴二年(1132)正月,与父福霸公离甘州口,迁浙江处州府青田县十三都张村桥下,后处青田。明成化年间(1465—1487),分迁庆元张村(张村曾属景宁),福霸公是村桥下肇基之祖。

荷地镇大岩坑甘谱序

甘氏受姓世系迁徙源流序

考史甘氏受姓始于盘公,盘公为商朝祖乙卿士,恺泽滂流,民被其泽,致有甘雨之颂。克当上心,赐姓甘。盘公乃甘氏受姓之祖也。师表阻河,世居渤海,故以"渤海"为郡焉。追秦茂公识贤,息壤卓公为梁州刺史,黔首咸戴其德,罗公以神童游说,韶年遂陟相尊,自生氏以来,幼时而居高位,未有过于罗公者也。佐秦说赵割地与秦,为其功冠百僚,元宰之爵,固其宜也。家南京应天府和乐村,昔之南京即今之江南,昔应天府,即今江宁府。禹贡扬州之域,天文斗宿分野。明兴定于此,曰应天。本朝为江宁府,罗公夫人张氏生二子:长子仁一郎,讳常;二子仁二郎,讳棣。常公任吏部尚书,娶刘氏,封贤德夫人,生三子。复娶吴氏夫人,亦生三子。长庚慵;次庚悌;三庚情,任江南苏州府知府;四庚懒,任江南常州府通判;五庚忻;六庚忆。六公子孙各俱繁衍,谱中仅录其支五行,余未备记。棣公任户部侍郎,娶李氏封中国夫人,生三子,复娶黄氏夫人,生二子。长庚悦,任江南扬州府知县,宜人黄氏生四子,卸任之后,遂居家扬州;次庚悯,宜人孙氏生二子;三庚恺,任山东青州府益都知县,宜人沈氏生三子;四庚愉,宜人李氏生三子;五庚怡,任工部尚书,夫人张氏封中国夫人,生三子,长仲和,次仲稔,三仲稳。仲和公官任唐尚书,夫人吴氏生二子,公寿九十三岁,长子季珊,次子季瑚,以平北之功封万户总管。珊公娶玉氏、高氏二夫人,生四子,长文一,讳尚璇,次文二,讳尚玑,三文五,讳尚管,四文七,讳尚珠。季瑚公夫人练氏生三子,与珊公同舍应天,偕江西南昌府丰城六十九都以居。名其地曰"甘州口",又名曰"甘溪口"。珊、瑚二公乃甘溪甘氏之始祖也。尚璇公娶何氏,生三子,长行一,讳得宽,娶刘氏生二子,长子忠一,讳应缬,二子忠四,讳应怖。缬公娶许氏生三子,长子信一,讳元诗,娶张氏生二子,长丙三,讳福霸,二丙十一,讳福欢,守祖居。霸公娶张氏生三子:长八承,讳钵,南宋贡监,居祖地;次八六,讳子铁,居祖地;三八八,讳子承,于南宋孝宗绍兴二年(1132)正月,与父福霸公离甘州口,迁浙江处州府青田县十三都张村桥下,后处青田。大明成化年间,分景宁张村,念属景宁福霸公,是为村桥下肇基之祖。甘家创置产业契书,至今犹存。子承公娶张氏,生三子,长增玘,次增瑶,三增玘,公娶张氏生四子,长怀明,次怀万,三怀顶,四怀朗。怀顶公行六三,娶张氏生三子,长永光,次永彩,三永耀。耀公行万十二,娶张氏生富九,讳大恩。孺人张氏生二子,长庆兰,二庆蕙。兰公娶季氏,生森八,讳兴员,娶吴氏生伯祥、伯忠。伯祥公行潘五,娶张氏生六子,长子文奂,奂公生日怀,怀公生细藏。藏公孺人吴氏生四子,长福稔,次福鎔,三福增,四福祚。福鎔公生良添,添公娶刘氏生得因,得进。进公与堂弟得满,偕细存、细旷等于大明正统年间,迁居福建福州府古田县二十二都,地名龙际下,世代荣昌。裔孙名国宝,于雍正十一年(1733)癸丑会试中,式第三名,殿试二甲第八名。寻觅祖家认亲,认族众,将会魁之匾悬挂以光前人。造祠之后,移挂祠内。伯祥公次子文杰,三子文兴,四子文安,五子文贵,六子文友。大明正统十年(1445),文兴公弃张村桥下,转迁庆元二都半路村。文兴公即半路村甘家之始祖,娶练氏生四子,长子讳子内,次子讳子基,三子讳子政,四子讳子玘。子政公娶柳氏,生存养、存珍。珍公孺人吴氏讳眉,生五子,长子志宁,五子志权。宁、权二公孙支迁移外境者,不计。现在村中奉祀者,犹有四十余家,烟火丛杂,庶可称盛,继此以往,惟愿先灵默佑兰桂芬芳,户口叠增,盛于今日,阖族幸甚。谨序。

时大清道光八年(1828)岁次戊子仲秋穀旦

本境大岩邑庠生范和齐纂修编录

刘氏谱序

【导读】刘氏先人轩辕至尧帝子监明,生子而手上出现"西金刀"三字,即召文武百官讨论,议定合为刘字,于是赐姓刘。后封彭城侯,始为彭城郡。

黄坞刘氏,源自汉武帝之子刘胜,至安仁公,仕括苍处州太守。至刘原公,因安史之乱,弃官游松阳潼溪。至四世孙刘京第四子万经公,入赘松阳独山下项氏为姻。至刘端公由松阳转迁剑川(龙泉)东乡,开基于安仁镇樟柚村。时有迁丽水廿四都黄家畲,分五都金村埠,又迁浮云白水及景邑(景宁)葛山等处。端公之后传刘在,在子卓公随田而迁居上管、穹坑。至万三公、由穹坑岭根迁居斯四堡荒村上兴村。传至九世孙均余居上处,子仲方公七世孙字周公,善于雕塑。桂公因游艺庆北,定居黄田黄坞村。

松源刘氏,自刘累公得姓,递传至秦汉两晋以迄唐宋元明,后裔乔居不一。或居丽水,或徙松阳,或迁安仁,或移庆元,刘氏派从百七公始迁居松源。

合湖刘氏,其从陕西迁居松阳、安仁,又从安仁迁金村小际,从小际村至合湖,小三公从哥田而合湖,小三公是合湖始迁之祖。

1. 黄田镇黄坞刘谱序

彭城刘氏谱序

尝闻太极既制,两仪肇分。高而轻清上浮者,为天;重浊下凝者,为地。禀天地之气而生于中华者,唯人最灵。是以有天性焉,有人伦焉。君臣有义,父子有亲,长幼有序。夫荷世远人湮,必有兴衰,借此以遗子孙所知自出来由,则为次序,又云:人之姓氏,犹水木之根源。水之源不深者,其流何由而长?木之根不固者,其枝何由而茂?是以根源而枝叶茂,源远其流旅长。史曰:"人之有谱,犹木之有根,水之有源。"甚不可忽也。

予观刘氏宗谱者,其先轩辕至尧帝子监明其嗣,生而手有"西金刀"三字出现,帝究闻异喜,召集满朝文武群臣,殿前把西金合刀以成刘字,遂赐姓刘,而名累,即封刘累公于彭城郡侯,刘之姓郡由此始也。迨至刘邦公建都于关,席卷破秦而有天下,即位曰汉高祖,传子惠帝、文帝、景帝,敕封中山靖王之分派,继有关内侯刘衍公,居京兆府万年县,事晋附马,生四子,其次名曰安仁公,仕括苍太守,就据括地不回京兆,今括之处州是也。传下彝公仕中郎将,颖公为御史,文静公事唐吏部尚书,加封鲁国公,释公官拜谏议大夫,君复公仕靖海节度,(璩)□公事中宗宰相,伟公仕浙西节度,肇公仕三衢太守。其子刘原公仕唐尉封大理评事,因开元避安禄山乱,避括之松阳,家于潼溪,四传至京公,仕朝靖大夫,万钟公为迪功郎,由此四传至刘端公行五,与母舅项巡公由松阳转迁剑川东乡,开地结庐,名其里曰"安仁"。刘居其东,项居其西,然则安仁之祖盖自端五公始也。今曰"刘甥项舅"所由来也。有从兄端三析居丽水廿四都黄家畲者,有徙居江西上饶者,有分至青田九都者,有分至立都金村埠者,又有从居浮云白水及景邑葛山并列邑遐迩等处。咸刘俱由原公一祖之流派衍,具有儒业礼义,衣巾济世卓然,萃农工商贾,克守其事。观乎追远报本之心,敦族睦属之志,未有不用心于谱牒也。能修斯谱牒,上可唐其所出之由,下不紊乱所传之绪,以培始基之根本,重望接续万世上泾源,昭穆亲疏之等辩,上下尊以分,严纲常以整伦彝,以定移者为忠,愿皇图永巩固,于国尊君也。故序,以弁谱系之首,

皇清康熙五十四年(1715)乙未岁桂月吉旦

鹤山眷晚夏鼎拜撰

重新辑纂黄坞刘氏宗谱序

尝闻三皇分姓,五帝传宗始后,天按四季周轮,地以廿四节而转,君臣义士尊卑可辨,父子有称,异姓配姻而朝立纲志,史有简载,家有规章,而族有谱牒,清晰本源,虽子孙万千,既明派别,分清亲疏,居地能考,先祖为君为臣为将为相,开卷了然也。故谱必有而必修也。

今厥吾姓乃五帝中尧也,嗣曰监明,生子而手现"西金刀"三字,即召文武百官推而议合定为刘,吾姓出矣。帝赐名累,此吾祖也,遂封彭城侯而郡之始也,即今江苏省徐州市彭城县是也。后裔分董、韦、杜、范等姓,乃历夏、商、周至秦末,刘端公生子邦,建都于关中,克秦而有天下,国号西汉,乙未元年即位,谓曰高祖,帝传惠帝文帝传景帝,生二子:长武帝,乃继帝位;次刘胜,受封中山靖王,乃吾祖是也,派分京兆府万年县,至安仁公仕栝苍太守,就居地不回京兆,今栝之处州是也,至刘原公仕唐府尉封大理评事,因值禄山乱,弃官游括之松阳潼溪,至四世孙刘京仕朝靖大夫。生四子,第四子万经公为回功郎,入赘松阳独山下项氏为姻,至刘端公由松阳转迁剑川东乡,开基于安仁镇樟柚村。宋初建造阖族大宗祠,额为"萃假庙",时有迁丽水廿四都黄家畲,分居江西上饶,有移青九都者,有分五都金村埠,又徙浮云白水及景邑葛山等处。端公之后传刘在,在公生五子,称仁、义、礼、智、信五房,信房测简公生二子,卓公随田而迁居上管,是乡穷坑家焉。至万三公由穷坑岭根迁居斯四堡荒村,今新名曰"上兴村"。乃地合人和,丁逾众,传至九世孙均余居上处,生子仲方。方公七世孙字周公,雕塑巧合邑名扬,配季氏生二子,长元槐,次元桂,桂公因游艺庆北,择基黄田即黄坞村,家焉。至今历十一世矣。敢谓天时地利,财源广进,实

枝繁叶茂也,族中原、立宗谱,世代真传,派衍庆北焉。可叹者,于公元一九六六年"文革"之乱,所谓破"四旧"而毁于一旦。呜呼！千金难赎矣。今适值天下太平,财丁之大进,故族中先沛、安义诸公,因思祖厥源,久怀仁孝之心,经聚族众商酌,决意重立宗谱,实光前裕后焉。故约聘诸予为编辑。于今春,安全、安义车往祖地,即龙三蛟洋乡荒村,抄录谱首,更祖族兄步尧等公之协助,顺利旋归,而续其义公逐户查抄生卒墓志,辨明支派长次而分,几经先沛、安义公倡首,聚众同心,先标、先汤公之提补,谱已鼎新告竣。但愿宗人视谱为传家至宝,丁添财进,为官入士,谓之光宗耀祖焉。予叹薄学才疏,虽创作不文,而敢为重,需要能够主谱而别分清,唯诗序传赞者,望后起修谱者,多作精稿以光先祖,以启后昆,夫斯为修谱序。

公元一九九二年岁壬申仲秋之吉穀旦

纂修本邑五都刘德雷敬撰

2. 松源刘谱序

重修刘氏宗谱序

尝考古来族谱之设,有大宗小宗之别。大宗者,百世不迁;小宗者,至五则迁。溯古初受姓之始祖为大宗,中叶始迁之祖为小宗。故曰:"远代为祖,继祖为宗。"故各姓皆有谱,以联宗族。盖家无谱,则昭穆不分,亲疏莫辨,欲考而无由,知世系而非据。是以欧、苏二公,本《史记》而为世系,后世宗之。

按庆邑刘氏,自刘累公得姓,递传至秦汉两晋以迄唐宋元明,后裔乔居不一。或居丽水,或徙松阳,或迁安仁,或移庆元,刘氏派自百七公居松源,递传三世至万三公,生状元公,状元刺史刘三公知县。刘四分福、禄、寿、喜四大房。若刘一公为福房,源头一枝;刘二公为禄房,朱村一枝;刘三公为五都金村一枝;刘四公为油山头一枝。庶几珠连脉串,不致散乱而无统,纪之数处者均有房谱,排行各异,世数尽错,夫宗庙相共而排行不同,将何以辨尊卑而识亲疏?

欲识亲疏,故谱必有代数,欲知尊卑,而族必有排行。则先虑长幼之无分,上下之莫辨也。乃邀房叔开泰、开富、纯桂,族弟得来、上管等商议,共造合族宗谱,莫不踊跃从事。将其房谱各呈于总局,谒予纂修。予于是披文相质,参互考订,为之立其排行,定其世系,原始要终,澄源洁流,将其失次者序之,舛错者改之,支分者表之,派别者清之。穷源溯流,统宗则一,譬之黄河万派,莫不朝宗于海。予之为修是谱也,氏族不遗,虽贫必录,惟以序昭穆,别尊卑,敦伦常。俾知水源木本之思,而善继善述,绳祖武以绍箕裘,此予为连续是谱之意也。故叙。

清嘉庆十年(1805)七月既望

玉田增广生姚光奎修绎

3. 百山祖镇合湖刘谱序

重修合湖刘氏谱序

尝叹夫论江河之浩瀚者,徒曰是能吐纳日月、出没蛟龙而已耳,苟无源委之滋灌,则枯涸可克期而待也。论士夫之秀发者,徒曰是能润身克家、卓冠英髦而已耳,苟无根本之培植,则雕落可翘足而胥也。然则观水者,既当观其澜矣,而观人者,又可忽其本乎?

兹阅刘氏之系,可谓源源之派矣。其自陕西之松阳,之安仁,自安仁之金村小际。前序备悉,兹不赘具。姑以其小际村至合湖言之,原夫小际之流派,自哥田盖由状元知新公之季弟小三公而合湖之析枝,自小祭则自小三公之裔七公始焉。合川当庆景二邑之交,一水带环,四山屏拱,田畴腴沃,甲于一邦,而七公为三士之冠,五性内充,六行外笃,容止安详,迈于九族,斯人得斯土,其乐容有既哉。厥后生聚日蕃,货财日阜,子孙振螽羽,室屋缀蜂房,盖数百年于兹矣。今厥里有佳云礽曰:“福裕、福昭者,贤而有文。富而有礼。不以丰资厚产为可喜。而以溯源务本为可重。”慨然悯宗族之支离,悼谱图之漫漶。谓责在己,勇往力行。敦聘鸿儒,重新家谍。将首事来伻,谋序于余,余曰:"君之志及此,祖宗之幸也。"时之人往唯利是图,闻义畏缩,富贵者曰:"吾之富贵出于天,于根本乎何有?"当为而不肯为;贫贱者复曰:"吾之贫贱由于命,于图谋乎何有?"欲为而不暇为。彼此仿尤,忿不加意。吾将见其如长川巨木,既笺塞其源本,而枝流之枯竭在旦夕,瞬息荣溢何取焉? 若刘氏兄弟之操心异于是。不以数百世之远为诿,而能推原本始,昭茸图谱,义也;不以数百里之遥为艰,而能崇伻重币,征丐叙文,礼也。隆礼贵义,君子之能事毕矣。不谓之贤能,吾不信也。使君之宗族,子姓举能,式君之谊,继君之志,光前裕后,勿替引之,则刘氏之盛大,有未易量也。岂止夸一时荣一族哉。序而归之,三复起敬。

时弘治戊午(1498)

中宪大夫江西布使司左参政同肌同郡俞俊尚贤书于重庆堂中

黎氏谱序

【导读】黎氏系出高阳颛顼之孙兆正黎之后,封黎阳,子孙以国为氏。

金村黎氏,纲六公于嘉靖三年(1524)从南昌迁至庆元,见其风土风化之美,遂居于城东桂香坊,后又迁至五都金村。

杜源街道五都黎谱序

序

尝闻万物本乎天,人本乎祖。祖犹根也,根深则叶茂焉。未闻根叶既茂而反忘其根本者也。

我黎氏系出高阳颛顼之孙兆正黎之后,封黎阳,子孙以国为氏。厥后宋之黎淳堪称直广之光,汉之景熙足为儒林之望,明之黎淳丕振状元之美。名人杰士,光于史册、详于族谱者,不可胜数。

我鼻祖纲六公于嘉靖三年(1524)从南昌而至庆元,见其风土风化之美,有爱居爱处之思,遂居于城东桂香坊,后复迁至五都金村,娶吴氏,生三子,遂聚族于斯焉,此金村黎氏所由始也。传八世至开金公,自游庠之后,奋然有意于宗谱维念,纲六公而后复得以考其支派,以前冈识源流,亦抑郁无考。嘉庆戊辰(1808),有同宗邑侯讳葆醇,来莅兹土,乃江右南昌人也,因观风月谋质文见尝于侯,不觉日久情意相洽,故得乘间,殷殷然以祖宗支系,请侯威其仁孝子,还乡之后,将谱书中抄来,纲六前四代祖妣与公,则立谱已有根本矣。无何,天不假年而病卧即终,又已延搁。书升本蒙祖宗功德,叨入文章之选,则所以成是谱者,责有专属,故远代之昭穆,详载于江右谱中,不能备考。而自纲六公迁至五都金村,生纪一、纪二、纪三公,长房数传,缺后难继;二房即今松溪水口;三房即予金村本支。乃于甲寅之岁大簇之月,与族中诸父昆弟,敦请城西吴吉仁老先生设局于家,细心参考根本,务求其实,枝叶必审,其当则源源本本,光先世之发脉,既无所淆;绵绵延延,后世之流传,确有可据。自今以往,有贤达子孙,复纂而修之,将报本追远之中,使尊宗敬祖之典,得以传诸万世,永垂不朽也,是则予之厚望焉,谨序。

时咸丰四年(1854)岁次甲寅中元之吉

十世孙书升盥手拜撰

赖氏谱序

【导读】赖氏祖远出于轩辕黄帝之胄虞帝,夏后氏封虞思、虞遂于颍川赖地,子孙遂以国为姓。

庆元赖氏有两支,一是钱塘迁入,二是福建汀州迁入。

上赖赖氏,先祖申丞公迨朱氏唐四方幅裂时,因避乱,择居中济。

隆宫赖氏先祖德福公,由福建省汀州府武平县陈糖村,迁居浙江处州府庆元六都龙出角村。

1. 黄田镇上赖(陈边)赖谱序

赖氏家谱序

夫源不清者,其流何由而长,根不深者,其本何由而茂? 赖氏支派深长,源流疏远,岂非祖宗之德贻厥子孙乎? 欲明其本须究其源,始可得也。我祖远出于轩辕黄帝之胄,虞帝是也,夏后氏封虞思,虞遂于颍川赖地,子孙遂以国为姓焉。诗云:"岂无他人,不如我同姓。"姓者,先王之所重也。赖氏有十姓,媾、姚、虞、陈、陆、秦、车、郑、胡之属。同出一脉子孙,不得合婚,表其名其字者,使后之立名立字不得相犯,程子曰:"万物本乎天,人本乎祖。"本乎天者,则飞潜极立含灵蠢动,皆天所生也。本乎祖者,延子延孙代代相传,皆祖所出也。犹木之有根而敷柯布黄,千枝万干同乎一根;犹水之有源,盈科而后进,放乎四海同乎一源。吾乃受封之国为姓,而递公生申公,高侯申公生孝公,孝公生慎公,其从公子完奔齐,即许州许昌县都延乡要里七井村是也。高乃葬于彼,墓前立碑二根,石将二人,石马二匹,石狮二头,石羊二头,华表二树,松树柏四行,其外守山陵六户,奴婢姓氏有俞、侯、郑、陆、戴,子孙不得合婚,周圆四五里昭昭不混。至于唐大中公生中丞,中丞生谏议,始为处州人。太申字显应,累赠"太中大夫""太子太保"。申丞公讳明德,唐僖宗朝黄巢犯阙,护驾幸蜀,迄以还京都,昭宗嗣位,迁国子祭酒,迨朱氏唐四方幅裂时,吴越王钱镠守土钱塘,因江避梦焉。沿水而上,择地而居,直至龙泉中济,睹其后有飞凤之山,前有回龙之地,遂创立厅堂楼屋,子孙遂居于此,名曰"上赖"。吾之始祖见善必为,见恶必避,于此建立经堂一所名曰"福胜堂"。但先世神主立有祠堂于中以祭享之,不特此也。又于白马山开基创屋,亦立一堂名"会仙堂"。二处经堂皆舍有田租,各招僧道看守,香灯至今不泯。至于元朝未定之时,天下大乱,有赖禄孙者,因蔡五九作乱,负母逃难于深山之中,母病渴,禄孙以口呷水救母,贼见其孝,返取水与之,一家之人得以全焉。后闻之于朝,遂旌表为孝子,永蠲其家丁役。至于本朝明太祖高皇帝兴国之初,诏取民家义民义兵,赖舒公应诏征伏猖獗,克伐成功,官封"户侯"治其赋也。夫吾之族乃处思公之后,世代相传,绵绵不绝,中有为公为卿者,有之青史标名,金石镌姓,扬名于后世,万代不泯也。祖宗积膏泽于民,益后来昆诜诜茂盛,或致投他州,或派分异城,或随官外郡居焉,或在桑梓优游,贵有钟鼎,贫乏箪瓢,虽贵不同,其源则一。古云三代无谱书,尊卑不达礼义,名也。圣世丕获儒流,若不明其姓氏、其源流,使厥代子孙不知祖宗之所自出也。族谱虽详,或存或亡,有兴有废,枝叶繁广,星居遐迩,途遇相见如陌上人。尊卑有失,礼义乖疏,孰为亲疏无忝乎?今为斯谱之作,庶知尊卑远布,长幼博闻,义理昭明,祖宗得以识焉,故序。

大明崇祯九年(1636)岁次丙子王月

重修嗣孙伯名敬录

重修赖氏族谱序

尝思族谱之作,教孝也。盖族之有谱,非为故家观美,实为著祖宗所自出,子孙之分派,序昭穆,别尊卑,肃名分也。子孙遂以国为姓也。迄今三十余世,其中崛起身名者,亦不乏人,或文而守正,或武而宣力,使非有以表著之,则芳踪馨号不几沦没乎?自延祐甲寅年(1314),伯名公寻访源流,询考支派,创为族谱,后数年则有善息公之纪录,然缺焉未全也。及崇祯丙子年(1636),承恕公敦请王锡俸先生起而修之,则支分派别,了如指掌,祖功宗德已煌煌列于眉际矣。乃康熙辛卯年(1711)春,麟公又为之修焉。奈序传纪赞文,采风流尚,多未备及。起斌公有志纂修,于乾隆癸酉年(1753)录旧添新,可谓盛矣。至十七世孙时俊文广观子孙之绵绵,因与从业、耀孙、新邦议曰:"吾谱自起积公倡首重修,越今四十余载,名号未书者,行列亦多未著,若不修以箱之,何以前徽而裕后昆也?"新邦等即以谱事叩予。予愧平生精神尽耕砚田三秋,笔墨还为重洗,乃诸君子惠而好我,义不容辞,虽枯笔主谬稿,沿足构思,于是篝灯映月,奋笔布章,采善息公之旧谱,以列其前集,承恕公之新稿以赖其后,未著者著之,未详者详之,历五旬而告成。长主公而上,永恕公而下,昭穆森然,尊卑整然,名分肃然,而怡神艳目之色一若雕之,以金玉饰之,以华璧缀之,以宝珠洋洋洒洒之中。洵足为赖氏之大观也。后之人读其书,为臣法其忠,为子法其孝,在乡党则法其循理而行仁,善哉,斯人也!祖宗之世德所培也,贻谋是谷也,故曰族谱之作,教孝也。若夫借世系为结缘之端,假门第为夸张之具,不特士论所勿录,抑亦宗之所蒙羞,后之览者,其秩然有序,昭然可观。诚为百代之馨香,万世之俎豆矣。邦伏观厥谱牒,迄今延至五代未修,后裔未书于谱者,实属聚盛,恐至久湮没,失落过多,是以敬邀族长文广叔公,房叔耀兄、新兴等,倡首修谱,敦请吴习谦先生纂修。方见斯谱,枝叶茂盛,昭穆森然,报德追功,愿绵世泽,示先启后,祈振家声。邦自愧才识疏浅,略陈数语以备后之学者览焉。敢为俚语以作记,曰:

> 追思祖德孝为先，进训家书启后贤。
>
> 记尽源头分嫡派，枝枝宜识许昌传。

十九世孙新邦顿首百邦讳记

皇清嘉庆六年(1801)岁在辛酉桂月穀旦

秉笔济川后学吴习谦拜撰

叙

且族谱之设，犹来尚矣，盖族之有谱，犹国之有史也。人若无谱，似萍踪之靡定；谱之不修，如袭猿而嗜亲。何有序昭序穆爱敬于一堂哉？念吾族出自夏后氏封虞，遂于颍川赖氏以国为姓，故曰赖氏，迨唐僖宗危乱，明德公同子克昌避居上赖，绵绵相传，悬今三十余世，不为不远矣。设无伯名分知木本水源之思，作谱之遗训即属裔者，乌知斯地之兴族耶？美哉，伯名公也！遗留谱之德可谓弥深矣。逮后善息公冠带经历选授尤溪县正堂，委任孝亲重修族谱。颂先德，庆祖功，分尊卑，辨流派，秩然有序，昭然可观。诚为百代之馨香，万世之祖豆矣。邦伏观厥谱牒，迄今延至五代未修，后裔未书于谱者，实属繁盛。恐至久湮没，失落过多，是以敬邀族长文广叔公、房叔耀兄、新兴等，倡首修谱，敦吴习谦先生纂修。方见斯谱，枝叶茂盛，昭穆森然，报德追功。愿世泽，亦承先启后，祈振家声。邦自愧才识疏浅，略陈数语以备后之学者览焉。敢为俚语以作记，曰：

> 追思祖德孝为先，进训家书启后贤。
>
> 记尽源头分嫡派，枝枝宜识许昌传。

十九世孙新邦顿首百邦谨记

皇清嘉庆六年(1801)岁在辛酉桂月穀旦

2. 隆宫乡隆宫赖谱序

隆宫赖氏宗谱序

闻之家有谱,犹国之有史。家无谱,不知祖宗历代之源流;国无史,不知帝王相继之次第。谱之所关诚大矣。

盖祖者,人之本。不知其祖,是无本也。不知亲其亲,亲所不当亲,亲者疏之,疏者亲之。

愚考赖氏之谱,自德福公由福建汀州府武平县陈糖村迁居浙江处州府庆元六都龙出角村,见其山环水绕,来龙叠嶂,筑室于兹。爰居而爰处焉。迨其后人丁繁衍,户口叠增,相传数世。自同治壬申年(1872)间,周肇渭先生纂修而后,屈指以计迄今四十载。不觉人逾众而支派愈分散四方者,有之矣。或迁居松溪长坑坪,或迁居源头,或迁居吴山头,而子孙众多,命名不免犯上。幸族中有魁东同侄茂培皆仁孝,与祠内八房商议修谱一事,诸君不违其言,遂以修谱命愚。愚于是考其世系,溯其源流,分其长幼,别其尊卑,自一本以至九族,上下不至缭乱。缺者补之,断者续之,而幽明皆安,庶几三纲正而五伦分,后之贤达子孙,览斯谱牒者,了如指掌矣。

兹当谱牒告竣,略数语以垂后世,不朽云尔。

时中华民国九年(1920)庚申岁次天吕月上浣之吉

前清邑庠生范大观谨撰并书

瞿氏谱序

【导读】瞿氏之先出自姬姓,黄帝少昊之孙帝喾之子名契者,为舜司徒之官,有功,封于亳。夏朝世袭侯爵,契母吞乙子而生,曰子氏,子孙即以子为氏,是此始。迨及商朝,成汤伐桀,放桀于夏,基兴商朝六百余载,王业子孙别出为氏。商大夫瞿父之后,因纣残虐暴慢,失其王道,子孙遂别子姓,而以瞿为氏。

甘竹山瞿氏,先祖宋公为平阳县令,迁于衢州府水门亭之后,仕宦承续先志,书声克振之家。嗣后元末明初,世道变乱,员一、员二、员三等公昆仲避乱齐出。员一公迁龙泉云龙里松源乡;员二公住福建省宁芦底;员三公徙于处州府龙泉。员一公恭一之子朝奉从衢州迁于处州龙泉之庆元松源,其子敬一公开辟根竹山,见斯根竹茂林,因以名之,称甘竹山村,以是其取义。

敬一公为肇基始祖。

安南乡甘竹山瞿谱序

瞿氏宗谱序

当闻万灵蠢蠢皆有其本,葛物芸芸各归其根。未有无根本而有枝业者也。矧三才中之最灵而无本源乎?且知人者智,自知者明。况天地间禀得人身而不知所从来,曷能知上祖之根源乎? 曷能知天下古今事乎? 然而庸人不习儒业,未究其本源。只知近则乃祖、乃父,传身相续而已,远则混沌茫然,莫知莫觉何而来也。

稽考瞿氏之先出自姬姓,黄帝少昊之孙帝喾之子名契者,为舜司徒之官,有功,封于亳。夏朝世袭侯爵,契母吞乙子而生,曰子氏,子孙即以子为氏,是此始也。迨及商朝,成汤伐桀,放桀于夏,基兴商朝六百余载,王业子孙别出为氏,难以枚举。

且按商大夫瞿父之后,因纣残虐暴慢,失其王道,子孙遂别子姓,而以瞿为氏。传至于周,跨秦汉,越唐以来,叨祖宗世泽,袍笏蝉联,簪缨弗替,尽皆名掇巍科,身历朝仕。其间分居迁所,或因仕而居任地,或因避难而远徙异乡,迁徙于四方州邑者,不可胜计。

近自宋公为平阳县令,迁于衢州府水门亭之后,仕宦承续先志,书声克振之家。嗣后元末明初,世道变乱,员一、员二、员三等公昆仲避乱齐出。员一公迁龙泉云龙里松源乡;员二公住福建省宁芦底;员三公徙于处州府龙泉县家焉。员一公恭一之子朝奉从衢州迁于处州龙泉之庆元松源,其子敬一公开辟根竹山者,睹斯根竹茂林,因以名之,曰甘竹山村,是其取义也。生梓七、梓八公。七公生五子:长曰则一公,次曰则二公,三曰则三公,四曰则四公,五曰则五公。分为支派,家焉。后之子孙振振绳绳,创置山场,所置各处田园产业,亩广椽加,创立成锦。由此观之,敬一公是为肇基始祖也。然而高祖以来,其发祥之长千万派,苟非登之于谱,奚知根由本源? 故直清其自,以待后之寻源者。

又赋其诗一律:

系属子姓后姓瞿,源出姬姓改于虞。

商时瞿氏为大夫,周朝大夫多济济。

分来衢州时值宋,子孙簪缨秀齐齐。

元末明初迁于斯,来历昭然果不虚。

时宣德四年(1429)岁次己酉十一月望之大吉

辽府儒学教授徐用中撰

阎氏谱序

【导读】阎氏先王因生胙土而赐姓,谱牒记载,南宋时居钱塘,二十世祖讳达,仕宋理宗庐州府,时阎贵妃专宠,干预政事,后失宠,致令子孙四处散居。阎万二公迁居浙庆元的台湖村,数世而后至仁安公,于明景泰三年(1452)从台湖徙于浯川,即称柏渡阎,现改称柏渡沿。

黄田镇柏渡沿阎谱序

重修阎氏宗谱序

尝考先王因生赐姓胙土命氏以来,而知我阎氏自三代以及秦汉,其昭著于史册者,不一其人。至安帝,则阎氏满朝,支派不一,未可强通也。惟仕唐洪州牧伯玙公,始有世谱家牒,所载以递南宋,历居钱塘。二十世祖讳达,仕宋理宗,庐州府际,阎贵妃专宠预政,致令五子散处,其为未雨绸缪之计,可谓深矣。于是我万二公迁居浙庆之台湖,之有阎氏,自此始也。又六世祖讳仁安,以为台湖之秀丽,不若浯川之雄伟,遂卜筑分迁而下居焉。是为浯川之始祖荣八公也。公生四子,长讳思端,次讳思侣,三讳思庆,四思英,幼冲补邑庠弟子员。公不第教子有成,抑且假山以障川,南开月池,以补形阙。伟哉!为也子孙赖之。传及我祖金十三公讳雍长,于竹镇之母氏家,遂居于镇。迄今五世,即壬孙之高祖是也。已岁辛酉,余年七十矣。族叔国美谓家有宗谱,年久不修,未免有渗漏。致视如途人者,遂谆谆推任。窃以为谱而曰宗,虽不敏,不敢以不从事而托他也。于是依叙增图,草定而嘱□书,成于八月,余以其报竣,有丹桂飘香之象。斯谱也,后必有大吾门者,故喜而并志之,是为叙。

大清康熙二十二年(1683)八月朔旦

十二世孙世典谨序

续序

洧川肇基始祖讳仁安、行荣八者,赋性明敏,立行端方,不愧不怍,无谄无骄,纯仁树德,积善名昭,未步趋儒林,尚述文而可羡,每思台湖祖址虽佳,奈在深山僻谷之地,欲训后裔文学,苦无侣而难遂志。必择巨乡胜地而居之,斯地灵人杰矣。公一日之暇,玩游于四畔邻乡,见一胜地名曰"洧川",其间群山拱秀,四水萦回,文峰显著,云蒸霞蔚,凤舞为栖之乡,踞虎潜龙之地,形如皓月东升,其状俨然无异,欲使后裔超群,必择选于斯地。公遂举志,于大明景泰三年(1452)壬申之岁,举家从台湖迁于洧川而居之,肇基立业,卜筑成家,创造华厦,置受膏腴。迄今才丁挺旺,累叶芳菲,螽斯蛰蛰,瓜瓞绵绵。下嗣孙众等,睹其旧谱康熙二十年所修,迄今七十有六载矣。夫朽腐已极,设不修而新之,后更莫者。幸逢华夏盛世,海岳升平,邀同族众商议,共发报本之心,咸怀追远之念,从祖谱重新鼎录源流修叙,然后行字、讳名、男婚、女适、生卒、坟茔厘然可考,不致彝伦紊乱、昭穆差讹,庶遗后世子孙继世相承,绳绳不已,重念台翁所举,勿弃鄙陋,敢陈俚言而乐成胜事,谨序。

时大清乾隆二十二年(1757)孟秋月榖日

剑川邑南铜山眷晚生曾天元撰

重修阎氏宗谱序

尝闻家之有谱也,犹国之有史,国有史而帝王之统绪明,家有谱而支系之昭穆定,故周立小史,历代史官咸宗之。迨至有宋欧、苏二子,采史记为谱图,后世名家大族,多取则焉。谱之从来尚矣,昔孔子有言夏殷之礼,必求征于文献。苟文献不足,国之典礼且虑无征,而况于家谱乎?是知家谱之修,非贤子孙不能济其美也。稽阎氏之族,自万二公从钱塘迁于浙庆之台湖,数世而后至仁安公,从台湖徙于浯川,即今之"柏渡阎"是也。迄今已十有八世矣。自乾隆丁丑(1757)修后已四十五载,增相、良坤诸公,虑支分派衍,迁徙不一,昭穆莫辨,尊卑无分,请予修理。予虽不才,亦不敢辞责,悉照先人旧书搜罗成帙,则坟墓不致有遗忘之忧,同宗不致等路人之视。他日英贤辈出,陈《蓼莪》,次《棠棣》,不致骨肉吴楚,天性参商,克绳祖武以振先人之鸿猷云耳。是为序。

时嘉庆六年(1801)岁次辛酉孟冬月吉日

邑人林芳氏李本纂

廖氏谱序

【导读】序中资料匮乏,语焉不详。

新村廖谱序

前言

夫谱者犹国之有史也。史者,历代之政纪也,故曩时孔子为《春秋》,太史公写《史记》,班固为《汉书》等,历代君王贤臣仕宦等,或隐或显,载于书,传于世,而可考也。或曰:"谱者,普也,布也。普是纪士庶人也,布是同族散居异乡也。"古自有氏族者,至于周时封地得姓,始有姓,族而定居也。

我廖氏也,于斯为廖者,即飂也,我氏族历代为仕宦者,或隐或显,时有相承者。廖氏族于汉末三国时,吾族祖先已显于蜀,斯时有廖立者,字公渊,武陵临沅人也。亮镇荆上,权遣使通好于亮,因问士人曰:"偕谁相经纬者?"亮答曰:"庞统廖立,楚之良才,当兴世业者也。"后立为侍中,后主即位,徙为长水校尉。又有廖谆者,字俭,名化,襄阳人也。为蜀将关羽主薄,羽败,为吴所俘,后诈死逃归于蜀,刘备以为宜都太守,官至右车骑兼并州刺史。于汉时又有廖扶者,平兴人也,字文起,明天赋,识风角推步之术,当时鸮号"北郭先生"。至于唐时有陈希夷者,精通金精堪舆之学,秘授与廖公,后授与子孙,廖阴阳闻名于世,不求仕而处于隐,而有书可考也。至吾族始祖镇七公,从闽徙浙永杭郭,招赘龙山郑姓,由元至今,有七百七十多年。至崇相与崇积公,积居中降稠徙居枫树下,从清初至今约有三百年,视斯土地肥沃,林木翠秀,谆风可畅,以滋子孙藩衍,世泽绵长。现吾房昌隆,有散居温州市内及市郊、翁府垟与庆元县等地,但前人辑修谱牒一目了然。至公元一九六六年夏时,因有内讧,及谱牒宗房二牒也,罹之厄,付之一炬而成灰烬。今追远溯源,敦宗族重修宗谱之同时,我房光虎公,不辞劳苦,跋山涉水采访庚甲、娶适、生卒、坟厝等,辑成草谱,井然有条,丝毫不紊,望后者珍惜之。虽经二寒一暑告竣之时,胡诒于前。

公元一九八二年岁次壬戌古历三月初二日

叶国欣撰于温州半腰桥

阙氏谱序

【导读】大泽阙氏,先祖山东曲阜,后世敬公徙居江西抚州,三十一世弈郎公为虔州虔化知县,后宣义公居汀州上杭东陂村,至太和公又徙上杭培沙里。清乾隆年间(1736—1795)化先公再迁浙江庆北大泽村,阙化先公为大泽阙姓始祖。

竹口镇大泽阙谱序

阙氏源流考

群山推本于昆仑,众水溯源于银汉,人之林林总总,各汇之于谱志耳。孙当先明鼻祖也,顾欲求一本之所自出,而必力考于义皇之世邈焉,无凭以是为尊祖,吾适见其汾阳之误。阙氏之始天羽公,由山东兖州府曲阜县昌平乡发祥阙里,肇基下邳。二世勋公身游孔圣之门,学造将命之选,三世希儒公周末官居副使,传至二十五世宣公受下邳太守。二十七世学公为东晋肃宗时,因海宇未宁,徙居江西抚州府赤南门南街。二十八世后汉翊公,号羽三,官荆州刺使,经伦大业,史籍流传。三十一世弈郎公虔州虔化知县。三十五世忠公金青光禄大夫,再衍于宋三十六世,子孙迁徙靡常,如星列棋置,涣而难稽,唯考肇君公生宣,公生宣义公,实徙居福建汀州永定县太平里。宣公生□□,朝官公,朝公生二子元辅、元弼。弼公生三子,思义、思温、思敬,敬公徙居汀州上杭东陂村,至太和公又徙上杭培沙里。国朝乾隆间,化先公再迁浙江庆北大泽村之新庄居焉,卜筑于斯,尔字大启,迄今后裔蕃昌,衣冠济美,纂修谱牒,即以一十七世化先公为新庄始祖,图列五派衍一脉,俾孝子慈孙得以从流溯源,不忘尊祖敬宗之念云。

  大清同治壬申(1872)清和节后

  简齐陈洪参撰

练氏谱序

【导读】杨桥练氏其先大经、大编,一任台州评事,一任处州推官。后二世而至宁昌,徙居龙泉六都,十世而至君弼,再徙于庆元二都大岩坑,其始祖讳六四公,于宋景祐(1034—1038)年间,从大岩坑迁杨桥,而今子孙蕃衍、支分派别,有居本乡,有居福建(今属浙江庆元)赤壁山。

1. 竹口镇黄坛练谱序

增修练氏源流序

尝闻天地未分,阴阳未判,姓氏之说浑浑沕沕。钦惟皇古开天立极,圣圣相承义,轩辕以来,人类日起,家不一家。唐虞而后,氏族大兴,郡不一郡。然赵钱孙李各有由来,平阳河内岂无本始?

粤稽练氏肇自河玄公,溯而上至则东姓,更溯而上则姬姓矣。夫姬之为姓,已属上古,然君子制书,断自唐虞,非略古也,盖自始祖而上,名为外纪。夫外纪者,世远年湮,无可稽考。其间有可考者,亦多传讹。况乎诸侯不得祖,天子大夫不得祖,诸侯其义较之凛然乎?

黄坛练氏其封也,近自知分位,断不敢板榜王贵,以为大雅差,故修族谱溯渊源者,必自东不訾公始焉。不訾公,虞舜之友也,居平阳,历数世递传至河公,居河内地,尝以智勇名世,官为总管府录事参军,因从李勣伐高丽。策攻南苏罗城,遂破而胜之。乃于前唐贞观时,以精练军戎有功,赐姓练,封郡河内,升岐山侯,数世而传至昭盛公。盛公生启源,源生俊英,英生会龙,龙生缙,缙生绅,绅生洪,洪生立,立生济,济生华,华生毕,毕生桂,桂生行,行生化,化生遂,遂生儒,儒生光,光生万,万生和,和生理,理生加升,加升生大练经公,二十四世至宁昌公,迁龙泉之野窖,始祖也。昌生辉,辉生选,选生运,运生可加,可加生信,信生宣,宣生瑞意,传九世而至君弼公,此乃大岩坑之始祖也。君弼公生靖,靖生瑗,瑗生坤,越九世而至六四公,此乃徙居杨桥之始祖也。六生尚,尚生聪,聪生俊,俊生敬,敬生公,公生廷,廷生叔,叔生继,继生明,十世而至明椿、明桂公,此乃迁黄坛之始祖也。明生国,国生文,文生日,日生元,元生秉,秉生学,学生时,时九世而至中,自后章、美、华、长、发、永、昌。后裔字头从此取。以是知诵宗功者,咸知太行之巅高,诚高矣;脉发昆仑万仞之溪深,则深矣;派衍黄河千寻之水茂,洵茂矣。蔽日干霄,此练氏之流芳,抑何派远源深而流长也如斯夫。是为序。

　　大清嘉庆四年(1799)岁次己未南吕月穀旦

　　嗣孙成璋达轩氏百拜撰

新修宗谱序

　　古者命氏有等,因爵、因官、因职、因谥、因居、因赐,著而为姓。姓氏分而各立谱,系以志其。盖谱者,普也。乃普而统纪者也。溯委寻源,由源及流,其间绵绵延延,爪瓞瞭如,而谱于是乎重矣。考《周礼》小宗伯掌三族,辨亲疏而小史复奠世系,辨昭穆意在斯乎? 是则古人之用心,盖未有不惓惓乎谱者也。岁庚寅,适往桃坑,途经斯地,有鹤溪第一坑庠生周耀光良朋不约而来,适逢其会,因斯族以修谱委托于予二人。予思营道:"既已同术未始,不可合志而同方。"爰是于辛卯初夏,下榻于练氏祠,共承其任,以成此举。

　　粤稽练氏本始盖自唐时,有东河公者,缘策攻均平、高丽,火焚南苏罗城,遂破,以智勇全精练军戎之故,有大功,赐姓练,爵升岐山侯,郡肇河内,此受姓命郡所由来也。近溯其源,自君弼公徙大岩坑,至六四公徙大岩坑而徙杨桥,按兹派衍,盖自明椿、明桂二公启宇于斯,世德作求,尔昌尔炽,素称盛族。迨国朝康熙年间,有曰垣公者,蜚声黉序,依然鹏翼先声,厥后之凤毛济美者,接踵而起。迄于今十有余世,依然古训是式,其世泽方长而未艾也。阅其前谱,修于道光二十五年(1845),纵旧作具存,而其间未及记载者,济济绳绳,指不胜屈。古人有云:"莫为之前,虽美弗彰;莫为之后,虽盛弗传。"诚哉是言也。今族诸君有怀于斯所云,有功于先人后裔也。岂浅鲜哉!至予等身任其事,序文则依旧集录,聊为改正支式,虽布丝各殊,而列图悉尊先儒,五世一举。所谓君子之泽五世而斩,合而参之两图,仍归九族,非妄作自负其能也。是岁夏四月经始,秋九月藏事,既云告竣,故搁管而言如右。

大清光绪十七年(1891)辛卯岁次秋月上浣毂旦
青竹邑增生毛为珍首拜撰

2. 荷地镇杨桥练谱序

续修谱叙

栝苍属邑有十,而风俗各殊。然地大物众者,则拟轻捷而过于浮华,山僻人隐者,则朴诚而近于古。

初,庆元距城九十里有曰杨桥,山秀而回环,野沃而土肥,层峦叠嶂,望之俨若玉女之排銮,神仙之妙境也。练氏世居之,其先大经、大编,一任台州评事,一任处州推官。后二世而至宁昌徙居龙泉六都,十世而至君弼,再徙于庆元二都大岩坑。弼公四世孙六四公又徙居于本都之杨桥。六都至此凡三迁矣。而俗之美、风之淳者,莫过于此者焉。独是俗美者人和,风淳者民睦。如有明之继恩、继佐、继倈、明钟以及明嘉、国纪、国宪诸公,皆清修自好,齿德兼隆,为当途所推重。厥后子侄孙辈蕃衍,耕读家风,厚重自持,慎于言而敏于行,怀其所而保其家,视他为如何耶? 诸孙之贤者,则有醒斋讳文锦,博学而好文,咸推为禁泽、日蔚、日昱、日侣、储秀诸君子,文冠一时,行迈等众,早岁而能伴家望香,所谓继其美者矣。癸卯小春,余与六英遨游别墅,因而至止杨桥,往拜诸君子之家,且叙以数年契阔之情,促膝设一焚膏,继且语及家谱一事。诸君曰:"吾族颇称藩盛,使不连之枝而续之谱,则异日子孙必有途人视之者。今幸得二君至,此乃大假之缘也。如不嫌仰薄,我辈当以小谱仰嘱焉。"余与六英左思右想,义无容辞,况谊属亲友,乃慨然而任其事。遵欧、苏之法,以辑其派及年寿、婚娶、官爵、卒葬之详,越数月而告竣焉。

余尝观世之名谱,子孙传阅数世而不坠者,其祖必有盛德余庆以为之基,而又能防范扶植以持其变者也。练民以奕世之善而奠千百世之基而蔚是,诸君后修谱以睦族,皆其为永远计也,不诚善于自今以往将见族日盛,而俗益淳,岂特如今而已哉!

时雍正二年(1724)甲辰岁蒲月之吉

玉田廪生雅先舍之冕拜撰

新修练氏宗谱小引

国有史,犹家之有谱也。国无史,则治乱兴革之迹无可考;家无谱,祖宗源流之实事无由分。尊卑莫辨,伦纪失序,孙讳祖名,祖字孙共,彝伦倒置,比比皆然,不胜详述。故此纂修谱之一书事关诚重矣。

兹考杨桥村河内名邑练氏,其始祖讳六四公者,观此山清水秀,泉甘土肥,于宋景祐年间,从大岩坑迁此拓基创业垂统。而今子孙蕃衍,支分派别,有在乡居者,有福建赤壁山等处居者,为数颇不乏人。前是于宣统三年(1911)辛亥,经吴邦彦光生续修以来,曾日月之几何,迄今已七十九载矣。论古人以三十年一修之例,时间已经过久,并且前谱之陈旧,势恐年代久远,难免遗枝失叶,亲亲相视若如途人也。兹有荣智君有鉴于斯,劳怨勿辞,出为倡首,再三向村委会建议,然后征得荣达等一致同意,赞助兴修之美举,爰以谱务聘予执笔为之续修。但予虽才疏识浅,义不容辞,于是在五月廿日,布局开工,但细阅前谱,吴邦彦生续修时,是用三代一图程序,又用葡萄支牵丝,紊乱难堪,易于错误。例如振玉公支下图上漏列一代,其公下有孙"开"字行,曾孙"于"字行,而玄孙"奕"字行,均入谱有下无上,是明显吴邦彦先生错过,未曾审慎其次。虽有部分谱书,缮写固然雅致,但别白错字颇多,且此次新修为顾厥族后人易于查阅起见,自上至下全部加工,改编为五代图式,一丝不苟,保无漏支脱节之虞,并以缺者补之,舛讹者正之,致使支系明晰,所有新添生庚以及葬厝、坟茔、学校、毕业生等,一一详载,毋稍或忽,至于物事□华张大气象,则有待于后起者。今工告成,略书芜言为之小引,并愿厥族自修之后枝繁叶茂更兴隆。

时公元 1989 年岁己巳桂秋月下浣之吉

时年七十有二本邑隆宫乡桃园村小学毕业生季友德撰书

邝氏谱序

【导读】因庆元邝姓来源尚待其族人探究,缺少有效序文,故仅录下文,供参考。

邝氏探源

1. 邝姓来源考

邝氏来源有两说。一说赐姓,一说改姓。《河源邝氏重修族谱序》载:"吾族邝氏原为广成子之裔。至晋建武时以殊勋赐姓邝。"邝姓由广而来,在江西寻乌邝氏中,一直流传迄今。但这一记载,既无人物又无地址,就时间上说,从晋建武(494—498)到邝氏始祖以平生年(1103),中间相距六百多年。在这六百多年中,史书没有出现邝氏。宋初成书的《百家姓》也没邝姓。这一传说没有史实,不足信。《溯源家塾序》载:"神农氏八世孙帝榆冈之子雷,后居方山,以方为姓。传至方殷符生七子:廷康、廷年、廷范、廷远,以上四支子孙仍保留姓方。六子廷辉后裔改姓旷。七子廷滔之子孙改姓白,五子廷英生子三,改姓邝。"《南京旧谱原宗图》记载:"我邝氏原姓雷,后姓方。有方宏生方雄,雄生三子:储、侪、俨。长子储生三子:赞之、观之、弘之。观之生淑,淑生殷符,殷符生廷英,廷英生以平。"这一说与上说,大同小异。唯廷英生以平,时间上有很大出入。台山《溯源月刊》第12期第51页《邝氏世系源流考》一文称:"吾邝氏之姓,始自方来。方氏之姓,本于神农,始得姓曰雷,系神农八代孙帝榆罔之子也。世居雷泽,相黄帝伐蚩尤有功,封于方山,食采其邑,因以邑氏焉。逮周武王时,有方叔与虢公同受命征北狄,有功王国受封河南,遂居河南为郡,以后子孙世代相传直至汉朝,吾祖曰宏,世居河南,因遭王莽之乱,乃迁至江左,此是方族江左始祖也。宏公生雄,官居司马府君。雄公生储、侪、俨三人。俨公文武全才,但无心功名,高蹈茅山。侪公官南郡太守,其后人兴替如何,缺乏史记。至于储公,位历太常卿,黟县侯。储公生三子:长曰赞之,次曰观之,三曰弘之,同为当世名士。赞之、弘之两房移居江浙,后裔不详。观之生淑,淑仕唐朝为都督长史。淑生殷符,唐僖宗乾符二年(875)进士,授威王府咨议参军。中和四年(884)统兵平黄巢有功,进银青光禄大夫,蓝州防御使,兼御史中丞。后卒于固始。妣张氏,封清河郡夫人。殷符公生七子,廷康、廷年、廷范、廷远、廷英、廷辉、廷滔。次子廷年,官户部侍郎,定居滁州。三子廷范,唐昭宗大顺二年(891)进士,任官福建,生六子,皆高官厚禄,时称六桂,为闽、粤始祖。四子廷远官潭州湘阴,宗支蕃衍。七子廷滔,官左仆射,定居江州。五子廷英即为邝氏远祖,任官庐州府庐江县。廷英七世孙乃四十九公,号朝仪。妣张氏,生子三人,长子方三七因徽宗宣和二年(1120)浙江方腊起义,疑四十九公有同谋之嫌,怕受株连,因命子改姓避祸。我祖方三七于宣和三年(1121)易方为邝。"《新加坡邝氏宗谱》记载:"始祖三七公,名询,字以平,生宋徽宗崇宁二年(1103)。南宋高宗建炎三年(1129)二月,金兵南犯扬州,城北叩门,内侍邝询急禀高宗,帝即披甲乘骑南门而去。""邝询报讯有功,名留宋史。"查《宋史》卷二十五,有以下记载:"(1129)二月庚戌朔…………壬子,内侍邝询报金兵至,帝被甲驰幸镇江府,是日,金兵过扬子桥。"《新加坡邝氏宗谱》所记载的时间、地点、人物和事件的发生,均与《宋史》完全相符。

另据《河源邝氏族谱》《寻乌邝氏族谱》《泮溪邝氏族谱》和《江南世传族谱根由大略》记载:"愈平公以功德封宣城侯,蒙上赐姓邝。"愈平公封宣城侯,郡望宣城与史实相符,但说始姓邝,不符史实,既然愈平公是始祖,郡望宣城,为何邝氏郡望有"先庐江后宣城"? 既然先有庐江,则早有邝氏,早有始祖,这个始祖正如上列所述为三七公。综观上述可知,邝氏始祖名询,字以平,号三七,居安徽庐江,郡望庐江。

2. 溯源同宗缘起

古者因生赐姓,胙土命氏,其得姓之始,莫不有源可溯也。我雷、方、邝得姓分姓之由,昭然可考,第散居各省郡县,年湮氏远,文献阙如,间有问三姓同宗之故,保无数典而忘厥祖者。闲尝考诸古史,黄帝命诸臣察明堂,究息脉,同时与俞跗、岐伯齐名者则有雷公,雷姓导源,实由于此。据《福建莆田县方氏旧谱宗图序》云:"方氏之姓,始得姓者曰雷,神农八代孙帝榆罔之子也。相黄帝,伐蚩尤,以功封于方山,故其后再别而为方,犹沈诸梁为叶公,而子孙又有别而为叶者也。"又考诸晋语载,黄帝之子二十五人,其同姓者二人而已,唯青阳与夷鼓,皆为已姓。青阳,方雷氏之甥也。注云:"方雷,西陵氏之姓。"黄帝取于西陵之子,曰嫘祖,嫘音同雷,故称方雷,若复姓然。又考诸《风俗通》,雷字之下,注以方雷氏之后。雷、方二姓异委同源,信而有征矣。据《南海丹桂坊方氏谱》,犹称方雷氏,盖以示后人不忘所自也。至方氏之后,历传至唐僖宗朝,有方殷符公,官威王府参军,平黄巢有功,兼御史中丞,生七子:廷康、廷年、廷范、廷远、廷英、廷辉、廷滔。谱称其第五子廷英公,官于庐州,籍居庐江县延蔓乡。至其七传孙四十九公,号朝仪,生三子,在宋徽宗宣和二年(1120)冬,有睦州清溪县民方腊作乱时,疑四十九公与方腊同谋叛宋之嫌,恐有灭家之祸,公命诸子改姓远徙,可保后代云。是以公长子方以平迁居河南杞县雍丘,易方为邝,名询,登第进朝,应时而兴。适赵构称帝,庙号高宗,改元建炎,迁都扬州,称为南宋。迨建炎三年(1129)二月扬州城救驾有功,名留宋史,永垂不朽,世世相传。邝询公讳以平,号三七,生四子:谚、让、诚、谆,显名于朝。谆公,号念十三,字愈平,宋进士,官京城大尹。宋孝宗时,以女选妃封宣城侯,太子太保,光禄大夫。宁宗朝,金元交讧,本贵戚之谊,上缓金伐蒙疏,忠言忤旨。被权奸派主张伐金,内忧外患,为避祸计,乃辞官南归。此岭南有邝氏之盛了。据《邝氏谱》云:导源于方,盖纪实也。我雷方邝源出一脉,支衍三宗。前道光丁未(1847),在开平单水口之有溯源家塾者,溯始同源之谓也。凡我雷、方、邝三姓父老伯叔兄弟子侄览斯文者,庶可晓然于三姓同宗之故,而敦宗睦族之念,当亦有油然生,勃然而兴者矣。

后记

　　庆元县党史和地方志研究室(档案馆)多年来一直注重对民间家谱的征集、保护,在搜集庆元各姓氏家谱的基础上,选取了庆元 50 多个姓氏家谱的谱序,编纂成集,作为"庆元历史文化丛书"中的一册。姓氏源流谱序作为家谱的开篇,是历代修谱中沉淀至今的序言文体,主要记述修谱的意义、缘由、目的,宗族的历史渊源及迁徙经历,修谱人员、历次修谱情况,等等内容。谱序中所传递的世界观、人生观、价值观,彰显出的宗族和睦、国泰民安的愿望,以及对子孙的殷切之情,在中国特色社会主义新时代仍起着弘扬社会正能量、凝聚群众团结进取精神的作用。

　　《庆元姓氏源流谱序集》一书的编纂和出版发行,得益于庆元县党史和地方志研究室(档案馆)长年对家谱的征集、保护,得益于各乡镇(街道)人员深入一线调查摸底、搜寻,得益于庆元县图书馆无私共享馆藏家谱资料。同时,也离不开编写组全体人员的辛勤付出,在此一并感谢!希望本书能让家谱真正进入公众视野,在为庆元人提供寻根问祖的信息的同时,推进家谱的研究和利用工作。

　　由于编纂时间仓促,家谱资料收集难免有遗漏,书中不免有缺憾和舛错之处,敬请读者指正。

图书在版编目(CIP)数据

濛洲史事钩沉 / 姚德泽著. —杭州：浙江工商大
学出版社，2024.2
（庆元历史文化丛书. 第一辑）
ISBN 978-7-5178-5846-1

Ⅰ. ①濛… Ⅱ. ①姚… Ⅲ. ①文化史—庆元县 Ⅳ.
①K295.54

中国国家版本馆 CIP 数据核字(2024)第 016126 号

濛洲史事钩沉
MENGZHOU SHISHI GOUCHEN

姚德泽　著

责任编辑	唐　红	
责任校对	李远东	
封面设计	朱嘉怡	
责任印制	包建辉	
出版发行	浙江工商大学出版社	
	（杭州市教工路 198 号　邮政编码 310012）	
	（E-mail：zjgsupress@163.com）	
	（网址：http://www.zjgsupress.com）	
	电话：0571-88904980，88831806（传真）	
排　　版	杭州朝曦图文设计有限公司	
印　　刷	杭州钱江彩色印务有限公司	
开　　本	710 mm×1000 mm　1/16	
总 印 张	39.25	
总 字 数	585 千	
版 印 次	2024 年 2 月第 1 版　2024 年 2 月第 1 次印刷	
书　　号	ISBN 978-7-5178-5846-1	
定　　价	158.00（全两册）	

濛洲史事钩沉

姚德泽 著

浙江工商大学 出版社

ZHEJIANG GONGSHANG UNIVERSITY PRESS

·杭州·

"庆元历史文化丛书"编纂指导委员会

主　任:蔡　昉

第一副主任:田健晖　佘晓君

常务副主任:胡显平

副主任:吴建华　王伟啸　叶华伟

成　员:周　峰　全长荣　方　兴　姚增辉

　　　　毛茂丰　刘　伟　王丽青　周利民

　　　　范传龙

编纂指导委员会办公室

主　任:胡显平

副主任:姚增辉　毛茂丰

编辑部

总　编:杨贤高

责任编辑:吴玮玲　郑昌凯

总　序

　　史以实存，人以德立。在庆元恢复县制 50 周年之际，"庆元历史文化丛书"付梓出版，这是庆元推进"以文化人、以文兴城、以文塑魂"的一件要事和喜事。

　　历史是"根"，文化是"魂"。自南宋宁宗皇帝以年号"庆元"赐名置县以来，万山环抱的庆元便开始有了自己的专属记忆。从百里松荫号"松源"到"吴越时为东平乡"，从"兴贤桥"的重建到"二里十桥"的美誉，从江南秘色的青瓷辉煌到"二都戏"的民俗经典……这些独特的历史文化见证着庆元的沧桑与繁华，记录着其发展、变迁和进步，都是庆元这方土地最厚重的财富、最珍贵的记忆。

　　铭记历史、鉴往知来，编辑出版一套全方位、多层次、立体化反映庆元历史文化，生动展现庆元人民自强不息的文化丛书，是历史托付给我们的重要任务，是时代赋予我们的光荣使命。"庆元历史文化丛书"以纪实的手笔，详细记述了村镇变迁、名人志士、民风民俗，承载着庆元的风土人情、文化遗风、历史故事，洋洋洒洒百余万字。它的出版问世，是庆元精神文化建设的丰硕成果，是功在当代、惠及后人的传世工程，是菇乡儿女对历史文化的最好致敬，其中既有历史的真实厚重，又有文化的广博精深，记载着庆元不平凡的过去，也映衬着庆元非同凡响的今天。

　　"庆元历史文化丛书"的出版,托起历史与现代联结的"廊桥",
是庆元人民鉴古察今的宝贵精神财富,引导菇乡儿女承先启后、开
拓进取、赓续辉煌。衷心希望全县各阶层各领域以书为媒、以读凝
心,更加重视学习、勤于学习,认真研读庆元历史,深入认知庆元,
深切热爱庆元,从中汲取不畏艰险、直面困难的信心和力量,共同
建设庆元更加富裕、和谐、美好的明天。

　　是为序。

中共庆元县委书记

李昉

前　言

庆元,古称"松源",亦称"濛洲"。"濛洲"之命名,非常之雅:在这"松源溪"缓缓流淌过的"水中可居者曰洲"的绿地上,山岚袅袅,溪雾蒙蒙,好一派山清水秀之风光也,于是将其命名曰"濛洲"。

在历史上,"濛洲"地域的开发较早。古籍《尚书·禹贡》载:其地古属"扬州域",周朝时属"七闽地",后来诸朝皆"因之"依旧。直至南宋庆元三年(1197),庆元置县,距今已有八百多年的历史了。光阴荏苒,岁月沧桑,人文变迁,庆元的"乡土文化"日新月异,陈年往事渐渐被历史湮没或遗忘,同时,又不断产生崭新的乡土事务。这就是历史,这就是庆元历史,也就是在变化着的庆元"乡土文化"。

本书名为《濛洲史事钩沉》,全书由文史稽疑、松源古镇、先贤与庆元、古迹寻踪、风俗民情五个篇章组成,内容涉及"历史掌故""乡土地理""景点建筑""人物春秋""诗文佳作""地方风俗"等内容,还有较为独特的"香菇文化""廊桥文化"和"生态文化"之类。本书可算是庆元"乡土文化"中的一朵小葩。

《濛洲史事钩沉》收有谈及历史的如《百里松荫号"松源"——兼作清版〈庆元县志〉勘误笔谈》及《从郭门里到阁门岭——庆元县

地名变易趣谈》之类的史料叙述文十余篇,有道及人物的如《李纲的母亲——吴彦钦》《漫谈庆元五都"刘状元"》《松源高僧吴崇岳》《姚梁》之类的人物纪传解说文十余篇,有记述松源古镇历史风貌的文章十二篇,还有谈地方俗事的如《狼衣覆墙》《烙社馃——庆元趣俗一谈》《趣谈庆元的"烧卖"和"饺子"》《说"乌糯"》及《还我桂鱼》等十余篇。

《濛洲史事钩沉》在论人叙事之际,也收有《菇民信仰杂说》《庆元县的菇神庙》及《程维伊与程公桥》《后田街上的廊桥》之类文稿。此类虽是谈事论人之作,但也属于"香菇文化""廊桥文化"及"民俗文化"范畴。

《濛洲史事钩沉》的写作,虽道是"旧忆",但皆以庆元地方史料为依据,主旨是要在叙述其历史人物、历史事件、地方风土人情的文字中,展现庆元人文历史的悠久性、丰厚性和独特性,为后人读懂庆元历史、传承庆元精神、推进庆元文化繁荣发展贡献一份绵薄的力量。

目　录

第三篇　先贤与庆元

第四篇　古迹寻踪

第五篇　风俗民情

MENGZHOU
SHISHI GOUCHEN

第一篇

文史稽疑

百里松荫号"松源"
——兼作清版《庆元县志》勘误笔谈

庆元古称"濛洲",亦称"松源"。然而,"松源"之称始于何时呢?这个问题虽早已引起了诸家所论,但竟是各持所见,众说纷纭。就连各种地方志及诸家史料都各载异文。本文拟就当地方志——《庆元县志》来讨论这个问题。

目前能见到最早的县志是康熙版的《庆元县志》。在这部书的《舆地志·沿革》章节中,载有这样一段文字:

庆元本古扬州域周为七闽地吴越时为东平乡历秦汉暨唐至五代

王审知据闽改名松源镇属处州龙泉宋宁宗庆元三年……

此文作连贯叙述,无标点,不分段,不分行。之后,县志改版①,这段文字被编在《封域志·沿革》中,改动了个别字,分段、分行如下:

庆元本禹贡扬州域

周为七闽地

吴越时为东平乡历秦汉暨唐因之

五代时王审知据闽改名松源镇属处州龙泉

宋宁宗庆元三年……

按:此文颇费解,疑有误处。细作一读,可知误处至少有二:

其一,"吴越时为东平乡"之说需探讨:我们首先须搞清楚的是这"吴越"是历史上哪个时期的"吴越"? 究竟是春秋战国时的"吴、越"。抑或是五代十国时的"吴越"? 文中"吴越时为东平乡"句后,即是"历秦汉暨唐"。若依语境来说,这当然应该理解为春秋战国时期的"吴、越"了。将此文误读者,大有人在。难怪有人说"周朝七闽地有个东平乡"②。然而,从历史的角度来分析,就知道这是错误的。远在春秋时代,庆元这片土地上,乃是诸"蛮族"中的"闽人"居住区域,即所谓"周为七闽地"。而当时"吴、越"的势力范围仅在今江苏及浙北一带,远未到达浙南和闽北。从谭其骧主编的《中国历史地图集》中的《春秋·吴·越行政区域图》和范文澜《中国通史简编》中的《春秋时期诸国简图》都可清楚地看到,越国疆土的最南边界只是在浙北一带穿过。可见浙南一带不是"吴、越"的管辖区。再者,当时的"吴、越"是两个分别独立的诸侯国,一般是不会相提并论的。尤其是在地域权属所称时,必然是属"吴"则"吴",属"越"则"越",是不会含糊而论的。另外,再从古时行政建置制度来看,当时这里是否设"乡"的问题也须得到认识。《辞源》"乡"字条注云:"行政区域单位,……周制,万二千五百家为乡……秦汉以十里为亭,十亭为乡……"当知在那远古的春秋战国时期乃至晚唐前,这里地僻人稀,属待开发地区。这里仅居住人口数量一项就不具备建"乡"的条件,更不用提及乡村分布的数量了。由此可见,远古时期这里绝对没有"东平乡"之设。因此可知:"吴越时为东平乡"指的是五代十国时期的"钱氏吴越"而非"春秋时的吴国越国"。原文之误,历来容易令人产生误解。县志在嘉庆年间重版时,此段文字沿旧误载,但已似觉文意不达,故除在"庆元本古扬州域"句中易"古"字为"禹贡"二字以示出处之外,还另在"历秦汉暨唐"句后添上"因之"二字,以示因果关系。再在"至五代"句中,前删去一个"至"字,后增加一个"时"字以示连贯,结果加重了语气,也令人加深了误解。这错误竟使大量的史料、方志在引用其作原始资料著文时,以讹传讹。如《栝苍汇纪》引载此文时,还将其简略为:"本周七闽地为东平乡五代王审知改名松源镇属龙泉。"更是词义不清。《浙江通志·建置志》在《庆元县》条中记作《舆地纪胜》:本龙泉县之松源乡",并作注曰"《栝苍汇纪》:本周七闽地……"云云。全文抄录了《栝苍汇纪》之说。更有一错再错的。比如,在嘉庆《大清一统志》中竟产生了"……春秋时属吴越二国,后并于越……"这样奇怪的内容来。这样一来,竟让人产生了"古庆元是处于吴国和越国的边界线上,它一分为二地让两国各得一半,而后来又全属越国所有"的错误理解。康熙版《庆元县志·舆地志·沿革》章节中这段误文产生的原因不外有二:一是撰稿时(或誊稿时),误将语句倒置;二是文中本来词不达意,致使概念不清。对于这段文字的正确理解应该是:庆元在上古时代属(《尚书·禹贡》中所载的)古九州之一——"扬州"的区域。周朝时属"七闽"地区。之后,一直经历了秦汉诸朝直至唐朝未作变更。到了五代钱氏"吴越国"时,才改名为"东平乡"……以上是因错须纠的问题之一。

其二,"至五代王审知据闽改名松源镇属处州龙泉"之说有误,不符史实。当知既云"王审知据闽改名",料此地已入闽国之版图,但为何又说"属"吴越国拥有的"处州龙泉"呢?非常矛盾。这显然是将闽国侵夺吴越国的"东平乡"之半建置"松源镇"(即今福建省松溪县的前身)一事,与吴越国改"东平乡"为"松源乡"一事混为一谈。这场"夺地"的历史事件的经过是:五代后唐同光三年(925),闽王王审知(史称"闽太祖")死,"此后,继位人都是暴君,经常发生内乱"③。后晋天福四年(闽通文四年旋改永隆元年,939)闰七月,王审知第二十八子王延羲改名王曦自立为闽王。翌年二月,因与其弟建州刺史王延政不和,遂举兵四万攻建州。延政求救于吴越。吴越王钱元瓘遣"宁国节度使""同平章事"仰仁铨,"内都监使"薛万忠将兵四万救之。四月间,吴越兵至建州,而王曦兵已先败退。王延政见危机已解,即"奉牛酒犒之",请援兵班师。但仰仁铨等不从,有图建州之心,赖着不走。王延政大惧,又求救于王曦。王曦即任其侄——泉州刺史王继业为"行营都统",发兵二万救之。王延政一方面以书信通过外交途径来谴责吴越国,另一方面遣轻骑从后路截断吴越兵的粮草。时值久雨,吴越兵食尽。五月间,王延政引兵出击,大破之。吴越兵被俘斩以万计。仰仁铨等连夜逃回。闽兵乘胜追击,反而夺取了吴越国的一块国土④。

之后,闽国将这"夺而有之"的原吴越国"东平乡"大半疆土(后曾一度沿其旧称⑤),连同其故有的与吴越"东平乡"接壤的那片乡土("善政乡"和"崇仁乡")合并,建置了松源镇。治所在松溪县东,今称"旧县"的地方。"松源镇"的设置时间,史无确载,可能是在后晋天福八年(943),即王延政在建州建"殷"国,僭号称帝,改元"天德"的那一年。当时正值大升县治为州、镇治为县之际。事隔两年,后晋开运二年(南唐保大三年,945),南唐灭闽。"松源镇"归入南唐版图,旋升之为"松源县"⑥。宋朝建立后,宋开宝八年(975),改"松源县"为"松溪县",治所也由"旧县"迁至今城关镇。而原"东平乡"中剩下那未被侵夺的部分乡土,则在闽国建置"松源镇"之际,由吴越国改名为"松源乡",仍属"处州龙泉"所辖。直至南宋庆元三年(1197),吏部侍郎胡纮"请于朝,以所居松源乡置县治,因以纪年为名"⑦,这样才产生了"庆元县"。因此,在历史上的"五代十国"这一时期,曾经形成了"松源乡"和"松源镇"共存的局面。而在《庆元县志》中,竟将"松源乡"写成"松源镇",这是错误的。以上是县志中因错须纠的问题之二。

根据上述史料,细究史实记载的错讹,本着改错纠正的原则,在嘉庆版等版本的《庆元县志》中,特将这段误文校正为:

> 周始为七闽地,历秦汉暨唐因之。
> 吴越时为东平乡⑧。
> 五代时,王审知据闽后,改名松源乡⑨,属处州龙泉。
> ……

有人说将东平乡"夺而有之"者本非王审知,而是他的后人,"王审知夺地"之说不符史实。其实,是王审知创建的"闽国"夺人之地,而非实指王审知。此文可谓依"春秋笔法",即使直书"王审知据闽"后,而夺人之地,也是合乎情理的。故不作校改。

本文认为,庆元古称"松源",早于晚唐时就有"松源"之称了。而真正建制始于"王审知据闽""夺地"事件之后,吴越国整治疆界之际。说是因此地沿河两岸松林茂密而依景命名云云⑩。再者,康熙版的《松溪县志》对"松源"之命名,也引以此说,道是"两岸皆乔松,昔人榜曰:'百里松荫'故名"。当然,"松源"的命名含义似确如此,但这些说法,毕竟都是后人之作,来源于当时的民间传说。总之,作为官方的正式行政命名,"松源"之名当始于五代之吴越。

如今,庆元和松溪两县毗邻,两座县城相距四十余千米,而两县的城关镇均号称"松源镇"。这显然是"撞了车"。这样一来,会在人们的日常生活中带来一些不良的影响。谁是谁非呢?庆元虽说是古称"松源乡"而非称"松源镇",但毕竟是属镇级行政建置,而松溪虽旧称"松源镇",但实际是属县级行政建置。何况这"松源镇"是设在今"旧县"地方而非城关镇。再者,从地名的地理含义来看,"松源"者,"松溪水"的源头也,故"松源"当是指今日庆元一带。可见今之松溪城也号称"松源"是欠妥的。为了不使今日地名混淆而给今后造成"历史地名悬案",看来还是早日纠正为好。

注:

①清版《庆元县志》在嘉庆年间改版之后,其内容编纂、卷数篇目、版面格式等,均做了更新。之后诸版一依其例,只是随着历史的推移,在各篇章中添入一些新的资料而已。

②见叶勇峰《试析闽国夺取吴越东平乡为松源镇的时间》。

③见范文澜《中国通史简编》。

④见《资治通鉴》《通鉴纪事本末》及《十国春秋》等。诸书对此历史事件的经历所述皆同。

⑤见康熙版《松溪县志·地理志》。

⑥见《十国春秋》卷十六。但康熙版《松溪县志》作"保大九年升"。孰是待考。

⑦见光绪版《庆元县志·封域志·沿革》。

⑧此为五代钱氏"吴越国"。

⑨五代设"松源乡"。

⑩见《吴氏宗谱·序》。但此谱成书较晚,非唐宋人之作。其中对于"松源"命名的叙述,当是源于民间的传闻。

写于一九九七年九月七日,二〇二三年七月修改

县治托管

"县治托管"这个词,是笔者对庆元县历史上的一点史迹所作出的戏称。要提起这句话,得从庆元县的历史说起。

庆元县是南宋庆元三年(1197)十一月,由皇上"诏可"而创建的。当时的县境面积没有现在这么大,只是从龙泉县中划出一个"松源乡"和半个"延庆乡"而建。至于今日的所谓"东部地区"这一大片土地当时还不在其辖区内,是后来到了明景泰三年(1452),在平息了"叶宗留事件"后,在处州府地面上析置宣平县、云和县和景宁县时,才把当时属于青田县管辖的"鸣鹤乡"之"升天西里"一部分土地划给了庆元,成了今日的"东部地区"。之后,庆元县的地域才基本形成。

在历史上,这个源自龙泉县的庆元县与龙泉县还往往有着瓜葛。分置后的庆元县于明洪武三年(1370)三月撤并龙泉县,后于洪武十三年(1380)十一月恢复,1958年11月又撤并龙泉县,后于1973年7月恢复。除此之外,在文献中发现有由龙泉县知县"兼摄理庆元县事"的记载。可见,在那由龙泉县知县"兼摄理"县事的年代里,庆元县没有由上级直接委派来的治理官员。于是,笔者所戏言的庆元县曾经有过"县治托管"的一段历史之说,应该说是成立的。

在《庆元县志》中,其《官师志》部分对官员的记录偶有漏记。这可能是历史资料的遗失所致。然而,也有可能是这段时间真的是知县暂时空缺。比如说,在清康熙三十二(1693)年至康熙四十七年(1708)这十五年间没有知县任职的记载。而偏在其他资料中发现这段时间有个名为"袁桥石"的龙泉县知县"兼摄理"县事。这就是笔者所戏说的所谓"县治托管"了。另外，在康熙四十七年(1708)至五十五年(1716)这八年间，及雍正八年(1730)至乾隆三年(1738)这八年间，也有漏记。在这段时间里，除了看到有一个任期不详的名叫"程煜"(乐平人)的知县之外，还在其他史料上发现有叫"苏栻"和"张南英"(昆阳人)的知县。可证实这是《庆元县志》的漏记。

　　在说到《庆元县志·官师志》不齐全时，笔者还要提起一项较有史料价值的漏记。那是在元末明初混战时的元至正二十年(1360)，同时也是当时号称"吴国公"朱元璋的龙凤六年六月里，当时的元朝处州守将石抹宜孙在败退到福建后，又反攻了回来。在攻陷庆元县时，由朱元璋派庆元县知县曾封"出战，兵败被执，死之"(《鸿猷录》，上海古籍出版社，1992年版，第37页)。看来，曾封任庆元县知县一事不见于《庆元县志·官师志》，应该说是漏记的。当然，作为地方史料的《庆元县志》中，漏误的内容自然很多。今我这么一提，无非是提出一个小小的例子，以作为我这篇短文的附说之谈罢了。

二〇〇八年三月二十七日

庆元县的县衙

庆元县以南宋庆元三年(1197)冬十一月"诏可"设县,第二年三月既望,首任知县富嘉谋到任后,"领略山水宜为治所者,独薰洋平旷而殊胜。矧地择厥中,镇以龙山,印以龟潭。遂卜地,于兹建县治……"(见富嘉谋《建庆元县经始记》)富嘉谋选择在松源古镇的这块小盆地卜建治所,继之是规划"廨宇"即"县衙"的设计方案。然后动用了几年积累未上缴的半数田赋,并动员民众乐助,历一年之久方建成县治。在县治未建成的那段时间里,知县富嘉谋暂时独自在治东古老的佛寺"天明寺"里办公理事。他曾有"只身大明萧寺凡十有二月,而徙今治……"(同上注)等文字来记叙其事。

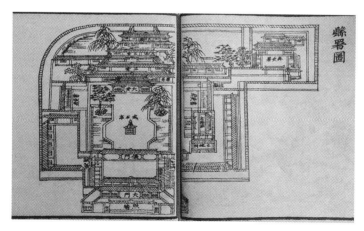

清光绪版《庆元县志》县署图

县衙坐落在松源古镇的最中央区域,修建后,在历史的长河中,曾经是屡毁屡建。其间又遭受了自然灾害,而大多"毁于寇"。

最早一次的"毁于寇"是遭遇了元至元十五年(1278)十一月的"黄华之乱"。之后由达鲁花赤亦都散于至元二十六年(1289)做了重建。第二次是在明正统十四年(1449)的"龙岗九"事件中,被"纵火延烧署舍",后来重建。而受到最大的一次破坏的是在清顺治四年(1647)和顺治五年(1648)这两年间,县衙被烧毁,政府无处办公,曾经租赁"上仓"民宅,号称"官阙"代衙门了事。到了清康熙四年(1665),才由知县程维伊复建。

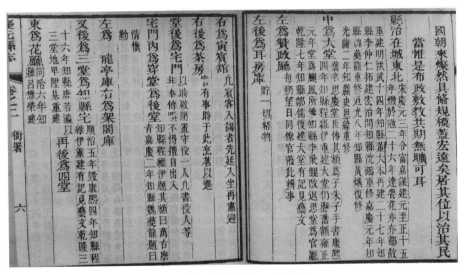

清光绪版《庆元县志·建置志》

县衙主体为四进厅堂式。大堂后为二堂乃至三堂,三堂号称"知县宅",后来还加盖了四堂。大堂左边为"赞政厅",是县衙幕僚办公的地方。"赞政厅"的后面是作为仓库的"耳房库"。大堂之右是"迎宾馆",为宾客入谒,在此稍作等待的地方。其后是"茶房",是官员们小憩的地方。堂之后,有"宅门"进入后堂。后堂一带,不仅是生活区,还是政府各科室的分布地,东列"吏、户、礼、仓"四房,西列"兵、刑、工、承发"四房。大堂前面的甬道中间立有"戒石亭",两边各有一口"凹"字形的大池塘,既作为景点建筑,又是消防所需。甬道直通仪门,仪门外面则是大门,而大门上面建有"谯楼",以作远望、防卫之设。大门外砌有一堵"照墙",可挡住路上行人的视线,也是防护的设施之一。民国二十三年(1934)正月初一,县长张致远在此"照墙"上贴上一张"告示",岂知之后此"照墙"无故倒塌。

县衙中的建筑物上,往往悬挂、书写着一些文字。比如县衙的大堂旧名为"忠爱堂"。这"忠爱堂"三个字的匾额据说是朱熹手书。在康熙四年(1665)知县程维伊重建县衙时,还依然挂着"忠爱堂"的匾。程维伊还在后堂上题过"万古磨青"四字。清嘉庆二年(1797),知县魏夔龙在后堂上题写"清慎勤"。这些文字,都是对官员们的告诫。而最典型的就是清代古文学家吕璜曾经"随其父在戍所十五年"得"赦归,成进士后,观政浙中,初知庆元县"时,于清嘉庆十八年(1813),在庆元县大堂上所悬的那副对联:"我也曾为冤枉痛入心来,敢糊涂忘了当日;汝不必逞机谋争个胜去,看终久害着自家。"(见梁章钜《楹联丛话》)此联上联说的是自己在考取进士、当了县官后,不敢忘记当日所受的痛苦以至糊涂;下联是警告那些势利枉法的人,不必奸诈称能,要不然,受害当是自己。总之,这些文字,都有着非常深刻的教育意义。

二〇一一年七月十六日

庆元县的孔庙

　　孔庙,又称为文庙、学宫和先师庙。民间大多称之为"大成殿""圣人殿"。

　　庆元县的"孔庙",奉祀着孔子、"四配"和"十二哲"等先贤牌位,是祭祀先儒先贤的庙宇。它的旁边,附建着"松源书院"和"文昌庙"之类的教育设施,成了一处建筑群。可以说,昔日这"孔庙"是庆元县的教育中心。

　　庆元县的"孔庙",历史渊源颇久。在众多地区级别的地方志中,现存最古老的一部《处州府志》中有记载"宋庆元三年(1197),知县富嘉谋建于县北渎田上村。元至元十五年(1278)火,二十七年(1290)知县冯义重建"。虽然没有直接说"孔庙"的营建,但提到了它的早期建筑,言"国朝洪武……迁学于就日门之东"。其中,就其构建谈及"'大成殿'三间……'棂星门'三间……'明伦堂'三间……'泮池'一口"之类。可作"孔庙"缘起一证。

　　明己卯年(1579)版《栝苍汇纪》中提及:"'儒学'[①]在县治东。中为'先师庙',翼以'两庑'。前为'大成门'者三,左右列'先贤''名宦'二祠。门外为'泮池',又为'棂星门'。"对于其历史变迁,乃是基本同于明成化《处州府志》之说。

　　入清之后的第一版清雍正癸丑年版《处州府志》对其所载较详,说是"在县东'丰山门'外。中为'先师庙',前为'露台',翼以'两庑'。前为'大门'者三,左列'名宦''土地'二祠,右列'先贤祠'。前为'泮池',又前为'棂星门'三。外为'屏门',东西列'德配天地''道贯古今'二坊"。

　　至清末最后一版的清光绪丁丑(1877)版《处州府志》与诸版的《庆元县志》

对其记载乃是大同小异。

兹参考上述的一些地方史料来对庆元县孔庙的历史做一番梳理：

在历史上，庆元县是于南宋庆元三年(1197)十一月得到宋宁宗"诏可"后所建的县，首任知县富嘉谋是于翌年"三月既望"才上任办公的。所以，对于这"学宫"在内的"儒学"之类建筑，最早不会早于庆元四年(1198)，此"宋庆元三年"建之说有误。至于这处建筑物的最先所建之地，乃是在松源河北岸，时称"渎田上村"，今日俗称"学后"的"新建路"一片地段上。

宋代建在"渎田上村"的"儒学"之类建筑，在经过八十个年头之后，在元至元十五年(1278)的"黄华之乱"时被烧毁。对于这场"黄华之乱"，清版《庆元县志》有"毁县剽掠而去"之记载。于至元二十七年(1290)，由知县冯义在原址上重建②，但此次复建，料当是一次草草之行。

大约是原复建在"渎田上村"的"儒学"之类建筑过于简陋，在明朝建国初，有知县董大本于明洪武十四年(1381)对其做了迁址改建。当时县治四周还没有筑城墙，然在具治所在地之四周已经建起了"就日门""迎恩门""宣化门"和"承流门"四座门。于是，董大本迁址在治东的"就日门"外建了"儒学"。

由于当时董大本所迁建的"儒学"规模不大，于是，接着在明洪武三十一年(1398)，又有知县罗仕勉③，以及继之的教谕宋观在明宣德年间分别进行了增加结构的大改建，新建了"戟门""两庑"和"棂星门"之类。

县治东的"就日门"外，是临溪的一大片稻田，那里的湿度非常高。于是，人们有"地临溪涧，斋舍下湿"之嫌。因此，于明天顺二年(1458)，知县张宣又迁址重建，恢复到今人称为"学后"的"渎田上村"。到了明成化十年(1474)，福建莆田人、知县余康还在那里建起了一座"尊经阁"。明嘉靖十年(1531)间，福建闽县人、知县郑举奉了上峰之命又建起了一座"启圣祠"在"明伦堂"的后面，之外又建了一座"敬一箴亭"于"启圣祠"的东面。这样一来，这称为"学校"的建筑区域就一时扩大了不少。

明嘉靖二十五年(1546)间，广东南海县人、知县陈泽给庆元县治筑起了城墙。于是，这"儒学"等建筑物，就是处在县城之外的建筑了。如此一来，人们又产生了"学在城外，阻二涧水，师生登谒称艰"之叹。于是，明隆庆二年

（1568），知县彭适、教谕顾翼高及生员吴述等人提出了迁址重新营建的申请，此事获得了上级政府的批准，但到了下一任知县朱芾这位重庆黔江人的任期内，这些建筑才做了整体迁建，他将之迁移至县城之内的县治之东。地址是原"总铺"之地，然此处的地面面积不够广，于是还把已经裁减了的"邑丞"的住宅也包括在内，一起做了拆建。《栝苍汇纪》作了记载。

之后，这新建的"学校"区域又在明万历二十一年（1593）由知县周道长（四川成都人）重修。又于明万历四十二年（1614），知县郭际美（江西万安人）将其"明伦堂"之类做了扩张地基之扩建工程，这样一来，这"学区"就有了一定的规模了。

然而，这"学区"毕竟是处于市井之中，道是"明堂狭隘。屏墙外，排列店房，殊不壮观"。甚至附近又有"古墓丛林遮蔽"之说。因此，人们对于此处的地点还是不满。明崇祯三年（1630），知县陈国璧、教谕胡若宏、训导贾应忠等人发起"议迁"之议案，遂得到了分守姚允济、分巡王庭梅、巡抚陆完学、提督学政黄鸣俊等人批复的情况下，作了迁建，"庚午仲秋建议，辛未孟冬经营，壬申孟夏告竣"。迁建工程首尾持续了三年的时间才完成。地点是选用县城当时命名为"丰山门"的东门之外的"城隍庙"左地段，且纳入了地处后田街尾的"万寿庵"以西的一块空地，东邻"万寿庵"，西邻"城隍庙"，南面是田垄，北面是溪流之中。东距"后田"仅百余米远。此工程也是"幸阖邑士民协心矢力，聚毛成裘"而成。

当时迁址所建的"圣宫"的规模比旧建扩大了许多："圣宫"后面建起了祀"启圣公"的"崇圣祠"。建"乡贤祠"和"名宦祠"于"仪门"两旁。宫前

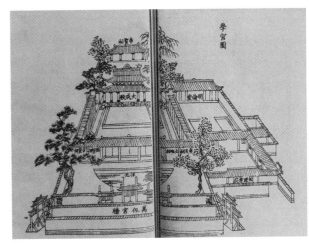

学宫图

是号称"两庑"的斋舍,建起了"棂星门",门外设有"门屏",还建起了"腾蛟"和"起凤"这两座牌坊①。

入清后,人们对这迁址所建的"孔庙"又做了多次的扩建、维修。第一次是在清初的顺治十二年(1655)。由浙江诸暨人、教谕骆起明在正殿前建起了"露台"。清康熙二年(1663),由陕西宝鸡人、知县高嶙在"戟门"之外开凿了"泮池",且筑了围墙九十多丈。清康熙四年(1665),由湖北蕲水人、知县程维伊捐资维修了正殿。清康熙九年(1670),重建了"腾蛟"和"起凤"东、西两座牌坊。清康熙十一年(1672),浙江金华人、训导戚光朝修理了"棂星门"。清康熙五十六年(1717),湖广人、知县王开泰对其做了一次大修。清雍正五年(1727),正白旗人、知县徐羲麟和杭州仁和人、教谕孙之骔重建了"明伦堂"。清乾隆三十七年(1772),陕西三原人、知县唐若瀛捐俸对其做过大修。清嘉庆十三年(1808),由于发大水,围墙倒塌,殿宇有"倾欹"之势。于是,于清嘉庆十七年(1812),在正白旗人、知县鸣山的倡议之下,对其做了内外大修,使其焕然一新。

称为"先师殿"的"大成殿",坐北朝南,正上方设有神龛,龛之正中,立孔子牌位,两边分别立着"颜子""子思子""曾子""孟子"等"四配"和"闵子损""冉子雍"等"十二哲"及其他先贤的牌位。大殿的梁上,分各个方位悬挂着"万世师表""生民未有"等由清代各位皇

庆元孔庙大成殿残景

帝所题写的匾额。其中,由康熙皇帝所题写的"万世师表"四字匾额挂在正中央,其他的分挂左右。殿上立有一只铸于明隆庆四年(1570)冬日的铁鼎,鼎上

铸有"隆庆庚午(1570)冬知县朱芾制"十字铭文,字迹瘦削苍劲。

"大成殿"的后面,是一座"崇圣祠"。祠中所奉祀的是被追封成"肇圣王""裕圣王""贻圣王""昌圣王""启圣王"这连孔子的父亲在内的五代先祖。之后,这"崇圣祠"遭清光绪三十一年(1905)六月的大水灾而被淹没,乃至消失在人间⑤。

"大成殿"的下面,是"露台",空旷地平铺在大殿的台阶之下。其左、右的"两庑",各有五间,皆是专作供奉先贤先儒的场所。

在县城西隅,原先有一座古老的"松源书院",但是已经毁废多时了,于是,清乾隆七年(1742),江西乐平人、知县邹儒在这"学宫"之东仅一墙之隔之地建起了一座时称"松源书院",后一度易名为"对峰书院"的"书院"来。这样一来,更是扩大了这个"学区"的建制和面积了。

"文庙"是一处有着多处建筑的建筑群,其两边又有两处学校典制的建筑:那就是在其东的"松源书院"和以西隔了一座"城隍庙"的"文昌庙"。"松源书院"即旧日的学校,大门上悬着"松源书院"四字的门额。其处于北面的大厅,即"明伦堂",那里曾经悬挂着一块文曰"陶淑群英"匾额。至于"文昌庙",则是专门供奉"文昌帝君"的场所。

在历史上,庆元县的"孔庙"经历过多次易址迁建,是一处没有固定场地,一度东搬西移的古建筑,然而到了明崇祯三年(1630)的那次迁建之后,形成了明代古迹的古建筑群,就一直屹立在如今这新市区的中心地带。自晚清起,这么一大片古建筑群,就都改建成了学校,且一直延续到今天。其间,最先是清代在这里建办了"庆元县两等小学堂"。到了民国后,改为"庆元县立第一高等小学"和"庆元县简易师范学校",以及"庆元县简师附属国民实验小学"等。在那"文昌庙"里,知事江宗濂于民国八年(1919)将它做了改建,他另建一阁来供奉"文昌"牌位,而将其主体用来创办了"庆元县立国民模范学校"。更是将其上层的楼房用来建成"庆元县立图书馆",在图书馆窗外,还悬挂着一块民国七年(1918)五月,由清道人李瑞清(即著名画家张大千的老师)书写的魏体"藏书楼"三字的匾额。匾上的字,据说"有鹤飞鸿舞之妙"⑥。中华人民共和国成立后,孔庙结束了其有史以来的"祭祀"使命之后,则全转成为教育工作服务,在这整体一片建筑群,包括附属的"城隍庙"在内,建起了"庆元县实验小学"和"庆元中学""庆元二中"等。

世事沧桑,今日这坐落在闹市区中的庆元县"孔庙",在经历了四百个春秋之后,随着时代之变迁,目前仅残存一座明代"大成殿"的遗址了,之外残存有几间"松源书院"的旧房舍,而其余的古建筑,早已是荡然无存了。

注:

①由于庆元县的"儒学"与"孔庙"是混为一体之建筑,于是在此文中也往往是将其混为一体。

②对于冯义在原址上重建"儒学"的年代,或者是对其任职的时间,应有疑问。原来,依《庆元县志》之载:冯义是于至正元年(1341)来任的知县。以此来说:冯义不管是在至元二十七年(1290),还是在至元二十七年之后重建"儒学",那都是不可能的事,要么是他的任期有误。

③此年份也有错误:按知县罗仕勉是在明洪熙元年(1425)莅任的,其事不可能是在他任职之前。或许是他的任职时间及其行事时间都失误。

④"腾蛟"和"起凤"这两座牌坊,之后一直延续至民国十八年(1929)的县城街道改造时,才被拆除。

⑤见民国稿本《庆元县志》。

⑥同上注。

庆元县的书院和社学

古时候,庆元县的地方文化教育设施,是与外地同等重视的。这些文化教育基地,有的是官方机构,有的是民间经营。至于官方的机构,往往称为"书院",而民间经营往往称为"社学"。

政府机构所兴办的"书院",其兴建颇早,有的建县时与县衙之类机构一起同步营建并运行。其机构的命名,最早是以"儒学"来称之。在地基搞好之后,又对其添置"学田",作为经济来源。其中,正式以"书院"或"庄"来称呼者,就有"松源书院""对峰书院"以及"育英庄""储英庄"和"储贤庄"等。

庆元县的"儒学",可谓"书院"的前身,是庆元县首任知县富嘉谋在南宋庆元年间所建。该建筑的地址是在县城之北的松源河北岸的"渎田"上村(遗址在今"新建路"一带)。之后,此"儒学"遭受了元至元十五年(1278)十一月的"黄华之乱"而被毁。之后,事隔一百零三个春秋后,才于明洪武十四年(1381)由知县董大本迁址改建在当时县治之东的"就日门"之外。在之后的年代里,这"儒学"在县治的东、西部一带迁来迁去,最终,在今日残留着大殿的"孔庙"这里定了下来,经过逐步拓建和修葺后,"学宫"这名称传之至今。

至于"松源书院"的历史沿革,古代先民原是在城西"兴贤坊"附近建了一座"松源书院",后人只知道此处旧称为"府馆",其具体遗址已是不详了。到了明代万历初年,这"松源书院"即将荒废,于是,知县沈维龙命义民吴诏对其进行了大修。大修之后仍然将其命名为"松源书院"。然而之后,这"松源书院"

也毁废了。

此外,另有"对峰书院"。由于古老的"松源书院"已经毁废,于是,知县邹儒于清乾隆七年(1742)在"学宫"这民间俗称是"圣人殿"的"先师殿"之东新建起了一座"书院"来。由于当时是怀着迁址重建"松源

残存的松源书院一隅

书院"的初衷来建的,于是,将此新建的"书院"依旧命名为"松源书院"。可是过了不久,这"松源书院"又呈现荒败之象。于是,知县鸣山又于清嘉庆十七年(1812)将其进行了修建,把"学宫"内的"明伦堂"前之旧屋加以改造,然后悬挂上了"陶淑群英"匾额,同时,还把这座"书院"改称为"对峰书院"。清嘉庆年间,曾经任清嘉庆辛酉年版《庆元县志》主编的这位自称是举水人的后田贡生吴元栋,一度长掌此书院。由于这座"书院"也曾经有过"松源书院"这一称呼,因此得强调的是,在历史上,此"松源书院"与原先的"松源书院",乃是两处无联系的建筑。

类同于"书院"者,还有"育英庄""储英庄"和"储贤庄"等。"育英庄"坐落在"城隍庙"之西,是清康熙三年(1664)由知县程维伊所建。每月朔、望日都要召集县里的学生和秀才们来此间"课艺"。由于这"育英庄"另外又是奉祀"文昌帝君"的场所,于是久而久之,就一致被称为"文昌庙"了。至于那"储英庄",其遗址是在今日的"阁门岭大桥"头,也是由知县程维伊于清康熙九年(1670)所建,时至今日早已成废墟了。此外还有"储英庄",建在竹门,也是由程维伊所建。

至于那些民间经营的教育机构,则往往是以"社学""家塾"来称呼。这些"社学"有明万历二十七年(1599)建在城南上仓的"桂香社学",明隆庆年间建于城东后田的"登俊社学",明嘉靖年间建在县城东隅的"儒效社学",建在县城太平桥东的"兴贤社学"、明万历元年建在大济的"济川社学"、建在竹口的"神童社学"等。此外,还有建在县城北门外"百岁坊"附近的"叶氏家塾",建在周

墩大门内的"周氏家塾"等。这些"社学"或"家塾"皆是由民间的"义民",或者是集体来经营的教育机构。

那些"书院"也好,或者"庄"也罢,乃至于"社学"和"家塾",都有一定的经济基础,这就是"学田"。"学田"的来源是多方面的,主要来自民间有经济实力的"善人"们资助,其中,还有仕宦者们带头捐入。如程维伊在建"储英庄"时,就有他"捐水俸"买田之记录。其次是政府部门对于某些事项的处理时,也会有投入。比如,在建"对峰书院"时,就曾经"拨'天宁(铭)废寺'田一顷八十亩"。又如在对"山岱事件"作处理时,庆元知县史恩纬就有将"山岱匪产"作"归复卷田"的《廪请》,将之作为"卷田"来投入作教育经费。

此外,民间的私人屋宇,也偶有附作教育设施的,这自然也可算民间教育机构。典型的比如大济吴氏人家的"豹隐洞",这"豹隐洞"原来乃是吴氏人家的自家书房,吴氏人家将这间书房作为私塾,培养出了好几个家族里的儿郎成才,乃至得了功名。又如大济的"日涉园",原本是吴王眘为了"娱老"(即侍奉长辈)构建的一处庭院式建筑。之后,这处建筑物虽然成为他们文友们"集故旧"的会集场所,然亦由家族里的友人在这里作为私塾"设帐"讲学授徒。同时,清代名儒陆陇还短暂客游于这"日涉园",还在此讲学。"日涉园"有幸留下了这清初著名学者的足迹,至今人们还津津乐道。

私塾授课

二〇一八年十一月二十一日

庆元县的菇神庙

在菇业生产中，菇民们在思想上产生了与菇业生产息息相关的信仰和敬奉对象之后，自然要为敬奉的神灵建立供奉的场所。这奉立的场所，就是所谓的"菇神庙"。在庆元县里，规模不同、祭祀对象不同的"菇神庙"，就有许多座。

其中，从含义来说，"菇神庙"有两种类别，一是专门奉祀"吴三公"这位"菇神"的"菇神庙"，一种是奉祀"五通神"这类"菇神"，同时也附祀"吴三公"的"菇神庙"。兹选较有规模、较有影响的几处。

吴三公祠

吴三公祠坐落在吴三公的故乡、今庆元县百山祖镇龙岩村。原先古老的祠宇已经倾圮，人们于 1989 年集资做了重建。祠宇隐藏在苍翠的柳杉林中，淙淙清澈的泉水在祠边流过。祠宇作双层庑殿式结构，飞阁流

吴三公祠

丹。上层悬国际热带菌类学会主席张树庭先生于 1994 年 11 月 1 日横式书写的"香菇之源"的匾额,大门匾额是石刻"吴三公祠"四字,门联"祖师祖祠祖传秘术;龙岩龙柏龙腾福地"。祠外右边空地上,竖立着张树庭竖式书写的"香菇之源"四字石刻。祠宇内作开排式,神龛里,中塑吴三公执鞭骑虎、手握香菇的坐像,两边塑的是各种神灵。神龛上悬一块"功业彪炳"四字匾,楹柱上挂满了当代名人所撰写的楹联。

吴三公祠是坐落在吴三公出生地的一座专门奉祀香菇鼻祖吴三公的"菇神庙"。

松源殿

松源殿又名"西洋殿",是属于庆元县的"吴判府庙"之一的一座庙宇,乃是古代庆元人为了纪念香菇鼻祖吴三公而建的纪念性建筑。这是一座"菇神庙",属"国家级文物保护单位"。

松源殿坐落在庆元县五大堡乡西洋村附近的松源溪畔,故它最通俗的称呼是"西洋殿"。坐北朝南,依山傍水而建。总占地面积近千平方米,殿堂之建筑平面呈纵长方形,进深 32 米,面阔 19.4 米。主体布局依中轴线设置:照壁、大门、前厅、戏台、甬道、穿心亭、

松源殿

正殿,正殿前为左右厢房两边分列。殿堂之东有小厅堂以作附设。此乃宿舍、储藏室、厨房之类的设施。殿外临河东侧有一古井,相传建筑殿堂时所用的木材是从井里捞出的,因此命名为"运木古井"。

　　松源殿的建筑艺术精巧,建筑结构作飞檐翘角,雕梁画栋。其雕刻、髹漆、彩绘等工艺十分精湛。殿内的藻井、梁、枋、牛腿等构件,均精雕细刻着楼台亭阁、人物故事、鸟兽山水等图案,蕴藏着非常珍贵的历史、艺术、科学价值。

　　松源殿正殿上设有神龛,上方正中之龛供奉的是吴三公的像。此像作长须、道髻、身披道氅之打扮。另外在左、右神龛中,单独各坐着一个道者,而殿堂左、右两边各塑有五尊各路仙道的坐像,体现出民间宗教的原本。

　　松源殿内悬挂着许多匾额和楹联。这些匾额和楹联大多是些颂扬神祇的文词。其中,在"穿心亭"藻井下悬挂着一块文书"西洋祖殿"四字的匾额。此乃晚清庆元名人姚时澍于光绪二年(1876)"孟秋中浣"书写的。此额中的文字颜筋柳骨、苍劲有力,的确是不可多得的佳品。

　　松源殿原是一处单独的古建筑,自从1984年将坐落在其下游水库淹没区里的"兰溪桥"迁建到松源殿旁边之后,这里就形成了一处非常可观的建筑群了。

　　松源殿的首建年代,史料失载。兹从明崇祯版《庆元县志·庙》中就有"吴判府庙,在二都西洋"之载来看,可知此庙至迟在晚明之前就已经兴建起来了。而今日存世之建筑乃是清光绪元年(1875)重建的。资料说:"士民捐资重建大殿及上、中、下三堂,戏台并两廊。"或说是庆元、龙泉、景宁三县菇民集资重建。松源殿于1997年被列为"浙江省第四批省级文物保护单位",又于2013年被列为"第七批国家级文物保护单位"。而迁建在旁边的"兰溪桥",也于1997年被列为"浙江省第四批省级文物保护单位"。

　　松源殿以其门石额上横刻"松源殿"三字得正称作"松源殿"。然而,其又以坐落地点得俗称为"西洋殿"。而地方史料所记的则是"吴判府庙"。相传是明万历三年(1575),吴三公与他的父亲都被授封为"判府相公"。于是,他们的信奉者们就给他们建起了"吴判府庙",以作供养。

　　目前,松源殿里又悬挂着由中国食用菌协会认定后送来的文书"香菇始祖吴三公"匾额一块,于是,这松源殿更成为"香菇之源"的象征。随着香菇文化的发展,海内外各方人士都纷纷前来朝拜。如今的松源殿里,更是超越了昔日的人文景观,深具香菇文化之内涵。

显灵庙

　　显灵庙也是属于庆元县的"吴判府庙"其中之一座。在明成化版《处州府志》中,就有"显灵庙:在二都"之载。而在其他地方史料中,对于这种"吴判府庙"的记载则略有差异。清康熙版《庆元县志》中的《吴判府庙》条文中,仅仅是"二都西洋"寥寥四个字,之下则分别有《显灵庙》条和《灵显庙》两条词与《吴判府庙》条文作并列,这些条文中,《显灵庙》仅"二都周墩"之载,而《灵显庙》有"二都盖竹。神姓吴,生长此地。观术通神,曾鞭蛟遏水。宋咸淳元年(1265),吴标等建庙。有祷辄应"之说。显然,这里所说的是三处不同地方、不同名称的庙宇。自从清嘉庆年间《庆元县志》作了改版之后,这三处不同地方、不同名称的庙宇竟合并成了《吴判府庙》这一词条。其中如光绪版《庆元县志》中的《吴判府庙》词条之全文是:"二都西洋。神姓吴,生长庆地。观术通神,曾鞭蛟遏水。土人祀之。……光绪元年(1875),士民捐资重建大

显灵庙

殿及上、中、下三堂,戏台并两廊。一在盖竹,曰'灵显庙'。宋咸淳元年(1265)建。一在周墩,曰'显灵庙',又名'古楼庙'。道光乙酉年重修。"这样一来,是把历史上分别三处的吴判府庙作了合并叙述。其中"二都西洋。……光绪元年,……重建大殿及上、中、下三堂,戏台并两廊"自然就是俗称为"西洋殿"的松源殿了。而"一在盖竹,曰'灵显庙'。宋咸淳元年"建的那一座吴判府庙,由于目前未能取得资料作参考,故未得其详。至于"一在周墩,曰'显灵庙',又名

'古楼庙'。道光乙酉年(1825)重修"的这一座吴判府庙,显然就是仍然坐落在漾洲街道周墩村东、洋心村附近,至今俗称"古楼庙"的"显灵庙"了。

显灵庙坐南朝北,建于松源河畔的悬崖上。庙下面就是碧水潆洄的"古楼庙潭"。昔日里,潭里的鱼类繁多,更有一条清澈的明代开筑的"赵公堰"在庙外边涓涓流过。

显灵庙作两间五开之排式。厅堂内设神龛以塑吴三公及其兄弟们的坐像,厅堂外面则是一直门厅式的过道。昔日县城通往东部地区的通道在此通过。人们由县城往东部地区时,则必须经过这通道。每逢秋末冬初,菇民出门远途跋涉前往菇山及晚春下山回家时,一定要从这庙的门厅式过道里走过。菇民们在这里通过时,自然会在这里瞻仰一下吴三公,甚至会在这里"许个愿""挂个账",以祈求庇佑。在离庙东边数米远的马路后面,又有一汪甘甜的清泉,故过路之人,往往在此酣饮止渴小憩。

显灵庙的初建时期未详,经过了沧桑之变,目前留存的建筑物是清代中叶所建。兹于枋梁上看到"时大清乾隆三十年乙酉岁次孟春月丁酉良旦□□捐资重修"的字样。至于《庆元县志》中所提到的"道光乙酉年重修"之说,是指在清道光五年(1825)所做过的包括门厅之类的那次大修。门厅上有一根记载着城南一个叫作姚鸾的九十岁老人携子带孙助银十五两的梁木。之后,自然是有过多次小修理,然都是史料失载。

二〇一五年四月二十日

烟霞一坞神仙宅　飞阁凌空阅古今①
——卢福神庙

　　随着旅游业的飞速发展,全国各地的风景名胜、历史古迹在原有的基础上得到修葺复建,给旅游者增添了生活情趣,繁荣了市场经济。就在这政通人和的岁月里,大济的卢福神庙也应运复兴,复古迹、建新景,成了名冠县内、声扬邻邑的一处"风景此中真个好,登临眼界一时新"②的旅游胜境。

　　卢福神庙有悠久的历史。从现存的历史资料来看,它初建于元至正元年(1341)③,首建人是潘姓人家的潘元鼎。历史上,卢福神庙经受几度沧桑:"明正统十四年(1449)毁于贼。"④(见民国残稿《庆元县志》。以下引文凡未注出处

卢福神庙

者均出此)之后,兴废相间。清康熙十三年(1674),这座在康熙十一年(1672)新建刚两年的庙宇发生了一场有惊无险的变故。原来时值"三藩之乱",有"平

阳营卒过大济焚掠,火方燃,空中有乘白马者救而止之"的类似传说。乾隆六十年(1795),卢福神庙做过一次大规模的兴修和扩建⑤,已具备了相当可观的面积。可是,到了嘉庆十八年(1813)时,因用火不慎而发生火灾,烧毁了两廊。嘉庆二十年(1815),村人及时修复了全庙,基本形成了今日这样的规模和格局。20世纪几度毁兴,1993年,经批准对外开放,被列入县级重点文物保护单位。1994年秋,做过一次更大规模的修葺工作,漆朱涂白、绘画书联,使之再现飞阁流丹、层台耸翠的景象,成了引人注目的旅游景点。

卢福神庙坐落在县城南郊——大济村的大理山(俗称"仙宫山")西麓,坐东朝西,依山逐级而建。山门朝南侧而开,山门外有新辟的空坪,空坪前有新建的石碑坊朝西而立,直通大道。进入山门,穿过回廊底层即天井,天井西端是一间朝东可远眺大殿的戏台。戏台有两米多高的柱脚,台面的高

卢福神庙戏台

度稍低于与其相对的穿心亭和门厅。至于穿心亭,则是由天井登上前殿,前朝戏台,后连门厅而建在石阶上的建筑。人们可在亭台下拾级而上,穿过门厅步入前殿。穿心亭设有廊凳,可供人们憩息。门厅两侧有左右两廊,廊分上下两层,上层可环绕着穿心亭和天井直达戏台,人们可在两廊、穿心亭和门厅俯瞰戏台上的演出。门厅设双扉开启,入门即前殿。殿之两侧是左右厢房。由前殿通过两边皆是天井的二进穿心亭后即可进入大殿。大殿三进五开,深约12米,通阔18米余,面积达200余平方米。大殿左右两壁之外则是走廊。左廊有便门开往庙后的另一处殿堂⑥。大殿系抬梁穿斗混合式木质结构。整座庙

宇占地 2000 余平方米。全部建筑结构用料优良,做工精细,是庆元县不可多得的一处古典建筑群。

除了卢福神庙本身的文物价值,在庙宇门厅前的右廊之钟楼上悬挂着一只铸于清嘉庆九年(1804)的大铜钟,更是卢福神庙中可真正称为"文物"的文物了。此钟直径 80 余厘米,高 1 米余。作为历史的"见证人",此钟还遭受过战火的侵袭。20 世纪初,它被人们埋在戏台下的深土中逃避战火。在战事结束、重新出土之后,人们觉得它的音质变坏,实觉可惜。但事实上,此钟不曾损坏,只是人们的误会和错觉,这是饱受战乱又身享太平的人们对残酷战争的怨恨和不满的心理作用。

大铜钟

卢福神庙历来是"祀土神⑦卢相公"(清康熙壬子年版《庆元县志》)的。然而,"卢相公"何许人也?现存的史料有明确的记载:"福神⑧卢大相公,唐朝人。相传为马夫人之舅,同时得道飞升。大济村众立庙祀之。旧有《迎仙簿》记其事迹甚详。"由此可见"卢相公"是一位修身炼道、得道飞升的"仙人",是民间传说中可戏称为"集体登仙⑨"的"马氏仙道文化"圈子中的人物之一。大济村人将他立为地方保护神——福神,为其建庙以祀之。之后,又在距其不远的山巅上添建祀其家眷的庙宇⑩。早先,村人对他的称谓仅"卢相公⑪"而已。久而久之,"卢相公"被人尊称为"卢大相公",继之,则更进一步莫名其妙地被讹称(或故意戏称)为"卢大丞相"以至戴上了"左丞相"的峨冠。这样一来,竟使后人对他的身世产生了错觉和误解,似乎成了一宗"历史疑案"。其实,这是后人为了给保护神提高"层次"而产生的任意"封赠",即可谓"戏说"的结果。给履迹山林的"仙人"戴上"官帽"之后,使之成为身居庙堂的"官人",显然是提高了

"档次"。之后可名正言顺地按"官品""职衔"的制度将神庙、神像配上华丽的建制和服饰,同时配上壮观的仪仗队伍,热热闹闹地穿街过市。当然,这也是人们的娱乐需求。这便是后来"卢相公"由"仙人"演变成"官人"的主要原因了。

由于卢福神庙奉祀的神像是个羽化登仙的人物,属于道教的范畴,因此,可以说卢福神庙是一处道教的活动场所。在 1994 年秋的修葺工程中,人们在其大殿左壁上发现了四首古诗。这四首古诗不知作者,也不知作于何时,字体系行书,似作过几次描摹,色褪但犹可辨读。其内容分别是:"日永南山""莲鲜太液""枰移莲峰"和"仙棲天台"。这些以道家仙境或现世人间为环境和题材的文学作品,是古人热爱生活,融合仙境人间,寄情于山水天地的具体表现。用这些欲超脱人世的思想所产生的文学作品来点缀这座带有浓厚道家文化的庙宇,确实十分适合。但严格地说,这里毕竟是一座祀神之所,是人们创立保护神以保障一方风调雨顺的设施,是类似远古祀社祈丰的祭祀场所,属《八社记》⑫所载的"庆元八社"之一。

有趣的是,这里"神又善医"。这是卢福神庙有别于县内其他庙宇的特色。故事是这样发生的:卢大相公于"嘉庆乙亥,至闽之政和拔贡秦韫家起痼疾。厚赠不受,曰:'匾于庆元济川卢家足矣!'及至可无其家,惟神像姓卢,进其庙而察其像,与医时相见之貌无异。遂悬'气转洪钧'匾⑬拜谢而去"。之后,"里人因制药签百枚,病者求之甚效"。这就是后来卢福神成了"名医",有"灵签"济世的原因了。

如今,卢福神庙仍有药签一百枚供人"求医问药"。这些"方签"产生于清嘉庆年间,至今已有一百多年的历史了。它是"里人"所"制",是当时民众共同奉献的经验"良方"。它多是单味药或双味药,偶尔也有几签是三四味药组成的,却都非"古方"。不过,在服用时也往往产生了一些效果。虽大部分可能是人们的心理作用所产生的"良效"。如今,在科学技术、医疗技术惊人发展的时代,这里依然还有一些求医问药之辈,可见传统医术在民间犹有一定的影响力。

"烟霞一坞神仙宅,飞阁凌空阅古今",栉风沐雨的仙人旧馆历沧桑而再现新容。卢福神庙距县城区区五里之遥,今日可驱车由柏油马路直达山门。这里泉唱、风吟、鸟韵，晨钟、暮鼓、昏灯，工余事暇，登临游憩，开襟迎风，抬头览景，足使人心旷神怡。庆元县现存的名胜古迹中，就人文地理景观来说，卢福神庙均占优势，是不可多得的旅游胜地，确实值得重点保护。

注释：

①题词句集光绪版《庆元县志·艺文志》、邹儒《徐夫人庙》及季烺《登石龙山》诗。

②集清版《庆元县志·艺文志》诗。

③此说可能是指卢福神庙后边的福兴堂而言。从其他有关资料分析，卢福神庙的历史可上溯至宋代，但尚需今后史料的新发现为证。

④这是一则涉及庆元县历史上的"叶宗留起义"事件的余波——"龙岗九"攻袭县城的局部描写。此则史料可补庆元县史阙。

⑤此依清版《庆元县志》所载之说。但从其大殿门厅上有"大清乾隆伍拾捌年岁次癸丑甲寅月丁酉旦阖乡重新鼎建"的梁上题记来看，可知此次工程大约是始于乾隆五十八年（1793）而竣工于乾隆六十年（1795）。

⑥指"福兴堂"。按清版《庆元县志》"福兴堂……内供诸佛，外祀土神卢相公"之说法有误。福兴堂应是一座单门独户、自成一体的佛教场所。

⑦土神：《辞源》中称"土地神"。俗称"土地""土地公"。

⑧福神："土地神"的另一种称谓。这里"福"作降福、庇护解。《左传·庄公十年》："小信未孚，神弗福也。"

⑨戏称"马氏兄妹"等人共同"登仙"的故事传说。事详清版《庆元县志·仙释》。

⑩即指建于大理山（俗称"仙宫山"）顶的"仙宫"。"仙宫"原名"毛仙宫"（清版《庆元县志》误为"马仙宫"），是一座建于明万历三年（乙亥，1575）的祠庙，庙中祀"毛夫人"。民间传说"毛夫人"是"卢大相公"的夫人，是"马夫人"的娘姈（俗称舅母）。"仙宫"荒废于20世纪50年代。20世纪80年代末期，里人在其废墟上改建了一座"百子庵"。

⑪相公：旧日的称谓。是对人的一种尊称。虽多指富家子弟，但也是平常人的互相称呼。

⑫《八社记》：又称《迎仙簿》。是庆元民间古籍。已佚。内容是记庆元城关一带八座神庙的历史掌故和奉祀、迎神、庙会等制度的书。

⑬旧日，卢福神庙确有此匾悬于大殿。20世纪60年代方毁。

一九九九年二月二十日

咏归桥沿革

在石龙山麓那段松源河上，古无桥梁相通，人们或以竹筏为渡，或涉水而越。

元大德八年（1304），于崇任庆元县达鲁花赤。大约是在元大德九年（1305）至十一年（1307）间，他首次在石龙寺山门前架桥，命名为"兴贤桥"。这"兴贤桥"就是后来的"咏归桥"前身。

"兴贤桥"历150余年后，虽经过多次维修，终在明代初年完全倾圯。士农工贾仍需竹筏济渡。明天顺四年（1460）初秋，有个姓罗的钦差大臣来庆元视察，他在拜谒当时建在松源河北岸的"学宫"时，也需涉渡。他对众人说："河上架有桥梁，人们就可以自由地往来了。这也是国家建设的一项工作。何况学校还远在河对岸，学生们来往也太不方便了。"于是，他拨下经费，同时也动员民间资助，首次在"石龙潭"中的"龟石"上建筑桥梁。就在同年八月间动工造桥，木石匠人一齐动手，经过了几个月的努力，花费了银钱若干，终于在同年的十二月竣工。这桥全长数十丈，计四十一间。桥中还建了一座"大观亭"。全桥上覆椽瓦，下砌卵石；雕梁画栋，漆朱粉白，既可蔽风雨，又美丽壮观。

对于咏归桥的命名，民间原是以地方地理地貌有"石龙半天飞，石龟水面浮"之说来命名的，而时任庆元县知县张宣提出"师儒来游来歌，恍若风乎舞雩之咏"，遂取《论语·先进》中"……浴乎沂，风乎舞雩，咏而归"之句命其名为"咏归桥"，并请人撰写了一篇《咏归桥记》以作纪念。这就是最早的"咏归桥"。

之后，"咏归桥"几度兴废。明嘉靖二十七年(1548)，大水冲垮了"咏归桥"。隆庆三年(1569)朱苻苾任知县，在他的任期内曾一度重建"咏归桥"。可是，没过多久，这重建的"咏归桥"又被大水冲毁。

明万历三年(1575)，知县沈维龙再度筑建"咏归桥"。时隔13年后的万历十六年(1588)四月初一日发了大水，这场大水可大啦，不仅乡村被毁多处，就连刚筑好只有42年的北面城墙也被冲毁了72丈，淹死了好多人，而这"咏归桥"自然又一次付之东流。

到了崇祯十三年(1640)，安徽当涂举人杨芝瑞苾任知县，此君在庆元历史上的任职官中，树政绩较显，颇得民心。他在到任后曾建隘口、修城墙，做了不少工作。他接受了老百姓的请求打算重建被水毁了的"咏归桥"。然而，当时竟有人说："这咏归桥屡建屡毁，是石龙潭中的水怪作弄，如果再建，恐怕还会再毁，看来还是不建为妙。"杨芝瑞回答说："这不是水怪作乱，是前人的建筑结构不合理之缘故，而后人又没有接受前人失败的教训，故再次失败。这怎么怪得了山精水怪呢?"于是，他一边立即组织人员在"塔院"(即"石龙寺")部署工作，一边向上级要求批准调拨建桥经费。在向民间集资时，他自己首先捐献了俸银五十两。老百姓即纷纷踊跃捐送。如后田的知名人士姚文宇一人就助银五百两。于是，杨芝瑞马上召集到一批能工巧匠，在石龙潭上再建"咏归桥"。

工程自崇祯十五年(1642)四月动工，历时六个月于同年九月份竣工。这次新建的"咏归桥"分左、右二桥。由"球山"麓跨在"龟石"上的那一段称为"左桥"，"龟石"上跨至"学后"的那一段称为"右桥"，并在"龟石"上建一"补天阁"以连接两桥。"补天阁"旁边另建一小亭曰"小蓬莱"。两桥共长二十四丈，宽二丈一尺，计十九间。"栋宇庄严，丹彩宏丽"，双虹横挂，舆马可通。人民欢欣鼓舞。为了纪念杨芝瑞的政德，人们将这桥命名为"杨公桥"。

清顺治五年(1648)，新建后仅六年的"杨公桥"的"左桥"不幸被火烧毁，交通要道又遭阻塞。因此，知县郑国位马上又重建之。

清康熙八年(1669)，"杨公桥"做过一次大修。负责修理"左桥"的是余世球，而负责修理"右桥"及"补天阁"的是后田人姚文宇的独生子姚铎。

可是，在清康熙二十五年(1686)的四月初一日，又逢洪水大发，冲毁了城墙数十丈,"杨公桥"也被冲毁了一部分。于是,这桥就不能再通行了。之后,这"杨公桥"因故久久不能修复。到了清乾隆十五年(1750),知县邓观干脆将残留的木结构全部拆除,用其中有用的木料移建了"北门桥"。从那时候起,"石龙潭"中的"龟石"上就不再有建筑物了,"龟石"仅成了个小岛屿。

自清康熙二十五年(1686)"杨公桥"被水冲垮后,人们只好仍旧"褰裳"涉渡,或者以竹筏代舟了。清雍正十年(1732),知县徐羲麟在"石龙潭"上造船为渡,建渡头,称为"石龙渡"。

清嘉庆八年(1803),后田人吴昌兴在"石龙寺"(即"神力寺")前独资建了一座小木桥,直通"学后"。此桥命名为"护龙桥"。"护龙桥"之类的小木桥更容易被水冲走,故屡废屡建,一直到近代。

目前人们看到的这座"咏归桥",是于民国十三年(1924)八月重建的廊桥,由当时著名木匠项树本、吴高举和吴高翔等承建。此桥仅是从"球山"麓的"真武庙"前跨至"龟石"上,至于"龟石"至"学后"的那一段,则仅是架了小木桥。

咏归桥

由于政府在松源河上建起了公路桥,同时,自"龟石"至"学后"的那一段小木桥也已经毁于水,因此,这"咏归桥"就再也不是渡河之要道了。

一九八三年四月四日

MENGZHOU
SHISHI GOUCHEN

第二篇

松源古镇

古镇新貌

松源古镇,乃是今日松源街道和濛洲街道所属的一部分地方,称为"城隅"。"城隅"分"东隅"和"西隅"两区块,在"东隅"区块中,有"上仓""埜塘""东门街""坑堑""后田""后碓"六个地片;"西隅"区块中有"大街""下街""后衙""后街""竹坑""杭桥""廊下""潭头""石龙下"九个地片。简言之即由旧日俗称为"城底"的城池内一带和城池外的"后田"两大区块及一些居民点所组合成的区域。古时原属乡级建制,后升为镇级建制,之后一直是县级机关的所在地。之所以用"松源"来命名,乃是古来有"(溪之)两岸皆乔松,昔人榜曰:'百里松荫'故名"之缘由也。

古镇概述

松源镇位于北纬 27°37′、东经 119°03′地带,最低处海拔为 353.33 米(依近年新版的《庆元县地名志》记载),地域总面积为 127.6 平方千米。地属亚热带季风气候,最冷月份的平均气温为 6.7℃,最热月份的平均气温为 27℃,年平均气温为 17.5℃,平均年降水量达到 1750 毫米。无霜期达 245 天,冬无严寒,夏无酷热,气候十分宜人。

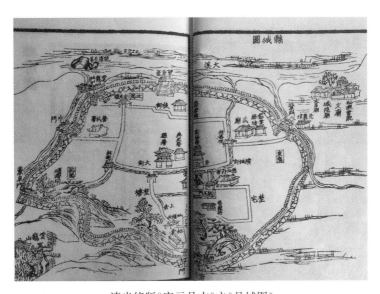

清光绪版《庆元县志》之《县城图》

　　松源古镇地处小盆地,四面环山,松源河位于其北缓缓以抱流。昔日,镇之中心地是"城底",是一片近似于长方形的古城池。城池有完整的城墙,有分别称为"豊山门"(按:此门之名如今已改为"丰山门")、"济川门"、"薰阜门"和"云龙门"的东、南、西、北四座城门。其间还另开一座称为"水门"(又称为"太平门")的便门。此外,在北城墙处,有向北方呈"凸"字形凸出一块数百平方米之地,坐南向北地建起了一座号称为"望京台"的阁形建筑物,县署坐落在城池的正中心地带。

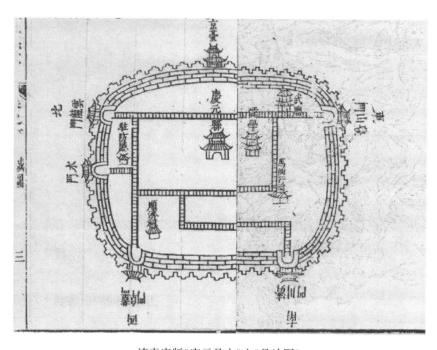

清嘉庆版《庆元县志》之《县治图》

　　与"城底"的"豊山门"东门距离仅 1000 米,中间还隔着几座古庙和一片水田的一片区域是"后田"。这"后田"又称为"后田街",弯弯曲曲的后田街原先是一条较高的田垄,古代居民依着其蜿蜒的地势开渠引水灌溉两边的田,于是,这渠边就形成了小路,然后村民在这小路两边建房,慢慢地,就形成了后田街。后田街的地面高高凸起,两边的村庄都是低洼地。古时候的"后田街"由"后碓""吴宅""姚家""上叶""下叶"及"后姚"等一个个自然村以水田或菜圃相隔,断断续续地形成,为东西走向,呈长条形,类似"船形"布局构建而成。后取其前后边田地之意而命名为"后田"。

历史渊源

　　松源古镇依《尚书·禹贡》所载,古时属"扬州域",周时为"七闽地",后属"越地",到了五代十国时期是由吴越国的"东平乡"所辖。其形成民居的历史已有千余年,在其东面1000多米的地方,有一座建于晚唐乾符元年(874)的天明寺。从天明寺情况来看,当时的居民人口数已比较可观。之后,这一带乃至周边一带因优美的地理环境而被命名为"松源乡",作为龙泉县的一个乡,一直属龙泉县。由于当时松源乡占地比较广,其地域范围一直到今日福建松溪县的"旧县"一带,故今日的松源镇一带,那时候没有统一的命名,只是由各个村庄自己定名罢了。

　　五代后晋天福五年(闽永隆二年,940),闽国内乱,吴越国插手,于是发生了战争。之后,以吴越国战败,失去了一大片土地而宣告战争结束。在战后整治疆土时,今日松源镇之地作为

庆元旧城之古镇一角(姚小崇作,毛昌尧1975年摄)

龙泉县的一个乡,仍旧属于吴越国的国土。

南宋庆元三年(1197),"吏部侍郎胡纮请于朝,以所居松源乡置县治,因以纪年为名"(见清版《庆元县志》)。之后,这松源乡的所在地即之后的松源镇,就成了庆元县的县治所在地。

之后,一直到明嘉靖年间,这 300 多年间,松源依然没有形成一处市镇,没有一个统一的名称,仍然是一个个村落各自命名。后来到了嘉靖二十五年(1546),由知县陈泽筑成了城墙之后,乡下人进城时说"去县底"的时候,松源古镇才真正成了县城。

筑建城墙时,竹坑、廊下、潭头、石龙下和后田一大片村庄被留在城外,而上仓、下宅、埜塘、竹林头、杭桥等村庄被围在城内,俗称为"城底"。之埜等几个村庄逐渐各自扩大,最后合并在一起,于是,村名有了变化,有雅称为"东隅""西隅"的,有直接叫成"东门村""南门村""西门村"和"北门村"的。而后田一片,也依然分别称为"后碓""吴宅""姚家""上叶"和"下叶"等。后田街整体形成之后,则又多了"大坂洋"和"街尾"。总之,古镇形成之后,仍旧是各自为村,不过,整体上形成了"城底"和"后田"两大区块。

地理环境

　　松源古镇处于四面群山环抱中，有巾子峰、文笔山、薰山、仙桃山、黄公山等。最典型的是镜山。镜山山体圆圆似镜，山上嘉木美卉，葱茏翠密，山下有清泉，水泐泉寒，古人作赋说其"寒泉悬涌，浚湍流带"。如今，镜山已被辟为森林公园。砌筑有石磴小道，直达山巅。那里树木翳天、鸟语花香，是登临小憩的好去处。

　　环绕着松源古镇而流的是一条松源河。松源河从东往西流，在流过了"周墩"，汇合了"小坑溪"和"下滩溪"之后，就流入松源古镇。松源河缓缓往西流，流经"镜潭""山际潭""白岩头潭"至"双潭石印"的"放生潭"和"石龙潭"后，即告别了松源镇，向两座山麓的峡谷流去。昔日里，松源河水流潺潺，明澈见底。河中鱼类品种丰富，有鳜鱼、鲩鱼等。松源河边还有另一个亮点，那就是从上游至下游的河边，竟隐藏着

松源河

四五座水碓。那是古人的粮食加工厂。一座座水车在河床里咿咿呀呀地转动着,是当年的一道风景线。

在古人选定的庆元"濛洲八景"中,就有四处坐落在松源河附近,分别是"石龙烟净""双潭石印""云鹤松荫""霞帔丽日",这些景点的确是让人向往的游览胜地。

古镇族群

松源古镇最早的人口中,有吴、姚、叶、周、张、余等多个姓氏,其中以吴、姚两姓人口最多,可谓"显族",这些居民基本上都是汉族人。

在松源古镇,吴姓占人口最多。松源吴姓的祖上是中唐时期的"文简先生"吴翥之孙吴祎。唐天复四年(甲子,904)吴祎避"董昌之乱",带着侄子吴承从绍兴辗转迁移定居在这括苍之松源。后来,吴祎的后裔辐射性地向外发展,然而又有外迁后返回者。比如居住在"城底"和"后田"的吴姓人,则是祖上已迁居东乡举水,之后又从举水迁回定居的。

人数仅次于吴姓的是姚姓人。定居在松源上仓和松源后田姚家村的姚姓人,都是南宋时从福建松溪上里迁移定居于松源上仓的姚泰之后裔。而姚泰又是从河南汤阴迁移来,定居在龙泉"大窑"的光禄大夫、金紫九公姚舜明(相传此人是朝廷派驻龙泉的"官窑"管理官员,但遗憾的是未能取得文字依据证实)的九世孙。由此可知,松源古镇乃至整个庆元县的姚姓人,祖籍应为河南,从广义上来说,这族姚氏人也是"客家人"。

人数仅次于吴、姚两姓的是叶姓人家。叶姓有早就定居者和之后迁入者,他们的主要居住点是后田的"上叶"和"下叶",也有一些人居于石龙山下"潭头",俗称"潭头叶"。"潭头叶"是较早定居在庆元的叶姓人,县内好多叶姓人家都自称源自"潭头叶",而之后居于城内东隅的叶家人也自称来自"潭头叶"。如今,他们的祠堂旧址也在石龙潭附近,可见他们也是"潭头叶"旧家。

此外是周姓人和张姓人，他们在松源古镇的人口中亦占有一定的比例。据说所有的周姓人都源自张村的后溪村周姓，而关于张姓人家的来源却说法各一。这里且不做细述。

古镇劫难

在历史的长河中,松源古镇多次受到历史事件的冲击。

元世祖至元十五年(1278)十一月,福建政和人黄华发动了所谓的"黄华之乱"。黄华占据了庆元县城即松源古镇后大肆烧杀劫掠,使古镇受到了严重破坏。他首先焚烧了县衙,不仅大堂、官舍毁于一旦,

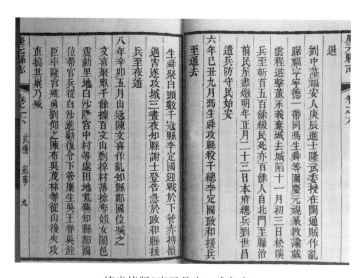

清光绪版《庆元县志·武备志》

连筑建在县治前作为立石题刻进士名录的"籍桂亭"也未免其难。与古镇有着一水之隔的儒学建筑也遭到极大的破坏。《庆元县志》中载"毁县剽掠而去"。

明正统十四年(1449)叶宗留起义期间,松源古镇又遭到一次破坏。清版

《庆元县志》载："时县无城,贼因袭据县治,纵火延烧署舍。"

明嘉靖四十一年(1562)八月及十二月,福建寿宁县山寇刘大眼分别两次占据庆元县松源古镇。松源古镇又受重创。

清朝初期,局势还不稳定。顺治四年(1647)七月十九日,时在福建的南明余部雷时鸣进攻庆元县,攻破城池,抓走了知县李肇勋,还杀了他的三个儿子,李妻自缢。这个事件对地方的破坏力也是不小。

清顺治五年(1648)十一月初三,松源古镇遭受庆元县有史以来最残酷最悲惨的一场战事,受到十分严重的破坏。这一天,南明政权对庆元反攻,攻破了城池之后,在城池内展开了巷战,这次战争"自北门至县治前民屋尽毁"(见《庆元县志》),双方军士被杀 500 余人,老百姓也死了 100 多人。当时,松源古镇的居民也仅数千人罢了,而一次战事就死去了六七百人,可谓满街躺的都是尸体。

康熙十三年(1674)五月,靖南王耿精忠部将、总兵徐尚朝攻陷了庆元,直至康熙十五年(1676)八月,才由清兵收复。庆元被攻陷之日,双方曾经发生激战,许多人战死,民间有"死人成摞"之说,地方史料中也记载"尸积盈巷"。

古镇经济

　　《庆元县志》中对松源有"僻在万山，土瘠赋诎"之谓，可见古镇的经济水平确实低下。当然，说其"土瘠民贫"，却亦有"力勤尚俭"之举。

　　一是仕宦经济。

　　由于条件所限，古镇上的学子能登仕途者屈指可数，而步入仕途以至成巨富发家者，那更是凤毛麟角。故从仕宦经济带动地方经济来说，没有多大影响。比如姚文煜曾经在四川顺庆府任同知，退休回乡时，曾立志在象山上建宝塔，可是之后也仅仅是给自己盖了座规模较大的府第而已，象山塔还是未建成。这就是古镇上的古建筑鲜见的原因。

　　二是农业经济。

　　古镇上的农业经济，全属小农经济，其中大多都是自耕农，租佃者较少，贫富差距不是很大。可笑的是，在人群中，如果家中有着"千租"者，那就可以列入富户之行列矣！至于"万租"者，那自然是寥若晨星了。那么"千租"者是

古老田庄今貌

什么概念呢？原来就是拥有一千"把"地租收入者（注："把"是一种专门用来收地租用可容纳 16 斤刚从田里收来，只是通过风车和谷筛，而没有晒干的"水谷"的小圆木桶，此桶的特殊之处是上、中、底都箍以铁箍，防止改变容量，中箍有铁耳环，以便于携带）。可见，"千租"者大不过是个年收入可达到 16000 斤"水谷"（即湿谷）的"土财主"罢了。当然，在这些"土财主"中，也偶有人有能力建起称为"仓间"的田庄来。然此等人往往都是有着商业经济作辅助的，若是单凭农业收入，恐怕难以实现。所以足见当地农业经济水平之低下。

自耕农日出而作、日落而息，往往有终耕陇亩，作"半年辛苦半年闲"自谓。回春后，有"正月嬉过，二月挨过，三月落铁都要去（方音念似'嗷咳'）"之说。之后是严依二十四节气运行，不误农时地耕耘。其间村民偶有互助之行，互助之作以"换工"为主，大多不计酬。遇"锄田""插田""扢谷"农忙时期，互相帮工。

除了自耕农，还有占有一定比例的租佃者，此类农户在其劳动中，除了同等付出，还要在所得中减去地租部分，故他们的经济条件更差。

古镇上的农事耕作十分单调，农作物品种甚少，所耕作的大多是单季水稻。偶尔选一些较肥沃的田来种大麦、小麦，然种的面积不大。此外也偶尔有人尝试性地播种荞麦。荞麦这种一年生草本植物，开小白花，于是古镇人把它称为"花麦"。

在农业经济中，附带有"渔"和"樵"，镇上"渔"者为数不多，且并不专业，都是辅助之作。其间有在溪中作业的"溪渔"和田里作业的"田渔"之分。

"溪渔"是在松源河及其支流中进行，"渔"之手段大多是"扢撒网（方音念似'能善绵'）"和"下竹弹"，"放鱼（方音念似'泵厄'）鼓"。之外偶尔垂钓，或以"等鱼床""戳团鱼（方音念似'坛厄'）"等，种类繁多。

"扢撒网"有的是撑着竹筏进行，或涉滩为之。垂钓的主要对象是在水里闲游的鱼群。"下竹弹""放鱼鼓"是对付那些贪吃的鱼类，而"等鱼床"是针对繁殖时期的鱼群。

然而，也偶有引进鸬鹚作业者，终因溪流水弱，受益不大而放弃。

昔日的松源河里，鱼种繁多，珍贵的是鲩鱼（俗称"时闪"）、鳜鱼（俗称"桂鱼"),也偶尔有鳠(方音念似"画")。鳠大多生长在五、八都一带的槎溪里,在古镇的松源河段很少见。此外有魶鱼(俗称"鲍鲍")、石斑等,还有一种方言音称为"青僚"(大约是鲭鱼的一种)的20多厘米长的半透明的鱼,成群浮在水面上,村妇们在河边洗菜时,这种鱼儿会游入菜篮抢菜吃。这可不是件稀奇事。

至于"戳团(方音念似'坛')鱼",多是在松源河的支流的沙淤里进行。"团鱼"即"甲鱼"。"戳团鱼"应是一项技术性很强的手艺:村民手握一支铁打的、尖尖的"团鱼枪"在河滩上走,凭经验判断隐藏在沙淤里的团鱼,于是用"枪"一戳就可戳到团鱼。据说有一个盲人是个"戳团鱼"的高手,人们把他背到河里,他可以以脚探之而"戳"到团鱼,这倒真是件稀奇事。

"田渔"自然是在田里,具体的方式有"放鳅篓""撒虾鱼""钓鳝"和"拾田螺"等。

"放鳅篓"的"篓"(方音念似"累")是一个用竹篾编成的直径约8厘米、长约30厘米的疏篓。其一头是双重的喇叭状口,另一头用一个很小的小篾箍箍好。把这种篓放在田里,装上诱饵后,鳅、鳝之类从喇叭状的入口往内钻,却是能进不能出。

"放鳅篓"在早春、晚秋季节里进行,是一种早出晚归、非常劳累的"田渔"操作方式,一日之间没歇的时候。

傍晚时分,村民在准备好饵料之后,要挑着一担装着100至120个"鳅篓"的"鳅篓担"到田(大多还是"山湾田")里,凭着经验在鳅、鳝较多的地方用手挖一条小沟,然后把"鳅篓"放在沟里,上面盖上装有饵料的田泥,插上用鹅毛做标记的标签之后,再去放第二个。村民要把整担的"鳅篓"放完后,才能回家,而此时往往已是明月当空照了。

第二天凌晨,村民点着火把到田野去,逐一收回昨日傍晚放入田里的"鳅篓",择出口头的小篾箍,将篓里的鳅、鳝倒入挂在"鳅篓担"上用竹篾编制的"篾箪"(方音念似"大")里。有趣的是,有些"鳅篓"里,先是钻进了鳅,然后有鳝挤进来吃鳅,更有泥蛇挤进来吃鳅、鳝,结果硬是把这"鳅篓"胀破。这时候,在倒出了收获物后,要从"篾箪"里拣出早已闷死的泥蛇,将其扔到田埂上。

挑回了"鳅篓担"后,要对"箪"里的鳅、鳝进行分类筛选:鳅略分大小即上街出卖。鳝分大小后，大的可马上上街卖，而小的则要"劈(方音念似"里")鳝面"，即将鳝鱼破开，去头、去内脏(也偶有不去者)以成"鳝丝"，才能卖。

上街卖完了鳅、鳝之后，紧接着是要去"掘蚯蚓"(方音念似"罗罕")，挖来的蚯蚓要用"砻糠"(谷壳)拌和后捣成浆，作为鳅、鳝的诱饵。之后，即又要挑着"鳅篓担"上路去"放鳅篓"了。

"放鳅篓"的收益是凭经验、天气、运气所取得。有一日得半箪、一箪，甚至一箪都装不满的鳅、鳝，收益就算是可以了。

"擞(方音念似'速')虾鱼"所用的是"鳅鼓"，是用竹篾编成口宽约50厘米、尾宽15厘米、高约15厘米，尾部往上翘的圆筒状，并装上高约70厘米的提手的一种竹筐。此外还要配备一只用竹篾弯成三角形，底部用金属小环串在一起的，在使用时会"沙沙"发响的"擞擞"(方音念似"速速")。"擞虾鱼"是将"擞擞"以一定距离在"鳅鼓"前抖擞，把鱼虾赶入"鳅鼓"中，然后提起"鳅鼓"，将"鼓"中的鱼虾从后头的圆筒状尾部倒入腰边的竹篓中，这就叫"擞虾鱼"。

"擞虾鱼"所"擞"得的大多是泥鳅，之外是"鳊鳊鳃""杆脑鱼""白鲫鱼""沙豚鳅"之类，也偶有"铁皮鲫"等。这些五花八门的小鱼，昔日里是司空见惯，可如今大多都已经绝种了。

如果这"擞虾鱼"是在上丘田往下丘田放水处的俗称"水堀下(方音念似'野')潭"里"擞"的话，那就大多都是"田虾"了。"田虾"是类似今日"虾皮"大小的虾。"擞田虾"时，往往要将"鱼鼓"的底换上俗称为"蚊虫(方音念似'棉同')帐布"的"夏布"作底。那时节的"田虾"可真多，即使是小儿拿着笊篱在那里乱舀的话，也会舀到许多蹦蹦跳跳的"田虾"。

将"擞"得的鱼虾，尤其是"田虾"用文火烤干后，即可倒在小号"笛篛(方音念似'曲力'。一种用篾编制的圆形平底器具，分为大、中、小三号。大号是直径约三尺的晒曝器具)"上，分成一股股，然后用头顶着，上街叫卖。

"钓鳝"的主要工具是"鳝钓"(方音念似"刁")，这是一种把用细钢丝弯成的小鱼钩捆扎在小竹竿上所制成的钓具。所用的钓饵是蚯蚓。钓鳝者头戴箬笠，腰背竹篓在田埂上行走，凭经验看鳝洞。看准后就在"鳝钓"钩上穿好蚯蚓，然后伸入鳝洞中，即可钓出鳝鱼来。当然，钓鳝有一定的技术性，不是人人都会的。

"拾(方音念似"算")田螺"是最简单的"田渔",且是村童们的拿手好戏。田螺最喜在傍晚时刻活动,尤其是在雷雨将下之时,只要提着一只篯箪到田(最好还是"山湾田")里一转,一个傍晚准能够捡到大半箪的田螺。还有一种与田螺共生的称为"田笋"的小蚌可一同捡回来。这种小蚌的味道也不错。

镇上的樵经济,也是属于农业经济中的一部分。昔日之烹饪、取暖全由自给,不似今日有煤、电、气的外援。农家的柴火是在农暇日,或者是在耕地后农人归家途中伐取的一些灌木枝丫或刈割的"狼衣""茅草"之类。而富户或商业界人士则是以"贾"之手段解决。

作为"樵经济"之"贾"者,有两大类:

一类是在农暇时间,往往也是在青黄不接的时候,特困家庭的农人要临时转为樵夫。很早入深林,午后荷柴一担于市井待贾,第二天的下锅之米可能就要靠这担柴了。

另一类是专业经营柴火的人,他们或雇人或自己参与,在东部地区的山林里,伐下以松树为主的木材,锯成约两米长的木段,堆放在河边,等到山洪暴发时即推之入溪,木段到达岸边后再运至镇上出售,这种木段被称为"水流樵"。

捞"水流樵"上岸后,按"钩"(一种以粗木杆制作成的土秤,每"钩"道是 160 斤"老秤",有 200 多市斤)销售。销售的对象几乎都是有钱人,于是就产生了运输和劈柴这两项需劳力的工作,这时是身强力壮的汉子显身手的好机会。旧时还有人在劈柴时,挥起斧头,大吼一声,斧头还没落下时,柴就事先裂开了之类的传闻。

昔日里,人们常将"落雪落雨近(方音念似'跟')年边,无樵无火(方音念似'毁')唤皇天"的口头词挂在嘴边,足见入冬后,人们对柴火之储备是相当之重视啊!

其三是工业经济。

古镇上的工业,可谓零状态,如果要勉强把作坊之类纳入工厂的范畴的话,那也只有水碓这唯一的作坊了。

水碓分立在松源河边,分为随着河水流动而转的"车斛(方音念似'翁')

碓"和引水于"大济溪"与"竹坑溪"中,水从水车上往下冲的"雷公碓"两种。水碓中的设施,可分为碓米用的"碓臼(方音念似'垢')"和磨面灰(即面粉)用的"面楼",以及轧(方音念似"借")桐、茶油用的"油车"三部分。

水碓的经营,除了"油车"是由老板雇工操作,要收取加工费外,"碓臼"和"面楼"的碓米和磨面灰都是由人家自行操作。磨好了米、面后,老板会收取一定额的实物,不作货币交易。严格地说,水碓经营的性质也依然属于农业经济。

除此之外,与工业经济有所搭边的只能算手工业了。

清版《庆元县志》载:"工匠悉资外籍,石工则宁德,木工则江西……"。昔日,每提起木匠,人们则必须往江西去请。比如姚承恩建大坂洋"大阙"时,请的就是一伙从江西来的匠人,而其他较有名气的能建屋宇之人,据说基本上也都是江西匠人。

关于石匠,近代已有向庆元县东部地区如江根、坝头一带延请的现象了。如在民国二十一年(壬申,1932),后田筑建"吕公堤"时,就是延请了本县江根乡江根村的著名石匠吴传绅来承建。这条护河堤以坚固、平直、外观美等博得大众的一致好评,充分体现了庆元县"石匠之乡"的巧匠技艺高超,名不虚传。

至于与生活和农业息息相关的"铸锅镬(方音念似'扩莽')""铸犁头"和"铸犁壁",则大多都是来自福建周宁的匠人。他们往往是依季节来之,临时的工场也往往设在村庄外或者是破庙里。

与之相关的是打铁匠,他们大多来自邻县景宁的上标一带。

与生活和农业息息相关的还有"扴棉"和"串(方音念似'春')棕衣"者,则往往来自文成、泰顺一带,之后,他们竟成了这两项事的专业经营者。

还有一些手艺人,乃是从邻省寿宁县引进的,那就是"做雨伞"和"做油纸"的人。如从寿宁县洋尾搬迁来的有一个吴正庆老板,他一边开着一间杂货店,一边经营做雨伞和做油纸。在做雨伞时,以脚踏为动力来制"雨伞头"和"雨伞柄"之类。这已有一点机械加工的雏形了。

引进外地的手艺人时,还带来了移民定居之现象。如在晚清时期,江西丰城有一个揭猛的后人,为了避太平天国之乱而迁移至镇上经营油漆工艺,之后发了家,居然形成了一个小小的家族,甚至有的后来成了能工巧匠。

在那段时间,同是从江西丰城来了一个雷焕后裔的雷姓人,来到镇上后,他的后人或经营油漆,或经营染布,各自都发了家。

至于那些弹棉花、串棕衣的文成、泰顺一带的匠人,来镇上定居者,可谓络绎不绝。

最后还得谈谈商业经济。

古镇之商业经营,仅仅是为了当地民生,庆元处于"深僻幽阻,舟车不通"之境地,故无外贸之成分。清版《庆元县志》也载:"庆邑僻在万山,舟楫不通,商贾罕达。鬻于市者,本无奇货之可居,然交易而退,有市道焉。"

市面上的店铺,仅处于后田的后田街和城底的衙门前的大街上,且后田街的市场远大于大街的市场。其中店铺的种类不外乎布匹铺、南北货、饼店、点心店之类。然而都不是专营,仅是兼营而已。比如南北货主要是经营小商品,也出售些糖果,乃至油、盐、鲞鲑之类。至于布匹铺,也还有"纸扎工艺品"之类的商品。有的是季节性经营,如饼店,古镇上的饼店一般不是常年营业,主要是在节

清代商号招牌

日,如临近中秋节和年关之际。至于点心店,也不是常设,有依着时令做时令小吃的,有逢集市日才开门营业的。

市场上的货物来源,布匹、日常用品等,多来自龙泉、浦城,乃至处州府。而食盐、鲞鲑类,就大多来自福建了。

由于"深僻幽阻,舟车不通",于是,与货物运输相关的挑脚夫就应运而出

了。他们肩挑重担,从事来回数日的所谓"担长(方音念似'潭')担"的重体力劳动,非常辛苦。然也有个别能干者,积累了经营经验后,自己也做起了"行商"生意。

市场有固定集市之日,常选定在丑日和午日,也买卖小猪之类的牲畜,故取名为"豚儿期"。"豚儿期"类似别地的"墟日",届时人来人往,热闹非凡,呈现出短暂的经济繁荣之景象。

虽说市场经济不发达,然也有其短暂的辉煌时期。那是抗日战争时期,随着一些政府机关的进入,来自沦陷区的大量人口涌入,市场活跃起来。尤其是浙江省盐务局的搬入,镇上成了食盐从闽东经浙南进入内地的转运站,全部食盐都要在这里办理过境手续。一段时间里,后田街头的安定桥成了食盐过磅、盖验讫章的地方,一担担食盐川流不息地在此桥上进出,镇上呈现出一片繁荣景象来。

从历史资料来看,关于古镇上先经商后来成了巨富之类的,也有记载。比如姚孔厚,他六岁丧父,成了个孤儿,十三岁即料理家务,经其努力经营,终于"富甲一邑"。后来他不仅给自己建造了高大的屋宇,创建了新村,还为社会做出了较大的贡献,比如当时给济荒存粮的"社谷"捐赠,他一个人就捐献了一千担之多。不过,类似富人,镇上毕竟不多。

古镇景观

　　松源古镇上的一些古迹或景点大多数都建筑在松源河畔和石龙山上。岁月飞驰、沧海桑田，好多景点因时间流逝而消失于人间，然而，史料对其有记载。

　　望京台：明嘉靖二十五年(1546)，知县陈泽创筑县城城墙时，在城北端的城墙中筑一高台，命名为"望京台"。台平面呈凸字形，向北伸出，临于松源河。下为块石墙基，高一丈八尺，上覆木结构建筑物。其故址在今廊桥博物馆一带。明万历五年(1577)，知县沈维龙曾重修。清顺治五年(1648)罹火被毁。清康熙十一年(1672)，知县程维伊重建，后仍被毁。近代仅见其石墙址。古人季海以诗"层台百尺余，纵目遍村墟。幽思诗陶写，闲愁酒破除。花随春雨尽，柳带暮烟疏。何处是京邑？迢迢望碧虚"咏之。

　　庆元陈侯惠政碑亭：这是为了纪念知县陈泽在明嘉靖二十五年(1546)建筑县城城墙。时人于明嘉靖二十六年(1547)正月，在县城北门("云龙门")外的竹坑溪与松源河之汇合处(今濛洲公园入口处附近)筑亭、竖碑。碑名曰"庆元陈侯惠政亭碑"，亦称为"平川陈父母碑"。碑文的作者叫王澈，书写者是周令。全文计639字。亭与碑在经历了400余年后，被毁于20世纪40年代末，如今遗址不存。

　　砥中阁：建筑在松源河边的河堤上。光绪版《庆元县志》载："在坑砗中。"明崇祯十四年(1641)，知县杨芝瑞建，后被毁于清顺治八年(1651)。遗址在今后田姚家村北。其建筑结构不详,应属木结构建筑物。古人吴炳昌有诗"狂澜万顷注龙湫,卷雪奔雷满绿畴。几见堤成还复坏,于今谁作砥中流"咏之。

补天阁:其实是咏归桥的一部分结构。明崇祯十五年(1642)四月,知县杨芝瑞在石龙潭龟石上筑建咏归桥时,将桥分建成左、右两部分,建补天阁于桥中间以连接两桥。由于当时有补风水不足之说,故命名为"补天阁",其建制比较可观,四面设有廊,环之以栏,有曲梯可登临远眺。兵备道吕阳有《补天阁记》记之,较详。清康熙八年(1669),后田姚文宇的儿子姚铎曾经对它做过大修。补天阁在清乾隆年间与咏归桥一起被毁。如今人们是将民国年间所建的咏归桥之桥头

补天阁与小蓬莱

阁称为"补天阁",虽也可登楼,但与旧建筑相比就显得小巧多了。

小蓬莱:建在补天阁之下的龟石之上,是临水而建的水榭式建筑物。清版《庆元县志》将其列入《封域志·古迹门》。其初建不知在何时,似比补天阁稍晚或是建于清初。从康熙年间知县程维伊还作过七律诗对其歌咏来看,它可能在清代中叶被废弃。近年来,有关部门就其原临水位置做了花岗岩结构的复建,非常幽雅。

达观亭:此亭也是建在石龙潭龟石上。明嘉靖年间(约嘉靖十一年至十五年),知县程绍颐建。已废。其建制及规模等均不得而知。

松源形胜亭:与达观亭一样,是建筑在龟石上的小亭,其建制及规模不详。据清版《庆元县志·封域志·古迹门》,形胜亭与达观亭毗邻,故它的建设者和

兴废时间应与达观亭相同。

三官庙：坐落在石龙山上。庙里所祀奉"三官"即俗称为"福星"的"天官""地官"和"水官"，由明代天启年间知县樊鉴所建。清初，举水"神童"吴之球有五律《石龙山三官庙》："山高堪远眺，崖际隐孤城。群动都归静，畸途一望平。人家连水色，霜树有风声。耳目何超旷？浑忘世俗情。"清咸丰三年(1853)，下堂失火被毁。之后，继任的知县李家鹏及李燮曾先后倡捐重修。清光绪二年(1876)还重修了后堂。到了20世纪初，三官庙渐现荒芜景象，至20世纪50年代则彻底圮废！

问仙亭：又称为丰乐亭，坐落在石龙山半山腰。此亭的兴废年代均不详。估计是明代天启间由知县樊鉴所建，清代中叶已废。从清顺治年间知县李肇勋、乾隆年间知县王恒、道光年间知县吴纶彰和当时的一大帮文人如田嘉修、叶帮勋等人的赋诗来看，问仙亭建筑面积较大，结构复杂华丽，可供宴饮，是古人重九登高的好去处。

大士阁：建在石龙山上，明知县樊鉴于天启四年(1624)所建，因阁中供奉观世音而命名，今早已荒废。清版《庆元县志·艺文志》中歌咏之诗多属于明末清初的文人之作，故估计其圮废是在清代中叶。

元坛庙：坐落在石龙山山巅，原名是玄坛庙，因避清圣祖玄烨讳而改名。庙中所供奉的神祇就是俗称财神的赵公明元帅(又名"赵元坛")，此庙亦是明天启间的知县樊鉴所建，已废。后人每因岁旱而祷雨于其墟。其建制虽未详，但今从遗址残存的基础砌石呈圆状排列来看，可知其原是一座圆形的建筑物。可见古人是有意将元坛建成圆坛结构，别有意味。

古寺古庙

　　昔日松源古镇上之庙宇,有依照国家典章制度所兴建的禋祀庙祠,寺、观之类,以及民间祀奉神灵的祀庙之类三大类型。

　　属于国家典章制度下所兴建的禋祀庙祠有文庙、武庙、东岳庙等。

　　武庙:坐落在丰山门内的节孝祠之西,遗址在今菇城剧院。武庙的创建是在明代之前。在顺治五年(1648)的那次战乱中被烧毁。顺治六年(1649)重建。之后,清代做了多次修葺。其先原单独供奉关云长,因而称作"关帝庙"。之后在民国四年(1915),奉文将岳飞合祀,并在两旁配享辛亥革命的"忠武将士",将此庙尊称为"武庙"。民国六年(1917),知事张国威对此庙做过一次修理,并且直接改名为"关岳庙"。此庙在民国十六年(1927)废除了祭祀之后,就逐年荒芜,至20世纪40年代则彻底圮废。中华人民共和国成立后则将该旧址改建成"人民大会堂",之后又拆除建成了"菇城剧院"。

旧址新建的东岳庙

　　东岳庙:坐落在四都黄堂

岗下。庙中奉祀的是泰山神"东岳大帝"。人们传说东岳大帝是管理幽冥地府的主宰，因而说"东岳庙"是"阴地"。庆元的东岳庙创建于元延祐二年（1315），之后历明、清两代多次修建。到了 20 世纪 40 年代末，"东岳庙"已十分荒败，之后彻底坍塌，地基还了田。

城隍庙：坐落在"丰山门"外的"文庙"以西，在这一片文化建筑群的包围之中。城隍庙里奉祀的是"城隍老爷"，据说这里是阴间的"县衙"，更属"阴地"。庙宇是在明洪武十六年（1383）由知县董大本兴建，清代曾多次修缮。在民国初年教育新兴的年代里，庙宇做了改建，成为校舍，办起了"庆元县立简易师范附属小学"，之后改称为"庆元县实验小学"。在"庆元中学"扩建时，"庆元县实验小学"迁移到了新校址，古建筑被拆除改建成了新校舍。

松源镇上没有道观，只有寺、庵之类。

石龙寺：古来有"神力寺"和"塔院"等多种称呼，其坐落在石龙山下，创建于唐乾符年间，之后又经历多次修建。在清光绪十四年（1888）八月里，还挂上了一块由处州知府陈□□书写的文为"千年古寺"四字的匾额。石龙寺是镇郊最近的一座佛寺，曾经一度香火辉煌。然而，自民国初年起，此寺就已经现出了荒败之象，当时县政府拆除了大量古建筑开辟为"中山公园"，向社会开放。公园设有厅堂，正厅门悬有一块于壬戌孟冬由吴兴沈金鉴书写的"听松草堂"四字的匾额。这匾额中的字，据说是"坚实老成，殊堪钦仰"（见民国残稿《庆元县志》）。之后，此公园甚至还成为体育场以举行运动会。中华人民共和国成立后，此地成为"庆元县干部学校"和"庆元县党校"。之后被彻底拆除，改建成了新建筑。目前，其遗址改建成了"生态公园"和"香菇博物馆"。有趣的是，近年来，村民在镇西约一千米处的"花园桥"对面、原"清明庵"旧址的山中，建起了一座新的"石龙寺"，说是恢复古迹。

天铭寺：原称是"天明寺"，清初被人改成"天铭寺"。此寺又曾称作"大明寺"或"大梅寺"，创建于晚唐乾符元年（874），是庆元县一座较早建立的佛寺，位于距镇东仅二里之遥的"象山"下。这里曾经是杭州灵隐寺号称"松源崇岳"的高僧吴崇岳"弃家受五戒"的场所。在漫长的历史年代里，"天铭寺"经历了多次修缮和重建。比如元代至元年间，就有僧人释至善等做了重建。明代嘉靖年间,有僧人释员贞等也做了重修。然而,最典型的是在清康熙四年(乙巳,1665),后田姚文宇的次子姚铎主持对其后堂做了重建,并对整个寺宇做了维修,之后使得这座古刹一度辉煌。姚铎在修建"天铭寺"告竣后,曾作七律《天铭寺》一首:"秋老山行悲落木,黄花对酒一高歌。萝侵断壁题应遍,藓蚀残碑字欲磨。添水旧闻萧寺鸽,听经谁识远公鹅。渡江已舍津头筏,隔岸回看翠霭多"(见《浙江通志》及康熙版《庆元县志》)。可是,由于种种问题,天铭寺到了清代的中、晚期就已圮废了。

万寿庵:也是坐落在豊山门外的有一片水田相隔的后田街尾。此庵创建于明崇祯五年(1632),由当时邑人叶铭等献出地基以建。叶铭还与吴攀桂一起捐舍入田产,以作"香灯"之类的经济开支。时人叶咸章有七绝"秋尽闲登般若台,僧房阒寂掩苍苔。山飞空翠云光迥,木落霜黄眼界开"咏之。之后,这庵堂经过多次维修。特别是在清道光七年(1827),由当时余家的贡生余垲("拐骸贡")向县令黄焕申请,减免了赋税以作为修理费,将佛像修葺一新。民国初年,"万寿庵"里多了两件新鲜事儿:一是庵堂边上的空地、菜圃被开辟出来,种上了一大片桑树,号此桑树林为"桑园",以教人养蚕来发展经

民国初年的庆元县女子学校《毕业证书》(之一)

民国初年的庆元县女子学校《毕业证书》(之二)

济。二是将庵堂辟作课堂,聘请了后田姚家村的民间教育家姚其昌的女儿姚瑞英为校长,创办了"庆元县立振坤女子学校"。当时就读的女学生就有十余人。时任县中心小学校长的县清末民初宿儒余炳光先生的女儿余春英,自民国九年(1920)至民国十四年(1925)即十五岁至二十岁时就读于这座学校。这是五四新文化运动时期的女权运动发展的一件事儿。中华人民共和国成立后,"万寿庵"改作从别处迁移来的"国营酿造厂",酿造"家酿"黄酒和烧制"金刚刺"白酒,一时出了名。

枫林庵:在历史上,枫林庵曾经被人讹称为颇俗气的"风炉庵",其坐落于"后田街"之头,与"万寿庵"遥遥相对,一座在街头,一座在街尾。建筑的年代是明崇祯十六年(1643),在松源溪边,辟以一片水田而建。时人叶益章有五律"乍雨溪声壮,新晴度石矼。遥青连古寺,飞翠扑高窗。鸟下鸣斋磬,僧来树法幢,不须闻半偈,早已片心降"对其咏之。"枫林庵"圮废在清代晚期,过了不久,其遗址即改建成了民宅,之后,民宅愈建愈多,填了周围的水田,目前已建成一个新村了。据说,创建"枫林庵"的是后田姚姓人,从后来其荒败后,那些佛像都转移到姚家村中"姚敏五公祠"内供养来看,此说的可能性很大。

云鹤堂:原名"集善堂",以堂之边有一泓清泉故又名"钵泉庵",然又俗称作"山头大堂"。"云鹤堂"之名是以其坐落在"濛洲八景·云鹤松阴"之"云鹤山"中以得名。此堂创建于元延祐二年(1315)。创始人是庆元姚氏人家"城底房"始祖"姚千五"的孙子"姚济八"。之后,"姚济八"即投身入堂为僧,以管理堂中的香火。在明、清两代,此堂一直是由姚氏人家负责修建的。此处风景幽雅,曾经是文人们相聚盛会的好地方。抗日战争时期的浙江省政府南迁时,省政府主席黄绍竑曾经驻足于此。中华人民共和国成立后,已显得荒败了的"云鹤堂"做了拆除改建,以其遗址及其周围一片山地新建成了"庆元县第二中学",后又改为"庆元县职业中学"。

拱瑞堂:在"云龙门"外的"文笔山"下,其原本不是佛教的寺宇,而是处祀神之所。清康熙版《庆元县志》载:"拱瑞堂:祀五显神……原庙在盖竹,邑人何文魁、吴标请建于此。国朝顺治五年,僧明光重修……"后来,人们不但将"吴三公"迁移来奉祀,还建起了"大雄宝殿",供奉起了"如来三宝"之类的佛教神像,使之成了佛教之地。在历史上,"拱瑞堂"曾经遭受过彻底破坏,地基犁成了田。之后在复建时,不仅复建起了"五显神殿"和"吴三公殿",还把原"咏归桥"头的"真武庙"和老"石龙街"遗址边的"徐夫人庙"也一起迁来建之。如今这"拱瑞

旧址新建的拱瑞堂

堂"竟形成了一大片寺、庙聚集地,在这里,宗教建筑物林立,成了近郊一带最负名气的宗教活动场所了。

此外,近代传入的外国宗教之雏形建筑设施有"天主堂"和"耶稣堂"。

人们在城垣一带将民间历史人物或传说人物供奉为祀神,以作为保护一方的"土地神",建起了八处称为"八社"的"社庙"。这八处庙宇中,就有六座建在松源镇,兹以其历史年代为序叙之。

第一座是"平水王庙":所祀的神灵名叫周恺,是晋代温郡始阳人。他以治理三江水患而得到民众的敬仰。到了唐代时,他被追封为"平水显

迁址移建的平水王庙

应公"。据说在南宋时曾显
灵,故特进封为"平水大王",
号称"通天护国仁济",赐庙号
为"仁济"。明洪武初,制封为
"横山周公",重立庙祀,钦定
每岁以仲春朔日为祭祀日,敕
学者宋濂撰《横山周公庙碑》
文。对他之功,有"虽仅泽之
州郡,但惠利亦在万民"之说。
所以,各地往往为其建庙立
祀。"平水王庙"原坐落在后

古老破旧的玉田马侍郎庙

田上叶村北之镜山南麓,处于松源河南滨,其创建的年代已失记载。人们只知
道它是民国元年(1912)七月初四日早晨被洪水冲毁。时人将其迁建在"六如
堂"东,与"六如堂"毗邻,距仅数米远,彼此都成了奉神之地。民国三十四年
(1945),"六如堂"被辟为"庆元县城厢镇中心国民学校"之后,这"平水王庙"也
一起被利用。在 20 世纪 50 年代初,学校改称为"庆元县玉田镇小学"。于是,
捣毁了庙里的神像,调整了内部结构,充当教师宿舍。

第二座是"卢大相公庙":大济村,前面有记述,故这里不细谈。

第三座是"马侍郎庙":所
供奉的是"马侍郎",其实,"马
侍郎"本名是"马四郎",是被
后人依着讹音而私"封"为"马
侍郎"的。他就是"卢大相公"
的外甥,他们一行人逃难到了
庆元之后,他曾"双奇偕姊弟,
百丈隐峦岗"地在"百丈山"上
"修炼",与两位妹妹"同证仙
果",都成了仙。之后,人们给

迁址新建的玉田马侍郎庙

他盖了一座祀神庙。此庙原处于松源镇东邻的"柿儿村",地临济川汇入松源河的汇合点,近村舍又濒水而建。始建之期史料缺载。明天启三年(1623),人们嫌其基隘地僻,则另在后田建起了一座新庙。之后,新、旧二庙长期并存。新建的"马侍郎庙"处于后田的后碓、吴宅两村交界处,处于"新昌社"地面,故依例正名为"新昌社庙"。庙宇坐北朝南,临街而立,原规模较小。清道光十五年(1835),曾由吴东垣、姚承恩等发起一场大规模的扩建和维修。工程历时三年余,至道光十八年(1838)初方竣工,形成了一处十分可观的庙堂。20 世纪30 年代,庙内部分堂室被辟为公共事业场所,但其主体依然作为庙会赛神之用。到了 20 世纪 50 年代,迎神"偃师息兵"。

第四座是"马夫人庙":"马夫人"是"马四郎"的大妹,小字"五娘"。她与小妹"七娘"一起在百丈山中"修炼",同时又一起抗拒过暴力的欺辱,最后双双"得道登仙"而去。"马夫人庙"原称"护应行祠"(康熙版《庆元县志》),后改称为"护应马氏真人庙"(光绪版《庆元县志》)。又以正堂号称"无疆堂"而庙亦称为"无

迁址新建的马夫人庙

疆堂"。当时庙门曾竖悬一"无疆堂"三字匾额。此庙原坐落在城底东隅,故庙名俗称为"东隅",遗址在今县文化馆一带。古庙坐南朝北,临街而建,它初建于南宋宝庆元年(乙酉,1225),之后历近二百年而圮废于明初。明清时期时兴时废。

第五座是"马七仙庙":"马七仙"小名"七娘",是"马五娘"的小妹。她与姐姐"马五娘"在百丈山中"修炼"后,山中如今还留有她的"遗迹"。"马七仙庙"在县内有多处,而属于松源镇的是在镇附近的"四都"坑西村。

第六座是"陈夫人庙":"陈夫人"以其兄妹排行十四而又称为"陈十四夫

人"。再以其庙处于县城西隅而称为"西夫人"。相传她是唐代大历年间,福建古田的一位农家女。说是她"修炼得道"后,"精巫咸术,活人最多"(见季灯《重修顺济行祠记》)。宋代,她被封为"顺懿夫人"(同上注)。自其为"神"后,许多地方建庙祀奉。松源镇的"陈夫人庙"又名"顺济行祠",坐落在西隅的"薰阜门"边,故

迁址移建的陈夫人庙

其庙名又异称为"西隅"。"陈夫人庙"的创建未知在何时,史料只有康熙三年(1664)做过一次大修和"乾隆五十七年(1792),吴来仪等倡捐拆下堂,改造戏台、两廊、大门以及神厨"(见清版《庆元县志》)和"道光五年(1825),首事吊租增建后堂"(同上注)等简单记载。

第七座是"元帅公庙":所奉祀的神灵是明初建文帝朝的监察御史、后跟随着建文帝出逃而号称"雪庵和尚"(依《明史》之说)的"护驾元帅"叶希贤。对于"元帅公庙"的历史,清版《庆元县志·禋祀志·叶元帅庙》有"〔在〕东隅后田。嘉靖二年建。嘉庆五年重修"的简单记载。看来这建庙的时间,是在那明代中叶

迁址兴建的元帅公庙

"壬午殉难"者渐得以"平反"的年代之后了。"元帅公庙"原先坐落在后田街尾"万寿庵"南的"大坂洋"中,孤零零地建在一大片水田中央。

第八座是"徐夫人庙"："徐夫人"是这"八社"中一位现实中的历史人物。她是安徽省太湖县人，丈夫叫赵璧。赵璧举人出身，于明崇祯六年(1633)始任庆元县知县。夫人徐氏是一个很仁慈的妇人。相传每逢赵璧办案时，她都提着小矮凳坐在屏风后面听。倘若赵璧办错案或量刑太重时，她都

迁址移建的徐夫人庙

会站出来纠正或说情。民众很爱戴她，遂将其神化成了"佛"，建庙以祀之。此庙的创建年代不明，约在明末清初。后在清嘉庆五年(1800)被毁，嘉庆六年(1801)重建。之后在光绪元年(1875)做过较大规模的修缮。"徐夫人庙"原先建筑在北门外荒废了的"石龙街"边，现址在"拱瑞堂"庙宇建筑群内。庙堂做了恢复。

说到松源古镇上这"八社"古庙，还得附带提及戏台，这八座庙宇除两三座没有建之外，其余的都附建有戏台，这是为了适应庙宇中举办的庙会所建的。这些戏台中，最具特色的要数"马侍郎庙"那座戏台了，此戏台不是建在庙内，而是建在庙门之外，跨在庙门外清凌凌的溪流之上，连接着后田街北段这南、北两条街。其上、下方溪流上面所设的都是市场，三面都是空旷的场所，视野开阔。

昔日不仅是庙会日，就是在那平常的日子里，人们往往会在这里进行文艺活动，那就是作庆元独有的"二都戏"剧种的演出。出资兼选剧目的叫"点戏"，"点戏人"一般都是"还愿"者或者是地方上的富户、商人。演出节目时，除了被点的剧目之外，还必须附演"魁星点斗"和"排八仙"。"魁星点斗"是由一个戴上面具的演员扮成"魁星"，手拿书写着"加官进禄"之类的条幅，依着锣鼓声

"哒、呔、哒、呔"地绕台一圈后再下台,而"排八仙"则是由七个生、净角和一个旦角打扮成"八仙",念着台词相聚后过场。这两个小节目不可或缺地演在"正本"前,天天如此。那时候,散了市的贩柴买菜之人已经急于要回家了,然而他们又想看一下戏剧表演,可天天只能看这"魁星点斗"和"排八仙"。于是他们说:"后田人真不会点戏,天天点的都是'大壮卖字'和'八个人白誓'。"昔日,即使东乡的菇民们"拜还"给"拱瑞堂"的戏,也仅仅是在"拱瑞堂"的戏台上象征性地演了"魁星点斗"和"排八仙",之后,其"正本"也还是要来到"马侍郎庙"的戏台上演出。因为这里视野广,观众多。"马侍郎庙"的戏台堪称当地当时的"第一剧场"。

要强调的是:"马侍郎庙"戏台下的观众席乃是与镇上其他庙宇中的戏台观众席一样,有"男廊"和"女廊"之分,男女观众在观看剧目时,必须分别在"男廊"和"女廊"中观看。此时莫说是不许男性观众闯"女廊"中,就连女性观众也不许混入"男廊"内。倘有犯规者,不仅会受到人们的指责,且会受到维持秩序者的劝阻。这是传统道德"男女有别"之体现也。

家族祠堂

祠堂是奉祀、纪念历史人物的场所。就其奉祀对象来说，有奉祀多位人物，或者单独奉祀一位人物之分；也有有时奉祀一人，后将其后裔之人一起合祀的。于是，这就有了奉祀多人或者单独奉祀一人和合祀人群这两大类祠堂之别，前者称为"□公祠"或"□□祠"，而后者即宗族的祠堂，实际上是一座家庙，则称为"□□□祠"或"□氏宗祠"等。

庆元纪念、奉祀多位人物的祠堂有皆义祠和戴德祠。

皆义祠：坐落在石龙山麓的古石龙街边。明嘉靖四十一年(1562)"奉文"奉祀"义士"吴凤鸣、吴德中、吴簏而追建。这座祠堂荒废已久。

戴德祠：建筑在武庙大门内的右边，其遗址在今菇城剧院内。清同治七年(1868)由民间集资所建，目的是重新奉祀原先单独奉祀、但早已圮废了的令人景仰的明代知县张学书和清代知县程维伊。之后，人们还将清代一些较有影响的知县如吕璜、邹儒等"有功于民"者也附列之。到了民国初年，戴德祠与武庙无人祭祀，不久即荒废。

纪念、奉祀单独一位人物的祠堂有张公祠和樊公祠等。

张公祠：坐落在石龙山麓，祠中供奉的是明万历三十二年(1604)任庆元知县的张学书。张学书是贡生出身，他在任内的主要德政是革除食盐贸易中的弊事，誓"愿免官以除民害"。之后是"民困始苏"，人们以"廉明仁恕"称之。张公祠建于明万历三十二年(1604)，之后荒废，人们将其迁附在后来兴建的戴德祠中,继续奉祀。

樊公祠:奉祀的是明天启年间任庆元县知县的樊鉴。樊鉴是湖北秭归人,他在任庆元县知县时做了不少好事,民甚仰之。清版《庆元县志·官师志》有传:"风雅有才,政多更新。龙山诸胜皆其开创。邑政卧理。时登山游宴赋诗。民以风流仙令称之。"时人在石龙山上建"樊公祠"以作纪念。此祠的建制未详,可能在清初后即圮废,废后曾一度附祀于"三官庙"。

杨公祠:祀的是明末知县杨芝瑞。杨芝瑞是安徽当涂人,举人出身,于明崇祯十三年(1640)任庆元县知县,在庆元历史上政绩较显。到任后曾建隘口、修城墙,做了不少好事,颇得民心。他最让人称道的政绩是接受了老百姓的请求重建被水毁了的"咏归桥"。人们于明崇祯十五年(1642)在"太平门"建了座杨公祠来纪念他。杨公祠经157年后,于清嘉庆四年(1799)因故被毁,嘉庆十二年(1807)进行了重建,之后却不知圮废在何时。

程公祠:为了纪念程维伊所建。程维伊是湖北蕲水(今湖北省浠水县)人,举人出身。康熙三年(1664)三月起任庆元县知县,至康熙十一年(1672)因父母亡故而丁忧离任,历任知县八年多之久。在任期间,竖城楼、清地亩、苏盐困、修邑乘、建桥梁,做了不少好事。程维伊还有幸成了清代著名的理学家陆陇其的"恩师"。那是在康熙五年(1666)秋的乡试秋闱中,他被临时抽调省垣任"同考官",适逢陆陇其参加了那场考试,他在批阅试卷时发现了陆陇其的文才,成了他的"伯乐"。中举后的陆陇其自认出于其"门下",与他建立了深厚的情谊。康熙九年(1670),人们建程公祠于其创建的"程公桥"的桥头,以作纪念。之后,程公祠随时间流逝荒废。人们也将其迁附在戴德祠中,一度享受奉祀。

古人聚族而居,于是,宗族的祠堂乃是必然之设。松源古镇上原也有多处祠堂,然随岁月流逝,目前留存的已是寥寥了。

从丰山门转西南行至垫宅,这里原先有一座叶廷祥祠。然而,史料对其记录甚少,更由于古建筑在晚清期间失火,仅保留下一口水井,近年在旧城改造时,遗址完全消失。

由垫宅转至济川门内的姚光禄祠,是整个庆元县姚氏人家的总祠,祠中所奉的是全庆元县姚姓人共同奉祀的南渡始祖,即从河南省汤阴县迁徙来,后定居于龙泉大窑的"宋朝议大夫、户部侍郎、赠金紫光禄大夫"或被称为"金紫九公"的姚舜明。此祠堂俗称为"老姚祠",原建于明隆庆六年(1572),由姚宠等创建。当时的规模较小且简陋,清康熙八年(1669),由姚文宇之子姚铎主持对其做了

迁址移建的姚光禄祠穿心亭

大规模的重修,此次重修后,历经 307 个春秋,于公元 1976 年被拆毁,当时将其正堂下的"穿心亭"迁移至石龙山麓,如今,此亭竟成了姚光禄祠幸存于人间的遗物了。

姚德七祠:这是庆元城底的姚家人在分房之后,另作奉祀的始祖姚德七的祠堂。此祠原建于清嘉庆十五年(1810),由当时称为"尚义"的上仓人姚鸾捐银八百八十两创建。之后不慎于民国年间被火焚。民国二十七年(1938)八月,由族人姚含帮主持做了重建,不久,即被当时政府征用。近

姚德七祠

年,经过商议,庆元县的姚氏族人共同出资出力,将这姚德七祠更名为"姚光禄祠"并做修缮,将祠中祀主由"姚德七"改换成了"光禄大夫"姚舜明,以恢复宗族祭祀活动。

周希一祠:创建于清乾隆六年(1741),重建于清光绪十五年(1889)八月。

在历史上,周氏家族曾经也有一段辉煌时期。目前周希一祠的主体古建筑还算保留得比较好。

周希一祠今貌

余恭一祠:原名是"安庆祠",后改称为"余恭一祠"。祠中所供奉的神主是庆元余姓人之始祖余恭——余启,余启的六世祖叫余阙。余阙字廷心,一字天心,唐兀氏人。由于余阙是羌族人,那余启也是羌族人,则这座祠堂就是少数民族的祠堂了。嘉庆版《庆元县志》载:"余安庆祠:城西隅。乾隆乙未年建。"而光绪版《庆元县志》则载:"余恭一祠……旧名安庆祠。"可见,建祠之日先被命名为"安庆祠",过了一段时间后才改称为"余恭一祠"的。实际上,此祠堂是乾隆三十九年(1774)动工兴建,翌年落成,坐落地点是在县城西街的余启老宅旧址。原来的余启故宅被毁于清顺治五年(1648)十月的南明政权反攻庆元之役。之后故宅废墟是否重建,抑或改作菜圃之类则不详。由于在历史上,余阙是在安庆战死的,于是,此祠堂被命名为"安庆祠"有特殊的意义,其显然是为了怀念先祖余阙在安庆的事迹,而祠堂所奉之始祖,也显然就是余阙了。安庆祠始建较简陋,更经岁月沧桑,至今已经历二百多年的风风雨雨,已是破败矣!祠宇占地狭小,建制简易,虽不起眼,但它是一处较罕见的纪念场所,这种奉祀少数民族祖辈的祠宇,庆元县毕竟较少。

在大街与北门街的交叉口处,有一座吴文简祠,所奉祀的先祖是中唐时期号称为"文简先生"的吴翥。而祠堂的创建者则是原已定居松源,后又外迁,再辗转迁回的"文简先生"之孙吴祎的后人。祠堂的创建期不详,说是"明嘉靖间重建",然此说似乎有出入。祠堂建筑风格比较华丽,大门的石构件更是可观,现已移作他用。

坐落在西隅的今弦歌坊巷一带有一座季运使祠。关于这季运使祠的资料,目前所知甚少。清康熙年间,西隅的季氏人家曾有季炜、季烺、季灯等一批邑中名士,这座祠堂或是在这段辉煌的时间内建立的,之后兴废无处可查。

在薰阜门内、土名"莲花堂"处有一座张坤二祠。此祠所奉祀始祖

旧址新建的张氏宗祠(张坤二祠)

是一个于明嘉靖年间从福建浦城浦岭街迁徙来的商人张义娟。此祠堂于清嘉庆四年(1799)兴建,后移作他用直至拆除。后来张氏族人合资在原址上做了重建,古迹得以复新。

今日的太平桥往东的这一片地,古称"杭桥"。在这里,原先居住的是俗称"杭桥吴"而不明其祖先的人群。这里有一座叫吴都巡祠的祠堂。由于有关"杭桥吴"人的历史资料甚少,甚至目前对于"杭桥吴"人都难以下结论,因此吴都巡祠是何时所建、何人所建,吴都巡者是何许人也,今人一无所知。目前,吴都巡祠仅留下了残迹。

叶提举祠坐落在原云龙门外,与旧城仅以竹坑溪一水相隔,位于石龙潭上游,即谓之"潭头"也。在历史上,居于松源古镇的叶姓人家,首先是定居于此"潭头",然后往外分居,故"潭头"是松源古镇乃至附近一带的叶姓人家之发家旧地,多个叶氏家族往往以出自"潭头叶"自居。清版《庆元县志》仅载:"叶提举祠:北门外潭头,嘉庆元年(1796)重修。"然而,这"叶提举祠"创建在何时,"叶提举"者何许人也,却是未详。20世纪50年代圮废。

叶德一祠：地处下叶村，故俗名"下叶祠"。祠堂奉祀的始祖是宋景定年间从松阳县迁移来的"叶德一公"叶旺启。关于这座祠堂的历史资料，目前还比较缺乏。20 世纪 50 年代荒废。

练君弼祠：地处下叶村，定居在后田的练氏家族据说来自二都杨桥，其家族人数不多，但是也能够兴建祠堂一座，实为可贵。此祠堂乃是于清道光二十年（1840）建作坊，20 世纪 50 年代拆除。

叶家人的石鼓礅门残景

在后田街今之林堂巷（按：此巷应正名为"六如堂巷"）巷口处是叶孝廉祠。此祠由于地处上叶村，故俗称为"上叶祠"，以有别于"下叶祠"。这座宗祠，乃是曾任会稽教谕的清顺治丁酉科顺天中式第三十三名举人叶上选的家祠。说来也怪，他这个家族，原先是一个上千人的家族，曾经辉煌过一段时间，而到了民国年间，却已是人丁稀少，致使这家祠堂也凋敝！

周文十二祠：关于后田周氏人家及其"周文十二祠"的资料，目前不多，只知道他们始自后溪周氏，迁徙时，先至镇东之天铭寺下一带立足，后转迁至后田发家。此周文十二祠是在清嘉庆二十年（1815）所建，于 20 世纪 40 年代起就和六如堂一起被改建了。

姚敏五祠：本是庆元姚氏第三代传人姚似自城底上仓分居，迁移至后田发家，成了后田姚姓一世祖后，其后人为其所建。由于其家族传到了第四辈的"敏"字辈时，仅仅姚敏五即姚彦文一人有后裔，其他的人，有的外迁，有的未能继承，于是，姚彦文的后人们在建祠时，就认定姚彦文为分房始祖，而命祠堂名为姚敏五祠。在姚敏五祠旁边，还建有包括姚敏五墓在内的古墓多个，然而关于此祠堂的历史资料很少。此古建筑在 1949 年后基本消失。

吴宅宽六公祠:建于民国八年(1919)正月,其族内有能人为了显示吴姓的昌盛而特地在姚家村的中心地带购了一座废宅来建筑。20 世纪 50 年代被移作他用,2006 年初由吴氏族人合资进行了重建。

旧址复建的吴宅宽六公祠

民居建筑

松源古镇上的古民居在历史长河中,兴兴废废,可谓沧海桑田。由于史料遗失,今人对于其兴废所知甚少。兹仅以数处依其历史年代做简介。

刺史凤竹宅:这个名称出自民国残稿《庆元县志》,它的俗称是"姚家大阙",是明万历年间后田姚家村的退休官员姚文煜所盖的宅第。乃是姚文煜在四川顺庆府任同知,退休后回乡,在还没有为自己盖府第的情况下,就先为县境搞"风水"建设而建宝塔被人讥笑,之后才致力于建家宅。民

姚文煜宅大门残景

国残稿《庆元县志》之《什事志·古迹》载:"刺史凤竹宅:玉田姚家门内。刺史姚文煜,字凤竹。明万历间刺史巴蜀,多善政,不次荣迁。旧《邑志》记名。"此宅坐落在姚家村中"百花坪"(古称"百花亭")其家族二世祖"姚国华墓"之北。主宅为五开重堂,外加"马弄"之设,总占地达 2000 多平方米。厅堂上下一共悬挂有匾额 12 块。"姚家大阙"在 20 世纪初犹保存完好,近年来做了大改建,如今已经是面目全非了。

　　望夫楼：是一片建筑群的通称。坐落在姚家村的"百花坪"东北、松源溪南岸，乃是其村人姚文宇的二房夫人周氏主持建造的建筑。姚文宇在成为巨富之前，原是个家境贫寒以养鸭为业的穷汉，他家原来的住宅并不宽敞。之后得以小康，又在清顺治三年(1646)受到打击，曾略作改造的住宅甚至受到"地下掘深数尺，将其家资尽数抄掳而去"之劫难，以致家人逃难而去。家难过后，二房夫人周氏于清顺治七年(1650)返家，始在原址上对旧宅做重建，后经多年陆续经营所成。"望夫楼"建筑群甚是广阔，占地达数千平方米，且结构华丽、建筑精细。据资料所载："建造楼台五叠，曲径数湾。"其主体建筑坐南朝北，面对镜山。楼

望夫楼砖雕花墙残迹

上设廊，夫人可每日登楼伫立，隔河远眺对面的镜山，以瞻仰其夫君姚文宇墓地，故雅称为"望夫楼"。"望夫楼"建筑群至今已有三百七十多个春秋，其间受风吹雨打，人为改变已是面目全非了。主建筑周边早年已做了改建，其主体于清光绪年间遭火灾被毁，遗址于民国初年被洪水冲走了大半，留下了一块直角不等边矩形的废墟。后又改成了菜畦，而在菜畦之东侧还有幸地遗留下一段砖雕砌筑的花墙，墙之四围雕以繁花蔓草，底下雕之以"麒麟献瑞鱼跃清波"之类图饰，十分精细。20 世纪 60 年代，村人将菜畦改建房屋，这段砖雕花墙被围在其住宅中，得到了保护。于是，这"望夫楼"就唯一地遗留下这么一点点古迹了，弥足珍贵。

　　上仓官阙：俗称"官阙"，坐落在城内上仓今"九曲巷"附近。此宅之原建主人史料失载，建筑时间当是晚明时期，后经改建。至于原建样式及规模今已欠详。"上仓官阙"这一名称是有着缘由的：顺治五年(1648)十一月初三日，南明政权在向庆元反攻时，城池被攻破，县衙被烧毁。事后，政府以失去了办公地

点而租赁民宅代替"衙门",此即清版《庆元县志·衙署》中"衙廨旧毁于兵,官皆僦民舍"之载也。当时被租赁成临时"衙门"者即此屋。"官阙"就此得名。之后,以此"官阙"作为"县衙"竟达十六七年之久,一直到了清康熙四年(1665),新莅任的知县程维伊重建了县衙之后,方才归舍还民。然而,"官阙"就此成了历史名称。

副将新明宅:是民国稿本《庆元县志》所定做的名称,人们则俗称作"吴惠三阙"。其坐落在后田吴宅村、今吴宅巷巷口。建筑者是吴新明,建筑年代是清康熙年间。民国稿本《庆元县志》之《什事志·古迹》载:"副将新明宅:后田吴宅门内。副将吴新明,字作哲。清康熙间副将两粤。恂恂儒帅,口不言功。旧《邑志》

吴新明宅的大门

武职记名。"经历了三百余载风雨之后,吴新明宅虽换了不少主人,然至民国年间,仍以"古迹"妥善保护,只是到了近代,吴新明宅没有改建,但也没有得到重视而成了废宅,乃至坍塌了大半,实为可惜!

姚鸾宅:也是一片建筑群,由好几幢房屋组合而成,其坐落在城底上仓。建筑者是城南富户姚鸾,建于清嘉庆年间。姚鸾是个很有实力的个体经营者,并成了出了名的地方慈善家,在为地方公益事业出资出力之余,修建了自家的家宅。由于资本雄厚,所营

姚鸾宅大门残景

建的住宅甚是开阔可观,且制作精细。其主体大门全部以花岗岩精雕细刻,门额是"云蒸霞蔚",联曰"连云翠黛王维画;绕户春花谢朓诗",其余刻满了花纹。历之以岁月沧桑之后,"姚鸾宅"做了大面积的改建,于今,就其主体前仅留下一座岌岌可危的石大门,其主体的木构件也即将倾颓,若不做修缮,古迹即将消失。

姚承恩宅:俗称"大坂洋大阙",因坐落在晚清时期新建的"大坂洋村"而得名。屋主人是"富甲一邑"且有七子三女的人物姚承恩。故此宅第之占地面积达两千平方米。主体作七开两进,作前、后两大厅,上、下轩四小厅之设。两个大厅下和四个小厅前、后是四个天井和若干个小天井,在喜庆场合里,每个大"天井"上都可以摆上四桌酒席。整座屋宇上、下层共计有106间房间,每个房间都考虑到采光,做到间间明亮。屋外四角挖建四口水井,屋后是一口大鱼塘,以作为饮用水和消防的设施。住户原先清一色的都是房主人的后裔,他们已轮流"开年"。所谓"开年"者,即指年关对厅堂进行打扫卫生、张贴对联、燃放香烛鞭炮,乃至连年的"大门弄"清扫等。轮到的人有"一百把租"(约合1600斤稻谷)的经济补贴。此屋宇动工兴建始于清咸丰八年(1858),施工期连续两年,至咸丰十年(1860)才得以初步落成。选用的木匠是一帮江西籍师傅。据说主墨师傅是个穿着纺绸长衫的文人。为了得到清静的工作条件,他白天休息,夜里叫徒弟挑着灯来"划墨"。仅仅历经百年,此宅宇于1957年不慎因火灾被烧毁。当时火势大,没法扑救,结果是片瓦无存。实在可惜!事后,受灾户不得不在原址上建起了四直、每直十开的双层二进的木房来安居。目前,这些木屋又被拆除了一小部分,余下的部分也只能作为"大坂洋大阙"的遗址所在了。

姚君锦宅:坐落在后田街头的后碓村中,建于清末光绪年间,由古"枫林庵"废墟兴

姚君锦宅厅堂今貌

建。除了其主体建筑,还有仓房、鱼塘、羊栏之类的附设,总面积达数百平方米。其主体部分为五开双进即上、下两厅,三天井之设。其特点是厅堂后的天井边上种树栽花,增添绿色的韵味。房主人姚君锦是个"算命""做卦"发家的人,然其子辈如姚东声等人已从事地方教育工作。故其住宅里的文化气息比较浓厚。昔日里,厅堂上悬匾挂联,壁现古旧的书画,精雕的几椅,还有丝、竹贯耳,雅气充溢。就今日后田街上的旧民居来说,"姚君锦宅"的确是保存得比较好的一座。

留余堂:即"吴全忠宅",房主人是清末民初后田吴宅村儒生吴全忠。此宅坐落在其祖宅"副将新明宅"的后面。"留余堂"建造于民国九年(1920)。建筑作五开单进即一主厅加后厅,下为两横厢、两天井之设。厨房建在厅堂后面,有高厚的泥墙作间隔,以作防火。大厅正中悬挂"留

留余堂今貌

余堂"三字匾额一块,四周所挂的是楹联、书画,雅气盈厅。厅之厢,则是房主人整理乃翁吴其元先生之著作《留余堂赋草》的地方。《留余堂赋草》是一本学史、论文,兼作地方风物吟咏的作品,出版于民国二十二年(1933)。书中编有作者友人如姚华封之辈儒生的赠序之类。封面是由当时县长张致远所签,在直书"留余堂赋草"五个字左边是"乐清张致远签"几个略小一些的字。字体比较独特。由此可知房主人是地方上小有名气的文人。目前,在此宅居中还保留有房主人书写的门额三幅,搁在一根不显眼的柱子上,遗留着半副由当年民间书法家余炳光先生书写的楹联。再加上房主人后辈还乐于在厅堂上莳花饲鸟,于是可说:今日的"留余堂"在不同的程度犹余留着一些文化雅韵。

修永堂:即"姚华封宅",坐落在后田后碓村"师公桥"东。现今的门牌号码是"苏公桥巷2号"。抗日战争时期的民国二十八年(1939),孔子圣像由孔繁

豪"奉令恭护圣楷避地旧处属之龙泉,再徙庆元"(见刘禺生《世载堂杂忆·南宋孔圣后裔考证》)最后安置大济之前,是先暂时驻足、供奉在此宅中。此宅建筑于 1923 年。房主人姚华封字定福,是个清末民初的儒生。此君乃是个饱学之士,不仅精晓儒学,还具有"五四"新文化思想。其设帐授徒,门墙桃李如吴锡泽之辈,

修永堂今貌

多有成就。房屋有主体和厨房两大设施,外加菜圃、鱼塘等。总体围之以垣,占地面积达七八百平方米。主建筑也是作五开单进,即一主厅加后厅,下为两横厢、两天井之设。厨房也是建在厅堂后面,同样有高厚的泥墙作间隔。此房建得较为精细,由石工到木工层层把好了关。精雕细刻,制作精良。在现存的古民居中,此座民居属于保存得较好的一座。厅堂上悬挂着一块由民国年间的庆元县知事江宗濂"题奖"的"急公好义"匾和一块庆元县知事张立德"题赠"的"品端学邃"匾。此外是在木柱、板壁、泥墙上还保存着大量房主人亲笔书写的古人创作的格言式楹联、门额横披之类书法作品,弥足珍贵,十分值得保护。

古镇廊桥

　　作为"中国廊桥之乡"的庆元县,廊桥数量当然是非常多的,仅松源古镇就有九座。在此介绍坐落在城垣附近的四座廊桥。

　　一是在"城底"虹卧在"石龙潭"上的"咏归桥"(见前文介绍)。

　　二是架建在"云龙门"外的"登云桥"。"登云桥"俗称"北门桥",横架在绕城而流的"金溪"之上。明嘉靖二十五年(1546),由知县陈泽创建。此桥可能是在筑城墙时一起架建的。之后曾经因水毁而多次重建。清光绪二年(1876)做最后一次修建,20世纪70年代晚期进行城市改建时被拆除,改建成钢筋混凝土结构的新桥梁。

登云桥遗址上的新桥梁

　　三是架建在"太平门"外的"太平桥"。此桥也横跨在"金溪"之上,其创建年代不详。据史料载,此桥古名"杭桥",曾经在元至元十年(1273)遭火毁,可见此桥早在元朝以前就已经有了。至元二十六年(1289)重建,重建时才改名为"太平桥"。明嘉靖二十五年(1546)筑城墙时,桥又曾经被拆毁。嘉靖四十三年(1564),知县张应亮重建。由于当时此桥是建在"太平门"外,而"太平门"又称作"水门",故又称为"水门桥"。明崇祯年间,廊桥又遭火焚而改建成"草桥"(即简易木桥)。之后是屡遭水患,乃至屡毁屡建。仅在清乾隆三十二年(1767)至五十

太平桥新姿

三年(1788)这 21 年间,就修建了四次。清道光十一年(1831),时年已九十高龄的上仓人姚鸾命其子、监生姚树德独资重建了"太平桥"。此桥毁在清季,代替之的依然是简易木桥。在 20 世纪 80 年代的旧城改造时,拆掉了木桥改建石拱桥。

四是坐落在"薰阜门"外西南约一公里处的"袤桥"。"袤桥"被人们讹称为"庙桥",建在"竹坑溪"上,由刘氏人家创建于明万历三十二年(丙午,1604)。清乾隆三十四年(己丑,1769)曾一度做过重修。此桥上加建廊屋 11 间,廊屋总长 28.60 米,桥面宽 3.60米。桥下拱架净跨 14.50 米,拱高 4.10 米。在经历了两百

维修前的袤桥

多个春秋的风风雨雨之后,已渐荒废。2008 年,庆元县博物馆出资对其做了大修,后被列为第六批"省级文物保护单位"。古旧文物焕发出新的光彩。

亭坊牌坊

说到"改地理、增风水"的象征性廊桥,自然不得不提起专门为松源古镇"改地理、增风水"所设施的另一种建筑,那就是建筑在镇中街道上的亭、坊等。

在城底,亭、坊之类的建筑有"桂香坊""登龙坊""景星坊"和"弦歌坊"等。

"桂香坊"原建在"丰山门"内的"武庙"南,遗址在"菇城剧院"附近。它的创建年代已经失考,估计是建在筑城后不久这段时间,从资料中只知道是在清咸丰六年(1856)做过重建。

坐落在坊坐东隅垫塘巷口"鼓墩门"边的"登龙坊"乃是清同治十年(1871),由姚芝台、叶嘉颐等人所建。据说是为了文风永盛之祈而建。近来,对它做过大规模的维修。

俗称"社祀亭"的"景星坊"坐落在上仓"景星宫"(即"马氏行宫")前,今"实验小学"附近。对于它之详情,今人掌握得不多。

旧址新建的登龙坊

　　"弦歌坊"坐落在"县衙门"前之"大街"与"北门街"的交叉处。遗址在今"弦歌坊巷"巷口。清版《庆元县志》对其记载非常简单，仅"在西隅，咸丰六年复建"九个字。相传，"弦歌坊"原叫"杨家坊"，是由于西隅的"顺济行祠"之地原先是杨氏人家的祠堂地基，在人们要新建"顺济行祠"时，这祠堂已经荒废，于是，杨氏人家就献出了荒废的祠堂地基来兴建"顺济行祠"。因此，人们在兴建之际，不仅在祠庙中辟出一室供奉杨氏的先人，同时还在新祠庙下方的街道边建了一座"坊"，命名为"杨家坊"，以感谢杨氏人家。

迁址移建之弦歌坊

好在庆元的方言中"弦歌"和"杨家"这二字的读音完全相同，没有一点儿异音，于是，久而久之，这"杨家坊"就讹成了"弦歌坊"。这样的讹，讹得很雅，讹得很有意义。20世纪80年代初旧城改造时，"弦歌坊"被迁建到"薰阜门"遗址附近，过了不久，村人们把它往西迁，也迁移至"花园桥"对面的新"陈夫人庙"下之山岭中，且大做装修。

　　此外，在后田街的"街头"和"街尾"，各有一座专门用来"迎风水"和"拦风水"的亭子。坐落在"街头"的那座亭子是在古"枫林庵"遗址边。亭子供人们小憩，暑日里还备有凉茶，供行人解渴。

　　坐落在"街尾"亭子的名字很雅，称为"一源锁脉亭"。由于庆元古人有"水神压回禄"（即制火灾）之说，故亭子里供奉的是性属水神的北方之神"真武大帝"。于是，这座亭子不仅俗称为"街尾亭"，还别称为"真武亭"。"一源锁脉亭"的建筑设计很巧：坐西朝东地拦在后田街的尾端，街道直接通入亭内，人们在街道上往西走，对面迎来的是一尊坐西朝东、面对着街而坐的"以水制火"之

"真武大帝",使人似有眼前疑无路之感觉。其实,街道在亭内微微地拐了一个弯,从神龛边走了出去,眼前依然是天宽地阔的一片。对于"拦风水"来说,这种建筑设计可真是一"绝"了。

封建时代,有一种特殊的建筑在地方上兴起,那就是牌坊。牌坊是一种表彰人们功勋的产物。就其内容分类来说,不外乎表彰科第、官爵、善政、功德、贞节之类,具体可分"功德坊"和"节孝坊"等。在历史上,松源古镇之牌坊为数虽多,然多是建得早废之亦早,目前犹留有痕迹,可作追忆的"功德坊"主要有以下几种。

一是遗址犹在今"姚家巷"巷口附近的"皇都得意坊":是为表彰任四川顺庆府同知的明万历壬午科举人姚文焴所建。其建筑的年代不详,而圮废在清代。

二是坐落在"六如堂巷"巷口附近的"登瀛坊":这座坊也是表彰科第的牌坊,是为清顺治丁酉科在顺天府中式的举人叶上选所立的。建筑年代不详且荒废较早。

三是"乐善好施坊":坐落在后田街头的"师公桥"边,整座牌坊都是用花岗岩刻制成的,其镌刻工艺可谓精细。清嘉庆十六年(1811),由庆元县知县鸣山"奉旨"为表彰"义民"吴昌兴乐善好施之功德而建的。此牌坊经历了139个春秋之后,于1950年3月3日(即庚寅年元宵日)夜里由于后田街的后碓村中发生火灾而被大火烧毁,实为可惜!

节孝坊主要有三种。

节孝贞烈总坊:这座牌坊的规模比较大,建制也比较精细。清咸丰四年(1854),知县李家鹏"奉旨"表彰全县经过上报批准后的"节孝"妇女而建立"总节孝坊",坐落在"丰山门"内。20世纪50年代,政府在"丰山门"外的"先农坛"办起了"庆元农场"后,此牌坊与"先农坛"仅距数步之遥,于是,也一起改建成了"庆元农场"的厨房和食堂。其遗址在今"菇城剧院"的后半部。

抱璞全贞坊:坐落于后田街"下叶"段的街道南边,面临"叶德一祠",原是"叶德一祠"的附属建筑。清雍正六年(1728)秋,知县徐羲麟"奉旨"为"叶德一祠"家族中的秀才叶良英的未婚妻吴淑姬"望门守节"而立。吴淑姬是三都陈村"延平副将"吴陈仁的女儿,与叶良英订婚后不久,良英亡故,而年方十九岁的吴淑姬赴叶家悼念后,即守寡数十年,贞节至终,故以"抱璞全贞"作坊名。此坊于 20 世纪 60 年代被拆除,遗址改建成了民房。

季氏节孝坊:坐落于"姚家门"外。清道光六年(1826),知县黄焕"奉旨"为年轻早故的"增广生"姚芝的夫人,即姚孔厚的母亲季氏所建的"节孝坊"。此坊建筑档次高,建制很有特色,以青砖和卵石拱作基础于后田街边的小溪之上,溪流在牌坊下面流过。整座坊用花岗岩仿木精雕细刻而成,建筑平面作三开两进式,上亦作龙脊起翘的重檐歇山状,十分壮观。可惜的是建好没几年就因为姚家门失火被殃及烧毁而倒塌。事后欲采办材料重建,又因主事人病故而事未成。

MENGZHOU
SHISHI GOUCHEN

第三篇

先贤与庆元

《宋故吴居士墓志铭》综谈

　　2005 年 8 月 21 日，大济岭根"吴大理祠"中的部分吴氏族人发掘其祠堂的右厢房地下文物①，意在寻找一块宋代石刻《宋故吴居士墓志铭》。据村中老人们回忆，此石刻原是断成两段，20 世纪 50 年代曾被埋入地下。经过挖掘之后，果然出土了残碑一块，而另外一块还得继续寻找。是时，庆元县文博馆、县政协文史办、县旅游局等单位的有关人员到场开展鉴定、研究等考古活动。同时，还请来了电视台记者，对此次发掘进行了采访和报道。

　　出土的石刻残高 54—69 厘米，宽 59 厘米，厚约 6 厘米。石质系类似砚台石料的黑色"辉石"。上刻字正文 20 行（外加失去的题目 1 行，原刻字计 21 行），行残存 21—27 字

宋故吴居士墓志铭

不等。计残存 429 字(按:依资料得知此碑刻包括额文及正文原计 555 字,以得知损失了 126 字)。四周饰之以 2 厘米宽的忍冬纹。虽然损缺了首额,但可依《栝苍金石志》及大济岭根"吴大理祠"藏《家谱》来对照作证实,这的确是《宋故吴居士墓志铭》刻石。此石刻虽有残缺,但参考资料后仍可读出全文。其额刻系篆书。

〔宋故吴居士墓志铭〕②八字。文之首行重作题目。也是:〔宋故吴居士墓志铭〕八字。

2、3 行分别是书写人和撰稿人之题名。字体为楷书,字径约 1.5 厘米。分两行,分别是 26 字和 23 字。

弟将仕郎试秘书省校书郎守建州建安县主簿权关隶县事桓书
堂弟新授将仕郎试秘书省校书郎守越州萧山县尉昇撰

正文亦楷书,字约 2 厘米。全文是:

〔吴居士讳浃字子通处〕州龙泉人也少尝为学以家责不暇进取为人和易乐〔推人善罕与物较抚养〕诸弟最隆于友爱父母殁丧事既终而不忍析业相与〔聚居迄今十年三弟悌〕顺执事长之礼比于事父而昆弟之和尤为识者称道〔故虽生事日滋而居士〕于家事一无所预包容幼稚劝率闾内其外推所余以〔赈贫乏又其外则与〕宗族同里相从宴乐谈善事而已议者以谓莫非有命父〔子兄弟之间虽尧舜〕周公不能保其皆善方其家势浸隆则昆弟相与同其志〔力得非天意虽然以〕居士观之则又在人而已此古人有不谓命者在是欤窃〔尝谓以善人行善事〕于三代之时皆以为常而有不复见于文字以传于后世〔者及乎世衰道微而〕彼善于此者得书于春秋盖物或以多而见违亦或以少〔而取贵夫以衰世〕之小善又安足以较三代善人之所为特以时所

宜录故虽〔圣人有不能弃者〕则善恶轻重虽古今大公不易之理至是亦不可以定论求〔也如居士所为〕不惟今所罕有抑亦非小善矣其可以无传乎以熙宁五年十〔二月十二日卒〕享年五十一以熙宁七年十月葬于所居松源乡之望际源祖〔崇煦以伯贵〕改殿中丞赠大理评事考㲻三娶姚季氏朱氏管氏妻季氏继室〔纪氏四男〕曰彦襄彦明彦弼彦著习学矣四女长适建安进士徐师孟次适永〔嘉进士朱〕正封次适同邑进士鲍康济次尚幼铭曰

　　友爱孚于家宽厚闻于乡所积惟臧厥后其昌乃刊斯铭于焉永藏

　　《宋故吴居士墓志铭》又别称为《吴子通墓志铭》，是大济村吴氏的第三代（庆元县吴氏的第七代）传人吴浃的墓志铭，以吴浃字子通之故又作别称。吴浃是迁居、定居于大济，被命为"大济吴氏始祖"吴崇煦的第三子吴㲻的长子。大济村是位于松源古镇的一个古村，早在隋、唐之前就已形成村落。原先，那里居住的是罗、华、张、潘等姓人家，自从吴崇煦选地迁移来之后，逐渐发展成了吴姓大家族。吴崇煦就成了这大济吴姓人家的始祖。后来，他的儿孙辈在这个村落里繁衍生息，使这古村落的经济和文化皆有了迅速发展，因此这里在建县之前就形成了松源一带颇具名气的"文化村"。历史上，这吴姓人家出现了多位进士。因此，时至今日，大济村被雅称为"进士村"。

　　吴浃生于宋真宗干兴元年（1022），卒于宋神宗熙宁五年（1072）十二月十二日，享年五十一岁，熙宁七年（1074）十月葬于所居松源乡之望济源（岭根"吴大理祠"《宗谱》作"望济潘家山尾甫田桥侧"）。吴浃的出生是在乃祖吴崇煦定居于大济后的二十年时，他的父辈兄弟四人，到他们这一辈共有堂兄弟十六人。他在族中的排序是四五位，但在家中却是长子。于是，他有助父立业的重任在肩。父母故后，他即以家长自认，成了民间俗称的"做哥头"以管理家庭。他为了兄弟而"不忍析业，相与聚居"十余年，组建成了一个大家庭。因此，他"不暇进取"，竟让弟弟们读书以至成了进士，而自己终身是个"白丁"，即以"居士"称之。其支撑这个大家庭的功劳，得其弟辈的认可和称赞。这些感激和颂扬的心理，尽在铭文中流露出来。

关于吴浃的品德,值得人们所颂扬的是那"友爱孚于家,宽厚闻于乡"之定论。他不仅是对内"抚养诸弟,最隆于友爱",对外则"推所余以赈贫乏","与宗族闾里相从宴乐,谈善事而已"等。于是,人们强调其行善之一个"善"字,通篇墓志铭就围绕着一个"善"字做文章。

吴浃虽未显名而自称"居士"作"布衣"度世,但他的后裔可谓兴旺发达。他有四子四女,子之后人据说皆昌盛。今大济"岭根""中宅"两个家族的吴姓人家都自认是他的后裔。四女中,除季女尚幼未出嫁外,三个女婿都是进士。这不能不说是个奇迹。虽然他这些"进士女婿"在《进士题名录》及一些史料中不见其名,但他家当时敢刻字上石,料当属事实,是可信的。反之,今日我们可依此刻石来为史料作补轶。

在《宋故吴居士墓志铭》中,涉及三位在大济村史中乃至庆元县历史上都颇具知名度的人物。其一是这块铭文的书写者、吴浃自己的四弟、宋神宗熙宁三年(1070)(叶祖洽榜)进士(《浙江通志·进士表》)、时任建州建安主簿、后升任长兴知县并与福建邵武李赓联姻、做了李夔的岳父而成了南宋抗金名相李纲外公的吴桓(字公安)。吴桓的政绩有"清慎勤恪,政以慈和"之称。相传治所之民对其尝作"召父杜母"之赞。他的长女吴彦钦是李纲的母亲。故父女俩都算得上是历史名人。另一位是这块铭文的撰文者、吴浃的堂弟(其大伯父吴縠的第五子)、宋神宗熙宁六年(1073)(余申榜)进士(《浙江通志·人物志·介节门》有传。但《浙江通志·进士表》中未见)、时任越州萧山县尉、后在峡州(今湖北省宜昌市)任"教授"的吴界(字嘉祥)。吴界尝以"清操"闻。在《庆元县志》中,其传列入《人物志·清正门》。在这里顺便提起一件趣事来,即就碑文上的撰文者和书写者的排名次序来说,本来是在撰文者撰好了文章之后,书写者才能作出书写,因此,就道理来说,自然应该是撰文者排在前面而书写者排列在后面,这才是对的。而此碑却恰恰相反,难道在此时竟作人物的"亲疏厚薄"之分?这终是个谜,令人不解。此外,第三个涉及的人是吴浃自己的次子吴庸(在《铭文》中以字行作"彦明")。在吴浃所生的四个儿子中,吴庸是其中最显名者。吴庸是宋神宗熙宁九年(1076)(徐铎榜)进士。《浙江通志·进士表》载其:"龙泉人,翰林待制。"《庆元县志》也载文:"累迁中书舍人,知制诰,龙图阁待制学士。赠少师。"说他是"龙泉人",就当时的情况来说,当然不错,但对于这么显赫的身世来说,由于其在《宋史》等史书中无传,故对于其真实情况,我们就不得而知了。

在历史上,吴浃墓早已遭到盗掘。作为地下文物出土,此次石刻的出土是历史上的二度出土了。它的首次出土是在棺椁下葬后,经历了 204 年后的元至元十五年(1278),遭遇"黄华之乱"时随着坟墓被盗掘而出土。之后,就一直暴露在荒野上。后来是大济岭根人将它移竖在祠堂内收藏。因为大济岭根这"吴大理祠"是在清康熙十二年(1673)时筑建的,故可知这石刻在野外暴露了四百个春秋左右。之后在这祠堂里矗立了近三百年,于 20 世纪 50 年代的"农业合作化"时期再度埋入地下。

清道光年间,处州司训李金澜(嘉兴人)在编写《栝苍金石志》时,曾感叹:"独庆元一邑无碎金断石可取,殊为憾事。"到了后来,他在继续编写《续栝苍金石志》时,才由大济岭根人吴潗将此《宋故吴居士墓志铭》抄录成文,并附以《按语》由当时的庆元县教谕吕荣华(嘉善人)转交给了他。以致在《续栝苍金石志》中,有了唯一一篇涉及庆元县石刻的文章——《吴子通墓志铭》。

今以此残碑之实物来校阅《栝苍金石志》中的《吴子通墓志铭》(即《宋故吴居士墓志铭》)一文,可知文中误字至少有三。一是"虽尧舜周公不(得)〔能〕保其皆善"。二是"(有而)〔而有〕不复见于……"三是"盖物或以多而见(遗)〔违〕"。之外是:"以伯(父)〔贵〕改殿中丞……"按此句中"以伯(父)〔贵〕"三字因石残不见。《栝苍金石志》中作"以伯父"(大济《宗谱》亦同),而《庆元县志》中作"以伯贵"。兹从词义来说,当然是"贵"字。于是,笔者意识到此石刻原先还不仅仅是断成两段,其间料应还有破碎的部分。在《栝苍金石志》中也有吴潗作的《按语》说"……仅脱去十字,今考家乘补录……"云。所以,就这个"贵"字来说,当时就属于这十个破碎得不能辨别的字之内,是在参考其他资料时,人们失误为之。

处于处州十县之末邑的庆元县之"金石文化"确实稀缺。其间除了因缺乏调查而被《栝苍金石志》漏于入选的,如"棘兰隘摩崖刻""石壁隘摩崖刻"等值得入选而未被选入的虽也有之,但是确实不多。其他如墓志铭之类,也确实鲜见。虽然在近代也曾经出土过《胡留墓志铭》之类,也终是罕见之物。对于这《宋故吴居士墓志铭》能够入选在《续栝苍金石志》中,以致在"处州十县"中取得了"末座"来说,当然也值得欣慰。

《宋故吴居士墓志铭》首次出土后,就一直隐藏着而鲜为人知,至于能作为资料上传,以至充入史料书籍者,那是大济岭根人吴溏的功劳,其功不可没。而今能够令其重见天日,让世人得见其容,并纳入新的史料者,也是大济岭根人如吴家苏等人的功劳,其功也不可没,在此特作一叙,以告后人。

注:

①他们这次行动是在笔者的再三鼓动,晓之以此文物的历史价值后所产生的。

②此文中以方括号〔 〕所括之字乃碑残所缺,依其他资料如《栝苍金石志》《庆元县志》及大济岭根"吴大理祠"藏《家谱》之类而增添。

二〇〇五年八月二十二日

李纲的母亲——吴彦钦

南宋良相李纲的母亲名叫吴彦钦,史料载她是括苍剑川人。其实,她的故里在今庆元县城南郊的大济村。她的父亲是"奉议郎、长兴府君"吴桓。她生于宋嘉祐三年(1058),卒于宋徽宗建中靖国元年(1101)正月初七,得年仅四十四岁,于同年三月十八日葬于常州无锡县开元乡历村湛岘山之原。

吴彦钦嫁到李家后,生育了四男三女。从史料可知,她在宋元丰六年(1083)二十六岁时生下长子李纲,即她是生育女儿在前而生育儿子在后。二子叫李维,是个"承事郎",三子李经和四子李纶皆为"通仕郎"。李纶也颇具文才,在官场中很有影响,他还为长兄李纲撰写过行

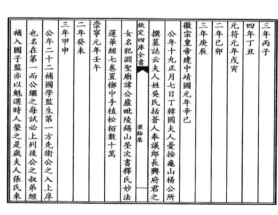

《四库全书·李纲年谱》选页

状,总结了李纲的一生。据说,他还是其大舅父吴彦申的女婿①。吴彦钦的三个女儿中,长女早夭,次女嫁杭州"奉议郎"张端礼,三女嫁衢州"迪功郎"周彬。

李纲的父亲李夔是中大夫、充右文殿修撰，故称"李修撰"，他又曾受赠太师和被追封为"卫国公"。同时，其妻室也被晋封为"韩国夫人"。故在史料中，吴彦钦总是以"韩国夫人"这个称呼出现。

李纲的母亲逝世时，作为长子的李纲只有十九岁。由于其大舅父吴彦申与当时"师事二程"、对传播理学有着很大影响的理学家杨时（即"龟山先生"，将乐人）有交情，故由舅父请杨时先生为其母撰写了一篇《令人吴氏墓志铭》。铭文中，虽大多是溢美之词，然亦不乏较多翔实的历史资料，故弥足珍贵。李纲在母亲下葬时，曾手书"释氏《妙法莲华经》②"七卷置于棺椁中。庐墓时，又曾"手植松柏数十万"。宣和三年（1121）五月十七日，李纲之父李夔病故。当时李纲三十九岁，他于当年八月将父亲的灵柩运至无锡，在母亲的坟墓中同穴下葬。

吴彦钦有兄弟三人，大的就是吴彦申，而吴彦申又很可能是她的弟弟。李纲在自己的著作集中收有一篇为其舅父吴彦申撰写的《故南昌县丞吴君墓志铭》。文中对吴彦申的生平作了叙述。这篇铭文与今存大济村的《吴氏宗谱》内、署名李纲撰的《宋县丞墓志铭》内容略有不同，而此文末段也残缺不全，令人遗憾。吴彦钦的二弟即李纲的二舅父是吴彦举。宋绍兴十年（1140）五十八岁的李纲逝世之日，其二舅父彦举犹在世，以入其受补荫授职亲属之列来看，可知彦举的年岁要比乃姐小得多。吴彦钦至少还有一个妹妹。关于其妹的生平，包括名字、生卒、婚嫁、生育等资料均欠详。今从李纲所撰写的《祭姨母吴宜人文》中有"我母居长，夫人处中"之言，当知吴彦钦在娘家是最大的女儿。她们家的兄弟姐妹排行，看来有两种可能：一是全家的儿女辈中，数她最大，彦申是她的大弟弟。这种可能性最大。二是仅是女儿辈中数她大，李纲所祭的姨母居中，其后还有个小姨母（或说是小舅父），在史料中是见不到的。要对这位"抗金名相"的母亲做更进一步的研究的话，看来还得求助于其他历史资料了。

注：

①此依大济《吴氏宗谱·宋县丞吴君墓志铭》之说。由于收编于《梁溪集》中的《故南昌县丞墓志铭》末段残缺，故犹不能以此作完全证实。

②佛教经文之一种，简称为《法华经》，也称《莲经》。

二〇〇五年十月六日

漫谈庆元五都"刘状元"

　　古时候,在庆元民间有五都刘知新中了个"状元"之说。对于此"状元及第"之说,世上还流传着许多故事。

　　其一说:在五都境内"双峰插云"的"两峰对峙"之锦山(即巾子峰)上,经常有"佳气浮空,若彩桥然"。相传那里曾经有过一个美丽的传说。有一天,山峰上架起了一道彩虹,遥接薫山之上。人们能看到上面有"宝车仙杖往来其上",恰似海市蜃楼般的仙人出现的幻影一样,据说是"兆应刘知新状元及第"①。

　　其二说:北宋年间,原籍河南开封,后侨居庆元的堪舆家(俗称"阴阳先生")王伋,在北宋大中祥符四年(1011)为其刘氏母舅在薫山下寻找到牛眠吉地安葬时,曾对其吉地有"……若问子孙官职位,寅、申、巳、亥产英雄"之断言。故又有"大观四年,刘知新状元及第,乃其验也"②之说。

　　其三说:相传,刘氏先人在建造山居时,原先未择黄道吉日,在将要上梁之时,看到有两只喜鹊衔着一根树枝,来到这附近的树杈上搭窝,众人说:"喜鹊上梁选此吉时,我们也借此吉时上梁吧!"于是就在这时候上了梁。这时候,刚好天上有一位仙翁带着一个道童云游而过,道童在云端上看见这情景后,就伸手指着下面对他的师父说:"师父您看,下面这户人家用此吉时建房上梁,看来这座房子是会代代出状元的吧?"师父将须微微一笑说:"哪有这么多? 大不了出一代则罢了!"童儿不解,问道:"师父,依您的教诲,我依法推算,得知这座房子择取了这黄道吉日良时上梁,是会代代出状元的。为什么又说只能出一代状元呢?"师父回答说:"这座房子原是会代代出状元的。但是,你细想,人家高中了状元,自然会大兴土木地去盖'状元府'居住了,哪里还有人住此旧房屋?料此房屋不久将荒芜。哪里还能代代出状元?"后来果真应了仙翁"仅出一代状元"之断言。

以上乃民间故事,如今要以史料来说说这刘知新状元。

首选的资料自然是地方史料的《庆元县志》。在清康熙壬子年版《庆元县志》的《选举志·进士》中,有"大观庚辰:刘知新状元及第。知绵州知州"之载。此外在《人物志·文学》中有《刘知新小传》:"刘知新,字元鼎。少警敏,淹贯经史,长游太学。大观庚辰状元及第。知绵州,政尚慈祥。所著诗文,多士奉为规范。蔡翊曰:'读元鼎文,如拾璧蓝田,触手尽难捐之宝。'为时所重如此。"到了之后的清光绪丁丑版《庆元县志》中,在其《选举志·进士》中有"大观庚寅科:刘知新状元及第,仕绵州知州,有传"之载,同时也在《人物志·文学》中有略异的《刘知新小传》:"刘知新,字元鼎,少颖敏,淹贯经史,游太学有声。大观初,廷试第一。知绵州,政尚慈祥。所著诗文,多士奉为轨范。蔡翊曰:'读元鼎文,如拾璧蓝田,触手尽难捐之宝。'为时所重如此。"此外,在《古迹》《坊表》《冢墓》篇章中,也有一些零碎的记载。明成化丙午年版《处州府志·卷十五·仕宦》中有"宋:刘知新释褐状元知绵州"之载。清雍正癸丑年版《处州府志》的《选举志》未载,只是在其《人物志·仕绩》中有"刘知新,字元鼎。龙泉人。少颖敏,淹贯经史,游太学有声。大观初廷试第一。出知绵州,有惠政"之载。清光绪丁丑年版《处州府志》的《选举志·进士》中有"大观丁亥科(李邦彦榜),刘知新(龙泉人)"之载。而《人物志·经济》中的《小传》与清雍正癸丑年版《处州府志》中所载全同。然而,在《浙江通志》(卷一百二十四·选举二)中,对刘知新的"进士及第"误作了重载:其一载的是"大观元年丁亥(李邦彦榜)"。序列是(浙江)第四位,名字下面标明的籍贯是"庆元人"。其二载的是"大观三年己丑(贾安宅榜)",序列(浙江)第八十九位"赐进士出身",名字下面标明的籍贯是"龙泉人"。

依这些史料我们来分析问题。

"大观初廷试"之说。若说到刘知新是在"大观"年间及第的话,那自然有两种可能:由于"大观"年号仅四年,其间,正式的科举考试则仅有大观三年(1109)已丑科的"廷试",在这年的三月乙丑日,以"赐六百八十五人进士及第出身"。然而,这科所中的状元是浙江吴兴人贾安宅,故可排除刘知新在这科"中状元"的可能(有趣的是在这科的进士中还混进了一个名叫"梁师成"的小太监)。可见他可能是在大观元年、二年、四年这三年中的某一年"游太学有声"了。但,由于在这三年中,朝廷没有举行过"廷试",只是有"赐上舍生及第"这事(其中分别是:大观元年六月癸酉日,"赐上舍生二十九人及第";大观二年三月戊寅日,"赐上舍生十三人及第";大观四年三月丙寅日,"赐上舍生十五人及第")。可见,刘知新这所谓"游太学有声"者,就应该是在大观元年、二年、四年这三年中的某一年,而且,很可能是在"大观四年庚寅"得了"赐上舍生及第"这一待遇了。

原来,当时太学以"上舍生"作取士制度。这是宋朝贡举考试的一种方式,简称"舍试"。其始于宋元丰二年(1079),在太学里实行。此制度有"凡已校定分数的内舍生,两年考试一次,试卷封弥、誊录同礼部试。每三人取一人,优等限十人。内舍优校者,上舍试再中优等,称两优,补上等上舍,取旨释褐授官。如有数人两优,则以分数最多者为状元。一优一平者补中等上舍,免礼部试,后赴殿试。两平或一优一否者补下等上舍,免解试,俟赴礼部试。武学、宗学亦曾行此法"之说。至于"上舍生"可就有了"上舍生释褐"之事了。说起"释褐",就是比喻"脱去平民衣服。始任官职"。如此待遇,与"进士及第授官"相同。

得出的结论是:刘知新虽然不是正科科举所取得的状元及第,但他毕竟是从内舍生上至上舍生时考试所得的分数最多者,以至成为有别于正科状元及第的"上舍生状元"也。可见,称其为"状元"也是理所当然的。

认定刘知新是"状元"的说法较早,至迟是在南宋中期的庆元县建县之前就已经形成了。

由于那时龙泉民间中有了刘知新"中状元"之说,且产生了颇大影响,因此"沙溪到寺上,龙泉出宰相;沙溪到寺前,龙泉出状元"之类的民谣(或谓是谶语)就应运而生了③。这两句民谣说的是:龙泉出了个宰相何执中,中了个状元刘知新,是由于沙溪的孕育所致,是由他俩的身份来实现了谶语。时至今日,这两句谶语用龙泉方言念起来，确实朗朗上口，足见当时很有影响。之后，在宋末元初(出自书坊、不明撰著者)的《氏族大全》中的"何氏"部分之《龙泉何执中》词条中，也有记载："宋徽宗朝，执中为相，刘知新为状元。"其中也是强调"沙溪到寺上……"的谶语之说。接着到了明朝，在成书于明万历二十三年(1595)冬的彭大翼所著的笔记集《山堂肆考》中，有《大观状元》词条，文中言及"大观状元"刘知新事，也是引用此则"谶语"(文中说是"谚语")之说。可见上述诸文同出一辙。结果，就是这些"史料"给刘知新中状元定了案。于是，清乾隆年间的著名史学家钱大昕也认定刘知新是状元了④。

关于刘知新的学问，可以以其文章受到丽水籍进士蔡翊的"如蓝田玉"般之比喻来称赞也，应该说是人人认可。

刘知新的历史资料在《庆元县志》中除了在《本传》《选举》中有记录外，其他在《古迹》《坊表》《冢墓》篇章中也均有记载。之后，这些资料上传给《栝苍汇纪》及《浙江通志》作为素材，在应用时，除了产生个别错别字，其内容基本相同。

《庆元县志·古迹》载："刘状元宅：五都番墺，门前街址犹存。"至于刘状元的坟墓，据《庆元县志·冢墓》记载说是在"五都慈照寺前山下"。然而，由于岁月沧桑，这两处古迹早已毁之无存了。此外在《庆元县志·坊表》中，有"状元坊"词条，说的是为宋大观庚(辰)〔寅〕科状元刘知新立，旧在五都，明嘉靖(二)十一年，知县程绍颐迁建县治东。崇(正)〔祯〕十五年，知县杨芝瑞重建。乾隆六年，知县邹儒重修，乾隆三十五年被毁，近年仅遗留遗址，如今遗址早已湮没在乡村新建设之中了。

注：
①见《庆元县志·山川·锦山》词条。
②见《庆元县志·王倪传》。
③见《浙江通志·山川·灵溪》词条。
④见钱大昕《十驾斋养新录·卷六十三》。

二〇〇七年六月四日

松源高僧吴崇岳

历史上,庆元这片古老的松源地域里,曾经孕育出中国佛教史上一位杰出的禅师。他就是南宋庆元三年(1197)"奉旨"任杭州灵隐寺号称"松源崇岳"的第二十三代住持。

这位方丈俗姓吴,法名"崇岳",以籍贯为号而称为"松源崇岳"。文献载:吴崇岳是龙泉松源(今浙江省庆元县)人。那么他究竟是哪个村落的人呢?这就不得而知了。从资料中只能知道他生于南宋绍兴二年(1132),圆寂于宋嘉泰二年(1202),享寿七十一岁。

宋绍兴二十四年(1154),崇岳出家来到了庆元县的天明寺(此寺清初改称为"天铭寺")里当和尚,当年,他是个二十三岁的青年。在天明寺这小小的山寺里,他认为不具备修行的环境和条件,没有高师指点,在这里没有什么出息,于是,就告辞了这小山门而出远门去拜访名师、寻求教诲。

他首先到临安灵严寺拜见了"妙空禅师"。这位"妙空禅师"(1078—1157年)是秀水(今浙江嘉兴)人,俗姓夏,字智讷,原先是在安徽天宁寺任住持。建炎初年,慈圣皇后赐给他法号佛海。后来,韩世忠曾表请"灵严寺"为功德院,邀他为主事(之后,他也曾到临安径山当过住持),是当时一个很有影响的高僧。崇岳在他那里逗留了一段时间,学到了不少佛学知识。

过了不久,他离别了妙空禅师来到径山,向那里当住持的大慧杲禅师求教。径山是天目山主峰东北的一座山峰,坐落在浙江省杭州市余杭区西北,因有路径通往天目山而名为径山。大慧杲禅师也是一位高僧,俗家姓奚,法名宗杲(1089—1163年),号妙喜,宣州宁国(今属安徽)人,是宋代禅宗临济宗杨岐派僧人。十二岁出家,十七岁受戒,初参曹洞宗,后参临济宗杨岐派。绍兴十一年(1141),因对秦桧不满而被夺衣牒,先后充军衡阳及潮州。绍兴二十六年(1156)得赦,翌年就到径山去当住持了。在崇岳去拜见他的时候,他还没有得到"大慧禅师"的赐号(此号是绍兴三十二年才赐的),于是,他自谦自己不甚高明,而介绍崇岳到蒋山(今南京紫金山)去请教"应庵华公"。"应庵华公"俗姓江,字应庵(1102—1163年),法号昙华,是湖北黄梅人。他终生驻锡多处,晚年居宁波天童寺,因为曾经驻锡蒋山,因而人称其为"蒋山华公"。由于他"顿明大事""机辩明妙",所以"大慧杲极称之"(《中国佛教人名大辞典·昙华辞条》,上海辞书出版社,1999年,第1040页)。大慧对崇岳说:"应庵法师思维敏捷,是个好老师,你应该去向他请教。"崇岳听到大慧师这般说,十分高兴,等不到天亮就出行去找应庵法师了。到了那里,应庵法师收留了他。于是,崇岳在那里勤奋地学习佛法,夜以继日地询问佛学,请教哲理,应庵看中了他,大喜,打算将他培养为自己的接班人。

崇岳在应庵那里勤学了四五年,后于宋隆兴二年(1164)告别了应庵,乘坐航船,由海路南下福建,来到福州鼓山乾元寺,拜见了号称"乾元木庵"的"安永禅师",以作学术交流、加深佛学研究。当时他三十三岁,正值壮年,正是游学的好时光。这位"木庵禅师"俗姓吴,论起来还是崇岳的同宗。他是福建闽县(今属福州市)人,法名安永,号木庵。原先是住持乾元寺,故称"乾元木庵",后改住持鼓山寺,安永师是当时在福建一带很有影响的高僧,崇岳在他那里得到了很多教益。

在福建停留了一年,崇岳回到了浙江。他来到衢州府江山县(今江山市)西的西山去拜见了当时在乌巨寺当住持的密庵法师。密庵法师是福州人,俗姓郑,名咸杰(1118—1186年),字密庵,他"博通内外,能文善书,出家后遍参知识,〔曾〕谒应庵于衢州明果庵"(《中国佛教人名大辞典·咸杰辞条》,上海辞书出版社,1999年版)。他与应庵曾有过"如何是正法眼"的讨论。密庵接见崇岳之后,和他很谈得来。密庵每有所问,崇岳就能顺口答复,他的答复让密庵很满意。密庵微笑地对他说:"你的佛学观点与'黄龙禅派'和'杨岐禅派'十分接近。"原来,当时的佛学派别以临济宗义玄派下的"黄龙慧南"及"杨岐方会"两个派门最有影响。"慧南"和"方会"皆是义玄的八世法嗣,而"密庵咸杰"则又是"杨岐方会"的七世法嗣(蒋维乔《中国佛教史》)。由于崇岳的见解与密庵有着共同之处,可谓同流派,故密庵很看得起崇岳。

由于崇岳大半辈子是"烟蓑雨笠""芒鞋破钵",在众山门间踏进踏出,故被称为"笠重吴天雪,鞋香楚地花"的"云游僧"。其实不然,他只不过是觉得自己学佛的深度不够而多处游学罢了。然而,打从其拜访了密庵之后,就一直跟随着密庵,后来,密庵由鸟巨寺改驻锡蒋山的华藏寺,后又奉旨改住径山及灵隐,崇岳都一直作为他的得力助手。尤其是在灵隐寺,密庵师命他做了佛堂中的主座,任了要职。过了不久,他就奉旨到了平江府(治在今苏州市)的澄照寺当住持。于是,崇岳竟成了密庵的法嗣,成了"密庵咸杰"派下的传人。

宋庆元三年(1197),皇上下旨委派崇岳到灵隐寺任住持方丈,当时,寺里的佛事大兴,他在这说法讲道大显身手,其声誉达到了极点。到了庆元六年(1200),他上书皇上要求"退休",请求退居"东庵",他的请求得到了皇帝的恩准,后居于"东庵"。宋嘉泰二年(1202),年已七十一岁高龄的他,因轻微小疾竟"跏趺"端坐,于是作辞世偈"来无所来,去无所去。瞥转玄关,佛祖罔措"后,于八月初四圆寂在禅床上。后来,寺里为他建"瘗身塔"于灵隐寺后的北高峰下之平坦处,作为埋骨之地。

缘于崇岳佛学研究造诣高超,故与其说法讲道或登门求教的同人,如僧侣乃至文人学士不乏其人。比如,当时曾从"野庵道钦"受学的妙堪(1177—1248)就曾经来到灵隐寺参见他。至于文人骚客,与之交情最厚的当数爱国诗人陆游了。那时候,因连续上书宋光宗而令光宗觉得逆耳,又加上朝廷原先一些对他不满的小人以"嘲咏风月"为罪名弹劾而被罢了官的陆游,闲居在山阴(今绍兴)乡村里。年逾七十的陆游还曾几度"入帝城"来向崇岳请教、谈禅。有一次,陆游问他:"心传可闻乎?"他回答说:"既是心传,岂从闻得?"陆游一时领会,立即作偈一首曰:"几度驱车入帝城,逢僧一例眼双青。今朝始觉禅家别,说是谈空要眼听。"这首偈语颇蕴禅味,是学佛者的深刻心得。由于陆游与崇岳师之交情深厚,故崇岳禅师圆寂之后,陆游为他撰写《塔铭》文。时值朝廷下诏起用他为"同修国史""实录院同修撰",同时也是他终生最后一次任职之际,当时这位七十八岁的老翁,在修史之余还为崇岳作《塔铭》,可见他俩的感情是何等之深啊!

对于崇岳这位高僧,可以在《天心月圆——历代大师开悟诗》中所收录"大梅梅子熟,庞老已先知;正眼验深要,相逢拍手归"这首《开悟诗》中了解他的禅学思想。

在崇岳的禅学中,还有他曾经介入佛学中的"狗子无佛性"这一"公案"讨论。他"一日中夜自举狗子无佛性语,豁然有得"(《中国佛教人名大辞典·崇岳辞条》,上海辞书出版社,1999 年版第 647 页)提起这事,自然要说起"众生皆有佛性"之论点。原来,儒生想成圣,道士盼成仙,和尚望成佛。这是修身炼道之人的最终目的。至于是否人人皆能成佛呢? 对此,佛教内是有所争议的。东晋僧人道生(355—434)说"佛身是常,佛性是我。一切众生,皆有佛性"(《泥洹经》),首创了"顿悟成佛"之说,他提出了"人人皆可成佛"的论点。到了唐仪凤年间,禅宗六祖慧能(638—713)完全同意了道生的主见,也认为"人人有佛性,人人可成佛"。而对于"狗子无佛性"这场"公案",则是"赵州从谂"(778—897)的事,说的是:有僧问从谂曰:"狗子还有佛性也无?"从谂曰:"无。"就从谂师这么一个简单的"无"字来看,岂不是与禅宗理论"众生皆有佛性"矛盾了?其实,这里还有下文:原来,僧人与从谂这一问答,还有后话哩。因为这僧人又问:"蠢动含灵皆有佛性,狗子因甚却无?"从谂回答说:"为伊业识在。"这是说,其佛性虽有,但成佛是还需要其他附加条件的。崇岳在"一日中夜"对这佛学论点"豁然有得"地"顿悟",可见其对佛学研究的悟性之一斑。提到"松源崇岳禅师"的悟道因缘,有文献说"崇岳禅师机辩纵横,人莫敢当",此乃诚然。

在中国佛教界的门派之中,崇岳是属于临济宗义玄派下的传人,是杨岐禅的八世法嗣。他与"破庵祖先"两派门人同是"密庵咸杰"派下的传人,同时还是两派较盛的派系。在他的四、五世法嗣中,还有多位日本僧人(蒋维乔《中国佛教史》)。可见,其教门之盛,不仅在国内有一定的影响,在海外特别是在日本也得以盛传。如今,在日本"一休寺"里犹挂着他的一幅画像,据说这幅画像就是当年的"一休"和尚所画的(见佛教在线网《光泉法师:内心凝聚的供养比烧高香更有价值》,2014年11月9日),故崇岳当入高僧之列。

在近年出版的《灵隐寺》一书中,有"南宋庆元三年(1197)起,名僧崇岳松源奉诏主持灵隐,共六载,传法讲经,名闻两浙,达官贵人,四方信众,纷至沓来,故称'海内之冠'"这样的论述。

尤其是在2012年8月18日,杭州灵隐寺特地主办了"灵隐寺与中国佛教——纪念松源崇岳禅师诞辰880周年学术研讨会",其开幕式由灵隐寺衍空法师主持,灵隐寺方丈光泉法师代表主办方致辞。他说:"自理公开山以来,灵隐寺逐步由一个小茅棚发展成为名闻中外的寺院,成为杭州佛教、浙江佛教乃至中国佛教的一个显著符号,在中国佛教史上占据重要的地位,这一切都离不开永明延寿、明教契嵩、松源崇岳、济公等诸大德祖师的不断努力……"会议所形成的文献中载:"松源崇岳是中国佛教史上一位杰出的禅师,他是处州龙泉松源(今属浙江省丽水市)人,因此以家乡松源为号,其禅风属于临济宗杨岐方会一派,有《崇岳禅师语录》两卷存世,记录了崇岳禅师于八大道场主法的语录,另外还有《崇岳禅师诗词集》存世。

他曾奉旨住持灵隐寺六载,是为灵隐寺第二十三代住持。其弟子还弘法日本,在日本禅宗中开出八个流派,持久传承,影响深远。"

由此可见,庆元县孕育的松源崇岳禅师,的确是中国佛教史上的一位杰出禅师。

附录一:《浙江通志·崇岳传》

崇岳:

陆游《岳禅师塔铭》:"龙泉松源吴氏。年二十三,弃家受五戒于天明寺。首造灵石妙禅师。继见大慧杲禅师于

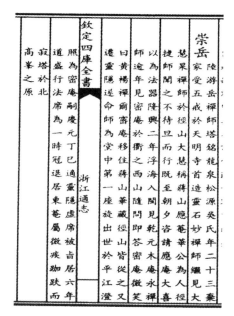

《浙江通志·崇岳传》书影

径山。大慧称蒋山应庵华公为人径捷。师闻之，不待旦而行。既至，朝夕咨请。应庵大喜，以为法器。隆兴二年，浮海入闽见乾元木庵永禅师。逾年，见密庵于衢之西山。随问即答。密庵微笑曰：'黄、杨禅尔。'密庵移住蒋山华藏、径山皆从之。又迁灵隐。遂命师为堂中第一座。旋出世于平江澄照，为密庵嗣。庆元丁巳，适灵隐虚席，被旨居六年。道盛行，法席为一时冠。退居东庵，属微疾，跏趺而寂。塔于北高峰之原。"

附录二：《灵隐寺志·卷三下·崇岳传》

松源崇岳禅师：临济宗。龙泉人。姓吴。参灵隐密庵，杰指参"不是心，不是佛，不是物"得悟。旋出世吴郡澄照。徙江阴光孝、无为冶父、鄱阳荐福、四明香山、苏之虎丘。庆元三年，被旨补灵隐。示众曰："明眼衲僧，如何打失鼻孔，有贼无赃？"上堂："大凡扶竖

《灵隐寺志·卷三下·崇岳传》书影

宗乘，须具顶门正眼，悬肘后灵符。只如保寿开堂，三圣推出一僧，保寿便打。三圣道：'与么为人，瞎却镇州一城人眼去在？'保寿掷下拄杖，便归方丈。二尊宿等闲，一挨一拶，便乃发明临济心髓。只是不知性命，总在这僧手里，还有检点得出者么？昔年觅火和烟得，今日担泉带月归。"嘉泰三年八月四日偈曰："来无所来，去无所去。瞥转玄关，佛祖罔措。"跏趺而寂。寿七十一。坐夏四十。旧志为本寺二十三代祖。全身塔北高峰之原。待制陆游放翁铭其塔。有曰："读师之语：峻峭嶒崒，下临云雨，如五千仞之华山；蹴天驾空，骇心眩目，如

钱塘海门之涛;虎豹股栗,屋瓦震堕,如汉军昆阳之战。可谓临济正宗,应庵、密庵之真子孙也。"放翁其知言者哉!

附录三:震华法师《中国佛教人名大辞典·崇岳辞条》

崇岳(1132—1202),宋僧。字松源。龙泉(今属浙江)吴氏。得度于西湖白莲精舍。初见大慧宗杲于径山,复谒蒋山应庵昙华。一日中夜自举狗子无佛性语,豁然有得。出访江、浙诸大德,浮海入闽见木庵永,又参密庵咸杰于衢之西山,乃得大悟。杰为印可,传法。历主平江澄照、江阴光孝、平江虎丘等。庆元三年(1197)奉旨住灵隐,退居东庵。见《明高僧传》六、《续灯存稿》二、《五灯严统》二一、《新续高僧传四集》一五。

附录四:蒋维乔《中国佛教史》选段

平江府虎丘之绍隆,其法嗣仅昙华一人;昙华有嗣法八人,卓越者,咸杰一人也。咸杰之下:自松源、破庵等出,……尤极繁荣。松源崇岳,曾住景德灵隐寺;宁宗庆元六年,上书乞退居东庵,许之(入寂于南宋宁宗嘉泰二年)。松源之法,当镰仓中晚之际盛传于日本。

《胡纮墓志铭》杂谈

二〇一四年春,庆元县成人职业技术学校基建工地在施工时发现一处古墓葬,出土了墓志铭一方。

此墓志铭之铭文上方没有额文,通读铭文可知,这是《宋通议大夫华文阁待制胡纮墓志铭》,即庆元历任南宋孝、光、宁三朝之太常少卿、吏部侍郎等职,人称"胡侍郎"的胡纮之墓志铭。由此可知,此墓乃胡纮之墓。

铭石长 58 厘米,宽 39 厘米,厚 6 厘米。志文为 20 行,行 30 字,计 590 字,每字径约 1.5 厘米。全文如下:

胡纮墓废墟残景

　　宋通议大夫、华文阁待制胡公纮,字幼度。生于绍兴丁巳之三月。自上世□□」五季乱,为龙泉著籍。至父彦光始以儒学教。公年未冠已头角崭然,见于□□。」己卯举乡书,庚辰入太学,擢癸未进士第,授迪功郎。中丙戌儒学官,分教会□,」再主金陵学。淳熙戊戌,关升从事郎。己亥,随使出疆。回,授文林郎。继为楚之录」椽,以庆典循儒林郎,边赏转承直郎。丁未,用剡荐改奉议郎,宰饶之鄱阳。以」光庙登极恩转承议郎。磨勘转朝奉郎。癸丑,秩满,以县最除进奏院。」今上登极转朝散郎。乙卯,迁司农寺簿。越三月,改秘书郎。又二月,除监察御史,」排击奸伪,风望凛然。丙辰春,转朝请郎。夏,除太常少卿。历左右史,兼玉牒检讨。」以忠鲠结知。丁巳,权工部侍郎,兼实录院修撰。遇郊赐,开国食邑。戊午,除权」礼侍。秋,转朝

奉大夫。冬,试吏部侍郎。赐金带。己未,参典文衡,去浮取实,以言论」归里。冬,奉祠命。庚申起知夔府,改知和州。转朝散大夫,复帅东广。属傜寇猖□,」公荡平之。辛酉,以功进华文阁待制。壬戌,丐祠,得请磨勘转朝请大夫。居无□,」召赴行在。公自知与时落落,抗章力辞,言者因复排之。由是,放意林泉。虽忧」时悯俗,不能去怀,然无复用世之心矣!嘉泰癸亥十月,以微疾请老,转朝议(夫)〔大〕」夫致仕,竟以疾终。享年六十有七。讣闻,天子赠

《胡纮墓志铭》拓片

通议大夫。公娶吴氏,封令人。」子二人:长绅卿。授承务郎。娶妻蔡氏,先公而卒。次正卿。魁铨闱,授修职郎,松溪簿。」娶何氏。女三人:长适吴元琰,次黄极,季永兴主簿项得一。孙女二人:曰院,曰居。」初,令人葬釜山,不利。今以开禧乙丑十二月庚申与公合葬于魏

溪之原。公立」朝，大节当在国史。行有述、志有铭、文有集行于世，姑抚其始终之梗概，以纳」诸土宫。悲夫！铭石之藏，其与天地相为长久也欤？

孤哀子：正卿　泣血谨书」

《胡纮墓志铭》出土时，整体保持得较好，表面的字迹非常清楚，仅是底部损害了七个字而已。对于其损缺之字，有的可依其词义猜得：比如首行末尾两字料是"避地"，第十一行最末一字料是"獗"，第十二行最末一字料是"何"。通过通读全文可知：

胡纮，字幼度，生于宋高宗绍兴七年（1137）三月，逝于宋宁宗嘉泰三年（1203），享寿六十七岁。大约是下葬的"吉日良辰"不顺行，或许是墓葬工程难以竣工，其灵柩作了所谓"蹲庵"的停棺待葬，"蹲"了两年之后，才于宋宁宗开禧元年（1205）十二月初八庚申日埋葬在"魏溪之原"，即五都慈照寺前。

胡纮的家族自其十世祖胡圻于五代十国年间避地迁居时属龙泉的松源（见《胡留墓志铭》）后，就一直在"四都坑西双股岭下"（见《庆元县志·古迹》）休养生息，成了龙泉县人。其上辈多务农，到了他的父亲胡彦光一代，才介入"儒学"之学。

胡纮自幼就学有成绩，于宋高宗绍兴二十九年（1159）二十

胡纮墓志石

三岁时,在乡试中成了秀才。第二年,绍兴三十年(1160)其二十四岁时,就成了"太学生",之后于宋孝宗隆兴元年(1163)中了进士,授以"迪功郎"之职。宋孝宗乾道二年(1166),在金陵(今南京)等地任儒学教官,宋孝宗淳熙五年(1178)升任为"从事郎"。淳熙六年(1179),曾任过外交人员以"随使出疆",出使回来后,成了散官之一的"文林郎",在江南一带颇具影响。之后,更逢国家庆典得授以另外一种散官"儒林郎",再又转为"承直郎"。淳熙十四年(1187),通过"剡荐"这种由别人上书举荐之方式被改为"奉议郎",任饶州的鄱阳县知县。到了宋光宗登位那一年的绍熙元年(1190),则又转为"承议郎"。后又通过"磨勘"这种官员审核方式而取得了"朝奉郎"之职。绍熙四年(1193)任满期后,因政绩优良进入了"进奏院"。"进奏院"是地方行政机构的驻京办事处,是个上情下达的机构,在此非常容易显才能。不久即宋宁宗赵扩登位的庆元元年(1195),他又转为"朝散郎",再调动为"司农寺主簿";过了三个月,改任"秘书郎";再过了两个月,就任为"监察御史"。"监察御史"虽然品秩不高,但权限广,通常以弹劾官员为事务。这时候,正是"庆元党禁"大兴之时,而胡纮就此成了这场政治事件的显要人物。一时间,在学术界掀起了一场大风波。到了庆元二年(1196)春,他又转任为"朝请郎",又在夏天任"太常少卿"。"太常少卿"是主持宗庙祭祀的官员,此时的他,还兼作皇族族谱的管理。这自然是取得了皇帝高度信任的结果。庆元三年(1197),暂且代理"工部侍郎"而兼任"实录院修撰",此时还得到过"郊赐",享受过"食邑"的待遇。庆元四年(1198),又代理了"礼部侍郎",秋天,则转为"朝奉大夫",更在当年的冬天改任"吏部侍郎",享受了赠送"金带"的待遇。此时可谓胡纮一生中最辉煌的黄金时代。之后,胡纮于庆元五年(1199)二月初三日"以言论"罢职归家,之后于当年冬天得到了"奉祠命"即享受不理政事而予俸禄的优礼。不过,到了庆元六年(1200),他又成了地方官,出任夔州(今重庆奉节)知府,之后又改任和州(今安徽马鞍山市和县)知府,成为"朝散大夫",曾经一度去广东平息徭民的动乱。事成后,以功劳取得了"华文阁待制"之官位。宋宁宗嘉泰二年(1202),"庆元党禁"事件平息,相关人员也得到了平反,而此时的胡纮是以"丐祠"(即请求"奉祠")且经过了"磨勘"(即官员考课核)后,转成了"朝请大夫"。过了不久,虽然皇上对他还有复用之意,但在他人的排挤之下,他就自我"放意林泉"不再继续当官了。嘉泰三年(1203)十月,以"微疾请老",最后以"朝议大夫"这职衔"致仕"(即退休归家),且"以疾终"。讣报朝廷后,最后得受赠予"通议大夫"之职衔。

胡纮之妻吴氏,她得胡纮"封妻荫子"之待遇受封为"令人"(古代九等命妇中的第五等封号)。此吴氏不知出生于哪个吴姓家族,且生、卒年失考。今仅从铭文中得知她早于其夫君过世。她原先是埋葬在"釜山"(按:这"釜山"应是今日早已消失了的古地名,其大概的地理位置可能在今"坑西"附近)上,只是之后家人认为她的墓"风水"不好,故在胡纮殡葬时,共同建筑墓穴,将她的棺木作了改葬,以迁葬成"与公合葬"的异穴合葬墓。

吴氏墓内室之景

胡纮有两个儿子,长子之名欠详,只知道他字"绅卿",又字"书一"(见《胡留墓志铭》)。"绅卿"已经娶妻蔡氏,且已经取得了"承务郎"的职称后,竟过早就逝世了。次子名"留",字"正卿",又字"少张"。胡留娶妻何氏,乃龙泉何澹家族中何澈的女儿。胡留在乃翁逝世时已经取得了"修职郎"之职以任"松溪县主簿",之后,他终生履迹于宦场。由此可知,虽然胡纮有两个儿子,但真正能够为其传宗接代,则仅胡留一人。

胡纮有三个女儿:长女嫁给吴元琰,次女嫁给黄极,小女儿嫁给"永兴(今湖南省郴州市永兴县)主簿"项得一。对于胡纮这三个女儿和三个女婿的其他资料,则未能得知。

胡纮逝世时,家中的第三代传人,仅有一个名叫"胡院"和一个名叫"胡居"的两个小孙女。看来,"胡院"和"胡居"当是其长子胡绅卿及其媳蔡氏的女儿。对于她俩的身世就不得所知了。然而,对于她俩,也不能排除是其次子胡留的年长于其子胡困,而之后又夭折了的女儿之可能性。只是在胡纮亡故时,他次子胡留的儿子胡困等人还没有出生,故仅有这两个孙女而还没有孙儿。

《胡纮墓志铭》乃以柳体楷书书写,其书法隽美,刻工精细,可称精品。书写者是他的次子胡留,而撰文者可能另有一人。因为如果同是胡留所撰的话,自然会署上"谨撰并书"之类的字样,而不会仅仅署以"谨书"两字。胡留在书写此铭文时,是在"松溪县主簿"之任上,当时也还是个二十六岁步入仕途不久的青年。

在《胡纮墓志铭》中,出现了"乱(乱)""関(关)""继(继)"等字。这些字,大约是当时为了方便镌刻的需要而使用的。这种做法对于《胡留墓志铭》很有影响,因为在《胡留墓志铭》中,竟用上了 23 个(其中 8 个重复,实际上是 15 个)这种简化了笔画的字。此举在一定的程度上体现了汉字的古今变革。在庆元县的历史上,早在近千年前就有人已经使用这些简化字了。其中也有一处将"大"字误刻成"夫"字。这一画很轻微,不仔细看还真看不出。这一画很可能是匠人操作之误,也有可能是书写者之误,当是白璧微瑕。

《胡纮墓志铭》的出土,可纠正《宋史·胡纮传》之误。首先当然是"处州遂昌人"之误,同时有"字应期"之说为铭文中所未载。当然,此"字应期"也,或许是"又字",或许是误。此外,中进士是在隆兴元年(1163),并非"淳熙中。举进士"。再有,他进入"进奏院"是在绍熙四年(癸丑,1193),并非"绍熙五年"。同时也可纠正《庆元县志·禋祀志·冢墓》中"侍郎胡纮墓:四都黄堂冈"之误。

《胡纮墓志铭》全文以叙述其生平的宦途履迹为主,而有关国家政治和自我粉饰的词语,则使用得较少。比如对其人生中所涉及的至关重要的"庆元党禁"政治事件,仅以"排击奸伪,风望凛然"八个字轻描淡写地带过。至于其被罢官回家,也仅以"放意林泉""微疾请老"等词来作自我安慰。对于其人生之记录,也仅是说"行有述、志有铭、文有集行于世";或是"大节当在国史",而姑作"铭石之藏",欲"与天地相为长久"。文之末尾未撰铭文来对其人生作总结,这正是它不像其他墓志铭中有大量空浮的溢美之词之处。

历史上庆元县建置,在《庆元县志·沿革》中有"吏部侍郎胡纮请于朝,以所居松源乡置县治"之说。另外,在署名"知县富嘉谋"的《建庆元县经始记》中,也同样有所提及。建县年代正是胡纮的政治得意之时,他处于"近水楼台"之境地来建县运行,以致今人给予"建县功臣"之称,也就有了一定的道理。

由于庆元县是个地处穷乡僻壤的山区小县,经济水平低下,故在历史上常人殡葬时,能够镌刻"墓志铭"者,乃是罕见。能够得之者,如获至宝。清道光年间,处州司训李金澜(嘉兴人)在编写《栝苍金石志》时,曾感叹地说:"独庆元一邑无碎金断石可取,殊为憾事。"之后,在他编写《续栝苍金石志》时,才由大济岭根人吴溏提供了《宋故吴居士墓志铭》,致使其《续栝苍金石志》中有了庆元县唯一的《吴子通墓志铭》一文。1989 年冬,庆元县文物管理部门收藏了宋代《胡留墓志铭》,这是第二之藏。如今的《胡纮墓志铭》入藏后,是位列第三之珍藏。

胡纮是历史上较有影响的人物之一,因此,胡纮墓的发现和《胡纮墓志铭》的出土是一次有影响、有价值的考古发现。

二〇一四年五月

《胡留墓志铭》综谈

1989 年冬,庆元县文物管理人员吴志标在和山乡的一处小山村里发现了宋代《胡留墓志铭》一方。此石被发现时是放在农家院落里被当成洗衣板设施,但具体出土地点和时间已不详,据悉已失落在民间数年,之后被县文管会征收保存。

志石是竖碑式,高 114 厘米,宽 66.5 厘米,厚约 12 厘米。志额阴刻篆书:"宋故知郡制参朝散大夫胡公(矿)(圹)铭。"2 行 14 字。每字径约 6.2 厘米。正文 26 行,行 65 字,计 1557 字。每字径约 1.8 厘米。全文如下:

《胡留墓志铭》拓片

故显考知郡制参胡公,今为处之庆元人。昔始祖诉避地于兹。八世生曾大父奉直,奉直生大父待制侍郎,待制侍郎生二子。长讳绅卿,字书一。囤之伯父也。以郊恩奏承」务郎,未拜命而卒。故考君讳留,字少张。幼学词赋。及冠,厌雕虫，习《易经》《周礼》。遍求当世名师，商榷问辩。不惟优举子文、讲明正心诚意治国平天下之学，必欲其体用兼该，」本末不遗。学成，虽未及与寒畯较短长。补官就铨，遽□首□。大父侍郎读其所作，喜曰："吾有子能文如此，讵容不赏？"慨然出犀带一条遗之吾考。谓是可以训子并勉后人」也！迄今尤为珍藏。参选，调建宁府松溪簿。未赴。丁大父侍郎忧。服阕，将再调。俄，叹曰："簿职，选阶也，与其俯仰势要以希进，孰若径就京秩，可无俯仰羞。"乃以大父侍郎致仕」恩改受承务郎。初榷醙兴化涵头，兼理民事。补填前政旧逋几万缗。穷户凡有积欠，悉与蠲放。又取仓秤按法定则，吏奸一无所容。甫□□。邑令□公师雍到官，考以避亲归。」涵头士民惜考之去，迹其状勒诸碑刻。次监枫桥镇，地广人稠，仍兼烟火。考政不变前规。士民德之。犹在涵头时。终更调滁州全椒令。不赴。改□□之沅陵。少保安公丙帅」全蜀，稔其善政，就辟文倅，文倅满。再倅利州。时梁洋兵火之后，经理求备。帅垣檄摄州事。考自到任，一意摩抚训练士卒。又以公帑所余，置□□□□□。帅垣以吾考郡政」修举，可以折冲，请于朝，使即真焉。得旨差填见阙。郡旧有学田，几为豪民侵占，考正豪民罪，尽复于学以养士。旬有课，月有试。洋之□□□□，□□，将丐祠，制垣又以」□为关隘要冲，恐吾考或去长城之人。敷奏，乞再任。朝廷褒赐告命，有曰："尔毓秀名门，扬英士辙，服勤州县，涉历滋深，在职再期。边境宁谧，□□□尔之去，虔倅留行，加」惠兹土特与再任。"圣语洋洋非吾考真有治郡显绩，岂易得此？考在洋尾首凡七年，竭忠尽瘁，或战或守，无非所以宽北顾忧。金鞑扰壤，出没不常；郭寇反叛，关西震」骇。近边生灵，终得以保首领、免焚戮之祸者，吾考之功居多。政名日起，当路争欲辟置。桂帅如渊则有涪陵之辟，李帅垍则有成都议宾之辟。期年，而庙堂又有清江之命。」考奔走王事无宁岁，而所至兴利除害，究心民瘼。或劝分以周急，或设粥以食饥，或买旷闲之土以掩骼埋胔。如此之类，靡容概举。凡以爱民一念发于天性，有不能自已」耳！呜呼！从容治郡，吾考能事也。临邛董铸岂所职者,一时重违副阃丁公黼命,且谓治铸,国用丰耗所关,遂毅然以往。既至,询究病源,搜抉吏蠹。无一不惬舆情。考之责固」寨,考之精神则弊矣!精弊而疾作。告假亟归,调护甫七日,竟逝于成都亚松寺。时端平乙未二月二十一日也。亚松寺乃吾考受议幕辟日所寓之地。呜呼!痛哉!困不复」见吾考矣!皇天福善之理果如是耶?吾考虽橐从之子,温和乐易,略无膏粱态。虽夙享安佚之乐,通晓谙练,稔知田里艰苦。处家虽以俭约,而待人接物,未尝不曲尽其礼。」伯父承务郎蚤丧,而吾考独能绍先世旧业,不至坠厥声者,职此之故。吾考生于淳熙庚子之三月,终于端平乙未之二月。享年才五十有六。呜呼!痛哉!皇天福善之理,信有」不可晓者也。使天假吾考以年,则其所设施,又奚止如今日所观而已哉?考自释洋印,无日不东向动归念,以乞骸之章不报。王事鞅掌,竟不能生还。可哀也已!可痛也已!」吾考官蜀十余载,累官至朝散大夫,计以岁月所积,当不赀,为坚佩先大父侍郎居官清白之训,一介不取。亡之日,橐橐枵然,偏假贷乡贾,方能理归舟。夏中问津,迨九月」十九日始抵故居焉。困生三十年矣!未能自奋,副吾考之望,方能由此读书,冀寸进,而吾考(耳)〔已〕不复见,其摧毁若为情耶?慈亲何氏,故参政何公澹之弟、上高宰澈之女。实」归吾考,今封宜人。生四男:长困。将仕郎。娶迪功郎、成都府安抚司校勘兵书吴公懿德之女。次阜。嗣伯父承务郎后。以大父侍郎(违)〔远〕泽,见儒林郎、监万州在城商税。娶承直郎、」前涪州军事判官张公琬之女。次卓。用考致仕恩泽。未叙。娶承直郎、资州军事判官赵公彦潮之女。次宗召。出继外氏太师何公之堂孙。女二人:长百六娘。许姻寺丞李公之孙。次」百七娘。许姻太师何公之堂孙。皆未出适。孙女二人:引弟、迎年。侄孙一人:继郎。俱幼。考之寿虽啬,考之后事亦粗无憾。困,考之冢子也,敢不率弟妹勉遵先训,以期置吾考于无可议」之域耶?亡者以入土为归:择十有二月初八日丙申之吉,奉柩葬于居里之魏溪双坑原。呜呼!葬者藏也。一藏而不可复见矣!乃茹哀叩首百拜而为铭。

　　铭曰:」考之心和而平,考之政直而清,考之行粹而纯。天昌不憖

遗,」使吾考之遽倾,是用卜兹幽城,宁考之真,且以绵奕叶之荣!」

　　　　　　　孝男胡囷等泣血谨铭　　刻石吴仁卿^①」

　　胡留(1180—1235年),字少张,南宋庆元年间吏部侍郎胡纮的次子,浙江庆元人,家居城邑近郊双股岭尾石碛村。《宋史》无传,只是在宋人的笔记中偶有一些零星的记载^②。今从志文中可知他生于南宋淳熙七年(1180)三月。他少小聪颖,幼年即学辞赋,后改习《易经》《周礼》等,较有作为。曾深得乃翁赏识,受其赠物之嘉奖。他是受荫袭步入官场的。早在庆元年间,年方弱冠即因父辈之权势而被选调为“松溪县主簿”,但因故未赴任。旋至嘉泰年间,因父故丁忧而闲居于家,服满后始任官。先是享受“致仕恩”^③,仅以“承务郎”^④之身份在福建兴化涵头管理食盐专卖事务,兼理民事,办事得力,颇有政绩。继之改调枫桥镇,事迹如前。后来拟调至滁州全椒为令,但因故未赴即改任辰州沅陵。当时,蜀中自平定吴曦叛乱之后,政事全由平乱主帅、四川宣抚使安丙所持,而胡留之才能竟被安丙发现,故被选为文官副职,后又被调往利州任副职。时值嘉定年间,金人大举进犯陕南川北一带,梁州洋州曾一度失守,收复后,胡留被调洋州代摄州事,以政绩斐然而进一步受到安丙的赏识,经他上报朝廷以授实职。胡留治理洋州首尾计七年。他尽力防敌抵卫,兴利除害,注重教育,深究民瘼,治理地方政绩颇丰。他曾一度参与邛州“惠民监”的铁钱督铸工作,十分负责。端平二年(1235)二月二十一日,胡留因病逝于成都亚松寺,享年五十六岁。同年五月,灵柩从成都起运回乡,至九月十九日方抵故里,十二月初八日葬于魏溪双坑原。

　　据志文可知,胡留是“今为处之庆元人”。“今为”二字当是特指和强调,旨在证实由其父胡纮参与而至庆元县的设置而言。这话的前因是胡纮的家族自其始祖胡近于晚唐(或是五代)避地迁居于此就一直在这里生活,逐代生息至胡留已历十一世。虽然此地原非“庆元”之称,但至胡纮之后显然已正式称为“庆元”了。故《胡留墓志铭》之出土可正《宋史·胡纮传》“……处州遂昌人”之误。

读志文可知,胡留之父胡纮自庆元五年(1199)二月乙丑日罢职归家⑤后曾自称"待制侍郎"。此称除含有意欲等待皇上重新命职的愿望之外还含有一种自我粉饰之意。文中又称胡纮之父为"奉直大夫"⑥,但从《庆元县志·胡纮传》来看,他家原属贫穷人家,其父原是个平民,是没有职衔的。至于"奉直"之类,那是当时"父因子贵"的"封赠"。同时,胡留之所以称为"朝散大夫"⑦则又是"封妻荫子"的"荫袭"之结果。

胡纮共生育两个儿子,长子胡绅卿,字书一,次子即胡留。胡绅卿本是个可先享受"封妻荫子"待遇的长子,可是他在刚取得"承务郎"之衔即可步入仕途之际就过早地离开了人世。因此可知,能为胡纮传宗接代者仅次子胡留一人了。至于胡纮有没有,或有几个女儿,因志文未及,况无其他资料参考故不能得知了。

胡留娶妻何氏,龙泉人,系参知政事何澹之弟何澈的女儿。何澹除了有一个通判临安、后因牵涉食盐走私而罢官的弟弟何涤⑧之外,还有这个在江西上高县做县宰的弟弟何澈,可补史阙。

胡留共生育过四个儿子,大儿子叫胡困,生于宋开禧二年(1206),之后不知所终。乃翁逝世,他正值而立之年,当时所得的职位是"将仕郎"。他娶成都府安抚司校勘兵书、迪功郎吴懿德之女为妻。由于"将仕郎"是文职官衔中最低的一等,可见他随父宦游时还是初入仕途。胡留次子名叫胡皁,因胡留之兄胡绅卿青年亡故失嗣,故依例将胡皁过继给胡绅卿为后嗣,之后,胡皁享受了其祖父胡纮的余荫——"远泽"⑨获得了"儒林郎"⑩之职衔。于是他也随父入川,在万州(今重庆万州)当了个税务征收官员,同时在那里娶妻,夫人是前涪陵军事判官张琬之女张氏。三子胡卓亦随父在川生活,娶资州军事判官赵彦潮之女赵氏为妻,后来以顶替乃翁公职(致仕恩泽)入仕。四子胡宗召则是出继何澹某堂孙,后来可能是定居龙泉而成了龙泉人。他的名字很可能是按何氏家族辈分所取。胡留当时已有了一个孙子,名叫"继郎"(当是乳名),志文中称为"侄孙",这孙子可能是胡皁的儿子。因胡皁时已出继其伯父胡绅卿了,故依名义来说,这孙子已经是胡绅卿的孙子了,因此称为"侄孙"。同时这件事另可从他的命名为"继郎"二字的含义来看,也可作个佐证,胡留有两个孙女,一个名叫"引弟",一个名叫"迎年"。她俩均属稚龄,尚未婚配。从名字的字义来看,"引弟"是胡困的女儿之可能性较大。因胡困时近壮年,尚无子男,故依俗给女儿取个以期望为意图的名字⑫来作得子之盼。至于"迎年"则很可能是胡阜的长女了。如果真是这样的话,那么其弟乳名"继郎"可能又有另一种解释,即可能是"继其姐而后生的儿郎"之意了。当然,说"迎年"是胡困的次女也有可能。

胡留有两个女儿,一个叫"百六娘",一个叫"百七娘"。当时她俩均是少女,虽皆已婚配,但尚未出阁,姐"百六娘"是"许姻寺丞李公之孙"。这位"李公"不知何许人,估计当是乃祖任"太常少卿"时的下属同事"太常寺丞"李某。这门亲事属故交旧友的联姻结亲。而妹"百七娘"是"许姻太师何公之重孙",这门亲事属于结表亲之"回头亲",乃世俗中之常见者。有趣的是他们姐妹双双均以数字命名,这是庆元县古人以行第取名的风俗普遍性地存在的具体表现。以此可证实庆元县历史人物如"马四郎""马七娘""黄十公""吴三公"等人的称呼的真实性。这种称呼虽然是封建制度下氏族世系中以字第排行的结果,但这也是当时流行淳厚古风的一种反映。

《胡留墓志铭》的出土给庆元县历史史料增添了内容且起到了证实的作用,是一则重要的考古发现,也是庆元县金石艺术品的重大收获,使"栝苍金石"增添了"新成员"。清道光十四年(1834),时任处州司训的李金澜在编写《栝苍金石志》时曾叹"处州十县独庆元一邑无碎金断石可取"为憾事(后虽在《续括苍金石志》中补收了《吴子通墓志铭》⑬,但也犹是唯一的)。如今,此石的存世可证庆元县金石品不是无而只是目前发现较少。既是稀,就当知其贵了。

《胡留墓志铭》的出土,在一定程度上体现了汉字的古今变革。在全篇铭文中,大约是为了方便镌刻的需要,竟用上了 23 个(其中 8 个重现而实际上是15 个)简化了笔画的字,如:礼(禮)、体(體)、万(萬)、俻(備)、関(關)、告(誥)、尔(爾)、尽(盡)、庿(廟)、饥(飢)、声(聲)、兾(冀)、继(繼)、双(雙)等。这些字在现代字典都可以查阅到,其中一部分就是今日的简化字。可见,早在近千年前就有人已经使用这些"简化字"了。但有趣的是文中有两个"兴"字书写成上面一个"丑"字,下面加上一个一撇一捺的"八"字。此字在今日皆不见,但昔日民间却多见,在古石刻中亦频可见。故料这字是属于小范围地区所使用的"方字"。此外,这石刻上还有几个错字。首先是"篆额"中的"圹"字竟错成了"矿"字,这个字很显眼,为什么会产生这样的差错,实在让人感到奇怪。其次是文中有一"已"字错成了"耳"字,但似乎已发觉了错而作了修改,结果是弄得"已"不成"已","耳"不成"耳","且"不成"且"。此外是"远泽"的"远"字也错成了"违"字,"吉"字书写成了上"土"下"口"。这些错误看来都是书写者的笔误所致,但有一些错误笔者认为是刻石匠人的笔误,即遗漏雕刻的笔画所致。比如:"填"字缺少了"真"字上头的一直。"寺"字漏刻了下面"寸"字的一横;"有"字缺少了一撇,"居"字少了中间的一直。

《胡留墓志铭》的刻石匠人是吴仁卿。撰文及书写者不知是何人,很可能是胡困兄弟们自己所为。当然也不能排除其亲友代作的可能性。此石刻书法隽美、刻工精细,堪称精品。它不但具有一定的历史价值,而且具有较高的艺术价值,是庆元县现存的一件不可多得的重要文物,值得妥善保存。

注:

①此志文已全文编入新版《庆元县志》及刊于《庆元纵横》(第六期),但上述两文或有错字,或有漏文,此文是依原物拓片为资料细校打字,料错讹较少。

②见宋·张世南《游宦纪闻》等。

③致仕恩:指当时官员退休后,可由子孙辈继承入仕的待遇。《宋史·职官志·致仕》:"……或加恩其子孙。"

④承务郎:文散官之一,从八品衔,多由封赠所得的有官名而无固定职事的官。

⑤见《续资治通鉴·卷一百五十五》。

⑥奉直大夫:志文中原仅称"奉直"。按《宋史·选举志》文散官原有二十九阶,其中有"奉直郎"(从六品上)一等,至宋徽宗大观初册"奉直郎",新(改)置"奉直大夫"等至三十七阶。故知胡纮父亲得到的封赠当是"奉直大夫"。

⑦朝散大夫:亦文散官之一(正九品上)。

⑧事详《续资治通鉴·卷一百五十五》。

⑨远泽:意指越级的封荫。《宋史·选举志·补荫》:"……已赏荫而物故者,无子孙禄仕,听再荫。"

⑩儒林郎:亦文散官之一(从五品上)。

⑪昔日,庆元县北区及龙泉县一带往往有将女儿取个"招弟""有弟"之类的名字以图生儿育子,此风俗近尚偶有流行。

⑫指庆元东乡一带的《胡氏宗谱》之类。

⑬即大济吴氏三世祖吴浃的墓志铭。此志铭全称为《宋故吴居士墓铭》,元至元年间随着墓葬的盗掘而出土。后竖在"吴大理祠"内,于20世纪中叶遗失无存。

一九八九年十二月十二日

"黄华之乱"在庆元

庆元县处于"深僻幽阻、舟车不通(林步瀛语)"的地理环境之中,故自古以来不属兵家争斗之要地。历史上,此地遭受的兵灾寇乱极少。即使是在朝代交替之际,这里都没有多大的风波。有史以来,此地兵灾之最当数明末清初清廷与南明政权的"拉锯"战,而寇乱之最则首数宋末元初的"黄华之乱"了。

黄华是福建政和人,庆元县人依口语发音误称其为"黄花"。所谓"黄华之乱",即"集盐夫,连络建宁,括苍及畲民妇自称许夫人为乱"①之事。事发于宋末元初的元世祖至元十五年(1278)同时又是南宋景炎三年的十一月二十三日。事发后,他以事发地当作据点向邻县扩展势力。之后,聚众三万余,号称"头陀军"占据了建宁,出掠四方。元廷派镇国上将军、福建等处征蛮都元帅鄂勒哲图对他进行征讨。屈于元兵之势猛,黄华惧怕了。在鄂勒哲图许之以副元帅作授职的诱降之后,黄华投降了元军,任征蛮副元帅之职而作为前驱部队反过来去打击抗元力量,成了汉人的叛徒。过了二年余,这位反复无常的黄华虽当上了元朝的"建宁路管军总管",但又聚众十万反叛了

《元史纪事本末》选页

元廷。此时,距南宋王朝灭亡已四年之久,但他改用了南宋的最后一个年号,号称"祥兴五年",以示反元复宋。他举兵攻掠崇安、浦城等县,又围攻建宁府。元廷"命'征东行省左丞'刘国杰以其兵会'江淮参政'巴延等讨之"②。后来,刘国杰攻破了黄华的据点赤岩寨,黄华自知无望而跳入火堆中烧死,"黄华之乱"告终。

有人说黄华是个贩盐的贫民,此说不一定准确,但黄华是个朝秦暮楚、出尔反尔之人倒是事实。他在短期间内降元又叛元,在元人诱降他时,还有一个小故事。说的是:鄂勒哲图"虑他奸诈莫测",就以骑射畋猎来向他耀武。当时一只老雕在天上飞翔,鄂勒哲图弯弓仰射,老雕应弦而落。接着是全军大猎,猎品积之如山,黄华大悦服,即甘心臣服,屈膝投降。且愿为前驱,攻昔同类,足见黄华是个卑躬屈膝的小人。

黄华起事之初,在将势力往外扩充之时,首当其冲的即庆元县。在其窜扰之际,可谓"阖邑震动",在其必经之道的一、七都一带更是人心惶惶。不过,各村舍都建立防御设施,有组织地起来抵抗。如在一都举水村,村人吴平(即后来任浦城知县的"大一公")就是抵御力量的典型人物。事件发生时,他才三十五岁,血气方刚。他"独划拒守计,率乡勇据险厄要以待之"③,黄华见其有备,不敢轻进,而取另道攻入了庆元城。

黄华占据了县城之后大肆烧杀,劫掠一方,一时间使城池受到了严重的破坏。他首先焚烧了县衙,不仅将大堂官舍毁于一旦,便连筑建在县治前、作为立石题刻进士名录的"籍桂亭"也不能幸免。与城邑有着一水之隔的"儒学"也遭受彻底的破坏。寇患自然殃及了市井民舍。不过,"黄华之乱"在《庆元县志》中仅有简略的记载,文曰"毁县剽掠而去"。

不知是大济村离城邑较近,还是大济人意外地得罪了这帮入侵者,大济村在这场寇乱中所遭受的破坏特别惨重,十分惊人。入侵者毁了民宅,断了桥梁,烧了庙宇,挖了祖坟,整座村落据说是"全村烧毁,片瓦无存。两宋时期的文物全部成为历史"。被后人称为"宋初建"的宗祠成了灰烬,原先的吴氏家族的第三代传人吴子通的坟墓也受到彻底的破坏。时至今日,扰乱庄舍的厮杀声虽早已远去,废墟的复建也早已旧貌新颜,但古老的创伤依稀可见;由断砖碎瓦拌和着泥土夯筑的泥墙历历在目,成了废墟的先人墓冢乱草丛生。故"黄华之乱"这一词条在今日大济民间之口语仍时有所闻,文字书写的资料亦有可见④。足见这场历史惨案带来的影响是何其之深啊!

在庆元县今存的文献中,不管官方的邑志还是私家的家乘,"黄华"均作"黄花"或"黄化",其实,这是当日依口语传言所书写至讹。然而,也有人说古来"华""花"相通,"花"本"华"之俗字,不必拘泥。好在近人对这"黄华"二字有了统一的规范。于是,这文献中的"花"字不管是相通也好,笔误也罢,都不影响后人对黄华作史实研究了。

"黄华之乱"发生在元至元十五年(1278)十一月,黄华受招安是在至元十七年(1280)八月,最后身焚事终是在至元二十年(1283)十月。这些历史事件的日期在《元史》《元史纪事本末》《续资治通鉴》这些国家级史料中都有相同的明确记载。此外,在早期的地方史料如明万历版、清康熙版和清嘉庆版《庆元县志》,甚至在庆元县的某些民间史料如举水《吴氏宗谱》,也有与国家史料中同样的正确年代记载。可是,偏偏又有些地方志,如明万历《栝苍汇纪》、清雍正版《处州府志》及清光绪版《处州府志》,以及之后续编的清道光版和清光绪版的《庆元县志》中,把"至元"误记成了"至正"。此错误还延及至近年新版的《庆元县志》中。那么,这错误缘于何因呢? 这实在让人不明白。尤其是原先的康熙版及嘉庆版的《庆元县志》中都是作了正确年代的记载,怎么反而后来的竟记成了误文。

黄华之乱经历了五年,他在庆元的活动期更是短暂,却给这山城小县带来了严重的破坏,在庆元县史料中留下了不光彩的一页,给后人留下了负面的影响。历来,人们对这事件的性质持有二说:其一是"抗元义兵"说,另一是"寇乱"说。黄华抗元的事迹甚少且为时短,反而是劣迹多,且从他在庆元县留下的行踪来看,当是"寇乱"说更准确。

注:

①见《元史·世祖纪》。

②见《续资治通鉴·卷一百八十六》。

③见举水《吴氏宗谱·吴汝和传》。吴平,字汝和,生于宋淳祐四年(1244)。卒于元至元三十一年(1294),享年五十一岁。至元十五年时,确是三十五岁。

④如大济村岭根《吴氏宗谱》等。

二○○四年十一月十日

义勇山城一布衣

——弃锄荷戈的姚镇

元朝末年,政治腐败,更逢连年灾荒,人民的生活陷入极其悲惨的境地,并且社会矛盾十分尖锐,天下英雄豪杰纷纷揭竿而起。他们各据一方,与元政权进行激烈的斗争,给统治者以致命的打击,导致其摇摇欲坠,但随着斗争势力的各自扩大,竟使天下形成了分裂割据的局面,你争我夺,混战连连。由于政局极不稳定,一些割据者的下属一时难辨前途,他们对形势捉摸不定,只好朝秦暮楚地觅主而助之。因此,经常发生一些因将领叛乱而另外发生的战争,给人民的生活带来了更深程度的痛苦。人们十分痛恨这些反复无常、穷兵黩武的武夫,因而往往自发起来抵制,参与反叛乱、反割据的军事行动。

元至正二十二年(1362)二月十一日,继驻婺州的苗军元帅蒋英于二月初七日叛,杀吴守臣参政胡大海之后,处州苗军元帅李佑之、贺仁德也杀处州院判耿再成,据城反吴。浙南一带,局势十分危急。夏四月,吴国公命平章邵荣及元帅王佑、胡深等兵攻处州,复其城。是役,李佑之自杀,贺仁德败逃缙云,被"耕者"捉送建康诛杀①。处州之域才得以平静和安宁。这场战斗中,有无数的群众支持和参战,他们是战斗的主力军。而庆元县的"布衣"姚镇就列入这"耕者"之伍,并立下了汗马功劳。

姚镇,字彦安,行敏二,庆元县后田姚家村人,生年不详,约生于元至正初或略早,终于明洪武五年(1372)。原是"山城一布衣,未荷阃外之寄"②,时值天下大乱,百姓难享太平,况郡城被叛军所据,兵祸时时扰及乡里,成为民间之大患。他愤然已久，同时认识到"贺氏……虽不与方（国珍）、韩（林儿）、张（士诚）、陈（友谅）等，然攻城略地，未必非割裂之渐"。因此，他便"毅然倡义勇、率同志"，立志从戎，为民除害。家乡的农家子弟与他同志向，共抱负。每每弃犁锄而执干戈，"农皆为兵"，组成乡兵，参加了平乱的行动。他被任命为"义兵千户"③，带领乡兵协助吴兵作战。他们非常勇敢，不怕艰苦，甚至"伏深苇而纵击"，使用了多种战术，最后直至"首虏授首"。在平定李佑之、贺仁德叛乱，特别是在捕捉贺仁德的战斗中，姚镇立下了赫赫战功。

处州收复后，姚镇升任为"处州守御万户"④，继续参与军务。洪武元年（1368），他还说服了一些散居在山寨的绿林人物归正，以利于形成大统之局面，因而还被授予"平阳左卫副千户"⑤之职。之后，再事征战，挥戈疆场。洪武五年（1372），在某次战事中，不幸阵亡。其后，明政权按荫袭之条例，封其子姚桂"千户"之职⑥，以示旌奖。

时人对姚镇的赞誉很高，认为其有"一方倚为长城"之功，其"勋绩不亚三俞"⑦。姚镇曾在"高祖定鼎"后受过"录功行赏"，以表彰他戎马生涯的一生。

《庆元县志·武职》（光绪版）弁言云："人生世上，既不能游心艺苑，亦当奋志疆场。如能荣亲荫后，即谓之无负此生也可。"看来，在庆元历史上的武职人物中，姚镇最中其论。庆元有史以来的尚武之人，姚镇可谓佼佼者了。

注：

①见《资治通鉴·卷二百十六》。

②阃：原意是"门"，引申为"郭门""国门"。阃寄：委武将军权曰"阃寄"。《史记·冯唐传》："阃以外者，将军制之。"未荷阃外之寄：为没有承担军事事务之意。此引文引自《庆元姚氏总谱·姚镇传》。以下引文凡未注明出处者皆同出于此文。

③⑤⑥见清版《庆元县志·武职》。姚桂，字仲芳，《庆元姚氏总谱》有传。

④见清版《庆元县志·姚镇传》。

⑦三俞：指明初将领俞通海、俞通源、俞渊三兄弟。

一九九一年二月二十五日

程维伊与程公桥

程维伊,湖北蕲水(今浠水县)人,举人出身。康熙三年(1664)三月起任庆元县知县九年之久,至康熙十一年(1672)因父母亡故而丁忧离任。在任期间,竖城楼、清地亩、苏盐困、修邑乘、建桥梁①,做了不少好事。

程维伊十分注重文化教育建设,着重于人才培育。上任伊始即在城隍庙右建起一处命名为"育英庄"的校舍,筹集经费,召集老师,教育学童;之后,又按前例分别在角门岭和竹口建筑了"储英庄"和"储贤庄"。

程维伊非常关心民间疾苦,到任后即着力处理食盐交易中的弊病,剔除盐害。事成后曾立碑于"育英庄"以告示百姓②。这是一件与穷乡僻壤的老百姓最为相关的大好事。康熙十年(1671)五月大旱,更因稻田虫害严重,百姓深受饥荒。经程维伊报请而减免了税金1420余两,在一定的程度上减轻了农民的痛苦。

程维伊还特别致力于地方建设,修筑城墙、城楼,再建"望京台",重建县衙舍③及"竹溪公馆"等,同时注重民间的桥梁道路等交通建设,而在这些工程中最具备规模且有实用价值者当首推程公桥了。

程公桥即"角门岭桥",坐落在城西约四里的"文笔山"主峰"狮山"之下。"狮山"对面即"象山"④。康熙八年(1669)二月,程维伊听从邑中父老之请拟建此桥。当时,他曾亲自与有关人士"登高远眺,四顾徘徊"⑤地选择桥址。同时自己首先捐舍俸银,带头集资,于是,工程立即动工。然因工巨事艰,直至翌年十月方才竣事。竣工之日,邑中人士感程公之德特命桥名为"程公桥"以示纪念。

由于感激程公的政德,人们在建桥的同时还附建一座"程公祠"于桥南首的悬崖之下,以作为对程公永久纪念的祭祀场所。之后,"程公祠"虽因故年久失修以至荒废,但人们对他依然不忘。清同治七年(戊辰,1868)人们将程公之祭迁至武庙门内右边的"戴德祠"中,让他与其他有德于庆元人民的官宦们共同享受祭祀。

横跨在松源河上的程公桥是一座木结构的拱桥,上覆重檐飞栋的长廊形木建筑,桥面以条石及卵石筑砌,两个桥首各建一阁巍然相对。基石以"狮、象"二山下之悬崖作为天然的桥台,十分坚固。远而望之,桥之形如长虹悬挂于两山之间,倒影荡漾在清流里,朱碧相间,蔚为壮观。

程公桥的架筑有多方面的意义。首先是方便交通。在这近郊的道路要冲上架木叠石为津梁,以免人"褰裳"涉渡;其次是作为一处风景点点缀了山河之美。这也是古人所谓"改地理、增风水"来振兴地方文运的体现。拿程维伊自己的话来说即:"补天地之气机,聚山川之秀气,而大有助于文运,岂仅一方之利涉而已哉?"⑥庆元县城四面环山,一片盆地仅以这数十米宽的峡谷作泄水之处,故古人认为这是一泄漏灵气之地而非堵之不可。"程公桥"的建成了却了前人欲于此建塔⑦以"镇风水",阻止灵气外溢的夙愿。

首建的程公桥大约毁于乾隆初年,乾隆二十七年(1762),慈照寺僧人达一⑧募捐再度筑建了该桥。同时还附建一座观音堂于南桥首⑨。嘉庆十三年(1808),又遭大水冲毁。之后,这里仅建"草桥"(简易小木桥),桥名改称为"角门桥"或讹称为"绳枫桥"。同治七年(1868),由城内上仓人姚文垲等劝捐修建,三度筑成了"程公桥"。在竣工之日,为了澄清史实、纠正讹称,还特地悬挂"程公桥"三字匾额于桥上,既作为正名,又增添了建筑的文化底蕴。

三度重建的程公桥又毁于光绪季年。据说那次是因大水冲走了上游河边的一棵大樟树,这樟树阻塞在程公桥的桥墩上,桥梁形成了一座"堤坝",水位急剧上升,致使上游涨成了湖泊,城池也成了泽国。之后,水压迫使这樟木与桥梁一起付之东流。程公桥从此消失在人间。

物换星移,岁月沧桑。时至今日,原先程公桥畔的储英庄、程公祠、观音堂等古建筑仅存碎砖废瓦、断壁残垣了。而程公桥的遗址上也只可见到南北两个桥头墩淹没在败草荒苔之中,沉睡在河底的桥面石在水浅河清之际犹依稀可见,这是历史的见证。

如今,在这新时代,在社会发展所需要的时刻,在"程公桥"的遗址又架起一座桥梁,而且是一座宏伟壮观的现代化桥梁,如果程公有灵,自然可欣然告慰了。

注:

①见光绪版《庆元县志·程维伊传》。以下涉及资料多为此。

②光绪版《庆元县志·育英庄》。

③明代遗留的庆元县旧县衙毁于清顺治四年(1647)七月十九日的兵火。之后,官府则是租赁民舍办公。程维伊莅任后方重建县衙。建成后悬大堂匾曰"忠爱堂",后堂匾曰"万古磨青"。

④见光绪版《庆元县志·程公桥》。

⑤见光绪版《庆元县志·建角门桥记》。

⑥同注④。

⑦明万历年间,后田人姚文焜曾在"角门岭"对面的"象山"上筑石塔以"改地理,镇风水"。此塔动工后不久(仅完成基础)即因故停工未建成。

⑧"慈照寺"是一座初建于唐代的古寺院,已圮,故址即今和山学校。"达一"字广贯,是个籍贯温郡的僧人,原挂锡于"万寿庵",后改任"慈照寺"主持。

⑨此堂与桥建于同时,大约是利用荒废后的"程公祠"遗址修建的。"达一"坐化后,邑人曾塑其像于堂内。之后,堂宇废于何时已史无记载。

一九九〇年六月一日

赵公堰及其水渠

　　自古以来，勤劳的人们在庆元县这块肥沃的土地上繁衍生息，他们年复一年，代代相传地劳动、生活。开道路，架桥梁，建设村舍；筑堤坝，挖河渠，灌溉良田。为了获得较优越的生产条件，他们敢于征服自然、改造环境。他们不怕困难，奋发图强，取得许多辉煌的业绩。承担着灌溉县城近郊大坂洋这大片土地的赵公堰，就是其中一处巨大的水利建设工程，是一处人们改造自然取得重大成果的明证。

　　赵公堰又名周墩堰，坐落在县城东郊周墩村之东约一千米处的"石壁隘"下，今"水堰村"西（目前，人们对这小村的口语称呼依然是"水堰村"，但文字书写已写成"西演村"了）。砌石横截松源河，引河水入渠。这设施，古人将它命名为"赵公堰"。其命名的含义，大约是为了纪念某一个对此工程有重大贡献的官员。此人是谁？因文献缺载，目前难以知晓，至于这水堰的输水渠命名为何，也因为史料不书，民间又无传闻，人们也就只好姑且将它含糊地称为"赵公堰及其水渠"了。水渠总长约十里，蜿蜒西行，首先经过周墩"上洋墺"。清版《庆元县志》载："……穿古楼庙①下，过柿儿村，合下滩、济川二水，灌东郊田四十余顷……"然而，它不仅灌溉着这大坂洋四十余顷的良田，还孕育着它流经的一大片土地，是滋养县城近郊这小盆地文明的主要源泉。

　　赵公堰及其水渠筑砌、开凿于明初洪武年间，主持这项工程建设的是知县曾寿。曾寿于洪武十八年(1385)任庆元知县。据《庆元县志》记载：他"清忠爱民,百废俱兴,夏亢旱,苗多枯槁。公经理陂堰,引水注田,民赖无饥",可见他是一位深得百姓信赖的好官。当时正处于战乱结束不久,人们饱受多年兵荒马乱的痛苦生活,十分希望享受安居乐业、丰衣足食的生活。此时兴修水利来发展生产,是人们的迫切要求。曾寿想百姓所想,急百姓所急,审时度势,顺应民意,故深得人民的拥护和尊敬。

施工开始后,进度较快。筑砌石坝,开凿上游的水渠,虽然是一项十分艰巨的工程,但都比较顺利地进行着。可是,当水渠即将进入大坂洋之际,却遇上了一个重大的问题。原来施工的路线被象鼻山挡住了去路。象鼻山山脉狭长,好像是一根长长的大象鼻子,故名。水渠若是绕其而行,则为坡度所不允许,何况又增长了一段不短的工程量。于是,有人提出效"愚公移山"之法,将其劈而移之。当时,大家依之,众志成城。于是,动员了大量的人力物力,投入了劈山开渠之战。工程虽然说是"人海战",但是人多而不乱,秩序井然,他们将运土石的人工分成两队,一队传运土石,一队传递空土箕,并且互相交替,工效可观。但由于当时生产力低下,劳动工具简陋,要劈山开渠,谈何容易啊!不过,困难难不住顽强的人们,他们齐心苦战,事未成,决不罢休。最终是有志者事竟成:山终于劈开了,水终于引来了。这是庆元县历史上的一个奇迹,是值得称道的。如今,那古人群策群力斗自然的遗迹犹在,被开凿得非常陡峭的山崖和余下的一座小土墩分别列在水渠的两边,锄痕犹依稀可见,渠中清泉仍在日夜奔流。

赵公堰及其水渠在历史的长河中,经历了无数次的洪水冲击和人为的破坏,几经毁坏,又几经修复,仅明代就几度兴衰,终至不用。崇祯年间,知县杨芝瑞再度修复了赵公堰并修理疏通了水渠,赵公堰又一度得到了新生。百姓十分感激。可是,过了不久,狂暴的山洪再次冲毁了赵公堰,以致水渠淤塞,甚至冲毁了经过下滩溪及大济溪的这一段水渠和小堤坝,使良田干涸。为了救急,人们分别在下滩溪和大济溪上建起另两座石坝,将这两条溪的水灌入大坂洋。建筑这两座石坝主要是由政府投资,加上民间的集资而成,然而,人们却声称这坝是官府所筑的,故俗称"官陂"。"官陂"筑成后,大坂洋的灌溉全赖于它,而荒芜后的赵公堰就渐渐地不为人们重视乃至被遗忘了。

　　20世纪50年代初,鉴于旱情严重,仅靠"官陂"注水入田远不济事,政府曾经发动社会各界参与疏浚、修复了赵公堰的旧水渠并在柿儿村外,下滩溪和大济溪汇流的河道上架起了木渡槽(后改为混凝土渡槽),古老的水利工程又重新焕发了青春。20世纪70年代中期,新时代的水利大军冒着冰霜严寒,在赵公堰的故址上重筑石坝,再障松源河水,使其继续造福人间。同时,采取了新技术手段,在松源河的河堤上安装了电动机和抽水机,用以抽水灌田,以助赵公堰水渠供水。如今,高高的抽水房已建,每当马达一转,混凝土水渠中就清泉涌流,旱情得以解决。

　　赵公堰至今已有六百年的历史了,虽然它早已废弃不用了,但其古迹依稀可见,尤其是那劈山引水的遗址犹存。这遗址可让后人凭吊,让人深思,让人们不要忘记它在庆元县发展史上的重大作用。它曾经养育过这里的生灵,哺育过这里的文明,更重要的是它作为人类征服自然、改造自然的一个例子,给后人以鼓舞和借鉴。

　　注:

　　①"古楼庙"是原建于明代的一座纪念"吴三公"、正名为"显灵庙"的古庙。坐落在"周墩村"东约一里之遥。虽然今存的古建筑结构是清初时期之物,但依然可谓是古迹。于今在"省道过境线"通过此处时,依其直线测量,古庙是直挡在路中央。故人们估计这古迹不久将消失。后来在施工时,公路却在这里拐了个弯。虽然增加了道路的建设投资,竟然保存了这古迹。这大约是人们之善心善意所形成的善行吧? 善哉! 功德无量!

　　②此村是20世纪70年代在建"兰溪桥电站"时,迁移水库淹没区中的"畲客地"村于明代古村"枫树板"的废墟上所建的新村。"枫树板"又俗称"抄家地"。据说是古时候因聚众造反而被朝廷征讨,最后被夷成平地的古村落。之后,其废墟历代都成了庄稼地。对于那次毁村事件,笔者怀疑即是"叶宗留起义"事件,或是与这事件有所关联的事(在新村建筑时,曾有大量的古铜钱出土,事后笔者曾采访了当事人,他承认确有其事,只是因为无知而让文物全部毁坏,并以不明其历史年代为憾)。看来,要证实这废墟的确实历史年代,还得等待其他史料的新发现了。

一九八八年十月十日

吕公堤

吕公堤位于县东后田的松源河南岸,东起后碓村头古枫林庵遗址边,西至姚家村北古"百花亭"旧址外,是县郊护河堤的一段。它与"学宫"(即孔庙)后面的数段河堤(俗称"学砾"①)相接,成了县城及近郊的防洪建筑物。为了纪念对建筑此堤有较大贡献的政府官员吕必筹,故将堤命名为"吕公堤"。

早在明清之际,县城东郊的后田是由今存的后碓、吴宅等村庄及已废的坑墼②、后姚等许多小村落组成的。它们星罗棋布,毗邻而立。为了抗御洪灾,村民们各自在村外河沿叠石砌筑河堤以制患,同时在河堤上建起了一些可供游憩的纪念性建筑物。比如:在"坑砾墼"上就曾经取"砥柱中流"之意建过一座"砥中阁",既体现古人抗灾御患、敢于抗争的英雄气魄,又体现地方色彩,一度成为古迹③。

然而,分段而设的低矮的小河堤是难以抵挡洪波冲击的,这些河堤屡建屡毁,总不济事。比如,光绪三十年(1904)六月十八、十九两日,洪水滔天,文庙、武庙等多处建筑被摧毁④。光绪三十一年(1905)六月的那次大水竟淹没了孔庙的"崇圣祠"。民国十二年(1923)六月二十六日及二十九日发生的两次特大水灾的破坏性更强,不仅冲坏了孔庙、城隍庙、石龙寺、养济院等,还淹没了无数良田、道路,损失惨重。但是,百折不挠的人们并没有低头,着手重建被毁工程,可惜,总因为财力物力不足而草草了事。

民国二十一年(1932)六月十七、十八两日,暴雨如注,特大山洪似脱缰野马奔腾而至,淹没田园,冲毁民房,横跨于松源河上的桥梁全部被毁,灾情极为惨重。后田一带受灾更甚,连作为"广益桥"桥头基础的"桥头亭"⑤也毁于一旦,地基成了一片汪洋。面临如此险情,人心之不安是可想而知了。

时值省民政厅厅长吕宓筹莅庆元视察⑥,面对着浩浩洪波和灾情,他悲声长叹。他不但实勘了地理环境还探访了人间民情。他得知这里山穷水恶、地瘠民贫,在接见民众代表时,提出必须及早修复、重建堤防以保安全。至于工程投资问题,他表示要将这里的灾情向省里汇报,请求政府拨款。不过,他又强调抗灾自救还得依赖当地民众自力图强。民众得知消息,深受感动,纷纷表示要树立雄心,同舟共济,奋力重建家园。

洪灾过后,民间便集议重筑新堤方案。首先公推德高望重的商界知名人士姚建封为首组成筑堤筹建组。一直热心于地方公益事业的姚建封也慨然应允,马上着手承担具体筹建工作。同时,吕宓筹返回后即报请省政府拨下了大洋三千元。虽然,这在当时已是一笔数目较为可观的经费,但远不及工程之所需。因此,筹建组最急于办理的事是必须发动社会各界,筹集资金。姚建封以家乡大业为重,慷慨解囊,首先资助大洋一千元。在他的带动下,一时间,其他商界人士及各界民众也纷纷踊跃认捐,或投实物以援,即使是较清寒的农户也拿大米之类农产品来相助,真是同心协力。集腋成裘,在短期内便暂募集价值大洋六千元的现金和物资,为工程的施工奠定了经济基础。

同年秋末,吕公堤开始施工。承包和直接参与施工的是本县江根乡江根村著名石匠吴传绅。其他巧匠及民工有相当一部分是他的亲友或知己。他们吃苦耐劳,在当时既无机械排水、车辆运输,更无水泥炸药的情况下,手工破石,肩抬运料,泅水清基,潜水筑砌。工巨而器陋,难度极大。取石料之地点是在松源河彼岸镜山南麓的山际潭畔,运料进场有一段极不平坦的溪滩,巨块石料也得靠人力扛抬,但即使是千斤重石也只有十余人抬运。至于施工方案是在被冲毁得弯弯曲曲、深浅不平的河岸上裁弯取直地填深潭、挖浅滩,再行筑砌。在水深数米的深渊里作业本就不易,何况还得考虑坚固度。因此他们取松木浸水不朽的特点,采伐大松树叠做成骨架,沉于水底作为基础,在其上砌石,这样既牢固又便于施工。在如此苦干加巧干的情况下紧张施工,仅历数月就在翌年春水来临之前完成了全部工程。

吕公堤全长四百余米,通高约五米,面宽二米余,底宽约四米。堤底加筑宽约三米的护坡伸出河面以加固堤防。在河道转弯处则加砌长约二十米,宽约十米,最高处高与堤等高的被俗称为"坝坨"的大护坡抵御洪水冲击,起到了加固河堤的作用。包括这些附设工程在内,吕公堤总工程量达六七千立方米之多,计耗资大洋一万一千余元。

姚建封不负乡亲所托,在施工过程中始终担起重任,开工伊始即为工匠安排住宿、伙食之事宜,充当后勤人员。施工之际常亲临工地指导施工,检查质量,与筹建组同人一起真正地当好筑堤负责人(俗称"缘首")而获众人赞誉。

吕公堤竣工时顺利通过验收,以坚固、平直、外观美等博得大众的一致好评。这充分体现了庆元县"石匠之乡"的巧匠技艺高超,名不虚传。在验收过程中曾以不同角度分段拍摄五张照片,冲洗成 12 英寸照片数份,送交有关部门存档,同时也作为人们留念收藏之需①。

近年新镌吕公堤记碑

　　吕公堤未作过正式的命名,原因是没有得到吕宓筹的认可。吕公言:"此项工程建设全赖当地乡亲父老所为。某身为政府官员理当投身效力。至于所拨资金,那是国家公款,并非吕某私蓄,某岂敢占众功为己利而钓誉沽名?"坚辞不受。因此最后定名为"庆元县玉田镇防护堤"。可是,人们总是习惯性地称它为"吕公堤",沿至今日成了正名。

　　吕公堤承担着保护县城东郊的重任,在风风雨雨中屹立了近一个世纪,虽然经受了洪波数以百次的无情冲击,如今依然是一方之屏蔽,在近百个春秋岁月里,后田乃至县城一带不被狂洪冲毁一田一舍乃全靠它的保障。

注:

①砟:庆元方字,音"栋",意指河堤。

②"壑"字:字书不载,乃庆元古人生造的方字。其读音及意义均未详。

③见光绪版《庆元县志·古迹》。

④本文涉及的水灾详情引自《庆元县志·民国志稿》。

⑤此亭系"广益桥"南桥首。巨石为基,上覆双层阁形木结构。顶层悬由当地宿儒余炳光手书一匾曰"利涉大川"。是近代临河之一景观。

⑥吕宓筹于民国二十一年(1932)六月十八日抵庆。适值洪灾,因桥毁无渡而夜宿八都,翌日以竹筏涉河进城。

⑦姚建封曾收藏该照片一份,后留交后人收存。可惜毁于"文革"。

一九八九年八月十五日

姚家门
——一座别具一格的庄舍门户

县城东隅后田街边原有一座姚家门。昔日，它是由街道进入姚家村的必经之地，是姚家村的门户，是一座别具一格的村庄门户。

姚家村建村于宋末元初，那是在定居后田的姚姓第二代传人姚国华"葬于百花亭，子孙环而居焉"[①]之后，在十斤边、田畴里不断地建起了一座座房舍，以阡陌为道路，以溪流为疆界，渐渐地形成了村落之后，则修道路，建门户，最终建成了传统式的庄舍。

初建的姚家门建于何时已不可考，很可能是与明朝万历年间建筑"姚家大阙"[②]共同进行的。那时建的姚家门不仅建制不甚精致，规模亦低小。经历过二三百年之后即毁于清道光年间的一次火灾。当时火势最先延及此门，以致交通阻塞，使村人不能外出灭火，不得不借道由"吴宅"外出，因而延误了灭火时间，损失惨重，更让后人产生了此地原无门户的讹传。

姚家门重建于清咸丰年间。资金由族人筹集，基建工作据说由富户姚孔厚主持。原因是在旧姚家门着火之际，火灾殃及了与其毗连的姚孔厚母亲季氏的节孝坊(据说当时姚孔厚曾经以重金募人抢救坊上的旌奖匾额，但因道路阻塞，兼火势凶猛而未果)，之后，姚孔厚申请重建节孝坊。为了体现其轻财好义、乐事公益的美举，值此合族拟重建姚家门之际，他就自告奋勇地承担了姚家门重建的主持工作。同时，姚孔厚位于大坂洋的田庄还正在施工，其"庄门"亦拟将动工，为了便于管理，姚家门的筑建就特地聘用承建"庄门"的那一帮匠人，采取了相似的工程设计和施工工艺。今从两者的现状来看,确实有着共同之处。

姚家门坐北朝南,面临小溪,以丈余长的厚石条架小桥于溪面,与庄门南北相望,相隔仅数十步。门楼三进五开,双层重檐,占地150余平方米。工程为土木结构,歇山戗脊,山墙叠落;上覆陶瓦,下隔天棚。门阑窗格,俱作细雕。漆朱刷白,气象不凡。门楼上悬一匾额曰:"世德作求。"相传乃是乾隆己丑进士、内阁中书姚梁手书③。书法谨严,笔力雄健,是为世人所公认的不可多得的书法精品。

姚家门正中设宫门双扉,但终年闭而不启。唯族中有婚丧之事或有显客贵人至时,方得开启。平时行人进出皆从左右偏门过,以示俨然。旧时族人娶媳嫁女非从此门出入不可,就是居于村外者亦然,定要作象征性的进出。丧葬出殡亦必须以出此门为原则,居于村外的族人当然也不例外,唯不抬灵柩而单走仪仗队及送殡行列罢了。至于科举传送捷报,或是族人出仕宦游,那更是双门洞开、舆马直通了,以示封建等级制度之森然。

姚家门的门厅作厅堂之设,每逢喜庆节日则梁挂宫灯,柱贴楹联,景象可观。门厅两厢作斋轩之设:悬书画,挂丝桐,列几案,置棋枰,作为人们憩息之所,可议事,可谈经,可奏乐,可弈棋。厢南之壁饰圆形镂空格子窗,窗外则为廊,廊柱架木为凳,更设元宝形青石几四条,可供休憩。廊之设也,暑可纳凉,冬可曝日,临清流而面清风,自是人们聚会的好去处。厢之后有扶梯可登楼,楼则为敞然大厅,厅之南北两方,各开棂窗八扇。启窗远眺,可极目遥望。楼厅辟为学舍,集族中学龄子弟,延老儒启蒙讲学,同时也接纳族外之童。此例延及民国初年,历之不衰。

姚家门虽是村落之门户,但其建制如厅堂之设,俨然府第之户也,况其非不为门户之设,更可供人休憩、集会、上课、游览等,可见建设者的别具匠心了。因此,姚家门可谓别具一格的庄舍门户。

由于历史的问题,在20世纪50年代初期,姚家门易为民宅。受到了时代冲击的姚家门已是面目全非,真可谓"彼黍离离"之景又现人间。更可叹的是,1992年农历八月十六日子夜,一场无情的大火将姚家门化为灰烬,一座历经百余年的建筑消失了,十分可惜。

注：

①见《庆元姚氏总谱·姚国华传》。按："百花亭"今已讹称为"百花坪"了。

②阙：原意是"宫门前面两边的楼状建筑"，后泛称宫室。庆元人引申为"房屋"。按：在庆元有一个"方字"是"门"字中一个"朱"字，音念"处"，意指"房屋"。料即是此"阙"字的衍变。"姚家大阙"：明万历年间在四川顺庆府任同知的姚文焗退休回家后，在姚家村"百花坪"北所建造的一座大房子。此房屋在《庆元县志·民国志稿》中曾列入《古迹门》。今已大部分做改建，仅剩余残迹。

③一说此匾额是建门时由族人姚其昌手书。

一九九三年一月二十七日

日涉园杂谈

　　日涉园坐落在大济村西,东毗村舍,西临小涧,四周围垣,占地数亩,是村人吴王眷之别业。

　　日涉园是明末清初庆元县一处典型的园林建筑,"园门有楼,手书'瞻岵'"①。据周茂源《日涉园记》可知,其主体建筑为"森玉堂"。此堂屋宇堂皇华丽,设雅室数间,"架插牙签,壁挂丝桐"②,是园主人读书作画的场所。堂前临一方池,池水从小河引入。澄清一碧,可鉴须眉,锦鳞出没于其中,任人凭栏观赏。池中建一"蜃影阁",巍然浮立于水面。阁的四面窗户明敞,登阁可瞰全园景色。池之南面植有老槐、金钱松及柏木等。它们连为一体,宛若绿云一片,翠碧可爱。槐下"评泉处"的四周空地上广植桑、苎麻、茶等。向西数步则是满架蔷薇,清香袭人。"蜃影阁"西岸有四季桂二株,"四时发花,八月尤盛,香送里许"。桂树下置一青石几,凭几可弹琴、对弈,亦可作书画。与这石几短墙一隔之处有"懒是堂",堂的北面池边有梧桐亭立,叶迎金风,哗然发响,大有诗意。堂后是修竹数百竿,篁枝蔽日,翠色宜人。"懒是堂"之东侧是"问天楼"。若登楼,可远眺青山之秀色,可近听碧水之潺流,别有一番乐趣。而与"问天楼"相对的又有"听兰轩"隐没在曲折的幽径里。轩前广植蕙兰,既可摊书畅读,又可开樽痛饮,可谓别有洞天。与"听兰轩"所近者是一"与稽轩"。"与稽轩"前列砌怪石"如老僧跌坐,如渴牛奔饮,如卧虎伏而受射者",千奇百怪。轩之建,与别的建筑物迥然不同。"与稽轩"之南的"呼月楼"是"日涉园"的最高建筑了。

它"高可连汉,四望苍苍",楼下更有名花数种。绿叶迎风,红花带露,芳气四溢。"日涉园"整体布局合理,取景自然。它既具有园林建筑的古朴幽雅风貌,又有山川秀丽景色为衬托,当是庆元县历史上最有影响的园林了。

日涉园主人吴王眷,字斯孚,号天玉,生于明万历三十四年(1606),卒于清康熙十年(1671),寿六十六岁。他的祖父吴俸曾任琼州通判,父亲吴南明任湖北黄岗丞。他在十八岁时即以廪生食饩,后曾因作"人生苦短,百年抔土"之叹而一度风流处世③。入清后为顺治间贡生,曾任温州乐清县训导。时人赞其"风度隽朗,敏给多才"④。

日涉园的命名取陶渊明《归去来辞》"园日涉以成趣"之意⑤,体现出园主人向往着淡泊宁静的隐居生活。至于园门额书"瞻岵"二字则有另一种含义。原来,王眷父亲吴南明在明崇祯间任职时,值农民战争爆发,后受了厄难。王眷千里寻父将受伤成了残疾人的父亲接回了家。于是"构园""娱老"而"朝夕奉侍"⑥。岂知此园落成二年之后,乃翁即亡故。他悲伤至极,故取《诗经·魏风·陟岵》"陟彼岵兮,瞻望父兮"之意书"瞻岵"二字悬于园门之上,以示对父亲的怀念。由此可知,"瞻岵"二字非建园时所悬,乃是后来补作或改作。

然而,"日涉园"之建并非全是为了"娱父",同时也是为了自乐而设。王眷曾数度修建此园,"每花晨月夕,置酒招客"⑦。故"日涉园"又是文人雅士们聚会的好去处。他们在此高谈阔论,吟诗作赋,其乐陶陶。重要的是它又一度被设为书院,王眷的族人兼文友吴运光在此设帐授徒,启蒙学童⑧,成了一处培养人才的基地。"日涉园"最光彩的是它在清康熙六年(1667)六月里,有幸地留下了清初著名学者陆陇其的足迹,这事至今还让人们津津乐道。

陆陇其(1630—1692年),初名龙其,字稼书,浙江平湖人,康熙九年(1670)进士。他学宗"程、朱",著作有《三鱼堂文集》《问学录》等,是清代著名的理学家,时人将其与"陆世仪"并称为"二陆"。康熙五年(1666)秋,他参加乡试时,正值庆元县知县程维伊被临时调任为这场考试的"同考官",参加阅卷。程维伊读了陆陇其的试卷后,认为其字字珠玑,大为赏识,使他领乡荐得中式第九名⑨。事后,陆陇其对程维伊十分尊敬,尊程为老师,两人建立了深厚的师生情谊。翌年,应程之邀,他不远千里,辞别故乡来到了庆元⑩。他闻知大济素为书香之地,历代人才辈出之后,便"客游济川"⑪,特访"日涉园"。适遇吴运光,两人促膝长谈,相叙相论。吴运光深深佩服他的学问渊博,就诚恳地邀他进"日涉园"任教。虽然自己比他长八岁,吴运光还是甘心诚愿地"撒皋比而受学焉"⑫,将自己作为学生中的一员,拜他为师。尽管陆陇其在当年九月份就离开了庆元,其在庆元县时间短促,但他对庆元县的教育事业有很大的影响,使得当时教育"风为丕变"。据说,大济村中曾有人家藏存着当年他为学生评改文章的墨迹,视若珍宝,历代保存,直至被毁于"文革"之火。如此难得的珍贵文物付之一炬,堪称可惜。

昔日,大济中宅吴氏宗祠的大厅两壁上书写有明代人方孝孺创作的"箴言"四则(分别是《父子箴》《兄弟箴》《夫妇箴》《朋友箴》)⑬。这些字,相传是陆陇其手书。此文物至今已历三百多年,虽大多已损坏,目前仅残留九个字,但犹可见到那苍劲有力、潇洒飘逸的字迹来。这是陆陇其于"日涉园"之外的另一处"足迹"。这份濒于湮灭的文物亦可供人们对其凭吊。不过现在也需要对其做出抢救性的修复。

斗转星移,世事沧桑,创建至今历三百六十余年的"日涉园"已是面目全非了。虽然人们在 20 世纪初期还将其残存的一部分厅堂辟为"乱坛",仍作为文人的活动场所,但其余建筑物已全部圮废。时至今日,其故址除一部分改建作民房村舍,大多成了农田菜圃。而昔日的楼台亭阁、奇花佳木,凋零无踪。不过"日涉园"虽早已在人间消失,但陆陇其在大济这一史迹已写入地方史料,这倒是一桩永载史册的史实了。

注:

①见《庆元县志·古迹》。

②牙签:象牙制的书籍标签。这里指书籍。丝桐:指琴箫之类的乐器。

③⑤⑥⑦:同见《中宅吴氏宗谱·吴天玉传》。

④见《庆元县志·人物志》。

⑧吴运光(1622—1690 年),字晖吉。十五即通六经(见《中宅吴氏宗谱·吴晖吉行状》),由廪生登康熙十一年(1672)壬子科副举第八名。同年应庆元知县程维伊邀任《庆元县

志》(康熙版)主修。其于"日涉园"设帐一事见《庆元县志·吴运光传》。

⑨见《陆陇其年谱》(中华书局,1993年,第25页)。

⑩同上注。

⑪⑫见《庆元县志·吴运光传》。皋比:指教师座席。

⑬见方孝孺《逊志斋集·卷一》。

一九八四年十二月十九日

陆陇其的庆元之行

陆陇其(1630—1692),初名龙其,字稼书,浙江平湖人。康熙九年(1670)进士,历任江南嘉定县和直隶灵寿县知县,以及四川道监察御史等职。

陆陇其为官清廉,强调以德行政。他能体察民间的疾苦,尽量减轻人民的负担,因而很受民众的爱戴。他在任监察御史时,曾对朝廷卖官鬻爵的弊政予以抨击,为当权者所忌,终受打击,最后被迫辞官回乡。

陆陇其是清代著名的理学家,时人将其与"陆世仪"并称为"二陆"。他学宗"程、朱",认为孔孟之道至朱熹而明。他强调"居敬穷理",以儒学指导人之修身。他的著作有《三鱼堂文集》等多种。由于他的理学思想高超,时人对其有"本朝理学儒臣第一"之美誉。因此,他生前虽然为官不显,但逝世后名声大增。雍正二年(1724),朝廷增加一批陪祀孔庙的历代贤儒,其中清代人物仅陆陇其一人。乾隆元年(1736),赐赠其谥号"清献",加赠"内阁学士兼礼部侍郎",并御赐祭文,御制碑文等,足见历史对他的评价是颇高的。

在陆陇其的人生中,有一段于康熙六年(1667)"庆元之行"之履历。这段履历在庆元地方史料中,曾占有重要的地位。

康熙五年(1666)秋,三十七岁的陆陇其参加乡试,说是"举遗才第一入场,榜发中第九名"[①]。当时的主考官是江南丹徒的张玉书和湖广潜江的刘广国。而本房的"同考官"则是时任庆元县知县、临时调来任职的湖广蕲州人程维伊。在阅卷时,主考官看到他的卷子中是周敦颐、程颢、程颐、杨震、朱熹等人的思想学说之语句，于是就怀疑其考试有弊，打算处分。本房同考官程维伊虽然与主考官有不同的看法，但由于人单力弱，与其执论难以胜，差一点就铸成了冤案。后赖邻房的同考官赵耐孺(常州人)也共同力争，方得以纠正。揭榜后，诸公见他"悃愊无华，唯务实学"才"前嫌顿释"。事后，陆陇其对程维伊十分尊敬，尊程为老师，两人建立了深厚的师生情谊。

同年冬天，陆陇其提前北上打算参加明年的会试。他于翌年正月抵都。三月张榜后，以下第南归。一路上，乘舟行水路，所到之处，随以地理、人文作记旅途，辑以《随记》名之。

当年六月，以"时房考官程公为庆元令，先生往谒之"。或说是接受程维伊的"延居绛帐"②之邀，他不远千里，辞别了故乡，"路逾仙霞岭，历浦城，至清河，自此至庆元"。一路上"路极崎岖……先生不惮跋涉，徒步以赴焉"。如此不辞劳苦地远游，当称可贵。

陆陇其来到了庆元，做了程维伊的客人。相叙之余，自然是交结一些当地的文人雅士。他得知大济村是近郊的书香之地之后，就动了到大济一游之念。他"客游济川"③时，特访"日涉园"。与"日涉园"主人吴王眷(字天玉)结成了挚友，后每憩"日涉园"而成了常客。适逢有画师为吴王眷作画，陆陇其为其像题

丙午五年（一六六六），年三十七。領鄉薦。

中式第九名。主考官爲舟徙張公玉書，潛江劉公廣國。同考官爲蘄州程公伊。主考官嫌濂、洛關、閩字一再見，疑有弊。同考官不能執論，幾見遺。賴鄰房趙公耐孺奎光，常州人。力爭，以爲可元，得售。揭曉後，諸公見先生悃愊無華，惟務實學，前疑頓釋交慶得人。

公車北上。

凡所經之地，必詳誌其道里遠近及所轄界址。至流傳古蹟處，又必按之碑碣，或訪之父老，以徵信焉。詳隨記中。

丁未六年（一六六七），年三十八。下第南旋。

出都由水路南旋。於水道源流之分合，漕運之古今異同，及名人事跡，靡不詳覈，筆之隨記。其隨處留心經濟如此。

六月如慶元。

時房考官程公爲慶元令，先生往謁之。路踰仙霞嶺，歷浦城，至清河，自此至慶元。路極崎嶇，轎役至不肯行，先生不憚跋涉，徒步以赴焉。

九月自慶元歸。

時宅南二里許，爲江、浙往來孔道。以其逼於卿也，邑令設棚，以譏往來，客舟俱從他

陸稼書先生年譜卷上　　二五

写了一首四言《像赞》，颂扬了吴王眷的人生。吴王眷能得到名儒留下的文字，一时为后人所珍藏④。

昔日，在大济村"中宅吴氏宗祠"大厅两壁上书写着明方孝孺撰写的《箴文》(即《父子箴》《兄弟箴》《夫妇箴》《朋友箴》)四篇⑤，这四篇《箴文》相传是陆陇其所书。这些字字迹苍劲，潇洒飘逸，弥为珍贵。可惜在近年散失。

作为清代身负盛名的先贤大儒，陆陇其能踏入庆元这座山城小邑短暂停留，看来也是与庆元的缘分，这段故事自然也得记之。

注：

①文引《陆陇其年谱》(中华书局，1993年，230页)。以下引文凡未注明出处者均此。

②见《庆元县志·程维伊传》。

③见《庆元县志·吴运光传》。

④见《庆元县志·吴王眷传》。

⑤见方孝孺《逊志斋集·卷一》。

二〇〇七年四月二十一日

姚　梁

　　姚梁(1736—?),字甸之,号佃芝,姚门教祖师姚文宇的六世孙①,浙江庆元人,世居县城东隅的姚家村。姚梁生于清乾隆元年(1736)十月初九日,由科举出身后终生宦迹仕途,卒年不详。从有关资料可知,他在嘉庆六年(1801)前后还在世,至少活了六十六岁②,后"卒于河间府署,归厝杭郡"③。

　　姚梁的祖父姚大霖是姚文宇长孙姚轼的第三子。姚梁的父亲名叫姚必时,妻陈氏乃温州永嘉人,后又纳妾张氏,姚梁及其兄姚宋均系嫡母陈氏所生。姚梁原配王氏,继娶王氏。他共生育三子一女。之后,子女们亦随父宦迹天涯,最后在异地他乡定居并繁衍后代④。

　　姚梁少年时,聪明过人,接受能力极强。民间中有关于他"眼观九行,过目不忘"的传说。史料有"少聪颖,过目成诵,未冠游庠"之载⑤。他曾受知于浙江学政窦光鼐⑥,于乾隆二十四年(1759)以"勤学饬躬,文行兼优"之美誉得其"保举充贡"。乾隆三十年(1765)参加顺天乡试时,以优异成绩得中第三名。乾隆三十四年(1769)己丑科会试之际中式第五十名,殿试时中二甲第二十名,赐进士出身。

　　姚梁一生中所任的最显要而鲜为人知的职务当是他在乾隆三十七年(1772)正月由"宗人府主事"一职入直为"军机处"的"汉军机章京"这一职务,当时,他年仅三十七岁,正值壮年。一介书生任职于清王朝鼎盛时期的最高机要部门之高层文职人员,即人们称为"小军机",可谓他毕生所遇到的最荣耀的事了。这一事迹在家族的《姚氏宗谱》中虽有载,却仅是记作"军机处行走"。原来,"军机章京"这一职称亦可称作"军机处行走"⑦。可见,宗谱中所记无非是一种异称或谦称罢了,可是这件事在《处州府志》及《庆元县志》等地方志中却偏偏未作记载。可能是这些史料的修编者认为姚梁任此要职的可信度不大,不敢轻易地记上他这段重要的履历吧? 其实,他任这一职的真实性是可靠的,在一些清人笔记和其他史料中都有着明确的记载⑧,言之凿凿。

除了任"军机章京"这一要职之外,姚梁终生都是在京都或地方上任文职官员。首先是中进士之后即在京任"内阁中书"及"宗人府主事"等。在任"军机章京"之后是改任地方官员。他的一生中任职众多,诸如任"方略馆纂修""礼科主事",亦参与翰林院的修编。曾任"礼部仪制司员外郎",后改任"吏部验封司员外郎""刑部湖广司员外郎""饶州府知府"等。一度"官至四川按察使"⑨和"川东分巡兵备道",兼辖"重、夔、忠、达、酉"等处。历任江西、广西提刑按察使司等。至于有着明确纪年的则有:乾隆三十五年(1770)以内阁中书任庚寅科顺天乡试同考官;乾隆三十六年(1771)以内阁中书任辛卯科顺天乡试同考官;乾隆三十九年(1774)以宗人府主事任甲午科陕西乡试副主考;乾隆四十二年(1777)以宗人府主事任丁酉科广西乡试副主考;乾隆四十二年(1777)以宗人府主事任山东省学政⑩等。姚梁在学政的任内,曾对某类考生参加考试的地点有所建议而上过奏折说:"以商籍子弟原例因其不能回籍应考者,准在行盐地方入籍,若本省之人在本省充商,均令归入本籍州县应考。"⑪等等。

姚梁还得过三次"大夫"级别的封赠:乾隆三十五年(1770)敕封"奉直大夫",乾隆四十五年(1780)诰封"中宪大夫"和乾隆五十年(1785)诰封"通议大夫"。同时,他的夫人也得到"孺人""恭人""淑人"之类的晋封。姚梁任官时,为官清正。《处州府志》说他"清廉耿介,毫不苟取。任饶州时,民立生祠祀之。所至俱有政绩"。但姚梁可谓仕途多舛,不知是何原因,几乎每次都是降职。先是从中央官员调为地方职务,接着是步步下调,最后竟到河间府的任上,以至尸骨亦回不了故乡,这可真是遗憾了。

庆元属弹丸之地,历来文人学子为数不多,《庆元县志》中列着数十名进士的姓名,姚梁是家喻户晓的! 其一,在二百六十七年历史中,庆元中进士者仅姚梁一人。

其二,他所任之要职被史料所证实。

在姚梁成为县里的名人之后,本地关于他的身世的民间传说也随之产生了,且为数不少。最为人称道的有三:其一是说他少时曾随母亲到政和"铜盆庵"圆梦,在他刚踏上山门时即踏出了一声铜盆的响声来。原来据说"铜盆庵"有巨石如铜盆形,庵亦因之得名⑫。如今,这天生灵地竟被他踏出响声来了,足见他是个异才。这时候,因响声惊动了庵中的住持,她出来一看,见是一个美貌非凡的少年。她料他日后必贵,然而美中不足的是他闻到响声后受惊而退了三步,故预言他的仕途是晚景退步。这个传说很合乎姚梁晚年每每降职之说。其二是说他少年入学于县城内与城隍庙毗邻的书院时,曾受到富豪家子弟的不白之冤,在求助于城隍老爷做公正的裁判时,又遭到他们的无理欺辱,故他立誓发奋,以图雪耻。在他发迹之后,城隍老爷自知过错,因羞于面子而迁建城隍庙于县城之东。三是说他那"眼观九行,过目不忘"的特异功能被窦光鼐过于夸张地上奏皇上,皇上不相信,故特赐他游览宫院,然后命他背诵各处的匾额、楹联,他竟张口一一背出而无误。当然,这三则故事都是子虚乌有之说。庆元县的城隍庙是早在明洪武十六年(1383)时就迁建在东门外的,它的迁建与姚梁无关。其次是姚梁作为一位由进士入直内阁中书的小官员来说,是不可能得到皇上恩赐游宫这特殊待遇的。这些虽是传说,但从民间文学的角度来说,也有它的文学价值和长期流传的意义。

姚梁留存在故乡的文学作品极少。近年虽在一些乡村的宗谱之类的书籍中,偶有所发现一些他署名的文章⑬,并传闻在某些古代建筑结构中,有他创作的匾额、楹联之类,但这些作品的真实性不大,很可能是后人的伪托。其中最令人津津乐道的,就是那旧日悬挂在姚家村村门——"姚家门"门额上镌刻的"世德作求"⑭四字匾额了。这块匾额是在清代咸丰年间重建"姚家门"时悬挂上的。据说当时为了要悬挂适宜的匾额而求之不得,后在小林源村姚梁外祖家(大约姚梁庶母张氏是小林源人)得到这块匾遂移而用之。另有一说是这匾额来自七都姚氏家族某庄园,但从额文本义("代代的德行都成为臣民的法则"）来看,这额文是针对社会道德教育而言的,如果把它悬挂在公共场所,对于振兴地方道德文明建设来说,是有鼓励作用的,这当然是十分合适了。如果将它悬挂在个人住宅,尤其是庄园之内自然就不十分理想了。故姚梁是不会把内容不相关的文学作品放在不相适宜的场合的。所以这块匾是姚梁书写的可信度也不大。此物当属后人的伪作。总之,从文学的角度来说,姚梁对故乡文化的影响并不大。作为地方历史名人,这也不能不说是遗憾的。

据说有资料载:"其祖迁居永嘉,籍犹隶庆元。"其实不然,此说有误。要说清这件事得先从他的家族史谈起。原来,在他们这"姚门教"的世家里,自其曾祖姚轼和曾叔祖姚辙接替了乃先祖之衣钵,共同成了"姚门教"的第三代"相公",秉承了"姚门教"的教务之后,他俩就各自将自己的势力范围向外扩展。姚辙"纵迹豫章金陵,往来南徐百粤"⑮,即面向家乡西北、西南方向发展;姚轼却是"希为展骥足地,年来横被蒙于不意,旋兴东瓯之行"⑯。所谓"东瓯之行"就是先偏重向浙江东南即今温州地区一带传教,之后才向浙北发展教区一事。随着岁月的推移,他们祖孙相替,步其尘的后裔也每每去往东瓯。起先,他们仅是传教,之后有人在那里娶妻,然后是大多数人在那里娶妻并定居,最后竟是举族迁徙了。结果,姚轼的后人除了少数人因宦游散居在各地之处,其余的人确实全都在温州地区定居而无一人在故乡了。在他们迁徙之前,姚梁的祖、父辈自然也是涉足温州乃至浙北一带的。这事首先可用姚梁的母亲是永嘉人来证实;其次,姚梁是在何时、何地、何故能得到窦光鼐的知遇并受到器重的?姚梁为何乡试不在本里而能直接来到京都参加?但是这些事情也只能证实姚梁的祖、父辈是早年涉足东瓯而不能用来证实他们的徙迁和定居。

今从清版《庆元县志·人物志·封赠》中还分明记着姚轼、姚大霂、姚必时这祖孙三代的姚梁上辈因姚梁得贵而受封赠的事;姚梁之嫂、姚宋发妻季氏是庆元人,乃本县黄坛村季上机之女;旧日姚氏家族墓地中如今犹可见到姚梁祖辈的古冢⑰,从这三件事来看,足见他们合族徙迁的时间是在他成年和仕宦之后。有关"姚门教"历史的资料载:清代嘉道年间"姚门教案"频频复发。奇怪的是这些案件中的当事人几乎全是姚梁伯父姚必观的后人,其他族人少见,而姚必时之后人竟无一人参与。可见,在共同迁离故乡之后,他们所遭受的境遇

各有不同,致使他们分道扬镳了。最后的结果是他们这些人之后就真的都不
是庆元人了。

　　姚梁作为庆元的一个历史名人,但在故乡生活的时间短促,离乡后未再回
乡⑱,加上有关生平史料的流失,又因一些方志误载,更使他的身世成了一个谜
团。本文选取一些清人的笔记、史料作为依据来对他的身世作一简略的叙述,
旨在纠正一些讹传和误文。

注:

①姚梁家族的世系简图

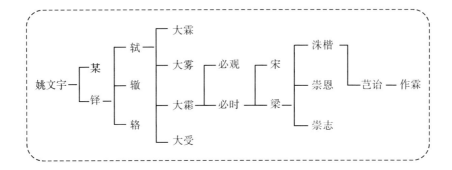

②佐证之一是:他为本县黄坛村《季氏宗谱》撰序是在嘉庆五年(1800)二月里。之二是:
他的三子崇志出生在嘉庆六年(1801)。

③见清道光版《庆元姚氏总谱》。

④据清宣统版《玉田姚氏宗谱》载:姚梁长子姚洙楷(生卒年欠详),童试曾取第一名,
府学又取为第一名庠生。他也曾得窦光鼐之称赏。后因赴父所而途中得疾,竟卒于杭城。
因年轻失嗣,以堂兄治谟的第三子艺诒承嗣。后艺诒生子作霖,邑廪生,世居衢州。次子
姚崇恩(1792—?),娶妻缪氏,原任甘肃县丞,道光年间丁母忧曾回过庆元,后卒于杭
州,后裔居甘肃。三子姚崇志(1801—?),因随父宦游,身世欠详,姚梁的女儿之身世亦
欠详。

⑤见清光绪丁丑年版《处州府志·姚梁传》。

⑥窦光鼐(1720—1795年),字调元,号东皋。山东诸城人。他与纪昀是同学,共受业于
董邦达先生,乾隆进士,历任编修、左都御史、浙江学政等职。

⑦见清·陈康祺《郎潜纪闻》。

⑧见清·梁章钜《枢垣记略》。

⑨同上。

⑩详见清·法式善《清秘述闻》。

⑪见《清宫档案·乾隆朝奏折》(第46辑,第648页)。

⑫见民国八年版《政和县志》。

⑬如在黄坛村《季氏宗谱》中所收的一篇序和一篇《赠季君奇环公传赞》等。

⑭语出于《诗经·大雅·下武》。

⑮见清道光版《庆元姚氏总谱·姚辙传》。

⑯见清道光版《庆元姚氏总谱·姚轼传》。

⑰姚氏家族的墓葬群多在镜山及小黄塘一带,姚梁的祖墓是在其中的"弥陀冠珠"山。

⑱据黄坛村的《季氏宗谱》可知姚梁曾经在乾隆四十七年(1782),因母亲陈太淑人病故而回家丁忧,但他所回的却是那迁居在温州后的家,而不是庆元老家。

二〇〇二年二月四日

MENGZHOU
SHISHI GOUCHEN

第四篇

古迹寻踪

濛洲八景

庆元古称"松源",又称"濛洲",地处括苍山余脉。其林壑峻美,山泉清冽,素以水秀山明而著称。南宋庆元三年(1197)设置了庆元县的第二年三月既望,首任知县富嘉谋到任后,就在这崇山密林中选中了今日称为松源镇的这块小盆地建治所。他在《建庆元县经始记》中写道:"……至是,领略山水宜为治所者,独薰洋平旷而殊胜。矧地择厥中镇以龙山,印以龟潭。遂卜地于兹建县治……"于是,县境内的古人就以此为中心在这块土地上辛勤劳动,繁衍生息。这里的景色本已壮观,在经过人为的营建、改造之后,更是让自然山水增添了风光,形成了风景点。

这濛洲境内的优美景点众多,可谓数不胜数。清代嘉庆年间,在处于新一版《庆元县志》的修编之际,那些学者选定了"濛洲"境内较有代表性的景点八处,亦依"八景"这传统的命名惯例来定名为"濛洲八景",分别是:"巾子祥云""石龙烟净""双潭石印""云鹤松阴""霞帔丽日""梅坳夜月""槎水春澜""百丈龙湫"。

一、巾子祥云

濛洲好,瑞气漫巾峰。飘霭一绡遮近日,耸峦双戟架长虹,更习醒花风。

巾子峰坐落在县城西北五千米、旧属五都地域(今松源街道境内)里的锦山之顶峰。此峰双峰并列,海拔 1593 米,是县城附近的最高山峰。站在县城举目远眺,可见到其双峰对峙,直插云霄的壮丽景色。每当晴朗的天气,常有片片彩云飘浮在山巅之下,徘徊于两峰之间。旭日和夕阳照射其上,形成了美丽的彩霞,好像是一座金光灿烂的桥梁横跨两峰之间。民间传说曾有宝车仙仗往来其上,兆五都刘知新状元及第之兆。清嘉庆间,周培陞曾作诗对其佳景吟咏曰:

巾子祥云

"一望祥云吐,巾峰瑞气涵。乍疑张翠盖,旋觉驻仙骖。秋雨缨还濯,春花髻并簪。个中有佳兆,妙谛可谁参。"巾子峰祥云萦绕,那苍翠秀丽的山色、鸟语花香的佳境令人向往。若攀上山顶,举目四顾,视野开阔,可俯瞰到龙泉、松溪等邻县的地域,真是"一览众山小"了。到此一游,足使人心旷神怡、流连忘返。值得一提的是,1981年间,庆元县广播电视局在巾子峰巅建了一座电视信号转播铁塔,更给此山增添了亮丽的风景。

二、石龙烟净

濛洲好,烟雨石龙春。白雾空溟崖影淡,朱楼半隐履痕新,竹径杳芳尘。

松源河畔的石龙山近邻城郭,山势起伏,宛如一条飞腾而下的长龙。它以悬崖峭壁、怪石嶙峋而见奇,因此被称为"石龙山"。石龙山的最壮观之景象是在那烟雨如织的暮春时节:骤雨初歇,山色如洗,清净的崖岩若铁铸。云雾随风翻动,被笼罩的山峰忽隐忽现。斯时也,登临绝顶,四顾茫然,俯瞰城内,则景色历历在目。而云雾绕襟,人置身于其间,大有飘然若仙之感。周培陞有诗咏其曰:"山高形突兀,烟重色朦胧。似雾藏深洞,如云锁远空。一朝风尽卷,千里目能穷。环绕皆山水,都归眼界中。"又有人作"龙山秋更好,九日趁斜晖"。原来,古人有"重九"登高这件雅事,在秋高气爽的重阳日,读书人成群结队地登上了石龙山,吟诗作赋,其乐融融。如清道光十年(1830)四月,知县黄焕邀了一帮学生游览石龙山,在那里即席和诗,其乐可知。石龙山上原有"三官庙""大士阁""玄坛庙""问仙亭"等颇具风格的古建筑。这些大多是明朝末年兴建的,经过了沧桑岁月,早已荒废,但遗址犹存。近年来,政府在原"三官庙"的废墟上建起了"革命烈士陵园",同时还附建了游览地,砌栏杆,筑小亭,供人凭吊,石龙山旧貌换了新颜。

三、双潭石印

濛洲好,龟纽激清流,玉镜双开浮石印,虹梁一跨影鲛绸,倚翠崮如球。

石龙山下的松源河中有一深潭,潭中央有一巨石浮在水中央。这巨石很像是一个浮在水上的大乌龟,人们将它称为"龟石",道是"石龟水面浮"。然而有人说这是一颗"石印"沉在水中,漂浮在水面的只是这颗印的"龟纽"罢了。这大石印竟是一个岛屿,将深潭分成了上、下两个部分。上游的潭叫作"放生潭",下游的潭叫作"石龙潭"。因此,这里被冠名为"双潭石印"。清嘉庆版《庆元县志》的主编吴元栋(后田人)有诗赞其曰:"燕尾交流碧,中浮大篆形。波涵双带绿,澜涌一拳青。洛水曾为纽,龙湾早化星。千秋同海石,砥柱协川灵。"自从人们在这里依傍着"石印"架起了"咏归桥"后,相继有人建起了水榭亭台,使之成为风景游览地。早在明代嘉靖年间,知县程绍颐在这绿波环绕的"龟石"上建起了"松源形胜亭"和"达观亭"。双亭峙立,飞阁流丹,成为好风景。不久,双亭被废。明崇祯年间,知县杨芝瑞在"龟石"上重建"咏归桥"时,又于桥头建阁,名曰"补天阁"。阁与其下的"小蓬莱"几乎连成一体,层台耸翠,上出重霄,画栋飞云,朱帘卷雨。槛外潭水碧澄,水中游鱼可数,实在是一处佳境。可惜的是,自清乾隆之后,这一带的景点逐渐圮废。近几年来,"放生潭"已淤塞成滩,但石龙潭水仍然澄清可鉴,戏水石龟依旧浮于绿波。"双潭石印"之风景不减当年。尤其是在近年,政府拨下巨款重修了"咏归桥",复其旧制,"双潭石印"之景色更加壮观。

四、云鹤松阴

濛洲好,云鹤古松高。幽境昔鸣钟与磬,芳园今茂李和桃,吟咏压风涛。

云鹤山"自天马山发脉而下",似一只白鹤"布翅展翼由西南飞鬎入城来"。昔日,合抱的古松青郁郁的一片,最是胜景宜人。一座幽静的禅院"云鹤堂"深藏在苍翠的松荫里。晚风拂过,曲折的幽径里落木萧萧,一阵清脆的松子掉落的声音和禅院里悦耳的撞钟击磬声融合在一起,十分动人。清晨,林间宿鸟喧鸣,老僧执着扫帚清扫满阶的落叶,迎接游客的来临,别有一番情趣。后田人吴启甲(吴元栋的儿子)曾作"山郭静朝晖,长松拥翠微。风涛奔涧水,苔径接禅扉。树暗云常住,堂空鹤未归。盘桓情未已,清磬出林稀"咏之。"亭中作赋烟霞集,岭上舒怀眼界开",云鹤堂又是文人雅士聚会的好去处。清康熙十一年(1672),知县程维伊在修编《庆元县志》时,曾"扫云鹤堂,召邑诸生有文行者与之商榷"。"云鹤堂"原名"集善堂",于元延祐二年(1315)由甲人姚济八创建。明天启三年(1623)及明崇祯十四年(1641)由僧人普珧、统启分别集资做重修和扩建,沿及清代则屡次装修。

物换星移,今日之云鹤山虽已不见了旧日的古松,古禅院也早已成废墟,但满山缤纷的花、累累的果点缀着这云鹤山。新植的水果林使云鹤山丝毫不逊旧色。近年来,政府在云鹤山上创办了"庆元职业中学"。如今,这里书声琅琅,歌声飞扬,成了育人之地,更具意境了。

五、霞帔丽日

濛洲好,霞帔锁春阳。光透晴岚千木秀,彩辉晓霁百花香,山色赛霓裳。

"仙佩何年化? 云山万古留。形齐天帔落,色共日光浮。磅礴余文绮,晶明射翠楼。不须频着屐,相对兴偏幽。"这是清嘉庆年间,嘉庆版《庆元县志》主编吴元栋咏城南"霞帔丽日"景点的一首五律诗。此诗叙述的是一个美丽的神话故事。古时候,在县城南门外的不远处,与城池遥遥相对的地方,天上飘落下一片五光十色的"霞帔"。这是天上一位仙女穿过的彩服,飘落在人间后即化成了一座碧绿苍翠、在丽日的照耀下焕彩辉映的山。人们将这山命名为"霞帔山",将这风景点名为"霞帔丽日"。"晓霁宏开天旷阔,晴岚远照日光华",旭日初升,飘浮在山上的薄云雾被映照成五彩灿烂的朝霞。这时,站在山上,透过彩霞远观金辉烂漫的朝阳,面对晴光积翠的山色,绚彩夺目,蔚为奇观,景色令人惊叹。

六、梅坳夜月

濛洲好,皓月照梅坳。桂影流光寒四野,虬枝破蜡绽千梢,幽馥袭晴郊。

梅坳坐落在县城东北五十里的地方,地处今百山祖镇西北部,与龙泉县接壤,是通往龙泉古道必经的山坳。古时候,古道在这山坳里拾级而上,路边梅树成林。"梅因破蜡争春色,月以经秋带晓寒。"严寒的早春,万树梅花齐放,满眼横斜千万朵。琢玉团冰,香飘数里;临风映月,花光掠影。吴启甲作五律云:"忽见梅花发,坳头月正团。幽光呈皓魄,冷艳沁冰魂。群木声逾静,空山水自湍。徘徊留玩赏,应作广寒看。"若是时逢望日,一轮皓月当空,月色溶溶,泉水淙淙,清幽之境无与伦比。这时,仰望着碧空的冰魂玉鉴,面对着无边无际的暗香疏影,大有人在图画中之感。"梅坳夜月"是一幅绝妙的风景画。不过,时至今日,"梅坳夜月"由于失去了古梅树而变换了景色,但皓月依然,清泉仍旧,代替古梅的是苍翠的松杉。在金风玉露的仲秋时节,唧唧的秋虫演奏着优美的交响乐,使这一佳景别有风味。"梅坳夜月"依然为人们所向往。

七、槎水春澜

濛洲好,槎水沐春风。柳绿高堤清浪上,桃红小院矮桥东,人在画图中。

松源河流经县城后仍旧曲折西流,到了余村、八都附近那一段,河床宽广,水势潺湲,可浮泛竹筏木舟,因而称为"槎溪"。春和景明之时,槎溪水清似镜,

绿波涟漪,清流荡漾。苍翠的
远山映照其中,更是碧绿可
爱。溪水深处鱼多且肥,河面
上鹅鸭成群,相逐为戏。沿河
两岸,杨柳依依,芳草萋萋。
溪畔田畴肥沃,村舍稠密。村
落之间,阡陌参差,小桥相接。
"温温烟槎水,春来锦浪生。
桥低新雨足,沙护旧痕平。树
影依堤密,鸥群列岸轻。浑疑

搓水春澜

星汉近,最是绿洲行。"这是吴启甲对"槎水春澜"景点所作之颂诗也。"盈盈碧
水绕槎溪,无限清波涨旧堤。"如果到了春雨绵绵之际,槎溪则又是另一番景象
了。此时,波涛汹涌代替了往日的涓涓清波。溪水涨溢淹没了沙滩而加宽了
河面。水位提高使小桥显得格外矮。渔人穿蓑衣、戴箬笠,撑着竹排出没在风
波里。老者扶着杖藜,漫步在小桥上饱览春景。"溪水滔滔接远天,山花两岸
夹晴烟。"待到雨霁初晴,岸上嫩柳如金,随风飘舞。农舍篱边,粉红的桃花、雪
白的梨花烂漫争妍。远近的山上,野花怒放。"槎水春澜"也以"古树高低屋,
斜阳远近山,林梢烟似带,村外水如环"这"小桥流水人家"来体现濛洲的山明
水秀。这确实是一个好去处。

八、百丈龙湫

濛洲好,百丈胜天台。洞府连云苍竹绕,岩泉注壑碧峰开,龙穴响惊雷。

巍峨的百丈山距县城五十里,耸立在县城西南的六都境内,即今淤上乡的
西南端。山之南麓就是福建松溪的地界了。百丈山的特点是悬崖峭壁高耸入
云。山上由清泉汇合的溪流曲折奔流,并形成一条瀑布悬挂在半山中。瀑布
底下有深潭,这深潭据说有龙隐潜于其中,因而叫作"龙湫"。"飞瀑悬崖一涧
开,灵湫隐隐响轻雷。"泉水在瀑布中被激成碎珠散玉般的毛毛细雨,喷得游人

冰凉冰凉的,即使在那大暑天亦寒气逼人。流经"龙湫"的清波又依次注入十三个被称为"百丈十三井"的深渊,才向福建方向奔腾而去。对于其山景,吴元栋有五律赞之:"百丈仙灵地,龙湫许独寻。蓝拖三井外,气接五湖深。绝巘浮青霭,寒光泻碧浔,崇朝云乍合,溥泽应商霖。"百丈山巅的悬崖高上百丈,凌空屹立,下临无地。相传是在唐肃宗时期,华亭(今上海松江)有马氏姐妹偕同老母亲,翻山越岭避难于百丈山隐居,之后得道成了仙,被称为"马夫人"和"马七仙"。后来,"马夫人"姐妹俩为了抗拒松溪县令的无理侵扰才愤然在山巅的岩石上双双飞天而去。因此,人们将这岩石称为"脱身岩"。如今,在这岩上还留有镜台、裙带、剪刀、鞋履等痕迹。虽系天然,则极肖人工镌刻而成。"脱身岩"下五六里之遥有一座古墓,周围数峰耸起,溪水环绕,人道是马仙葬母处。据说古时候墓上有古松一株,倒垂如扫帚,随风摇曳可清扫墓冢上的落叶。百丈山上有一座名"龙凤庵"而俗称"百丈庵"的古庵。庵中供奉有"马夫人"姐妹俩的塑像。这座庵堂是后人为了纪念不趋炎附世、不惧权势的马氏姐妹而建的。百丈山虽历尽沧桑,但如今景物依然,游人登山览胜长年不断。斯山也,确实是一风水宝地。

一九八三年三月三日初稿,二〇二三年七月修改

"应岭岚"旧忆

　　"应岭岚"乃是昔日由县城通往东部地区的一条山间小道,起于"应岭尾",途经"应岭头"和"应岭头亭"等小村庄和中途的五座凉亭,止于"濛淤桥"头。全长约十三里,是昔日商贾旅行的一条必经之路。这条山路是用山岭的开筑者的名字来命名的,原称"膺岭岚",后讹称为"应岭岚"。

　　"应岭岚"中之"应岭",原称是"膺岭"。明成化版《处州府志》中载:"膺岭:在县南东一十里。"它开筑于南宋初年,至今已有870余年的历史了。开筑者是从江苏丹阳南迁浙南的胡近之六世孙、庆元胡氏人家首迁城西北"坑西"的定居者、庆元历史名人胡纮之祖父胡膺,于是就用开筑者的名字定了名叫"膺岭"。据说在筑岭竣工日还立有"建岭志碑"于岭巅,后因故留存在某凉亭之下。至于"膺岭"又在何时被称为"应岭",已不得而知。

　　在开筑山岭的同时,人们还陆续在岭上附建了多座凉亭。起先是在"应岭尾"有一座"观音堂",往上是一座"半岭亭",在"应岭"之巅是一座"应岭头亭";往东顺着下坡的途中还有"护荫亭""八角亭"等五座凉亭,以备人们休憩。

　　历史上,"应岭"乃至"应岭岚"及其岭畔的凉亭之类建筑物曾几经毁坏,然又得到及时的修复。清版《庆元县志》中有明确记载:"嘉庆七年(1802),张仁伯、吴日才、吴文喜等同修"和"余标、余槐同建"。至于日常的一些小修,则自然大多未入史册了。

在历史上,"应岭岚"既受自然损害,又被人为破坏,完全荒废是在 21 世纪五六十年代。其具体的原因有二:一是当时"龙庆公路"开通,直达"五大堡",自从通车后,人们大多放弃了在这山径小路上步行。更重要的是,山上小村舍的山民们慢慢地乃至全部移下了山来"脱贫"。他们对旧家的放弃,致使"应岭岚"山道杳无人迹。于是,岭上旧山村荒废了,凉亭之类的古建筑坍塌。二是山上的古木被砍伐,人们在搬运木头下山时,硬将木头从岭上往下拉,千斤重的古木从石磴上拉过,致使石砌结构坍塌,于是,岭面蓬蒿满径,莽草丛生,最终到了人们根本无法穿行的地步。于是,"应岭岚"在人们的心目中消失了。

昔日,人们步出城垣,沿着"松源河"往东行,先是走过十余里弯弯曲曲、较为平坦的山野小径,走过"赵公堰"遗址旁边的"石壁隘",越过"滑足坑"而到了"应岭尾"之后,就要拾级而上开始登岭之行了。此时,你若有雅性,可先步入那"应岭尾观音堂"作一小憩,仰观"观音大士"之慈容,然后再缓步登山。

登山是穿林拾级而行,走不了许久,就会置身于密林之中,仰高一望,望那山势,就如《庆元县志》中"横矗云际,状如列戟"之说了。

古岭以块石,依着山体作"之"字形砌筑而成小径。小径两边均是合抱的古树,笔直参天,浓枝翳日。即使是炎夏的烈日当空,而行人犹有清凉之感。此时置身于莽莽的密林中,抬头难见天日,唯耳际可闻啁噍的鸟语和唧唧的虫鸣。侧耳细听,犹可听到隐藏在林间的小涧之涓涓细流所奏出的叮咚声。此时的行人已是筋疲力尽,气喘吁吁,自然想着小憩一下了。就在此时,林中确实是"有亭翼然":在那山之半、岭之边隐藏着一座小亭于悬崖之下。小亭号称"半岭亭",亭柱之间设木枋,可作为凳子让人休息。此时,偶尔有凉风掠过,人们开襟迎风,汲泉解渴,慢慢地,疲劳得以缓解。

小憩了一阵之后再前行,这下可得再增添"能量"了。原来,过了"半岭亭"之后,上一半的岭可比不得下一半,而是更陡了。于是,更加放缓了步行速度,但似乎久久盼不到到达岭巅。在将达岭巅之际,其风景又别有特色。原来,到达岭巅之际是一段两面都是峭壁,中间仅有一线可通的峡谷石磴,此石磴陡得可观。这时候,"白云生处有人家"之意境会在你的眼前呈现。原来,在岭巅上立着的是一座称为"应岭头亭"的小凉亭,而凉亭边则隐藏着数间茅屋瓦舍,这是一处号称为"应岭头"的小山庄。这时候,你站在岭巅的"应岭头亭"前,向东、西两面放眼远方,那真是"一览众山小"了。

"应岭头"住着四五家朴实、淳厚的山民。他们一代代在那里开发山林,种植经济作物,偶尔也有小块的梯田任其耕耘。山民家还设有"客床",供在旅途中误了行程的行人留宿。你白日里在此经过,可入舍去讨口水喝。如果真的在傍晚里误了旅途的话,可以"宾至如归"地在他那里美美地睡上一宵。

辞别了"应岭头",往东而行则自然是下坡了。石磴依然是"之"字形逶迤,然其坡度比西侧平缓了许多。于是,不管是上山还是下行都省力了许多。虽然也是在密林中穿行,满耳也还是啁嗻的鸟语和唧唧的虫鸣,但不知不觉走出了密林。在"护荫亭"中小憩后,竟得以看到了天宽地阔的景象而到达了岭根的"八角亭"。

饮过了"八角亭"中由山农冲泡的"山草凉茶"后,顺着弯弯的石磴缓缓而下即到了"濛水"之滨,在潺潺的流水声中上了"濛淤桥"。

"濛淤桥"是首建于元代至元年间的一座木拱廊桥。历史上,此桥屡毁屡建,而在笔者记忆中的那一座桥,则是在清嘉庆十四年(1809),由后田人吴昌兴所复建的桥。桥架为杉圆木拱搭而成。桥面作薹盖于廊之构建。廊屋作开间宽度不等的

八角亭

十三间之设施,中设一阁,作重檐歇山顶,四面戗脊翘然。桥内上自藻井下至枋梁全作书画绘制。一件件书法、美术作品皆出自名家之手,都是艺术精品。在欣赏了字画后,凭栏小憩,翘首迎清风、仰遏云,低头听潺潺的流水,斯时也,

其乐可知！

　　走过"濛淤桥"，放眼远方，但再往前看就不在笔者的旧忆范围了。于是，回首仰看桥头额上的"利涉大川"这四个古朴潇洒、苍劲有力的大字，笔者的记忆也就至此结束了。

　　斗转星移，时过境迁，今日的"应岭岚"与昔日相比，已是面目全非，全非我上述的景象矣！然而，欣闻有人意恢复此古风景地，且正在酝酿实施方案。当然，就交通的角度来说：今日恢复"应岭岚"之设施意义不大，但从风景旅游的角度来说，很有必要重现古驿道于人间，让"驴友"们在此"行驴走马"，不亦快哉！

　　注："岚"字原意是指山间的山风和雾气，但也作为某山之类的地名，这里所作的地名是作山间小径解。

二〇一〇年六月二日

从郭门里到阁门岭

——庆元县地名变易趣谈

　　距县城之西北三四里处有一古地名叫作"角门岭"，此地位于"文笔山"的"狮峰"之麓，对面朝着"象山"，"松源河"在那里流过，清康熙九年(1670)所建的程公桥就在此横跨"松源河"。

　　对于这则古地名，清康熙版《庆元县志》是纳入《山川门》里，作了"角门岭：县北四里"这简单的记载。之外《津梁门》里的《程公桥》条也有"县北角门岭……"之说。至于之后改版的嘉庆版、道光版乃至光绪版《庆元县志》中，都是把它列入"岭"中，记以"角门岭：县北四里，五都"，或者"角门岭：县北四里在五都"等字样。

　　然而，这依字义是"岭"的"角门岭"一地，却是濒临河流之地，其最高处绝对没有超过河面十米。处于其东一带，则是一片平地，因此要把它"套"入"岭"之范畴，那是绝对说不过去的。那么，自古以来，这"岭"字又是从何说起呢？其实，这由人们的讹音误传所致。原来，在古时的行政区域划分作"乡里制"时，这里地处城郭之外，近于郭门，因而被称为"郭门里"，久而久之，人们就使用了讹音。有趣的是：在庆元方言中，这"郭"字与"角"字的发音完全一样，根本没有一点儿异音，而"里"字与"岭"字的发音又比较相近，于是，这"郭门里"在岁月的长河中竟慢慢地变成了"角门岭"了。

　　从现存的地方史料来看，此地的地名从"郭门里"变成"角门岭"的时间，估计比较早。由于清版《庆元县志》中的内容有遵循明版《庆元县志》之现象，可见其地名变化至迟应在明万历五年(1577)的首版《庆元县志》出版之前。

　　而今,在官方的文字资料及普通话语词发音中,凡是涉及此者,则都是"阁门岭"了。至于民间方言口语中,这"角门岭"依然是"角门岭"还是改成了"阁门岭",倒是比较含糊的事。在历史上,这一地名由"郭门里"变成"角门岭",后又由"角门岭"变成了"阁门岭"。

　　关于庆元县的地名变易,有的属于"雅",有的属于"俗",有的是偶然,有的是不明事实。由"俗"变"雅"的一些地名,首推"咏归桥"。

　　虽然说"咏归桥"在历史上原叫"兴贤桥",这"兴贤桥"也算"雅"了,可是后来有人认为此桥建在那"龟石"上面,而将之易名作"泳龟桥",以强调"龟"之"泳",这样一来,则自然变"俗"了。于是,在明代天顺年间再建此桥时,庆元县知县张宣取《论语・先进》中"……浴乎沂,风乎舞雩,咏而归"之句,用谐音"咏归"命名,这样就非常之"雅"了。于是,"咏归桥"之名就一直延续至今。

　　之外犹有"弦歌坊",原先叫作"杨家坊",是由于西隅的"顺济行祠"之地原先是杨氏人家的祠堂地基,此祠堂已经荒败,于是,杨氏人家就献出荒败的祠堂地基来兴建"顺济行祠"。人们在兴建之际,不仅在祠庙中辟出一室供奉杨氏的先人,还在新祠庙下方的街道边建了一座"坊",命名为"杨家坊",以感谢杨氏人家。久而久之,有人为了"雅"一点,取庆元方言中"弦歌"和"杨家"这二字读音完全相同的特点,遂把这"杨家坊"从"雅"之角度改成了"弦歌坊"。这也是地名由"俗"变"雅"的一个代表。

　　接着要谈的是本欲以"雅名"来脱离"俗气",结果依然是不见得"雅"的"东北坑"。"东北坑"原属"五都"所辖,旧名是"猪(方音近'多')背坑"。这"猪背坑"之名,古人乃是依其地貌之形象而取。然而到了近代,人们嫌"猪"俗了,于是依讹音将其改为"东北坑"。然而,此改不仅令人不明含义,而且不见得"雅"了多少。

　　那些古地名,有的虽然在文献上已写得清清楚楚,但是没有人去传承,或者有的是以方言来称呼的,人们无法领会,反而产生了许多新地名来。譬如:

　　县城城南的"南坛岗"这一片区域,由于是县城与"北坛"相对应的俗称为"南坛"的"风云雷电山川坛"的所在地,在清版《庆元县志》中有明确的记载:"南坛岗:济川门外。"可是,今日的"南坛岗"竟莫名其妙地被称为"南藤岗"了。

县城城南的"山前"这一片区域由于位于庆元"濛洲八景"的"霞帔丽日"之"霞帔山"前面,因而称为"山前"。有趣的是,在庆元方言中,这"前"字除了"qian"之外,则又有"xu"这样的异读音(如:"面前"念成:"mi xu",音近"敏徐","前日"念成:"xuri",音近"徐日")。于是,这"山前"地段不仅是口语称成了"山徐",就连书写也成了"山徐"。

城东的"水堰村",是由于村外有古老的水利工程"赵公堰"(今仅存遗址)而得名。然这个村落的名称在人们方言中,还是称为"水堰",在文字书写时,却是不明含义的"西演"。

在口语流传之演变时,会由于一种短促的合音而产生变异。如城区东段玉田片中,在其"上叶村"中有一座明代正统年间由叶姓人所建的供佛堂叫"六如堂",于是,人们把那里的弄巷称为"六如堂弄"。可是,人们把"六如堂"三个字以促音来念,音近似于"栗堂"这两个字。当然,这也只是人们的口语而已,没有作文字书写。可是,近代在制作地名标牌时,居然把这条弄巷定名为"林堂巷"了。

类似如"驮坑"这一古地名,在口语演变时,"驮坑"之发音近似于"惰坑"。于是在目前,人们对其口语的称呼依旧是音近的"惰坑"之外,为了书写的便利,则采取了另一个读音来将其书写成了"大坑"。

历代以来,有的地名变化,虽然没有文字书写记录,而仅仅是口语流传,也是为数不少。如:

清康熙二年(癸卯,1663)余氏人家的余世球在县城南门外的"邵坞"建起了一座名为"万松庵"的庵堂。于是,这"邵坞"就被改名为"禅寮湾",然而之后,这"禅寮湾"又被人称作"樵寮湾"了。

类似的讹音地名变异者,实在是很多。如县城东门外的"先农庙"被讹成了"先伦庙","仁养桥"被讹成了"人下(方音'野')桥",城西的"袅桥"被讹成了"庙桥",城东的"枫林庵"被讹成了"风炉庵","天铭寺"被讹成了"大梅寺","山际潭"被讹成了"杉刺潭","集义桥"被讹成了"十二桥","古楼庙"被讹成了"滚轮庙","白莲堂"被讹成了"白凉堂","普化寺"被讹成了"把火寺","雾露林"被讹成了"万里林"等,不胜枚举。

　　另外还有些地名可能是官方的运行过程中产生的错误,属于失误且不是故意的炒作,且有的也得到了及时纠正,但是毕竟在民间留下了错误的痕迹。此类地名如"冬瓜山"误成"东家山","石鼓墩"误成"石鼓短","梧桐巷"误成"吾桐巷"等。

二〇一六年五月十八日

赤膊岭

清顺治五年(1648)十月,南明政权反攻庆元,城陷。十一月初三,清兵松溪援兵至,双方激战于城池内。军民死亡六七百名,焚屋毁物不可胜数。这是庆元县有史以来最酷最惨的一场战事。之后,清廷曾加强了庆元城的防卫。

翌年九月,南明将领冯生舜再度攻庆元,清千总李定国迎战,相遇于大济赤膊岭。于是乎,一场鏖战在这山岭展开。南明军杀李定国,遂攻城三昼夜。后因清兵政和援兵至,南明兵败退,战事结束。

一度成为古战场而上了史书的"赤膊岭"坐落在大济村南。清版《庆元县志》载:"赤膊岭:县南七里。"它是大济村通往三、七都乃至福建政和的捷径。由于在这条山岭中有这么一段穿在山岗背之上、随山势蜿蜒、两边都是陡坡、岭面凹下如水渠的山道,状若一只裸露伸出的肩膀,因此,整条山岭就依其形象而命为"赤膊岭"。

如今,古战场的硝烟早已淡去,战死的亡灵也早已长眠安息。赤膊岭不仅早已被人遗忘,连地名也被人更换了。原

来,在当时战事结束之后,因岭上死了好多人,人们依事将它改称为"谋侬岭"(庆元方言:"谋侬"意指"杀人")。后来,后人或许是不明其原意而嫌其读音欠雅,故又称为"猫弄岭"(庆元方言:"谋侬""猫弄"二字发音极相似)。如今,人们只识"猫弄岭"而鲜有人知"赤膊岭"了。斗转星移,沧海桑田,历史地名"赤膊岭"将会与"大社①"一样消失于人间。

　　"秦时明月汉时关",今日的"赤膊岭"已非旧日风光,对此古战场,怀古凭吊而对它作一回顾和认识,也是值得的。

　　注:

　　①《鸿猷录·平处州寇》和《明史纪事本末·平浙闽盗》均有"贼在庆元大社者,又出掠……"之载。可知当时庆元有地名曰"大社"。但是,今日庆元何处是"大社"? 则已是人莫能知、史无可考了。

一九九九年二月四日

后田街上的廊桥

庆元"后田街"这个地名形成较晚，正式出现应在清代。其实，它不仅仅是街道之名，而且是县城近郊由多座村落扩大、联合建成的一片市镇之名称。这个地段目前已经包含在整座县城之中，成为一个难以区分区域界的社区了，但在昔日，它是坐落于县城东门外距离仅一华里地的一片孤零零、三面是田野、一面是河流的居民聚居地。

古时候的"后田街"，是由"后碓""吴宅""姚家""上叶""下叶"乃至"后姚"等一个个自然村，以水田或菜圃作相隔，断断续续地形成呈东西走向，呈长条形，俗称"船形"布局构建成的一片居民区。取其前后边即田地之意而取名为"后田"。人们在"大济溪"中原"赵公堰"流经的遗址上，建筑了一座"官陂"①，引"大济溪"水注入小溪的沟渠里，来滋润"大坂洋"水田和"后田"这一片居民区。经分流后的涓涓清流在弯弯曲曲的小溪中潺潺地由东往西流经一个个村落，分股注入村落后面的沃田里，主流则汇入"松源河"中。人们沿着弯弯曲曲的小溪筑起了一条弯弯曲曲的俗称为"后田街"的小街来连接一个个村落，使之形成市镇，之后，这片市镇亦称为"后田街"。

由于建成"后田街"的各个村落，都是以小溪为中界，一分为二地沿着两岸兴建，于是，这些村落都有着与各处村落共同的建筑物，那就是跨溪而建的桥梁。古人竟在这区区不过两华里长的小溪上，架起了十六座桥梁。这些桥梁基本上可分成两类，其中有十一座是专供人通行的石板桥，另外五座则是木建

"廊屋桥"。

在经过漫长的历史岁月洗礼之后,如今,在这曾经"虹卧"过桥梁的地方,已是高楼林立、道路宽敞的新环境,原先的十六座桥梁早已毫无痕迹。它们的旧容旧貌,只引得上了年纪的老人对它们作出朦胧追忆,对年轻人来说,有谁会相信它们的历史?

本文仅介绍"安定桥""锦水桥""起凤桥""善济桥"和"光裕桥"这五座"木廊桥",从东往西即从上游往下游一一介绍。

一、安定桥

后田街上的第一座"安定桥"坐落在"后田街"头的"后碓村"中,遗址在今"后田街"上的"春牛巷"东面的"苏公桥巷"西巷口。清版《庆元县志》载,"安定桥"又名"师公桥"②。史料没有其创建年代的记录,只是留下了"邑人胡仲辉建。道光十二年,庠生吴一麟捐修"的简略记载。从它又名"师公桥",且现实确实是单独供奉着"吴三公"的情况来看,这座廊桥很可能是"吴三公"的后辈为了纪念"吴三公"这位"师公"而建的桥。

"安定桥"的桥梁拱架主体是石拱,桥面建木廊屋五间之结构。桥梁之建构虽简陋,然桥顶也依然覆以重檐歇山之顶,四面作戗脊起翘的落水。

有趣的是,后田街上的全部廊桥虽然都说是桥,可是其北端都是封闭的,其桥头直靠民居,不作通行。不过,"安定桥"略有不同,"安定桥"独占了后田街东段南、北二街之分的较宽广地段之优势,其两个桥头连接南、北两街,但北桥头也是封闭不通的,虽有"桥门"之设,然门扇久闭不开,不作通行,尤其是送殡之队伍,更是禁止通行。唯在祭祀之日,桥门才得以打开。

总之,后田街上全部桥都是横跨小溪,连接至街面而建的,故其南桥头是座座皆然地砌筑在街道之上。由于桥面高于街道近一米,因此上桥时,需要登四五个石台阶。昔日,人们在此肩挑背扛,乃至轿舆通行时,都需要上登下踏,故后田街上曾经有五条"岭"之说。得说明的是,"后田街"上其他四座桥头的"岭",在民国十八年(1929)的城镇道路改造时,就被拆除了③,而"安定桥"头这几个台阶,则一直存在着,直到该桥的彻底拆毁之日,才在人间消失。

由于"安定桥"仅是为"风水""风景""祭祀"而建,其桥体不作过道,为利于通行,人们在桥之上端附着、紧贴着桥体建起了同街道高度相同的石板桥一座,这就是"后田街"上从东往西数的第一座石板桥。其下方相邻的即人家门前的木板桥。距西不远处,就是"春牛巷"巷口的第二座石板桥了。人们如果在后田街往东去大济一带时,行走将至"安定桥"后,得从此石板桥过溪,绕"安定桥"大半圈,从桥外的附设石板桥返回"后田街",再往东行。由于"安定桥"三面空旷,故后来成为民间文艺活动的舞台。比如:在抗日战争时期的1941年冬,人们在桥上塑起了汪精卫、陈璧君等汉奸们的跪像④,让人唾骂。后又有一些文人在桥上搞灯谜活动。20世纪50年代初民间文艺兴起之际,村民的文艺组织在此登台演出《梁山伯与祝英台》之类剧目。

在"安定桥"南端,附建着一座三层高的阁,依史料载,此阁乃"吴三公庙"⑤,专为奉祀"吴三公"所建的。阁之建制也是作戗脊起翘的四面落水的建筑结构,阁内设龛以供奉"吴三公"塑像,供人祭祀、朝拜。这座阁不知创建在何时,很可能是与桥同时兴建的。

在漫长的岁月里,此阁也曾派过多种用场。在抗日战争时期,"浙江省盐务局"撤退到庆元时,就借用它作办公地点,此阁成了食盐从闽东经浙南以进入内地的转运站。这里有"盐兵"把守,全部食盐都要在这里办理手续。一时间,"安定桥"上成了食盐的过磅、盖验讫章的地方,一担担食盐川流不息地在此桥上出出入入,景象繁荣,甚至是整条"后田街"都显得熙熙攘攘。无数从江西一带来的独轮小车,在这以河卵石砌筑成的小街上咿咿呀呀地推过,热闹非凡。抗战胜利后,"浙江省盐务局"撤回了杭州,阁子里空置一段时间后又成了民居。新中国成立初年,阁里成了"农民协会"及"民兵队"之类的安置点,甚至用于安置"后碓建筑队"等。直至20世纪80年代,"后碓村委会"拆除,改建成了村委会办公楼。

岁月沧桑,"安定桥"历尽了风霜:在1950年3月3日(即庚寅年元宵日)夜里,"安定桥"经历了一场火灾。乃是由于"后碓村"中(今后田桥附近)发生了火灾,大火迅速往西蔓延,已经烧毁了当街的"乐善好施"石牌坊。为了不让火势向南蔓延,人们忍痛推倒了"安定桥"的大部构件。事后,"安定桥"虽然得到了及时的修复,但经风吹雨打,以致被拆除。拆除后的"安定桥",仅遗留下一片高过街道路面数十厘米的长条形桥台面于街道中间,直至20世纪80年代的"后田街"改造工程中,"安定桥"才彻底消失。需作强调的是,在"后田街"上的五座廊桥中,"安定桥"乃是最后毁失的一座廊桥。

二、锦水桥

后田街上的第二座廊桥"锦水桥"坐落在"后田街吴宅"地段,遗址在今玉田"吴宅巷"和"锦水巷"西四十米处。东、西走向的后田街在这里微微向北折了一下。清版《庆元县志》中有"后田。乾隆四十四年,里人众建"区区几个字的简单记载。

据说,"锦水桥"虽然只是村落中的一座象征性的桥梁,但它依然与其他桥梁一样有"桥山""桥会""桥董"。从它的南桥头紧连着五间店屋都是属于"马侍郎庙"的财产⑥,在"马侍郎庙"庙会时,"马侍郎公"神像要来到这里"咥献"(即受祭祀)。笔者怀疑:"锦水桥"也属于"马侍郎庙"的财产。

与"安定桥"不同的是,"锦水桥"是以苦槠木为杠梁建成的"平梁木桥"。桥梁是用一根根劈成了方约30厘米的苦槠树木拼合而成,但桥面上也是五间廊屋结构,桥顶之覆盖与其他几座桥基本相同。

"锦水桥"的南桥头同样也是建筑在街道之上,而北桥头就紧靠着民宅之墙,因此,这"锦水桥"不能行走,不能通行。桥上仅供奉神像。

不过,"锦水桥"不只用于"镇风水"和"拜神佛",可能也曾经作过管理人员的居室,甚至到了晚清乃至民国年间,桥上居然已改作民居了。之后,"锦水桥"就彻底成了民宅。典型的是有一家来自江西的手艺人就将此作为一家人之居室。

"锦水桥"在1952年5月5日(壬辰年立夏日)被毁:那天的中午时分,连接着"锦水桥"南桥头的一处民宅发生了火灾,无情的大火自然首先袭向了"锦水桥",为了不使火势向北蔓延,人们冒着大火,奋不顾身地拆除了半座"锦水桥"。之后,这残余得岌岌可危的半座桥在风雨中飘摇了不久,也被拆除了。"锦水桥"历经了近180个春秋后消失于人间。在后田街上的五座廊桥中,"锦水桥"是第二座被毁坏的桥。

"锦水桥"拆除下的木料,曾一度堆放在后田街街道边,后被"国营酒厂"拉去当了燃料。

三、起凤桥

后田街上第三座廊桥是"起凤桥"。此桥建在"姚家村"村外的"姚家门"附近,遗址在今"姚家巷"口西十四五米之处。

"起凤桥"的建筑者是明代退休官员姚文煜。清版《庆元县志》载:"起凤桥:后田。万历间,邑人姚文煜建。"⑦姚文煜是后田姚氏家族的第十世传人,谱行"远四十",原名文温,字景昭,号凤竹。曾应壬午科顺天乡试,中式第七十八名举人。他以贡生的身份任四川顺庆府同知(《四库全书·浙江通志》有载)。退休后回乡,在还没有为自己盖府第的情况下,就先为县境建设"风水"而在象山上动工建宝塔。当时曾经受到人们"姚文煜,真无格。未造府,先造塔"之讥笑。之后,家宅建成了⑧,村庄门口的桥也建成了,遗憾的是象山塔却因故没有建成。

对"起凤桥"的主体是"石拱桥"还是"平梁木桥",村人已没有印象,因此不得其详了。依笔者的估计,很可能也是一座以苦槠木作杠梁的"平梁木桥"。

"起凤桥"同样也是北桥头紧靠着民宅墙的廊屋桥,先祀神像,后改作民居。作为民居,更有它的特色。因为在历史上,人们一家接着一家地在桥上居住,一共住过多少人家,那可真是数不清了。

"起凤桥"在风风雨雨中飘摇,经过了350多年之后,于1950年初被拆除。需强调的是,后田街上的五座廊桥中,"起凤桥"是被人为拆除的第一座廊桥,最先消失于人间。

四、善济桥

后田街上第四座廊桥是"善济桥"。因其坐落在"上叶村"的"叶孝廉祠"前而俗称"上叶桥",其遗址就在今"林堂巷"巷口⑨。

清版《庆元县志》对后田街上的五座廊桥的记载,还算"善济桥"的记载最为详细。文载:"善济桥:后田。元至正九年建。〔后毁。〕明洪武三十五年,邑人谢子隆〔重〕建。崇祯六年毁,十六年,邑人叶乔林、叶乔彬、叶上选倡捐复建。"可见,"善济桥"是后田街上之五座廊桥中最早兴建的。在历史上,它经历了多次毁圮而复建。

"善济桥"的主体也是一座以苦槠木作杠梁的"平梁木桥",但这座桥有它的独特之处,即它的主体特别宽。它的杠梁上面分成两部分:西部占三分之二强的是建廊屋,也是作两层重檐歇山、戗脊起翘的结构。北桥头即连着"叶孝廉祠"墙体,桥中也仅供神像,不作通行。南桥头就立在街道上,紧靠着人家的土墙,墙脚跟依木柱设有廊凳,可供人憩坐。东部占三分之一弱是与街道路面同等高度的木板桥,木桥上作一层高的廊屋建筑。廊柱上也设廊凳,人们可在此休憩,可观远近景色,且是傍晚纳凉的好去处。木桥直通入"六如堂巷",人们由此进入"上叶村",直达"六如堂"和"平水王庙"乃至松源河滨。

历史上的"善济桥"一直是"镇风水"和祀神之所,只是到了民国年间,才由里人在那里"轧烟叶"和"刨烟丝",被辟为"烟草加工场"了。

土改时,"善济桥"分给了一家姓"章"的剃头匠。他一家子在那里居住兼营业。公众的财产变成了私人的产业。

之后,"善济桥"在风雨飘摇中即将倾圮,就被拆除了。据人们回忆,拆除的时间大约是在20世纪50年代中期。"善济桥"是"后田街"上第三座消失的廊桥。

五、光裕桥

后田街上第五座廊桥是"光裕桥"。此桥俗称"下叶桥",是因其坐落在"下叶村"的"叶德一祠"前而得名。其遗址在今"横城北路"西不及十米远的"黄下楼巷"巷口。清版《庆元县志》对其记载是非常简略,仅"后田。下叶祠门。道光八年建"十一个字。从其选址建在祠堂门外来看,很有可能就是这族叶氏人家所建。

作为"拦风水"之设施,"光裕桥"横卧在后田小溪最末尾处,是后田街上最西一座桥。小溪经这里汇入松源河,街道则一直向前。它们在这里"分道扬镳"。因此说"光裕桥"拦起了整个后田街的"风水"。

"光裕桥"同样也是一座"平梁木桥"上建廊屋的廊桥。同样是南桥头立在街道上,北桥头也就紧靠着"叶德一祠"之墙。桥之上、下(即东、西)方都是以木栅为拦护,天光水色,鱼游禽戏,尽收眼底。有趣的是:小溪在流经这里时,流速变慢了,河床加深了,清流底下是厚厚的淤泥,水里有着大量的鱼儿繁衍生息。昔日里,在这段溪流里抓捕到数斤重的鲤鱼和鲇鱼,那可不算什么稀奇事儿。

"光裕桥"与其他几座桥有所不同。一是它始终没有改造过民居,专是祀神拜佛的宗教活动场所。桥中除了建"神龛"供神像之外,不让村民存放任何乱七八糟的东西,整座桥上空荡荡的。二是它有专人负责管理,桥门上锁,有专人保管钥匙。如果有人要祀神拜佛,得借取钥匙开门,事后清扫场地,交还钥匙。故这里的环境一直保持得很好。三是桥头设有"茶桶",暑日里,有专人烧泡"凉茶",供路上的行人解渴。

"光裕桥"也是在 20 世纪 50 年代被拆除的,它是后田街上第四座消失的廊桥。

结　语

古人建筑桥梁(包括廊桥)当然是为了作为行路之津梁而济渡,但是对于建筑廊桥来说,则另当别论了。虽然,廊桥亦可济渡,且有避风雨之功能,但人们的第一个目的竟是地方上的"改地理、增风水"的"添风景""拦风水"⑩，其次才是供人们"祭祀"之所需。因此，建廊桥是以"济度""风水""祭祀"等为目的的。

然而，奇怪的是，这后田街上的五座廊桥中，无论哪一座两头都不通达，都不作"济度"通行。可以说它们完全失去了桥梁作为津渡的现实意义。它们唯一的功效，就全是为了"风水"和"祭祀"。昔日在后田街上举行"做功德"之类的宗教活动时，僧道们都必须一座不漏地光顾这五座桥。之外更特殊的，还有几座成了"民居"。这样一来，它们就和别处的"廊桥"完全不一样了。

从"拦风水"的角度来叙述这五座廊桥时，自然还得提到古人全方位的设计。不要说廊桥的主体，就连这五座廊桥下都砌筑有高数十厘米的拦水坝，坝的中间筑了个小缺口，缺口下开了一条小水渠。这样一来，桥之上游形成了一小片静水的人造小湖，其水清澈如镜，鱼虾成群，偶有鹅鸭浮游，悠然自乐。湖中溢出的水，沿着坝中的小缺口"泻"入桥下的小水渠，水声潺潺，形成了一处处别有一番风味的风景。

说到"拦风水"，古人不仅在这后田街上建了五座廊桥，还在后田街的"街尾"（即西端），又加建了一座亭子，再来"拦"一下"风水"。此亭的名字很雅，称为"一源锁脉亭"。一听这"雅名"，就可明白它是"拦风水"之设施了。由于庆元古人有"水神压回禄"（即制火灾）之说，故亭子里供奉的是性属水神的北方之神"真武大帝"。于是，这座亭子不仅俗称为"街尾亭"，还别称为"真武亭"。"一源锁脉亭"的建筑设计很巧妙：它坐西朝东拦在后田街的尾端，街道直接通入亭内，人们在街道上往西走，对面迎来的是一尊坐西朝东地面街而坐的"以水制火"之"真武大帝"，使人似有眼前疑无路之感觉。其实，街道在亭内微微拐了一个弯，从神龛边走了出去，眼前依然是天宽地阔的一片。对于"拦风水"来说，这种建筑设计真可谓一"绝"了。

注：

①此"陂"字作"堤坝"解。"官陂"的遗址在今"庆元汽车站"内。

②清版《庆元县志》载："安定桥"又名"师公桥"。在民间，人们的书写和口称亦然。然在20世纪80年代，"师公桥"被改成"苏公桥"了，同时也把附近的巷弄叫成了"苏公桥巷"。此

改名和此命名未知出于何意,不知有何妙处？然人皆言是"败笔"！

③事在民国期间黄士杰(松阳人)任县长的任期内。当时,他奉"党国训政",对庆元作"锐意建设"。他拆掉了旧城的城墙,将拆下来的石料重筑了庆元城内乃至城外"后田街"高低不平之街路。结果,守旧的市民依然对拆城墙难以接受,居然还作出了"天皇皇,地皇皇,庆元来了个死老黄。拆了城墙赘街路……"的歌谣来嘲讽之。

④一说是在抗日战争胜利之后,由于当时取不到陈璧君的照片,故仅仅是塑了一个汪精卫。

⑤见清版《庆元县志》。

⑥同上注。

⑦由于《玉田姚氏宗谱》中对姚文焴的生、卒年月有误载,因此笔者无法考证"起凤桥"的确切建筑年份。

⑧姚文焴的府第俗称为"姚家大阙"。《庆元县志·民国志稿》称其为"刺史凤竹宅",列入《古迹》门。

⑨"林堂巷"原称是"六如堂巷"。

⑩如程维伊《建角门桥记》中就有:"至若津梁之设,又所以补天地之气机,聚山川之秀气,而大有助于文运,岂仅系一方之利涉而已哉？"

二〇一一年三月十八日

狼衣覆墙

　　"狼衣"的正名叫"芒萁"(学名 Dicranopteris dihotma),亦称"狼萁",乃蕨类植物中的一个品种也,其喜与灌木丛共生。昔日,人们要准备柴火烧饭,这就是一种主要的燃料。童年时期,笔者与髫年樵友也曾有过采"狼衣"的经历。然而,随着新时期、新生活的变换,以"狼衣"为燃料的岁月已经远去,已鲜有人知"狼衣"曾为人们备炊而派上过用场。"狼衣覆墙"这一旧事更是被人遗忘了。

　　"狼衣覆墙"所覆的墙主要是昔日山村农家院落和囿圃的围墙。村民将泥土夯筑成墙后,墙面上覆上"狼衣",再倒上泥土作为墙的保护层。宋庄绰《鸡肋编・说蕨》(中华书局,1983 年,第 10 页)说:"蕨……又有狼衣草,小者亦相似,但枝叶瘦硬,人取以覆墙。又杂泥中,以砌阶甃,涩而难坏。"可见,古时候,这"狼衣覆墙"之事比较普遍。诚然,昔时农村经济条件低下,在物质条件不充裕的情况下,古人的"狼衣覆墙"这一创举很是适用,而且营造了颇具诗意的氛围。

　　由于"狼衣"的枝干比较坚硬,不易腐烂,用"狼衣"覆盖的墙有了这层坚固的保护层后,就不容易损坏、倾颓,因此村落中有百年以上的老墙。这些低矮的泥墙,虽然有的表面小石暴露,粗糙不平,有的长满了"爬山虎"和"薜荔"等,但依然十分坚固。而在墙顶上覆盖的泥土中,往往长着一些如狗尾巴草之类的小草。这些小草尤为茂盛,绿油油的颜色也呈现出一派风景来。小草随风飘动,左右摇摆,于是产生了比喻得十分恰当的"墙头草,风吹两边倒——不讲原则、反反复复的盲目跟随者"这句俗语来。

"狼衣覆墙"所覆的墙目前已罕见,或者可以说是绝迹了,但在笔者的童年时代随处可见。那是在河之滨,一丛翠绿的石竹在微风中婀娜飘曳,竹枝后面隐隐约约地露出一段"狼衣"覆盖的土墙。又在村舍边,一株树冠巨大、中空若室,需几人合抱的大樟树下,也隐藏着饱经岁月的由"狼衣"覆盖的低矮土墙。这时候,笔者想起了被梁绍壬论为"鬼诗中之最逸者"之《水仙诗》:"盘塘江上是儿家,郎若游时来吃茶。黄土覆墙茅盖屋,门前一树马樱花。"①那真是诗意横生啊。

门前一树马缨花　　　　　　　　盘塘江上是儿家

"狼衣覆墙"所覆的墙,对于笔者这个有着怀古、忆旧心理的人来说,那真是一道别具一格的风景线,因此特作此文以记。

注:

①此诗最早见于元陶宗仪的《南村辍耕录》(中华书局,1959 年,第 51 页)中,书中以《奇遇》为题目说了一个少年遇仙女的故事。其原诗是:"盘塘江上是奴家,郎若闲时来吃茶。黄

土作墙茅盖屋,门前一树紫荆花。"这个故事的来源,据说是"余往闻先生之从孙立礼说及此"。后来,明吴敬所以《神诗留记》为篇名,将此则故事及这首诗选入其《国色天香》(江苏古籍出版社,1994年版,第1248页)中。诗被改动了两个字:"……黄土筑墙茅盖屋,庭前一树紫荆花。"另外,明田艺蘅《留青日札》(上海古籍出版社,1992年版,第39页)中也以《〈水仙诗〉考》为题目来讨论过这首诗。还有是在丘大祐的《吴兴绝唱》中,也载有这首诗,据说是张天雨所作,题目是《湖州竹枝词》,诗曰:"临湖门外是侬家,郎若闲时来吃茶。黄土筑墙茅盖屋,门前一树紫荆花。"然此诗略有不同。他也说"未知孰是",留下疑问。只是这首"遇仙诗"后来竟被清梁绍壬定为"鬼诗"了。他在《两般秋雨盦随笔·鬼诗》(上海古籍出版社,1982年版,第213页)中举例说明时提到了这首诗。

二○○○年三月三日

滩声不尽故人情

松源陌上三年别，竹口桥西万里行。

自愧游筇① 真汗漫，何当馆毂② 再逢迎。

长堤积雨看新柳，小阁微风听早莺。

惆怅一樽还判袂，滩声不尽故人情。

这是清初顺治年间，处州知府周茂源在庆元所作的一首离别诗。诗的题目是《辛丑春日俚③ 言奉别吴上宾吴天玉④ 诸年翁并正》。由此可知，作诗的时间是在顺治十八年（1661）之春日，他即将离任而重游庆元，告别友人之际。作诗的地点大约是在友人送行的途中。

周茂源，字宿来，号釜山。江苏云间（今上海华亭）人，顺治六年（1649）进士。早年曾参加明季夏允彝、陈子龙等人所创的"几社"。与陈子龙、李雯等人友善，共负才名。有《鹤静堂集》传世。他的诗有五首被选入《清诗别裁集》，常为世人吟

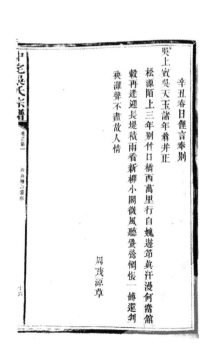

诵,而最让笔者欣赏的就是被《庆元县志》编入的那首"忙里登山快,嚣尘净此间"的五律《石龙山》了。

周茂源任处州知府之际,因公务所需经常莅临属县,结识了一些民间的文人墨客。顺治十四年(1657)夏末,他单骑来庆元,时值酷暑,为觅避暑之所,得友人介绍而小憩大济"日涉园"。游罢名园,浓情未了,夜阑披衣秉烛,落笔以记。一篇刻画入微、生动传神的《日涉园记》一挥而就。他还就此与园主人吴王眷及其友人吴运光等人结成了文字交。之后,他们的情谊十分深厚。

在诗人调任别所,即将离别挚友而浪迹天涯之际,回想起在"松源陌上"深交数载之旧情,而今竟分别于"竹口桥"畔,远行万里。叹今后拄杖游迹无边无际,思何日仍得相叙逢迎? 在这"积雨""微风"的春日,面对着"长堤新柳""小阁早莺"的美景良辰,怀着惆怅的心情举起了道别的酒樽。紧接着的就是"车儿投东,马儿向西"两相分了,大有"都门帐饮无绪,留恋处,兰舟催发"之景象。其难舍难分之心情是何等之凄切可想而知了。下滩的轻舟荡漾在激浪里,哗哗的流水声和欸乃的划棹声哪能掩盖对故人思念的感情啊!

纪昀评周茂源的诗说:"所作葩藻丽缛,沿齐梁之余艳,才力不逮云间三子。"今亦有人谓其词"远承温庭筠词风格,喜欢用'凝香'、'翡翠'之类香艳的词儿雕琢色彩绚烂的意象"⑤,并以其《鹧鸪天·夏雨生寒》作为引据。看来这些评论都是恰当的。《鹧鸪天·夏雨生寒》是一首抒发自己逃难时怅惘忧伤的心情的词,但在其中依然嵌进了"香篝""猩红""晓镜""残莺"这类绮语。由此可见,他在离别之际,对景抒怀时流露出"长堤新柳""小阁早莺"之类"春花秋月"之吟确也是常情。这当然是他的文学修养、所属文学流派的真实表现。从全诗自始至终贯穿着离别之愁情,向往着重作欢聚的期望来看,至少不能说它是一首浓艳绮丽、狭窄空虚的诗歌。

注:

①筇:竹子的一种,可为杖,故引申为手杖。游筇:旅游时使用的手杖。但此处是借指旅游的行踪。

②馆:原意是指客舍之类,这里作动词,引申为迎宾。毂:原意指车轮中心其圆孔插入车

轴的那部分,此处指车辆。馆毂:宾客接待处接送宾客的车辆。

③俚:民间的,通俗的。

④吴上宾:大济人,吴俸第六子,字丽明,号嵩庵。吴天玉:上宾二哥吴南明的次子,"日涉园"主人,名王眷,字斯孚,号天玉。

⑤见赵静涛《沉郁的忧愁,从容的逃难》。

一九九四年六月十四日

"木樨香否"与"梅子熟乎"

——福惠堂残联禅趣谈

福惠堂坐落在八都余村槎溪南滨,以其东侧有一条横穿于田垄直至溪边的防洪堤俗称"横石东",更由于这里原有一个称为"横石东"(早废)的古村落,故俗称为"横石东大堂",简称"大堂"。

福惠堂原是一座乡村祀神小庙,庙中奉祀着"马夫人"和"马七仙"姐妹。可见福惠堂也是庆元县历史上的"马氏仙道文化"圈子中的产物,是一座准道教场所的祀神庙。然而,不知自何时起,人们又在堂中奉起了"如来三宝"及"十八罗汉"等,改建成了大雄宝殿,成了佛教圣地,称为"横石东庵"。不过,在其大殿的两侧依然附祀着"马氏姐妹"及其他神祇。这也是我国民间宗教"三教一体"的衍变结果和具体表现。后来,又有人杜撰出一则每年八月十五为"香期"来烧"夫妻香",以祷夫妻双双长寿的宗教活动来。每年活动期内引得许多女士来这里"拜月娥"。于是,这里又多了个"双全庵"的雅称。

在历史上,福惠堂曾几度重建。今存的木构建筑是清嘉庆十八年(1813)的建筑物。从其木构件上的文字题记来看,可知在明万历及清康熙年间曾相继做过重建和大修。然而,从现犹珍存在堂内的一口铸于明成化二年(1466)三月的古钟来看,可知此堂的始创年代至迟应在明代初年。

20世纪80年代,村人对这久经风雨的古庙又做过一次大修。在施工时,人们在古刹于某一历史时期被人为损害后所堆积的废料堆中及田野上发现了三副不成对的残联。除一副意义平庸、肤浅,其他两副均是涉及佛教教义的楹联。而其中尤以"久炼风霜梅子熟,生前到底是何人?"这一联深含禅味,值得一谈。

原来,这是一副取材于佛教故事而撰写的联文,其典故来自学禅时得到的"即心是佛"心得。这心得出自后来成了禅宗八祖的"马祖道一"。因此,在谈及这联文时,看来得先从"马祖道一"其人其事谈起才好。

"马祖道一"俗姓马,法号"道一"。"马祖"是他的弟子们对他的尊称。他是汉州什邡(今四川什邡)人,生于唐景龙三年(709),圆寂于唐贞元四年(788),享寿八十岁。马祖幼年在资州出家,唐开元二十二年(734),二十六岁时到南岳衡山结了座草庵打坐参禅。日日在此修炼,闭门不出。这时候,在南岳的般若寺中住着一位高僧,此僧即后来成了禅宗七祖的"南岳怀让"。怀让看到道一如此专心向佛的精神实在可嘉,就决定前去引导道一。他问道:"你这样终日打坐图个什么呢?"道一回答说:"为了成佛。"怀让说:"你这样一味枯坐,不修止观功夫怎么行呢?"道一根本没有把怀让的话听进耳里。于是,怀让就拿起一块砖头在道一的草庵门前的岩石上磨了起来。道一起先不在意,日久后觉得奇怪,于是就问道:"大师在此磨砖做什么?"怀让回答说:"磨作镜子。"道一不解说:"土砖怎能磨成镜子?"于是怀让就启发他说:"既然磨砖不能成镜,那么你这样枯坐参禅就能成佛吗?"听此一言,道一猛醒,即拜怀让为师,请他指点迷津。后来道一离别南岳到了江西去开堂说法,一时间四方学者云集,弘扬了佛教。他所传的宗旨在佛教史中称为"洪州禅"。之后,道一继怀让成了禅宗八祖。而"磨砖作镜"这一词语也用来比喻盲目做事而事不能成,流传至今。

道一被"磨砖作镜"这句直指人心的警语警醒。觉悟之后,得到的学禅心得形成了佛学中的名言"即心是佛"这四字论点。在其成了很有影响的大师之后,各地的出家人都很仰慕他,常来求教。当时有一个在大梅山修行的叫"法常"的僧人也来拜师。道一对法常的教诲也是这"即心是佛"四字宗旨。在法常告别道一回到大梅山一段时间后,道一想要了解法常对"即心是佛"的宗旨是否真的通悟,就叫了一个弟子去探望法常,以了解法常的修行情况。来人到了法常处,问询后说:"禅师,你前次在马祖面前得到什么见识?"法常视而不见,听而不闻,只是合掌合眼、专意参禅。来人见状即大声问道:"马祖过去对你说过什么?"法常答:"他是说'即心是佛'。"来人"啊呀"大叫一声,故意诳他:"马祖现在是说'非心非佛'而不再说'即心是佛'了。"法常听了长叹一声说:"这个老汉糊弄天下人。就让他'非心非佛'罢,我还依旧是'即心是佛'。"道一的弟子回山后将这探访经过向道一作了细述。道一得知法常已悟得透彻,十分欢喜,合掌对众弟子说:"梅子熟了!"这"梅子熟了"是一句双关语,表面是说法常所住的大梅山上梅子已熟了,暗指法常的修炼功夫已经到家了。于是,后人就将这"梅子熟了"作为对僧人参禅悟道得了成果之赞誉。

在得知"梅子熟了"这则佛教典故后,我读福惠堂中这"久经风霜梅子熟"残联的联文时,将这残联文作出修复的补句是:

> 恒空水月桂花香,谢后周然回哪道?(补句)
>
> 久经风霜梅子熟,生前到底是何人?(原句)

我是以"桂花香"来对原句"梅子熟"的,可以说是以典故对典故。"桂花香"之出处,是因深通禅理而被清代王渔洋誉为"诗佛"的唐代大诗人王维的禅诗《鸟鸣涧》。诗云:

> 人闲桂花落,夜静春山空。
>
> 月出惊山鸟,时鸣春涧中。

这首诗禅味甚浓。在这空寂的山林里,皓月当空,夜深景幽,静之至极。然而又隐然传来了山鸟啼声、涧泉鸣声,且可听到这春日盛开的桂花(俗称"四季桂")谢后之掉落声,从中透露出了一片活泼的生机来。不过,我在这里提出桂花之芳香后又提出了此花在凋谢之后,又将回至哪一道中? 也就是说,在物体转换时的前景何在? 这一提问当然是针对着下联的,使之与下联这提问句产生共鸣,加深含义。原下联是借"梅子熟了"提出疑问,即询问此君在轮回中的前生后世的物体转换时又将如何? "我"之生前是何物? "我"之身后又将是何物？文中上、下联均作疑问句，但句中皆隐藏着答案。至于答案如何，那倒需要读者们用自己敏锐的思想去"悟"了。

读及这副已作过补对的对联之内容及句子结构时，首先要知道在对联这种文体的文学作品中，上、下联均作疑问句的句式虽不常见，但应是古来有之。至若在佛教文学作品中以梅子和桂花为内容，运用其典故来创作者当不乏佳作。如在四川峨眉山中的"接引殿"内，有赵藩撰写的一副楹联写得很好，禅味深邃。文曰：

> 个中人入座心清，闻木樨香否？
> 门外汉登坡口渴，问梅子熟乎？

而在另一山寺中，也同有这副联，但其内容略不同，禅味有别。文曰：

> 问梅子熟乎？个中人酸甜自别；
> 闻木樨香否？门外汉坐卧由他。

这两副联显然是以"梅子熟了"的佛教典故配上"人闲桂花落"这禅味诗句所撰写的。另外，如在杭州清波门外、南屏山麓有一"白云庵"，庵中有一副联之上联文曰：

> 石墨一枝春，问山僧梅子熟未？

又如：湖北省荆州市有座"章华寺"，寺中有一联文曰：

> 向祇园而揽胜，木樨花开，菩提树长……。

足见借典于梅子及桂花作禅味联者，为数颇多。

能在一座小规模的乡村古刹发现如此禅味的古楹联诚是可贵。此联虽因是下联而不明其所作的历史年代,但终属历史文物。更因文中的文化内涵之特色体现出地方人士对佛教理论的接受和运用,从而可知此地地域文化颇具古风而值得珍惜。因此,作为文化底蕴的见证者,这些文物就大有精细修复和妥善保存的必要了。

二〇〇五年二月二十六日

MENGZHOU
SHISHI GOUCHEN

第五篇

风俗民情

菇民信仰杂说

所谓"信仰"，即人们对于宗教或主义之类的信奉，同时也是对于对某一种事物有所庇佑的神灵，乃至对于某些有所贡献的人的信任和尊敬。至于菇民之信仰，除了有一般人的信仰之外，还有对菇业有所贡献乃至庇护的由人以致成了"神"的人之信仰。这是与他人有所不同的。因此，对于这些所谓额外之信仰者，则不外是在历史上与其菇业息息相关的"吴三公""刘伯温""五显灵官"及一些山神野鬼之类。菇民们将他们敬为"神"，定作"菇神"。然而，就其所谓"菇神"也，则也还有不同种类的定义，兹以其不同的类型叙述之。

其一，是"水源木本"地信仰那香菇生产的"始创"者"吴三公"。"吴三公"是南宋初年，时属龙泉、后属庆元的东部地区之"龙岩村"人。他家父子、兄弟多人都是民间"巫师"。他在兄弟中排序第三，故人们称其为"吴三公"。由于他的社会活动力较其兄弟们更强，故深受人们的敬仰。于是，他由一个普通人被人们神化成了"神人"，成为人们所崇拜的偶像。对于他之为人，民间传说是说：他原先不仅是个农人，且曾经有过挑盐经商的经历。某一日挑盐途中，在路沿小憩时，遇到一个由仙人变化成的老妇人带着小孩也行走在路上，当时，路边有一株桃树，树上所结的果已经成熟可食了，但这弯弯的桃树下就是溪流中的一口深潭。而此时，老妇人所带着的那个小孩闹着要摘桃吃，于是，吴三就自告奋勇地爬上树替这个小孩子摘桃吃。岂知，爬上树后，树枝断裂以致人坠入深潭中。他这坠入深潭也，潭底却是另外一处神仙世界：洞中坐的是"黎山老母"。于是,他向老母跪拜,向她求法问道。老母把法术传授给他后,交代他赶快回家。这时候,歇在桃树下的盐担还在,挑着回家后,家人却说他已经是三年没有回家了。之后,他成了个能够驱魔赶鬼,甚至呼风唤雨的"神人"。对于他的行为,地方史料《庆元县志》中所记的是:"觋术通神,曾鞭蛟遏水。"然而,他之人生更重要的贡献,竟是民间所传说的他曾经在偶然的情况中,取得了"砍花做椮(按:取此字的"将先切·音笺"的另一种读音)"和"惊椮"之类的人工生产香菇技术。于是,他这一项科技发明竟成为一种农耕作业,在人群中多了一个以"菇民"作命名的职业名称。因此,人们奉立他为"神',使其成了"菇神"之一。虽然在历史上,对于他的贡献仅是民间之传言而没有文字记录的历史资料,这当然是一种遗憾,然而,人们对于其事迹,总是代代相传。建祠立庙,长久祭祀以作纪念。

其二,香菇的生产形成产业化后,在香菇产区内自然就得建立生产专利权,这是菇民们欲得到的权利。而此时,竟应运而生地产生了一个帮助"龙、庆、景"这三县菇民取得香菇生产"专利权"的政府官员来。这就是"国师刘伯温"。"国师刘伯温"就是明朝的开国功臣"诚意伯"刘基。刘基字伯温,青田县南田乡(今属浙江省文成县)人,故又称"刘青田"。他是元末明初的军事家、道学家、政治家、文学家,是明朝开国元勋之一。明洪武三年(1370)受封"诚意伯",故又称"刘诚意"。由于他通晓天文、经史,又精于兵法,故在辅佐朱元璋成帝业后,竟被后人比作诸葛亮。朱元璋也确实称刘基为"吾之子房也"。他为"龙、庆、景"三县菇民取得香菇生产"专利权",于是,被菇民们以另一个角度奉之为"菇神"。

关于这取得"专利权"的民间传说是:相传明太祖朱元璋建立明朝,在金陵登基后,竟遇上了大旱之年,因此,朝廷向上天祈求,举行降雨仪式。在虔诚地对天祈祷时,就连君王都要素食,而朱元璋竟叹素菜难以下箸,此时,国师刘伯温将家乡土产的香菇献给皇上。朱元璋吃了香菇之后,觉得味道非凡,认为这是一味美味佳肴,于是,一方面下旨继续要以这佳品作进贡,另一方面下令大力生产。因此,刘伯温趁机奏告皇上,处州所属的龙、庆、景三县原是穷乡僻壤,地瘠民贫之地,唯香菇一业可赖谋生,请授三县以香菇生产专利权。于是,得到皇上许诺后,曾经下达过形成文字的旨意到民间。

昔日在香菇生产地区,普遍流传着"朱皇亲封龙、庆、景;国师讨来做香菇"这么一副"对联"。从文学的角度来说,这副"对联"的词性根本不对仗,且字音平仄也不和谐,故根本称不上是"对联"。何况从历史的事实来看,在明代初年,在朱元璋和刘伯温能够共同生活在一起的年代里,不要说当时还没有景宁县(景宁县是在景泰年间建置的),就连庆元县也已并入龙泉县,故那时候根本没有"龙、庆、景三县",则哪里有"朱皇亲封龙、庆、景"之说? 但这副"对联"可能只是对香菇专利权作一种俗语化的表述,也就不要拘泥史实了。

其三,由于自然界的变化无常,又由于各地的地理环境有异,再加上在产菇地里有大量鸟兽、蚁蝼之类的动物侵害,因此,这些因素都影响着菇业生产的丰歉。于是,菇民们为了祈求香菇生产得以顺利进行,且得以丰产,就求冥冥中的神灵作庇佑。

在菇民们所信仰、敬奉的幽冥神灵中,占首位的是那"五显灵官"。"五显灵官"又称为"五显神"或"五通神"和"五尊大帝"。关于"五显灵官"的传说,由来已久,早在《夷坚志》之类的书籍中就有记载。它是隐藏在幽冥中的五个一群的神鬼的通称,他们之中的每一位,也可以用"五通"这样的单独称呼。这种神灵也是由人衍变到神的,它们原先是横行在乡里无恶不作的恶棍,相传是改变了品行后受到了玉皇大帝封赏,以至万民景仰。说是人们每每有事,只要虔诚求之于它,则可谓"有求必应"。同时,这"五通神"又是类似于财神的神。在奉祀的场所乃至菇山的"香菇寮"里,都要供奉书写着"玉封五显灵官大帝之神位"的牌位,以作常年之祭祀。

二○一四年六月十日

且谈"黄甸蕈"及"蕈槁"

　　"黄甸蕈"是最近 20 年间在庆元县"香菇文化"领域里冒出来的一个新名词,意指生长在森林里的"牛肝菌属"中的"美味牛肝菌"之类的地菇,是食用菌的一个品种。南宋诗人杨万里有《蕈子》诗(见《宋诗钞》,中华书局,1986 年,第2182 页),诗中有"蜡面黄紫光欲湿,酥茎娇脆手轻拾。响如鹅掌味如蜜,滑似莼丝无点涩"之说。大约这《蕈子》所咏的就是这些"美味牛肝菌"之类的地菇了。

　　目前,与"黄甸蕈"这条新词同音、同义但作异文书写的词条还有"黄甸菇""黄靛蕈""黄殿蕈"等。然而,这些词语均不是古代流传下来的词语,而全是现代人之新作。据说,这些新词语是有人通过"研究"和"考证"后得到的,其实,这些全是他们对词义的"发明"和用字的"设想",是不合乎情理的,有违于现实。比如,有人给"黄甸蕈"所作的定义是:"黄是指此菇的颜色,甸是它的生态环境。"这种对"甸"字的牵强之说,真是让人一头雾水,实在令人惊奇。另外,又有人作"黄靛蕈"定名,其定义是说:此菇一经撕破,其裂面立即氧化,表面的颜色马上由黄色转变为青蓝色,好像是那种深蓝色的称为"靛蓝"(亦称"靛青")的天然有机染料。这种说法更是玄乎其玄了。至于叫"黄殿蕈",那就更不知其出自何"典"了。其实,用"甸""靛""殿"诸字来给"牛肝菌"之类地菇命名是错误的,是人们凭着主观臆断所得出的结论,是不符合先人的命名寓意的。我们今日要懂得古人用字的音和义,看来得从文字的古音、古义来领会才好。

古人给"牛肝菌"类地菇命名的首选字自然是这个意指菌类的"蕈"字。原来,"蕈"字在古代除了念"慈荏切·上声寝韵"之外,还有念"徒点切·上声俭韵,音簟"(现代注音作"diàn")等共七种读音[①]。于是,古人首选了"蕈"字的"徒点切·音簟"这种读音为"牛肝菌"类地菇作朴素、简单

黄蕈

的命名。人们以"蕈(diàn)"字这个名词作主语,再依它们的品种、外形、颜色、滋味等,分别冠上一个合适的形容词字眼来作修饰,以组成另一个新名词来作为此类地菇的名称。如"黄蕈(diàn)""红蕈(diàn)""红骹蕈(diàn)""乌蕈(diàn)"和"苦蕈(diàn)"等。在南宋陈仁玉的《菌谱》中对此类"牛肝菌"的命名也是朴素地称为"黄蕈(diàn)"(同时又称作"黄缵蕈(diàn)"及"黄□"等。见《四库全书·菌谱》)。可见,这些名称形成已古,历之已久,且沿及近代。时至今日的庆元县东部地区,只要是七十岁以上的村民口中,大多仍保留着这种朴素的叫法。

当前,同在庆元县"香菇文化"领域里冒出的类同"黄甸蕈"的新词还有"蕈楮"一词。原来,这个新名词也是今日文人们依菇民祖辈口语相传、对制菇木料作为名称的一个名词的文字书写。词中借取了一个发音相同而词义毫不相关的字眼作主语,想当然地组成名词。然而,这个新名词是十分值得商榷的。本来,古人对这个词语是曾经有过古音、古义的文字组合,只不过是由于时过境迁,新旧更替而使这古老的名词因今日的字音改变,今人才未继续使用罢了。比如:在明代陆容撰的《菽园杂记》中就有这个词。书中引用《龙泉县志》作笔记一篇,说是:"〔制菇〕用干心木,橄榄木,名曰'蕈楮'。"原来,这个"楮"字同"榛"字。而"榛"字除了念"侧铣切·臻韵"的读音之外,还有一个"将先切·

音笺"的读音②。这个读音在庆元地区的方言发音,十分接近今日的汉语拼音"xiàng"。古人以"蕈榻(xiàng)"作为制菇木料的定义和口语发音,有着现实的物产名词含义,非常恰当。但是,由于曾经涉身于这"蕈榻(xiàng)"一词之人,大多数是文化较低的菇民,他们涉及此词时,大多是口耳相传,很少有文字书写。故在史料及一般的文字记录中,此词甚是罕见,乃至消失。然而,时至今日,在现实生活中,人们要将这古老词条作书写时,竟没有把这有着实际意义的"榻"(即作为另一种读音的"榛")字继续沿用,却单从读音一项出发,换取了一个绝不相关的"檣"字来。如此之举,实在没有道理。须知这"檣"字虽与古"榻"字字音相近③,但字义是绝不同的。原来,"檣"字是专指"船帆柱"(即"桅杆")而言的。除此之外,别无他意,当然更不是树木的名称了。因此说,如此片面地为了追求同音而不加分释、理解字义,就去借取一个义不相关的字来组成这个新名词,实在是有失原意了。

于今,事物都在发展,语言词汇也发生了很大的变化,可谓顺应了新潮流。说起这变化,不仅是口语发音的异变,就连语词的结构也有了异变。像将"黄蕈(diàn)"改称并书写成"黄甸蕈"那样,又屋上架屋地将"□村"改写成"□村村"等,这当可视作一种创举,但这种创举毕竟有着画蛇添足之嫌,绝无道理。至于将原来有着含义的"蕈榻"改换成失去了原意的"蕈檣"来说,真是弄巧成拙了。有人说:这是今日庆元文化人的无可奈何的做法。其实不然,如果说今日仍然用古字,但注出其原来的古读音,古为今用,料不会不妥。比如"蕃"字,此字除了念"fán"之外,还念"bō",然而,"bō"这种读音在今日的文字工具书中已经很少注明,但在当今史学界(包括电视及广播)中,对于"吐蕃(bō)"这个古老的历史名词,就依然十分明确地念成"吐蕃(bō)"。因此说,人们也依然可将制菇木书写成并念成"蕈榻(xiàng)"。此举料想也是可行的。这种古词沿用倒是一种尊重历史的做法,是正确地传承古代文明的妥善之举呀!

有学者断言,在极闭塞的庆元地区,古来与外地很少交流,目前还保留着大量的"古代汉语原音"。诚然,在今日的庆元民间确实有颇多只能口语相传、难作文字书写、不明原含义的词。比如:"黄蕈(diàn)""蕈榻(xiàng)"之类就是明证。不过,时过境迁,今日的语言文字及词汇的组成已产生了很大的变化。"黄蕈(diàn)"成了"黄甸蕈"、"蕈橡(xiàng)"成了"蕈樯"也是新的变化之证明。有人说,这是历史的车轮滚滚向前的结果。因为一切事物都在日新月异地变化,而古老的语词也在更新,这当然也属于正常现象,是一种创新。然而,笔者认为,即使是创新,也得要有个"度"。先要基于传统文化,即要符合中华民族的固有传统,对于传统文明比如古文、古语,必须先领会其含义,然后加以科学地分析,去领会接受。这才好呀!

注:

①见《中华大字典》,中华书局,1915 年,第 1930 页。

②同上,见第 1202 页及第 1227 页。

③"樯"字的现代汉语拼音是"qiáng",而庆元方言却读如"xiàng"。

二○○五年七月十九日

小草不妨怀远志　芳兰谁为发幽妍

——漫话庆元石斛

　　石斛是一味名贵、高档的中药材。秦汉时,《神农本草经》中就列其为上品:"气味甘平,除痹下气。补五脏虚劳羸瘦,强阴益精。"《本草纲目》将其载入"石草类",称为"本经上品",对其名有"石邃""金钗""禁生""林兰""杜兰"等之说,其"多在山谷中。五月生苗,茎似小竹,节间出碎叶,七月开花,十月结实。其根细长,黄色。惟生石上者为胜"。同时亦有"生栎木上者名'木斛'"之说,有言其"生于石上,得水生长,是廪水石之专精而补肾"。今日的科技文献则称石斛为兰科(Orchidaceae)石斛属(Dendrobjumsw)之多年生草本植物,以其新鲜或干燥的茎部入药。石斛主要有铁皮石斛(D·candjdum)和金钗石斛(D·nobjle)等多种。石斛的生长最适合热带、亚热带原始森林中的温暖、湿润环境,惧怕寒冷和高温。虽然要求湿润但也不耐过于潮湿的地带,它最适合的温度是 25℃ ,最适合的光

石斛

照是 20000lux 左右。由于庆元县具备石斛生长的优良环境,因此在历史上,

庆元县是我国一个主要的石斛生产区和经营区。

庆元县地处浙江省西南部,属洞宫山脉地带,素有"浙江屋脊"之称。县境内海拔 1500 米以上的山峰有 23 座,最高峰"百山祖"海拔 1856.7 米,为浙江省第二高峰。县域的地理结构以崇山峻岭为主,间以山地和丘陵。这里溪流纵横,土壤肥沃,又因为属于亚热带季风气候,夏无酷暑,冬无严寒,故森林茂密,植被丰富,获得"全国生态环境第一县"之美称。优越的自然环境,使庆元不仅成为绿色植物的优良产地,也是菌类植物的生活王国,庆元成了盛产香菇的地方,曾荣获"中国香菇城"之雅号,成了"菇乡",香菇经济也成了这"菇乡"的经济支柱。与香菇形同"大哥"与"小弟"般同步发展的多种经营关系之地方经济中,石斛的生产和经营就是其一。据有关资料,仅在 1950 年,全县产销石斛的加工品达 1.5 吨。1983 年,单岭头公社供销社就向当地 95 户经营者收购到石斛制品 400 余斤。可见,石斛原在庆元县民间经济中占有一定比例。

由于石斛属于兰科植物,而如铁皮石斛之类又是倒垂而生,因此庆元县人将石斛俗称为"吊兰"。庆元吊兰的种类繁多,如"铁兰""铜兰""鸡爪兰""金钗"等,甚至有"马鞭草"之类。不同的吊兰制成产品之后,统称为"西枫斗",不另取别名,只是按等级或品种列之而已。

西枫斗的制作程序是:先是采收鲜草。采收鲜草是一件很不容易的事,那是在秋冬之交,人们进入深山老林,身上系着粗大的绳子,像演杂技那样在悬崖峭壁上大显身手。他们或攀绳往上,或握绳而下,不顾危险地在老树的树柯上或在危岩的岩面上采摘鲜草。人若亲临其境以观,令人惊心动魄。区区小草,历来不知道夺去了多少人的性命,实在危险。

鲜草采摘回家之后即制作成品,首先是将鲜草分类。剪去头尾,剪尾时须留点短根须,以示为"龙头",尾端斜剪,以示"凤尾"。品类以较短的寸余长者为上品,余以愈长则价愈贱类推。之后是洗净晾干,然后支铁锅用文火将其炒软,再用铁丝之类作为支干,将草绕在其上呈弹簧状,约绕成三圈,且将两端拉直使其微上翘,做成所谓"龙头凤尾"状;而对于那些较长者,也是整根绕成弹簧状后,再剪成三圈左右成一段,也做成"龙头凤尾"。之后是用微火烘干,即成成品。成品表面呈黄绿色或褐绿色,茎节处呈现紫色。成品按不同品种的原材料而冠上"铁皮枫斗""紫铜皮枫斗""青铜皮枫斗""爪兰枫斗"等名。

庆元县岭头乡南峰一带的地理环境更优,那里森林广袤,古木参天,山峰耸立,峭壁高耸,山泉瀑布飞垂,峡谷深渊清冽。这个生态优良的地方自古以来不仅是香菇之类的食用菌生产地,更是石斛的生长、收采、加工地。在历史上,这一带的先民早就有了收采和加工石斛的习俗。他们身怀绝技,攀悬崖、登古木,使尽技巧获取相当数量的石斛,繁荣了当地的经济。在当地鲜草资源采摘缺乏时,他们就结成伙伴,背井离乡到闽、赣、粤、云、贵、川等省去采摘,他们的足迹遍布大半个中国。在家的女眷们,则都有加工石斛的技能,做得出好产品,卖得出好价钱,如此"男耕女织",其乐融融。

历史上,南峰人何时开始采摘、加工石斛呢? 由于史料未明载,资料欠全,不得其详。然早在宋代唐慎微的《证类本草》中就有"温州石斛"之说了。可见早在千年之前,浙南一带就有石斛的产品了,其中肯定不乏南峰人的劳动成果。对于这些生产者,由于资料缺乏而轶失其名,只是在人们口口相传中得知的如:吴信列、吴信洪、吴光河、吴明福、吴明钱、吴明炉、吴有斗、吴忠潘、吴忠璋、吴忠琢、吴忠森、吴有惟、吴忠溪、吴忠富、吴昌余、吴余烛、吴正科、吴正笃、吴家炎、吴家杰、吴周灶、吴大潜、吴大桥、吴庭益、吴家禄、吴家树、吴文宝等。这些提到的人仅是其中小小的一部分,其余的人,笔者不能一一列举。他们中有的是生产者,如吴有斗、吴忠森、吴有惟、吴忠溪、吴正科、吴正笃等人;有的是经营者,如吴明炉、吴周灶等人。其中东溪村的吴明炉在经商致富后,还向古刹"南峰寺"敬献过一口二百多斤重的大铜钟。在庆元县的历史上,就是这些勇敢的男儿不畏艰苦地走四方而致富,造就了庆元县独特的"石斛文化",写就了灿烂的"诗篇"。

由于生态环境的变异,自然生长的石斛现在愈来愈少,且濒于绝迹。近年来,有一大批科技工作者为野生石斛的驯化、移植以及仿野生栽培而进行了大量的科研工作。现已略有成果,且有了大批量生产的势头。比如,南峰的吴庆锋、吴周奕等人,他们已经在土壤上大量种植"铁皮石斛"。尤其是吴有斗、吴忠森的传人吴庆锋,他的前辈早在20世纪70年代就开始了移植野生石斛的试验,如今吴庆锋已颇有经验。故他在松源镇的和山底村租赁了四十余亩的良田来种植"铁皮石斛",博得上海恒寿堂药业有限公司的青睐而主动与其合作,投资共同经营。于是,这种名贵的且濒于绝迹的中药材得以新生,这真是一件可喜之事,值得欣慰。

"小草不妨怀远志,芳兰谁为发幽妍",于今,作为组成庆元县古老文明成分之一的"石斛文化"依然在向前发展,只是其"文化内涵"有所变异,增添了新科技的内容,有新一代人对其保护、开发和利用,大有承前启后、继往开来的好势头。石斛这株"芳兰小草"深怀"远志",散发"幽妍",它将继续造福人类并再现辉煌。

二〇〇七年五月十五日

铁皮鲫

　　我家的门前是一条宽敞的水泥路面街道,人来人往,熙熙攘攘,可谓车水马龙、热闹非凡。可在我的髫龄年代里,这里却是一条宽不逾丈的河卵石铺砌的小街,街边是一条清澈见底的小河。小河里鱼虾成群,悠然浮游。这时候,我可以使用竹笊篱、小簸箕等下河去捉鱼,只要拿起上述的器具往河里乱舀,往往就能够捕到一些活蹦乱跳的小鱼,这些小鱼中大多数是一种被称为"铁皮鲫"的鱼。

　　我家原先有先祖经营的田庄旧址,在我儿时,这里有一口碧绿的半亩方塘,塘中的草鱼大的有数十斤,就隐藏在杂草间,绕着菜圃游来游去,塘中也游动着成群的小鱼。我与侄儿们,可以以此作"渔家之乐",而捕获的鱼儿中,大多也是那种铁皮鲫。

　　铁皮鲫,人们将它讹称(或者是故意趣称)为"铁箆笊"。它是一种长不过二三寸,重不盈两的小鱼。顾名思义,它是鲫鱼的一个品种。鱼鳞较厚,手摸有粗糙感而呈现五彩之色,因而得名。

　　铁皮鲫的生命力极强,易于饲养。养在器皿(尤其是玻璃器皿)中,置于居室内以供观赏,可长期生存。它的食物种类繁多,最爱吃的是小虫子,儿童最爱拍打苍蝇投入水中,它竟会跃出水面争食,发出咭咭之声音。

　　铁皮鲫还善斗。宋代张世南《游宦纪闻》(中华书局,1981 年,第 47 页)中说:"……溪中产小鱼,斑纹赤黑相间。里中儿豢之,角胜负为博戏。"他说的很可能就是铁皮鲫。

不过,铁皮鲫也会得病,用今日的话来说就是很容易受到霉菌的感染,得病时,通身长满了白毛。如果不及时换水,加以清洗或加点药物之类的话,过不了几天,它就会像一团棉花团似的死去。

如今,站立在这繁华的街道上,有谁还能相信我在这里曾有过"渔夫之乐"? 在那稠密的居民区内的我家祖业之田庄旧址中,又有谁会知道这里曾经有过铁皮鲫?

救救濒危的野生动植物! 救救铁皮鲫!

二〇〇〇年二月二日

还我桂鱼

首先得说一下：我这所说的"桂鱼"，就是那"西塞山前白鹭飞，桃花流水鳜鱼肥"的"鳜鱼"。据资料载："鳜鱼"又名"桂鱼"。在庆元县民间，也的确是以此称之。这是一种阔口、利齿、细鳞的凶猛鱼类，专以食小型鱼类为生。其体呈黄绿色，有黑色斑点，背隆起，体侧扁。其肉质鲜嫩，属珍贵品种鱼类。

在我的童年时代，从我家大门前流过的松源河，是一条清粼粼的河流。水波漾漾，水声潺潺，自东往西，奔流而下。水深处，则是上映天光、下呈碧色的水潭。仅在县城附近一段，就有古楼庙

桃花流水鳜鱼肥

潭、缸钵厂潭、镜潭、山际潭、白岩头潭乃至石龙潭等深潭，如青玉盆似的，一口接着一口地在河道中自上至下作分布。

　　昔日的松源河里，鱼类品种繁多，其中桂鱼、鲩鱼(俗称"时闪")唱主角。之外是鲃鱼(俗称"鲍鲍")、石斑等，还有一种方音称为"青僚"(大约是鲭鱼的一种)的 20 多厘米长的、身体半透明的鱼，成群结队地在水面上漂浮，村妇们在河边洗菜时，这种鱼儿会游入菜篮来抢菜吃，这可不算是件稀奇事。然而，至今在我的记忆里，最让我怀念的，还是如今在松源河里早已绝种的桂鱼。

　　桂鱼喜欢在深水潭中生活。它往往是潜伏在潭里的大块岩石边，或者是河底岩石较大的河道里，等待着猎物游过，则猛然张口食之，小鱼偶尔也会自己送入其口。渔夫有的会潜入潭中以渔网捕捞之。有个别十分内行的渔翁，甚至不用渔网，直接用"渔枪"(一种有 5—7 根刺的"渔叉")来"杀"(即刺)之。

　　潜泳在松源河深潭中的桂鱼，还有另一番景观，那就是在"兰溪三日桃花雨，半夜鲤鱼来上滩"之时刻，时值鱼儿们繁殖时，一尾尾体形肥胖的处于生育期的桂鱼，会成群结队地从浅滩往上游冲去产卵，这是一道亮丽的风景。长长的"集义桥"下的松源河之支流"下滩溪"流入松源河的汇合处，是成群的桂鱼在此"上滩"的"献身"地。原来，自"下滩溪"容纳了"大济溪"后，则水势加大，流到了"集义桥"下的流入松源河的汇合口时，形成了水流湍急的喇叭状河滩。由于这里有了上滩的桂鱼，于是就成了渔家的"捉鲜鳞"之地了。

　　渔夫在河道中央挖了一条深沟，上头叠成台阶状，再从山上砍来毛竹，破成篾片，或者直接砍些"箬竹""黄竹"之类，将其捆扎成约 2 米长，1.5—2 米宽的帘状物，然后把这竹帘的一头放在台阶石上的水底，另一头则凌空撑起来这"等鱼床"来获取那些上滩产卵的桂鱼。用这种办法来"渔"桂鱼，非常奏效。一条条肥胖的桂鱼竟会"鱼贯而入"地跳入"鱼床"中。

　　看到人家有如此的"渔家之乐"后，我们三五个童年小伙伴也兴奋地效仿。我们也上山砍来了"黄竹"，也学样扎起了竹帘，"等"起"鱼床"来，只不过我们所"经营"的"鱼床"是狭小的，没有大人们操作的那么大罢了。说来也怪，就连我们这小小的"鱼床"里，居然有时候也会跳进大大的桂鱼来。

　　有一天，我们几个小伙伴提着从自己的"鱼床"里"等"来的桂鱼，打算回家时，就在我们的"鱼床"附近不远处碰到隔壁村的一个"等鱼床"人，此君是个鲁莽的汉子，他看到我们提着鱼，就认定这些鱼是从他的"鱼床"里捡去的，竟不相信是我们自己"等"来的。于是,他一边大喊:"尔侬这帮'嫩消儿',把我的鱼偷去是否?"一边抢去了我们手中的鱼。我们与他据理力争,大呼:"还我桂鱼!"说明确实是从我们自己的"鱼床"里捡来的鱼。幸好当时来了一个戴笠荷锄的老农,他向我们问清了情况,我们还带他去看了我们的"鱼床",他相信了我们的话,于是,打抱不平地对那汉子说:"尔不敢欺负囝侬,把鱼还给他们吧。"于是,我们讨回了属于自己的桂鱼。

我幸福的童年早早远去:人由头顶上留着"髻髻"的"囝",演变成了如今白发霜鬓的老翁。而随着自然的冲刷、河流改道,或是人为的破坏,河水变污,原先一泓清粼粼的松源河如今竟成了一条经常断流的混浊臭水河,一个个"浮光跃金,静影沉璧"的深潭都堵塞成了滩。最典型是那"镜山"脚下波光如镜的"镜潭",不仅成了泥潭,连其遗址具体在何处都难以确定了。而我脑海里总会幻现出昔日清粼粼的松源河里潜游着一群群鱼儿的靓景。最让我印象深刻的,就是那让我有过"渔夫之乐"的桂鱼。松源河中的桂鱼是在 20 世纪六七十年代消失的。于是,我对这绝迹的桂鱼感到痛惜!

鱼之乐

有时,我在不同的境况里都会张开喉咙大吼两声:"还我桂鱼!"在那朦朦胧胧的梦境中大喊一声,是吼给当年无理地要拿走我的桂鱼的鲁莽汉子听的,而那清清楚楚的现实中之大喝一声,当然是吼给这变劣了的生态环境听呀!于是,我厉声以呼:"还我桂鱼!"

二〇一四年三月六日

烙社粿
——庆元趣俗一谈

自远古时代起，人们即"日出而作，日入而息，凿井而饮，耕田而食"。他们视土地为母，立土地为神，号"后土"或"社"以祭之。古时称祭祀场所为"社"（即"社坛""社宫"等），又称其祭曰"社"（《礼记·月令》仲春之月"择元日命民社"）。祀社主要是祈年（即祈祷丰年），也带有寻求娱乐、增添情趣的成分。

上古社日多用甲日，汉以后改用戊日，定立春后"五戊"为春社，立秋后"五戊"为秋社。故社日适在春分、秋分前后。汉代之前仅有春社，汉之后方有春、秋二社。社日的活动，南朝梁宗懔的《荆楚岁时记》中有较具体的记述："社日，四邻并结综会社，牲醪，为屋于树下，先祭神，然后飨其胙。"是日也，村人设鼓乐，供肉食祭之于"社坛"。祭毕分供肉（俗称"社肉"，亦称"福肉"。汉陈平即以分社肉均而成典）及其他供食。然而更有聚于祭所就地而餐，痛饮供酒（俗称"社酒"，谓饮之可治聋）欢之尽日的美好场面。于是乎，"社酒家家醉"，"桑柘影斜春社散，家家扶得醉人归"。

庆元地处山区腹地，深僻幽阻，岁时之俗往往有别于各地。《庆元县志·风土志》云："春社日，祀社祈年，分社肉，做社饼以相馈送。"可见，这里除了祭祀社坛分社肉之外，尚有"做社饼以相馈送"这一有异于别处的风俗。可谓趣俗一则。

烙社粿仅见于东乡、南乡及城区一带，其他地区少见，而以三都（今星光、安南一带)称最,俗语云"一都馒头、二都粽、三都社馃满村送",互相赠送,互相品尝以比美,可证县志"做社饼以相馈送"之句。然而二都(今荷地、新村一带)的社馃却又是别具一格。那里地势较高,虽时近春分而社曲尚未萌芽,因而烙社馃只好代之以青菜了,将青菜掺入米中磨浆,烙熟的社馃翠绿可观,食味别致。户户赛比色彩,众口皆言:"绿、绿。"欲图其绿态盎然似阳春美景以祈丰。

庆元的"社粿"

一九九二年三月二十三日

清明粿

在庆元的民间食谱中,有一些与节气、时令相关的食品,如"社粿""清明粿""立夏汤""重阳糕""冬至丸"等。它们依不同的季节而产生,以节气命名,用适时的食物作原料,制成种种多滋多味的食品供人们食用。它们沿袭古老的民俗,涉及历史掌故,是民族文化的一种表现。

清明节食"清明粿"这一风俗始于远古,普及的地域较广。《清嘉录·三月》云:"市上卖青团………为居人清明祀先之品。"并引注云:"青团,乡人捣稻麦汁搜粉为之。"又引文云:"寒食祭先,以稠饧,冷粉团。"《荆楚岁时记》记长江下游一带上巳日以鼠曲草(庆元人称"社曲")作辅料做"龙舌粄"。这"青团""粉团""龙舌粄"之类便是"清明粿",只是它们配料不同,做法不同,名称各异罢了。各地各种风味的"清明粿"往往还沿袭至今,比如,现在浙北一带的农村里还依然用鼠曲草作辅料来炊制"清明粿"。他们将捣烂的鼠曲草拌入沥干的米浆,包入豆沙馅,做成团状,再用粳米饭一拌使其表面粘满米饭,上笼蒸熟,就成了一种风格别致的"清明粿",颇具地方特色。

古时候,炊制"清明粿"是在清明节前数日,具体的日期多在"炊熟日"。《岁时杂记》云:"冬至后百三日为炊熟日,以将禁火,先具饗飨也。""炊熟日"在寒食节的前一天,因而可知蒸炊清明粿主要是备寒食节之所需。同时,也用作清明节上坟、踏青的午餐。随着历史的前进、风俗的变异,今之"清明粿"已改在清明日制作了,但这只不过是在时间上有所改动罢了,而原则上没有改变风俗。

从上述资料可知,古时炊制"清明粿"是与寒食节食"寒食"有关的。"寒食节"又称"冷节""禁烟节"。据说是春秋时期晋文公为了悼念介之推而制定的节日。但也有人提出"寒食节"应当早自先周的观点。汉刘向《别录》也曾考证"寒食"与介之推之死无关。清陆凤藻《小知录》也云:"……则禁烟未必为介之推也。"看来,"寒食节"之形成十分早,故可知"清明粿"也是有着十分悠久的历史了。

庆元虽无"踏青"之俗,但旧时陋习重"地理",尚"风水",殡葬先人择于距家数十里外的"牛眠地",这样一来,"清明粿"不仅是节日风味小吃,而且自然地成了清明上坟的午餐干粮,成了名副其实的"寒食"了。庆元的"清明粿"既具地方风味,又显时令风趣,是山城食谱的奇葩。

愿"清明粿"这古老又具有民族特色的风味食品在传统食谱中长存。

一九九四年五月二十四日

说"乌糯"

偶在网上看到一谈及地方小吃的《烧梅》一文。对于其中所叙,我觉得有一处需纠和一处需增。需纠之处是文中说做"烧梅"时是在主料中"撒上白糖",此说欠妥,应纠正为"拌入白糖"。其次是文中说"烧梅是用番薯粉和以猪油、白糖做成的",应增加制作"烧梅"的原料。历史上原先是使用"乌糯粉",只是在近十年来,"乌糯粉"在市场消失之后,人们才用"番薯粉"取而代之。为了让人们想起对"乌糯"的回忆,本文拟对"乌糯"作一杂谈。

"乌糯"是蕨类植物中的"蕨"之别称,其根部含有大量的淀粉,称为"蕨粉",也俗称"山粉"和"乌糯粉"。蕨的嫩芽还可以当菜。关于"乌糯",在宋庄绰《鸡肋编·说蕨》(中华书局,1983年,第10页)中有较详细的记载:"蕨……春时,嫩芽如小儿拳,人以为蔬。……蕨根如枸杞,皮下亦有白粉。(暴)〔曝〕干捣碎,以水淘澄取粉,蒸食如糍,俗名'乌糯',亦名'蕨衣'。"《鸡肋编·说蕨》还提到古人每以"乌糯粉"为济荒之品:"〔蕨粉〕每二十斤可代米六升。绍兴二年,浙东艰食,取蕨根为粮者,几遍山谷。"可见,在历史上,"蕨"早被列入人类的食谱中了。

"蕨"(学名 Pteridium aquilinum var. latiulum)不仅称为"乌糯",亦称"蕨菜"。另有品种"密毛蕨"(学名 p. revolum),亦称为"饭蕨",都属于蕨类植物,属凤尾蕨科,是一种自然生长的植物。它生长在土质较厚的自然环境中,但长得比较稀疏,故产量少。由于它有济荒之效,人们对它有大量需求,于是,先民就采取了刀耕火种的方法,即将乱草丛生的山坡用火焚烧一遍,使蕨大量滋生,以增加其产量。此举果然有效,在历史上不知道救济了多少饥民。

古人命名"乌糯"是依蕨根之外观颜色及"山粉"的食味,取"乌黑的糯米"之意。此名历之已久,只是后来竟被人不明所以地讹称为"温糯"了。

挖掘蕨根和制作成"山粉"的过程是一项十分耗费劳力的苦事。首先,因蕨生长在泥土深厚的地带,挖掘蕨根时要挖得很深,十分费力。即使是一个强健的劳动力,在运气好的情况下,一天也仅能够挖掘到数十斤、近百斤而已。挑回家后要做彻底的清洗,在蕨根上不许留下半点泥巴,以免影响"山粉"的质量。接着要把蕨根放入石臼里捣杵,而且要杵得很细。这又是一项费力的事。之后是用清水清洗、过滤、沉淀,然后晒干成粉。由于挖掘"山粉"是一场济荒的行动,故人们对冲洗过的粉末也不放过。

会长淀粉的蕨

洗净的粉称为"乌糯渣",因为是充饥之粮,故雅称为"山粉米"。用"山粉米"做成一个个类似窝窝头的馃,聊以充饥度日。

昔日,挖掘蕨根和制作成"山粉"的时间一般在夏末秋初之际,因为那时既是蕨生长旺盛,根部蕴藏着大量淀粉的季节,又是人间青黄不接、易发生饥荒的时期。故人们往往在这段时间里收采蕨根。

使用"山粉"制作的食物有两种:其一是主食,其二是点心、糕饼。主食是做成"乌糯馃"来食用。做法是将"山粉"调入水中,入锅边加热边搅拌以成糊状的食品。有条件的是上锅前加糖,出锅后撒上干粉,压成饼状,用油煎之而食。此外是制成"山粉鳅"来加入香羹(如"立夏汤"之类)之中。做法也是将

"山粉"调水入锅搅成糊状,出锅后也撒上干粉,压块切成条状,作为辅料来做香羹。此粉条滑溜溜的,像泥鳅而得名。其次是制作点心和糕饼。制作点心是前文提到过的做"烧梅"(按:此"烧梅"乃是"烧卖"二字的变音)和做"小角"(按:这"小角"乃是"烧贾"二字的变音)。做"烧梅"是将"山粉"碾成细末,以4∶1∶1的比例拌入白糖和猪油,搅拌均匀后,捏成一个个直径约3厘米的小圆球状,再上蒸笼炊熟而成。炊熟的"烧梅"因表面水蒸气的融入而生成了一层薄薄的、黏乎乎的表皮,而里面仍旧是松松的、酥酥的。对于这"烧梅"的皮,未亲历过制作"烧梅"的人往往弄不懂,曾经有人问:"这"烧梅"的皮为什么包得这么好?"而"小角"和"烧梅"之不同之处是:"小角"在配料中除了与"烧梅"同配比之外,还要拌入猪肉丁,然后用豆腐皮或者"卵面"(一种用鸡蛋调和"山粉"来烙成的薄皮)包成条状,上蒸笼炊熟而成。

　　至于制作糕饼主要是烙"半夏"(按:"半夏"二字是人们依口语发音来书写的,其正确与否,值得商榷)。"半夏"是一种直径约三厘米,厚六七毫米,略带花饰的小饼。饼的特点是入口松脆,满口香糯。"半夏"的配料与"烧梅"大同,两者不同只不过一个是蒸成,一个是烙成罢了,但口味大不相同。"山粉"在辅助食品制作和菜肴烹饪时,很具特色:在打"皮面"(一种极薄的手工打制的面条)时,需要用纱布包着"山粉"在面上轻轻拍打,以作为固体润滑剂(当然,今日"山粉"已在市场上消失,这"润滑剂"也不得不以番薯粉来替代了)。这种用"山粉"打成的"皮面"别有滋味,非常好吃。在烹饪菜肴时,用"山粉"来作为"芡粉",那更是特别。除此之外,"山粉"还是日常生活中的用品,主要是调制糨糊使用。昔日,不仅文人文房所用的糨糊是用"山粉"调制的,就连女红针指所用的糨糊也是用"山粉"调制的。这种糨糊特具黏性,黏合物品,效果最佳。此外是作为一种山野菜的蕨之嫩芽。与"山粉"目前在市场上消失之不同的是这种野菜反而在市场上多了起来,成了人们餐桌上的常菜。蕨之嫩芽做菜肴有多种做法:一种是配以肉丁之类生炒,另一种是做成咸菜和干菜,这些做法都很可口,深受食客的欢迎。

　　近日,老友来舍小坐,畅谈间,侃起了他的设想,即在庆元可以办一家"山粉公司",来开发和经营这项传统的食粮。我自是非之,理由有二:其一是"山粉"是在社会生产力低下、自然灾害频发的历史时期,人们为了求生存在拼死拼活的情况下出现的食物。现如今,生产力已飞速发展,人们的生活已今非昔比了,那里还有人会费这大力气来经营这种产品? 其二是目前原料已短缺,即使有人乐于为之,也会因资源枯竭而难于行事。然而,他的看法与我相反,他认为:"昔日人们收采'山粉'过于劳累,不仅仅是因为挖掘吃力,更重要的还是挖掘回家后,要在夜晚将蕨根洗净、捣烂、洗粉等一系列烦琐事。而办了公司之后,人们只要单纯地挖掘,即仅提供原材料,至于清洗、捣烂、洗粉等环节,则由公司以机械来承担。这样就降低了人力成本,人们自然是会乐而为之的。至于原料问题,应是可以通过恢复'火耕'的方法来发展的,看来前途是可观的。"倘依老友的设想去做,未知前景如何? 那就得拭目以待了。

二〇〇八年二月五日

趣谈庆元的"烧卖"和"饺子"

在庆元的民间食谱中,有一种别人称为"烧卖"而庆元人不叫"烧卖"的"烧卖";另外又有一种别人不称"烧卖"而庆元人偏偏称为"烧卖"的"烧卖"。

"烧卖"是我国民间一种以面粉制作的点心小吃,其名称即"烧之而卖"之意,然而也有人说是"捎带着卖"之意,于是又称作"捎卖"。也有人说是以"麦"所"烧",则称为"烧卖"。总之是名称颇多又分布颇广。

"烧卖"的历史非常悠久。早时即有资料载:"以面作皮,以肉为馅,当顶作花蕊,方言谓之'烧卖'。"到了明清时期,"烧卖"在民间已是十分普遍。同时,"烧卖""捎卖"之名称也互相沿用。如《金瓶梅词话》中就有"桃花烧卖"之类的记述。在《桐桥倚棹录》《扬州画舫录》等书中,也都有"烧卖"一词出现。清代无名氏编撰的菜谱《调鼎集》中有"荤馅烧卖""豆沙烧卖""油糖烧卖"等不同品种的"烧卖"。"烧卖"的馅有荤有素。据说有一种叫作"劳馅烧卖"的荤馅"烧卖"是用鸡肉、火腿之类配上时令菜作馅制成的。而"油糖烧卖"这种素馅"烧卖"则是用油料、果仁拌以白糖为馅制成的,等等。

制作"烧卖"是把和好的面团分成小块,然后用特制的擀面杖把小块面团擀成薄的面皮,使之成为荷叶状,把馅放在面皮子里,轻轻地捏成石榴花状,然后上笼蒸7—8分钟即熟。

"烧卖"出笼时,香气四溢,外形晶莹透明,口呈开花状,皮薄如纸,柔而不破。用筷子挟起来形状如小囊,置于盘中又如将花之蕾。

有趣的是,这种名叫"烧卖"的小吃,庆元地区却不叫"烧卖",而是另有叫法。原来,原先叫"烧卖"后又改称为"捎卖"或称为"烧麦"后的"烧卖",庆元这里既不叫"烧卖",也不叫"捎卖",更不叫"烧麦",而是叫作"饺子"。

庆元的"饺子"确实有"烧之而卖"之意。昔日,庆元老街两旁的小餐饮店里刚出笼的"饺子"之香气吸引着路上的行人,非常诱人。"饺子"占据了庆元民间风味小吃的主要席位。同时,这"饺子"又确实是"捎带着卖"的小吃。它正是提篮卖食的小贩的篮中之物。小贩以右手拢着小蒸笼,左腕提着支架在街路上行走,走到哪里就在哪里沿街用支架支撑着小蒸笼,不用吆喝地贩卖这种小吃。年幼的我立在自家门口等待,远远地看着他的到来,隔着大老远还未到家门口就雀跃地、不明含义且口齿不清地大叫:"买饺子""买饺子"来。足见此物诱人之深矣!

庆元的"饺子"还是昔日民间宴会菜谱中上餐桌的点心之一,据说桌上有这种以"饺子"为"点心"的宴会是档次不算高的宴会。可见,庆元的"饺子"在人们的心目中,还算不上是一份"佳肴"。

庆元的"饺子"之形状同于外地的"烧卖",只是馅没有"荤馅"和"素馅"之分,而是作"咸馅"和"甜馅"之分罢了。其中"咸馅"是以猪肉丁拌以笋干、香菇、豆芽之类,将辅料也切之成丁,拌匀包之。"甜馅"则是以咸的肥猪肉丁加以红糖,拌以芝麻之类。日常总是"咸馅"多而"甜馅"少见。

接下来我要来谈谈一种原本不是叫"烧卖"却偏偏被庆元人称为"烧卖"的这种"烧卖"。

庆元人称为"烧卖"(或者说是"捎卖"或烧梅)的点心小吃,是用植物淀粉为主料炊制而成的。原先,这淀粉是指定要专用被俗

庆元的"烧卖"

称为"山粉"的"蕨粉",只是到了后来,这"山粉"越来越少,甚至是绝迹了之后,人们不得不用以"番薯粉"来代替了。配料是 1 斤淀粉加 2.5 两猪油和 2.5 两白糖拌匀,再捏成一个个直径约 3 厘米的圆球,然后上蒸笼炊熟而成。

说来有趣,庆元的这种叫"烧卖"的点心小吃,并非全是"烧之而卖"之品,主要还出现在婚嫁喜事的宴会桌上,作为两道"点心"中之一种,但在市面上的餐饮店及提篮小贩那里鲜见。因为"烧卖"这种小吃虽然是松松的、酥酥的,但是吃起来非常黏口,非得以家酿米酒佐餐不可,只有以米酒佐餐,才能真正吃出味道来。故大多在餐桌上细作品尝,而平常就难得享受了。当然,由于这"烧卖"也会在餐饮店里"亮相",自然也有"烧之而卖"之意,同时也偶入提篮小贩的范围,就也带有"捎带着卖"之意了。

接着附带来谈谈"烧贾"(或者说是"捎贾"):从字义来说,"贾"与"卖"可谓同义。故"烧贾"与"烧卖"自然是同一种类型的点心小吃了。"烧贾"与"烧卖"的配料基本大同,都要在同等的配料中拌入适量的猪肉丁,然后压成条状,再用豆腐皮或者"卵面"(一种用鸡蛋调和"山粉"来烙成的薄皮)包好,上蒸笼炊熟而成。呈条状的"烧贾"要用刀切成小段,然后装盘供食。"烧贾"更是佐酒的美食,更要在餐桌上作细尝了。

庆元的"烧卖"和"烧贾",是独具地方特色的美食小吃,其风味独特,在其他地方鲜见。可惜的是,由于现在制作"烧卖"和"烧贾"的原材料缺乏,而用上了代用品,致使其味道大逊于传统的味道。但愿"蕨粉"能得以恢复采收,使"烧卖"和"烧贾"能得以恢复其传统的特色。

二〇一〇年六月二十一日

"侬舍里否?"和"有侬否?"

庆元人的"侬舍里否?"这句方言,意指"人在家吗?""人在屋里吗?"这是一句询问语。

早先时候,人们叩扉入室的第一句询问语就是"侬舍里否?"这是一句温柔、亲切、和谐的询问语。不知从何时起,这句文雅的询问语竟被一句带着一股"匪气"的"有侬否?"(即"有人吗?")代替了。说起这,我自然有话要说。

一般来说,人们所建的住宅,上自豪华的高宅深院,下至简陋的山野村居,总是为了居住。也就是说,是住宅必定有人居,或者说曾经有人住。只是从时间上来说有人"在不在"的问题。总之,只要是人们的居室,就没有所谓"有人、没人"之说,只有"人在"或者"人不在"之状况。

当然,"有侬否?"本身之含义,也不是带"匪气"的。只是要看使用场所,如果说:除了在人之所居之外的一切不分大小的自然环境里,比如在茂密的森林里,在深邃的峡谷内,在广袤的旷野上,在悠长的小巷中,在你眼前看不到有人,或者不知道这里有人没人,你可以问一声,甚至是仰高了头,伸长了颈大唤一声"有侬否?",这是很自然、很合理的。反之,如果在人居之所里(前)大叫"有侬否?"那不合时宜了。

在庆元地区,原先一直流行"侬舍里否?"这句询问语,至于"有侬否?"这句话不是"土产",而是"舶来品"。即是近代人们从电视剧、电影、小说中的"有人吗?"这句询问语"舶来"的,是人们通过文化活动"移植"来的。

　　可惜，"侬舍里否?"这句亲切询问语现在愈来愈少闻，甚至是不得闻了，满耳塞进的都是"有侬否?"这"噪声"。这不得不说是一种悲哀!

　　语言无时无刻不在变化和发展，但其变化有着不同的趋势，我将其趋势戏分成"走上坡"和"走下坡"之说。即其变化朝着文明、和谐的方面发展，就是"走上坡"。反之，让人不知其所云、不明原意，甚至是低俗不合时宜的，那就是"走下坡"。但愿人们在语言的进化中，明智地以"走上坡"和"走下坡"来作分辨。比如，把粗暴的"有人吗"换成亲切的"人在吗?"不是更好吗?

二〇一〇年五月二日

濛洲节令风俗

　　由于松源古镇处于"深僻幽阻，舟车不通"之境地，较为闭塞，与外地欠贯通，故民风淳朴，尝有"犹有《山枢》《蟋蟀》之风焉"之说。然而，民风亦有自我经营乐土，不亚于他乡之境况，四时风俗，每每也有欢欣娱乐之举。兹依时节叙之。

　　过年："过年"的广义是指自腊月廿三"祭灶"的"送灶君佛上天"日起，至"元宵"夜"闹花灯"这半个多月来的人事活动，狭义则是指正月初一日的"开年"。与送走旧年之"辞年"所连贯的迎接新年的活动我们谓"开年"。"开年"的主要活动是清晨打开大门，于门前燃放鞭炮，在"爆竹声中一岁除"之境界中作"扉迎瑞气，户纳祥光"的开门接福，以求取一年的健康平安，钱财广进。在这一天里，大人一般不出门，都在家中休息，孩子们在家门口放鞭炮。厅堂上，前一日供奉在"大人桌"上的祭品仍设，香火、烛灯不熄。连日来，人们以素食进餐，更有故意不食午餐，以祈长寿云。日昃不久则早寝，以早早休息。然而，这略有寂寞感的"开年"在抗日战争胜利之后就有了较大的变化，人们逐渐"开放"了起来，改变了传统生活。

　　拜年：拜年的活动始自正月初二日，最迟是在正月十五"开大挂"前结束。活动的主体人物是少年儿童，有婴孩必须向长辈"拜"者，则由大人携、抱之。是日也，人们才会开始互相串门。人人家里都要将旧年准备好的"茶点"装碟，一般人家或者是较富有人家还要早早地起来煮"茶叶蛋"，以等候小客人们的到来。需强调的是:以前,由于生产力低下和地方经济薄弱,茶叶蛋已算得上是一种较上等的食品。除了在喜庆的场面,平时实属罕见。"拜年客"来"拜年"时所带来的礼品也比较简单,一般是两样:一双长约二十厘米、宽约十厘米、厚约三厘米的椭圆形的"黄粿"和一块用糯米磨浆加糖炊熟,切成十余厘米见方的"糕"。当然也有临时在商店里买来的冰糖、糖霜和橘饼之类。"拜年"之际,受拜的长者端坐,"拜年"人可不论年岁而下跪,口呼"拜年"或"拜□□(如'外公'之类的称谓)年"并行礼。拜毕当然是赐茶点和茶叶蛋之类。茶点用碟子装,底层是花生、瓜子、酵豆(一种用清水泡浸得发涨,再沥干,以沙子炒成的很脆的黄豆)、米糖之类,上面放着一块用炒熟的米粉加糖压制起来的香糕,香糕上面是一个小红包和一短串鞭炮,再上面放着一个十分稀罕来自遥远的地方的福州橘或温州橘。最受"拜年"小儿青睐的虽然是那个可以用来买鞭炮的小红包,而更珍爱的则是那个十分稀罕的橘子了。至于茶叶蛋,小儿们一般都不会当场吃掉,要与"茶点"一起,用汗巾(即手帕)之类包着带回家去。对于"拜年客",主人往往要设宴请吃饭。此日的人事活动,即如旧县志中的"次日祝喜,亲朋相贺留席,幼者给以五彩果品"之说也。

携儿带女串门时,在街头巷口还会碰上亮丽的风景线,那就是品味春联。稍有文化修养的人,看到一些书法好、内容佳、对仗工整的春联,往往会驻足品赏。

瞧花灯:"瞧(方音念似'捞')花灯"是一年间第一个集体娱乐活动。始于正月初五的"开小挂"之夜,结束于正月十五的元宵之夜,历时十一日。就其活动内容可分成扮灯和迎灯这两大类。

扮灯:就其规模来说,有多种,最小规模的是舞狮子。舞狮子是由七八个人带着"狮子"的装饰,配备简单的乐器,有提灯的、收包记账的即可上路。舞狮子是边敲打锣鼓边进行,一般动作简单。

之外是"唱灯":"唱灯"是由两个汉子背上背着一个"小生"、一个"小旦"打扮的小儿,配以简单的乐队,即一二把胡琴和一二把笛子(古镇人称为"箫"),同样也是配备提灯的和收钱记账的就上路。"唱灯"所唱的都是民间小调,如《拜年歌》《孟姜女》之类,有时也依看客之所好,唱些大家要求的曲目。在人家门口演出时,视"贺红包"之大小来定节目多少。有的人家特地在自家门前搭了个"台"以待"唱灯",那他肯定是多花钱演出多个节目了。此时会引来数量可观的看客,热闹一阵子。

特别具有特色的是"罗汉灯":"罗汉灯"是由十多个壮汉,背上背着五个道士打扮的小儿,一路走地在人家家门口作杂技表演。表演仅是在两把唢呐(古镇人称为"喇叭")的吹奏声中进行。"罗汉灯"的节目主要有"排三星"或"排大三星""结塔顶""过金桥"之类。"排三星"是由三个壮汉填底,上面坐着三个同伴,再上面第三层坐着三个小儿,再上面第四层是单独坐着一个小儿,而底层中央这个人的脖子上还要悬挂一个小儿,谓曰"刘海吊蟾"。在唢呐的奏乐声中,这么一排人要在原地做 360°旋转动作。"排大三星"则是两边还要各加上一排人。"结塔顶"是四个大人分四角站立,双手互抱,由四个小儿从背后爬上,立于肩,也双手互抱,再由一个小儿爬上二层人上,作倒立,然后从中间往下钻,由底下的人接之。然后,二层的四个小儿蹲下坐在大人的肩上。接着就是"过金桥"了。"过金桥"也是"罗汉灯"的谢幕:五个大人肩上各坐着一个小儿排成一队,前头四个小儿往后躺,形成一座"桥",最后一个小儿要在他们身上走过,然后翻一个筋斗,坐在前头一个大人之肩上,再一齐坐起,在音乐声中走向前方。

"扮灯"一边是万民同乐,一边也是经营。每一伙"灯"的理事们会在白天就先向晚上欲去之地带发散"灯帖",即先作个通知,于是,人们会先包好"红包",且乐此不疲地等待。

"迎灯"或叫"迎佛灯",即庙宇的灯会也,即清版《庆元县志》中"上元自十三夜至十五夜架鳌山,剪彩张灯,迓土地神出游……"之说也。

十三夜是"迎佛灯"的"起场"日,这日是由"叶元帅公"一座庙单独先"起场"。"元帅公"的坐轿随着"迎灯"队伍一起上街。先是由后田街往东行,到了"吴宅巷"口作小憩后,即回转往西行,之后在"城底"的街上逛了一圈即打道回府。

十四夜要热闹得多。后田是"平水王庙"里的灯,在后田街上下"迎"一周后是去了"城底",而此时,"石龙下"的"徐夫人"灯正往后田来。据说两路花灯如果凑巧在"孔庙"附近交会的话,则那一年的"年成"会得到大丰收。

十五夜里的灯是正月"迎灯"的最后一夜,也是最热闹的一夜,家家户户都要"吃夜宵"。"迎灯"的出场者是俗称为"东隅"和"西隅"的"马夫人"和"陈夫人"这两位女郎。在这一夜里,"马侍郎"却没有"迎灯",她只是坐着轿子悠闲地上街转转,看看人家的灯。走到"姚家门"时,坐了一会儿就"回府"去了。此时,"马夫人"和"陈夫人"两位女郎在"城底"转了一圈后就来到了后田。"陈夫人"是直接在后田街上玩了个爽,而"马夫人"却不敢,说是怕她的哥哥"马侍郎"会骂她:"囡侬好轻贱(方音念似'恒请妾'),正月正头,赶上(方音念似'丈')赶落!"于是不敢往前走到她哥哥的"府"前,只好玩到"姚家门",在那里歇一歇,就转道回家去了。其实,这是依现实的情理编的事项,合乎人之常情。在这一晚,还是替"马夫人"护驾的人最有责任心:因为"马夫人"随身带有一副金耳环,在停下小憩时,人们给她戴上,在行走时,又要将其取下,放入"吊箩(一种木胎髹漆的器具)"里,由专人挑着走哩。

"迎灯"活动虽然用的是集体经费,但是也有个人的额外开支,即有人搞"赛(方音念似'煞')灯"之举。"赛灯"是一方负责花灯的制作,支付原材料及工夫钱;另一方要落实这些花灯的挑灯上路人,承担其费用。"赛灯"是竞争性的,参与者往往是富户人家,"赛灯"的数量要求多多益善,故有"赛"之说,目的是增加热闹度。

过社:"过社"即"春社"日所搞的节日活动。从旧县志中"春社日,祀社祈年,分社肉,做社饼以相馈送"的记载来看,可知在古代乡里就有村人搞祭祀"土地神"的集体活动。于是也有类似"陈平分社肉"这类故事和"社酒家家醉""桑柘影斜春社散,家家扶得醉人归"这些美好的场面。但近代以来,"过社"在民间中是一个比较平淡的日子了,最多就是妇人们提前几日去野外摘些现代学名叫"鼠曲草"或"佛耳草"的"社曲",到了"立春后第五戊"的这个"春社"日来磨些米浆"烙社馃"吃吃而已。

过清明:"清明时节雨纷纷",过清明多在那春雨绵绵之日。然过清明之举动,不仅仅是吃吃那用粳米饭拌菜干和肉丁之类烧制成的"清明馃","过清明"的最重要举动是要上山去给先人作俗称"挂纸"的"扫墓"。扫墓是首先将墓地上的树木修剪、整理一下,把地上的杂草清理干净后,再在墓地的范围内,包括(墓穴口用石砌闭塞的)"墓桌"上,两边对称地贴上一张长约三十厘米、宽五六厘米的白纸,以作为给"阴宅"糊上新对联之意。于是乎,这扫墓也被称为"挂纸"。最后在"墓桌"上(或外)燃点起香和烛,焚烧草纸。于是,这"挂纸"活动就完满结束了。

之外还得提一提有关"挂纸"的两件事:一是昔日民间有重"地理",尚"风水"之旧俗,殡葬先人会择距家数十里外的"牛眠地",于是,人们有作远行之患,而此时有了这应"寒食"之运而生的"清明粿"作为午餐之干粮,这给到数十里地外去"挂纸"之人带来方便了。其二是古代一些较富有的人,往往会在自己的田产中抽出一部分田亩作为他的坟墓之"挂纸"基金,这些田亩称为"醮祭田",属于他的后裔集体所有,以逐年轮流收成。在收获中抽出固定的金额作为"挂纸"的经济开支。有数额较高者要经办伙食,设宴招待上山"挂纸"的族人。赴宴称为"咥清明"。而即使是经济条件较差者,也要"散红卵",即将鸡(鸭)蛋用红染料染成红色,再挑到墓地上,发散给必须亲身到场的人们。然而,随着社会的发展和变化,"醮祭田"之类已成为历史名词,墓地少有人光顾,呈现出荒芜、寂寞的景象来。这当然是历史的趋势。不过,在当今这松源新镇上,竟有了一个数十年前,为古墓"挂纸"经济开支建基金的家族。他们恢复了先人古墓,甚至为上溯到明代年间的先祖坟墓作清扫。这倒真是难能可贵呀!

过端午:在端午这个温、热的时令转折点之节日里,松源古镇有"咥了端午粽,划浴(即'游泳')不腹(方音念似'胡雍府卜')痛"和"咥了端午粽,棉袄远远送"之说。松源古镇的过端午与别地有着共同之处,也有不同之处。共同之处是与他人那样也是门悬蒲、艾,也是吃粽子,也是饮雄黄酒。然其与别地有所不同的是:一是没有"划龙舟"。这当然是由于松源溪的水流量不够。二是既然说是"过端午",却不是在五月初五的"端午"日过,而是提早了一天,初四日"过端午"。留下的民谣是"山头人,不识屁,'端午'当'端四'"。清版《庆元县志》对此载:"相传胡仲渊以午日出师改焉。"这段史实是:元朝末年,天下大乱,群雄割据一方。元至正二十五年(乙巳,1365),近邻的福建浦城、松溪一带犹是陈友定的据地。这年的四月初一日,朱元璋属下的"参军"胡深(字"仲渊",

龙泉人)发兵攻松溪,克之。接着,胡深又纠集龙泉、庆元一带的兵力,决定要在五月初五日发兵去攻浦城。于是,一听到要打仗,大家人心惶惶,赶紧先过了那个"端午节"罢了。后来是仗打赢了,松源人"五月初四过端午"也成了个定例。

过端午的主要食谱是鹅烫面。此乃是应时令所生的:一是在春日孵出的小鹅长得很快,此时已经长成可食用的嫩鹅了,食之正当时。二是上年播种的小麦已经收割,且麦子已上了"面楼"(水碓中加工小麦的部分结构)碾成了面灰(即面粉)。于是,以嫩鹅肉来配食手工捆成的面条,最具时令的风味。同时,也还有一碗必备之菜,那就是田螺。据说,端午食田螺有明目之功效。有趣的是,过端午据说都要设在午餐,这是与过其他节日大有不同之处。

过端午还有一个重要举措是上山采药,说是要在五月初五日的午时时分去采一些中草药,名为"午时茶"备用。这些药虽然是种类各异,但对于感冒、中暑等,确有疗效。其实是在采摘之时就已有所辨别,是按经验选材入药的。

迎神:到了炎热的夏季,稻田的耕耘已完毕,处于农闲的日子里,说是为了祈祷丰年,而更重要的还是追求文化娱乐。人们以八个"土地神社",即所谓"八社"为单位,以奉祀"土地神"而搞"迎神"活动。

迎神活动每年基本上是在"大暑"前三日开始,"立秋"前三日结束。其间首尾要热闹半个月。其过程是:

第一天是迎神"出殿"日。这一天,松源古镇上及附近一带俗称为"八社"的八座乡村神庙开始了一年一度的"迎神"活动。在八座神庙中,各将神像抬出神龛,移在大殿的供桌前,给其作了沐浴、换袍等仪式,以作好"迎神"的准备。

第二天是迎神在"元帅公庙"里起场。"元帅公庙"的田亩较少,经济较薄弱,于是有俗语说"元帅公,穷妄穷,先先宰猪请别侬"。此日一早,"叶元帅公"就首先抬出,停放在后田街尾的"一源锁脉亭"(俗称为"街尾亭")里等客。之后,其他七位神像就陆续来到他的庙里。等到全部来齐之后,"元帅公"才最后进庙。这一天,他在"街尾亭"里等客似乎要久久地等上一整天。夜里,大家都在他这"元帅府"里歇宿。

第三天是在"元帅公庙"里"哑献"。此日,八位神像一整天都在"元帅公庙"里受供奉。夜里,"元帅公庙"单独举行"迎灯"会。

第四天是迎神过大街。这日一早,八位神像都列好了队伍,各执起仪仗,从"元帅公庙"出发,由后田街街尾经过"孔庙"和"城隍庙"前,从县城东门入城,在城里的大街上,鸣锣击鼓、热热闹闹地"过大街"。夜里,八位神像都歇宿在"马夫人庙"(俗称"东隅")里。这是"迎神"的第二站。

第五天是走街去"西隅"。这日早晨,八位神像的"迎神"队伍离别了"马夫人庙",依旧是热热闹闹地"过大街"而来到俗称为"西隅"或"西门庙"的"陈夫人庙"里,在那里接受一日的供奉。夜里,八位神像就歇宿在那里。这是"迎神"的第三站。

第六天是出城去"坑西"。这一日里,"迎神"的队伍告辞了"陈夫人庙",由大街出北门,过咏归桥而到"坑西口"的"马七仙庙"中,也有时是到"学后仙宫"里,在那里度过了一日,并宿了一宿。这是"迎神"的第四站。

第七天是走访"徐夫人"。这是"迎神"的第五站。这一天,"迎神"的队伍告辞了"马七仙庙"或"学后仙宫"来到北门外的"徐夫人庙"里做客。有几次,众神们会顺道对"拱瑞堂"作一次集体走访,然后夜宿在"徐夫人庙"中。

第八天是迎神上大济。这一日,"迎神"的队伍离别了"徐夫人庙",前往大济村的"卢大相公庙"。"迎神"的队伍入了县城的北门,出了南门,登上"百廿步岭",走过"古驿道",进了大济村而来到"卢大相公庙"。这是第六站,晚上自然是在他那里歇宿。

第九天是迎神在大济。"卢大相公庙"是"八社"这些庙宇中风景最好、规模最大的一座庙宇。这一日,八位神像都在这"卢大相公庙"接受供奉。由于大济村更重视文化传统,故这里的一日"迎神"活动的景象更是热闹。

第十天是迎神落小济。为了供奉"卢大相公",人们还在小济村里另建起一座"卢大相公庙"。于是,"八社"的"迎神"的队伍此日是走访这小济村的"卢大相公庙"。"迎神"的队伍从大济来到这里,路程很短。然而,这也是包含在第六站的行程之内。庙之规模虽然小,晚上也得在此歇宿。

第十一天是夜访"平水王"。此日白天神像依然在小济村"卢大相公庙"接受供奉。到了傍晚,这"八社"的"神仙"们才打道启程前往"平水王庙"。由于来时时光已较晚,故人们设计了一次入庙时的"抢庙",即拿着仪仗,抬着神像奔跑入庙的活动。这也是人们自娱自乐的一次行动。这是第七站行程。夜歇宿其庙。

第十二天是拜访"马侍郎"。此日乃是"迎神"活动中的最后一个行程日。这天黎明,"马侍郎"借故"离家出游已多日,未知田苗如何,要去'瞧水'",于是就先告别回了家,并且直接去了"枫林庵"故址去"瞧水",即"咥献"。之后,其他七位"神仙"去了他家。客人来了满满一大厅,家人来报:"家里来了许多客人。"于是,他只好匆匆忙忙地"抢庙"回"府"。

第十三天是做客在"马侍郎庙"。此日神像还整天在"马侍郎庙"里享受供奉。

第十四天是"散聚(方音念似'散水')"。这天一大早,"八社"各个庙宇的人个个将神像抬回自家的庙宇,恭迎在大殿上。"神仙"们的聚会暂时结束,雅称为"散聚"。

第十五天是迎神"转殿"。在此日里,"八社"中的各个庙宇都将神像抬入神龛里,关上了龛门,称为"转殿",由此一年一度、历时半个月的"迎神"活动宣告结束。"迎神"活动是以祈求天下太平、五谷丰登为意愿,弘扬传统文化的群众活动,反映出升平盛世、万民同乐的景象。

在"散聚"之后,除了"元帅公庙"已"迎"过了"灯","马七仙庙"本来没有"灯会"之外,其余六处神庙都要举行"迎灯"活动。活动的具体时间除了"马夫人"和"陈夫人"在同一个晚上进行,其余的都在不同的日子里进行。轮到"马夫人"和"陈夫人"的那一天晚上,"马夫人"先出发上后田,在回头的时候,往往会与迟一点上后田的"陈夫人"会合,如果会合在"孔庙"门口这一带的话,便会有这年五谷丰登的先兆云云。非常令人喜悦!

求雨:入秋以来,往往有旱情发生。所谓"田怕秋来旱,人怕老来贫",由于当时的科技水平不高,人们只好采用迷信的手段来缓解灾情。这种手段就是"求雨"。"求雨"是以数十个,甚至上百个壮汉为主角,人人摘下柳枝织成一个圈,套在头上当帽戴,手中握着号称为"神门棒"的齐眉棍上路。他们抬着"土地神"(或者是背着。如姚家村的"定五公"就是背神的好手),登上村镇附近极高的,如"薰山尖"之类的高峰。虽然说是祭祀"土地神",实际是让"土地神"尝尝烈日曝晒下的滋味,以叫他向司雨的神仙祈求降雨。在下山的回程中,人们要排成双行的队伍,两人要对敲着木棒,称为"夹棒桥"。"夹棒桥"是两人面对面,一起往前走。先是一人用双手横举着棒,高过头顶,对面的人举棒敲打着他的棒,要敲打得啪啪有声。打了数下后,要反之互换敲打。在"夹棒桥"的队伍过街时,如果街路边有行人撑雨伞、戴箬笠遮凉的话,"夹棒桥"的汉子有权利用木棒将他的雨伞、箬笠打落。行人不敢有怨言。说来有趣:如果刚巧在"求雨"后下了一阵子小雷雨,或者更有缘的是来了带雨的台风,人们则沾沾自喜,说是他们"求雨"的成果,是他们的功劳云云。这当然是特定时代出现的特定事儿。

过七月半:七月十五是道教所称的"中元节",民间俗称"鬼节",说是在这一天,阴间会把鬼放回来接受民间的祭祀,于是人们要搞奉祀先人的活动。家家在自家房屋大厅后面糊着"大人榜"前的桌子上设"斋菜"(即素菜),俗称"献饭"及"驮羹饭"作祭祀。之外的主要活动地点是各个家族的祠堂里。活动的经费全由祠堂中的集体经济开支。这一天,祠堂里要从上日先起场"做馒头",设"三牲"及菜肴以延请俗称"喧生"的土道士(即巫师)来建道场,搞祭祀。在祭祀结束后,再用"三牲"及其他菜肴设宴,受宴的是宗族内的"族长""房长"及各房选定的"理事"等数桌人。而其他族人只能享受"分馒头"这一待遇了。分馒头分成"人丁馒头""功名馒头""功劳馒头"三种。在一般的祠堂里,"人丁馒头"是按照家庭人口计定,不分男女老少,以每丁(即每人)一双为定,但由于有的祠堂经济较为薄弱,就只能以"上丁"人口(即年满十六岁者)分发,少儿无份,更甚者是只发"男丁",女人无份。这种做法,有点令人寒心了。"功名馒头"可称是"奖学"馒头,是为激励人们的读书、好学之所设。论族人的官宦等级及"功名"学位高低以定数量,有人能够取到数十双之多。而"功劳馒头"是发散给族中对家族有所贡献者,也往往是"族、房长"及"理事"之类人物。"过七月半"首尾需三四日的日子。

"咥新":为了预防秋后的青黄不接,人们往往在自家田里插上一些七月初就能先熟的"百日早"和"齐头"之类的早熟稻以济荒。届时,在大片的庄稼都还呈现青色之际,早熟的稻田已呈现了金黄色,于是先割较黄的部分,收割后即砻、碓,因而有了"哐新"。"哐新"又称为"尝新",取仅是尝尝味道之意。"哐新"日不仅有新米饭,女主人还要配备一整桌蔬菜,之外还偶有一些荤味,更要宴请一些客人来共同享受。农家之乐,其乐融融。

八月初一"挂纸":八月初一"挂纸"是与"清明节"的"挂纸"相对而言的。过了一个寒冬之后,即使到了清明时节,墓地上的野草犹不甚茂盛,故当时的清扫,对于抑制野草的生长来说,意义不大。待过了一个盛夏之后,杂草的生长速度,可谓惊人。于是不得不对坟墓重新来一次"挂纸"。当然,这次"挂纸"与清明时的"挂纸"是有所不同的:一是祠堂里的"众墓"不"挂";二是人们不普遍"挂",有些人家不实行。

过中秋:八月十五过中秋,可谓普天下(中华文化圈子内)共同的节日,然松源古镇的过中秋也别有一番情趣。首先是镇上的糕饼店不是连年持续生产,而是在八月初才会来个大批生产,是时的产品琳琅满目、种类繁多。于是有清版《庆元县志》中"中秋夜,饮食糕饼,以赏月华"(其实,"赏月华"者,当是"赏月娥"之说)之举。其次是摆糕饼、水酒于月下,以观赏月色。更有人以脸盆盛水,将"照"(即镜子)放入水中以看月亮的倒影,称为"照月"。然中秋夜有时会碰上阴天,乌云遮了明月,于是会有"云遮中秋月,雨打元宵灯"这么两句"谚语"。说是如果头一年的中秋不是好天气的话,则次年的元宵也会是坏天气。虽然说是"谚语",但往往不准确,只是感慨罢了。与"过端午"设宴于中午不同的是,"过中秋"要设宴于晚上,吃的主食是"炒粉干",有别致者还会用当日制作的"水粉干",烹饪的佐料则非要用刚上市的"嫩姜"不可。之外还得附带说的是:小伙子们在定了亲(即订婚)之后,一年间要给丈人家送"过年礼""端午礼""中秋礼"三次礼。

过重阳:光绪版《庆元县志》载:"重阳祀先,食角黍,士人龙山登高。"关于重阳登高的诗文也很多,可见,古人重阳登高之风,僻地也流行。关于食谱,有一年间的第二度包粽子,也有炊"重阳糕"之说。然上述种种之古风已失传多时了。

"年晚"："年晚(方音念似'孟')"也有广义和狭义之别。一般以腊月"廿上(方音念似'丈')"搞了称为"扮弹"这种家宅大扫除之后,廿三日是送"灶君佛"上天日,在"灶君榜"(有人设"灶君龛")前燃起香烛,摆上"茶点",尤其是小儿们看到那个罕见的金黄色的"福州橘"都摆上之后,就广义来说,这就是"年晚"或"年晚根"了。然而狭义的"年晚"则专指"三十日晚"这一日。在这一日里,屋里屋外的打扫已结束,家家户户都要在大门外糊上春联和横批。在大户人家的厅堂里,还要悬挂起一些平日里由专人负责收藏的由长辈遗留下来的书画,点缀节日里的文化内涵,以让人在正月里欣赏。这些书画要等到过了元宵节之后,再由收藏人取下来,继续收藏。傍晚时分,大家在大门外放起了鞭炮,谓曰"辞年"。接着是一家人团坐着吃厨房里早已准备好的年夜饭。夜来是高点灯、烛作长夜闲坐"守岁",要坐到很迟很迟才去安歇。而妇人将大块的木柴放在厨房锅灶前的"火炉窝"内慢慢地烧,称为"炊(方音念似'瓦')年豚",燃烧之炭烬,得要有留存至翌日晨之余地,谓之"隔年火"。另外还要做两件事:一是备些小吃,以供"守岁"者"哻隔岁";二是要做"隔年饭",即将米下锅煮个半熟后捞起,以备明日早晨现成炊。这种做法表示年年有余,其实也可理解为提早准备,让第二天好好休息罢了。

濛洲礼仪风俗

所谓人事风俗者,即人之一生中之婚、育、寿、丧等事项。这些俗事,或可称为礼俗。古镇的礼俗虽与各地大致相同,亦偶有其独特之处。兹选以典型谈之。

"杠新娘":男女嫁娶仪式的总称和俗称。昔日男女嫁娶,全凭父母之命,媒妁之言,其所行也,当是烦琐的礼节。

首先是"瞧亲":"瞧(方音念似'老')亲"是通过媒人走访男女两家,取得了男女双方的"年庚八字",对比了"门户"的高低,认为是年庚相合、门门当对之后,才带着男青年到女方家,与女方父母见面。对于"瞧亲",也有人会生怕自己的容貌不佳而被对方看不起,于是请来好友冒名顶替,称为"拗照面"。"拗照面"者并非笑话,现实中确实有之。

之后是"册定":在男女双方都感到满意可以结亲后,男方托媒人带着一些手镯之类的首饰到女方家,交给她的父母,两家的亲事就基本上定下来了,谓之"册定"。

"册定"了之后还要作"正聘",即男方要将原先所"断(方音念似'顿')定"的一定金额的"礼金"或"礼金银"送到女方,作为"聘礼"。这种礼节称为"送茶"。这时候,男女双方才互相交换"年庚帖"。在身份已定之后,做丈人的也要回赠一点礼品给女婿,称为"回聘"。通过了"正聘"之后,两个人的婚姻就确定下来,即所谓"铁钉钉杉木"了。

接下去的日子是双方都在做准备工作。男方主要是装修房屋之类,有"空两间房来等装束(即家具之类)"之说;而女方则重在准备陪嫁品。待到适时,男方请择吉先生择好了"嫁娶吉日",开好"日子单",再择个吉日请媒人将"日子单"送到女方去。在送"日子单"去时,得附带一些礼品随行。在这些礼品中,最具有代表性的自然还是那一味"茶叶"。于是,在这婚嫁的礼节中,人们自然是把这送"日子单"的礼节称为"送茶"。说是"送茶",也就是断定婚姻佳期的日子了。送了"茶"后,这婚姻佳期就指日可待了。

佳期一到,就真的叫作"杠新娘"了。

对于出嫁的女儿,人们称其为"做客",意指女儿出嫁后,回家少,日后娘家人是当其为客人相待了。女儿出嫁的头一天,女方家里设宴,宴请三亲六眷。名义是给女儿辞别闺、堂,以另赴新家而谓之曰设"辞堂饭",则宾客也是自谓去"咥辞堂饭"。宾客带去的贺礼包上往往写着"粉仪"二字或"代花粉"三字,自谦仅是一点点买化妆品的钱而已。然也有写"袖仪"二字的,意指随手带去的礼。更有写上"奁仪"二字者,或许这"奁仪"是指分量较大一点的礼了。

这一日,新郎有"新郎官"之雅称。戴礼帽,穿马褂长衫。与媒人各自坐轿,外备一担称为"拜门担"的礼品,于傍晚时分,由随从者挑着去丈人家"拜门"。据说,此日的"新郎官"是镇上的大人物,即使在街上遇到知县太爷,还要县太爷的轿子让路哩!

"拜门担"之两头都是以木胎髹漆的四五只"果盒"叠成,用苎麻搓成、染成红色的"索(方音念似'爽')"所织成的网套,扎以成"担"。"担"中装的是猪肉、鹅、鱼之类食物。"拜门担"中关键是要有一尾大草鱼,女方将鱼肉待客,余下的鱼头自己吃,故有"生(方音念似'坤')囡咥草鱼头"这种说法。丈人家若是较近,则女婿"拜门"宴后即告辞回家,若是路远,丈人家自然是留宿。

第二日才是迎亲日,女婿家要准备两乘或三乘以上的轿子。至于轿子,凤冠、霞帔等嫁衣,以及礼帽等项,是富户人家办备在家,临时可以出租之物。租来的轿子中,一乘是四人抬的"大轿",其余是两人抬的"山轿(即小轿)"。在这娶亲的场面上,要配备四人组合的称为"吹唱班"的简单乐队,依着择定的时辰去"接新娘"时,乐队的吹鼓手要走在前头。与外地不同的是古镇上的"新郎官"不亲自去迎亲,而是由"小叔"之类的儿童(称为"压轿囝")坐着"大轿"(称为"压轿")去迎,后面"山轿"里坐的是做媒的"媒依公",吹吹打打地去迎新娘。

迎亲轿到了新娘家后,还得等候吉时,待新娘化了妆,由长辈给她戴上了凤冠,穿上了霞帔,吉时一到,上桌倒茶(即茶点小宴)后,告别了爹娘出了门,等待"吹唱班"的班主"喝轿"(在轿前说吉祥语)后,才上了轿,送亲的队伍在鼓乐声中上了路。

四人抬的"大轿"上坐的自然是新娘,后面紧跟着的是仅小叔做"压轿囝"所坐的一乘"山轿","媒依公"则要坐在新娘家里"等客",等到傍晚时分,才与新娘家的"新客"一起来赴宴。

开路的是"踏路牛",这是一头头上披着红布,由人牵着走的"挂红"大水牛。"踏路牛"顾名思义是要让它来踏去路上的"煞气",以示吉利。之外作为陪嫁也可体现富有。对于办备"踏路牛"的责任,是要由新娘的娘舅来承担的,而娘舅家也自然乐意为之。如果有些娘舅家的经济条件难以承担,则还是新娘家自理,对外还是宣称是娘舅家所为,送了个体面给娘舅家。

"踏路牛"有买牛和租牛两种类别。买牛者,自然都是"门当户对"之两家皆是富有的人家。说到买牛,倒也是一件烦事。新娘家倒好,即事先向有嫩牛出卖的农户定好,届时付了钱,牵来一用便了,而烦的还是新郎家。由于富有人家基本上都不务农,而新来的"踏路牛"在图个吉利的情况下是不允许出卖的,因此,还要雇个人家养或者是租给人家养。于是男方事先得落实个人家,届时由此人去牵来牛,事毕即牵去饲养。至于租牛者,那是一般的普通人家。租牛很简单,不麻烦:事先向养牛的农户商定好,付了租金,届时由农户自己将牛洗干净,牵来一用,送亲到了夫家大门前,则由农户自行牵回了事。

后面跟着的是由新娘家自己请来的"行郎"挑、抬着"装束"走。"装束"是一些生活用品及家具之类的房内设施。其制作之粗细及数量多少要视女方的经济条件而定,相传有做到"不向人借"之地步,更有包括"奁田"的"田契"之类。挑、抬着"装束"行走时,须讲究次序:家具部分一般多以条桌为先,跟着的是"扎骹椅"之类。"条桌"是一张双抽屉的小长条桌子,桌面上放的是里面装着镜子和用作梳妆的"照箱盒"之类。而"扎骹椅"是一条精雕细作,座位下面有一抽屉,里面存放着"缠足"用品的矮小木椅子(民国初年已经革除了这"缠足"的恶俗,但是,这种矮小木椅子还是作为日常使用的家具而存在)。付给"行郎"的报酬"小包",往往还是挑得轻的如在前头挑着床铺用品担和那杠俗称为"粗杠"的"五事(方音念似'色')桶"者,要比后面抬得重者还要大一点。当然,最大的"小包"还是要交给那轻轻地捧着内藏"田契"的"契墨箱"的那一个人。因为他这一"杠"是最重的一"杠"也。

遵循吉日良辰是必然的。"拣日子"先生的"日子单"上清楚地写着"出门时"和"入门时"。人们要依此而行,必须遵守,然此举弊端最甚。据说在晚清时节,姚家村有一家富户从福建政和娶来一个新娘,选定的吉日凑巧是个下雪天,新娘在娘家"出闺"的时辰较早,抬到姚家门时,"入门"的"良辰"还没有到,于是只好坐在停放在姚家门中的轿子里苦等。当时天上飘着鹅毛大雪,非常寒冷。后来,新娘子竟由此得了病。当然,这种弊俗之后也渐渐地有了变化。

新娘坐着"大轿"到了大门口停稳,就由"接姑"将新娘牵出轿,称为"牵新娘"。"接姑"由伉俪福寿双全的富家老妇人来担任,她直接将新娘牵入洞房里,厨房供上多种菜肴,由"接姑"递给新郎、新娘对坐食用,称为"喹米筛饭"。古代,绝大部分新郎新娘以前根本没有见过面,一直到了此时才彼此得以相识。

"装束"入了"新娘间"(即新房)后,整齐地放置好,其中有一样特殊的"装束"要特殊处理,那就是"五事桶"中称为"新娘尿(方音念似'水')桶"的"马桶":这只桶中不仅放有"红卵"一双、"茶点"一包,还有"小包"一只。此时将"五事桶"解开,取出"新娘尿桶",置之于适当之处,再请来一位家族中身体健康的小男孩,取出桶中之物作为赠品,再叫他尿于桶内。这也是一项图吉利的事。

夜来,宴席罢,宾客散。"埕(方音念似'玩')间"(即房屋大厅)上灯火辉煌,鼓乐齐鸣。一对新人在"接姑"带领下,来此拜天地、拜祖先、拜双亲及一些长辈,然后入洞房内饮交杯酒,称为"合卺礼"。

参与婚宴的亲友之贺婚礼仅是红包(或称为"函")一只,至亲上辈者加以贺联一轴,其余无多礼品。红包面上有书写,称为"号包",是至亲的书写"贽仪"二字,下具姓名,携家眷者,则加以"同室"二字。普通交友则书写"贺仪",以示区别。

迎亲的喜宴分"日昼(方音念似'纳斗')顿"和"黄昏顿"两厨,"日昼顿"宴的是女眷,"黄昏顿"请的是男客。宴会一般要持续数日,视门户高低及经济水平而定,有的人家甚至要进行十日、半月之久。每厨接待新娘家的眷属称为"新客",仅三五人。"新客"之来、去皆吹唢呐,以轿子接、送。对于其他的赴宴客人,也有专职的"喊客侬",依着"局间"里的"管局先生"用红纸书写的"客单"去"三请三叫(方音念似'召')"。即早上第一次去,说是"话客"(意指与客人作了面对面的对话。然一说是"画客",说是已经去叫过了,且在"客单"上画过了记号),之后得作再次的"喊客"和第三次的"催客"。赴宴的客人来到厅堂后,首先是仰头观看贺联的次序,看看有没有身份高低的颠倒挂错,之后是到桌前看由"局间"开(写)出来的"桌单",以寻找座位。此时,不要说该坐的座位排错,如果贺联的位置挂错的话,客人就会"逃席"而去,拒不赴宴,足见等级之森严。然而,也偶尔会有个别地位低下的"新客"来赴宴,此时,为了不让其他"陪客"感到没面子,而坐在"局间"里主事的社会名流们会自己上桌来作"陪席",给此类"新客"有个大面子。以此方式来顾全大局,倒是成了佳话。

宴会时,由"吹唱班"演奏助乐,称为"吹唱"。"吹唱班"由四人组成,乐器有二胡、笛子、唢呐(俗称"喇叭")、鼓板等。"吹唱"往往设在大门厅。在客人陆续到场时,吹起唢呐迎客。在厨房上菜后,要分别看上的是什么菜而奏什么乐调,或唱什么戏曲,所奏、唱的都是地方民间音乐,如"二都戏"的曲牌、唱本等。宴会结束后,客人鱼贯而出,则也是大吹唢呐来送客。之后,一场热热闹闹、欢欢乐乐的民间宴会也就宣告结束。在"吹唱"进行时,丝竹和鸣,小曲清唱,其声悦耳动听,令人心旷神怡!

婚后三四日内拣个吉日,娘家人会派人来叫新娘回家小憩,称为"嬉月满"。之后在不出旬日内,又拣个吉日,夫家人也派人来"接新娘"。此日里,娘家会送去前日故意留在家中没有拿去的部分鞋、袜之类,装上"面箪(方音念似'大',一种圆形的竹制小提篮)",叫小舅子挑上送去。此外还要特地送上一对叫作"月满鸡"的雄、雌雏鸡来给小两口饲养,意味着小两口子的新生活正式开始。家中要设小宴款待新娘家的来客和隔壁邻舍,而来客也会带来一些染红的鸡蛋等,以作祝贺。

当然,经济条件较差者,自然是礼数草草,甚至与上述有着天壤之别,姑且不作细述。

"做产顿":产妇坐月子称为"做月底"。小儿出生后,要设宴庆贺。以旧日称妇人生育为"生产"之故,则将设贺小儿新生之宴称为"做产顿"或"请产顿",更有俗称"弄产顿"者。"产顿"的宴客对象,大多是小儿外祖家之眷属,当然更有"本家"之属。送"产顿"的礼品一般比较简单:或三尺布料,小儿衣帽外加几斤面粉、几个鸡蛋。用"面箪箪"一装,提之赴宴。宴席上的菜肴非常简单:仅"四个饼(方音念似'冰')盆",即四个瓷盆,下面是豆芽之类的蔬菜,上面加上一点荤菜而已。用家酿红酒作小饮,食以米饭。这当然是昔日里与生产力低下相应的时俗。

产妇"做月底"时的餐食,要使用鸡肉、鸡汤来烹煮"皮面"这样的食品来果腹,来补身。"皮面"是一种手工打制的较薄的面,在打制时,要拍上许多淀粉,于是,这种面的味道别有一番滋味。家人往往会额外烹饪一些,给上辈及亲朋好友品尝。烹饪这种食品时,要使用鸡腿等,称为"弄鸡碗",而品食者则称为"哐鸡碗"。此举在昔日物资较匮乏的年代里,乃是人们借新生命降临之际,表达尊老爱幼、共同分享快乐之具体行动也。

小儿过了周龄,要给他"做周(方音念似'悠')",或说"弄周"。届时参与的人员、馈赠的礼品、宴席的等级等,与"产顿"类似。此外是"抓周(方音念似'把悠')"一俗,相传也曾经有之,然已失传久矣!

"做寿":即寿诞之庆。或许是与地方经济相关,古镇上"做寿"一俗较鲜见,不似周边地区。人非至花甲乃至耄耋者不上寿。尤其是四秩者,为字音之讹而有所忌,更是绝不为之。故"做寿"全是高龄且富有者。"做寿"不在"寿"之本年庆之,要么提前一年,要么滞后一年。其必然之举是要"做锦帐"(即绢本"寿序"),男女皆然。是时延请地方文化名人,以颂扬之言辞书写寿者之事迹,高悬雅室。"做寿"的宴会上之菜肴要求比较丰盛,超过婚嫁之宴。菜谱中,煮长长的长寿面是绝对不可缺的。故赴宴者自称去"咥寿面"。宴所必须延请乐队,届时丝竹齐鸣。祝寿者全是下辈,然偶有个别故旧同辈。祝寿之礼品不算丰,无非是衣服布料,外加"面灰(即面粉)""红卵",以助其"抐寿面"。祝寿时,寿者正襟危坐受下辈跪拜,称为"拜寿",而受拜者要授之以红包。长幼欢聚,其乐融融!

濛洲饮食文化

　　《礼记·礼运》有"饮食男女,人之大欲存焉"之说。《汉书》中也有"民以食为天"之言。饮食者,民之攸关之事也。庆元古镇上的饮食大同于各地,然亦有其独到之处。兹依时令为序以叙之。

一、时令美食

　　"社馃":清版《庆元县志·风土志》有"春社日……做社饼以相馈送"之说。这"做社饼"就是"烙(方音念似'拓')社馃"。"烙社馃"是取籼米掺入适量的糯米磨成水浆,拌入"社曲"、食糖等辅料,在油锅中烙成薄饼即成。

　　"社曲"是一种学名叫"鼠曲草",又名"佛耳草"的野菜,属菊科草本植物。此草喜生于田埂及潮湿的山坡地上,开黄花,全株密生白色绒毛,故又有"棉絮头草"之称。

　　社馃香糯可口,别有一番风味,还可将少量米浆和菜蔬佐料、粉丝年糕之类煮成汤,叫作"社羹",作食社馃的佐饮,风味亦相当可口。但时至今日,烙社曲的辅料已有变化,多以菠菜来代替社曲,外佐有咸肉丝、嫩笋末、香菇丁之类,其味大有变异,但人们依然喜食社曲馃,因它具有一种独特的地方风味。

　　"清明馃":是在清明日的早晨烹饪的时令小吃。使用的主料是粳米,辅料则是以菜干为主,配之以咸肉丝、香菇丁、嫩笋末等。制作的方法是将辅料入锅,加入油、盐、料酒之类,烧熟后,将炊熟的粳米饭倒入搅拌均匀,再用木槌轻轻杵之,杵软后捏成直径约7—8厘米的食团即成。

"清明馃"香气袭人,香糯可口,令人脾胃大开,食欲大增。

"清明馃"携带方便,可作冷食,供野餐最为适宜。昔日它还是寒食节后的清明日到较远的祖墓去"挂纸"时的午餐干粮,便成了名副其实的"寒食"了。

"立夏汤":是在立夏日午餐时所烹调的羹汤。吃了"立夏汤",就意味着炎热的夏季将至。

"立夏汤"的配料是瘦猪肉、香菇、粉丝等,可谓五花八门。其中较特殊的有两样:其一是"山粉鳅"。"山粉鳅"是一种叫"山粉"的"蕨粉"加水入锅搅成粿状,倒在砧板上压扁,再切成长条,入锅煮,状似鳅,吃起来滑滑的,也似鳅,故名。其二是"石笋"。盖"石笋"者,即石竹的笋,本不是什么特殊之物,只是在烹饪中,要做特殊的处理,即将笋切段后,敲成丝以入锅。"山粉鳅"的味道很不错,"石笋丝"也别有风味,故"立夏汤"有其独特之处。

不过,数十年来,自从"山粉"在市场上消失之后,"山粉鳅"就失去了制作的材料,人们不得不采用汤团来代替"山粉鳅",至于"石笋"敲丝不敲丝,如今人们也无所谓了,于是,今之"立夏汤"和昔之"立夏汤"一比,则食味就大不同了。

"端午粽":所谓"端午粽"即在端午节里所包制之古称"角黍"的粽子。然而,古镇上的端午粽,或是平日里的粽子,与外地的粽子确实有不同之处:节日将临,人们要上山砍取一些杉树的枝叶来烧灰,溶成碱液来做粽子。时值雨季,烧灰之烟笼罩巷里,地方上呈现出"杉叶烧灰巷笼烟"这种景色来。再用这种碱液所浸的米来包粽子,且还要煮几天几夜。所以这种粽子确实别有风味了。

"馒头":当然就是米馒头。不过这里说的"馒头"是专指"中元节"时,各个宗族祠堂里祭祀时做的馒头,俗称为"七月半馒头"。做馒头要用糯米、籼米作"四、六(即40％糯米和60％籼米)掺",磨成水浆,沥干以作皮,赤豆煮熟加入红糖搅成泥以作馅,以1∶1之比例包好上蒸笼炊之以成。

对于这种馒头的重量有所限制,即要做成半斤重一只,在发散时要以"双"

为单位。

之外还得说：市面上的点心店里平时卖的馒头与这种馒头相比个头小得多，且馅的品种多样，不仅有赤豆泥，还有糯米馅和苦益馅等。而苦益馅是用"苦益干(即'败酱草'叶干)"加入红糖做成的。其味道也是别有风味，值得品尝。

红酒：立冬一过，就到了家家酿红酒的季节了。

酿红酒的主料是糯米加以曲。使用的酒曲一般要使用余村、八都一带所作的曲，比例一般是一百斤米用十斗曲，而用水量最好是"斤米斤水"，外加"斗曲斗水"。

将糯米浸透，洗净沥干后上甑猛火以炊。将炊熟的糯米饭倒入先浸了酒曲的水中，勤搅拌。还有一个要点是一定要将饭炊熟，而倒饭入曲水中也有两种做法，其中一种是趁热将饭倒入曲水中，称为"酿天雷酒"，用这种方法酿出来的酒质量颇好，然也有一定的风险。于是，大多数人都是把米饭摊凉后再倒入曲水中。

经过一两个月，经搅拌的混浊的酒液终于变清澈了。此时将篾丝编制成的"酒抽"立在酒缸中作过滤器，从其中舀出清酒。沥干了酒后，缸中余下红红的酒糟。这些酒糟大部分用来蒸烧"烧酒"。时节一到，有"烧酒老司"挑着锡制的"蒸馏器"，挨家挨户上门来烧"烧酒"：将酒糟拌以"砻糠(稻谷脱下的壳)"，入"蒸馏器"以武火烧。从"蒸馏器"里流出来的烧酒用口尝来辨别酒精度高低以取舍，称为"割酒"。这种"烧酒"的味道也很不错。

"烧酒老司"来烧酒时，只是在人家家里吃吃饭，不收取工钱，仅把烧过的糟粕挑去作肥田的肥料以当报酬而已。

余下少量的酒糟可作为日常烹饪菜肴时的佐料，如烧红糟肉、糟鸭蛋之类。

酿红酒时，往往会产生额外的一件事来，那就是"淬醋"。人们在酿红酒时，偶尔酒饭没有炊熟，或者是酒曲的质量不合格，会导致所酿的酒成了酸酒，不能饮用。于是，古镇人就有了"酿酒成醋——好心办坏事"这句歇后语来。那怎么办？于是就只好顺理成章地将其改成醋。改酸酒成醋的手段就叫"淬醋"。"淬醋"的方法是把废旧的铁器放在"火炉窝"(即灶台)里烧得绯红绯红的,然后立即将其投入酸酒里,让酸酒瞬间发热。这种多次给酸酒瞬间加热的操作就会使之转变成醋。

"菜卤":是一种菜肴,本不属于时令食品,然对于"煎菜卤"来说,这毕竟也属于一种食品制作方式,因而在此略作介绍。

"煎菜卤"的主要材料是萝卜,而"煎"的时间是在早冬萝卜采收季节。"煎菜卤"的操作是:先用竹篾按灶台"锅镬"(即铁锅。方音念似"苦荞")的形状和大小编好一个俗称为"镬蟹"的网状物来放入锅底,使锅中的"菜卤"可随时移动乃至不焦;然后整整齐齐地摆上萝卜,加入水后用武火猛烧。等到萝卜熟得伏下去后,加入适量的食盐,再改用文火慢慢煮。"煎菜卤"要"隔宿"或者"隔数宿"即通过两三日才能完事。

"煎菜卤"除了用萝卜作为主要材料之外,犹有使用"洋姜"(菊芋)来煎之的,此乃是号称为"洋姜卤"之别具一格食味的一种"菜卤"。此外,在煎萝卜"菜卤"时,也使用芋头、南瓜、番薯之类,铺在萝卜顶上一起煎。有的经济条件较好的家庭,还会放入一些煮熟的鸡、鸭蛋,以煎出一些杂"菜卤"来。然这些杂"菜卤"较难长期储存,可供较短的一段时间临时食用。

"菜卤"这种菜肴在民间食谱中非常重要,尤其在农家,是耕作采樵时带午饭的必要之菜:在"饭包"中间往往是装入一支"菜卤"来作佐食之品。"菜卤"以存放至陈年者为佳品。"菜卤汤"更是别具一格的烹饪调料。儿童用之拌饭吃,据说赛过酱油的味道。

"咸菜":品种繁多,较常见的有"浸芋"和"豆腐腌"。浸"浸芋"是选用一些个头大小适中的圆圆的芋仔,煮烂后剥皮晾干,然后加入适量的食盐,再倒入家酿红酒浸之经年,或者是数年以成。在浸"浸芋"时,还有一个要点是要拌入一些"霉豆"来共浸(制作"霉豆"是选用上好的黄豆泡水软化后,炊之至烂,然后装入皿器中,在常温下由霉菌来发霉,待上绿毛冒透后,再晒干以成)。至于做"豆腐腌",是把豆腐切成约三厘米的正方形块,放入器皿中发霉后,将霉豆腐块拌以碾成末的红酒面,一块块整整齐齐地装入瓶罐中,再加入食盐,倒入家酿酒浸之以成。在腌制"豆腐腌"时,往往有一种与之类同的"浸豆腐渣"会同时制作。制作这种"浸豆腐渣"是在做豆腐时,取豆腐渣上锅焯去水分,在其能够捏成团时,将其捏成直径七八厘米大小的圆球,也放在器物中发霉,经长时间待其霉透后,将这圆球状的霉豆腐渣依经线作 90 度夹角各切一刀,依纬线切一刀,使之成为八块半边圆、半边方形状物,然后也用盐和酒浸之。在制作"咸菜"时,往往还要加入一些炊熟了或者还是生的干小萝卜头,当然也可以使用切成条的萝卜条,以作为掺和的食材。然而,除这些咸菜外,最常见就是那"糟姜"和"辣椒糟"了。"糟姜"和"辣椒糟"不仅是佐食之常用品,还是烹饪菜肴的调味品,尤其是在烹饪鱼、虾之类时,不放入这些调味品不可。制作"糟姜"和"辣椒糟"之方法颇易:"糟姜"乃是将生姜洗净,依厚度对半剖开晾干后,用红酒糟拌盐存放即成。至于"辣椒糟",乃是选用较辣的红辣椒,洗净晾干后剁碎,拌入家酿酒糟和食盐后存放就是了。

"黄粿":做"黄粿"使用的是大米种类中的"粳米"(此"粳"字方音念似"久")。将米用"山李""山茄""山茶"这类灌木烧成的叫作"粿碱(此'碱'字方音念似'尖')"的灰制成的浸泡液浸透后,上甑炊熟,然后倒入石臼中杵之以成。虽然与外地的"年糕"一样,"黄粿"也是使用"粳米"做成的,但由于做"黄粿"是使用了"粿碱",在"粳米"与灌木灰碱产生反应后,转变成了黄色,于是叫作"黄粿"。而"黄粿"之味道与"年糕"一比较,那真是迥然有别了。

将粳米饭杵成粿的过程叫"杵(音"戳")粿"或"杵黄粿"。"杵粿"在房屋的厅堂里进行:厅堂中间置一只石臼,四周围以七八个人,手中各握一根直径约 3厘米,长约 1 米,上头横装着手柄的称为"粿棒"的硬木棍往石臼中杵。时值寒冷的天气,众人围着热气腾腾的石臼"杵粿",身体非常暖和,倒也别有一番情趣。其间更有"顶杵臼(此'杵臼'二字方音念似'抗苟')"的活动,即"杵粿"的年轻人互相凭着自己的力气,要把"杵臼"顶向对方。这种活动不仅加快了"杵粿"的速度,还让人感到劳动的快乐。

粿"杵"细后,要拿到摆在厅堂边的案板上"做"。"做粿"有专人负责。做成的粿有两种分类:一种是做成长约 20 厘米、宽约 10 厘米、厚约 3 厘米的椭圆形状,称为"粿个(此'个'字方音念似'该')"。"粿个"专用作人们互相馈赠之物。另一种是将整整一臼粿压成一个大圆饼,然后用缝衣线将其切成十几块,称为"粿块(此'块'字方音念似'色')"。"粿块"往往是自家食用之品。

日子久了,"黄粿"会变硬或表面破裂,甚至会失去其中的"粿碱",称为"退碱",因此要妥善保存。保存的一种方式是取部分刨成薄片,称为"粿片",用来收藏。"粿片"供日后油炸或砂炒,成为"茶点"之一,或是在烧羹汤时作为辅料加入;而大部分是采用灌木灰调和水浸之来保存。

做"黄粿"时的"杵粿"有着互助合作之乐,人们今天你帮我,明日我帮你,于是产生了"杵粿换工"这句俗语。

二、点心糕饼

民间的小吃食品,多是随着季节变化出现,然而也有终年皆有的。

"蓬粿":入春后,待到了春分、清明时节,野外的蓬蒿嫩叶茂密,因其独特的香味,人们采制其叶,和以米做成的粿叫作"蓬粿"。将嫩蓬叶入锅烫软捞出,切碎捣细后,拌入糯、籼米混合的米浆中,包入用炒豆沙、红糖和油拌成的馅,上蒸笼炊熟即成。"蓬粿"呈现绿色,有一股独特的香味,十分诱人。"蓬粿"不仅是家庭可以做的点心小吃,还是古镇上点心店中的主要商品,更是提篮叫卖的卖品之一,一度流行于市井。

"地陀花粿":古镇人将"金樱子"称作"地陀"。清明时节,小溪边的沙滩上地陀花盛开一片,一眼望去,洁白如雪。这时候,将它的花瓣摘来烙粿,称为"地陀花粿"。烙"地陀花粿"与烙"社馃"差不多,只是味道有些独特。

"烧卖":古镇上的"烧卖(方音念似'小梅')",是迥别于北方乃至全国其他地方"烧卖"(或称为"捎卖")的一种地方点心小吃。炊制"烧卖"的主料是俗称为"山粉"的"蕨粉",配以猪油和白糖,比例是1斤杵细的"山粉"加以2.5两猪油和2.5两白糖拌匀,捏成一个个直径约3厘米的圆球,然后上蒸笼炊熟而成。

"饥啖糕":"饥啖(方音念似'蛋')糕"是宴会上的常见点心之一。面灰、白糖、猪油以1：0.25：0.25配比,再打入几个鸡蛋增加黏性,均匀搅拌后,用木框压、印成厚约 30 厘米的大块,上蒸笼炊熟,然后切成长约 5 厘米,宽约 3 厘米的小块即成。盖此物乃充饥佳品,故得此名。

"饺子":有趣的是,古镇上的"饺子"却偏偏是北方乃至全国称为"烧卖"(或称为"捎卖")的这种点心小吃。"饺子"以"面灰"揉小团,擀薄作包皮,将肉丁、豆芽、豆腐干之类拌炒成的馅,包制成高约 5 厘米、直径约 3 厘米的状如石榴花似的食品。"饺子"是婚嫁喜事宴会桌上的两道点心之一。

"点心":是用糯米和籼米四六比掺磨水浆后,沥干为皮,内包用豆沙、芝麻、红糖或"糖霜(一种呈现黄色的粗制'白糖')"和猪油所拌成的馅,外包成小桃子状,有精致者,更在其顶上点上一点红颜色,使之更加诱人。点心大小也是直径三四厘米,亦是餐桌上常见食品。

"糍糍":是纯用精良糯米炊熟成饭,倒入石臼中用木杵杵制以成的食品。绞成细粒后,撒上以黄豆炒熟磨的粉加红糖制成的"豆塞",翻拌之即可食。"糍糍"在全国各地多见。

古镇上的食品中,糕饼类的有家庭自制的,也有市场销售的。

家庭自制的,当然也是种类繁多,如:

"米糖":即饴糖,制作饴糖称为"煎糖"。十二月初是"煎糖"的好时光。

"煎糖"有一个前提是要提前几日先做麦芽:将大麦(也有用小麦的)浸水,放在一种叫"疏箩"(方音念似"所拉")的特制箩筐里发芽。之后视麦芽的长度(不可过长)来定"煎糖"的日子。

有趣的是,"煎糖"主要是在夜间进行。早上将糯米用水浸透,傍晚时光,将糯米洗净、沥干,上甑炊熟后,将糯米饭倒在木桶或锅里,一层一层地铺上切碎捣细的麦芽,让其"作"(即发酵),到了一定程度,将"作"成半流质的糖液舀到一个用篾编成的"糖筐"(方音念似"囱")中,拿到放在锅灶上的"糖架"(方音念似"缸")里榨汁,汁就榨在锅中,接着烧火将糖液煎熬,因而叫作"煎糖"。

煎熬的糖汁,称为"糖油"。随着时间视"糖油"的稠度,有全锅都起了泡泡的"米筛花"及局部起了翻滚的"蝶(方音念似'颠')花",更有全锅大面积翻滚的"被单花"之分。喜食甜的人,用"米筛花"的"糖油"泡食打碎后的鸡蛋,那味道真是非同一般。

煎熬到一定程度的"糖油",要按大小两部分分半。小半舀到一般的陶瓷器皿中,供日后制作"米糕"之类的"茶点"使用,而大部分则用来"扨(方音念似'南')糖"。

"扨糖"是要将继续煎熬的"糖油"通过多次的手试,根据其硬度的变化,到了认为已符合的可塑度时,即可拿来作拧绞,使之硬化。这拧绞"糖油"成"米糖"的过程,称为"扨糖"。

"扨糖"是放在一条称为"糖凳"的长凳上进行的。凳子的一头竖着一根直径约5厘米、高约50厘米的柱子,人们手中握着两根从河边砍来、剥去了皮的柳枝,将具有可塑性的"糖油"围绕着固定好后的凳上的柱子作反复拧绞。若遇气温较低之日,"糖油"容易降温,于是要改放在锅面上进行:在锅面上盖上一只中央挖去一个约20厘米大的孔,再配上一个叫"镂(方音念似'锅')扁盖"的特制锅盖,灶中烧着文火,使锅盖的孔中微微地冒着暖汤气,以保持温度,两人面对面地持续"扨"之。

经过长时间的拧绞,"糖油"形成了白色的较脆的牵丝长条状物,于是,将其拉成直径约2厘米的长条,然后放在案板上,撒上用炒熟米磨成的米粉,使其表面失去了黏性后,再切成段或者粒状。再用剪刀剪,剪糖时,手拿着长条的糖段,要作90°旋转,使剪下来的糖,一个个似粽子样。用作馈赠品,是切成20厘米左右长的段,称为"糖双"。自己食用收藏者,则切成粒状,拌上米粉,放在"洋油箱"之类的容器中收藏。

"煎糖"也会有失败。即可塑的"糖油"放在"糖凳"上"扨"时,总是"扨"不白,形成了黏乎乎的黄色之物。前人总结失败经验认为:或许是糯米饭没有炊熟,或许是麦芽没有做好。

"糖渣":"煎糖"除了"煎"成了米糖,还有其副产品,那就是"糖渣"。制作"糖渣"是先将榨去了糖液后所剩余的糯米饭与麦芽拌和之发酵物的渣滓拿到篾簟上晒干,再放在石臼中杵成细粉,经"筛箩"来"隔"(意指筛选、分隔)过后,再用"糖油"作黏合剂,做成长扁形的粿状,然后切成椭圆形的片收藏。"糖渣"不仅属于"茶点"之列,还可作"干粮"。昔日樵夫上山砍柴,常带"糖渣"作为"干粮"。

"米糕":又称为"炮葩(方音念似'卜')糕",是用糯谷在锅中猛炒,使其糯米爆开成一朵朵梅花状的“炮葩花”而得名。制作“米糕”要紧跟着“煎糖”之后，有一个重要前提是要事先准备些茅草。入秋之后，人们得上山割些茅草储存在柴房内待干后作燃料。在炒“炮葩”时，就得借茅草燃烧时发出的瞬间火力，这样的“炮葩”才炒得好。

做“米糕”最麻烦的事是捡“炮葩”：首先是把炒好的“炮葩”连壳带花一起用“谷筛”筛，筛下来的是谷壳和碎片，“谷筛”面上的“炮葩”要逐个细捡，不允许有谷壳掺杂在里面。

在灶下烧着文火，把前日煎好的“糖油”倒入锅中，再把拣好的“炮葩花”也倒入锅中，仔细搅拌。之后将搅拌得黏合成一体的“炮葩花”拿到案板上，压成厚六七厘米、宽约 10 厘米的椭圆形，再切成约 1 厘米厚的薄片，这就是“米糕”。之后也可用“洋油箱”一类的容器收藏好，以备常年食用。

做“米糕”时，有些人家在条件许可下，会在其中拌入一定分量的炒花生米和炒豆之类，那这些“米糕”就可雅称为“花生糕”或“豆糕”了。

做“米糕”还有它的副产品，那就是“滑滑糍”：把“炮葩花”筛下来的谷壳和粉末中之谷壳去掉，去壳的手段是将筛下物倒在大布袋里，两人拉着前后猛抖动，然后再用筛子筛。之后将余下来的粉末用石磨磨成细粉，甚者还要通过“筛箩”筛过后，再将这些粉末用“糖油”及其他汤料作为黏胶剂，其做成的粿叫作“滑滑糍”。“滑滑糍”的口感是滑溜溜、嫩乎乎的，其入口之味道，真是一时难以形容。

“饭干糕”：将糯米浸透，炊成熟饭后晒干，称为“饭干”。把“饭干”炒爆(偶有用油炸的)后，用“糖油”黏合，切成片，即“饭干糕”。

“细饼”：古镇上的“细饼”不同于外地的“细饼”，它其实属于“茶点”之类食品，也可说是在炊舂“糖糍”时的共同产品。做“细饼”也是将炊熟了的糯米饭倒入石臼里舂成，只是在舂之将成时，要加入一定分量的豆浆，继续舂，使之比“糖糍”还要嫩一点而已。舂细后，倒在铺有炒熟的米粉的“箇箣”之类的晒曝器中，撒上米粉，压扁平至约 1 厘米厚，然后暴晒。在其半干好切时，切成约 1.5 厘米方的颗粒，或约 10 厘米长的长条，更有的还扭结成链形，晒干收藏。之后每每用油炸或者用砂炒，都可以膨胀成外酥内软的小儿非常喜爱吃的“茶点”。

　　市场经营的糕饼,大多是饼店里烙(方音念似"霍")的饼,这些饼中好多是依形取名的,如:

　　"玉璇":"玉(方音念似'肉')璇"是一种外面用俗称为"油酥"的多层压制的面粉作皮,里面用白糖、芝麻、肉丁作馅,做成直径约 20 厘米,外面两面均撒上白芝麻,上"饼鏊"烙成的饼。以外形圆圆,表皮白里透黄故名。古镇上的饼,当属此为最高档者。烙制"玉璇"的技术性较强,做得好的做饼师傅做的是"生糖"口味,吃起来,馅里的白糖沙沙发响。由于"玉璇"属于高档糕饼,价钱昂贵,能够购买、品尝的人不多,属于滞销产品。于是,店老板会搞一种叫"切饼"的销售活动。即在饼的一面用红色颜料点了一点,人们作了个估计之后,翻过来,用刀切。切中红点的人,免费拿了去吃,切不中红点的人,按先议定好的价钱买了。这也是一种促销手段。

　　"玫瑰":"玫瑰(方音念似'魁')"与"玉璇"大致相同,只不过在用料、大小、形状上偶有不同罢了。

　　"水晶":"水晶"的配料与"玉璇"类似,不同的是"水晶"个小,直径约 10 厘米,且表皮上不撒芝麻,馅中不放肉。"水晶"由于表皮白里透黄,酷似水晶以得名。"水晶"较大众化一点,故销量大得多。

　　"瑾包":"瑾(方音念似'管')包"的用料和大小基本上同于"水晶",只是在制作、烙烤时,不知是采取了什么手段,在"出鏊"时,"瑾包"是表面隆起而中空,"水晶"却是扁平而中实的。

　　"干酥":是一种小酥饼。在面粉中加入白糖和适量的芝麻、食盐,以多量的猪油倒入揉成可塑面团后,搓成小条,再卷成直径约 3 厘米的螺状,在饼鏊中烤成。"干酥"的味道松脆香甜,属于小饼中之上品。

　　"盐酥":"盐酥"与"干酥"的制作方式全同,只是配料不同罢了。"盐酥"是发酵后的面粉团中加入适量的食盐,做成与"干酥"同等大小和形状。故"盐酥"略逊于"干酥"。

　　"油糕":是将面粉、白糖、猪油三物拌和后,用"饼印"印成一个个直径约 3 厘米,六七毫米厚,上鏊烙成的小饼,也属于高品质的饼。

　　"半夏":"半夏"的制作和形状大同于"油糕",只是它不是用面粉,而是用

"山粉"制作。烙熟的饼雪白雪白的,酷似中药"半夏"的颜色而得名。"半夏"的味道香脆独特,是下酒的好佐食。

"方饼":是档次最低的糕饼,只是在发酵后的面粉加入一点红糖,揉团后擀平,再切成小方块烙之以成。昔日,条件较差的家庭,过中秋也会买这个打打牙祭,所以其还是有一定市场的。

"香糕":做"香糕"的原料是炒熟的米磨成的粉,用"糖油"作为黏合剂黏合后,在固定的框中压之,然后包上印了文字、图案的红纸。"香糕"是昔日年关必备的糕点之一。因其拌入的辅料不同而档次有高有低。如有的加入不同分量的芝麻粉、花生粉之类分层压制者,那档次就高了许多了。

"状元糕":是"香糕"中的一个品种,属于高档品。其用料精良、制作精细。用特制的长约4厘米、宽约2.5厘米、厚约2厘米,且雕刻有古装人物图饰的木框,分层压制以成。"状元糕"因表面可观,食味诱人,乃是昔日小儿们的青睐之物。

三、传统菜肴

美食佳肴,各地风味异然,然古镇也有其独特之处,兹选有代表性者叙之。

"鳅烫粿":回春后,度过了一冬的泥鳅体肥味美。抓获后,以清水养以数日,放在器皿中用红酒糟"醉"之片刻,然后入锅加料煮汤,以其汤烫食"黄粿"。此食物则独有一番风味。

"芥菜烹笋":"芥(方音念似'裔')菜烹(方音念似'烤')笋"乃是将回春后的"春笋"切片,不放任何佐料入锅用清水煮,然后切芥菜与其共煮,即将起锅时,再调入猪油、食盐,拌匀即可起锅。"芥菜烹笋"是一味朴素的"绿色"素食,有着浓郁的田园风味,且味道独特。

"糟笋":"糟笋"是与"芥菜烹笋"共生的菜肴,在切笋时,将笋脑头较"老"的部分切成三四厘米厚的片段,然后破成小块,放在清水中煮,待煮烂后拣出,用加了盐的红酒糟一拌即成。

"熟笋炒鳝面":镇上人称"鳝丝"为"鳝面"。用称为"熟笋"的煮熟的"春笋"与"鳝面"同炒,即人们常挂在嘴边的名菜"熟笋炒鳝面"。烹饪这道菜还得强调一些要点:一是"熟笋"要采用"上竿(方音念似'剪恍')笋"(即节已疏,笋体修长者)为佳,而"泥下(方音念似'野')笋"为次。二是笋丝要用手从脑往尾撕,然后切成四五厘米长的段,不可横直都是用刀切。三是要用武火,笋先下,鳝面后下猛炒,俗称是炒三下即出锅。

"糟卵":取加了盐的红酒糟抹在洗净、晾干的鸭蛋外壳上,用器皿收藏,谓之"糟卵"。待一两个月后,将"糟"过了的鸭蛋取出、洗净、炊熟,也是一味地方风味菜。四、五月农人插秧干活时,家人常将午饭送到田头,"糟卵"即"田头饭"的主菜。两只糟卵一壶酒,是招待"插田老司"的必备之物。故有"宅眷望做娘,男子望插田"之说。可见,"糟卵"特具田园生活的韵味。

"腌卵":是以另一种方法制成的咸蛋。主料还是鸭蛋(也有人用鸡蛋),将蛋放入"腌卵坛"中浸之以成。"腌卵"的味道好坏,全取决于"腌卵坛"的制作。制作"腌卵坛"的关键是要将芝麻秸秆连荚烧成灰,然后放入坛中,倒入雪水,加入适量的食盐以成。

"红糟炊肉":"红糟炊肉"是取猪肉切片,拌以红酒糟,加入糖和适量的盐后,拌匀而装在"甑头"中,入锅隔水炖之以成。烹饪"红糟炊肉"有一个要点是要用猪的"槽头肉"(即颈部肉)为佳。用糖是用"冰糖"为上。"红糟炊肉"一般要炖得很烂,吃起来才甜而不腻。

"红炖豚胯肘":"红炖豚胯(方音念似'多烤')肘"多地有之,然古镇的更有特色,人们对这道菜的口味要求是偏重甜味。有人炖一只猪肘,竟要放一斤冰糖。

"萝卜头烹鸭":入秋以来,田里的"草鸭"正肥,而地里的"萝(方音念似'辣')卜头"可拔。以两者作主料所烹饪成的"萝卜头烹(方音念似'烤')鸭"这味菜看,算得上是镇上的名菜。有趣的是,这道菜还是昔日"哐会"(一种民间经济互助信贷的"帮会"之宴会)上指定的主菜。关于这宴会,还有两句"关键话":一句是有关量的,须以"一客一鸭",即有几个人赴宴则得备几只鸭;其二是有关味的,说是烹饪此菜必须用刚上市的嫩姜作辅料,且还有"对半掺"之说(这当然有点夸大其词)。总之,这道菜的特点是要多下嫩姜来加味。

"薯汤"：取地里刚挖来的薯去皮磨成浆,下锅煮成的汤谓之"薯汤",而"薯汤"往往又是"萝卜头烹鸭"的衍生之饮食。煮"薯汤"时,每每要加以一些增加食味的佐料,而烹饪"萝卜头烹鸭"时所余下的鸭血和鸭内脏等,正是煮"薯汤"的最好佐料。当然,煮"薯汤"时还得放一味最紧要的佐料,那就是被人称为"香菜"的"芫荽"。同时,对于主料的薯也还有要求,那就是：一是要采用"白薯"不用"红薯"；二是要用新挖来的薯。

民间的宴席,由于地域之差,虽不是十分丰盛,但各有其特色。就其档次等级来分,有"回饯""八大、八细""上五碗、下五碗"之说。其所需求者,也有"干贝""海参""燕窝"之类的高档食品,但多数以中档者为主。兹以较普遍的"上五碗、下五碗"一叙：

所谓"上五碗、下五碗",是其档次在其他宴席的基础上,减去了一些菜肴,省略了热菜之前的"蜜脯"之类的小吃和称为"清饯(方音念似'趁牵')"的"冷盆",开筵时就是四个炒杂烩的热盆端上桌。之后上的菜,即所谓的"上五碗"。

"上五碗"的第一道菜是称为"海味"的海带丝。以山陬地僻之故,海带丝在这里可算得上是佳肴了。接着上的是"走油肉",也有人是用"方块肉"来代替。"方块肉"是类似"东坡肉"的菜肴,之后是一味"腥味",富有的人家用"豇(方音念作'风')""鲞",然大多数人家用草鱼块,更有人用泥鳅代替。垫底的是属于"山珍"的香菇。

"上五碗"后是"过水粉"：此时端上来的是由厨房已经分好的一碗碗小碗装的水煮粉干。人们借助那"鲜味"和香菇的汤来吃这碗粉干,就叫作"过水粉"。之后是一小段时间的就地小憩。

之后是"下五碗"："下五碗"中有鸡、鸭之肉,也有银耳之类,最后是用笋干和卵(蛋)汤作收场。

在上、下五碗之间,有两份"点心"。此"点心"视家庭的经济条件所定,好的是"烧卖"和"饥啖糕",较逊色者是"饺子"和"点心"。此两份"点心"不是在餐桌上品尝,而是额外地让客人带回家的,故以"清盆"捧之上桌,客人可各得其二,用"汗巾(即'手帕')"之类包之带回家。

宴会上的饮料全是家酿糯米酒。每上一道菜夹菜佐饮时,中间要筛酒两次。作"代东"的"抲(方音念似'课')酒壶人",要依善饮者与少饮者所论,往客人的酒杯里深浅不同地筛之。他一边在筛酒,一边会"喝深点(方音念作'哈村尼')""咥深点"地劝饮。

在食用"过水粉"时,奏乐的"吹唱班"一定要选用那首《小开门》。在最后一道"卵(蛋)汤"上桌后,客人便过场式地尝一下,待放下飘羹起立时,"吹唱班"立即以送客的调子吹起唢呐,于是客人鱼贯而出。一场热热闹闹、欢欢乐乐的民间宴会就此宣告结束。

后记

髫龄之年,家父乘赴沪经商之便,为余购买来颇多启蒙图书,其中不乏《盘古开天》《几个伟人》之类的历史书。这些书图文并茂,将历史人物依历史年代排列,逐一介绍,以对幼童进行历史知识方面的启蒙。于是,我从中得到营养。早早地产生了学史的兴趣。

及之年长,虽以务工为就业途径,日出而作,日入而息,然心中总以学史为爱好,竟有了倾囊购书,穷笈觅趣之僻嗜,自得其乐。我不仅以读书吟诗消磨岁月,更以痴心挖掘地方逸史为己任。每于"樵径"听奇闻,得之辄深印脑际,永忆心中。然时愈久则闻愈多,虽心中所记历历,终难免有日久遗忘之患。幸潇潇春雨、凛凛秋风阻"樵途",吾得以暇,辄掩扉伏案,燃灯展卷,命笔一一记之以成文,辑之以成编。缘以"樵之暇,偶作记",故名《樵暇偶记》。与此同时,编辑另一书籍,名为《松源古镇》。

吾之学史,向来必究其实,曾有"潜心求史实"之自我鞭策之心。偶有涉及史书上已载的知名历史人物及其历史事件,引之目的是追求其史实而做研究。缘以不敏之性乃至才疏学浅,故不敢妄作评论,仅作叙述而已。不做"发明",不做"发挥",不做"想当然"之举。寻章摘句时,则必究其可信度,追求史实。不以不实之词误导读者。此乃自警也。

今逢盛世,庆元县正在编纂"庆元历史文化丛书",其丛书总编,庆元县委原常委、宣传部部长,丽水市政协文史专员杨贤高与丛书编辑吴玮玲等多次莅临寒舍与我商榷书稿编纂事宜，将《樵暇偶记》和《松源古镇》两部书稿进行归编整合，把文稿归类为五个篇章，并对文稿逐章逐篇、逐段逐句进行审读修改，形成目前呈现给读者的《濛洲史事钩沉》一书。在此书稿付梓之际，向杨贤高部长及所有为此书付出心血的同志致以衷心的感谢！

　　人生已经进入耄耋之年，能将自己毕生心血结集成书，是我人生之幸事。为人生的过往作注解，为新时代欢歌，余生将献给故乡，再尽一份绵薄之力。

姚德泽

二〇二三年重阳